陕西师范大学史学丛书

丛书主编／何志龙

世界现代史探微

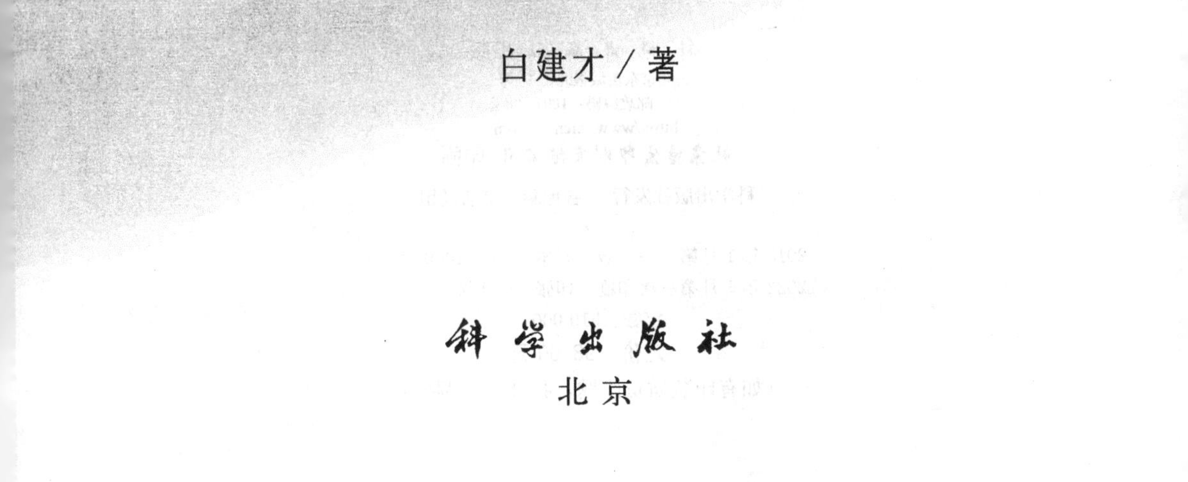

白建才／著

科学出版社
北京

图书在版编目（CIP）数据

世界现代史探微 /白建才著. —北京：科学出版社，2015.12
（陕西师范大学史学丛书）
ISBN 978-7-03-047021-8

Ⅰ.①世… Ⅱ.①白… Ⅲ.①世界史－现代史－研究 Ⅳ.①K15

中国版本图书馆 CIP 数据核字（2015）第 318376 号

责任编辑：陈　亮　任晓刚/责任校对：何艳萍
责任印制：张　伟/封面设计：黄华斌　陈　敬
编辑部电话：010-64026975
E-mail：chenliang@mail. sciencep. com

科学出版社出版
北京东黄城根北街 16 号
邮政编码：100717
http://www.sciencep.com
北京建宏印刷有限公司印刷
科学出版社发行　各地新华书店经销
*
2018 年 1 月第　一　版　开本：720×1000　1/16
2022 年 1 月第三次印刷　印张：28 1/2
字数：510 000
定价：98.00 元
（如有印装质量问题，我社负责调换）

丛书总序

在高等院校，教学与科研是一般教师关注的主要对象，教师们不仅关注自身的教学与科研，也关注他人的教学与科研，但对于学校和学院，高度关注的则是学科，即我们通常讲的学科建设。所谓学科建设，一般包含学科平台建设、师资队伍建设、科学研究和人才培养四个方面。学科平台建设，主要指硕士学位授权点和博士学位授权点的设置和建设，博士后科研流动站的设置和建设，另外也包括教育部人文社会科学重点研究基地的设置和建设，以及其他各类研究平台的设置和建设。师资队伍建设，主要指师资队伍的规模、职称结构、学历结构、年龄结构、学缘结构等方面。科学研究，主要指师资队伍成员从事学术研究所产出并公开发表和出版的学术论文、著作以及研究报告等。人才培养，主要指硕士学位授权点和博士学位授权点所培养的硕士研究生和博士研究生的数量、质量及其在学术界的影响和社会各行业的影响。学科建设的四个方面相互依托，相互促进，相辅相成，共同构成了学科建设的有机整体。其中，学科平台是基础，有了学科平台，有利于引进人才和加强队伍建设，有了学科平台，才能招收研究生，进行人才培养。队伍建设是核心，拥有一支合理的师资队伍，才能支撑和维持学科平台，才能有进行科学研究和人才培养的主体。科学研究是关键，科学研究的成果体现学科平台的力量，也是培养人才的前提和基础，没有较强的科学研究能力，不可能培养出合格的人才。人才培养是目标，人才培养必须依托学科平台，同时，人才培养不仅必须要有师资队伍，而且必须要有具备科学研究能力的师资队伍，才能完成合格的人才培养。

与国内大多数高校的历史学科一样，陕西师范大学的历史学科建设，在2012年之前，主要进行的是学科的外延建设。所谓外延建设，就是指增加学科的数量和规模，如拥有几个一级博士学位授权点，几个国家重点学科以及几个教育部人文社会科学重点研究基地等。随着我国改革开放的深化和综合国力的增强，民众对高等教育有更高期待，党的“十八大”明确提出推动高等教育的内涵发展，走以质量提升为核心的内涵发展道路，高校学科建设进入了一个新的时期，学科建设的重点由外延建设转向内涵建设。外延建设主要强调量，而内涵建设则更加注重质，外延建设为内涵建设奠定了坚实的基础。也就是说，在已有学科平台的基础上，凝练高水平的队伍，产出高水平的成果，培养高质量的人才，将成为学科发展的关键所在，而统领这三方面的正是学科特色。凡大学都应该有自己的特色，大学的特色集中体现在学科特色上。所谓学科特色，主要指在某一学科的某一领域，凝练一支高水平的研究团队，产出一系列有影响的研究成果，同时培养出一批在学术界和相关行业有影响的人才。为什么说学科特色是学科内涵建设的灵魂，原因有三：一是从人力资源配置看，很难有一个高校有能力支撑一个学科（一级学科）所包含的所有学科领域。二是从财物资源配置看，很难有一个高校有能力支持一个学科（一级学科）所包含的所有学科领域发展所需要的财力和物力。支持学科建设不仅要有研究团队，而且要有为研究团队提供从事科学研究所必需的财力和物力，如从事历史学研究所必需的场所设施、网络环境和图书资料等，只有满足人、财、物的合理配置，才能进行科学研究。三是只有发展学科特色，资源配置才能实现成本最低，效率最高。如果学科领域广泛，需要配置的文献资源也必然广泛，相应地如果学科领域相对集中，需要配置的文献资源也相对集中，成本低而利用率高。另外，发展学科特色，易于承传学术传统，易于形成内部合作，易于产出系列成果，易于团队培养人才，易于形成学术影响，也易于保持学术影响。

发展学科特色需要考虑诸多因素。作为历史学科建设，要充分考虑地方历史文化，形成自己的学科优势，这种优势既能更好地服务地方，也能充分彰显自己的学科特色。要注重已有学术传统，顺应国家长期发展的重大战略目标，着眼未来，长远规划学科特色。要充分考虑学校的实力地位，谋划学校能够实现的规划，因为学科建设规划只有在人、财、物的可持续投入基础上才能实现。

陕西师范大学的历史学科，依托地处周秦汉唐历史文化中心，考古资源丰富，出土文物规格高和数量大的优势，经过几代历史人 70 多年的不懈努力，逐步形成了以周秦汉唐历史为主要研究领域的学科特色，中国古代史国家重点学科的获批，也是对这一学科特色的充分肯定。随着国家对历史学科精细化分类管理，原来既是门类也是一级学科的历史学一分为三，调整为中国史、世界史、考古学三个一级学科。根据学校地位的变化和学校对历史学科人、财、物的持续投入状况，面对三个一级学科的评估和建设，在国家一流大学和一流学科建设中，我们面临着前所未有的巨大挑战。在严峻的挑战面前，思路必须明确，决策必须正确，行动必须快捷。环顾国内外高等院校学科建设成功者，无不具有显著特色。我们在学科内涵建设中，特色发展是唯一选择。作为中国史一级学科，其统属的中国古代史和历史地理学两个国家重点学科，是我校的特色学科，也是我校的优势学科，在国内学科建设的激烈竞争中，只有加大建设力度，才能保持优势地位。而要保持传统优势学科的地位，除了加大已有建设的力度，还必须不断探索新的学科增长点，才能进一步强化学科优势，彰显学科特色。中央提出的"一带一路"建设，是我国发展的大战略，为地处丝绸之路起点的我校历史学科发展迎来了难得的发展机遇，学院"丝绸之路历史文化研究中心"的建立，不仅顺应了国家重大战略需求，同时也是我院探索新的学科增长点的体现。中国史升格为一级学科后，发展中国近现代史学科势在必行，而从时间和空间上看，中国近现代史学科的研究领域同样极为广泛，我们也必须选择某一领域，重点建设，特色发展。西北地区的近现代史研究是中国近现代史研究的重要组成部分，把西北地区的近现代史作为我校中国近现代史学科的发展方向，同样具有明显的地域优势，也必将成为我校的学科特色和新亮点。

此外，文物与博物馆学也是学院谋求学科建设发展特色的一大发力点。2008年1月23日，中宣部、财政部、文化部和国家文物局联合下发《关于全国博物馆、纪念馆免费开放的通知》，根据该通知，全国各级文化文物部门归口管理的公共博物馆、纪念馆，全国爱国主义教育示范基地将全部实行免费开放，博物馆已成为国民素质教育的重要基地。在全国范围内，博物馆如雨后春笋，发展迅猛，但博物馆学的专业人才却明显不足，这就为高等院校博物馆学人才培养提出了新的要求。陕西是考古大省、文物大省，更是博物馆大省，博物馆的人才需求也相对较大。基于地缘优势和省内学科建设差异化发展的思路，我校在考古学学科下重点发展博物馆学，经过十多年的发展，取得了一定成就，陕西省文物局与我校签订战略合作框架协议，国家文物局在我校设立文博人才培训示范基地，充分说明我校重点发展博物馆学符合陕西省和国家对博物馆人才培养的需求，特色建设博物馆学的思路得到了肯定和支持。我们将在国内博物馆学研究的基础上，学习、借鉴、吸收国外博物馆学的理论和方法，深入探索努力构建我国博物馆学的学科理论体系，彰显我校博物馆学的学科特色。

彰显学科特色的要素很多，但产出颇具影响的系列研究成果尤为重要。为此，学院设计出版《陕西师范大学史学丛书》。本丛书首批 17 本，均为学院教师近年新作，每本书的内容不少于三编，作者自序。丛书的内容广泛，涉及中国古代史、中国近现代史、世界史等。希望通过出版本套丛书，集中展现学院教师近年来学术关注的领域和成就。鉴于本丛书是在我校大力推进一流学科建设的开启之年规划完成的，故以一流学科建设的思路代为本套丛书之总序。

何志龙

陕西师范大学长安校区文汇楼 C 段 209 室

2015 年 12 月 25 日

冷眼向洋看世界

（代序）

一

我国宋代杰出词人辛弃疾66岁时写下千古名篇《永遇乐·京口北固亭怀古》，词人忆及43年前率师北伐时，慨叹道：“四十三年，望中犹记，烽火扬州路。”巧合的是，今年66岁的我，跨入世界史学科领域也已43个年头了。

43年，在人类历史上只是“弹指一挥间”，但就个体而言则意味着由襁褓中的婴儿步入不惑之年。这43年之于我，则是在世界史学科领域中摸爬滚打上下求索的43年；是我由一个蹒跚学步的青年学子成长为一个年逾花甲的高校教师的43年。

回顾起来，我进入世界史学科领域，纯属命运使然。

1973年7月的一天下午，我正在陕西榆林市参加公安刑侦技术的学习班，突然接到工作单位定边县公安局领导的电话，说大学已开始招生，问我是否报名。同时，关切地说：“今年招生不同于去年，要实行严格的密封闭卷考试，择优录取，你行吗?”听到这个消息，我又喜又忧，喜的是局领导同意我报考大学，一旦成功，夙愿便将实现；忧的是几年荒于数理化，现考试在即，不知结果如何。但不管怎样，机不可失。我当即向学习班领导请了假，买好车票，奔回家找出积压箱底的中学课本。翌日晨，我搭上了开往定边县的长途汽车。一上车，我便打开课本，埋头复习起来。从榆林到定边仅300多千米，当时却要乘一天半车，途中在靖边县歇息一晚。我利用这段时间，不顾路途的颠簸与旅客的喧哗，将学过的初中和高一数理化从头到尾复习了一遍。也许是由于“文化大革命”前扎实的中学教育基础，也许是由于我的注意力高度集中，一看书，那些学过的公式、定理、分子式、化合价等顿时浮现脑海。我的心踏实了许多。

回到单位，我立刻填报了志愿。当时是严格的计划经济，高校招生也不例外，在各县招生的院校、专业、名额都被严格限定。在定边县招生的十几所院校中，北京大学世界史专业有一个名额。我偏爱理科，更仰慕北京大学，第一志愿便毫不犹豫地报了北京大学。两天后，在周围有警察把守监考森严的考场，我参加了考试，发挥得很好，成绩名列前茅。8 月下旬我接到北京大学的录取通知书，从此踏上了世界史专业的学术之路。

我走上世界史研究之路虽属偶然，细想起来，却也有某种必然。

我出生在一个没有多少文化的家庭里。父亲识字不多，勉强能读书看报。“文化大革命”中那写不完的检查还多是由我代笔的。母亲只识得自己的名字和几个阿拉伯数字。他们除了教孩子如何诚实、正直做人并以身教外，实在不知道该如何培养我们，只希冀我们努力学习，长大成为建国之才。

儿时的我喜欢遐想，常常坐在故乡高高的山头上，眺望峰峦起伏绵绵无尽的群山，凝视蓝天上飘浮变幻的云朵，幻想能插上翅膀飞上蓝天，飞出大山，飞向世界。那时的我渴望知道世界是什么样子。

中学时我遇到一位学识渊博、受人尊敬的历史教师。他两鬓斑白、年近花甲、一讲起历史便滔滔不绝。我至今忘不了他讲中国古代史时常常露出的孩子般的笑容；讲甲午战争、《辛丑条约》的签订时那苍凉悲壮的声音，那顺着脸上皱纹滚滚落下的泪水。我被深深地震撼了！为什么帝国主义列强竟敢如此欺侮、蹂躏、抢劫、掠夺我们这历史悠久曾经何等繁荣昌盛的泱泱东方大国？我开始如饥似渴地读书，渴望得到答案。

史无前例的“文化大革命”打破了我的读书梦、求知梦。我和数百万知识青年一起，在摇旗呐喊、冲锋陷阵两年后被一鞭子赶到了农村插队劳动，“接受贫下中农再教育”。那时候我想读书，却少有书读。一本从表哥家借来的《红楼梦》，我翻来覆去不知看了多少遍。有时偶然到公社，看到一两张《参考消息》，我便视为至宝，翻来覆去，细细品读；回去后便和队友们秉烛夜谈，谈美苏关系，谈越南战争，谈中东问题，谈原子弹、氢弹。这是我们这一代青年特有的对外部世界的关心。

1970 年 9 月，我幸运地被第一批选拔返城工作。条件改善了，我有了自己的办公室，有现成的饭可以吃，有了业余时间。我制定了严格的作息时间表，从早晨六点半至晚上十点半，除了上班就餐锻炼散步外，都用来读书学习。我从书店买来了周一良、吴于廑先生主编的四卷本《世界通史》，范文澜先生主编的《中国通史简编》和《中国近代史》，艾思奇的《辩证唯物主义和历史唯物主义》仔细通读。我要搞清楚中学没有搞清的问题。这也是我毫不犹豫报考北京大学历史系世界史专业的原因之一。

北京大学是“文化大革命”的重灾区。在北京大学的三年半，我有三分之一的时间不是在校内搞运动，便是在校外“开门办学”。然而北京大学毕竟是中国的最高学府之一，它那深厚的文化底蕴，一流的师资队伍，丰富的图书资料，仍然使我受益匪浅。周一良、张芝联、罗荣渠、马克垚，朱龙华、周怡天、谢有实、徐天新、陆庭恩、齐文颖、杨立文、郑家馨、魏杞文等名师专家的传道授业，使我真正对世界史产生了兴趣，特别是社会主义与资本主义及美苏两个超级大国的发展与相互斗争史。1975 年 1 月，《北京日报》发表了我和两位同学合写的《谈谈三十年代资本主义世界的经济危机》一文。我开始迈入世界史研究的门槛。

1977 年北大毕业后我分配到陕西师范大学任教，一干就是近 40 年。期间我为了进一步提高学术水平和学历层次，师从我国著名苏联史专家杨存堂先生，在职攻读世界近现史专业世界现代史方向硕士研究生，于 1987 年毕业获硕士学位。1991—1994 年受学校公派，在美国密苏里（哥伦比亚）大学进修美国史和美苏关系史。2001 年 1 月—7 月获国家出国留学基金委资助，作为高级访问学者，在美国哈佛大学进行了为期半年的研究。

近 40 年的教学科研工作小有所成。在教学方面，我给本专科学生和研究生讲授过世界现代史、现代国际关系史、美国史、苏联史、二战史、冷战史研究、专业英语、世界通史等课程，曾于 1989 年和 1997 年两度获校教学质量优秀奖。在科研方面，我独著、主编出版了 7 部著作，在《历史研究》、《世界历史》、《史学理论研究》、《史学集刊》、《历史教学》、《武汉大学学报》、《陕西师范大学学报》等核心期刊发表论文数十篇，多篇被《新华文摘》、《中国社会科学文摘》、《高等学校文科学术文摘》、人大复印资料《世界史》等全文转载或观点摘编，产生了一定的社会反响；主持国家社科基金项目 2 项，合作完成教育部重大攻关项目 1 项；多次获陕西省政府和高校哲学社会科学优秀成果奖；专著《“第三种选择”：冷战期间美国对外隐蔽行动战略研究》荣获第七届全国高校哲学社会科学优秀成果二等奖；也曾担任中国美国史研究会副理事长，中国世界现代史学会常务理事、西北分会副会长，陕西省史学会常务理事，《世界历史》、《冷战国际史研究》、《陕西师范大学学报》编委会委员等学术职务。在研究生培养方面，我从1996年开始招收指导美国史方向硕士研究生，2004年开始招收指导美国史、冷战史方向博士研究生，共指导毕业70多名硕士生和十几名博士生，他们大多在高校和中学任教，不少已成为单位骨干。作为我校世界史学科带头人，在学校、学院和各位老师的共同努力下，本学科于2011年被国家批准为一级学科博士点。

二

回顾自己43年来的求学治学生涯，不禁感慨良多。首先浮现脑海的，便是“锲而不舍，金石可镂”八个大字。

少年时学荀子《劝学篇》，对“骐骥一跃，不能十步；驽马十驾，功在不舍。锲而舍之，朽木不折；锲而不舍，金石可镂”等语留下了极深的印象，从此成为我的座右铭，坚信凡事贵在坚持，只要有愚公移山的精神，坚持不懈地努力去做，一定会取得成就，实现理想目标。我从1973年经严格考试被推荐到北京大学历史系世界史专业学习，至今43年，期间除1977年2月毕业后分配到陕西师范大学时，被临时抽调在校政治部工作一年多，一直从事世界史的教学研究。即使在那短短的一年多里，我也没有放松对外语的学习，每天至少要挤出两小时学习英语，以便尽快掌握这个世界史研究的必备工具。记得我被派到校办农场劳动的四个月里，每天晚饭后我不顾一天的劳累，开始在煤油灯下学习英语，直至深夜。由于不懈努力，我的英语水平不断提高，在后来的研究生入学考试、出国留学考试中都考出了较好的成绩，先后读研、出国留学。这也更坚定了我一生从事世界史教学研究的决心与信心，即使在20世纪90年代商品经济的大潮汹涌而至、不少人弃学经商的浪潮中，我也义无反顾，从未动摇。校领导曾和我谈话，希望我承担院系一部分管理工作，但刻板的我认为一心不可二用，担心会影响学术研究，婉言谢绝。正是有了这份坚守与执著，心无旁骛，天资平平的我终归还是在学术研究方面取得了一点小小的成就，“有颜见江东父老”。

俗话说“打铁还得自身硬”。要成为一名优秀的历史学者，须兼具刘知几所言“才、学、识”这史家三长，既博通，又专精，知识广博，阅古通今，学有专长，精益求精。研究世界史中的某一时段、某一专题或国别史，不熟悉整个世界历史的发展进程，不了解同一时期世界历史的发展大势或其他国家的发展状况，很难将所研究问题摸清说透。同样，没有较高的文学造诣写不出精美的文章；只有借鉴政治学、经济学、社会学、人类学、心理学、考古学等相关学科的理论知识和方法，才能获得突破性创新性成果，使研究更加深入。

当然，要做到上述很难，前人屡屡慨叹“千古多文人而少良史”，便是其故。对此，我虽不能至，但心向往之。我从小学五年级便喜欢上了文学，开始大量阅读古今文学作品。记得中学时期，每当一部新长篇小说问世，我都会很快借来把它读完。那时读书几至废寝忘食，无论就餐如厕还是上学路上，常常手不释卷。后来“文化大革命”、插队、就业和上大学期间及从教以来，我这一爱好丝毫未改，背诵唐诗宋词，阅读外国名著，浏览中外文学史，因此打下了较好的文学基础。中学时代我的各科成绩都很好，期末考试多次年级第一。那时对未来的憧憬更多的是当个科学家，有所发明创造。“文化大革命”期间无所事事，没有了学习数理化的条件，但还能设法借到一些文学、社会科学的书籍来看，求知欲正旺盛的我也喜欢上了历史、哲学、经济学、政治学，看了一些相关书籍。在农村插队和上大学之前的 5 年中，我也从未停止读书，总是想方设法找书来读。上大学期间和到大学任教以来，随着读书条件的极大改善以及备课、研究的需要，除了本专业书籍外，我也比较广泛地涉猎了政治学、国际关系学、国际战略学等学科的著作，拓宽、加深了我的知识面。我对冷战期间美国对外隐蔽行动战略的研究，就是在此基础上完成的。如果说我还写了一些像样的论著的话，正是多年来知识累积的结果。

做学术研究也要善于发现问题，抓住机会，破除迷信，大胆创新。1991 年我获美国“亚联董”资助，由学校公派第一次赴美进修。去时我带的研究课题是“美苏关系史”，鉴于国内尚无这方面的专著，想写一本这样的书。其时正是苏东剧变、冷战结束之际，美国报刊连篇累牍地发表关于冷战的文章，这引起了我极大的兴趣。我随之又查阅了所在大学图书馆的书目，发现关于冷战的著作很多。联想到国内对冷战的研究极其薄弱，而现在冷战已经结束，将其作为历史来研究正当其时。于是我迅速将研究课题转为美苏冷战史研究，开始收集资料，回国后很快发表了一批研究成果，并主编出版了国内第一部《美苏冷战史》专著。2001年我获国家出国留学基金委资助在哈佛大学做高级访问，去时带的研究课题是“里根、布什政府的对苏政策与苏联解体”，但在查阅新近美国的冷战史研究状况时发现了大量关于冷战期间美国对外隐蔽行动的论著和刚刚解密的档案资料，于是我又抓住这一问题进行研究，并获得了国家社科基金的资助，产出了一系列成果，出版了国内外学术界第一部从战略的视角研究美国对外隐蔽行动的专著。

需要指出的是，我们在学习借鉴国外学者的研究成果时绝不能简单地照搬，一定要破除迷信，深入思考，站在自己的立场上进行创新性研究。无论是对美苏冷战史的研究还是美国对外隐蔽行动的研究，我都是在借鉴国外学者研究成果的基础上，依据翔实的资料，提出自己的新观点。

古人云“满招损，谦受益”，“三人行必有我师”；今人言“虚心使人进步，骄傲使人落后”。在我43年的求学治学生涯中，这些至理名言常常在我耳畔响起，督促我虚心求教，从不自满，博采众长，取长补短，不断提升自己。

我们这一代人，由于“文化大革命”的影响，未能受到完整的中学或大学教育，文化基础比较薄弱。有鉴于此，我从未敢有知足自满之心，唯有谦恭谨慎，兢兢业业，在刻苦攻读弥补失去时光的同时（那时我常常读书、备课至凌晨两三点），虚心向前辈学者请教。20世纪70年代末我写了一篇题为《1940年法国败降后英国抵抗德国入侵的斗争》的文章，这是我独立完成的第一篇论文，心里没底，就先后向本系和西北大学历史系的几位世界史专家求教。他们在肯定了文章的价值后，也详细指出了文章的不足以及论文写作的方法，使我茅塞顿开，也使我切实体会到了虚心向前辈学者请教的益处。之后我每有困惑，多喜欢向相关学者请教。不仅向前辈学者求教，也向学长于我的同辈或后辈学者学习。近30年来我国涌现出一大批颇有作为的中青年学者，他们年富力强，思想敏锐，功底扎实，代表了我国学术研究的未来。我在为此欢欣鼓舞的同时，也常常与他们相比，寻找自己的不足与差距，学习他们的思想方法与研究成果。在向众多学者学习的过程中，我自身的学术素养不断得到提高，实现了自我超越。

世界史是一门开放的学科，世界史研究的深入离不开同行之间的交流，通过不同层次各种形式的学术交流，开阔视野，启迪思想，收集资料，丰富知识，深化研究。如果只是关起门来做封闭式研究，是断然做不出真学问、大学问的。

对此我深有体会。

20世纪80年代，由于我国改革开放不久，科研经费匮乏，年轻教师很少有机会外出开会或出国访学，参与广泛的学术交流，我基本被局限在本地这个小圈子里，学术研究难有突破。之后随着我国改革开放的深入和科研经费的增加，已步入中年的我开始有较多机会开展学术交流。我积极参加学术会议，在会上不仅见到了一些仰慕已久的著名学者，聆听了他们的真知灼见，同时还结识了之后长期保持联系相互支持的新朋友，并了解了与会学者的研究领域及学术前沿问题，大大开阔了视野。每次外出参加会议我都有一种“加油”、“充电”的感觉，归来后总像有一种力量在推动着我，学术研究的劲头似乎更足了。使我收获最丰的是几次赴美访学，我不仅了解了美国的美国史和冷战史研究状况、美国学者的观点和研究方法，更重要的是确立了我的冷战国际史研究方向，并为此收集了大量资料。回国后即陆续发表了一些研究成果，促进并深化了国内的冷战史研究。

三

本书由四组文章组成，即《美国篇》《苏联篇》《国际关系篇》《研究述评篇》，共39篇文章（含附录），内容涉及冷战期间美国的对外隐蔽行动战略，对一些国家实施的隐蔽行动；列宁、斯大林关于民族问题的理论与实践；二战期间英国抵抗德国入侵的斗争及德意日法西斯国家的相互关系；关于冷战的起源、结束时间、结束原因、后果教训；美国及中国学术界对冷战史、美国对外隐蔽行动的研究等。这些问题均属世界现代史的内容，以及对其研究的思考，是我从教近40年来研究的主要问题，发表的一些主要文章。本书名为《世界现代史探微》，书末附录了3篇历史纪实性文章，也算对几个相关问题的探微吧。

细心的读者会发现，本书中的一些文章注释不多，特别是英文注释很少，第一手资料几乎没有，所引资料比较单薄。这实际上是时代的反映。这些文章大都写于20世纪90年代之前，当时由于国家改革开放不久，外文资料缺乏，原始资料鲜见。特别是西部地区，世界史研究条件更差，学者只能在现有基础上开展研究，资料引用也就很难丰富翔实了。“一切历史都是当代史”，都是当代人依据当时的条件、从当时的视角、站在当时的立场、用当时掌握的方法撰写的。虽然用现在的资料标准来衡量，这些文章差距较大，但它毕竟是20多年前的研究成果，薄弱的资料中闪现出些许灵动与火花，一些思想观点不乏可取之处，为此我将其收录书中，权作历史的记忆，或可有所启迪。

20世纪90年代以来迄今已是整整一代人的时间，其间我国的变化翻天覆地，世界史研究的条件也沧海桑田，研究经费大幅增加，国际学术交流广泛开展，互联网普遍运用，研究资料极大丰富，研究所依据的资料从以中文资料为主转变为以外文资料为主乃至第一手档案资料为主，多国档案资料互证，研究成果具有了更重要的学术价值。笔者20世纪90年代以来的文章便是这一新时代的见证。此正所谓学海无涯，学术研究永无止境，这是一个不断探索、不断发展、不断进步的过程。

最后，请允许我用一首小诗结束这篇短文：人生期颐弹指间，不觉学史卌余年。苦读经书寻大义，细究原委觅真解。五洲风云笔下生，四海波澜胸中卷。寰宇茫茫难书尽，众志成城谱新篇。

白建才

2015年12月

目录

第一编 美国篇

冷战期间美国对外隐蔽行动问题析论

冷战期间美国的对外隐蔽行动是西方学术界非常热门的一个研究课题，无论是在国际互联网上检索还是在美国国会图书馆或一些大学图书馆里查阅，都可发现大量有关论著，甚至还有专门杂志及网站。这些论著或宏观探讨，阐释隐蔽行动的内涵，发展演变，它和美国对外政策的关系，它的批准、实施、监督机制、成败得失；或个案研究，揭露美国政府在一些国家和地区实施的隐蔽行动及其作用。其研究范围之广、材料之丰足可称道。① 但尚对一些问题缺乏关注，如隐蔽行动与秘密活动、间谍活动是什么关系？它到底是一种政策、战略还是策略？对这些问题语焉不详，没有做出回答。相比之下，我国学术界则研究论著甚少，可谓刚刚起步。② 本文将就研究冷战期间美国对外隐蔽行动首先遇到的几个问题，即隐蔽行动、秘密活动、间谍活动的内涵及其相互关系，美国对外隐蔽行动的起源，冷战期间美国的对外隐蔽行动是一种政策、战略还是策略等问题做一探析。这些问题也是笔者常常被问及的、确也容易混淆、需要厘清的问题。

---

① 关于美国学术界对冷战期间美国对外隐蔽行动的研究，笔者已有专文综述，这里不再赘述。详见《世界历史》2009 年第 2 期。

② 除了一些介绍性著作，如萧继勇、张明权：《神秘的第三只手——20 世纪的隐蔽行动》（南京：江苏人民出版社，1999 年）；刘雪梅等：《神秘的第三只手——20 世纪美国情报机构绝密行动》（东方出版社，2005 年）外，这几年国内学术界也发表了几篇有一定分量的个案研究论文，如赵学功：《简论肯尼迪政府对古巴的隐蔽行动计划》，《南开学报》（哲学社会科学版）2007 年第 5 期；白建才、代保平：《1956—1958 年印度尼西亚外岛叛乱与美国的隐蔽行动》，《陕西师范大学学报》（哲学社会科学版）2007 年第 2 期；舒建中：《美国的“成功行动”计划：遏制政策与维护后院的隐蔽行动》，《世界历史》2008 年第 6 期；汪婧：《斯大林逝世与美国的反应和政策》，《世界历史》2009 年第 2 期等。

一、秘密活动、间谍活动与隐蔽行动

这是研究冷战期间美国对外隐蔽行动首先遇到的问题，也是最常被问及的一个问题，有不少人疑惑地说，隐蔽行动不就是秘密活动、间谍活动吗？那么，它们究竟是不是一回事呢？让我们从这几个概念谈起。

1. 秘密活动

在英文文献中，“秘密活动”一般被写作“secret activity”或“secret activities”。根据《韦伯第三版新国际英语辞典》，“秘密是一个广义词，泛指任何被隐藏、掩盖、被有限的少数人参与或知道的事情”（secret is a general term applicable to anything hidden，concealed，known，or known about by a limited few）。[①]

英语词汇中有“秘密”含义的，除了“secret”，还有“covert”“clandestine”“stealthy”“surreptitious”“fortive”“underhand”等。但它们的意思并不完全相同，使用各有侧重。“covert”强调的是被隐盖、掩饰的事实。[②]“clandestine”主要指那些小心谨慎地、偷偷摸摸地违反习俗、法令或权力的活动，如“秘密生产武器”“秘密会议”[③]等。“stealthy”意为“偷偷摸摸的”，用于指某人在从事犯罪或被人谴责的活动时小心翼翼鬼鬼祟祟以免被人发觉的样子。“surreptitious”也是“偷偷摸摸”的意思，但它主要用来指那些灵机一动地偷偷违反习俗或权力的行为，如“偷偷一瞥”。[④] fortive 意指被察觉、辨认出或拘押后小心翼翼地狡猾地逃脱。underhand 也有偷偷摸摸的（地）、秘密的（地）意思，但主要强调的是欺骗行为。[⑤]

据此我们可知，“秘密活动”是一切隐藏的、被掩盖的、不愿让人知晓的活

---

① Philip Babcock Gove，Webster's Third New International Dictionary of the English Language，Unabridged，Springfield Ma：G&C Merriam Company，Publishers，1968，p. 2052.

② Philip Babcock Gove，Webster's Third New International Dictionary of the English Language，Unabridged，Springfield Ma：G&C Merriam Company，Publishers，1968，p. 2052.

③ 《英汉大词典》编辑部编：《英汉大词典》，上海：上海译文出版社，2000 年，第 314 页。

④ Philip Babcock Gove，Webster's Third New International Dictionary of the English Language，Unabridged，Springfield Ma：G&C Merriam Company，Publishers，1968，p. 1898.

⑤ Philip Babcock Gove，Webster's Third New International Dictionary of the English Language，Unabridged，Springfield Ma：G&C Merriam Company，Publishers，1968，p. 2052.

动的总称，它包含了不管是出于什么目的的秘密的、隐蔽的、偷偷摸摸的活动，上述各个具有“秘密”含义的词汇所涉及的内容，皆可称之为“秘密活动”（secret activity /activities），然而其中的任何一个词汇都不能取代 secret activity / activities，这是一种一般与个别、整体与局部的辩证关系。

2. 间谍活动

关于间谍的概念，中、英文的解释不完全相同。根据一些英文词典，所谓“间谍”（spy），是指那些受雇于某一国家或组织秘密收集其他国家或组织情报的人。① 我国《辞海》则解释为：“由异国情报机关派遣或指使，窃取、刺探、传送机密情报，或进行颠覆、破坏等活动的人员。”② 二者的区别是，前者仅指为受雇国家或组织秘密收集情报，后者还包括了进行颠覆破坏活动。

由于对间谍概念界定的不同，对间谍活动的界定自然也就不同。根据《大英百科全书》的解释，“间谍活动”（espionage）即“通过使用间谍、秘密代理人、或非法监控设备获得军事、政治、商业、或其他秘密情报的过程”③。美国的解释相类似，即指“秘密收集信息或情报，这种情报属保密性质”④。我国的辞书对“间谍活动”没有作专门解释，但从对间谍概念的界定可知，“间谍活动”是指秘密收集情报和进行颠覆破坏活动。

对于这两种不同的界定，我们认为前者的界定更为精确。我国辞书的界定混淆了“间谍”与“特工”或“特务”的内涵，将“间谍”完全等同于“特工”或“特务”。我国民间也习惯把秘密收集他国情报或从事颠覆破坏的人笼统称之为“特务”，有的《汉英词典》也将“特务”译为“spy”（间谍）。⑤ 事实上“间谍”与“特工”（特务）还是有区别的。间谍的任务是“窃取、刺探、传送机密情报”，有时为了完成这一任务免不了搞点暗杀破坏活动，但其主要任务是明确

---

① 如《朗曼当代英语辞典》（Longman Dictionary of Contemporary English）的解释是：“a person employed find out secret information , as from a enemy or company in competition . ” Longman Group Limited, Printed in Great Britain, 1978, p. 1081；《牛津高阶英汉双解词典（第四版增补本）》（Oxford Advanced Learner's English-Chinese Dictionary Extended fourth edition）的解释是：“person who tries to get secret information about military affairs , etc. esp. one employed by a government to do this in another country. ” 北京：商务印书馆、牛津大学出版社，2002 年，第 1475 页。

② 《辞海》，上海：上海辞书出版社，1999 年编印本，第 1047 页。

③ Encyclopedia Britannica, Chicago: Encyclopedia Britannica, Inc. , 2000.

④ Microsoft Encarta, New York: Bloomsbury Publishing PLC, 1994.

⑤ 北京外国语大学英语系《汉英辞典》组编：《汉英辞典》修订版，北京：外语教学与研究出版社，1996 年，第 986 页。

的；“特工”（特务）在英语中一般用“agent”或“secret agent”表示，其任务为“秘密收集情报”，或者“从事秘密活动”①，如颠覆、破坏、暗杀等活动。这就是说，“特工”的内涵要比“间谍”更广一些。对于那些只为他国秘密收集情报者，我们称之为“间谍”；对于那些既秘密收集情报又从事颠覆破坏活动者，则应称之为“特工”。当然，根据这些英文词典，“secret agent”也有“spy”的意思，这是说“特工”中那些只秘密从事情报收集的人，也是间谍。此外，间谍一般为在别国或组织内部寻找收买的代理人，也包括从本国派出的人员；特工则主要是由本国派出的。例如，冷战期间，美苏两国的情报部门相互在对方政府机关、外交部门、军事机构等秘密收买代理人，让其为本国秘密收集传送情报，这些人很难说是“特工”，称“间谍”更为合适。同样，两国分别秘密派出自己经过专门训练的人员到对方处秘密从事收集情报和进行颠覆破坏活动，这些人称“特工”、“特务”更为合适。因此，间谍活动主要是指秘密收集情报的活动，而非秘密从事颠覆破坏等活动。

3. 隐蔽行动

这是美国在第二次世界大战（以下简称二战）后才开始使用的一个新概念②，其英文表述为 covert action 或 covert operation。covert 意为隐蔽的、秘密的，action 和 operation 均有行动、活动之意，因此这两个词组便有隐蔽行动、秘密行动、隐蔽活动、秘密活动等几种译法。然而根据其内涵，将之译为隐蔽行动更为确切。

在二战后美国的政府文献中，最早出现的是 covert operation 一词。1948 年 6 月 17 日，美国国家安全委员会通过的关于对苏联集团实施全面隐蔽行动的第一份政策文件 NSC10/2 即使用的是这一词组。文件对隐蔽行动（covert operation）的定义没有做专门解释，但非常明确地规定了其包含的具体内容，指出“covert operation”包括美国政府实施或资助的反对敌对国家或集团、支持友好国家或集团的一切活动，这些活动计划的执行要使任何局外人都不清楚其中的内幕和美国政府的责任；万一败露，美国政府也可以“巧言否认任何责任”。具

① Longman Dictionary of Contemporary English，Longman Group Limited，Printed in Great Britain，1978，p. 1005.

② Roy Godson，Dirty Trick or Trump Cards：U. S. Covert Action and Counterintelligence，Washington，D. C. ：Brassey's Intelligence and National Security Library，National Strategy Information Center，Inc.，1995，p. 2.

体地说，“这些活动包括任何相关的秘密活动：宣传、经济战；预防性直接行动，包括破坏、反破坏，爆破拆毁，撤离转移；颠覆敌对国家，包括援助地方抵抗运动、游击队和难民解放组织，支持自由世界受到威胁国家中的反共产主义分子”。文件特别说明，“covert operation”不包括可识别军事力量的武装冲突、间谍和反间谍以及为军事行动而采取的秘密欺诈活动。①

之后，在美国的文献中又出现了“covert action”一词，这两个词组开始混合使用，在谈到“隐蔽行动”时，有些英文文献用“covert operation”，有些用“covert action”，有些则同时并用。例如，1954—1955 年艾森豪威尔政府通过的 3 份《国家安全委员会关于隐蔽行动的指令》(NSC5412、NSC5412-1、NSC5412-2)，都用的是“covert operation”；1970 年 2 月 17 日尼克松签署的第 40 号国家安全决定备忘录（NSDM40）《关于实施、监督、协调隐蔽行动之活动的责任》用的是“covert action operations”；1985 年 1 月 18 日里根签署的第 159 号国家安全决定指令（NSDD159）《隐蔽行动政策批准与协调程序》则用“covert action”一词。一般情况下，当把“隐蔽行动”作为一个整体概念时，使用“covert action”一词；当谈到一个个具体的隐蔽行动、隐蔽活动时，则用“covert operation（s）”、“covert actions”、“covert activities”或“covert action operations”表述。

1976 年 2 月 18 日，福特总统在第 11905 号行政命令中第一次对隐蔽行动的概念做出了官方的、正式的界定，指出：隐蔽行动“不同于收集和提供情报以及为此而进行的活动，它是旨在促进美国政府在国外的计划和政策的活动，这些活动的计划和执行要使美国政府的作用不被暴露或公开承认”②。之后，卡特在 1978 年 1 月 24 日签署的第 12036 号行政命令、里根在 1981 年 12 月 4 日签署的 12333 号行政命令中都做出了相似的界定。需要指出的是，这 3 份文件在谈到隐蔽行动时，都没有使用“隐蔽行动”一词，而代之以“特别活动”（special activities)，这就产生了这里所说的“特别活动”是否即指“隐蔽行动”的疑问。答案是肯定的。在上面提到的 NSDD159 号文件中就特别标明“隐蔽行动”即为

① Emergence of the Intelligence Establishment，Foreign Relations of the United States，1945-1950，Document 292. http：//www. state. gov/www/about-state/history/intel/290-300. html（2001-11-27）.

② President Gerald R. Ford's Executive Order 11905：United States Foreign Intelligence Activities，February 18，1976，http：//www. fas. org/irp/offdocs/eo11905. htm（2007-08-09）.

情报“特别活动”。[①] 这几份文件之所以不用“隐蔽行动”一词，或许是因为中情局搞的隐蔽行动此时正声名狼藉，加之行政命令又是一种较为公开的文件，故而回避之，用一个较为中性的词“特别活动”代替。

1991年8月14日，美国国会通过的《1991财政年度情报授权法》对这一概念作了全面具体的界定。该法明确使用了“covert action”一词，指出“隐蔽行动意指美国政府影响国外的政治、经济或军事形势的活动，并且要使美国政府的作用不被暴露或公开承认，但不包括：（1）主要目的是获得情报的活动，传统的反间谍活动，传统的改进或维持美国政府计划实施安全的活动，或行政管理活动。（2）传统的外交或军事活动，或对这些活动的日常支持。（3）由美国政府执法机构实施的传统的执法活动或对这些活动的日常支持。（4）或对其他在国外的美国政府代理机构的公开活动提供日常支持的活动”。该法也特别强调“不能采取旨在影响美国政治进程、公众舆论、政策或媒体的隐蔽行动”。[②]

归纳上述文件，隐蔽行动内涵的要点是：（1）它是美国政府为实现对外政策目标在国外实施的秘密活动。（2）它的计划与实施要掩盖美国政府的作用。（3）它具体包括隐蔽的政治战、经济战、心理战和准军事行动。

从隐蔽行动的内涵可知，这一概念和秘密活动既有联系，又有区别。其联系是，隐蔽行动也属秘密活动，也可称为秘密活动；其区别是，秘密活动的内涵更宽泛，隐蔽行动只是其中之一，除此而外，间谍活动、反间谍活动等均属秘密活动。“秘密活动”与“隐蔽行动”的关系，即是一种一般与个别的关系。

至于隐蔽行动与间谍活动的关系，它们同属秘密活动，但任务和方式各异。间谍活动旨在秘密刺探、收集传递情报，任务较为单纯；隐蔽行动是秘密从事颠覆、破坏、纵火、放毒、挑拨离间、造谣惑众、援助制裁等各种活动，任务较为复杂；间谍活动所采取的方式一般是秘密进行，不露痕迹，使对方根本不知道发生过这样的事，如窃听谈话、偷拍文件、盗窃密码等；隐蔽行动所采取的方式一般是对方能感知的，只是要掩盖其组织者与实施者的真实身份。例如，

---

① National Security Decision Directive Number 159：Covert Action Policy Approval and Coordination Procedures，January 18，1985. National Security Archives，Presidential Directives on National Security from Truman to Clinton，PD 01535.

② Intelligence Authorization Act，Fiscal year 1991，Public Law 102-88，102d Congress，U. S. A. 转引自 Allan E. Goodman，The Need to Know：The Report of the Twentieth Century Fund Task Force on Covert Action and American Democracy，New York：The Twentieth Century Fund Press，1992，p. 103.

20世纪80年代阿富汗战争期间，美国给阿富汗反政府武装提供了大量军事物资的援助，但为了掩盖美国政府的责任，这种援助是秘密地通过巴基斯坦进行的，这样尽管人们都知道阿富汗反政府武装手里有美国提供的武器，但美国政府仍然可以“巧言否认”美国提供了援助。

综上可知，秘密活动、间谍活动、隐蔽行动是三个不同的概念，各有不同的含义，既有联系又有区别，这是我们研究美国隐蔽行动首要搞清的一个问题。

二、美国对外隐蔽行动的起源

自从人类进入文明社会后，随着各个国家、各个阶级、各种政治势力斗争的加剧与复杂化，隐蔽行动便成为被各方所运用的一种斗争策略或手段。2000多年前我国著名军事家孙子在其《孙子兵法》第13篇《用间》中专门论述了间谍的作用。间谍活动虽不同于隐蔽行动，但与隐蔽行动还是有密切关系的。战国时期，燕国名将乐毅率军攻齐，半年间连下齐城72座。齐国大将田单为除掉乐毅，派间谍（特工）在燕国散布谣言，说乐毅有野心，想当齐王。燕王信以为真，很快将乐毅撤换。之后，田单采取火牛阵，大败燕军，收复了全部失地。田单实施的这一“反间计”即是一种隐蔽行动，它掩盖了谣言的真正策划者，谎言策划者也通过这一策略达到了其目的。我国古代流传下来的“三十六计”中，有一些也具有隐蔽行动性质，如借刀杀人、釜底抽薪、李代桃僵等。

对于美国来说，对外隐蔽行动与美利坚合众国几乎是同时生长的。美国有学者认为，“自从共和国诞生以来，隐蔽行动即成为美国对外政策的一个工具”①。独立战争时期，北美大陆会议为了获得法国的支援，派外交官赛拉斯·迪恩（Silas Deane）到法国，秘密收买了法国剧作家皮埃尔-奥古斯丁·卡罗恩·博马奇斯（Pierre-Augustin Caron Beaumarchais），由他出面组建了一个贸易公司，法国政府通过该公司给正在争取独立的英属北美13个殖民地人民运送了大量资金和武器，具有决定性的萨拉托加战役中美军90%的武器是从法国运来的。② 美法政府通过这个公司掩盖了法国政府的作用，避免了英法冲突，也使

① G. J. A. O' Toole, Honorable Treachery: A History of U.S. Intelligence, Espionage, and Covert Action from the American Revolution to the CIA, New York: The Atlantic Monthly Press, 1991, p. 4.

② John Jacob Nutter, The CIA's Black Ops: Covert Action, Foreign Policy, and Democracy, New York: Prometheus Books, 2000, p. 48.

美国获得了援助，成为美国对外隐蔽行动的第一个成功案例。1975 年中央情报局局长威廉·科尔比在参议院丘奇委员会作证时，就首先讲了这个故事，为中情局的隐蔽行动辩护。

19 世纪初，美国对北非伊斯兰国家的黎波里实施了一次隐蔽的准军事行动。美国独立之初由于实力较弱，其途经地中海的商船时常遭受北非一些国家的袭击，被迫给它们供奉财物。但美国不甘屈辱，很快创建了海军，并于 1801 年派一支舰队进入地中海，向北非国家“显示力量”，的黎波里随即对美国宣战。[①] 根据杰弗逊总统的指示，为了推翻与美国作对的的黎波里“帕夏”尤素夫(Yusuf)，扶植一个对美国“友好”的人士上台，美国驻突尼斯领事威廉·伊顿秘密组织了一支主要由阿拉伯人组成的 300 多人的雇佣军，于 1804 年从埃及的亚历山大港出发，穿越沙漠，攻占了的黎波里东部边界重镇德尔恩城，并准备继续向的黎波里进军。的黎波里“帕夏”尤素夫见势不妙只得求和，与美国签订商约，放弃要美国进贡的要求，给予美国最惠国待遇。

这次行动之所以是一次隐蔽的准军事行动，因为行动暗中的组织策划者是美国的威廉·伊顿等，主要参加者是阿拉伯人等非美国人士，主要领导者则是的黎波里的一位“觊觎王位者”。此举如果失败了，美国可以“巧言否认”其作用；成功了，美国则大获其利，这颇似日后冷战时期美国组织的一系列准军事行动。

然而，从美国立国直至二战前，隐蔽行动只是其对外活动中偶然使用的一种策略手段，美国政府既没有制定有关的政策文件，也没有成立相关的组织机构，设立专门的活动人员。也即是说，这时它还没有成为美国的一种对外政策或战略。这主要与美国的实力及对外政策的重心有关。19 世纪末以前，由于实力有限，美国主要致力于北美大陆的扩张，维护美国在美洲的权益，对外则基本奉行孤立主义的外交政策。虽然也曾借船坚炮利打开了远在太平洋另一端的日本封闭的门户，并追随大英帝国侵略衰弱的中国，强迫签订不平等条约，但主要是为攫取经济利益。19 世纪末美国成为世界第一工业大国，走上海外扩张之路，但这种扩张主要是经济扩张，是为美国资本开辟更大的市场。第一次世界大战（以下简称一战）后不久美国又退回到孤立主义的老路，除了事关美国

① 杨生茂主编：《美国外交政策史：1775—1989》，北京：人民出版社，1991 年，第 62 页。

的经济利益，一般不愿涉足世界事务。这些都决定了美国外交活动的有限性，对外隐蔽行动自然也未被提到重要的议事日程。

二战爆发后，情报工作在一些国家发展很快，开展有组织的隐蔽行动也成为一些国家情报工作的重要内容。事实上，纳粹德国在发动战争前，其最高统帅部军事情报局（Abwehr）在下设的机构中，除传统的情报处和反间谍处两个部门之外，又增设了一个隐蔽行动处，专门从事颠覆、破坏、暗杀等活动。这可能是世界历史上第一个专司隐蔽行动的政府机构。作为有着几百年秘密活动历史的英国，在战争爆发前也在其秘密情报局（Secret Intelligence Service）下设了一个D处，其任务为用非军事手段打击敌人①。1940年7月，英国政府成立特别行动执行局（Special Operations Executive），将秘密情报局、陆军部、外交部等部门中专门从事政治战、宣传战、颠覆破坏活动的机构划归其下，统一领导。特别行动执行局还下辖一个特别任务训练学校，专门培训从事破坏活动的特工。二战期间，特别行动执行局的人员扩展到一万余人，他们被派到法西斯占领区，发展地下抵抗运动，进行各种破坏活动，加速了法西斯的灭亡，为反法西斯战争的胜利发挥了重要作用。德、英等国设立的隐蔽行动专门机构及其实践活动无疑为日后美国的对外隐蔽行动提供了借鉴。

二战爆发后，美国由于国内孤立主义的阻挠，迟迟没有参战。随着战争规模的扩大、纳粹德国横扫欧洲和英法的溃败，罗斯福政府在抵制孤立主义的同时，加强了对反法西斯国家的援助和战争的准备。1941年7月11日，即苏德战争爆发后不到20天，罗斯福总统下令成立情报协调办公室（Office of the Coordinator of Information），任命威廉·多诺万为情报协调官，其主要任务是收集、复核、分析和综合有关国家安全的情报和资料，供总统和总统指定的官员使用。这表明美国政府开始重视情报工作。

太平洋战争爆发后，1942年6月13日，罗斯福总统下令改组美国情报系统，撤销情报协调办，成立战略情报局（Office of Strategic Services），任命多诺万为局长。战略情报局作为美国最高军事统帅部——参谋长联席会议直属的一个部门，其任务不仅要为参谋长联席会议收集、研究、分析和提供情报，也要在敌国和敌人占领区进行“秘密活动”（secret operations），包括制造散布谣

---

① 该处以英文Destruction的第一个字母取名，足见其意。

言、传单、假文件，组织和支持“第五纵队”等“所有能制造混乱、分裂及瓦解敌人士气”的活动，以及蓄意破坏、组织开展游击战，直接联系并支持地下抵抗团体等颠覆活动。[①] 这些活动大多都具有隐蔽行动性质。

战略情报局仅存在了3年多，二战结束后即被解散，但它如同英国的特别行动执行局一样，在法西斯占领区进行了大量的颠覆破坏活动，进行了卓有成效的心理战，为反法西斯战争的胜利做出了贡献，同时也为日后中央情报局的成立和活动积累了经验，提供了人才。中情局成立之初，其骨干人员多是前战略情报局成员。冷战期间共12任中情局长中，有4人是前战略情报局成员，占到1/3。因此，战略情报局被公认为是中央情报局的前身，多诺万也被公认为是“中情局之父”。

1945年9月，杜鲁门总统下令解散了战略情报局，而于1946年1月建立了一个中央情报组（Central Intelligence Group）。杜鲁门认为，情报机构的任务就是收集情报，反对在和平时期保留一个热衷于秘密活动的情报机构，因此他把战略情报局的准军事活动的职责交给了军队，将情报分析的责任转交给国务院，中央情报组只是白宫属下的一个给总统协调情报报告的小单位。[②]

但二战后国际局势发生了巨大变化，美苏两国的军事政治实力急剧膨胀，成为世界超级大国。两国由于意识形态及社会制度的对立与国家利益和对外战略构想的不同，随着法西斯的战败和结盟基础的消失，矛盾逐渐显现，迅速扩大，导致同盟关系破裂，走上冷战对抗之路。在这种情况下，1947年7月，美国国会通过《国家安全法》，决定成立作为总统决策最高咨询机构的国家安全委员会和中央情报局（Central IntelligenceAgency）。关于中情局的职责，法令除规定有关情报收集、分析等职能外，还规定要“执行国家安全委员会指示的其他有关影响国家安全的情报工作的职能和义务”[③]。

关于中情局是否可实施隐蔽行动，该法令没有明确表述，而是含糊其辞，用了“其他职能和义务”的提法。这是因为当时美国政府内部对这一问题存在分歧，有人支持，有人反对，为此还专门成立了一个内阁级的委员会进行讨论，

---

① J. C. S. 155/11/D，27 October 1943，Joint Chiefs of Staff Directive，Functions of The Office of Strategic Services，http：//www.foia.cia.gov/docs/DOC-0000417254/0000417254-0001.gif（2007-08-09）.

② Allan E. Goodman，The Need to Know：the Report of the Twentieth Century Fund Task Force on Covert Action and American Democracy，New York：The Twentieth Century Fund Press，1992，p.35.

③ Allan E. Goodman，The Need to Know：The Report of the Twentieth Century Fund Task Force on Covert Action and American Democracy，New York：The Twentieth Century Fund Press，1992，p.29.

始终不能达成一致，只得模糊处理。但就是这句话最终成为二战后美国对外隐蔽行动的法律依据。①

1947年12月，美国国家安全委员会通过了第一份关于开展隐蔽行动的文件NSC4-A，文件指出："为了世界和平与美国的国家安全，决定采取隐蔽的心理战以补充美国政府的对外情报活动"，指令由中情局负责指导和开展隐蔽的心理战。② 但这份文件只是要求中情局开展隐蔽的心理战，尚未提出开展全面的隐蔽行动。随着冷战的加剧，美国政府认为仅仅采取心理战不足以反击苏联的扩张，因此，在该文件通过仅仅半年后，1948年6月，国家安全委员会又通过了一份新的文件NSC10/2《国家安全委员会关于特别项目署的指令》，决定开展全面的隐蔽行动以补充美国政府公开的对外活动，并明确规定了对外隐蔽行动的组织领导、具体内容，同时宣布该指令取代NSC4-A指令。③ 这是美国政府关于对外隐蔽行动的第一份最重要的文件，正如美国著名学者格雷戈里·特里沃顿所言："NSC10/2号文件是隐蔽行动的转折点，它把隐蔽行动由宣传扩展到直接干涉。"④ 该文件的意义还在于，它所规定的对外隐蔽行动的内容和设立从事对外隐蔽行动的专门机构及组织领导的范式为日后历届美国政府所接受或借鉴，使该文件既是美国对苏联集团开展全面隐蔽行动的秘密宣战书，也成为美国外交史上开展对外隐蔽行动的一份纲领性文件。因此，该文件通过之后，美国的对外隐蔽行动得到迅速发展。

1951年10月，NSC10/2号文件实施3年多后，杜鲁门总统又批准了NSC10/5号文件《隐蔽行动的范围和步骤》，作为对NSC10/2号文件的补充。NSC10/5号文件要求进一步加强隐蔽行动，明确规定了隐蔽行动的范围和

---

① Allan E. Goodman, The Need to Know: The Report of the Twentieth Century Fund Task Force on Covert Action and American Democracy, New York: The Twentieth Century Fund Press, 1992, p. 29.

② Emergence of the Intelligence Establishment, Foreign Relations of the United States, 1945-1950, Washington, D. C. 1996. Documents 253. http://www.state.gov/www/about-state/history/intel/250-260.html (2001-11-27).

③ Emergence of the Intelligence Establishment, Foreign Relations of the United States, 1945-1950, Washington, D. C. 1996. Documents 292. http://www.state.gov/www/about-state/history/intel/290-300.html (2001-11-27).

④ Gregory F. Treverton, Covert Action: The Limits of Intervention in the Postwar World, New York: Basic Books, Inc., Publishers, 1987. p. 36.

步骤。①

这样，杜鲁门政府通过这 3 个文件，不仅完成了从局部隐蔽行动到全面隐蔽行动的转变，建立了开展对外隐蔽行动的一整套组织结构，确定了隐蔽行动的具体内容，而且明确了隐蔽行动的范围和步骤。隐蔽行动作为美国对外关系中的一项重要政策或战略最终确立，之后美国历届政府无一例外地继承了这一政策。

美国政府之所以在 20 世纪 40 年代末至 50 年代初确立了对外隐蔽行动的政策、战略，原因是多方面的。

首先，是由于美国政府认为整个西方世界面临着十分严峻的形势。二战末期和战后初期，苏联在反击德国法西斯过程中，越出国界，控制了东欧各国，并在这些国家扶持共产党执政，社会主义越出苏联一国范围，形成了一个社会主义阵营。与此同时，法国、意大利、希腊等国的共产党势力大为增强，颇有夺取政权之势。亚洲一些国家共产党的力量也得到极大发展，民族解放运动轰轰烈烈。面对这种形势，美国及西方各国垄断资本和政要极为恐慌，认为苏联正在全世界进行共产主义扩张，美国必须采取一切手段在全球抵制苏联的扩张，包括采取颠覆、破坏等隐蔽行动。翻阅这一时期美英等国无论是公开的或秘密的政府文献，这种担忧、恐惧比比皆是，充斥字里行间。从丘吉尔的“铁幕”演说到杜鲁门主义的发表，从 NSC4 - A 到 NSC10/2 号文件，莫不如此。直到 1975 年在丘奇委员会作证时，遏制政策的总设计师、曾任国务院政策设计室主任的乔治·凯南还坦陈：“我们害怕俄国的影响越过俄军所到之处侵袭西欧。我们特别忧虑法国和意大利的形势。我们感到共产党人正在利用他们掌握的巨额资金控制法国和意大利社会生活的关键因素——特别是出版社、报纸、工会、学生组织、妇女组织，以及所有类似组织……”② 事实上，当时欧洲和亚洲乃至非洲的许多国家都面临着发展道路的重新选择问题。由于苏联的威望和影响空前扩大，社会主义成为许多国家人民的向往和选择。美国政要正是出于对苏联和社会主义的恐惧，视苏联为大敌，为维护西方资本主义制度、信仰和价值体

---

① 关于 NSC4—A、NSC10/2、NSC10/5 号文件的具体内容，请参阅拙文《冷战初期美国隐蔽行动政策的制订》，《陕西师范大学学报》（哲学社会科学版）2003 年第 4 期。

② Allan E. Goodman, The Need to Know: The Report of the Twentieth Century Fund Task Force on Covert Action and American Democracy, New York: The Twentieth Century Fund Press, 1992, p. 36.

系，决心采取一切手段进行抵抗，包括隐蔽行动。

其次，美国借口苏联在对西方采取颠覆破坏等秘密活动，美国虽为民主国家，隐蔽行动手段与民主理念格格不入，但为了美国与整个西方世界的生存与安全，也不得不以其人之道还治其人之身。NSC10/2 号文件在第一段就开宗明义地讲："国家安全委员会认识到苏联及其卫星国和共产主义团体诋毁、败坏美国及其他西方国家目标与行动的恶毒的隐蔽活动，决定为了世界和平与美国国家安全的利益，必须用隐蔽行动补充美国政府公开的对外活动。"① 1954—1955 年艾森豪威尔政府接连通过的 3 个关于隐蔽行动的政策文件的第一段都基本上原封不动地照搬了这一表述。② 1954 年，前总统胡佛等提交的一份研究报告也指出："现在清楚的是，我们正面对着一个不可调和的敌人，他发誓其目标是不管采取什么手段，无论付出任何代价也要统治世界……如果美国想要继续生存，必须重新考虑我们长期坚持的'按规则出牌'（fair play）的理念……我们必须学习运用比那些反对我们者所采用更聪明、更狡猾和更有效的手段去颠覆、破坏和摧毁我们的敌人。"③ 在这里，美国显然肆意夸大了苏联的目标和手段，把苏联和各国共产党及人民群众的正当联系也看作是对西方社会的颠覆破坏，以此作为美国实施隐蔽行动的口实。

再次，美国在历史上开展的秘密活动，特别是二战期间战略情报局开展的秘密战，为美国的冷战斗争提供了经验，训练了人才，为战后美国开展对外隐蔽行动提供了组织基础、知识基础和人才基础。1942 年战略情报局成立后，其规模迅速扩大，到战争结束时其人员已多达一万余人，并积累了丰富的秘密战的经验。二战后虽被解散，但中情局成立后，这些人又很快被招募进来。他们不仅是后来实施隐蔽行动的骨干力量，而且在推动杜鲁门政府决定开展隐蔽行动的决策过程中也发挥了重要作用。例如，战略情报局的一位重要成员、1953—1961 年任中情局长的艾伦·杜勒斯就竭力鼓动杜鲁门总统重建中央情报局和开展对外隐蔽行动。

① Emergence of the Intelligence Establishment，Foreign Relations of the United States，1945 - 1950，Document 292. http：//www. state. gov/www/about-state/history/intel/290 - 300. html（2001 - 11 - 27）.

② 即 NSC5412、NSC5412/1、NSC5412/2，题目均为《国家安全委员会关于隐蔽行动的指令》，详见拙文《论冷战期间美国的隐蔽行动战略》，《世界历史》2005 年第 5 期，第 56—66 页。

③ Allan E. Goodman，The Need to Know：The Report of the Twentieth Century Fund Task Force on Covert Action and American Democracy，New York：The Twentieth Century Fund Press，1992，p. 37.

最后，较之公开的外交活动和直接军事干涉而言，这是一种代价很小而又容易获取目标的战略工具。在两极格局尖锐对立的状态下，在事关双方各自国家利益、集团利益的一些关键问题上，通过外交对话、谈判、提出抗议、居中斡旋等公开外交很难达到目的；进行直接军事干涉则容易引发战争，造成灾难性后果，特别是在核时代，其后果不堪设想。在这种情况下，隐蔽行动就为美国实现其政策目标提供了一种新的选择——“第三种选择”①，即通过实施隐蔽的政治战、经济战、心理战和准军事行动，给实施对象造成巨大压力和困难，这比起公开的外交活动更容易实现目标，万一败露，也可巧言否认其责任，不致引发军事冲突。1948 年美国对意大利大选的干涉就提供了一个很好的例证，当时美国对意大利展开了一场猛烈的公开的和隐蔽的宣传战、心理战，最终成功地阻止了意大利共产党上台执政。这个案例极大地鼓舞了美国政府对外隐蔽行动的信心，两个月后美国政府就推出了对外展开全面隐蔽行动的决定。

总之，美国在对外关系中实施隐蔽行动由来已久，但集中地、大量地把它作为一项重要政策或战略运用是在冷战爆发以后。正如美国政治学家约翰·雅各布·纳特所言：“隐蔽行动从早期的偶然使用，到冷战时期上升到对外政策的顶端，典型地体现了美苏的幕后竞争。从前隐蔽行动是单纯的调味品，20 世纪 40 年代末之后成为了一道主菜。”②

三、“隐蔽行动”是政策、战略还是策略？

要搞清楚这个问题，首先需要对政策、战略和策略这几个基本的、和人们联系颇为密切的概念予以辨析，厘清其相互关系。

我们知道，政策是指“国家、政党为实现一定历史时期的路线和任务而制定的行为准则”。它“是一切实际行动的出发点，并表现于行动的过程和归宿”③。政策具有层次性，它至少可以分为两个层次，即总政策和具体政策；也

---

① Theodore Shackley, The Third Option: An American View of Counterinsurgency Operations, New York: McGraw-Hill, 1981, p. 6; John Jacob Nutter, The CIA's Black Ops: Covert Action, Foreign Policy, and Democracy, New York: Prometheus Books, 2000, p. 30; William J. Daugherty, Executive Secrets: Covert Action & Presidency, Kentucky: The University Press of Kentucky, 2004, p. 19.

② John Jacob Nutter, The CIA's Black Ops: Covert Action, Foreign Policy, and Democracy, New York: Prometheus Books, 2000, p. 50.

③ 《辞海》，上海：上海辞书出版社，1999 年编印本，第 1773 页。

可分为三个层次，即总政策、基本政策和具体政策。总政策亦称总任务、总路线、基本路线，是指“国家、政党制定的在一定历史时期指导各方面工作的基本准则，包含战略目标，是根本性、全局性的指导方针，是制定和执行各项具体工作路线和政策的依据”①。基本政策是指依据总政策对同一历史时期某一领域、某一方面做出的重大决策，规定人们行为的基本准则。具体政策则是指为实现总政策和基本政策所规定的任务而确定的各项具体工作的行为准则。三者的相互关系是总政策指导基本政策和具体政策，基本政策、具体政策服从于、服务于总政策；同时，基本政策也指导具体政策，具体政策也服务于、服从于基本政策。毛泽东曾指出：“我们党规定了中国革命的总路线和总政策，又规定了各项具体的工作路线和各项具体的政策。”② 毛泽东在这里是把政策按两个层次来论述的。

1950 年 4 月，美国国家安全委员会通过著名的 68 号文件《美国国家安全的目标与计划》，也明确规定了美国政府在今后一段时间的总政策和基本政策，指出美国“当前的总政策是要创造一种让美国制度得以生存和繁荣的国际环境”。为了实现这一目标，需要执行两个不同而又紧密联系相互影响的政策：一个是“谋求发展一个健康的国际社会”，这是“即使没有苏联的威胁我们也会奉行的政策”；另一个便是“‘遏制’苏联制度的政策”。③ 在这里，美国政府显然把政策分为了三个层次，因为在其总政策下规定的这两个政策，是对其外交领域、对外关系方面做出的重大决策，规定了其对外政策的基本准则，就是要“谋求发展一个健康的国际社会”和“遏制苏联的制度”，至于如何实现这两项基本政策，还需要制定实施一系列具体的政策。

“战略”一词原为军事概念，在我国古代用来指关于战争的谋划、组织和管理，在西方是指“将军之道”。19 世纪德国著名军事家克劳塞维茨在其代表作《战争论》中就指出：“战略是为了战争目的运用战斗的学问。”④ 20 世纪以来，由于世界在两次科技革命的促进之下迅速发展，各国之间的竞争扩展为各个领域和综合国力的竞争，这一概念的内涵也发生了变化，不再仅限于军事领域，而被外延至政治、经济、外交、文化、科技等其他领域，各个领域、部门均在

① 《辞海》，上海：上海辞书出版社，1999 年编印本，第 358 页。

② 《毛泽东选集》第 4 卷，人民出版社，1991 年，第 1316—1317 页。

③ National Security Affairs; Foreign Economic Policy, Foreign Relations of the United States, 1950, Washington, D. C.: U. S. Government Publishing Office, 1977, Vol. I, pp. 252-253.

④ 《辞海》，上海：上海辞书出版社，1999 年编印本，第 1632—1633 页。

制定自己的发展战略。因此，根据我国权威辞书《辞海》的解释，“战略指政党、国家做出的一定历史时期内具有全局性的谋划”，是“泛指对全局性、高层次的重大问题的筹划与指导”。①

战略也具有层次性，但情况更为复杂。根据国内外学术界的研究，战略至少可划分为三个层次，即大战略、基本战略和具体战略。大战略（grand strategy，or higher strategy），美国也称“国家战略”，法国则称“总体战略”（total strategy），各国对其内涵的解释大同小异。1964 年出版的《美国百科全书》的界定是：“在一般意义上指在平时与战时，为获得对国家政策的最大限度支持，发展并运用国家的政治、经济、精神以及军事力量的艺术和科学。”② 我国学者吴春秋对大战略长期研究后也认为：“大战略是政治集团、国家或国家联盟发展和运用综合国力以实现其政治目标的总体战略。”③ 基本战略属第二层次的战略，法国著名战略理论家薄富尔称之为“全面战略”（overall strategy），我国学者将其译为“分类战略”④，是指为完成大战略的任务与目标，在政治、经济、军事、外交、文化等各个领域制定的核心战略，其功能为在本领域内分配任务和协调行动。具体战略则为第三层次的战略，是在各领域内为实现基本战略的目标所制定的一些更为具体的战略，以指导各种不同的活动，薄富尔称之为“分支战略”。⑤ 大战略、基本战略和具体战略三者的关系是，大战略位于这一金字塔战略体系的顶端，统领着各个基本战略和众多具体战略，规定着它们的任务和方向；基本战略依据大战略制定并以大战略的目标为最终目标；具体战略则依据基本战略制定并以基本战略的目标为目标。

所谓“策略”，即计策谋略，是指“为实现战略任务而采取的手段”，其英文单词为“tactics”，tactics 又有“战术”之意，可见策略与战术属同一性质同一层次的概念。

以上我们扼要阐释了政策、战略、策略这三个概念之内涵，那么它们之间

---

① （德）克劳塞维茨：《战争论》，中国人民解放军军事科学院译，北京：解放军出版社，1964 年，第 134 页。

② 吴春秋：《大战略论》，北京：军事科学出版社，1998 年，第 38 页。

③ 吴春秋：《大战略论》，北京：军事科学出版社，1998 年，第 17 页。

④ （法）安德烈·薄富尔：《战略绪论》，（瑞士）A. 约米尼等：《西方战略经典》，范林森译校，北京：时事出版社，2002 年，第 1050 页。

⑤ （法）安德烈·薄富尔：《战略绪论》，（瑞士）A. 约米尼等：《西方战略经典》，范林森译校，北京：时事出版社，2002 年，第 1049—1051 页。

又是什么关系呢?

首先，如果我们暂不考虑政策、战略等概念的层次，就整体概念而言，其关系一般来说应当是战略决定政策，政策依战略而制定，策略为政策服务，其发展序列应当是战略→政策→策略。这是因为，根据其内涵，战略是政党、国家做出的一定历史时期内具有全局性的谋划，是对全局性、高层次的重大问题的筹划与指导，这也就是确定所谓“战略任务”；政策是国家或政党依据一定历史时期内要实现的任务而制定的行为准则，即为实现战略任务所规定的基本原则；策略则是根据政策原则——“行为准则”而采取的具体的计策谋略或手段。

其次，如果我们把政策、战略的各个层次也都考虑在内，其关系就要复杂得多，大体上可以这样梳理：总政策→大战略→基本政策（基本战略）→具体政策（具体战略）→策略。可见，总政策居于顶端，它为大战略规定了任务和方向；大战略为实现总政策的目标服务，并规定了基本政策、基本战略的任务目标，整合其行动；基本政策、基本战略依据大战略而制定，具体政策、具体战略服务于基本政策、基本战略，策略服务于具体政策和具体战略。

在这个关系链中，我们将基本政策和基本战略、具体政策和具体战略分别置于了同一层次。这是因为，尽管这两对概念的内涵不尽相同，但“它们在内容上无疑有共同与重叠之处”，有时很难严格地区分某一项决策到底是政策还是战略。根据国际战略学理论，“所谓战略与政策，人们经常交替使用这两个词……在名词上相互置换在很多情况下并不会带来歧义”。① 许多时候，对一项决策，既可称之为政策，也可称为战略，既是一种政策，也是一种战略，特别是居于这两个层面的政策和战略，更加难于区分。正因为如此，在我国，“政策与战略这两个概念的使用通常没有严格界定。在战略学领域，人们通常不做政策与战略的辨析”。② 因此，这样处理似乎较为合适。

通过前面对秘密活动、间谍活动与隐蔽行动的界定，对隐蔽行动起源的探讨，以及以上对政策、战略和策略的辨析，我们可以肯定地说，冷战期间美国政府将隐蔽行动首先是作为一项政策、一个战略来运用的，是美国对苏冷战战

---

① 李景治等：《国际战略学》，北京：中国人民大学出版社，2003年，第104页。

② 李少军主编：《国际战略报告：理论体系、现实挑战与中国的选择》，北京：中国社会科学出版社，2005年，第29页。

略中的重要一环，是其遏制大战略体系中的一个基本战略。[①] 这一战略的基本内涵是，在保持强大军事实力和军事威慑的前提下，在公开外交斗争的同时，采取隐蔽行动，通过综合运用隐蔽的政治战、经济战、心理战和准军事行动等斗争手段，遏制苏联扩张，削弱苏联的力量和影响，铲除共产主义威胁，维护所谓西方的自由民主制度。这是美国政府在冷战爆发后不久即制定的、之后被美国历届政府传承的一个具有“全局性的谋划”，是专门用来指导美国政府对苏联集团及其他相关国家实施的隐蔽活动、秘密战争的。由于冷战是一场“真正的全面性战争”[②]，既包括公开的较量争夺，也包括秘密的尔虞我诈、互相倾轧，这就决定了隐蔽战线是美国抗击苏联集团的一条重要战线，隐蔽行动成为那些公开的斗争手段无法替代、用来补充公开斗争活动的斗争手段，隐蔽行动战略由此应运而生，成为冷战期间美国对这一重要战线的谋划和指导。在冷战期间美国制定的遏制大战略体系中，这一战略同其他政治、经济、军事、意识形态战略一样，是从属于遏制大战略的一个分类战略或曰方面战略，并以遏制大战略的目标为目标。

与此同时，我们也可以将冷战期间美国的对外隐蔽行动称之为一项政策，这是因为从它的制定、内容和执行情况来看，也具有政策的属性。它最初是由乔治·凯南领导的国务院政策设计室在几个月研究的基础上提出的，后经国家安全委员组织反复讨论修改，最后形成文件，下发实施。作为决定开展隐蔽行动、指导隐蔽行动的专门的政策文件，NSC10/2、NSC10/5、NSC5412 系列等文件都明确规定了隐蔽行动的目标及行为准则，它们是美国对外实施的一系列具体的隐蔽活动的出发点和规则，并被要求贯彻始终。因此，隐蔽行动既是一种战略，也是一种政策，正如在浩如烟海的国际冷战史文献中，谈到“遏制”时，有的称之为政策，有的称之为战略一样。1985 年里根总统签署的第 159 号国家安全决定指令《隐蔽行动政策批准与协调程序》就直接称隐蔽行动为政策。约翰·雅各布·纳特认为，在冷战的大部分时期，“隐蔽行动就是美国的对外政策”。[③]

---

① 关于冷战期间美国的大战略体系，请参阅拙文《论冷战期间美国的大战略体系》，《唐都学刊》2007 年第 3 期。

② （美）理查德·尼克松：《真正的战争》，萧啸、昌奉译，北京：世界知识出版社，2000 年，第 24 页。

③ John Jacob Nutter, The CIA's Black Ops: Covert Action, Foreign Policy, and Democracy, New York: Prometheus Books, 2000, p. 19.

至于隐蔽行动还是不是一种策略，我们可以肯定地说，作为整体的隐蔽行动，即 covert action，只能是一种战略、一种政策，而不是策略。如果就一个个具体的隐蔽行动而言，即 covert activities 或 covert action operations，则可称之为策略。举例来说，1979 年 12 月苏联入侵阿富汗后，美国政府依据遏制大战略，很快提出卡特主义，确定予以干涉、要求苏军撤出阿富汗的基本政策。根据这一政策，美国除采取对苏联在外交上施压、经济上制裁等战略措施外，也实施了隐蔽行动战略，即秘密支持援助阿富汗反政府武装，“借刀杀人”，将苏军赶出阿富汗。具体做法是通过巴基斯坦政府将武器装备等转交给阿富汗反政府武装。这就是依据隐蔽行动战略而采取的具体的策略了。

综上所述，我们可以得出如下结论：冷战期间美国对苏联集团及其他国家实施的隐蔽行动属于一种秘密活动，但绝非间谍活动；这种隐蔽行动有其历史渊源，冷战期间发展到巅峰，成为美国实现对外政策目标的一个重要的战略工具，或实现其总政策目标、大战略目标的一项基本政策和基本战略。因此，对于冷战期间美国的对外隐蔽行动，我们决不可等闲视之，看作只是偶然使用的策略手段或阴谋伎俩，而应从基本政策、基本战略的角度深入去研究。

原载（《世界历史》2010 年第 4 期）

大战略、遏制战略与隐蔽行动等诸战略——美国的冷战战略析论

冷战期间，美国政府为了对抗、削弱并击溃苏联东欧集团，铲除所谓共产主义威胁，制订并实施了诸如遏制战略、新面貌战略、和平战略、缓和战略、超越遏制战略，以及贸易管制战略、和平演变战略、大规模报复战略、灵活反应战略、现实威慑战略、隐蔽行动战略等一系列名目繁多、行色各异的战略。这些战略的相互关系如何？它们在苏东裂变、冷战结束中发挥了什么作用？本文将运用国际战略学理论予以探析。

一

"战略"（strategy）是人们非常熟悉的一个概念，但对它的起源及其准确含义能说清楚的人恐怕并不多。这一概念古已有之。在我国，早在公元 300 年左右，西晋史学家司马彪即著《战略》一书，"这可能是此一名词在我国文献中的最早出现"①。该书早已佚失，但从散见于其他书的佚文来看，它记录了当时一些重要的战略谋划事例，是一本战略论著。② 从此这一概念开始在我国逐渐被使用，如隋朝学者赵煚编写了《战略》二十六卷，明代学者茅元仪著《二十一史战略考》等。但在我国古代，这一概念的使用率并不高，根据李少军先生对二十五史的检索，"战略"作为一个词汇，仅出现过 8 次，更多出现的是与其意义

---

① 钮先钟：《战略研究》，桂林：广西师范大学出版社，2003 年，第 4 页。

② 李少军：《论战略观念的起源》，《世界政治与经济》2002 年第 7 期，第 3 页。

相同的“方略”（486次）、“庙算”（66次）、“方策”，以及意义相近的韬略、权谋等。[①] 这或许反映了汉语词汇的丰富。至于战略思想，则在晋代以前很早就出现了。春秋战国时期的孙子是国际公认的我国最早的战略理论家，他的《孙子兵法》是世界现存最早和影响最为深远的战略学著作。

在西方，英文strategy、法语stratègie一词均源于古希腊语strategos（将军）。6世纪末，东罗马帝国皇帝摩里斯为教育其将领，著Strategikon一书，意为“将军之道”。但在中世纪，这一概念并未流行。直到1777年法国学者梅齐乐出版十分畅销的《战争理论》一书，在书中首次正式使用了stratègie一词，将其界定为“作战指导”，该书一再重印，并被翻译成德文、英文等多种文字出版发行，这一概念才被广泛接受和使用。大约在19世纪末20世纪初，我国学者将其对应翻译成中文的“战略”。

战略一词原为军事概念，在我国古代用来指关于战争的谋划、组织与管理，在西方是指“将军之道”。19世纪德国著名军事家克劳塞维茨在其代表作《战争论》中就战略与战术进行了区分和界定，指出：“战术是在战斗中使用军队的学问，战略是为了战争目的运用战斗的学问。”[②] 总之，战略即指导战争的谋略。但20世纪以来，由于世界在两次科技革命的促进之下迅速发展，各国之间的竞争更多地发展为综合国力的竞争，这一概念的内涵也发生了变化，不再仅限于军事领域，而被外延至政治、经济、外交、文化、科技等其他领域。因此，根据我国权威辞书《辞海》的解释，“战略指政党、国家作出的一定历史时期内具有全局性的谋划”，是“泛指对全局性、高层次的重大问题的筹划与指导”。[③]

“大战略”（grand strategy，or higher strategy）是一战后西方军事理论界提出的引人注目的新概念。英国著名军事理论家利德尔·哈特在1929年出版《历史上的决定性战争》一书中首次明确使用了这一概念，之后在一些西方国家开始流行。法国将其称为“总体战略”，美国则又将其称为“国家战略”。[④] 关于其

---

① 李少军：《论战略观念的起源》，《世界政治与经济》2002年第7期，第3—4页。

② （德）克劳塞维茨：《战争论》，中国人民解放军军事科学院译，北京：解放军出版社，1964年，第134页。

③ 《辞海》，上海：上海辞书出版社，1999年编印本，第1632—1633页。

④ 对此学术界有不同看法，主要有三种：(1) 国家战略是国家的总体战略，大战略是其中关于国家安全部分，即国家安全战略。(2) 大战略是国家集团或联盟的战略，而国家战略是一国本身的战略。(3) 国家战略和大战略属同一层次，前者对内，后者对外。详见吴春秋：《大战略论》，北京：军事科学出版社，1998年，第15页。

内涵，也有个扩展的过程。利德尔·哈特在上述著作中指出："大战略的任务是协调和指导国家的全部力量以便达到战争的政治目的，即国家政策所确定的目标。"① 这时他还只是把大战略看作用以指导军事战略、实现战争目的的更高层次的战略。但他同时也认为，"大战略的领域基本上是一片未被认识的处女地"。

二战后，由于东西方两大阵营之间冷战的爆发，美苏的争夺、东西方的竞争已发展为除直接战争之外的包括政治、经济、军事、外交、文化、科技等各个领域的全面对抗和争夺，各国不仅要制定各个领域的具体战略，还要制定统领和协调这些具体战略以实现国家总政策目标的大战略，大战略的内涵也随之扩展。二战期间曾任盟军中国战区参谋长的美国军事家阿·魏德曼在1958年出版的回忆录《魏德曼报告!》中写道："大战略就是运用国家力量，以实现国家政策所规定的目标的艺术和科学。"他具体指出，这些力量包括政治、经济、心理和军事力量四大类。② 1964年出版的《美国百科全书》对大战略的内涵作了相似的界定：大战略"在一般意义上指在平时与战时，为获得国家政策的最大限度支持，发展并运用国家的政治、经济、精神以及军事力量的艺术和科学"③。我国学者吴春秋在对大战略作了长期研究之后也认为："大战略是政治集团、国家或国家联盟发展和运用综合国力以实现其政治目标的总体战略。"④

这些界定大同小异，归纳起来可知，大战略具有这样两个基本特征：其一，它是国家（或国家联盟）为实现某一时期政治目标而制订的最高战略或总体战略。其二，它的实施必须综合运用国家政治、经济、军事、文化等各方面的力量。这就是说，大战略统领、指导和协调国家各个方面的战略，国家各方面的战略均服从于、服务于国家的大战略，以国家大战略的目标为最终目标。一个国家能否实现某一时期的政治目标，关键要素之一是能否制定合适的大战略，构建一个行之有效的大战略体系。大战略的重要性不言而喻。

二

冷战期间美国的大战略是遏制战略。

---

① 转引自吴春秋：《论大战略和世界战争史》，北京：解放军出版社，2002年，第29页。
② 转引自吴春秋：《大战略论》，北京：军事科学出版社，1998年，第38页。
③ 转引自吴春秋：《大战略论》，北京：军事科学出版社，1998年，第15页。
④ 吴春秋：《大战略论》，北京：军事科学出版社，1998年，第17页。

遏制战略是1946—1947年在美苏同盟关系破裂、由合作转向冷战的大背景下，杜鲁门政府依据乔治·凯南的对苏遏制思想及政策建议制订，并于1950年最终确立的。

1946年2月22日，时任美国驻苏联大使馆临时代办的乔治·凯南应美国国务院的要求，发回了一封长达8000字的电报，对战后苏联的理论、意图、政策和做法进行了全面的分析，并就美国应采取的对策提出了具体的建议。凯南认为，苏联和希特勒德国不同，“……它不冒不必要的风险。它对理智的逻辑无动于衷，但对力量的逻辑高度敏感。由于这个缘故，当它在任何一点上遇到强大阻力时，它可以轻易地退却，而且它经常这样做。因此，如果对手拥有足够的力量和表明准备使用它，几乎用不着这样做，如果正确地处理形势，就不必进行有损威望的摊牌”。同时，凯南建议美国政府应不断完善美国社会，加强美国人民的自信、纪律、士气和集体精神，为其他国家规划并提出世界图景等。① 在这封“长电报”中，凯南虽没有使用遏制一词，但已提出了遏制苏联的思想。

1947年7月，已升任美国国务院政策设计室主任、进入美国高层决策圈的乔治·凯南又在美国权威期刊《外交》上化名“X”发表《苏联行为的根源》一文，明确提出了对苏遏制政策。他指出：“美国对苏联政策的要旨在于，它必须是一种长期的，耐心而又坚定的，警惕地遏制俄国对外扩张倾向的政策。”通过遏制苏联，给苏联施加极大的压力，促使其内部发生变化，最终在苏联建立“任何同我们所熟悉的那种私人企业相类似的制度”②。这篇文章实际上是对“长电报”的补充和发展。这两份文件在美国政界引起了强烈反响，国务卿马歇尔夸奖“长电报”的分析“十分精彩”，并很快将凯南抽调回国，委以重任。海军部长福莱斯特尔则将“长电报”复印给高级军官和政府要员人手一份以供学习领会。学术界认为，“这篇文章一发表，使凯南成了公认的遏制理论的思想家”③。

凯南对苏遏制的思想理论与政策建议为已决心对苏联采取强硬态度的杜鲁

---

① Foreign Relations of the United States，1946，Washington，D. C.：U. S. Government Printing Office，1969，Vol. VI，pp. 696-709.

② George Kennan，American Diplomacy，1900－1950，Chicago：The University of Chicago Press，1951，pp. 99-110.

③ Alexander Deconde，Encyclopedia of American Foreign Policy，New York：Charles Scribner's Sons，1978，Vol. 1，p. 194.

门政府提供了一个完美的逻辑依据，据此美国政府很快制定了对苏遏制的政策，杜鲁门主义、马歇尔计划、第一次柏林危机、北约的建立等便是这一政策的具体体现。经过 3 年的实践，1950 年 4 月，美国政府正式将其写入国策大纲中，在著名的国家安全委员会 68 号文件（NSC68）《美国国家安全的目标与计划》中第一次明确提出了“遏制政策”，并作了具体的解说。文件指出，美国“当前的总政策是要创造一种让美国制度得以生存和繁荣的国际环境”。为了实现这一目标，需要执行两个不同而又“紧密联系相互影响”的政策：一个是“谋求发展一个健康的国际社会”，这是“即使没有苏联的威胁我们也会奉行的政策”；另一个便是“‘遏制’苏联制度的政策”。那么，什么是“遏制政策”呢？文件解释道：“至于‘遏制’政策，就是采取除战争之外的一切手段以期达到下列目的的政策：（1）阻止苏联强权的进一步扩张。（2）揭露苏联宣传的欺骗性。（3）减少苏联的控制和影响。（4）总之，在苏联制度内培植破坏力量，使克里姆林宫至少能改变其做法，遵守公认的国际准则。”文件还指出，为了执行遏制政策，美国必须拥有总体实力优势，其中最重要的便是军事力量，这是因为保持强有力的军事地位既是国家安全的根本保证，也是实施遏制政策的必要前提：“如果没有优越的总体军事力量，没有准备好的并随时可以调遣的力量，‘遏制’政策仅仅是虚张声势——因为实际上它只是一种故意做出的、渐进式的威胁。”同时，为了成功地实施遏制政策，必须保留与苏联进行谈判的余地，外交冻结“会使‘遏制’的真正目标落空，因为，它同时会造成一种紧张，从而使我们更难于促使苏联朝适当的方向减少和调整其行为”。①

从上述内容可以看出，NSC68 号文件在这里事实上已把遏制政策确定为美国在冷战时期的大战略。这是因为：第一，遏制政策所要实现的是文件所规定的“创造一种让美国制度得以生存和繁荣的国际环境”这样一个总政策目标；至于文件所规定的遏制政策所要达到的四个目的，则是冷战条件下这一总政策目标的具体化。第二，遏制政策所要采取的是除战争之外的一切手段，即综合运用国家政治、经济、军事、精神等各方面的力量，而不是某一个方面的力量。这就具备了大战略的两个基本特征。文件把“遏制”称为“政策”而非“战略”，这并不影响“遏制”作为大战略的存在与实质。根据国际战略学说，“所

① U.S. Objectives and Programs for National Security, Foreign Relations of the United States, 1950, Washington, D.C.: U.S. Government Printing Office, 1977, Vol. 1, pp. 252-253.

谓战略与政策，人们经常交替使用这两个词，因为它们在内容上无疑有共同与重叠之处，在名词上相互置换在很多情况下并不会带来歧义”①。从政治层面说，遏制是一种政策；从军事层面讲，它又是一种战略。这就是为什么人们有时称之为“遏制战略”，有时又称之为“遏制政策”。NSC68号文件是一份政策文件，是要确定美国国家安全的目标与计划，因此它把“遏制”称为“政策”。但文件同时也指出“冷战实际上是一场关系到自由世界存亡的真正的战争”，从这个意义上说人们把“遏制”称为“战略”也是确切无疑的。特别是在“战略”概念已被“普世化”的情况下，将事关美国国家安全与命运的一项重大政策称为“战略”是完全可行的。

美国政府在制订对苏遏制战略后，始终坚持这一战略，直至冷战结束。虽然1952年大选期间共和党对杜鲁门政府制订的遏制战略大加鞭挞，指责它是“消极、无用和不道德的”，“它将无数人类生灵丢弃给了专制和不信神的恐怖主义”②，艾森豪威尔上台后制定了自己的“国家安全基本政策”（NSC162/2），提出了“新面貌战略”，但它只是在新形势下对遏制战略的一种适度调整，本质上还是遏制战略。例如，NSC162/2指出美国的长期目标是“对付苏联对美国安全的威胁”，“避免严重削弱美国经济或削弱我们的基本价值观和基本制度”。③这和NSC68号文件规定的“创造一种让美国制度得以生存和繁荣的国际环境”的目标本质上是一致的。在手段上，NSC162/2指出：“美国应尽可能采取政治、经济、宣传和隐蔽措施给苏联制造麻烦，利用这些麻烦，破坏苏联与中国的关系，使苏联对卫星国的控制复杂化，阻止苏联集团军事和经济潜力的增长。”④这也是遏制战略所要采取的手段。因此，诚如美国学者所言：“事实上，艾森豪威尔政府像每届冷战政府一样，继续执行了遏制政策。”⑤作为艾森豪威尔政府的遏制战略，新面貌战略的突出特点是特别强调了核威慑的作用，即通过大力发展核武器、声言要用核武器进行大规模报复来阻遏所谓苏联集团的侵略扩张。

---

① 李景治等：《国际战略学》，北京：中国人民大学出版社，2003年，第104页。

② （美）约翰·加迪斯：《遏制战略：战后美国国家安全政策评析》，时殷弘等译，北京：世界知识出版社，2005年，第136页。

③ Foreign Relations of the United States, 1952 - 1954, Washington, D.C.: U.S. Government Printing Office, 1984, Vol. 2, p. 590.

④ Foreign Relations of the United States, 1952 - 1954, Washington, D.C.: U.S. Government Printing Office, 1984, Vol. 2, p. 595.

⑤ Michael Kort, The Columbia Guide to the Cold War, New York: Columbia University Press, 1998, p. 39.

1960年，在民主、共和两党为争夺总统宝座的新的一轮大搏斗中，民主党总统候选人肯尼迪严厉抨击了艾森豪威尔政府的新面貌战略，提出了他上台后所要实施的“和平战略”，并坦陈他的遏制政策即和平战略。这一战略的特征是，“以军事实力为后盾，强调用和平的方式加强西方盟国的地位，对苏联等社会主义国家实行‘和平演变’，加强对第三世界的渗透与扩张，确立美国在世界上的霸主地位”。[①] 它特别突出了“剑”与“橄榄枝”两手抓的作用。20世纪70年代初，尼克松政府在世界多极化趋势加强、苏联实力地位上升、美国内外交困的形势下又提出了“缓和战略”，这是在美国实力相对衰落条件下的一种遏制战略，其目的在于在保持实力地位的基础上，通过与苏联对话、谈判、缓和关系，加强双方的交流，防止核战争的爆发，遏制苏联的扩张，促使苏联接受现存的国际秩序和苏联社会的变化，促使东欧国家摆脱苏联的控制等。1989年5月老布什总统在美苏关系走向缓和、冷战行将结束的形势下提出“超越遏制”战略，但“超越遏制”并非放弃遏制，而是在保持美国强大军事实力的基础上，在继续警惕和遏制苏联扩张的同时，利用苏联东欧正在进行改革之机，更多地综合运用经济、政治、文化、意识形态等各种手段，促进苏联和东欧国家和平演变，最终纳入西方资本主义世界体系。它本质上还是遏制战略，只是突出了“和平演变”在遏制大战略中的地位。

总之，尽管杜鲁门之后美国各届政府大都提出了自己的国家战略，而没有明确使用遏制战略一词，但万变不离其宗，它们本质上都是遏制战略。由于美国政治体制的特质，每位总统上台后都要和其前任保持一定距离，不肯轻言继承前任的政策，却要标新立异，借以显示自己属有创造力的总统；加之冷战态势在不断变化，根据新的形势进行适度战略调整也在所难免，一些新国家战略概念便应运而生。但只要是在东西方冷战的大背景下，遏制苏联集团所谓共产主义扩张便是美国的第一要务，遏制战略便是美国的大战略。美国著名冷战史学家约翰·加迪斯在1982年出版的产生了极大反响的专著《遏制战略：战后美国国家安全政策评析》一书中认为，“遏制，在过去30年里一直支配美国对外政策”[②]。事实上，在其后10余年中同样如此，直至冷战结束。

---

① 刘金质：《冷战史》上册，北京：世界知识出版社，2003年，第267—268页。

② （美）约翰·加迪斯：《遏制战略：战后美国国家安全政策评析》，时殷弘等译，北京：世界知识出版社，2005年，第362页。

三

根据战略学理论，大战略具有全局性和系统性，是个复杂的体系。它犹如一座金字塔，其下有各个层面的战略为基础，“是由各个层面具体的战略架构起来的”①。按照法国著名战略理论家博弗尔的解构，大战略体系至少包括三个层次的战略：大战略（他称为“总体战略”）位于金字塔的顶端，它决定各个领域战略的目标，并整合其行动；其下为军事、政治、经济、外交等各个领域的战略（他称为“全面战略”），其功能为在本领域内分配任务和协调行动；在每一领域内，又有许多不同的战略用以指导各种不同的活动。② 总之大战略体系由大战略和各个领域的战略及其众多子战略构成，它以众多战略及其子战略为依托，统领着众多战略和子战略；这些战略和子战略则依据大战略制定并以大战略的目标为最终目标。

遏制战略作为冷战时期美国的大战略，既要采取除战争之外的一切手段，也要综合运用国家的政治、经济、精神以及军事力量以实现其战略目标，因此必须依据不断变化着的形势制定和实施相应的政治、经济、军事、文化等战略，使其战略手段具体化，使其战略目标通过这些战略得以实现。威慑战略、贸易管制战略、和平演变战略、大规模报复战略、灵活反应战略、现实威慑战略以及隐蔽行动战略等便是这样一些战略。

贸易管制战略属经济战略，是冷战爆发后不久由杜鲁门政府制定、之后美国历届政府都实施的一项重要经济遏制战略，旨在通过管制美国及其西方盟国与苏联集团的贸易，禁止向苏联集团出口战略物资，以阻止其经济、军事实力的增长，并最终实现遏制大战略的目标。早在 1946 年冷战尚在酝酿之中，美国众议院“战后经济政策计划特别委员会”就提出，“为了防止苏联集团军事力量的增长”，应该实行“范围广泛”的出口管制。③ 1947 年 12 月 17 日，成立不久的国家安全委员会在其召开的第四次会议上通过了《对苏联东欧的出口管制》

① 李景治等：《国际战略学》，北京：中国人民大学出版社，2003 年，第 251 页。

② André Beaufre, An Introduction to Strategy, New York: Frederick A. Prager, 1965, pp. 30-31. 转引自钮先钟：《战略研究》，桂林：广西师范大学出版社，2003 年，第 30 页。

③ 崔丕：《美国的冷战战略与巴黎统筹委员会、中国委员会（1945—1994）》，长春：东北师范大学出版社，2000 年，第 83—84 页。

的重要文件，指出："国家安全委员会认为，美国的安全需要立即、无限期地停止从美国向苏联及其附庸国出口所有美国短缺物资和有助于增强苏联军事潜力的物资。"① 于是制定了贸易管制战略。1949 年 2 月 20 日，美国国会通过了《出口管制法》，规定美国实行出口管制的目的之一是促进美国的外交政策，帮助履行美国政府的国际责任；要求美国政府尽可能与盟国合作，共同实施出口管制；利用美国的经济资源和在与共产党国家贸易中的优势，推进美国的国家安全和外交政策目标。② 这就把贸易管制战略以国会立法的形式最终确定下来。根据这一战略，美国商务部制定了严格的出口许可制度，规定凡是从美国出口到苏联集团和西欧国家的所有物资都必须获得美国政府的批准。之后美国政府又通过威胁利诱等手段，迫使和苏联有着传统贸易关系的西欧盟国加入到贸易管制的行列来，于 1950 年年初共同成立了一个"对共产党国家出口管制统筹委员会"（即"巴黎统筹委员会"），制定了严格的出口管制清单并付诸实施。由于对苏联集团实施了严格的贸易管制，东西方贸易锐减，如 1948 年时美国对苏联的出口额尚有 2700 多万美元，到 1952 年时锐减到只有 1.5 万美元。之后随着冷战态势的变化，东西方贸易关系时紧时松，但美国从来没有放松对能促进苏联经济军事实力的战略物资的管制，作为美国推行贸易管制战略有力工具的"巴统"组织也只是在苏联解体、冷战结束后，在完成了自己的历史使命后，于 1994 年宣告解散。美国的贸易管制战略事实上把苏联集团排斥在世界经济发展的大潮之外，从而严重延缓了苏联集团经济的发展。

和平演变战略既是一种政治战略，也是一种意识形态战略。事实上乔治·凯南的遏制理论和 NSC68 号文件中已经提出了这一思想，即"在苏联制度内培植破坏力量，使克里姆林宫至少能改变其做法，遵守公认的国际准则"。20 世纪 50 年代中期美国政府则明确提出。这一时期苏联的内外政策得到一定程度的调整，表现出某种非斯大林化和改革开放的迹象，美苏关系开始解冻。在这种情况下，1955 年 1 月 31 日，艾森豪威尔总统批准了国家安全委员会文件《利用苏联和东欧卫星国的弱点》（NSC5505/1），决定要"通过利用不满和其他麻烦，

① Foreign Relations of the United States，1947，Washington，D.C.：U.S. Government Printing Office，1972，Vol.4，p.512.

② 崔丕：《美国的冷战战略与巴黎统筹委员会、中国委员会（1945—1994）》，长春：东北师范大学出版社，2000 年，第 104 页。

谋求制造和增强民众及官僚机构对苏联政权的压力，以促进苏联政策和行为的演变……”，要“继续保持反对苏联制度的基本立场，继续说明其邪恶，但强调演变而非革命”[①]。这是美国政府在对苏联东欧的重要政策文件中第一次明确提出要促使其演变，把演变“正式确立为美国的一项目标”[②]。1956 年 6 月 29 日，艾森豪威尔总统又批准了国家安全委员会 5607 号文件《关于东西方交流的政策》。文件明确规定，美国对苏联集团的基本战略是：（1）“促进苏联内部的演变，使其政权放弃掠夺性政策，谋求实现苏联人民的愿望而非国际共产主义的全球野心，并逐渐成为依靠民意而非专制警察权力的政权”。（2）“促进欧洲卫星国的演变，使之摆脱苏联控制。”[③] 那如何促进苏联东欧“演变”呢？即如文件标题所示，通过改变过去相互封锁、隔绝、对峙的状态，加强双方在人员、信息、经济、文化等方面的交流，使苏联东欧的官员、知识分子和人民群众了解和倾慕美国的富裕生活、自由民主，接受西方的价值观念，促使他们逐渐改变本国的政策和体制。在这里，目标是明确的，是要促使苏联东欧“演变”；手段是和平的，是通过加强“东西方交流”。这实际上是要在和苏联集团的冷战对抗中充分发挥美国“软实力”的效用。和平演变战略最终确立。这一战略一经确立，便成为美国对苏联集团遏制大战略的一个重要支柱，对于最终促使苏联东欧在 20 世纪 80 年代末至 90 年代初发生剧变中发挥了潜移默化滴水穿石的作用。

威慑战略、大规模报复战略、灵活反应战略、现实威慑战略、新灵活反应战略分属杜鲁门、艾森豪威尔、肯尼迪、尼克松、里根政府的军事战略。军事战略是遏制大战略的强大后盾和基本支柱。美苏对抗首先是建立在双方军事实力基础上的，如果双方军事实力悬殊，这种对抗就难以存在，因此双方都把发展军事实力当作头等重要之事。同时，美国要遏制苏联共产主义扩张，首先必须炫耀其武力，并建立进可攻退可守的强大军事同盟，使苏联望而却步。特别是在核时代，如何综合运用常规军事力量和核力量遏制苏联的扩张，而又不引

① Foreign Relations of the United States, 1955 - 1957, Washington D. C. : U. S. Government Printing Office, 1989, Vol. 24, p. 21.

② 时殷弘：《促进苏东变革——从设想到政策（1953—1955）》，《南京大学学报》（哲学·人文科学·社会科学版）1995 年第 3 期，第 110 页。

③ Foreign Relations of the United States, 1955 - 1957, Washington D. C. : U. S. Government Printing Office, 1989, Vol. 24, p. 243.

发核战争导致双方乃至人类的毁灭，成为至关重要的头等大事，这就决定了军事战略在遏制战略中的地位。冷战期间，由于双方激烈的军备竞赛，军事实力对比不断发生变化，你消我长，美国的军事战略也不断进行相应调整，使得军事战略成为遏制大战略体系中最不稳定的战略，几乎每位总统都制定了不同于其前任的军事战略。

杜鲁门政府是提出并实施遏制大战略的首届政府，但对自己的军事战略却没有明确使用一个特定概念，我们可以根据其军事战略的实际内容将它概括为"威慑战略"，即通过建立强大军事同盟，大力扩充军备，阻止苏联对西方发动战争，进而实现美国的大战略目标。美国国务卿艾奇逊在谈到北约的建立时承认，它"最大的目的"是对苏联起"威慑"作用。① NSC68 号文件特别强调增强美国的军事实力，指出："美国必须切实增加陆海空总兵力、核力量以及空中和对平民的防御能力，以便能够阻止战争的爆发，而且万一发生战争能够保证经受得住第一次打击，并继续实现最终目标。"② 可见这是一种全面发展军事力量进行威慑的战略。这一战略的实施使美国的战略空军和核武器实力大为增强，核武器数量从 1948 年的 50 枚增加到 1953 年的 1350 枚，处于绝对优势，但常规军事力量仍远远落在苏联之后；与此同时，军费开支急剧增加，导致财政赤字。艾森豪威尔政府认为，发展常规军事力量耗资巨大，继续全面发展军事力量的做法必将严重削弱美国的经济，美国必须在军事力量和经济力量之间保持平衡。据此，在 NSC162/2 号文件中提出了大规模报复战略，指出，为了对付苏联威胁，维护美国安全，"需要发展和保持一种更强有力的军事态势，重点强调依靠进攻性打击力量进行大规模报复的破坏能力"③。"如果发生战争，美国将考虑像使用其他武器那样使用核武器"④。这一战略的实质是，通过大力发展核优势，依靠大规模报复的核恫吓、核威慑，遏制苏联的扩张。结果是，到 1961 年时美国核武器数量已猛增至23 000枚。

---

① Foreign Relations of the United States, 1949, Washington, D.C.: U.S. Government Printing Office, 1975, Vol. 4, p. 109.

② U.S. Objectives and Programs for National Security, Foreign Relations of the United States, 1950, Washington, D.C.: U.S. Government Printing Office, 1977, Vol. 1, pp. 287-288.

③ Foreign Relations of the United States, 1952 - 1954, Washington, D.C.: U.S. Government Printing Office, 1984, Vol. 2, p. 582.

④ Foreign Relations of the United States, 1952 - 1954, Washington, D.C.: U.S. Government Printing Office, 1984, Vol. 2, p. 593.

20世纪50年代末至60年代初，苏联经过10多年的发展，不仅拥有了包括氢弹在内的相当数量的核武器，而且率先将人造卫星送上太空，表明苏联似乎已具有了将核弹打到美国的能力。与此同时，亚非拉民族解放运动持续高涨，苏联不断乘机谋利，美国很难用“大规模报复”的核威慑予以阻遏。据此，肯尼迪对大规模报复战略严加指责，说它“把美国赶进了一个死胡同，在那里，唯一的抉择就是要么毁灭世界，要么低头屈服”。[①] 入主白宫后他很快制定了“灵活反应战略”，放弃了大规模报复战略那种主要依靠发展核力量、进行核威慑、削减常规力量的思想和做法，主张全面发展各方面的力量，做好打各种战争的准备，灵活反应，用特种部队对付民族解放战争，用常规战争对付有限战争，确立打“两个半战争”的常规战争方针，要求拥有“第二次核打击的力量”。肯尼迪遇刺身亡后继任的约翰逊政府继承了这一战略。

之后，尼克松政府在美国实力地位下降、苏联实力增强和美国实现“核恐怖平衡”的背景下提出了“现实威慑”的军事战略，强调维持核威慑，保持打“一个半战争”常规战争的能力，同时要求盟国也承担起威慑的任务，使对方不敢贸然发动战争。里根政府则提出了“新灵活反应战略”，要求大力扩充美国军事实力，重建对苏军事优势，对苏联实行“多层次威慑”，并有能力和苏联打各种规模的战争。这一战略与肯尼迪政府的灵活反应战略其实并无实质性差别：两者都是一种全方位的扩军备战的战略，是对其前任有限收缩军事力量的否定；两者都主张根据具体情况灵活运用美国的核威慑与常规力量维护美国的全球利益，阻止苏联的侵略扩张。区别或许只在于里根政府的新灵活反应战略是苏联开始走向衰落而非鼎盛时期提出来的，它在实现美国促使苏联内部发生变化的政治目标方面发挥了更大的作用。

隐蔽行动战略（Covert Action Strategy）是冷战期间美国为维护西方自由民主制度，遏制苏联扩张，消除所谓共产主义威胁，综合运用隐蔽的政治战、经济战、心理战和准军事行动等斗争手段，削弱苏联的力量和影响，给苏联权力结构造成最大紧张的战略。同上述政治、经济、军事、意识形态战略一样，隐蔽行动战略也是从属于遏制大战略的一个分战略。所不同的是这一战略的特点

---

① （美）小阿瑟·施莱辛格：《一千天：约翰·菲·肯尼迪在白宫》，仲宜译，北京：生活·读书·新知三联书店，1981年，第237—238页。

在于，它是专门用来指导美国政府对苏联集团实施的隐蔽行动、秘密战争的。由于冷战是一场“真正的全面性战争”①，既包括公开的较量争夺，也包括秘密的尔虞我诈互相倾轧，这就决定了隐蔽战线是美国抗击苏联集团的一条重要战线，隐蔽行动成为那些公开的斗争手段无法替代、用来补充公开斗争活动的斗争手段。为此冷战爆发后不久杜鲁门政府即制定了这一战略，决定通过实施隐蔽的政治战、经济战、心理战和准军事行动以补充美国公开的对外活动。之后美国历届政府都继承实施了这一战略。② 由于遏制战略是要采取“除战争之外的一切手段”以实现前述的四个具体目标和一个总目标，隐蔽行动所属的种种手段自然也在其中；同时，隐蔽行动战略所要实现的目标和遏制战略所要实现的四个具体目标几乎完全一致。因此，毫无疑问，隐蔽行动战略也是遏制大战略体系中的一个重要战略，是以遏制大战略的目标为目标的。

四

以上我们扼要论述了冷战期间美国的大战略——遏制战略，以及遏制大战略体系中的一些重要战略。美国的冷战战略体系十分庞杂，40 余年中，围绕“遏制共产主义扩张”这根主线，美国在各个方面制定了许多形形色色的战略及其子战略，由于篇幅所限，难以一一解读。这些战略有的昙花一现，提出不久就被新的战略取代，如那些军事战略；有的则贯穿始终，长期发挥效用，例如，贸易管制、隐蔽行动等战略。它们相对独立，“各领风骚”，各自在所属领域发挥作用以实现遏制大战略所规定的目标。同时又互相联系密切配合，其目的手段往往互相交叉重叠，特别是政治、经济、军事、精神战略同隐蔽行动战略之间。例如，贸易管制实际上也是一种隐蔽的经济战，和平演变又是一种隐蔽的政治战、心理战。那些军事战略也常常起到一种心理威慑作用。

关于这些战略在冷战中发挥的作用，就某一具体战略来说，作用有大有小，有些甚至是失败的。例如，隐蔽行动战略对促使苏东裂变、美国赢得冷战起了不可忽略的重要作用。具体地说，首先，其政治战一定程度上造成苏联东欧统治集团内部的紧张气氛，培植加强了反社会主义因素，加速了社会主义阵营的

---

① （美）理查德·尼克松：《真正的战争》，萧啸、昌奉译，北京：世界知识出版社，2000 年，第 24 页。

② 详见白建才：《冷战初期美国隐蔽行动战略的制订》，《陕西师范大学学报》（哲学社会科学版）2003 年第 4 期，第 5—13 页。

瓦解。特别是20世纪80年代，里根政府和罗马教皇相勾结，秘密支持大力扶植波兰反政府的团结工会，使其最终坐大，夺取了政权，在东欧建立了第一个非共产党领导的政府。在波兰的多米诺效应下，其他东欧国家的共产党政权相继垮台，苏联东欧集团土崩瓦解。美国长期对苏联持不同政见者、民族分裂主义者以公开的和秘密的支持。20世纪80年代中后期美国将一些苏联移民作为间谍派回苏联，使这些人“以激进改革派自居，以戈尔巴乔夫的‘民主化’和‘公开性’为借口，四处煽风点火、混淆视听，大肆进行反党、反社会主义的宣传活动，为搞乱苏联、搞垮苏共推波助澜”。[①] 这些都在苏联剧变和解体中发挥了重要作用。其次，其经济战加剧了苏联的困难，加速了苏联的崩溃。例如，20世纪80年代中期里根政府秘密实施了一个“沙特行动”计划，即通过设法使沙特阿拉伯增加石油产量的做法使国际市场上石油价格暴跌，从而使原油输出大国苏联的外汇收入锐减。据中央情报局一份秘密报告说，每桶石油价格下跌1美元，苏每年就会损失5亿—10亿美元。1985年11月每桶石油价格为30美元，5个月后跌至12美元，据此推算，苏因此损失90亿—180亿美元。同时石油价格下跌也使一些中东国家因收入减少缩减了对苏联的武器购买，从而减少了苏联的军售外汇收入。苏共中央高级官员诺维柯夫说：“石油价格的下跌是破坏性的，它使数百亿美元一扫而空。”外汇收入的锐减给苏联经济带来严重困难，极大影响了苏联进口西方设备、工业材料和农产品，几十个大项目由于缺乏资金被迫中止。[②] 当时苏联正在实施加速经济发展战略，急需大量资金进口西方技术设备。里根政府的这些做法对苏联经济造成的危害是显而易见的。再次，美国通过自由欧洲电台、自由电台和美国之音等广播及其他方式所进行的秘密宣传战和心理战毒化了苏联集团人民的思想信念，煽动了人们对现政权和社会制度的不满，激发了人们对西方自由民主制度的向往，传播了各地反抗的信息，对20世纪80年代末的苏东剧变起了十分重要的煽风点火的作用。冷战期间，专门针对东欧国家的自由欧洲电台每天以保加利亚语、捷克语、斯洛伐克语、匈牙利语、波兰语、罗马尼亚语等6种语言几乎昼夜不停地进行广播，专门针对苏

① 李兴耕等编：《前车之鉴：俄罗斯关于苏联剧变问题的各种观点综述》，北京：人民出版社，2003年，第111页。

② （美）彼得·施韦策：《谁摧毁了“邪恶的帝国”?》，《现代外国哲学社会科学文摘》1995年第3期，第42页。

联的自由电台每天以俄语和其他 11 种苏联少数民族语言进行广播，所发挥的功效是难以计量的。前波兰政府相信，“如果美国关闭自由欧洲电台，地下组织就会完全停止存在”[①]。曾担任卡特总统国家安全顾问的布热津斯基也认为，苏联集团“丧失对信息传播的垄断是共产党集权统治垮台的关键”[②]。有学者甚至认为，西方之所以赢得冷战，“不是通过使用武器”，而是通过“比剑更有力的无线电广播”“不战而屈人之兵”。[③] 最后，其准军事行动虽然屡遭失败，但也时有成功。特别是 20 世纪 80 年代在亚非拉的全面出击，给苏联造成巨大压力，迫使苏联进行全面收缩，最终结束冷战。例如，里根政府给阿富汗游击队秘密提供的先进武器装备等军事援助极大地加强了阿富汗游击队的实力，给入侵苏军沉重打击，使阿富汗战争变成了“苏联的越南战争”。1992 年解密的苏联档案表明，“美国在 1986 年向阿富汗游击队提供‘毒刺’导弹是促使戈尔巴乔夫”下决心从阿富汗撤军的“决定性因素”。[④]

相反，那些军事战略则大多是失败的。它们导致了激烈的军备竞赛，加剧了世界的紧张局势，双方制造的总数多达 50 000 余枚核弹使人类生活在了核毁灭的阴影之下；也严重影响了美国的经济和社会发展，使美国出现巨额财政赤字，由世界最大的债权国变成了最一位大的债务国，到冷战结束时其财政赤字高达 3000 亿美元，国债高达 40 000 亿美元；同时也使美国长期深陷越南战争，人民生灵涂炭，美国声誉扫地。

如果就这些战略构建的遏制大战略体系整体而言，可以说对促使苏东裂变、冷战结束发挥了巨大作用。不可否认，苏联东欧在 20 世纪 80 年代末至 90 年代初放弃实行多年的社会主义，乃至华约解散，苏联解体，内因是主要的、根本的。但如果没有美国的长期“遏制”，没有遏制战略体系中那些政治、经济、军事、精神、隐蔽行动等战略加剧苏联东欧的困难，给苏联的权力机构造成最大的紧张，在苏联东欧内部培植破坏的种子，苏联东欧断然不会在 20 世纪 80 年代

① Michael Nelson, War of the Black Heavens: The Battles of Western Broadcasting in the Cold War, Syracuse: Syracuse University Press, 1997, p. xiii

② Michael Nelson, War of the Black Heavens: The Battles of Western Broadcasting in the Cold War, Syracuse: Syracuse University Press, 1997, p. xiii

③ Michael Nelson, War of the Black Heavens: The Battles of Western Broadcasting in the Cold War, Syracuse: Syracuse University Press, 1997, p. xiii

④ （英）理查德·克罗卡特：《50 年战争——世界政治中的美国与苏联（1941—1991）》，王振西主译，北京：新华出版社，2003 年，第 521 页。

末20世纪90年代初剧变解体。同样，冷战之所以在1990年结束，从表面上看，是1985年戈尔巴乔夫上台后进行了政策调整，妥协退让，放弃对抗的结果。但这种政策调整在很大程度上是美国长期推行的冷战战略体系综合作用的结果。正是由于冷战期间美国制定了一整套大体上行之有效的战略体系，极大地加剧了苏联的困难，才促使苏联在20世纪80年代中后期从根本上改变了对外政策，最终结束了冷战。因此可以说，冷战的结束也是美国以遏制战略为代表的大战略体系成功作用的结果。遏制大战略体系中各个方面的战略互相配合，共同作用，使遏制战略的目标最终得以实现。

原载（《陕西师范大学学报》2005年第6期）

论冷战期间美国的隐蔽行动战略

所谓隐蔽行动战略（Covert Action Strategy 或 Covert Operation Strategy），是指冷战期间美国为维护西方自由民主制度，遏制苏联扩张，最终战而胜之，综合运用隐蔽的政治战、经济战、心理战和准军事行动等斗争手段，旨在给苏联制度造成最大紧张的战略。它是冷战期间美国对苏联东欧集团及中国等社会主义国家实施的主要战略之一，是服务于遏制大战略的一个重要子战略。对这一问题，早在 20 世纪 50—60 年代，美国即已有当事人撰写回忆录，学者发表论著，予以揭露。20 世纪 70 年代后，美国国会在追查水门事件过程中，政府的许多隐蔽活动随之曝光，由此引发了美国学术界研究的第一个高潮。冷战结束后，由于有关档案大量解密，对这一问题的研究掀起新的高潮，研究成果大量问世。[①] 但这些论著多是揭露美国在冷战某一时期或某一方面的隐蔽行动政策及其活动的，全面综合的研究成果很少。同时也未上升到战略分析的层面，将其作为一种战略进行分析，并揭示其同遏制战略、和平演变等战略的关系。我国学术界从 20 世纪 60 年代以来零星翻译、编译出版了一些揭露美国隐蔽行动的论

① 最具代表性的便如 John Prados，Presidents' Secret Wars：CIA and Pentagon Covert Operations from World War II Through Iranscam，New York：auicl Morrow，1986；Gregory F. Treverton，Covert Action，New York：Basic Books，Inc.，Publishers，1987；Michael Nelson，War of the Black Heavens：The battles of Western broadcasting in the Cold War，Syracuse：Syracuse University Press，1997；Scott Lucas，Freedom's War：The American Crusade Against the Soviet Union，New York：New York University Press，1999；Peter Grose，Operation Rollback：America's Secret War Behind the Iron Curtain，Boston：Houghton Mifflin，2000；John Jacob Nutter，The CIA's Black Ops：Covert Action，Foreign Policy，and Democracy，New York：Prometheus Books，2000.

著，个别学者进行了初步的或某一方面的研究①。本文试图依据近年来美国政府解密的档案资料，在上述研究的基础上，就此作进一步探讨。

一

二战末期和战后初期，随着德意日战败投降，美、苏战时同盟的基础逐渐消失，从俄国十月革命后即产生的不同社会制度及意识形态的矛盾重新浮现。加之不同的对外战略构想，苏联为保障国家安全，力图控制东欧，把这个昔日入侵苏联（俄国）的“危险走廊”变成保障苏联的安全带，并尽可能在中近东和远东牟取权益，在此前提下伺机推进世界革命，改变苏联孤立的“一国社会主义”处境；美国则企图凭借战争中膨胀起来的强大经济军事实力，承担领导世界的责任，输出与捍卫自由民主制度。由是双方的矛盾冲突渐趋尖锐，在东欧、德国、伊朗、土耳其等一系列问题上展开对抗。1947 年 3 月 12 日，美国总统杜鲁门在国会发表演说，要求给正遭受共产主义威胁的希腊、土耳其提供 4 亿美元的援助；声称世界已分裂为“极权政体”与“自由国家”两个敌对营垒，“美国的政策必须是支持各国自由人民”，抵御共产主义的扩张。② 这一很快被称为“杜鲁门主义”的演说也被认为是杜鲁门政府的“冷战宣言”，它标志着美苏战时同盟关系正式破裂，酝酿了近两年的美苏冷战终于爆发。③

冷战爆发后，美苏首先在欧洲展开激烈争夺。1947 年 6 月，美国抛出“马歇尔计划”，企图通过提供庞大经济援助挽救在战争摧残和共产主义浪潮冲击下陷入严重困境的西欧资本主义各国，巩固反苏前哨阵地，并分化苏联的势力范围，把东欧重新融入西方资本主义经济体系。苏联起初准备参加这一计划，以期为经济恢复获得援助，并派代表团出席巴黎协商会议。但当发现其反苏意图

---

① （美）格拉蒙特：《秘密战——第二次世界大战以来的美苏间谍大战》，贝金译，北京：群众出版社，1964 年；（美）伍德沃德：《中央情报局 1981—1987 秘密战》，蔡建勇等译，北京：中国物资出版社，1988 年；（美）彼得 · 施魏策尔：《胜利——里根政府是怎样搞垮苏联的》，殷雄译，北京：新华出版社，2000 年；萧继勇、张明权：《神秘的第三只手——20 世纪的隐蔽行动》，南京：江苏人民出版社，1999 年；时殷弘：《激变战略与解放政策》，《世界历史》1995 年第 3 期；张敏谦：《美国对外经济战略》，北京：世界知识出版社，2001 年；崔丕：《美国的冷战战略与巴黎统筹委员会、中国委员会（1945—1994）》，长春：东北师范大学出版社，2001 年等。

② Arthur M. Schlesinger，The Dynamics of World Power，A Documentary History of U. S. Foreign Policy，1945—1973，New York：Chelsea House publishers，1973，Vol. 2，pp. 309-313.

③ Stephen W. Hook and John W. Spanier，American Foreign Policy Since World War II，Washington，D. C. ：CQ press，1991，p. 41.

后，便愤然退出，实施“莫洛托夫计划”，在7—8月分别同保加利亚等东欧6国签订了贸易协定，巩固和加强了苏联与东欧国家的经济关系，从而形成了与西方资本主义相抗衡的苏联东欧经济圈。与此同时，苏联对马歇尔计划严厉谴责，指责美国企图通过该计划扩大对欧洲的商品资本输出，把欧洲国家置于美国的经济政治控制之下；指责该计划试图把欧洲分裂为两个阵营，利用英法等国对抗苏联与东欧民主国家。为了加强对欧洲各国共产党政治上的控制与协调行动，9月22—28日，苏联东欧及法国、意大利9国共产党、工人党在波兰召开秘密会议，决定成立共产党情报局，以交流经验和协调行动，并出版机关刊物。在这次会议上，苏联代表日丹诺夫作了关于国际形势的报告，指出世界已分裂为“帝国主义反民主阵营”和“反帝国主义民主阵营”两大营垒，号召世界反帝民主阵营团结起来，制定共同的纲领和策略，反对帝国主义及其同盟者。我国有学者认为，这一报告“是莫斯科的冷战宣言”①。

共产党情报局的建立，是苏联对杜鲁门主义和马歇尔计划的反击，它标志着苏联东欧已结成政治同盟。当这一消息于10月5日公布后，在西方引起很大震动。“西方国家普遍认为，这是共产国际在新条件下的复活，说明共产主义要扩张”②。之后，情报局及所属各共产党、工人党积极开展活动，猛烈批判马歇尔计划和“美帝国主义”的扩张及战争政策，动员各国群众投入反对帝国主义侵略战争与维护世界和平的斗争。

面对苏联的激烈反击，美国开始寻找新的斗争手段予以抗击。手段之一便是实施隐蔽的心理战。

1947年11月7日，美国国务院—陆海空军协调委员会（SANACC）下属的一个特别小组向委员会提交了一份题为《心理战》的报告，详细分析了当时的形势，颇为焦虑地指出：“苏联正在进行一场激烈的主要针对美国的宣传运动，并综合运用心理的、政治的和经济的手段以图瓦解有能力反对苏联野心的各国所有非共产党力量。”结论说：“目前的世界形势要求美国立即采取协调措施以影响各国的态度，使其有利于获得美国的目标，抵消反美宣传的恶果。”报告就心理战的机构设置、政策制定等一系列问题提出了明确具体的建议③。委员会很

---

① 沈志华：《共产党情报局的建立及其目标》，《中国社会科学》2002年第3期，第187页。

② 刘金质：《冷战史》上册，北京：世界知识出版社，2003年，第169页。

③ Emergence of the Intelligence Establishment, Foreign Relations of the United States, 1945 - 1950, Document 249. http://www.state.gov/www/about-state/history/intel/240-250.html (2001 - 11 - 27).

快修改通过了该报告，提交国家安全委员会。国家安全委员会经反复讨论修改，于12月17日批准了对苏联集团实施隐蔽心理战的文件NSC4－A，指令中央情报局“开展并指导隐蔽的心理战，以反击苏联及其支持的威胁世界和平安全，或者旨在诋毁败坏美国热心促进的世界和平安全事业的活动”①。这份文件是美国政府制订的对苏联集团采取隐蔽行动的第一份重要文件，但它只是要求实施隐蔽的心理战，尚未提出实施全面的隐蔽行动。

到1948年，冷战对抗加剧。苏联为对抗美国及其西方盟国加强了对东欧的控制。罗马尼亚等战后一度实行联合政府的东欧国家纷纷将资产阶级政党排挤出局，建立由共产党领导的人民民主政权。特别是1948年2月，原本资产阶级势力较强、共产党相对处于弱势的捷克斯洛伐克发生政变，捷共在苏联支持下发动进攻，逼迫捷总统接受12名资产阶级部长辞职，执掌了政权。美国政界媒体对此大肆渲染，认为它再次表明了苏联的扩张威胁。4月，意大利举行大选。在西欧影响巨大的意共积极参选，志在必得。美国为了防止意大利共产党获胜并危及整个西欧，对意选民展开了猛烈的公开与隐蔽的心理战，最终阻止了意共上台。心理战在意大利的成功也鼓舞了美国展开隐蔽行动的信心。在这种形势下，美国政府决定制定对苏联集团实施全面隐蔽行动的战略。

二

1948年6月17日，美国国家安全委员会经过一个多月的讨论修改，通过了一份根据遏制政策设计师乔治·凯南提交的报告《开展有组织的政治战》制定的重要文件《国家安全委员会关于特别项目署的指令》，标号NSC10/2。文件指出：“国家安全委员会认识到苏联及其卫星国和共产主义团体诋毁、败坏美国及其他西方国家目标与行动的恶毒的隐蔽活动，决定为了世界和平与美国国家安全的利益，必须用隐蔽行动补充美国政府公开的对外活动。”决定在中情局内设立一个新机构“特别项目署”（OSP），负责策划指导隐蔽行动。文件也明确了隐蔽行动的内涵，指出隐蔽行动包括美国政府实施或赞助的反对敌对国家或集团、支持友好国家或集团的一切活动，这些活动计划的执行要使任何局外人都

① Documents of the NSC，1947-1977，Frederick：University Publications of America，Microfilm，A438.3，D：I：0007

不清楚其中的内幕和美国政府的责任；万一败露，美国政府也可以“巧言否认任何责任”。具体地说，“这些活动包括任何相关的秘密活动：宣传、经济战；预防性直接行动，包括破坏，反破坏，爆破拆毁，撤离疏散；颠覆敌对国家，包括援助地下抵抗运动、游击队和难民解放组织，支持自由世界受到威胁国家中的反共产主义分子”①。

NSC10/2 决定要对苏联集团展开全面隐蔽行动，要用隐蔽行动补充美国公开对外活动，并确定了其组织领导、具体内容和要求。这就意味着美国在与苏联集团对抗中又提出了一个新战略——隐蔽行动战略。它表明美国在公开遏制苏联集团的同时，加强了对它的秘密战，将隐蔽行动由宣传领域扩展到政治、经济等其他领域，企图通过对苏联集团实施全面的隐蔽行动，与之相对抗。1950 年 4 月 14 日，这一战略被国家安全委员会写进著名的 NSC68 号文件《美国国家安全的目标与计划》中，指出要在经济战、政治战和心理战领域加强隐蔽行动，煽动和支持具有战略意义的苏联卫星国家的骚乱和起义。②

1951 年 10 月 23 日，在 NSC10/2 实施三年多后，杜鲁门总统又批准了 NSC10/5 号文件《隐蔽行动的范围与步骤》，作为对 NSC10/2 的补充。NSC10/5 要求进一步加强隐蔽行动，强调其顺序如下。

（1）给苏联权力结构造成最大紧张，包括苏联与卫星国及共产党中国的关系；在按照美苏实力和避免战争风险前提下，在合适的时间地点，努力削弱苏联的力量和影响，使其不再对美国安全构成威胁。

（2）增强自由世界国家和人民对美国的向心力，增强他们抵抗苏联统治的意志和能力。

（3）在战略地区发展地下抵抗，推进隐蔽的游击活动，并使其最大程度上与第 1 段的目标相一致……③

NSC10/5 进一步完善了杜鲁门政府的隐蔽行动战略，使其目标、范围与步骤明确和具体化。特别是关于隐蔽行动战略所要达到的目标，NSC10/2 只是笼

---

① Emergence of the Intelligence Establishment，Foreign Relations of the United States，1945 - 1950，Document 292 . http：//www. state. gov/www/about-state/history/intel/290-300. html（2001 - 11 - 27）.

② National Security Affairs；Foreign Economic Policy，Foreign Relations of the United States，1950，Washington，D. C.：U. S. Government Publishing Office，1977，Vol. 1，p. 285.

③ Gregory Mitrovich，Undermining the Kremlin：America's Strategy to Subvert the Soviet Bloc，1947 - 1956，Ithaca，New York：Cornell University Press，2000，p. 67.

统地说“为了世界和平与美国国家安全的利益”；NSC10/5 则明确具体提出要“给苏联权力结构造成最大紧张”，要“削弱苏联的力量和影响”等。这就补充了 NSC10/2 的不足，使这一战略更具可操作性。文件特别强调要挑拨苏联与卫星国及中国的关系，增强资本主义国家对美国的向心力，这是因为 1949 年中国革命胜利后，迅速与苏联结成同盟，大大增强了社会主义阵营的实力；其时朝鲜战争已进行了一年多，美国在战场上直接领教了中国军队的铁拳；在中、苏等国的影响下亚非民族解放运动蓬勃发展。面对这种东风似乎要压倒西风的形势，挑拨苏联与东欧、中国等社会主义国家的关系，破坏瓦解社会主义阵营，增强西方阵营的团结就成为其隐蔽行动的重中之重。

自杜鲁门政府制定隐蔽行动战略后，其后历届政府都承继了这一战略，直至冷战结束。竞选时大肆攻击杜鲁门政府软弱无能，反共不力，只知对苏联集团实施防御性遏制战略的艾森豪威尔，上台后得知其前任早已在秘密实施隐蔽行动战略后，自然接过了这一武器，并于 1954 年 3 月—1955 年 12 月先后通过了 3 份名为《国家安全委员会关于隐蔽行动的指令》的重要文件，即 NSC5412、NSC5412/1、NSC5412/2。这些文件规定，要给国际共产主义制造困难，破坏苏联和共产党中国及他们和卫星国的关系，使苏联、共产党中国及其卫星国对国内的控制复杂化，延缓苏联集团军事和经济潜力的增长；要诋毁国际共产主义的威信和意识形态，削弱各国共产党及其支持者的力量；要在被国际共产主义统治或威胁的地区发展地下抵抗，促进隐蔽行动和游击活动……[①]这就进一步扩大了隐蔽行动的范围，把隐蔽行动的矛头不仅指向苏联东欧集团，也指向了中国及整个共产主义世界。可以说，艾森豪威尔政府进一步发展了其前任确定的隐蔽行动战略。

1961 年肯尼迪上台后，继续把 NSC5412/2 作为实施隐蔽行动的指导文件。约翰逊政府继承了肯尼迪政府的内外政策，对 NSC5412/2 也未做大的改动，只是在 1964 年通过国家安全行动备忘录 303 号文件（NSAM303），将领导隐蔽行动的“特别小组”易名为“303 委员会”。[②]

---

① Documents of the NSC，1947 - 1977，Frederick：University Publications of America，Microfilm A438，A：IV：0275.

② John Prados，Presidents' Secret Wars：CIA and Pentagon covert operations from World War II through Persian Gulf，revised and expanded edition，Chicago：Ivan R. Dee，Publisher，1996，p. 249.

1970年2月17日，尼克松政府通过国家安全决议备忘录第40号文件（NSDM40），对执行了长达15年的NSC5412/2做了一定程度的修改，将隐蔽行动领导小组的名称改为“40委员会”，规定委员会每年对被批准执行的隐蔽活动进行一次考评。① 同时该文件从字面上取消了隐蔽行动战略的反苏性质，指出“美国政府继续用隐蔽行动补充公开的外交活动，这对于维护美国的国防和安全及其对世界和平所作的努力仍然是十分重要的”②。但其反苏反共性依然隐约可见。因为在美国等西方国家的政治词典里，国际共产主义与对其国家安全的威胁完全是同义语。这种字面上的变化只是反映了当时冷战格局的变化和美国的战略收缩。

1974年尼克松因水门事件辞职，福特继任总统后，在其执政的两年多中并没有放弃隐蔽行动战略，只是在1976年初颁布的第11905号总统令中，设立“行动咨询组”（OAG）取代40委员会，将隐蔽行动的决定权掌握在有关政府部门的部长级官员而非他们的代表手里。文件继续规定要用隐蔽行动促进美国的对外政策，但禁止采取暗杀活动。1977年接任的卡特总统继续这一政策。他在1978年颁布的第12036号总统令中以国家安全委员会下设的“特别协调委员会”（SCC）取代行动咨询组作为隐蔽行动的决策机构。③

1981年上台执政的罗纳德·里根被称为“美国历史上反对共产主义最坚决的总统”④。他矢志要“把共产主义扔进历史的垃圾堆”，因此在任职8年中不仅接过了隐蔽行动战略的接力棒，而且把它运用到极致。1982年5月，里根政府通过国家安全决议指令第32号文件（NSDD32）《美国国家安全战略》，把对苏联及其盟国施加经济压力，在国内外开展政治宣传，进行旨在使苏联的卫星国政府摆脱莫斯科控制的隐蔽活动作为国家安全战略中5个主要支柱中的3个（其余两个为军事现代化和美国盟国增加军费）⑤，足见其把开展隐蔽行动置于国家安全战略的高度。同年11月12日，里根政府通过了要《对苏联进行持久经济战》的NSDD66

---

① Gregory F. Treverton, Covert Action, New York: Basic Books, Inc. , Publishers, 1987, p. 234.

② John Prados, Presidents' Secret Wars, CIA and Pentagon Covert Operations from World War II through Persian Gulf, revised and expanded edition, Chicago: Ivan R. Dee, Publisher, 1996, p. 322.

③ John Prados, Presidents' Secret Wars, CIA and Pentagon Covert Operations from World War II through Persian Gulf, revised and expanded edition, Chicago: Ivan R. Dee, Publisher, 1996, p349.

④ Peter Schweizer, Victory: The Reagan Administration's Secret Strategy That Hastened the Collapse of the Soviet Union, New York: The Atlantic Monthly Press, 1994, p. xii.

⑤ Christopher Simpson, National Security Directives of the Reagan and Bush Administrations, San Francisco : Westview Press, 1995, p. 62.

号文件。两个月后，即 1983 年 1 月 17 日，里根政府又通过了 NSDD75 号文件《美国的对苏政策》，指出如果苏联接受美国的条件，可以改善美苏关系，同时决定对阿富汗、波兰、尼加拉瓜和格林纳达等国的反叛者给予秘密政治军事支持。[①]

关于 1989 年继任的布什政府，其绝大部分密级档案尚未解密，虽然我们现在还不能见到其实施隐蔽行动的政府文件等档案材料，但从布什总统曾担任中情局长及里根政府 8 年副总统的经历来看，他对隐蔽行动战略的重视程度是不言而喻的，只是由于其时美苏关系已经缓和，冷战正走向结束，隐蔽行动战略在其总体对外战略中的地位必然下滑罢了。

三

冷战期间，随着美苏力量的消长和冷战格局的变化，美国隐蔽行动战略的实施大体经历了四个阶段。

第一阶段：20 世纪 40 年代末至 50 年代中，隐蔽行动战略实施的重点在欧洲。在这一阶段，美国对苏联集团展开紧锣密鼓的政治战、经济战、心理战和准军事行动。其中尤以政治战、心理战和准军事行动最为突出。

在政治战方面，主要是通过制造假情报、散布流言蜚语等手段挑拨离间苏联东欧国家高层领导的关系、苏联与卫星国的关系，引诱苏联集团人员大量叛逃，给苏联权力结构造成最大紧张。最具代表性的是 1950 年秋杜鲁门政府雇用一批哈佛大学、麻省理工学院和兰德公司的学者制订了一个颠覆苏联政权的“特罗伊计划”。它具体包括四种方式：(1) 设法使苏联党和国家管理机构丧失能力。(2) 增加叛逃西方事件，煽动军队和安全机构中出现大量叛逃者，动摇党对他们的信任，导致新一轮清洗，削弱党镇压持不同政见者的能力。(3) 传播针对苏高层领导特别是政治局成员的假情报，以增加他们相互猜忌，诱导苏共最高层的权力斗争。(4) 削弱苏联对东德共产党的信任及紧靠西方边界的苏联驻军的可靠性，继续进行把阿尔巴尼亚从苏联集团分离出来的活动，以及对苏联领导散布中国共产党可能有铁托主义倾向的假情报，促使国际共产主义再次分裂。[②] 为了引诱、鼓动苏联集团人员叛逃，中情局经常派特

---

① Christopher Simpson，National Security Directives of the Reagan and Bush Administrations，San Francisco：Westview Press，1995，p. 228.

② Gregory Mitrovich，Undermining the Kremlim：America's Strategy to Subvert the Soviet Bloc，1947 – 1956，Ithaca，New York：Cornell University Press，2000，p. 183-184.

工潜入苏联东欧进行策反，并资助一些民间机构进行鼓动。

心理战是美国隐蔽行动战略中运用最多的武器。在这一阶段美国运用一切可行手段对苏联集团展开宣传战、心理战。最主要的就是利用“美国之音”和“自由欧洲”等电台进行敌对宣传，攻击苏联东欧社会制度，揭露其阴暗面，鼓吹西方生活方式和价值观念，诱导听众对社会现实不满和对西方的向往，鼓动他们起来造反。当时美国之音一位官员赤裸裸地说他“不是在搞广播，而是在干革命”①。可谓一语道破天机。为了加强对心理战的领导，1951 年杜鲁门下令成立了心理战略委员会(PSB)，其职责是“制定并向从事心理战的部局传达国家心理战的总体目标、政策和计划，协调、评估国家的心理战”② 等。由此足见美国政府对心理战的重视。

所谓准军事行动是指美国秘密组织和训练从苏联集团叛逃出来的流亡者，然后把他们潜送回国，从事武装破坏活动，也包括中情局特工在敌对国家所搞的武装破坏及暗杀等活动。在这方面，中情局和英国、联邦德国的情报机构密切合作。他们在联邦德国和西柏林的难民营中秘密物色对象，集中进行训练，有些新手还要送到美国学习跳伞、收发报等特别课程。经过一定训练后，便通过海运或空投把他们送入苏联的立陶宛、拉脱维亚、爱沙尼亚、乌克兰等地或阿尔巴尼亚等国，从事搜集情报、武装破坏活动。最突出的是旨在把阿尔巴尼亚从苏联集团分离出去的行动。美英两国都认为阿夹在希腊和南斯拉夫之间，易于从苏联集团分离。1949 年起两国开始协调行动，从联邦德国、意大利、希腊、埃及等地招募了许多“自由阿尔巴尼亚人”，秘密训练后将他们一批批潜送回国。1949—1954 年，共进行了近 20 次秘密渗透活动，约 500 人被潜送入境。但这些人一入境便被当地部队歼灭。1954 年阿政府将抓获的几个特工公审处死，使中情局声名狼藉。中情局遂在同年停止了这一行动。③

在经济战方面，美国勾结英、法、意等一批西方盟国于 1950 年建立了一个“秘密的非正式国际组织”——“对共产党国家出口管制统筹委员会”(COCOM)④，协调立场，共同对苏联集团实施经济制裁和出口管制。朝鲜战争爆发后将管制范围扩

---

① 时殷弘：《从激变战略到解放战略》，《世界历史》1995 年第 3 期，第 7 页

② Directive to: The Secretary of State, The Secretary of Defense, The Director of Central Intelligence, Declassified Documents Reference System, 1991070102244, http: //www.ddrs. psmedia. com/ (2001 - 03 - 16) .

③ 于力人：《中央情报局 50 年》，北京：时事出版社，1998 年，第 63 页。

④ 崔丕：《美国的冷战战略与巴黎统筹委员会、中国委员会 (1945—1994)》，长春：东北师范大学出版社，2001 年，第 8 页。

大至中国，建立了该组织在亚洲的分支机构“中国委员会”。之后，该组织成为美国对共产党国家实施经济战的重要工具，直至1994年宣告解散。

这一时期美国在欧洲以外地区如菲律宾、伊朗、危地马拉等国也进行了不少隐蔽活动。但重点在欧洲是毋庸置疑的。

第二阶段：50年代末至70年代初。这一时期隐蔽行动战略实施的重点在亚洲、非洲和拉丁美洲。

到50年代中期，东西方冷战格局发生重大变化。第一，斯大林逝世后苏联新领导调整了对外政策，表示要改善和西方国家的关系，缓和国际紧张局势，并采取了一些具体行动。苏联似乎暂时不再构成对美国最紧迫最直接的威胁。第二，华沙条约组织建立，在欧洲正式形成了两大军事集团对峙的局面。同时苏联已建立了一定规模的核武库，特别是研制成氢弹。这意味着美在欧洲任何不谨慎的举动都可能酿成一场灾难。第三，在美国隐蔽行动战略促进下发生的1953年民主德国起义、1956年“波兹南事件”和“匈牙利事件”很快被镇压，这表明苏联对东欧的控制是严密有效的，继续此类行动只能是为苏联集团“提供采取镇压措施的口实，从而有助于加强共产党的控制”①。第四，新中国在朝鲜战场上使美国惨遭痛击；在中国革命影响下，东南亚民族解放运动蓬勃高涨。这使美国统治者认为“中国牌子的共产主义比苏联牌子的共产主义更危险”，担心在东南亚出现多米诺骨牌效应。第五，亚非拉反帝反殖浪潮汹涌澎湃，殖民地半殖民地国家不断取得独立，第三世界勃然兴起。在这种情况下，美国的冷战战略也作了相应调整，对苏联东欧暂时减少了隐蔽活动，提出了和平演变战略，而将隐蔽行动战略的重点外移至亚非拉地区。

在亚洲，中情局积极支持西藏达赖集团发动叛乱，为其训练武装特工，空投武器装备及叛乱分子，进行空中掩护等，妄图分裂中国；积极配合美国在越南的战争，向北方空投特务，散布谣言，破坏铁路，制造混乱。中情局在西贡的情报官员多达400余人，成为中情局海外最大的情报站；为了搞垮具有“亲共倾向”的印尼苏加诺政府，中情局秘密支持在苏门答腊岛的叛军，“空投武器物资，用潜水艇给叛军运送物资，接送联络官员”②。1965年又秘密支持印尼军人集团发动政变，疯狂屠杀共产

① Eastern Europe, Soviet Union, Eastern Mediterranean, Foreign Relations of the United States, 1952-1954, Washington, D.C.: U.S. Government Printing, 1988, Vol. 8, p. 99.

② John Jacob Nutter, The CIA's Black Ops: Covert Action, Foreign Policy, and Democracy, New York: Prometheus Books, 2000, p. 55.

党人，并于1968年废黜了苏加诺。

在非洲，为了防止刚刚获得独立的刚果（金）成为第二个古巴，中情局精心策划暗杀了其领导人卢蒙巴。

在拉丁美洲，美国为了巩固后院，阻止苏联势力渗透，也充分运用了隐蔽行动战略。1959年古巴革命胜利后，为了颠覆出现在眼皮底下的古巴革命政权，对古巴实施了全面的隐蔽行动。中情局制订了“冥王星计划”，制造了臭名昭著的“猪湾入侵”事件。中情局也不断派出特工，潜入古巴进行破坏活动，将古巴运糖的船用放射性物质污染，在古巴的矿山制造爆炸事件，在哈瓦那最大的商场纵火，将古巴的甘蔗地付之一炬。同时，中情局多次策划了各种形式的暗杀卡斯特罗事件。在智利，1958—1970年，美国一直通过隐蔽的政治活动，阻止社会党人和共产党人在选举中获胜。1973年又支持右翼军人集团发动政变，将社会党左翼领袖阿连德枪杀在总统官邸的办公室里。

总之，这一时期美国在亚非拉的隐蔽活动十分猖獗。据统计，肯尼迪政府平均每月要批准4.8项隐蔽活动计划，而约翰逊政府则增加到5.25项。①

第三阶段：20世纪70年代中后期，由于水门事件的影响，隐蔽活动大大缩减。

1972年“水门事件”爆发后，民主党穷追不舍，迫使尼克松总统于1974年辞职。此时正值美苏关系缓和，冷战处于低潮，美国国会在追查水门事件过程中，对涉嫌卷入该事件的中情局所采取的其他隐蔽活动也提出了质疑和查究，导致中情局声名狼藉。中情局被迫削减机构，裁撤人员，其隐蔽活动骤减。20世纪50—60年代，隐蔽活动占中情局预算54%，1976年时下降到4%左右。②

第四阶段：20世纪80年代，美国在东欧和亚非拉重点突破，全面出击，赢得了冷战。

1979年12月苏联入侵阿富汗后美国迅速调整了对苏政策，结束了前几年的缓和状态，展开强硬对抗。特别是1981年里根上台后，决心利用苏联的内外困境进行反击，一举夺取冷战的胜利。在隐蔽行动方面，里根政府采取了重点突破—以波兰和阿富汗为重点进行突破，全面出击——政治战、经济战、心理战和准军事行动齐头并进，从东欧和亚非拉全面出击的战术，给苏联以决定性打击。

① John Prados, Presidents' Secret Wars, CIA and Pentagon Covert Operations from World War II through Persian Gulf, Chicago: Ivan R. Dee, Publisher, 1996, p. 251.

② 于力人：《中央情报局50年》，北京：时事出版社，1998年，第555页。

波兰地处东欧心脏，如搞垮波兰，将产生多米诺骨牌效应，对东欧其他国家产生重大影响。为此，里根政府除公开对波兰通过经济制裁等手段施压外，暗中大力支持反政府组织团结工会，秘密资助大笔活动经费和先进的无线电通讯工具、广播电台、印刷机等设备。为搞垮波兰，里根还和罗马教皇保罗二世密谋，约定联合在波兰“进行一场秘密战役，以加速共产主义帝国的瓦解”①。

为了使苏联陷入阿富汗战争的泥潭，加剧苏联的负担和加速其崩溃，里根政府不断增加对阿反政府武装的经济援助，到 1987 年，援助总额达 25 亿美元。美国还向阿反政府武装提供了当时世界上最先进的肩扛毒刺式导弹，以及先进的夜视装置和精确制导武器，给苏军造成致命打击。“支持阿富汗抵抗力量成为美国采取的最大的隐蔽行动。”② 与此同时，里根政府还企图“把战争引向苏联境内”。中情局长威廉·凯西多次密访巴基斯坦，告诉巴基斯坦情报官员“苏联的民族关系紧张不堪一击”；中亚地区“是苏联柔软的下腹部”，“阿富汗北部地区是通向苏联中亚地区的一个跳板”，与巴情报官员秘密商讨训练和派遣阿游击队员进入苏联发动袭击。③ 阿游击队员多次潜入苏联中亚地区，在公路上埋设地雷，袭击哨所，伏击边防巡逻队，给苏联造成更大压力。

在东南亚，1982—1988 年，美国通过东盟国家每年向柬埔寨自由高棉抵抗力量提供 3000 万美元的援助，反对苏联支持的越南对柬埔寨的占领。

在安哥拉，1985 年美国会否决了禁止向安抵抗组织提供秘密援助的 1976 年克拉克修正案，里根政府立即向反政府武装提供了 5400 万美元的秘密援助。

在尼加拉瓜，里根政府出资出枪在洪都拉斯建立了尼反政府武装，在尼加拉瓜发动内战，决心要推翻苏联、古巴支持的尼加拉瓜桑地诺尼解放阵线政府。由于国会的拨款限制，里根政府不惜秘密向伊朗出售武器，将获款资助尼反政府武装，制造了轰动一时的“伊朗门事件”。

对苏联，里根政府不仅提出“星球大战计划”，企图通过这一高科技、高耗资的竞争拖垮苏联经济，还对苏联施行公开的和隐蔽的经济战。1982 年里根政府以波兰镇压团结工会为借口，对波、苏实行经济制裁，切断了对苏联修建横贯西伯利亚天然气管道的技术设备供应，并竭力劝说西欧和美国一道实行制裁。里根在《里根自

---

① 于力人：《中央情报局 50 年》，北京：时事出版社，1998 年，第 679 页。

② John Prados，Presidents' Secret Wars，CIA and Pentagon Covert Operations from World War II through Persian Gulf，Chicago：Ivan R. Dee，Publisher，1996，p. 363.

③ Peter Schweizer，Victory：The Reagan Administration's Secret Strategy That Hastened the Collapse of the Soviet Union，New York：The Atlantic Monthly Press，1994，p. 177.

传》中坦承，此举就是要“对苏联施加我认为足够的经济压力，以加快共产主义的死亡”。制裁结果使苏联“损失了150亿—200亿美元”。20世纪80年代中期里根政府秘密实施了一个“沙特行动”计划，即通过设法使沙特阿拉伯增加石油产量的做法使国际市场上石油价格暴跌，从而使原油输出大国苏联的外汇收入锐减。据中情局一份秘密报告说，每桶石油价格下跌1美元，苏每年就会损失5亿—10亿美元。1985年11月每桶石油价格为30美元，5个月后跌至12美元，据此推算，苏联因此损失90亿—180亿美元。同时石油价格下跌也使一些中东国家因收入减少缩减了对苏联的武器购买，从而减少了苏联的军售外汇收入。苏共中央高级官员诺维柯夫说：“石油价格的下跌是破坏性的，它使数百亿美元一扫而空。”外汇收入的锐减给苏联经济带来严重困难，极大影响了苏联进口西方设备、工业材料和农产品，几十个大项目由于缺乏资金被迫中止。① 当时苏联正在实施加速经济发展战略，急需大量资金进口西方技术设备。里根政府的这些做法对苏联经济造成的危害是显而易见的。

这样，通过20世纪80年代里根政府对苏联集团以波兰和阿富汗为突破口重点突破，在东欧和亚非拉全面出击，隐蔽的政治战、经济战、心理战和准军事行动一起开花，到1989年里根结束任期时，苏联已成强弩之末了。

四

冷战期间，美国政府为击溃苏联集团，瓦解社会主义阵营，赢得冷战胜利，制定并实施了诸如遏制战略、贸易管制战略、和平演变战略、大规模报复战略、灵活反应战略、现实威慑战略以及隐蔽行动战略等一系列名目繁多、行色各异的战略。其中，遏制战略是大战略或曰基本战略，其他战略均是从属于遏制大战略的具体战略或曰子战略。② 隐蔽行动战略作为遏制大战略的一个子战略，是美国冷战战略库中一件形式独特威力巨大的武器，为击垮苏联集团发挥了无可替代的重要作用。

如前所述，隐蔽行动战略是要通过隐蔽的政治战、经济战、心理战及准军事行动给苏联的权力结构造成最大的紧张，削弱其实力，挑拨离间社会主义国家之间的关系，诋毁瓦解国际共产主义运动。其直接目标是给苏联东欧等社会主义国家制造困难，使其统治难以为继。虽然隐蔽活动古已有之，那些敌对国家常常秘密采取心理战、反间计以瓦解对方，但如此综合、全面、系统地把它作为一种战略来实施运

---

① （美）彼得·施韦策：《谁摧毁了“邪恶的帝国”?》，《现代外国哲学社会科学文摘》1995年第3期，第42页。

② 由于篇幅所限，关于冷战期间美国的大战略及与其他战略的相互关系，笔者将另撰专文予以论述。

用，这在世界历史上还是第一次。即使在俄国十月革命后，惊慌失措的西方政府也未能对苏俄（苏联）制定并实施如此完整的隐蔽行动战略。冷战期间美国制订并实施隐蔽行动战略长达40多年，其功效是显而易见的。其表现如下。

首先，其政治战一定程度上造成苏联东欧统治集团内部的紧张气氛，培植加强了反社会主义因素，瓦解了社会主义阵营。例如，20世纪40年代末50年代初，中情局实施反间计，使苏联东欧集团领导人之间互不信任和猜忌，导致一系列清洗，甚至捷克斯洛伐克共产党总书记斯兰斯基也被怀疑是帝国主义间谍，酿成了以斯兰斯基为首的13名捷党政军高级领导人被处死的惨剧。特别是80年代，里根政府和罗马教皇相勾结，秘密支持大力扶植波兰反政府的团结工会，使其最终坐大，于1989年7月夺取了政权，在东欧建立了第一个非共产党领导的政府。在波兰的影响下，其他东欧国家的共产党政权相继垮台，苏联东欧集团土崩瓦解。美国长期对苏联持不同政见者、民族分裂主义者公开的和秘密的支持。20世纪80年代中后期美国将一些苏联移民作为间谍派回苏联，使这些人"以激进改革派自居，以戈尔巴乔夫的'民主化'和'公开性'为借口，四处煽风点火、混淆视听，大肆进行反党、反社会主义的宣传活动，为搞乱苏联、搞垮苏共推波助澜"。[①] 这些都在苏联剧变和解体中发挥了重要作用。

其次，其经济战加剧了苏联的困难，加速了苏联的崩溃。苏联的经济发展到20世纪80年代初，由于政府不能与时俱进，稳步地从根本上改革其僵化的指令性计划经济体制，经济发展速度逐年下降，科学技术更趋落后。据此，里根政府认为苏联的经济"已毫无希望"[②]，决心利用苏联的弱点，"对苏联的基本经济与政治弱点进行攻击"[③]。在经济战方面，除了不断寻找借口予以经济制裁、通过"星球大战"计划加剧军备竞赛拖垮苏联的经济等公开手段外，也通过"沙特行动"等计划对苏联实施了隐蔽的经济战。"沙特行动"使苏联外汇收入锐减，给苏联脆弱的经济雪上加霜，最终加速了苏联的崩溃。

再次，其通过自由欧洲电台、自由电台和美国之音等广播及其他方式所进行的秘密宣传战和心理战毒化了苏联集团人民的思想信念，煽动了人们对现政权和社会制度的不满，激发了人们对西方自由民主制度的向往，传播了各地反抗的信息，对

---

① 李兴耕等编：《前车之鉴：俄罗斯关于苏联剧变问题的各种观点综述》，北京：人民出版社，2003年，第111页。

② （美）罗纳德·里根：《里根自传》，张宁等译，北京：世界知识出版社，1991年，第496页。

③ Peter Schweizer，Victory：The Reagan Administration's Secret Strategy That Hastened the Collapse of the Soviet Union，New York：The Atlantic Monthly Press，1994，p. xv.

20世纪80年代末的苏东剧变起了十分重要的煽风点火的作用。1981年9月21日，美国之音的副台长尼古拉德斯有一段十分“精彩”的讲话，他说：“我们应当破坏苏联及其卫星国的稳定，促进它们的人民和政府之间产生摩擦……我们要尽量在共产主义集团各国领导人之间打进楔子，使他们相互不满和互相猜疑。我们应当煽起民族主义的火焰，鼓励铁幕后面宗教感情的复萌。”① 这段话赤裸裸地道出了美国政府公开支持美国之音、暗地操纵自由欧洲电台和自由电台的图谋。冷战期间，专门针对东欧国家的自由欧洲电台每天以保加利亚语、捷克语、斯洛伐克语、匈牙利语、波兰语、罗马尼亚语等6种语言几乎昼夜不停地进行广播，专门针对苏联的自由电台每天以俄语和其他11种苏联少数民族语言进行广播，所发挥的功效是难以估量的。波兰政府曾相信，“如果美国关闭自由欧洲电台，地下组织就会完全停止存在”。曾担任卡特总统国家安全顾问的布热津斯基也认为，苏联集团“丧失对信息传播的垄断是共产党集权统治垮台的关键”。因此有学者说，西方之所以赢得冷战，“不是通过使用武器”，而是通过“比剑更有力的无线电广播”“不战而屈人之兵”。② 这些评论不无道理。

最后，其准军事行动虽然屡遭失败，但也时有成功。特别是20世纪80年代在亚非拉的全面出击，给苏联造成巨大压力，迫使苏联进行全面收缩，最终结束冷战。如里根政府给阿富汗游击队秘密提供的先进武器装备等军事援助极大地加强了阿富汗游击队的实力，给入侵苏军沉重打击，使阿富汗战争变成了“苏联的越南战争”。1992年解密的苏联档案表明，“美国在1986年向阿富汗游击队提供‘毒刺’导弹是促使戈尔巴乔夫”下决心从阿富汗撤军的“决定性因素”③。

总之，隐蔽行动战略如同其他从属于遏制大战略的子战略一样，是美国对苏联集团冷战战略库中的一件重要武器，是遏制大战略体系中的一根重要支柱，它对促使苏东裂变、美国赢得冷战起了不可忽略的重要作用。对此我们绝不能低估。

原载（《世界历史》2005年第5期）

① 刘洪潮主编：《西方和平演变社会主义国家的战略、策略、手法》，武汉：湖北人民出版社，1989年，第82页。

② Michael Nelson，War of the Black Heavens：The Battles of Western Broadcasting in the Cold War，Syracuse：Syracuse University Press，1997. p. xiii。

③ （美）理查德·克罗卡特：《50年战争——世界政治中的美国与苏联（1941—1991）》，王振西译，北京：新华出版社，2003年，第521页。

20 世纪 50 年代美国对中国的隐蔽行动探析

隐蔽行动是冷战期间美国与苏联集团进行公开较量、秘密争夺的一件重要战略武器，美国冷战遏制大战略的重要组成部分，是美国在外交折冲军事干涉之外的“第三种选择”①。1949 年新中国成立前后，随着中共“一边倒”对外政策的确立和中苏友好同盟互助条约的签订，美国便将隐蔽行动的矛头指向中国，在对中国军事封锁、外交孤立、经济禁运的同时，开始实施隐蔽行动，以期破坏中苏关系，削弱苏联和中国的力量和影响。整个 20 世纪 50 年代是中美关系史上最为敌对恶劣的年代，双方都把对方视为最凶恶的敌人，美国对中国的隐蔽行动的全面实施，其频繁激烈程度超过了对苏联的隐蔽行动。目前国内外学术界对其中某些问题已有较深入的探讨②，

---

① Theodore Shackley, The Third Option: An American View of Counterinsurgency Operations, New York: McGraw-Hill, 1981, p. 6; John Jacob Nutter, The CIA's Black Ops: Covert Action, Foreign Policy, and Democracy, New York: Prometheus Books, 2000, p. 30; William J. Daugherty, Executive Secrets: Covert Action & Presidency, Kentucky: The University Press of Kentucky, 2004, p. 19.

② 就国外学术界而言，主要有：Frank Holober, Raiders of the China Coast: CIA Covert Operations during the Korean War, MD: Naval Institute Press, 1999；该书作者以亲身经历揭露了朝鲜战争期间美国中情局在“西方企业公司”的掩护下组织策划的对中国东南沿海地区的隐蔽行动。John Prados, Presidents' Secret Wars: CIA and Pentagon Covert Operations from World War II through Persian Gulf, Chicago: Ivan R. Dee, Publisher, 1996；该书的部分章节简述了中情局支持逃窜到缅甸的国民党残部对中国西南地区袭击的“纸张计划”，对西藏分裂势力和叛乱武装的支持。Kenneth Conboy and James Morrison, The CIA's Secret War in Tibet , Lawrence, Kansas: The University Press of Kansas, 2002；该书详细叙述了中情局对西藏叛乱武装的支持。William Blum, Killing Hope: US Military and CIA Interventions Since World War II, London: Zed Books Ltd, 2003；该书第 1 章即概述了 1945 年至 20 世纪 60 年代美国对中国的秘密干涉等。国内学术界对美国对中国西藏的干涉进行了深入研究，如李晔：《美国在中国西藏的“游戏”——20 世纪美国对中国西藏政策研究》，长春：东北师范大学出版社，2010 年；郭永虎、李晔：《美国中央情报局在中国西藏的准军事行动新探（1949—1969）》，《当代中国史研究》2006 年第 9 期；程早霞的系列论文及其博士论文《美国中央情报局与中国西藏（1940s—1972）》等。

但尚难见到对这一时期美国对中国隐蔽行动的全面系统的研究。本文将依据美国解密档案资料，借鉴学界已有成果，就此进行初步探析，旨在更深刻地认识冷战期间美国的对华政策、隐蔽行动战略以及东西方的较量争夺。

一、美国对中国隐蔽行动政策的制定

隐蔽行动战略最早是美国为遏制苏联所谓共产主义扩张提出来的。1947 年 12 月，就在中国解放战争正酣之际，美国国家安全委员会就通过了 NSC4 - A 绝密文件，决定实施“隐蔽的心理战，以反击苏联及其支持的威胁世界和平安全，或旨在诋毁败坏美国热心促进的世界和平安全事业的活动”[①]。半年后，即 1948 年 6 月，美国国家安全委员会又通过了 NSC10/2 绝密文件，指出“为了世界和平与美国国家安全的利益，必须用隐蔽行动补充美国政府公开的对外活动”[②]，决定对苏联东欧集团实施全面的隐蔽行动，并明确了实施隐蔽行动的组织领导及其内涵和实质性特点，从而确立了隐蔽行动在美国遏制大战略中的战略地位。[③] 之后，杜鲁门、艾森豪威尔政府又通过了多份关于隐蔽行动的专门文件[④]，并将其作为实现国家安全目标的重要手段写入总体规划美国国家安全战略的 NSC68、NSC162/2 等纲领性文件中。[⑤] 这些都表明冷战开始后美国政府在与苏

---

① Emergence of the Intelligence Establishment，Foreign Relations of the United States，1945 - 1950，Document 257. http：//www. state. gov/www/about-state/history/intel/250-260. html（2001 - 11 - 27）.

② Foreign Relations of the United States，1945 - 1950，Emergence of the Intelligence Establishment，Document 292. http：//www. state. gov/www/about-state/history/intel/290-300. html（2011 - 11 - 27）.

③ 有关论述详见拙著《“第三种选择”：冷战期间美国对外隐蔽行动战略研究》，北京：人民出版社，2012 年，第 72—84 页。

④ 如 NSC10/5《国家安全委员会关于隐蔽行动的范围与步伐的决定》，NSC5412《国家安全委员会关于隐蔽行动的指令》，NSC5412/1（文件名同 NSC5412），NSC5412/2（文件名同 NSC5412）等。

⑤ NSC68《美国国家安全的目标与计划》明确提出并阐释了遏制政策，指出遏制政策就是要“采取除战争以外的一切手段”以实现美国的国家安全目标的政策；在列举的美国需要制定的一些“决定性计划”中，包括“在经济战和政治战、心理战领域，加强并采取准确及时的隐蔽手段及行动”（National Security Affairs；Foreign Economic Policy，Foreign Relations of the United States，1950，Washington，D.C.：U.S. Government Publishing Office，1977，Vol. 1，p. 285）。NSC162/2 号文件《国家安全基本政策》（NSC162/2）也将隐蔽行动列为实现美国战略目标的重要手段之一。文件指出，美国国家安全政策的基本问题是“对付苏联对美国安全的威胁；与此同时，避免严重削弱美国经济或损害我们的基本价值观和制度”。文件强调，应“采取公开的和隐蔽的措施诋毁苏联的威信和作为其有效工具的意识形态，削弱共产党和其他亲苏分子的力量”；“采取一切可行的外交、政治、经济和隐蔽手段反对直接或间接受苏联控制的政党或个人在自由世界国家获取统治权力的任何威胁”；“美国应采取可行的政治、经济、宣传和隐蔽措施给苏联制造麻烦，利用这些麻烦，破坏苏联与共产党中国的关系，使苏联对卫星国的控制复杂化，阻止苏联集团军事和经济潜力的增长”（Foreign Relations of the United States，1952 - 1954，National Security Affairs，Washington，D.C.：U.S. Government Publishing Office，1984，Vol. 2，Part 1，p. 595.）。

联集团较量争夺中对隐蔽行动的重视，隐蔽行动在美国冷战战略中显然已处于必不可少、无可替代的地位。20世纪50年代，中国作为苏联集团最重要的成员之一，自然成为美国隐蔽行动战略实施的重要对象。

1949年3月3日，就在决定中国命运的三大战役刚刚落下帷幕、中国革命行将胜利之时，美国国家安全委员会通过、杜鲁门总统批准了一份名为《美国对中国的政策》的绝密文件NSC34/2，以取代一个月前刚刚批准的同名政策文件NSC34/1。文件表示美国要“在局势明朗之前继续承认国民党政府”，同时，“应通过政治和经济手段，灵活地利用中共与苏联之间、中共内外的斯大林分子和其他分子之间的分歧”。“我们主要应依靠中国本土人士的活动反对苏联在中国的影响。由于我们背负干涉主义者的包袱，我们对这些人士的兴趣及对他们的支持不可暴露，而应通过合适的秘密渠道实施。”① 这是目前所能查到的美国政府决定在中国实施隐蔽行动的第一份文件，文件虽然没有直接使用隐蔽行动一词，但其要求通过秘密支持他人以实现美国政策目标的做法即为隐蔽行动。此时中共的对外政策尚未宣示，美国隐蔽行动的矛头主要是针对苏联的，并力图阻止即将建立的中共政权站在苏联一边。

新中国成立不久，1949年12月30日，杜鲁门总统批准了一份整体阐述美国对亚洲政策的重要文件，即国家安全委员会第48/2号文件《美国对亚洲的立场》（NSC48/2）。文件指出，美国对亚洲基本的安全目标之一是“逐渐减少并最终消灭苏联在亚洲的主要力量和影响，使苏联不能在该地区威胁美国及其友邦的安全。如果苏联企图威胁亚洲国家的和平、国家独立和稳定，也要使其遭受严重的障碍”。具体涉及对中国的政策，文件规定：“美国应该继续承认中华民国政府，直到形势进一步明朗。美国应该避免承认中国共产党政权，除非这样做明显有利于美国国家利益。”“美国应该通过适当的政治、心理和经济手段，利用中共与苏联之间、中国的斯大林分子和其他分子之间的分歧，同时谨慎地避免给人以干涉的印象。在适当的场合，应使用各种隐蔽和公开的手段来实现这些目标。”② 这份文件明确提出要运用隐蔽的和公开的、政治、经济、心理等

---

① NSC34/2, U. S. Policy toward China, Mar. 3, 1949, PD 00099, Digital National Security Archives.

② NSC48/2, The Position of the U. S. with Respect to Asia, Dec. 30, 1949, PD 00138, Digital National Security Archives.

各种手段挑拨中苏关系、中国领导层内部关系，以实现其削弱乃至消灭苏联在亚洲的力量和影响之战略目标，这就表明美国政府已将隐蔽行动作为与公开斗争手段相配合的要在中国实施的重要战略武器。其时由于中苏尚未结盟，美国对拉拢中国存有幻想，其要在中国实施的隐蔽行动仍然主要是针对苏联的。

一年多后，美国国家安全委员会根据朝鲜战争爆发以来的新形势，于1951年1月17日通过了NSC101文件《对共产党中国与朝鲜的行动方针》，明确提出“现在要对在中国的国民党游击武装提供切实可行的隐蔽援助”，以牵制中国的力量。[①] 5月17日杜鲁门总统又批准了一份对亚洲政策的新文件《美国在亚洲的目标、政策与行动方针》(NSC48/5)。该文件实际上是对NSC48/2的重大修改。文件指出，美国在亚洲的长远目标之一是“消除苏联在亚洲的主要力量和影响，或将其减少到这样的程度，即苏联不能在该地区威胁美国及其友邦的安全，或威胁亚洲国家的和平、独立与稳定”。这一点与NSC48/2相比并无实质性修改，只是措词略有不同。一个重大变化是关于对中国的政策。文件指出，美国的当前目标之一是“使中国不要成为苏联的主要盟国”，具体行动方针包括七点，主要有：继续努力通过联合国部队在朝鲜的作战，使中国军队遭受重创，以削弱中国共产党的政治、军事力量与威望；采取一切可以利用的手段，扩大和加强培养非共产党领导人物，并尽量影响在华的反对目前北平政权的领导人物和人民，使北平政权能改变方向或被取而代之；扶持和帮助在中国国内和国外的反共力量，以便发展和扩大中国对北平政权统治的反抗，尤其是在中国南部；采取一切可以利用的手段，使北平政权与莫斯科政权产生分歧，并在北平政权内部制造分裂；继续执行美国对中国的经济制裁，继续反对共产党中国在联合国获得席位，更加努力地说服其他国家采取类似政策等。[②] 与NSC48/2相比，这些内容多为新的增添补充，且措词更加严厉。例如，NSC48/2中直接有关中国的政策只有两项，也并未提出要改变中共政权的性质或“取而代之”，NSC48/5做出这样的决定，显然反映了中美关系的进一步恶化以及美国对中共政权的严

---

① NSC101，Courses of Action Relative to Communist China and Korea，In：Matthew Aid and Jeffrey T. Richelson，U. S. Intelligence and China：Collection，Analysis，and Covert Action. http：//nsarchive. chadwyck. com/collections/content/CI/intell _ and _ china _ essay. pdf（2014－11－07）.

② NSC48/5，United States Objectives，Policies and Courses of Action in Asia，May 17，1951，Foreign Relations of the United States，1951，Washington D. C.：U. S. Government Publishing Office，1977，Vol. 6，Part 1，pp. 35-37.

重敌视。文件提出要采取一切可以利用的手段，培植其代理人反对甚至推翻中共政权，扩大中苏分歧，分裂中共政权，自然包括隐蔽行动；暗中扶植利用代理人来实现其政策目标的做法本身就是一种隐蔽行动。如果说，NSC48/2 确定在中国实施隐蔽行动主要是针对苏联，NSC48/5 则把隐蔽行动直接指向了中国。此时中苏已结成紧密同盟，文件提出要“使中国不要成为苏联的主要盟国”，其含义无非是采取一切公开与隐蔽的可利用的手段削弱中国的力量和影响，甚至改变中国政权，以及千方百计破坏中苏关系。文件也正是这样规定的。因此，可以说，NSC48/5 进一步加强了美国对中国的隐蔽行动。

朝鲜战争刚一结束，美国艾森豪威尔政府于 1953 年 11 月 6 日又通过了国家安全委员会 166/1 号文件《美国对共产党中国的政策》。这是新中国成立后美国政府出台的第一份专门针对中国的重要政策文件。文件指出，“美国远东政策的主要问题是，应付由于一个强大的、敌对的共产党中国的存在以及共产党中国与苏联的结盟而引起的力量结构的变化”。“美国目前应寻求的对共产党中国的政策应该是，通过非战争手段在力量上降低共产党中国在亚洲的相对地位”，“削弱或至少延缓中国共产党的力量在中国的发展”。为了实现这一政策，文件共规定了十个方面的行动方针，其中包括“继续向共产党中国施加政治和经济压力，包括非常规的和隐蔽的压力”；“利用一切可行的手段，不管是隐蔽的还是公开的，破坏中苏关系”等。① 可以看出，新中国成立 4 年来的迅猛发展和巨大变化，特别是在朝鲜战场上对以美国为首的 16 国联合国军的痛击，将其赶回三八线以南，使美国充分认识到了“共产党中国”的“强大”，虽然美国仍然认为“使中国共产党发生转变或使其最终被对美国没有敌意的政权所取代，才符合美国的利益”，但就目前而言，她并没有能力“使北平政权能改变方向或被取而代之”，只能是采取除战争以外的各种手段削弱中国的力量和影响，包括隐蔽行动。这份文件确定在中国实施的隐蔽行动，已完全着眼于削弱中国的力量和影响。

除了上述对亚洲及中国的政策中要求对中国实施隐蔽行动外，美国对我国台湾的政策文件也包括了要对中国实施隐蔽行动的内容。1953 年 11 月 6 日，就在艾森豪威尔总统批准 NSC166/1 号文件的同一日，他也批准了 NSC146/2《美

① NSC166/1，U. S. Policy toward Communist China，No. 6，1953，PD 00361，Digital National Security Archives.

国对福摩萨[1]和中国国民政府的目标与行动方针》。文件首先规定了美国要维护作为其远东防御体系重要一环的台湾的安全、加强台湾的实力、促进台湾的发展等目标后，在其行动方针中，提出要“鼓励并隐蔽地帮助中国国民政府向在中国大陆进行抵抗和情报活动的反共游击队提供后勤援助”[2]。1955 年 1 月 15 日，艾森豪威尔总统又批准 NSC5503 号文件《美国对福摩萨和中国国民政府的政策》，文件在“行动方针”部分，明确提出要“继续隐蔽行动”（continue covert operations）。[3] 值得注意的是，这 3 个词后面有一行半的内容尚未解密，具体实施何种隐蔽行动不得而知，可以肯定的是，其隐蔽行动显然是针对中国内地的。

以上我们扼要概述了冷战开始后美国政府关于实施隐蔽行动的总体政策，以及在其对亚洲、远东、中国，以及中国台湾政策文件中有关对中国实施隐蔽行动的一些具体决定。由此可以看出，冷战期间美国把隐蔽行动作为其与苏联集团进行较量争夺的一件重要战略武器，中国也是这一武器实施的重要战场。中国作为当时拥有世界 1/4 人口、领土面积位居世界第三的大国，在美苏冷战争夺中无论倒向哪一边，都将极大地改变力量的天平。美国政府在新中国成立前夕就确定要对中国实施隐蔽行动政策，力图利用中苏分歧，防止新中国倒向苏联一边。在新中国成立后中苏结盟前，美国政府在政策文件中再次提出要利用中苏分歧及中国的斯大林分子和其他分子之间的分歧，力图阻止中苏结盟。中苏结盟、朝鲜战争爆发后，美国政府为了“消除苏联在亚洲的主要力量和影响”，提出要采取包括隐蔽行动在内的一切手段，制造中苏分歧及中国政府的分裂，甚至改变中国政府的性质，“使中国不要成为苏联的主要盟国”。朝战结束后，美国政府由于看到了新中国的“强大”，认识到美国缺乏推翻中国政府的能力，便又提出要采取非战争的、公开的和隐蔽的一切手段，削弱中国的力量或延缓中国的发展，破坏中苏关系。总之，美国既然要遏制苏联和所谓共产主义扩张，维护美国在远东及全球的霸权利益，对共产党领导的与苏联结盟的新中国实施隐蔽行动便是题中应有之义。同时，随着中苏同盟的建立和朝鲜战争的

---

① 指台湾地区，这一词有殖民色彩，我们国家一般不使用这一称谓。

② NSC146/2，U. S. Objectives and Courses of Action with Respect to Formosa and the Chinese National Government，No. 6，1953，PD 00326，Digital National Security Archives.

③ NSC5503，U. S. Policy toward Formosa and the Government of the Republic of China，January 15，1955，PD 00439，Digital National Security Archives.

发生，美国对中国实施的隐蔽行动又经历了由旨在削弱苏联的力量和影响到削弱中国的力量和影响的转变，这也表明此时美国已把中国视为其在远东的主要敌人，美国对中国便将实施更频繁激烈的隐蔽行动。

二、美国对中国隐蔽行动的实施

依据上述美国政府关于隐蔽行动的总政策及其对亚洲、远东、中国和中国台湾政策中关于实施隐蔽行动的政策方针，在新中国成立的第一个 10 年中，美国对中国实施了大量隐蔽行动。目前，由于许多档案资料仍未解密，我们很难对这一时期美国对中国的隐蔽行动作全面总结和阐述，只能根据所收集的材料作一初步的概括分析。

（一）准军事行动

这一时期美国对中国的隐蔽行动，最为突出的是准军事行动。

所谓准军事行动（paramilitary action ，或 paramilitary operation），是指介于直接军事行动与非军事活动之间的行动，或者可以说是一种间接的军事行动或半军事活动。具体包括：给目标国家的反政府武装、叛逃者或其他军事组织秘密提供经费、军事物资、军事训练，甚至参与组建队伍，组织、策划、指导军事行动等方式，在目标国家进行武装破坏，发动武装进攻，颠覆该国政府，使其支持的武装掌握政权；也包括派遣本国特工渗透到目标国家，进行颠覆破坏（纵火、投毒、爆破、拆毁、袭击、煽动骚乱等）及暗杀等活动，或招募训练支持目标国家的特工从事这些活动。此外，秘密地给一些国家政府提供军费、军事物资、军事训练和指导等军事援助以支持其镇压反政府武装，也属于准军事行动。准军事行动是美国对外隐蔽行动的重要组成部分，冷战期间美国对苏联东欧、亚非拉许多国家都实施了准军事行动，对中国自然也不例外。

20 世纪 50 年代美国对中国的准军事行动，最主要的有支持逃窜到缅甸的国民党残余势力对中国西南地区的袭击，支持西藏叛乱武装，支持逃窜到台湾的国民党残余势力对中国内地的袭击骚扰。

1. 支持逃窜到缅甸的国民党残余势力对中国西南地区袭击的“纸张”行动

1950 年年初，国民党一支由李弥指挥的残余部队从云南逃窜到缅甸。被 NSC10/2 文件授权负责实施隐蔽行动的美国中情局获悉后立即与之联系，实施了代号为“纸张”（“Paper”）的准军事行动。“‘纸张计划’的目的在于加强并重新武装李弥的队伍，使其重返云南”①。为此，中情局指派其所属的“民用航空运输公司”（CAT）② 给李弥残部空运了大量武器和教官，并定期运送给养。飞机从中情局建在曼谷的基地起飞，往返于我国台湾或日本冲绳岛之间，穿梭般地运送人员和武器装备，空投到缅甸北部边境李弥残部所在地。在中情局的暗中扶持援助下，李弥残部由原来的2000多人发展到12 000多人，并多次向云南进犯，但均遭惨败。1951年12月，中国政府公开谴责美国将国民党士兵运送到泰国和缅甸对中国进行袭击，苏联将这一指控提交联合国。缅甸政府也向联合国控告国民党残部在缅甸的驻扎侵略。美国与缅甸的报纸也公开报道美国给李弥残部偷运武器。在这种情况下，美国政府尽管矢口否认，还是在1952年取消了“纸张”行动。

2. 支持西藏叛乱武装

美国支持西藏叛乱武装，主要采取了秘密培训西藏民族分裂分子、支持其武装叛乱、给其提供军事援助等形式。

在秘密培训西藏民族分裂分子方面，从1956年开始，美国多批次地在我国台湾、冲绳群岛、塞班岛、关岛以及美国本土科罗拉多的黑尔营地秘密训练了至少几百名西藏民族分裂分子。训练内容包括学习识别地图、武器操作、炸药的使用、无线电收发、跳伞等多种技术。同时接受训练的还有达赖的哥哥土登诺布。训练结束后，中情局又将部分受训人员秘密空投进西藏。这些人回去后收集情报，从事破坏活动，发动或参与叛乱，成为西藏叛乱或从尼泊尔木斯塘基地对西藏发动武装袭击的西藏叛军的骨干分子。正如一个名叫旺堆的叛乱领导人回忆说，他于1956年离开西藏，在海外某地接受了美国人的训练，然后被秘密空降回西藏，在康区开始组织叛乱活动，直到1966年他才离开那里，前往尼泊尔。③

在支持、组织武装叛乱等方面，早在1956年年初，中情局就派遣游击战专家安东尼·波什普尼帮助组织了西藏民族分裂分子在西藏东部地区发动的叛乱，

---

① John Prados, Presidents' Secret Wars: CIA and Pentagon Covert Operations from World War II through Persian Gulf, Chicago: Ivan R. Dee, Publisher, 1996, p. 74.

② 该公司由二战期间在中国组建“飞虎队”的陈纳德在二战后创建，1949年11月与中情局秘密签约，为中情局实施隐蔽行动提供运输，中情局则以此掩盖自己的责任。

③ （加）谭·戈伦夫：《现代西藏的诞生》，伍昆明、王宝玉译，北京：中国藏学出版社，1990年，第230页。

并给叛乱分子提供了通信等设备。叛乱分子在西藏东部同时发动了多处袭击，中情局提供的通信设备也为相距很远的叛乱分子的协调行动发挥了重要作用。1958年，中情局首次以空投的方式给西藏叛军运送武器，“这次共空投了100支英国制造的步枪、20支手提机枪、两门55毫米迫击炮、60颗手榴弹，以及为每件武器配备的300发子弹”①。1959年2月，美国又空投了第二批武器。这两次武器空投加速了大规模武装叛乱的发生。1958—1960年，美国空投至少30多次，都是由中情局专有航空公司的人员和飞机承担的。②

在给西藏分裂势力提供军事援助方面，除了上述秘密训练西藏分裂势力、给西藏叛乱武装空投武器装备等外，在西藏叛乱失败后，美国还帮助西藏分裂势力在尼泊尔靠近西藏的木斯塘重整叛乱武装，将从西藏逃亡出来的藏人组织起来，建立了一支2000人的武装，给其提供活动经费、武器装备和军事训练，要求他们经常渗透回西藏进行破坏，袭击解放军分散的营地和交通运输线。美国对这支叛乱武装的支持援助一直持续到20世纪70年代初。

3. 支持中国台湾的国民党残余势力对大陆的袭击骚扰

1950年2月《中苏友好同盟互助条约》签订后，美国阻止中苏结盟的幻想破灭，于是改变了对中国台湾的政策，决定“保台反共”，即要牢牢控制台湾这艘对抗中苏的“不沉的航空母舰”，并以台湾为基地，对中国大陆进行遏制袭扰。据此，美国中情局很快在我国台湾开设了一个以商务为掩护的办事处“西方企业公司”（Western Enterprises，Inc.），在此招牌下设立训练和行动基地，培训国民党游击队员，对大陆进行袭击。③ 当年4—5月，由中情局训练支持的国民党抵抗力量接连对南汇、西浦、广州进行了袭击，甚至使广州港与内地一时失去了联系。④ 中国介入朝鲜战争后，中情局加强了对中国东南沿海地区的准

① （加）谭·戈伦夫：《现代西藏的诞生》，伍昆明、王宝玉译，北京：中国藏学出版社，1990年，第232页。

② 程早霞：《美国中央情报局与中国西藏（1940s—1972）》，博士学位论文，东北师范大学历史文化学院，2009年，第95页。

③ John Ranelagh，The Agency：The Rise and Decline of the CIA，New York：Simon Sohuster，1986，p. 216；John Prados，Presidents' Secret Wars：CIA and Pentagon Covert Operations from World War II through Persian Gulf，Chicago：Ivan R. Dee，Publisher，1996，p. 66.

④ John Prados，Presidents' Secret Wars：CIA and Pentagon Covert Operations from World War II through Persian Gulf，Chicago：Ivan R. Dee，Publisher，1996，p. 66；John J. Carter，Covert Operations and the Emergence of the Modern American Presidency，1920 - 1960，Lewston，New York：The Edwin Mellen Press，2002，p. 124.

军事行动，训练指导国民党残余势力在浙江、福建等地多次进行了袭击，企图以此牵制中国的力量。例如，1951年12月7日和翌年10月11日，在所谓“西方企业公司”的帮助支持下，金门等地的国民党反共游击武装出动上千人，对福建沿海南日岛（Nan-jih）进行了两次大规模袭击，其中第二次袭击甚至占领该岛达3天之久。①

中情局不仅在幕后训练支持国民党武装人员袭击中国大陆，同时也直接派遣特工渗透到中国大陆进行情报收集、颠覆破坏等活动。据托马斯·鲍尔斯在其撰写的关于前中情局长理查德·赫尔姆斯的著作中揭露，中国参加朝鲜战争后，中情局差不多每年要向中国空投6组特务，4人一组，这种武装渗透活动至少持续到1960年。② 仅1951—1953年，中情局就招募、空投潜入中国大陆212个特务，其中101个毙命、111个被捕。③ 例如，耶鲁大学毕业生约翰·唐尼和理查德·费克图这两个中情局特工，1952年乘飞机企图在中国东北空投渗透时被击落就擒，经公审分别被判无期和20年徒刑，二人在中国监狱里度过了漫长的时光，只是在1972年尼克松访华前后才分别获释。

（二）隐蔽的政治战

这一时期美国对中国隐蔽行动的另一重要表现是进行了隐蔽的政治战。

隐蔽的政治战是指通过隐蔽地资助、支持目标国的某些政党、机构、团体、个人，收买代理人，甚至采取造谣中伤、挑拨离间乃至暗杀政治领导人等活动，分化瓦解对手，以影响该国或该集团的政治局面，阻止其反对的政党或个人执掌政权，扶植其中意的政党或个人执政，分裂、颠覆该国的反美政府，在该国建立或巩固亲美反苏政权，分裂反美阵营，削弱苏联集团的力量和影响，遏制苏联和所谓共产主义的扩张。这也是美国政府极为看重的一招，早在1948年5月，以倡导遏制政策而闻名的美国国务院政策计划室主任乔治·凯南就向国家安全委员会提交了一份《开展有组织的政治战》的报告，要求对苏联集团开展公开和隐蔽的政治战。其后这一建议被纳入NSC10/2号文件中，成为美国对外

---

① Frank Holober, Raiders of the China Coast: CIA Covert Operations During the Korean War, Annapolis: Naval Institute Press, 1999, pp. 51-53, pp. 57-59.

② Thomas Powers, The Man Who Kept the Secrets: Richard Helms and the CIA, New York: Pocket Books, 1981, p. 53.

③ （美）H. 凯斯·麦尔顿：《特工：20世纪隐蔽战线大揭秘》下册，李殿昌、韦民译，海口：海南出版社，2001年，第32页。

隐蔽行动的一个重要方面。

这一时期美国对中国隐蔽的政治战主要表现在破坏中苏关系、煽动支持达赖出逃、阻止恢复中国在联合国的合法席位等方面。

1. 破坏中苏关系

如前所述，在 1949 年中国革命胜利前夕，美国政府即已制定了要离间中苏关系的“楔子战略”，此后美国政府在许多重要文件中都反复强调要“采取一切可以利用的手段，使北平政权与莫斯科政权产生分歧”，破坏中苏关系，足见其对这一问题的重视。据此，美国政府一方面利用公开外交手段，如 1949 年 3 月 3 日杜鲁门总统批准的 NSC41 号文件《美国关于对中国贸易的政策》就提出要通过“恢复中国与日本和西方之间的普通经济关系”，以便使“克里姆林宫和中共的政策出现严重冲突”，“使美国有可能利用中共政权与苏联之间出现的摩擦”[①]；杜鲁门总统、艾奇逊国务卿先后发表演说，将台湾排除在其防御圈外，以此向中国示好等。另一方面，又实施隐蔽行动，如艾奇逊指示美国驻法国大使布鲁斯让《纽约时报》记者苏兹贝格在该报发表文章，散布中苏谈判中双方矛盾重重、苏联对中国提出许多苛刻要求、中共党内斗争尖锐等方面的谣言，破坏中苏同盟谈判。艾奇逊特别强调，“如果能巧妙地把此事公之于世，而又不让人知道是美国政府透漏，就能达到很好的宣传目的”[②]。这就是要通过隐蔽宣传达到破坏中苏关系的目的。

2. 煽动支持达赖出逃

1951 年 3 月 29 日，就在中国中央政府和西藏地方政府谈判和平解放西藏之际，美国驻印度大使洛伊·亨德森致绝密函给国务院南亚事务署主任马修斯，汇报了其业已开始的鼓动达赖喇嘛出逃的计划，请求获得批准。[③] 为了阻止西藏的和平解放与中国的国家统一，削弱中国的实力，美国国务院很快批准了该建议。[④] 之后，美国驻印使馆与达赖喇嘛的代表频繁接触，竭力鼓动达赖外逃，还

---

① NSC41, United States Policy Regarding Trade With China, February 28, 1949, PD 00120, Digital National Security Archives.

② The Secretary of State to the Embassy in France, Januray 25, 1950, Foreign Relations of the United States, 1950, Washington, D. C.: U. S. Government Publishing Office, 1976, Vol. 6, p. 294.

③ The Ambassador in India (Henderson) to the Director of the Office of South Asian Affairs (Mathews), Foreign Relations of the United States, 1951, Washington, D. C.: U. S. Government Publishing Office, 1983, Vol. 7, Part 2, pp. 1610-1613.

④ The Ambassador in India (Henderson) to the Director of the Office of South Asian Affairs (Mathews), Foreign Relations of the United States, 1951, Washington, D. C.: U. S. Government Publishing Office, 1983, Vol. 7, Part 2, p. 1619.

为达赖制订了详细的外逃计划。但达赖此时尚未决定出逃，在结束外地的佛事活动之后还是回到了拉萨。10月24日，达赖致电中央政府，表示拥护和平解放西藏的协议，西藏和平解放，美国秘密鼓动达赖出逃的阴谋破产。

美国此番虽然未能如愿，却也开启了达赖出逃之路，为达赖日后的出逃打下了基础。西藏和平解放后，美国在阻止中国国家统一受挫的情况下，加强了对中国西藏的隐蔽行动，以期削弱中国的实力。1959年3月，西藏发生大规模叛乱，达赖喇嘛决定出逃。关于达赖这次出逃是否美国策划，目前尚未见到档案资料，不过可以肯定的是，达赖这次出逃是20世纪50年代初美国促动其出逃的一个结果，同时中情局又积极协助了达赖喇嘛的出逃。在达赖出逃过程中，他身边有两个经中情局训练的西藏特务，随时和中情局保持联系。中情局则随时向密切关注事态发展的美国国家安全委员会汇报相关情况，并向印度政府通知了达赖政治避难的要求，获得印方批准。经过两个星期的长途跋涉，达赖一行于3月31日逃到印度，从此成为以美国为代表的西方反华势力的一个重要工具。之后，美国长期给达赖及其仆从秘密提供活动经费，供其进行反华活动。

3. 阻止恢复中国在联合国的合法席位

新中国成立后，中国政府很快向联合国提出开除国民党集团代表的要求，并准备作为中国人民的真正代表出席联合国大会。中国的合理要求得到了苏联、印度等友好国家的支持。但美国却采取公开与隐蔽的外交手段，千方百计进行阻挠，拉拢、威胁一些国家投反对票。例如，1950年8月第五届联合国大会召开前夕，中国外交部长周恩来再次致电联合国秘书长，声明中国政府已任命张闻天为首席代表、李一氓为副代表，准备出席联合国大会。美国政府获悉后，立即指示其驻外使团向各有关国家进行游说，美国驻联合国代表在纽约向秘书长赖伊、安理会主席罗慕洛进行游说，并向各国驻联合国使团施加影响。据此，美国的外交官们紧锣密鼓与联合国官员和各国代表进行了公开会晤与私下密谈。仅9月6日这一天，美国驻联合国副代表葛罗斯和罗斯与赖伊讨论了中国代表权问题；助理国务卿希克森与英、法驻联合国代表进行了会谈；并造访了罗慕洛，向他转达了美国关于中国代表权的意见；罗斯与伊朗代表进行了商谈；美国官员还在纽约或各国的外交部会见了挪威、比利时、印度官员。[①] 结果，在这届联合国大会上，印度、苏联分别提出的立即接纳中华人民共和国的代表、驱逐国

---

① 陶文钊主编：《中美关系史：1949—1972》，上海：上海人民出版社，2004年，第66页。

民党集团代表的两个提案被否决，却通过了一个成立特别委员会审议中国代表权问题的决议。这样，恢复中国在联合国合法席位的问题就被拖了下来。1951年11月，第六届联大又通过了美国的盟国泰国代表提出的“延缓考虑任何关于排斥中国国民政府在大会之代表，或容纳中华人民共和国中央人民政府在代表大会中代表中国之其他建议”①。此后，美国每年都操纵联合国通过决议，拒绝审议中国代表权问题。20世纪60年代，随着第三世界的崛起，联合国成员中第三世界国家不断增多，支持恢复中国在联合国合法席位的呼声越来越高，美国又操纵联合国通过了将中国代表权的变更作为“重要问题”处理的决议，须有2/3多数票通过，并几乎每年都玩弄这一花招，致使中国在联合国的合法席位长期得不到恢复，直至1971年。美国为了反中保台，与苏联阵营进行冷战争夺，长期操纵联合国，使中国在联合国的合法席位得不到恢复，在这里表面上阻止恢复中国在联合国合法席位的是联合国的决议，实际上却是美国台前幕后操纵的结果，美国通过联合国的决议，达到了自己的目的。

（三）隐蔽的经济战

所谓隐蔽的经济战是指通过采取隐蔽的贸易管制、经济破坏等手段以削弱对方的经济实力，改变对方的内外政策，动摇乃至颠覆对方的政治统治的战略。这一时期美国对中国隐蔽的经济战主要表现在，美国在对中国实施公开的经济封锁贸易管制的同时，秘密成立巴黎统筹委员会中国委员会，拉拢其他国家也对中国实施贸易管制，这样表面上看是其他国家对中国进行贸易管制，其实美国是幕后推手。

美国对中国的贸易管制始于1949年3月NSC41号文件通过之时。该文件规定对华贸易管制水平应低于苏联东欧国家。1950年1月，美国拉拢英、法、意、比、荷等国成立了一个秘密的非正式国际组织“对共产党国家出口管制统筹委员会”（COCOM，总部设在巴黎，简称“巴统”），制定了严格的贸易管制清单，禁止向苏联东欧国家出口战略物资。该组织“按照‘全体一致的原则’处理东西方贸易管制政策和调整管制清单的事宜”，并规定“只允许成员国在特定的范

① 王正华编：《“中华民国”与联合国史料汇编——中国代表权》，台北：“国史馆”，2001年，第48—49页。转引自耿昕、李晔：《中国恢复联合国代表权问题的美国因素新探（1949—1971）》，《外国问题研究》2015年第4期。

围内披露有关其活动的情报"[1]。中国介入朝鲜战争后，美国加强了对中国的贸易管制，不仅要求巴统组织对中国实行特殊管制，即比对苏联东欧国家更严格的管制，同时还拉拢英、法、加、日于1952年8月成立了"中国委员会"，作为巴统组织的下属机构，负责管理协调对中国的贸易管制。中国委员会制定的贸易管制清单中，规定对巴统组织贸易管制清单中一些并未对苏东国家禁运的物资以及根本不属于巴统贸易管制范围的207种物品全部对中国、朝鲜等亚洲社会主义国家禁运。[2] 1952年8月7日，杜鲁门总统批准了NSC125/2号文件《美国对日本的目标与行动方针》，严格规定，凡是美国现行贸易管制清单上的物资、《相互防卫援助统制法》清单上的物资、对共产党中国和朝鲜有重要意义的物资，日本都应一律实行禁运。[3] 日本虽然长期依赖中国市场，执行上述规定必然严重损害其经济利益，但作为美国的附庸，对其主子的指令不能不听，最终对中国实行了严格的贸易管制。

美国不仅通过软硬兼施的手段，要求其西方盟国加强和扩大对苏联、中国的贸易管制，同时也积极拉拢其他非西方国家加入贸易管制的行列。"到1952年年末，美国政府与21个亚洲国家（地区）、10个拉丁美洲国家、10个非洲国家、14个西方工业国进行了关于东西方贸易管制问题的谈判"，最终，"尚未加入巴统组织的非欧洲工业国和生产重要战略物资的发展中国家有些也被拉入东西方贸易管制的轨道。英联邦国家中，只有印度没有接受东西方贸易管制政策。拉丁美洲国家中只有阿根廷没有接受美国政府的要求"[4]。

（四）隐蔽的宣传战

隐蔽的宣传战是指通过资助、支持、收买某些广播电台、电视台、报刊、编辑、记者、学者等，让他们撰写、编造、广播、发表美国所希望传递的信息，或通过隐蔽地散发传单、书刊、张贴墙报海报等形式，进行鼓动性宣传，以达

---

① 崔丕：《美国的冷战战略与巴黎统筹委员会、中国委员会（1945—1994）》，北京：中华书局，2005年，第8—9页。

② 崔丕：《美国的冷战战略与巴黎统筹委员会、中国委员会（1945—1994）》，北京：中华书局，2005年，第13页。

③ NSC125/2, United States Objectives and Courses of Action with Respect to Japan, August 7, 1952, PD 00287, Digital National Security Archives.

④ 崔丕：《美国的冷战战略与巴黎统筹委员会、中国委员会（1945—1994）》，北京：中华书局，2005年，第13页。

到宣传自己的意识形态、价值观念和生活方式，增强西方社会的凝聚力和吸引力，扶植美国所中意的势力，诋毁对方的社会制度、意识形态和统治集团，煽动对方的内乱并传递其信息，削弱对方的力量和影响，动摇乃至瓦解对方的统治等目的。由于冷战的意识形态争夺性质及宣传战的“性价比”高，隐蔽的宣传战是美国隐蔽行动战略中使用最多的一个子战略，美国隐蔽行动问题专家格雷戈里·特里沃顿称之为“隐蔽行动的面包和黄油”①，估计其活动约占战后美国对外隐蔽行动的一半左右。②

这一时期美国对中国隐蔽的宣传战主要是以台湾为基地，与国民党军情部门密切合作，对中国大陆进行广播宣传和空投宣传品。20 世纪 50 年代初中情局台湾站已有 600 多人，从事各色活动，包括对中国大陆隐蔽的宣传战。当时中情局与台湾方面合作，利用中情局的民航公司或国民党空军，不断向大陆空投反共传单和小册子，每月空投多达 30 多次，仅 1953 年就投放了约 3 亿份。③

在广播宣传方面，由于中情局在亚洲尚未建立类似“自由欧洲电台”“自由电台”这样由其幕后资助操控的所谓“民间电台”，美国除了用美国之音对中国进行大量的公开的广播宣传外，其对中国隐蔽的广播宣传主要是通过美军来实施的。根据 1960 年美国海外情报活动总统委员会的一份报告，在美国已经实施并将继续实施的对中国的情报计划中，“联合国军司令部之声用普通话和广州话每周播送约 28 个小时，尽管表面上这是一个联合国军的无线电台，但它实际上是由驻扎在朝鲜、冲绳、日本的美军所操作的”④。这显然是一种隐蔽宣传。

在美国对中国隐蔽的宣传战中，有一个领域不能不论及，这就是美国对海外华人实施的“反共保台”隐蔽宣传战。新中国成立后，美国为了阻止所谓中国共产主义向东南亚的扩张，该地区多达上千万的华人就不能不成为美国关注的对象。朝鲜战争爆发后，美国确定将台湾地区作为其反对中国内地的心理战

---

① Gregory F. Treverton, Covert Action: The Limits of Intervention in the Postwar World, New York: Basic Books, Inc., Publishers, 1987, p. 14.

② Gregory F. Treverton, Covert Action: The Limits of Intervention in the Postwar World, New York: Basic Books, Inc., Publishers, 1987, p. 13.

③ John Prados, Presidents' Secret Wars: CIA and Pentagon Covert Operations from World War II through Persian Gulf, Chicago: Ivan R. Dee, Publisher, 1996, p. 72.

④ 《海外情报活动总统委员会关于中国未来发展趋势及美国对策的报告》（1960 年 5 月 23 日），沈志华、杨奎松主编：《美国对华情报解密档案：1948—1976》第 2 卷，孔晨旭译，上海：东方出版中心，2009 年，第 184 页。

基地，与中共争夺海外华人、争取海外华人反共保台就成为美国的一项基本政策。为此，美国对海外华人实施了一系列公开与隐蔽的宣传战心理战。就隐蔽的宣传战来说，如“美国新闻总署在东南亚地区发行了两种汉语杂志《今日世界》(World Today) 和《四海为家》(Four Seas)。为避免暴露美国政府参与其中，杂志由香港出版，再由台湾印刷并发行到整个东南亚地区”①。在教育领域，为争夺海外华人学生，“借助设在台北的华美委员会（Chinese-American Committee in Taipei)，美国成功扩充了台湾大中学校的设施，使其可以接纳额外的1000名海外学生。到1955年9月，则可增加至2600名”②。这些行动都通过代理机构实施，着意掩盖美国政府的身份，自然属于隐蔽的宣传战。

以上我们概述了这一时期美国对中国实施的具有代表性的部分隐蔽行动，这些事实表明，这一时期美国在与苏联集团的明争暗斗中把中国也作为一个主战场，与中国为敌，全面实施隐蔽行动，力图削弱苏联的主要盟国中国，这就必然对中国的发展和中美关系产生深远影响。

三、美国对中国隐蔽行动的特点与影响

20世纪50年代美国对中国的隐蔽行动是美国对华政策的重要组成部分，也是美国冷战遏制大棋局中的重要一环。与同一时期美国对苏联的隐蔽行动相比，美国对中国的隐蔽行动更加频繁凶狠。在隐蔽的政治战方面，从目前已解密的档案材料来看，还没有发现美国采取了分裂苏联国家的行动，也不存在美国阻止苏联在联合国合法席位的问题；但美国却暗中煽动支持达赖出逃，阴谋分裂中国，千方百计阻止恢复中国在联合国的合法席位。从隐蔽的经济战来看，美国对中国采取了比苏联更加严厉的贸易管制，不仅禁止、限制巴统组织贸易管制清单中的物资出口中国，还拉拢胁迫有关国家对中国禁运大量未列其中的物资。20世纪50年代后期，随着美苏关系的解冻与有限缓和，美国操纵的巴统组织逐渐放松了对苏联的贸易管制，对中国则始终保持着严格管制的态势。至于准军事行动，美国对苏联只是在20世纪40年代末至50年代初采取了派遣特工

① 张杨：《“海外华人项目”与美国反华保台之心理战政策初探》，《东北师范大学学报》（哲学社会科学版）2010年第3期，第56页。

② 张杨：《“海外华人项目”与美国反华保台之心理战政策初探》，《东北师范大学学报》（哲学社会科学版）2010年第3期，第57页。

渗透到其西部的几个加盟共和国、支持当地的反苏武装的活动，对中国的准军事行动则持续到 20 世纪 70 年代。苏联是美国的主要对手，何以在这一时期美国对中国的隐蔽行动比对苏联更加频繁凶狠呢？

首先，从国际冷战争夺的格局来看，此时美苏在欧洲的势力范围和防御体系均已确定，形成均势，任何一方如采取严重侵犯对方势力范围的重大步骤都将酿成严重后果。而在远东，在美国看来，“一个强大的、有严密纪律的、革命的共产主义政权在中国内地的出现剧烈地改变了远东的权力机构”[①]，“大大扩展了苏联的影响，缩小了美国的影响”[②]，美国的利益受到了严重威胁；同时，作为中间地带一部分的东南亚地区，在二战后民族民主革命的大潮中获得独立的国家日益受到中国革命的影响，美国认为中国的目的是要控制整个东南亚，其在东南亚盟国的利益也受到了严重威胁。据此，美国确定其“远东政策的主要问题是，应付由于一个强大的、敌对的共产党中国的存在以及共产党中国与苏联的结盟而引起的力量结构的变化”，要采取除战争之外的一切手段削弱中国的力量和影响，包括隐蔽行动。

其次，新中国成立后不久就被迫卷入了朝鲜战争，战争的结果挫败了美国要武力统一朝鲜的企图，打破了美军不可战胜的神话，并使美国付出了沉重代价，这就加深了美国政府对中国的敌视与偏见，认为“中国人更好战”，“更有侵略性”，“对中共要强硬”，其对中国的隐蔽行动也就更加凶狠。

再次，美国对中国实施比对苏联更加频繁凶狠的隐蔽行动，也是其破坏社会主义阵营、分裂中苏关系的“楔子”战略的组成部分。美国在新中国成立前夕，就确定了分化中苏关系的“楔子”战略，起初曾试图通过示好以拉拢新中国，使其远离莫斯科；中苏结盟特别是在两国分别公开与隐蔽地卷入朝鲜战争、相互关系更加紧密后，美国便加强了对中国的公开遏制与隐蔽行动，试图通过对中国施加更大的压力，使中国对苏联提出更多的援助要求，以期制造矛盾，分裂中苏关系。1953 年斯大林逝世后，苏联新领导开始缓和与西方的关系，这使美国看到了分裂中苏关系的机会，认为“削弱中苏联盟最现实的办法是通过苏联人而不是通

① NSC166/1，U. S. Policy toward Communist China，No. 6，1953. PD 00361，Digital National Security Archives.

② 陶文钊主编：《中美关系史：1949—1972》，上海：上海人民出版社，2004 年，第 99 页。

过中国人"[1]，开始"用硬的一套威胁中共，同时用软的一套拉拢莫斯科"[2]，对中国继续公开施压和隐蔽行动，对苏联则多方拉拢，以破坏中苏同盟。

最后，新中国刚建立时，可谓立足未稳，国家也没有实现完全统一，旧政权及其残余势力还存在，这就给美国提供了许多可资利用的因素。

这十年也是整个冷战期间美国对中国实施隐蔽行动最频繁最激烈的时期。20世纪60年代，美国虽然在继续对中国实施隐蔽行动，但由于局势的变化，其程度已有所减弱。例如，在准军事行动方面，支持逃窜到缅甸的国民党残余势力对中国西南地区的侵扰袭击早以失败告终；由于中共已牢牢地掌控了政权，对支持盘踞台湾的国民党势力对中国内地的袭扰也不再那么热心，中情局派特工潜入中国进行颠覆破坏活动的次数也有所减少。在隐蔽的政治战方面，主要是由于意识形态的分歧，中苏关系已经公开恶化，"自毁长城"，已不需要美国再那样费力地离间破坏中苏同盟了。在隐蔽的经济战方面，出于国家利益的需要，一些西方盟国和其他国家不愿完全受美国的操控，在1957年就废除了美国强加的"中国差别"，"将对华贸易管制置于和苏联相同的水平"[3]，开始扩大与中国的贸易，美国对中国设置的贸易壁垒开始被打破。进入70年代，随着中美关系的缓和与正常化，两国结成事实上的反苏同盟，共同反对苏联霸权主义，美国自然没有理由继续对中国实施大规模隐蔽行动，虽然其并未完全放弃。[4] 这种状况一直持续到20世纪80年代末冷战基本结束。

与冷战时期美国对其他国家实施的隐蔽行动相比，这一时期美国对中国的隐蔽行动还有一个特点，即并非由中情局独领风骚，还有国务院、国防部等多部门参与。虽然美国政府关于实施隐蔽行动的纲领性文件NSC10/2规定隐蔽行

---

① 郝雨凡：《白宫决策：从杜鲁门到克林顿的对华政策内幕》，北京：东方出版社，2002年，第93页。

② Gordon H. Chang，Friends and Enimies：the United States，China and the Soviet Union，1948－1972，Stanford：Stanford University Press，1990，p. 188. 转引自张宏毅等：《意识形态与美国对苏联和中国的政策》，北京：人民出版社，2011年，第325页。

③ 崔丕：《美国的冷战战略与巴黎统筹委员会、中国委员会（1945—1994）》，北京：中华书局，2005年，第398页。

④ 2006年美国政府出版的《对外关系文件集》中国卷中有一份日期为1972年10月24日的解密文件，主题是"对中国的隐蔽行动计划"（China Covert Action Program）。文中说中情局给国家安全委员会核心机构"40委员会"提交了一个适应于中美关系"新面貌"的长达10页的隐蔽行动报告，两天后被"电话批准"。可见进入20世纪70年代，美国仍在对中国实施隐蔽行动。详见 Memorandum Prepared for the 40 Committee，October 24，1972，Foreign Relations of the United States，1969－1976，Washington，D. C.：U. S. Government Publishing Office，2006，Vol. 17，pp. 1091-1092. 或 Memorandum Prepared for the 40 Committee，October 24，1972，CI02007，Digital National Security Archives.

动由中情局负责策划实施，美国在一些国家也是这样做的，如1949—1954年对阿尔巴尼亚的“BG魔鬼计划”，1953年对伊朗的“阿贾克斯行动”，1954年对危地马拉的“成功行动”，等。但从前文可以看出，这一时期美国国务院、国防部等部门也积极加入到对中国实施隐蔽的政治战、宣传战等行列。这是因为，面对中国这样一个大国，仅靠中情局实施隐蔽行动很难取得实效，必须多部门参与，形成合力，来实现其政策目标。

那么，这一时期美国对中国的隐蔽行动效果到底如何呢？

要评价这一时期美国对中国隐蔽行动的效果，首先要看这一时期美国对中国的政策目标是什么，看看这些目标是否实现。综合本文第一节所阐述的美国对华政策，这一时期美国对中国的政策目标主要有三点：（1）破坏中苏关系，使中国不再成为苏联的主要盟国。（2）降低中国在亚洲的相对地位。（3）削弱或延缓中共力量在中国的发展。但现实是，到1959年年底，这些目标均未实现。就第一点而言，1956年苏共二十大后，中苏关系出现裂痕，之后不断发展，但到1959年年底，双方仍在竭力维护同盟关系，中国仍是苏联的主要盟国。至于第二点和第三点，这十年间中共虽然在执政过程中由于经验的不足犯了一些错误，但总体上使中国的实力得到极大增强，中国在亚洲的影响力迅速扩大，中共的执政地位空前稳固。对此，就连美国政府也是不得不承认的。如前面曾经引述过的美国海外情报活动总统委员会的一份关于中国的报告就坦承：“经过十年的掌权，中共政权已牢牢地控制了中国大陆”，“红色中国的教育、科学和技术正取得相当大的进步”。该报告还说道，“严峻的国内问题与其对外政策的侵略性已使红色中国成为亚洲担心和恐惧的一个对象”，并预言“红色中国的国际地位可能在非亚洲地区迅速上升”。[①] 说中国“对外政策的侵略性”显然是对中国的偏见和诬蔑，但从这些话语中也可看出中国国际地位的提高。这三个主要政策目标是美国要采取除战争之外的一切手段实现的，也即包括除战争之外的一切公开的与隐蔽的、政治经济军事文化等所有手段。如此竭尽全力要实现的目标未能实现，当然仅靠其中的隐蔽行动更不可能实现了。这是因为，美国面对的是在长期革命斗争中百折不挠积累了丰富斗争经验的中国共产党及坚决

① 《海外情报活动总统委员会关于中国未来发展趋势及美国对策的报告》（1960年5月23日），沈志华、杨奎松主编：《美国对华情报解密档案：1948—1976》第2卷，孔晨旭译，上海：东方出版中心，2009年，第182页。

拥护中共领导的中国人民，他们在坚决捍卫自己的国家主权和领土完整，并沿着自己选择的道路勇敢前进，这样的党和人民本身就是不可战胜的；美国虽拥有强大的经济军事实力，但要在全球和另一个超级大国展开争夺，到处插手，承担责任，力量分散，背负过重，再与新中国这样一个朝气蓬勃的社会主义大国为敌，其目标是注定难以实现的。

这一时期美国对中国的隐蔽行动也并非一无所获，它作为公开外交的补充，与公开外交互相配合，对中国的发展产生了一定程度乃至长远的影响。

其一，美国对中国西藏实施的隐蔽行动，虽未阻碍中国的发展，削弱中国的实力，但促成了以达赖为首的西藏叛乱势力的外逃，给中国留下了一个一时难以消除的后患。达赖及其仆从至今仍在到处从事分裂祖国破坏西藏社会稳定的活动，成为中国和平发展进程中一缕刺耳的噪声，也成为国际上那些试图阻止中国和平崛起的反华势力的一个工具。这一问题的彻底解决还有待时日。

其二，美国拉拢胁迫其西方盟国和其他一些国家对中国的贸易管制，也确实给中国的经济发展带来了一定困难，迫使中国加强了与苏联东欧国家的经济联系。1951 年 1 月全国贸易会议明确指出，要积极扩大对苏联及新民主主义国家的贸易，“一方面，主动地、有步骤地改组国内出口物资的生产，以求逐渐适应苏联及新民主主义国家的需要”；“另一方面积极地向他们提出今后数年内我们在工业器材与工业原料方面的要求，以便他们扩大在这方面的生产，逐渐弥补在美国封锁下我们进口物资不能满足国内工业需要的困难，向着和平民主阵营内部自给自足的方向走”①。这样，双方的贸易迅速扩大，“1950 年，中国对社会主义国家的贸易额仅占中国对外贸易总额的 32.4%，1951 年增加到 52.9%，1952 年达到 72%，此后直到 50 年代末一直保持在 70%以上”②。这也就使“中国对外经济关系的结构发生了根本性的转换”，并“强化了中国政府在政治、外交上与苏联、东欧国家的战略协调关系，同时，又不可避免地将苏联社会主义建设模式奉为圭臬”③，直到 1978 年十一届三中全会后中国才开始改变

---

① 中国社会科学院、中央档案管编：《1949—1952 年中华人民共和国经济档案资料选编・对外贸易卷》，北京：经济管理出版社，1994 年，第 472 页。转引自陶文钊主编：《中美关系史：1949—1972》，上海：上海人民出版社，2004 年，第 78 页。

② 陶文钊主编：《中美关系史：1949—1972》，上海：上海人民出版社，2004 年，第 77 页。

③ 崔丕：《美国的冷战战略与巴黎统筹委员会、中国委员会（1945—1994）》，北京：中华书局，2005 年，第 14 页。

这种发展模式。

其三，美国在海外华人中实施的“反共保台”的隐蔽宣传战、对台湾教育的隐蔽支持，在一定程度上蒙蔽了一些不明真相的华人的视野，“破坏了共产主义的声誉，宣扬了西方的价值观念，使相当数量处于中间地带的民众对共产主义‘敬而远之’”[①]。同时，也使败逃台湾声名狼藉的蒋介石政府的影响有所恢复，赴台求学人数“1951年只有60名华人学生赴台学习，1957年就达到2780人。从1951年到1965年，赴台就学人数共计20 078人”[②]。

其四，美国通过公开与隐蔽的手段操控联合国，千方百计阻挠联合国恢复中国的合法席位，使中国长期被排斥在联合国之外，直至1971年其图谋才遭到彻底破产。

其五，这一时期美国对中国实施的隐蔽行动进一步恶化了中美关系，加深了中国人民对美国的仇恨，视美国为“全世界人民最凶恶的敌人”，以至于20余年后中美关系开始改善时许多人一时难以转弯。

需要强调的是，上述影响并非隐蔽行动独自发挥作用的结果，多是与公开的外交、宣传等手段共同作用的结果。在这一时期美国对中国的政策、战略中，隐蔽行动的作用是有限的，所扮演的确实只是“公开外交活动的补充”。[③]

原载（《陕西师范大学学报》2015年第3期）

① 张杨：《“海外华人项目”与美国反华保台之心理战政策初探》，《东北师大学报》（哲学社会科学版）2010年第3期，第57页。

② 赵绮娜：《美国政府在台湾的教育与文化交流活动：1951—1970》，《欧美研究》2001年第1期，第10页。转引自张杨：《“海外华人项目”与美国反华保台之心理战政策初探》，《东北师范大学学报》（哲学社会科学版）2010年第3期，第57页。

③ NSC10/2，National Security Council Directive on Office of Special Projects，June 18，1948，In：Emergence of the Intelligence Establishment，Foreign Relations of the United States 1945 - 1950，Document Document 292. http：//www. state. gov/www/about-state/history/intel（2001 - 11 - 27）.

论冷战期间美国对中国西藏实施隐蔽行动战略的特点

隐蔽行动战略是冷战期间美国对外实施的主要战略之一，是服务于遏制大战略的一个重要子战略。① 为了维护西方自由民主制度，遏制苏联和所谓共产主义扩张，赢得冷战胜利，美国不仅对苏联东欧集团实施这一战略，也对中国和其他社会主义国家以及许多第三世界国家实施这一战略，进行了大量隐蔽活动，严重影响了这些国家的发展进程。其中对中国隐蔽行动战略的实施尤以对西藏的隐蔽行动最具代表性。关于美国对中国西藏的隐蔽行动，迟至20世纪末，还是“冷战中一个极少有人知道但最不寻常的行动”②。21世纪初，随着美国有关档案的逐渐解密，国内外一些学者就此展开了深入研究，出现了不少有分量的成果。③ 这些

---

① 关于冷战期间美国的隐蔽行动战略及其与遏制战略的关系，详见白建才：《论冷战期间美国的隐蔽行动战略》（《世界历史》2005年第5期）；白建才：《大战略、遏制战略与隐蔽行动等诸战略——美国的冷战战略析论》，《陕西师范大学学报》（哲学社会科学版）2005年第6期；白建才：《冷战期间美国对外隐蔽行动问题析论》，《世界历史》2010年第4期等。

② Patrick French，A Secret War in Shangri La，The Saturday Telegraph，London，14 No. 1998. http：//www. naatanet. org/shadowcircus/（2003 - 01 - 08.）

③ 国外学术界的研究，如John Kenneth Knaus，Orphans of the Cold War：America and the Tibetan Struggle for Survival，New York：Public Affairs，1999；John Kenneth Knaus，Official Policies and Covert Program：The U. S. State Department，The CIA，and the Tibetan Resistance，Journal of Cold War Studies，Vol 5，No. 3，2003，pp. 54-79；Kenneth Conboy and James Morrison，The CIA's Secret War in Tibet，Lawrence：University Press of Kansas，2002等。国内学术界的研究主要有李晔：《20世纪美国西藏政策述论》，《西藏研究》2003年第2期；胡岩：《美国对中国西藏政策的历史演变》，《中共中央党校学报》2002年第1期；郭永虎、李晔：《美国中央情报局在中国西藏的准军事行动新探（1949—1969）》，《当代中国史研究》2006年第9期；程早霞的系列论文，如程早霞：《50年代美国的西藏政策及其秘密行动》，《史林》2008年第2期；程早霞：《冷战时期的美国对华秘密战——美国中央情报局与中国西藏（1960—1972）》；《学习与探索》2007年第2期；及其博士论文《美国中央情报局与中国西藏（1940s—1972）》，博士学位论文，东北师范大学历史文化学院，2009年等。

成果考察了美国对中国西藏的政策演变，揭露了美国对西藏的秘密活动，但从美国冷战战略角度的剖析尚显不足。本文将主要依据美国政府解密档案资料，借鉴已有研究成果，试图就美国对中国西藏隐蔽行动战略实施的特点作一探讨，以期管窥冷战期间美国的隐蔽行动战略，深化对美国冷战战略的认识。

一

冷战期间美国对中国西藏实施隐蔽行动战略，首先是持续时间长。

美国对中国西藏的隐蔽行动实际上从20世纪50年代初即已开始，一直持续到20世纪70年代初，长达20余年，是冷战期间美国实施时间最长的隐蔽行动之一。

二战结束后，随着美苏冷战对抗的展开以及中国革命的胜利，以遏制苏联和所谓共产主义扩张为大战略的美国政府改变了对中国西藏的政策，放弃了长期坚持的承认西藏是中国的一部分、反对英国策动西藏独立的立场。在美国一些政要看来，“如果共产党真正控制了中国，西藏就将成为亚洲大陆仅存的几个非共产主义堡垒之一”。“西藏将在意识形态和战略上具有重要意义。”[①]“达赖喇嘛的佛教主义”是“一种在亚洲中部及南亚佛教国家影响较大的反对共产主义的意识形态”，企图将其作为在“亚洲遏制共产主义的屏障”。[②]因此，杜鲁门政府在不公开否认中国对西藏主权的同时，开始实施隐蔽行动战略，秘密与西藏分裂势力勾结，在1951年西藏和平解放之前，主动提出给西藏分裂势力提供援助，阴谋阻止共产党接管西藏；在西藏和平解放前夕，制订并实施“洛伊计划”，积极策划鼓动达赖喇嘛外逃，力图给中国政府制造麻烦，破坏中国的国家统一。

艾森豪威尔是冷战期间美国历任总统中最热衷于实施隐蔽行动战略的总统之一。作为二战期间的盟军总司令，他深知盟军的秘密活动为赢得反法西斯战争胜利发挥的巨大作用，因此在1954—1955年接连批准了3份绝密的政策文件，

① Memorandum by Miss Ruth E. Bacon of the Office of Far Eastern Affairs to the Chief of the Division of Chinese Affairs (Sprouse), Foreign Relations of the United States, 1949, Washington, D.C.: U.S. Government Publishing Office, 1974, Vol. 9, p. 1065.

② The Charge in India (Merrell) to the Secretary of State, The Acting Secretary of State to The Charge in India (Merrell), Foreign Relations of the United States, 1947, Washington, D.C.: U.S. Government Publishing Office, 1972, Vol. 7, pp. 589-592.

即《国家安全委员会关于隐蔽行动的指令》（NSC5412、NSC5412/1、NSC5412/2），加强了对外隐蔽行动战略的实施。对我国西藏自然也不例外，在其任内秘密援助西藏分裂势力，为其培训特工，空投武器，成功协助达赖喇嘛外逃，支持西藏分裂势力在尼泊尔木斯塘建立武装和基地。根据美国政府解密的档案资料，艾森豪威尔任内多次召开高层会议，讨论西藏问题。1960 年 2 月 4 日，艾森豪威尔与白宫、国务院、国防部、中情局的高官再次讨论了西藏问题，在会上中情局局长艾伦·杜勒斯汇报了中情局支持西藏叛乱武装的行动，请求批准继续实施支持西藏叛乱武装的计划。经过讨论，总统同意继续实施支持西藏叛乱武装的有关计划。①

肯尼迪、约翰逊政府继承了其前任的衣钵，继续对中国西藏实施隐蔽行动战略。1968 年 1 月 26 日中情局给美国国家安全委员会领导隐蔽行动的核心机构“303 委员会”提交了一份关于对西藏实施隐蔽行动的备忘录，概述了中情局对西藏行动计划的目标、对目前计划的评估、行动的协调、费用等。文件列举了“303 委员会”之前批准的重大决定，其中涉及肯尼迪、约翰逊政府的有：“1961 年 2 月 14 日，批准继续实施隐蔽行动计划；1962 年 12 月 13 日，批准训练西藏游击武装；1964 年 2 月 20 日，审查并批准继续实施隐蔽行动计划；1965 年 4 月 9 日，批准重新安置西藏准军事武装；1966 年 7 月 8 日和 11 月 25 日，批准隐蔽的准军事计划（原文件有一行未解密）。”② 这就表明，肯尼迪、约翰逊任职时期，美国政府对我国西藏的隐蔽行动并未减弱，几乎每年都要批准实施一些隐蔽行动计划，以期如该文件所说：“削弱中国政权的影响和能力，形成能够阻止西藏内部可能出现的政治发展的抵抗力量，遏制中国共产党的扩张。”③

1969 年尼克松上台后，鉴于美国实力的相对衰落，为了摆脱越南战争的泥潭，联中抗苏，开始着手改善与中国的关系，据此也调整了对中国西藏的政策，逐渐减少了对西藏分裂势力的援助，但并未立即停止其隐蔽行动。正如 2006 年

---

① Memorandum for Record: Discussion with the President on Tibet, CI01377, Digital National Security Archives.

② Memorandum for the 303 Committee, Foreign Relations of the United States, 1964 - 1968, Vol. 30, China, Document 342. http://history.gov/historicaldocuments/frus1964-68v30/d342（2012-8-17）.

③ Memorandum for the 303 Committee, Foreign Relations of the United States, 1964 - 1968, Vol. 30, China, Document 342. http://history.gov/historicaldocuments/frus1964-68v30/d342（2012-8-17）.

美国政府解密出版的尼克松政府对外关系文件集《中国》卷的编辑所说，“在第一届尼克松政府时期，美国政府继续对达赖喇嘛及其同伙”进行支持，“包括政治行动、宣传以及准军事活动”。[①] 直至1972年10月5日，即尼克松总统第一任期行将结束之际，其领导隐蔽行动的核心机构“40委员会”还批准了中情局在1973财政年度对中国西藏实施预算为437 000美元的隐蔽行动计划，比上一财年花费的557 000美元减少了12万美元。[②] 1974年，随着中美关系进一步改善，加之美国对中国西藏的隐蔽行动特别是对西藏分裂势力武装的支持成效甚微，尼克松政府又被“水门事件”搞得焦头烂额，美国政府暂时停止了对中国西藏的隐蔽行动。

由上可知，美国政府从杜鲁门时期即开始在我国西藏实施隐蔽行动战略，直至尼克松政府末期暂时告一段落，持续达20多年，这就大大有别于冷战时期美国对其他一些国家实施的隐蔽行动。1953年推翻伊朗摩萨台政府的“阿贾克斯行动”，或1954年颠覆危地马拉阿本斯政府的“成功行动”，加上中情局的早期准备活动，也都只有3—4年。1956—1965年在印尼实施的秘密支持外岛叛乱和消灭印尼共产党的隐蔽行动和80年代援助阿富汗反政府武装反击苏联入侵的准军事行动，前后也都不过9年时间。这反映了在美国的全球冷战战略中，中国及中国西藏具有非常重要的地位。中国是有极其重要影响力的社会主义大国，分裂、削弱中国的力量将大大削弱社会主义阵营的力量，加强美国在冷战中的优势地位；反之，“美国最高决策机构认为，如果中国控制了西藏，西藏将会成为共产党中国向印度施加影响的基地”[③]，“因而会对南亚地区（特别是印度）构成威胁”。[④] 因此，除非国际冷战格局及美国国内政局发生重大变化，美国是不会放松对中国的隐蔽行动的。同时，这也是因为美国碰到了一个远非伊朗、危

---

① Editorial Note，Foreign Relations of the United States，1969 - 1976，Vol. 17，Document 274. http：//history. state. gov/historicaldocuments/frus1969 - 1976v17/d274（2012 - 8 - 17）.

② Memorandum from the Assistant Secretary of State for East Asian and Pacific Affairs（Green）and the Assistant Secretary of State for Near East ern and South Asian Affairs（Sisco）to the Under Secretary of State for Political Affairs，Foreign Relations of the United States，1969 - 1976，Vol. 17，Document 280. http：//history. state. gov/historicaldocuments/frus1969 - 1976v17/d280（2012 - 08 - 17）.

③ 郭永虎、李晔：《美国中央情报局在中国西藏的准军事行动新探（1949—1969）》，《当代中国史研究》2006年第9期，第86页。

④ Foreign Relations of the United States，1949，Washington，D. C.：U. S. Government Publishing Office，1974，Vol. 9，p. 1072.

地马拉等国所能相比的无论如何啃也啃不动的硬骨头，所以，尽管耗费时日，终究无果而终。当然，美国对苏联东欧集团实施的隐蔽行动持续时间更长，这是由于苏联始终是美国的主要对手，加之美国实力地位的下降需要联中抗苏，被迫中止了对中国西藏的隐蔽行动。

二

根据冷战爆发后美国国家安全委员会在1948年6月17日通过的确立对外实施隐蔽行动战略的NSC10/2号文件，隐蔽行动战略包括隐蔽的政治战、经济战、宣传战和准军事行动。① 但冷战期间美国对各国实施隐蔽行动战略时并非让这四个子战略同时出手，而是依各国国情及美国战略目标的不同有所侧重，如对苏联东欧，主要采取隐蔽的政治战、经济战和宣传战，对意大利、智利等国主要采取隐蔽的政治战和宣传战，对伊朗、危地马拉、阿富汗、安哥拉等国主要采取隐蔽的政治战和准军事行动。冷战期间美国对中国西藏隐蔽行动战略的实施，则以隐蔽政治战和准军事行动为主，辅之以隐蔽的宣传战。

隐蔽的政治战是美国对中国西藏最早实施并长期坚持的一个战略。1959年9月25日美国国家安全委员会通过的一份重要文件《美国对远东的政策》（NSC5913/1）中明确指出，美国对远东的政策目标之一是“阻碍亚洲共产党政权特别是中共政权的发展；削弱亚洲共产党政权特别是中共政权的实力；降低亚洲共产党政权特别是中共政权的威信”。② 这其实是新中国成立后至20世纪60年代末美国历届政府的政策目标。为了实现这一政治目标，美国政府对中国西藏首先实施了隐蔽的政治战。其最具代表性的做法就是秘密鼓动达赖喇嘛出逃。

1951年3月29日，就在中国中央政府和西藏地方政府谈判和平解放西藏之际，美国驻印度大使洛伊·亨德森致绝密函给国务院南亚事务署主任马修斯，汇报了其业已开始的鼓动达赖喇嘛出逃的计划，请求获得批准。③ 为了阻止西藏

---

① Emergence of the Intelligence Establishment, Foreign Relations of the United States, 1945-1950: Document 292. http://www.state.gov/www/about-state/history/intel (2001-11-27).

② NSC5913/1, Statement of U.S. Policy in the Far East, September 25, 1959, PD 00593, Digital National Security Archives.

③ The Ambassador in India (Henderson) to the Director of the Office of South Asian Affairs (Mathews), Foreign Relations of the United States, 1951, Washington, D.C.: U.S. Government Publishing Office, 1983, Vol.7, Part 2, pp. 1610-1613.

的和平解放与中国的国家统一，削弱中国的实力，美国国务院很快批准了该建议。① 之后，美国驻印使馆与达赖喇嘛的代表频繁接触，竭力鼓动达赖外逃，还为达赖制定了详细的外逃计划。该计划包括三种选择：(1) 达赖带着忠实随从乘黑夜悄悄离开（西藏）来到印度。(2) 命令×××［人名未解密］护送他偷偷离开来到印度。(3) 在亚东附近与海因里希·哈里尔及领馆翻译乔治·帕特森接头，由他们护送他越过边界进入不丹一个茶园的简易机场，在那里用一架小型飞机把他送到一个永久避难地。② 但达赖此时尚未决定出逃，在结束外地的佛事活动之后还是回到了拉萨。10 月 24 日，达赖致电中央政府，表示拥护和平解放西藏的协议，西藏和平解放，美国秘密鼓动达赖出逃的阴谋破产。

美国此番虽然未能如愿，却也开启了达赖出逃之路，为达赖日后的出逃打下了基础。西藏和平解放后，美国在阻止中国国家统一受挫的情况下，加强了对中国西藏的隐蔽行动，以期削弱中国的实力。1959 年 3 月，美国对西藏长期实施的隐蔽行动战略初见成效，西藏发生大规模叛乱，达赖喇嘛决定出逃。关于达赖这次出逃是否美国策划，目前尚未见到档案资料，仅有一些专著指出，在叛乱发生前几个月，美国中情局和西藏分裂势力的代表就策划了达赖的出逃。曾在西康生活和工作过三年的苏格兰传教士实为英国特工的乔治·帕特逊 (George Patterson) 承认，"他的康区朋友在那次事件发生以前的很早时就告诉过他，已经有了一个诱骗达赖喇嘛离开拉萨的计划。"一个曾插手策划这一行动的美国人也承认了美国提前策划达赖出逃的事实。③ 可以肯定的是，达赖这次出逃是 50 年代初美国促动其出逃的一个结果，同时中情局又积极协助了达赖喇嘛的出逃。在达赖出逃过程中，他身边有两个经中情局训练的西藏特工，随时和中情局保持联系。中情局则随时向密切关注事态发展的美国国家安全委员会汇报相关情况，并向印度政府通知了达赖政治避难的要求，获得印方批准。经过

① The Ambassador in India (Henderson) to the Director of the Office of South Asian Affairs (Mathews), Foreign Relations of the United States, 1951, Vol. 7, Korea and China (in two parts), Part 2, Note 2, p. 1619.

② The Consul General at Calcutta (Wilson) to the Ssecretary of State, FRUS, 1951, Vol. 7, Part 2, p. 1754; John Kenneth Knaus, Official Policies and Covert Program: The U. S. State Department, The CIA, and the Tibetan Resistance, Journal of Cold War Studies, Vol. 5, No. 3, 2003, p. 63; 程早霞：《50 年代美国的西藏政策及其秘密行动》，《史林》2008 年第 2 期，第 154 页。

③ (加) 谭·戈伦夫：《现代西藏的诞生》，伍昆明、王宝玉译，北京：中国藏学出版社，1990 年，第 233 页。

两个星期的长途跋涉，达赖一行于3月31日逃到印度，从此成为以美国为代表的西方反华势力的一个重要工具。中情局秘密行动负责人理查德·比塞尔（Richard Bissell）也承认如果达赖喇嘛没有那些由中情局训练出来的特工人员的陪同，是不可能如此顺利出逃的。[①] 之后，美国长期给达赖及其仆从秘密提供活动经费，供其进行反华活动。

在美国政府对中国西藏实施的隐蔽行动战略中，着力最多的是准军事行动。究其原因，最主要的还是由于西藏自古以来就是中国的一部分，对此美国政府也不得不承认[②]，因此采取隐蔽的政治战、宣传战很难获得国际社会的响应，丝毫也不能实现美国分裂中国、削弱中国的目的。采取准军事行动战略，通过暗中武装、训练西藏分裂势力，督促其从事武装叛乱、破坏袭击等活动，或许可直接削弱中国的力量。加之有二战期间战略情报局积累的一些经验，当时中情局的许多骨干曾是战略情报局的成员，热衷于准军事行动，准军事行动战略也就成为美国对中国西藏隐蔽行动战略的主要手段了。

美国对中国西藏的准军事行动，主要采取了秘密培训西藏民族分裂分子、支持其武装叛乱、给其提供军事援助等形式。

在秘密培训西藏民族分裂分子方面，从1956年开始，美国多批次地在台湾、冲绳群岛、塞班岛、关岛以及美国本土科罗拉多的黑尔营地秘密训练了至少几百名西藏民族分裂分子。训练内容包括学习识别地图、武器操作、炸药的使用、无线电收发、跳伞等多种技术。同时接受训练的还有达赖的哥哥土登诺布。训练结束后，中情局又将部分受训人员秘密空投进西藏。这些人回去后收集情报，从事破坏活动，发动或参与叛乱，成为西藏叛乱或从尼泊尔木斯塘基地对西藏发动武装袭击的西藏叛军的骨干分子。正如一个名叫旺堆的叛乱领导人回忆说，他于1956年离开西藏，在海外某地接受了美国人的训练，然后被秘密空降回西藏，在康区开始组织叛乱活动，直到1966年他才离开那里，前往尼泊尔。[③]

---

① （加）谭·戈伦夫：《现代西藏的诞生》，伍昆明、王宝玉译，北京：中国藏学出版社，1990年，第233页。

② 如1994年5月，美国国务院发言人发表声明重申：西藏是中国的一部分，这是美国长期的政策；不论是美国，还是其他任何国家，都不认为西藏是一个独立国家。美国不承认西藏流亡政府。详见李晔：《20世纪美国西藏政策述论》，《西藏研究》2003年第2期，第5页。

③ （加）谭·戈伦夫：《现代西藏的诞生》，伍昆明、王宝玉译，北京：中国藏学出版社，1990年，第230页。

在支持、组织武装叛乱等方面，早在1956年初，中情局就派遣游击战专家安东尼·波什普尼帮助组织了西藏民族分裂分子在西藏东部地区发动的叛乱，并给叛乱分子提供了通讯等设备。叛乱分子在西藏东部同时发动了多处袭击，中情局提供的通讯设备也为相距很远的叛乱分子的协调行动发挥了重要作用。1958年，中情局首次以空投的方式给西藏叛军运送武器，“这次共空投了100支英国制造的步枪、20支手提机枪、两门55毫米迫击炮、60颗手榴弹，以及为每件武器配备的300发子弹”。① 1959年2月，美国又空投了第二批武器。这两次武器空投加速了大规模武装叛乱的发生。1958—1960年，美国空投至少30多次，都是由中情局专有航空公司的人员和飞机承担的。②

在给西藏分裂势力提供军事援助方面，除了上述秘密训练西藏分裂分子、给西藏叛乱武装空投武器装备等外，在西藏叛乱失败后，还帮助西藏分裂势力在尼泊尔靠近西藏的木斯塘重整叛乱武装，将从西藏逃亡出来的藏人组织起来，建立了一支2000人的武装，给其提供活动经费、武器装备和军事训练，要求他们经常渗透回西藏进行破坏，袭击解放军分散的营地和交通运输线。根据美国政府解密文件，1964财年用于支持西藏分裂势力的经费为1 735 000美元，其中支持在尼泊尔基地的2100名西藏武装的经费为50万，给达赖的津贴为18万，装备、运输、设备及训练费用为22.5万，在科罗拉多秘密基地训练费用为40万，纽约、日内瓦等地西藏办事处费用为7.5万（半年），把在科罗拉多受训的藏人空运到印度的费用为18.5万，其他费用（侦察队的设备与供应、储藏计划、在西藏特务网的建立、特务的薪水等）为12.5万，选择的20名藏族官员的教育计划为4.5万。③ 从这份费用表可以看出，在1964财年美国对中国西藏实施隐蔽行动战略的173.5万美元经费开支中，至少有131万用于了准军事行动，占其总经费的3/4，可见准军事行动战略在其隐蔽行动战略中的重要地位。

---

① （加）谭·戈伦夫：《现代西藏的诞生》，伍昆明、王宝玉译，北京：中国藏学出版社，1990年，第232页。

② 程早霞：《美国中央情报局与中国西藏（1940s—1972）》，博士学位论文，东北师范大学历史文化学院，2009年，第95页。

③ Memorandum for the Special Group, Foreign Relations of the United States, 1964 - 1968, Vol. 30, Document 337. http://history.gov/historicaldocuments/frus1964-68v30/d337,（2012-8-17）.

三

美国对中国西藏实施隐蔽行动战略并非单兵作战，而是与印度情报机构进行了密切合作，并力图使西藏问题国际化。

值得注意的是，美国与印度的合作有个发展的过程。早在20世纪50年代初，美国就试图拉拢印度联手援助西藏分裂势力，阻止中国的统一。1950年10月27日，美国国务卿在发给驻印大使亨德森的绝密电报中要求其尽快会见印度总理尼赫鲁，表明在西藏问题上美国“希望与印度政府采取各种可能的方式进行合作”。[①] 但在随后的会见中被婉言谢绝。这是因为此时印度刚独立不久，奉行不结盟的外交政策，并不想卷入美国发动的亚洲的冷战中，与中国为敌。[②]

1959年中印边界冲突加剧后，印度的立场随之发生了变化。1956年达赖访印时曾企图在印避难，印度政府迅即告知中国政府，周恩来总理亲赴印度劝回了达赖。[③] 但1959年3月西藏叛乱发生后，经美国政府居中斡旋，印度政府接受了达赖的避难。由此也开始了美印两国在中国西藏问题上的合作。1962年10月中印边界战争发生后，为了加强与印度的合作，是年11月美国政府派72岁高龄的资深外交官哈里曼率代表团赴印度进行会谈，双方商定：印度在中情局近东处的支持下发展藏人游击力量，而中情局远东处则负责在西藏内部建立远程抵抗运动，木斯塘准军事部队仍由中情局控制。[④] 据此美国、印度与达赖集团通力合作，组建了一支由流亡藏人组成的5000人的武装，名为“22军区”，后改为“特种边境部队”，图谋越境深入西藏后方实施打击。这支武装的总部设在印度首都新德里，由印军的一名少将乌班任总监，达赖集团“流亡政府”的“治安部长”任副总监，隶属印度政府内政部保安局。印度政府、美国中情局和达赖集团三方组成一个八人联络组（印方3人，美方2人，达赖集团3人）负责筹建，具体分工是兵员由达赖集团负责，分别在印度、尼泊尔、锡金和不丹境内的外逃

① The Secretary of State to the Embassy in India，Foreign Relations of the United States，1950，Washington，D. C.：U. S. Government Publishing Office，1976，Vol. 6，p. 545.

② 程早霞：《美国中央情报局与中国西藏（1940s—1972）》，博士学位论文，东北师范大学历史文化学院，2009年，第71页。

③ Kenneth Conboy and James Morrison，The CIA's Secret War in Tibet，Lawrence：University Press of Kansas，2002，p. 34；程早霞：《美国中央情报局与中国西藏（1940s—1972）》，博士学位论文，东北师范大学历史文化学院，2009年，第103页。

④ Kenneth Conboy and James Morrison，The CIA's Secret War in Tibet，Lawrence：University Press of Kansas，2002，pp. 173-174.

藏人中招募，美国负责提供武器装备和部分经费，并协助训练，印度负责组编、供应，并选派一批军官到该部进行领导管理。[①] 之后中情局多次派员对这支武装进行了体能、游击战术、空降等方面的训练，也在美国科罗拉多的黑尔营地为其培训了一批骨干力量。这支武装建立后曾多次越境深入西藏执行电话窃听等任务。

为了在亚洲的冷战中削弱中国的力量，在对中国西藏实施隐蔽行动战略中美国并不满足于和印度的合作，也竭力促使西藏问题国际化，给中国制造更大的麻烦。具体做法包括：第一，给达赖集团提供活动经费，包括给达赖的津贴、给其在纽约、新德里、日内瓦等地的办事处的经费等，让其四处活动，进行分裂祖国的活动和反华宣传。这在前文已有所述。第二，为达赖集团培训政治骨干，包括行政官员和驻外代表等，提高其在国际社会从事分裂祖国反华活动的能力。在这方面，60 年代中期中情局实施了一个隐蔽的政治战项目，即由中情局幕后出资，由康奈尔大学出面，培训达赖集团的官员。根据美国政府解密文件，先后 3 年共培训了 20 名年轻官员。[②] 这些人在康奈尔大学学习了语言、政治、经济、人类学等科目，有些还接受了中情局的特工训练，回去后被安排在中情局与印度情报部门和达赖集团的联合行动中心或达赖集团在纽约、新德里、日内瓦的办事处等重要部门，成为从事分裂祖国和反华活动的急先锋。第三，利用联合国促使西藏问题国际化。[③] 美国在外交上是个非常善于捕捉战机的国家，西藏叛乱发生后，美国迅速抓住时机，采取公开与隐蔽的手段，把西藏问题推向国际社会，利用联合国大做文章，以达到削弱中国的目的。就其采取的隐蔽手段也即隐蔽的政治战来说，一是“鼓动另一个政府尤其是一个亚洲国家向联合国提出这个问题”。[④] 由于美国的幕后鼓动策划，马来亚和爱尔兰在是年10月召开的联合国大会上提出所谓西藏问题的反华议案，声称“西藏人民的基本人权和自由遭到践踏”，要求联大进行讨论。美国则公开站出来支持该议案。

---

① 唐家卫：《事实与真相——十四世达赖喇嘛其人其事》，北京：中国藏学出版社，2003 年，第 159 页。转引自程早霞：《冷战时期的美国对华秘密战——美国中央情报局与中国西藏（1960—1972）》，《学习与探索》2007 年第 2 期，第 230 页。

② Memorandum for the 303 Committee, Foreign Relations of the United States, 1964 - 1968, Vol. 30, Document 342. http://history.gov/historicaldocuments/frus1964-68v30/d342（2012 - 8 - 17）.

③ 程早霞：《美国中央情报局与中国西藏（1940s—1972）》，博士学位论文，东北师范大学历史文化学院，2009 年，第 75 页。

④ Draft of Memorandum from the Assistant of Secretary of State for Far Eastern Affairs（Rorbertson）to Secretary of State Herter, Foreign Relations of the United States, 1958 - 1960, Washington, D.C.: U.S. Government Publishing Office, 1996, Vol. 19, p. 767.

结果是联大通过了该反华议案。二是让美国前驻联合国副代表格罗斯担任达赖集团的幕后高参，让其为达赖集团在联合国的活动出谋划策。格罗斯是两届联合国秘书长的顾问，政治经验老到，深谙联合国的运作，他力促达赖集团向联合国申诉，并很识相地认为在联合国提出关于西藏的主权问题很难获得通过，建议以西藏的人权遭到践踏为题申诉。[①] 事实证明，达赖集团和马来亚等国在联合国正是按格罗斯的建议操作活动的。20 世纪 60 年代，美国又两次幕后操纵联合国通过西藏问题决议，谴责中国践踏西藏人权，图谋破坏中国的国际形象。

冷战期间美国在对外实施隐蔽行动战略中不乏与一些国家的合作，如对阿尔巴尼亚的“宝贵行动”和对伊朗的“阿贾克斯行动”中与英国的合作，在对古巴的隐蔽行动中与洪都拉斯、危地马拉等国的合作，在对阿富汗的隐蔽行动中与巴基斯坦、埃及等国的合作等。但这些国家多为美国的盟国或仆从国。印度是不结盟运动的发起国之一，美国在对中国西藏的隐蔽行动中与印度的合作是与一个奉行不结盟和中立外交政策国家的合作，且这种合作并非自始至终的合作，而是经历了一个由不合作到合作的过程。同时，由于美国深知中国对西藏的主权问题难以撼动，多次在幕后唆使和操纵联合国通过谴责中国践踏西藏人权的决议，使西藏问题这一中国的内政问题国际化，给中国施加压力，破坏中国的国际形象。这些都成为美国对中国西藏实施隐蔽行动战略的一个明显特点。

四

美国隐蔽行动战略在中国西藏的实施以失败而告终，却也给中国留下了棘手的后患。

冷战期间美国将隐蔽行动战略作为公开外交手段和军事干涉之外的“第三种选择”[②]，以隐蔽行动战略与公开外交相配合，在不少国家实现了其对外政策目标，如在意大利、印度尼西亚等国成功阻止了共产党上台执政，在伊朗、危地马拉、刚果、智利等国最终推翻了左翼政府，在苏联东欧导致了其剧变解体。但美国对中国西藏实施的隐蔽行动战略却最终遭到了失败。如前所述，在新中

① John Kenneth Knaus，Official Policies and Covert Program：The U. S. State Department，The CIA，and the Tibetan Resistance，Journal of Cold War Studies，Vol. 5，No. 3，2003，pp. 76-77.

② Theodore Shackley，The Third Option：An American View of Counterinsurgency Operations，New York：McGraw-Hill，1981，p. 6；John Jacob Nutter，The CIA's Black Ops：Covert Action，Foreign Policy，and Democracy，New York：Prometheus Books，2000，p. 30；William J. Daugherty，Executive Secrets：Covert Action &Presidency，Kentucky ：The University Press of Kentucky，2004，p. 19.

国成立后相当一段时间，美国的对华政策目标是“阻碍中共政权的发展”，“削弱中共政权的实力”，“降低中共政权的威信”。与此相一致，在对中国西藏问题上，美国在20世纪50年代初极力拉拢鼓动达赖喇嘛出逃，企图阻止西藏的和平解放和中国的国家统一。在这一阴谋未能得逞后又采取准军事行动，培训武装西藏分裂势力，支持其发动叛乱。在叛乱失败后则在尼泊尔为达赖集团建立军事基地，组建武装，提供武器装备和活动经费，督促其进入西藏进行骚扰破坏活动。但这支叛乱武装只是一帮被美国豢养的乌合之众，怎能对抗社会主义中国的铜墙铁壁，在其存在的十几年间收效甚微，进入西藏骚扰破坏者多被歼灭，就连中情局官员在向“303委员会”汇报时也认为其“在西藏内部取得的成就微乎其微”。[①] 有鉴于此，加之尼克松政府要摆脱越南战争的泥潭和联中抗苏，改变了对华政策，缓和了和中国的关系，逐渐减少了对西藏分裂势力的援助，削减了其武装。1973年11月尼泊尔国王访华时，毛泽东主席要求结束这种大家心里都有数的“猜哑谜游戏”。1974年，尼泊尔军队清剿了木斯塘的西藏叛匪，叛军首领旺堆等被击毙，其余7名首领投降，西藏叛乱武装土崩瓦解。[②] 冷战期间美国对中国西藏的隐蔽行动战略遭到彻底失败。

美国对中国西藏实施隐蔽行动战略的失败，就其自身原因来说，是由于美国慑于如果过深卷入可能带来的严重后果，是由于美国自身力量的有限性。西藏自元代以来就是中国不可分割的领土，这是举世公认的事实。在捍卫国家主权和领土完整的问题上，新中国政府和人民有着铁的意志和坚定的决心。对于这些美国政府心知肚明，因此自始至终不敢站出来公开承认达赖集团的“流亡政府”[③]，不敢对其投入大规模的援助。加之在美国的全球冷战战略中，其重心在欧洲。美国与苏联在全球展开激烈争夺，中情局在世界许多地区和国家都设

---

① Memorandum for the 303 Committee, Foreign Relations of the United States, 1964 - 1968, Vol. 30, Document 342, http: //history. gov/historicaldocuments/frus1964-68v30/d342 (2012 - 8 - 17).

② John Prados, Presidents' Secret Wars: CIA and Pentagon Covert Operations from World War II through the Persian Gulf, Chicago: Ivan R. Dee, Publisher, 1996, pp. 169-170；郭永虎、李晔：《美国中央情报局在中国西藏的准军事行动新探（1949—1969）》，《当代中国史研究》2006年第9期，第90页。

③ 1959年西藏叛乱发生后美国政府一度曾讨论承认西藏独立的问题，但后因“反对承认西藏独立比支持西藏独立的声音大”，美国政府认为“承认达赖政府代表一个独立国家”不符合“美国国家利益与藏人利益”，“只有少数国家会跟随”，只好作罢，继续奉行表面不否认中国对西藏的主权、暗中支持西藏分裂势力分裂祖国的政策。详见程早霞：《美国对中国西藏政策的历史演变》，《国际论坛》2011年第5期，第41页；Memorandum from the Assistant of Secretary of State for Far Eastern Affairs (Parsons) to Secretary of State Herter, Foreign Relations of the United States, 1958-1960, Washington, D. C.: U. S. Government Publishing Office, 1996, Vol. 19, p. 793.

有工作站，这就大大分散了其力量。因此美国对西藏分裂势力的援助，无论是经费还是武器装备，抑或是介入的人员、规模都是很有限的。但更重要的，是因为美国遇到了一个强大的对手，在经历了长期革命斗争考验的中国共产党和中国人民面前，美国的任何反华阴谋都是难以得逞的。

但不可否认的是，美国对中国西藏隐蔽行动战略的实施，也给中国留下了一个一时难以消除的后患。美国对中国西藏实施的隐蔽行动战略虽未阻碍中国的发展，削弱中国的实力，但其曾长期暗中扶持豢养的达赖及其仆从至今仍在到处从事分裂祖国破坏西藏社会稳定的活动，成为中国和平发展进程中一缕刺耳的噪音，也成为国际上那些试图阻止中国和平崛起的反华势力的一个工具。这一问题的彻底解决还有待时日。

本文剖析了冷战期间美国对中国西藏实施隐蔽行动战略的 4 个特点。在全球遏制所谓共产主义扩张、维护西方自由民主制度、赢得冷战胜利是冷战期间美国的基本目标。为了实现这一目标，美国不惜采取各种战略手段，包括隐蔽行动战略。新中国作为由共产党领导的社会主义大国，自然成为美国全球冷战的一部分，成为美国遏制的对象，对中国西藏实施隐蔽行动战略也就成为其阻碍中国发展、削弱中国实力、遏制所谓中国共产主义扩张的一个重要手段。据此美国对中国西藏实施了长达 20 多年的以隐蔽的政治战和准军事行动为主要内容的隐蔽行动战略，一度与印度进行了合作。但由于其力量的有限，对手的强大，冷战格局的变化，这场闹剧只能以失败而告终。历史再次证明，在经历了长期革命斗争考验的中国共产党和中国人民面前，任何反华阴谋都是难以得逞的。

原载（《武汉大学学报》2013 年第 1 期）

苏联入侵阿富汗与美国的隐蔽行动

1979年苏联入侵阿富汗是当代世界史和冷战国际史中一件具有转折意义的重大事件，它结束了20世纪70年代美苏冷战的相对缓和状态，引发了新一轮的激烈对抗争夺，导致了近10年的苏阿战争，并最终成为导致冷战结束、苏联解体的重要原因之一。对这一问题，国内已有不少论述。本文将从一个新的角度——美国对苏联入侵阿富汗的政策和隐蔽行动的角度进行探讨，以期深化对这一问题的研究。

一、苏联入侵阿富汗与美国的政策

阿富汗地处亚洲中央，北与苏联（今为乌兹别克、塔吉克和土库曼）接壤，边界线长达2384千米，东、南与巴基斯坦为邻，东北角有一小段（75千米）与中国交汇，西与伊朗相连。对苏联来说阿富汗具有重要的战略意义，是保障其南部边境安全的重要屏障及南下印度洋的重要通道。

阿富汗国家命运多舛，历史上曾长期是英俄争夺的对象，19世纪末的阿富汗国王阿卜杜拉·拉赫曼就把阿富汗形象地比喻为“两只狮子之间的一只山羊，或者夹在两块磨石之间的一粒小麦”。[①] 阿富汗人民也具有光荣的抵抗外来侵略的传统，1838—1919年，曾三次抗击英国的侵略，最终赢得了独立。二战后，阿富汗利用美苏冷战争夺的国际关系格局，奉行中立的外交政策，从美苏双方获取援助，在东西方斗争的夹缝中谋生存，求发展。但无论苏联还是美国，都

---

① 黄民兴：《阿富汗问题的历史根源探析》，《西安政治学院学报》2002年第4期，第76页。

想把阿富汗纳入自己的阵营，置于自己的控制之下。他们都在阿富汗培植自己的势力，使阿富汗政局动荡，政变频繁，局势扑朔迷离。

1978 年 4 月，阿富汗亲苏势力发动政变，推翻了奉行中立外交路线的达乌德政府，击毙了顽强抵抗的阿富汗总统达乌德，建立了“阿富汗民主共和国”，由塔拉基担任革命委员会主席和政府总理。塔拉基政府建立后，不顾阿富汗的国情，效仿苏联的体制，对内实行激进的改革，副总理阿明公开宣称执政党人民民主党的目标是建立一个“完全的社会主义社会”；对外采取向苏联一边倒的政策，使阿富汗的政治经济状况和对外关系严重恶化。1979 年 3 月，阿富汗发生反政府暴乱，反政府武装也加强了活动。其时塔拉基政府即向苏联方面提出了出兵支援的请求，但遭到了苏联领导人的一致拒绝。勃列日涅夫本人表态说，“我认为政治局委员们的判断是正确的，我们不应该陷入这场战争”。[①] 塔拉基不得不进行权力调整，将总理职位让给阿明。1979 年 9 月阿富汗再次发生政变，在苏联的授意下塔拉基试图除掉兼任国防部长大权在握的阿明，但在诱捕过程中阿明幸运逃脱。早已准备夺权的阿明乘机反戈一击，调动军队，抓获了塔拉基，并将其秘密处死。之后阿明接替塔拉基，出任党的总书记和革命委员会主席，独揽了党政军大权。

阿明执政后，阿苏关系开始恶化。阿富汗政府公开指责苏联大使参与谋害阿明的计划，拒绝苏联提出的扩建与伊朗接壤的兴丹德军用机场等要求。同时，阿明政府也开始改善同美国、中国、巴基斯坦的关系。国内的反政府活动也愈演愈烈。“反政府武装活动很快波及全国 28 省中的 25 省，一些省完全为游击队所控制，政府军成批倒戈，阿明政权岌岌可危。”[②]

阿富汗局势的发展引起了苏联的严重不安。几十年来苏联一直在阿富汗苦心经营，给阿富汗提供了大量援助，试图控制阿富汗。阿富汗一旦背离苏联倒向美国，苏联首先将失去阿富汗的丰富宝藏。阿富汗资源非常丰富，根据 1977 年阿苏联合专家调查组完成的调查报告，初步探明的矿产资源达 1432 种，包括高品位的铁、铜、石油、天然气等对经济发展有重要意义的矿产，以及铀、稀

---

① （俄）A. 利亚霍夫斯基著：《阿富汗战争的悲剧》，刘宪平译，北京：社会科学文献出版社，2004 年，第 68 页。

② 黄杨文：《中东国家通史・阿富汗卷》，北京：商务印书馆，2003 年，第 289 页。

土、锶等有重要国际战略价值的矿产。[①] 更为重要的是，阿富汗一旦局势失控，被宗教激进主义势力夺权，就会危及苏联中亚地区的安全。苏联中亚地区是穆斯林聚集地，这里有哈萨克斯坦、塔吉克斯坦、土库曼斯坦、吉尔吉斯斯坦、乌兹别克斯坦等5个加盟共和国，总面积达400万平方千米，为苏联的1/6。这一地区是沙皇俄国在19世纪吞并的，由于其历史传统、语言文化、生活习俗、宗教信仰等和俄罗斯有着极大的区别，加之沙皇俄国及苏联大俄罗斯主义民族政策的影响，分离主义思想始终存在。根据苏联获得的情报，美国中央情报局正加大力度，企图建立一个包括苏联南部加盟共和国在内的"新奥斯曼大帝国"。同时，苏联方面担心，一旦阿富汗倒向美国，美国在阿富汗部署了导弹，就会对苏联的一些极其重要的目标造成严重威胁。巴基斯坦和伊拉克也可能会利用阿富汗的铀矿生产核武器。[②] 在这种情况下，苏联开始考虑出兵阿富汗的问题。1979年12月8日，勃列日涅夫召集安德罗波夫（克格勃主席）、葛罗米柯（外交部长）、苏斯洛夫（苏共中央书记处书记）、乌斯基诺夫（国防部长）在其办公室开会，经过长时间讨论，制定了两套方案：利用克格勃废除阿明，把权力移交给卡尔迈勒；如果不成功，则派遣一定数量的部队前往阿富汗完成这一任务。[③] 但克格勃很快表明，凭借他们的力量不能把阿明赶下台。12月12日，苏联政治局开会，正式作出了出兵阿富汗的决定。12月25日，就在西方国家欢度圣诞节之际，大批苏军开始越过苏阿边界进入阿富汗，军用运输机也向喀布尔等机场运送来大批空降部队。27日，苏军控制了阿富汗人民民主党中央委员会、国防部、内务部、外交部、邮电部、广播电视中心、电话局等重要行政管理机构和关键设施。当晚，苏军向阿明官邸发动进攻，击毙了阿明。之前被苏联从捷克斯洛伐克接到苏联的阿富汗人民党旗帜派领导人卡尔迈勒被苏军护送回国。28日，阿富汗人民民主党中央全会选举卡尔迈勒为党的总书记。卡尔迈勒同时兼任了革命委员会主席、政府总理和武装部队总司令。

苏联入侵阿富汗后，国际社会做出了强烈反应，纷纷予以谴责，要求苏联尽快撤军。就美国来说，美国政府认为阿富汗已"是自1975年以来共产党凭借

---

① 谭荣邦：《苏联侵略阿富汗原因新论》，《当代世界与社会主义》1996年第4期，第68页。

② （俄）A. 利亚霍夫斯基：《阿富汗战争的悲剧》，刘宪平译，北京：社会科学文献出版社，2004年，第104页。

③ （俄）A. 利亚霍夫斯基：《阿富汗战争的悲剧》，刘宪平译，北京：社会科学文献出版社，2004年，第104页。

苏联的枪械坦克夺取政权的第七个国家”[①]，这是苏联势力范围和共产主义扩张的又一表现，对美国在波斯湾至关重要的利益造成了严重威胁。卡特总统在28日即致电勃列日涅夫，指出“苏联军队进入阿富汗是对和平明目张胆的威胁，它可能标志着我们双边关系中根本和长期的变更”。声明任何外部势力夺取波斯湾控制权的企图都被看做是对美国切身利益的损害，要求苏联迅速撤军。[②] 由于卡特政府把苏联入侵阿富汗看成是其南下波斯湾的第一步，是企图争夺和控制波斯湾，1980年1月23日，卡特在国情咨文又发表了措词更加强硬的声明，指出：“任何企图控制波斯湾地区的外来势力都将被认为是对美国根本利益的侵犯，我们将采取任何必要的手段，包括武装力量在内，来反击这种企图。”此即著名的“卡特主义”。卡特政府随之采取了一系列措施予以对抗：对苏联实行谷物和先进技术禁运，推迟批准限制战略核武器条约，推迟实施两国的文化交流和经济项目，抵制即将在莫斯科举行的夏季奥运会，增加军费开支，创建快速反应部队，改进北大西洋地区的防务，重申对巴基斯坦的安全保证等。

在采取公开外交手段和苏联相对抗的同时，卡特政府也决定通过实施隐蔽行动战略相配合以迫使苏联撤军。在苏联入侵阿富汗之前，即1979年7月3日，卡特总统就签署了一份关于阿富汗的决定，“授权中情局秘密援助阿富汗反对亲苏政权的穆斯林游击队。具体做法包括支持阿富汗反叛者在阿富汗的宣传和其他心理战，利用第三国的设备建立阿富汗人的无线电台，单方面的或者通过第三国给阿富汗叛军提供货币或非军事物资的支持”。[③] 苏联入侵阿富汗后，卡特总统的国家安全事务助理布热津斯基在12月26日给卡特的备忘录中兴奋地说，要使阿富汗变成苏联的越南，“我们现在有机会让苏联陷入它自己的越南战争了”。[④] 同时很快提出要加强对阿富汗游击队的军事援助，要促使中国、巴基斯

---

① 这7个国家是越南、安哥拉、老挝、南也门、柬埔寨、埃塞俄比亚和阿富汗。详见 Memorandum for the president from Zbigniew Brzezinski：Strategic Reaction to the Afganistan Problem，January 3，1980，Document Number 01672，Fiche 127，Declassified Documents Refrence System.

② （俄）A. 利亚霍夫斯基：《阿富汗战争的悲剧》，刘宪平译，北京：社会科学文献出版社，2004年，第163—164页。

③ Robert M. Gates，From the Shadow：the Ultimate Insider's Story of Five Presidents and How They Won the Cold War，New York：Simon & Schuster，1996，p. 146.

④ William J. Daugherty，Executive Secrets：Covert Action and The Presidency，Lexington，Kentucky：The University Press of Kentucky，2004，p. 189 .

坦和其他伊斯兰国家对阿富汗游击队提供军事援助。①

里根上台后，继承了卡特政府对阿富汗的政策，除采取公开外交手段给苏联施压，要求其从阿富汗撤军外，继续给阿富汗穆斯林游击队以秘密支持，打击苏联驻阿富汗部队。1983 年 1 月 17 日，里根政府通过的 NSDD75 号文件《美国与苏联的关系》中，在谈到阿富汗问题时，明确指出美国的目标是保持给莫斯科最大的压力使其从阿富汗撤军，确保苏联在继续占领期间付出严重的政治、军事和其他代价。② 1985 年 3 月 27 日，即在其第二任期开始不久，里根总统签署了 NSDD166 号绝密文件《美国在阿富汗的政策、计划和战略》。该文件迄今尚未解密，详细内容不得而知，但根据时任美国国家情报委员会主席罗伯特·M·盖茨等透露，该文件提出了在阿富汗的新的战略目标，即不是简单地从卡特政府沿袭下来的只是"骚扰"（harass）打击苏联驻阿富汗部队，而是"要采取一切可行的手段"把苏联赶出阿富汗，赢得这场战争的胜利。该文件授权要加大对阿富汗游击队的财政援助，给阿富汗游击队提供更先进的武器，更准确的情报，要扩大与巴基斯坦和中国在阿富汗问题上的合作。③ 这份文件不仅是美国对阿富汗政策的转折点，也是阿富汗战争的一个转折点。

总之，对于美国政府来说，苏联出兵阿富汗，不仅是对一个弱小国家的无端侵略，是对国际法的亵渎和破坏，更重要的是对美国在波斯湾的至关重要的根本利益造成了严重威胁，是苏联势力范围和所谓共产主义扩张的又一表现，这是美国政府绝对不能允许的。因此，无论是在对苏关系中表现较为软弱的卡特政府，还是非常强硬的里根政府，都执行了通过公开的外交手段辅之以隐蔽行动迫使苏联从阿富汗撤军的政策。不过，里根政府比卡特政府更狠的是，其

---

① Memorandum for the president from Zbigniew Brzezinski: Strategic Reaction to the Afganistan Problem, January 3, 1980, Document Number 01672, Fiche 127, Declassified Documents Refrence System.

② National Security Decision Directive Number 75: U. S. Relations with the USSR, Document Number PR01485, Digital National Security Archives.

③ Robert M. Gates, From the Shadows: the Ultimate Insider's Story of Five Presidents and How They Won the Cold War, New York: Simon & Schuster, 1996, p. 349; Raymond L. Garthoff, The Great Transition: American-Soviet Relations and the End of the Cold War, Washington, D. C. : The Brookings Institution, 1994, p. 712; Milt Bearden and James Risen, The Main Enemy: The Inside Story of the CIA's Final Shawdown with the KGB, New York: Random House, 2003, p. 210. Christopher Simpson, National Security Directives of the Reagan and Bush Administrations: The Declassified History of U. S. Political and Military Policy, 1981-1991, Boulder: Westview Press, 1995, pp. 446-447.

不仅要迫使苏联撤出阿富汗，而且旨在让苏联付出最大的代价，以此乘机削弱苏联的力量，打垮苏联帝国。使阿富汗最终成为苏联的滑铁卢。

二、美国隐蔽行动战略的实施

美国在阿富汗实施的隐蔽行动战略，最主要表现在其准军事行动上。具体包括以下几个方面。

1. 给阿富汗游击队提供军事援助

阿富汗国内局势极为复杂，民族、部族、教派、阶级、意识形态等各种矛盾交织在一起，犹如一团乱麻，斗争不断。1978 年 4 月革命后，阿富汗国内和一些流亡在国外的反对派纷纷成立组织，建立反政府武装，展开游击战，试图推翻阿富汗亲苏政府。苏联入侵阿富汗后，打击苏联入侵者更为这些反政府武装的事业增添了正义的色彩。阿富汗国内外的反政府组织和团体名目繁多，约有 70 多个，主要有阿富汗伊斯兰同盟、哈列斯伊斯兰党、阿富汗伊斯兰革命运动、阿富汗伊斯兰民族阵线、阿富汗民族救亡阵线、解放阿富汗伊斯兰同盟等。1980 年 1 月，在巴基斯坦的 6 个反对派组织组成了“解放阿富汗伊斯兰联盟”。4 月 27 日，参加该联盟的 6 个反对派组织领导人在伊斯兰堡召开新闻发布会，宣布新联盟的目标是：把阿富汗从无神论政权统治下解放出来；根据可兰经和预言家穆罕默德的学说建立一个伊斯兰国家。① 阿富汗反对派打击政府军和苏联占领军的武装斗争（主要是游击战）及颠覆破坏活动迅速展开。

对于阿富汗反政府武装，美国政府从与苏联对抗争夺的全球冷战战略出发，从一开始就给予了支持。如前所述，早在苏联大规模入侵阿富汗之前几个月，卡特政府就开始了对阿富汗反政府武装的援助。苏联入侵阿富汗后，美国政府认为这是削弱苏联力量、使阿富汗战争变成苏联的越南战争的极好机会，卡特总统很快就下令让中情局局长斯坦斯菲尔德·特纳制定了支持阿富汗穆斯林游击队反抗苏联入侵的隐蔽行动计划。据此，美国政府开始给阿富汗反政府武装提供其急需的武器装备和其他军事设备。到 1980 年 7 月，对阿富汗穆斯林游击

① （俄）A. 利亚霍夫斯基：《阿富汗战争的悲剧》，刘宪平译，北京：社会科学文献出版社，2004 年，第 231—232 页。事实上，该联盟在当年 12 月就解体了。之后反对派组织多次组建联盟，但都没有成功。只是到了 1985 年 5 月，在巴基斯坦的所有反对派组织才重新团结在“阿富汗伊斯兰圣战者同盟- 7”的旗帜下。参见该书第 232 页。

队的援助扩大到各种类型的武器和军事装备。对阿富汗反政府武装援助的金额从入侵前的50多万美元猛增到数千万美元。[①] 到1981年初，卡特离任时，美国提供的武器装备等的援助已上升到近1亿美元。

里根上台后，由于其确立了“以实力求和平”的战略，决心给苏联全面施压，并把阿富汗作为击败苏联的一个突破口，更是极大地增加了对阿富汗游击队的援助，援助经费从1981年的1亿美元、1983年的1.2亿美元、1984年的2.5亿美元猛增到7亿美元左右[②]。到1988年，美国给阿富汗反政府武装的资助已高达20多亿美元。[③] 美国学者威廉·布卢姆认为，美国在阿富汗的隐蔽行动成为美国历史上耗资最多的隐蔽行动之一。[④]

美国给阿富汗反政府武装的援助主要包括自动步枪、重机枪、高射机关炮、迫击炮、反坦克炮、火箭炮等各种武器弹药，以及资金、粮食、运输工具等。同时也提供军事训练以及卫星照片等情报。这些援助尽可能采取了隐蔽的方式，具体介绍如下。

首先，美国起初尽可能不提供自己制造的武器设备，而是在国际军火市场上购买的苏式武器、埃及或其他国家制造的武器，以免引起和苏联的直接冲突。但由于购买的防空武器效果不佳，苏军始终掌握着制空权，给阿富汗反政府武装造成重大威胁。在阿富汗反政府武装和一些美国政要的一再要求下，1985年，里根政府决定给阿富汗反政府武装提供美国制造的“毒刺”（stinger）式导弹。这是美国1981年才研制出来的最新式的小型防空导弹，当时共有3000枚，还尚未实战使用过。每枚价值5万美元，是一种有效高度为3000米的热导红外线跟踪导弹。使用时其跟踪器可根据热源锁定目标。发射后导弹以每小时1900多千米的1.5倍于音速的速度直奔热源而去，在撞到目标时爆炸。[⑤] 1986年9月25日，阿富汗反政府武装第一次使用毒刺式导弹，共发射了4枚，一举击落了3架

---

① Robert M. Gates，From the Shadows：The Ultimate Insider's Story of Five Presidents and How They Won the Cold War，New York：Simon & Schuster，1996，p. 147.

② William J. Daugherty，Executive Secrets：Covert Action and The Presidency，Lexington，Kentucky：The University Press of Kentucky，2004，p. 206.

③ Steve Galster，Never ending Flow：The Afghan Pipeline，Covert Action Information Bulletin，No. 30，1988，p. 55.

④ William Blum，Ronald Reagan's Legacy：Eight Years of CIA Covert Action，Covert Action Information Bulletin，No. 33，1990，p. 11.

⑤ 徐维源：《美国中央情报局：从罗斯福到小布什》，上海：学林出版社，2002年，第171页。

苏军的米尔-24 武装直升机，充分显示了其威力。阿富汗战争期间，美国先后给阿富汗反政府武装提供的毒刺式导弹达 1000 枚之多。① 中央情报局根据卫星照片资料统计，阿富汗反政府武装共发射了 340 枚毒刺式导弹，击落了 269 架米尔—24 飞机，成功率高达 79%。②

其次，这些武器装备、军需物资不是美国直接出面交给阿富汗反政府武装的，而是通过巴基斯坦转交分发的。

美国对阿富汗反政府武装的援助面临两个问题：一是美国不能直接将这些武器装备军事物资交给阿富汗反政府武装，否则将被苏联视为美国已直接介入阿富汗战争，有可能导致和苏联的直接冲突，这是美国不愿意看到的，也是整个冷战期间美苏双方的潜规则；二是美国和阿富汗并非邻国，而是相距万里，必须寻找创建一个这些物资能进入阿富汗的通道。当时阿富汗的 4 个邻国中，苏联正与美国交恶；中国与阿富汗边界线太短、交通不便；伊朗刚刚发生伊斯兰革命，已把美国视为最凶恶的敌人；只有巴基斯坦在 1955 年即参加了美国策划建立的巴格达条约组织，站在了西方阵营一边。于是美国很自然地瞄准了巴基斯坦，把巴基斯坦作为了"一堵挡风的墙"。

早在 1980 年 1 月，即苏联刚刚入侵阿富汗，卡特总统即派其国家安全事务助理布热津斯基飞赴巴基斯坦，商讨建立了援助阿富汗反政府武装的通道。里根上台后，开始扩大对阿富汗反政府武装的援助，希望巴基斯坦继续与美国合作，并表示美国可以在巴基斯坦驻军以保障其安全。巴基斯坦总统齐亚·哈克答应了美国的要求，但不同意美国驻军，要求美国在此后 6 年内向巴基斯坦提供 32 亿美元的经济和军事援助；同时要求美国运往阿富汗的物资抵达巴基斯坦后，由巴基斯坦的"联合情报委员会"(Pakistani Interservice Intelligence Directorate) 全权负责将其转交给阿富汗穆斯林游击队。③ 美巴双方达成了协议，巴基斯坦成为美国援助阿富汗反政府武装的最主要通道。

与此同时，美国政府分别和埃及、沙特阿拉伯等国联系，协商援助阿富汗

---

① (美) H. 凯斯·麦尔顿：《特工：20 世纪隐蔽战线大揭秘》下册，李殿昌、韦民译，海口：海南出版社，2001 年，第 207 页。

② 徐维源：《美国中央情报局：从罗斯福到小布什》，上海：学林出版社，2002 年，第 174 页。

③ Steve Galster, Never ending Flow: The Afghan Pipeline, Covert Action Information Bulletin, No. 30, 1988, p. 56；周世立：《里根、布什政府时期的美国与苏联解体》，硕士学位论文，外交学院国际关系研究所，2002 年，第 17 页。

反政府武装的问题。1981年4月，中情局长凯西密访埃及和沙特阿拉伯，详细商谈了扩大援助的问题。埃及和沙特阿拉伯都对苏联入侵阿富汗极为不满，愿意援助阿富汗穆斯林兄弟。同时，埃及通过给中央情报局出售用以援助阿富汗游击队的武器，可以赚取大笔美元；沙特阿拉伯通过资助中央情报局购买武器，可以获取美国的安全保障。这样，美国就精心编织了一个由美国和沙特阿拉伯提供资金、埃及等国提供武器、巴基斯坦提供运输管道和庇护的援助阿富汗反政府武装的网。① 具体做法是，中央情报局首先用美国和沙特阿拉伯提供的资金从国际军火市场上购买武器装备（包括埃及储存和生产的苏式武器），然后把这些武器装备从沙特阿拉伯东北部城市达兰空运到巴基斯坦的伊斯兰堡，再由巴基斯坦军事情报部门将其分发给阿富汗反政府武装。此外，还有一个途径，即通过海运到巴基斯坦的卡拉奇港，然后由巴基斯坦情报部门将其装上严加保卫的火车，运到伊斯兰堡或边境小镇奎达，再分发给阿富汗反政府武装。② 通过这些途径，美国对阿富汗反政府武装的援助就被掩盖了，如被察觉，也能巧言否认。美国通过这一管道每年向阿富汗反政府武装运送1万吨武器装备和弹药，到1985年上升到6.5万吨。③

最后，对阿富汗反政府武装的军事训练也是由美国中央情报局培训出来的巴基斯坦教官出面进行的。训练内容包括各种武器的原理和操作，布雷排雷、暗杀破坏、判断地形、简单的医疗救护等。有一项训练是让穆斯林游击队员坐上直升机，从空中向下射击，让他们体会在几十米的空中要击中地面的人是多么困难，以帮助他们克服对苏军直升机的恐惧心理。④ 训练时间两三周至半年不等。在巴基斯坦境内共有7个训练营地，由巴基斯坦陆军情报局具体负责，先后共训练了8万阿富汗游击队员。⑤ 当然，参与对阿富汗反政府武装训练的不只是美国，伊朗、英国、埃及、沙特阿拉伯等国也参与了对阿富汗反政府武

---

① Steve Galster, Never ending Flow: The Afghan Pipeline, Covert Action Information Bulletin, No. 30, 1988, p. 55.

② Peter Schweizer, Victory: The Reagan Administration's Secret Strategy that Hastened the Collapse of the Soviet Union, New York: The Atlantic Monthly Press, 1994, p. 116.

③ Peter Schweizer, Victory: The Reagan Administration's Secret Strategy that Hastened the Collapse of the Soviet Union, New York: The Atlantic Monthly Press, 1994, p. 116.

④ 徐维源：《美国中央情报局：从罗斯福到小布什》，上海：学林出版社，2002年，第168页。

⑤ （美）H. 凯斯·麦尔顿：《特工：20世纪隐蔽战线大揭秘》下册，李殿昌、韦民译，海南出版社，2001年，第203页。

装的训练。其中在伊朗境内就设有一些训练中心。但由美国训练的巴基斯坦教官则承担了主要的训练任务。据苏联方面的情报，当时专门从事这种军事训练的中心和据点总共有212处，其中178处在巴基斯坦境内，34处在伊朗境内。①

2. 把战争引入苏联国内

为了给苏联的统治造成更大困难，加速苏联帝国的崩溃，里根政府也试图利用阿富汗战争的机会，借巴基斯坦和阿富汗穆斯林游击队之手，把这场战争引向苏联国内。1984年2月，中情局长凯西再次秘访巴基斯坦，向齐亚·哈克总统提出了把战争引入苏联境内的要求，获得了后者的赞同。随后他在同巴基斯坦联合情报委员会阿富汗局局长穆罕默德·尤素福准将和阿赫塔尔将军会谈中非常自信地认为："苏联的民族紧张关系不堪一击。它是最后一个多民族帝国，终究会面临民族紧张关系的挑战。"并明确指出："阿富汗北部地区是通向苏联中亚地区的一个跳板，该地区是苏联柔软的下腹部，我们应该向这个地区偷运印刷品，以鼓动这里的人民对苏联的不满情绪。然后，我们应该运送武器，以鼓励当地人民发动起义。"②

根据凯西的指示，巴基斯坦情报部门很快行动，研究如何把战争引入苏联。中央情报局出资印刷了包括《古兰经》在内的几万册书籍运到巴基斯坦西北边境城市白沙瓦，以供在苏联境内散发。之后又购买了几百艘"圆周"派（Zodiac）橡皮艇，供运送阿富汗穆斯林游击队和印刷品渡过阿姆河潜入苏联之用。经过精心准备，特别是受到毒刺导弹大显神威的鼓舞，1986年下半年以后，由美国武装起来的阿富汗穆斯林游击队根据美国中情局的授意和巴基斯坦情报部门的安排，加强了对苏联境内的袭扰。他们在晚上架起火箭炮，从阿姆河南岸向对岸的苏联发射，"炮弹像雨点一样落在苏联的土地上并爆炸"；他们越过阿姆河，攻击苏联的边境哨所、埋设地雷和破坏输电线路；他们对苏联边境小镇皮亚纳兹正北方的一个机场进行了反复的攻击。1986年12月初，大约30名穆斯林游击队员乘坐"圆周"牌橡皮艇渡过阿姆河，对塔吉克斯坦的两座水电站

① （俄）A. 利亚霍夫斯基：《阿富汗战争的悲剧》，刘宪平译，北京：社会科学文献出版社，2004年，第255页。

② Peter Schweizer，Victory：The Reagan Administration's Secret Strategy that Hastened the Collapse of the Soviet Union，New York：The Atlantic Monthly Press，1994，p. 177.

进行了攻击，沿途还捣毁了苏联的两个哨所。这两座水电站的设施遭到了严重破坏，使该共和国的部分地区断电了好几周。[①]

然而，美国把战争引入苏联的计划终究没有大规模地实施。这是因为，美国始终忌惮和苏联发生直接冲突。如果阿富汗穆斯林游击队真的在苏联发动大规模战斗，煽动中亚穆斯林发生大规模起义，美国是绝对脱不了干系的，美国所扮演的组织策划、提供武器装备、进行军事训练等角色更是难以否认的，苏联一定会对美国实施报复、甚至发动战争。自从二战结束以来，没有任何国家敢于对苏联发动侵略，把战争引入苏联、在苏联境内发动大规模攻击就是对苏联赤裸裸的侵略；或者煽动苏联中亚地区的穆斯林起来造反，是对苏联内政的赤裸裸的干涉，这些都侵犯了苏联的根本利益，这是苏联绝对不能允许的。正因为如此，美国在这一问题上最后退缩了，甚至连关于苏联中亚地区设施、目标的卫星照片也拒绝给阿富汗穆斯林武装提供。正如一位美国官员所表白的：如果阿富汗穆斯林游击队的火箭对苏联境内目标打击得很准确，那么苏联人就知道是使用了美国提供的卫星照片，因为美国是世界上唯一能够提供这类情报的国家，“如果这样做的话，就太过分、太明显了，苏联人就有可能报复”[②]。其后果是不堪设想的。

三、美国隐蔽行动战略实施的特点与成效

美国在阿富汗实施的隐蔽行动战略具有 3 个明显的特点。首先，正如前面已经指出的，在隐蔽行动的 4 个组成部分中，美国在阿富汗实施的主要是准军事行动。苏联入侵阿富汗后，美国的基本政策是乘机打击削弱苏联，迫使苏联撤出阿富汗，并加速苏联帝国的崩溃。同时，苏联入侵阿富汗也遭到了广大阿富汗穆斯林民众的反对，阿富汗人民素有武装抵抗外来侵略的传统，在苏联入侵之前已掀起了反对阿富汗亲苏政权的武装斗争。因此，美国在积极开展公开外交活动给苏联施加压力的同时，隐蔽地支持阿富汗反政府武装，给其提供武器装备军事训练等，加强阿富汗反政府武装的力量，企图借阿富汗反政府武装

---

① Peter Schweizer, Victory: The Reagan Administration's Secret Strategy that Hastened the Collapse of the Soviet Union, New York: The Atlantic Monthly Press, 1994, p. 271.

② Peter Schweizer, Victory: The Reagan Administration's Secret Strategy that Hastened the Collapse of the Soviet Union, New York: The Atlantic Monthly Press, 1994, p. 252.

之手，有力地打击削弱苏联的力量，迫使其撤出阿富汗，并加速苏联帝国崩溃。这也是美国当时能够实施的最为行之有效的手段。

其次，美国在阿富汗的隐蔽行动并非孤军作战，而是有多国参与，与之密切配合行动。苏联对阿富汗的入侵，不仅是对国际法的公然践踏，也危及了许多国家的安全和利益，因此，遭到了国际社会的强烈反对。1980 年 1 月 14 日，联合国召开紧急特别大会，以 104 票赞成、18 票弃权的压倒多数票通过决议，要求苏联从阿富汗撤军。这样，美国在阿富汗实施隐蔽行动，支持阿富汗反政府武装，就获得了巴基斯坦、沙特阿拉伯、埃及、以色列等多个国家的支持与配合。即使刚刚发生伊斯兰革命、视美国为仇敌的伊朗，也在明里暗里地大力支持着阿富汗穆斯林游击队，这客观上也是对美国的一种配合。正是由于多国的参与配合，才使各种武器装备军需物资源源不断地运送到阿富汗反政府武装手里，也使阿富汗穆斯林游击队员受到了必要的军事训练，使其队伍不断发展壮大，战斗力不断增强，给苏军以重创。

最后，美国在阿富汗的隐蔽行动，到后来实际上已变成了公开的秘密。尽管从一开始卡特总统就定调子说“阿富汗战争是伊斯兰的战争，美国的援助不应扰乱这种印象”①，也就是说，美国的援助必须是隐蔽的，不能被认为美国已直接介入了阿富汗战争。但美国通过第三国援助阿富汗反政府武装的消息很快就见诸报端。例如，1981 年 7 月 23 日《芝加哥论坛报》报道说，埃及的武器继续直接空运到巴基斯坦，有时空运至阿曼，然后海运至卡拉奇；1981 年 9 月 25 日《华盛顿邮报》又报道说埃及的武器库获得了美国新武器的补充。② 这就不能不使人联想到美国的作用。之后类似的报道经常见诸报端，1983 年 5 月 4 日《纽约时报》甚至报道说，里根总统已命令中央情报局增加援助阿富汗反政府武装武器的数量和质量。③ 这就使美国给阿富汗反政府武装提供军事援助的事实成为人所尽知的秘密，不管如何否认只能是掩耳盗铃纸里包火的把戏。因此，1983 年 5 月初，白宫第一次向报界公开承认，美国一直在隐蔽地援助着阿富汗抵抗力量，并将继续这样做，直到抵抗力量的政治目标得以实现。④ 到这时，美

① Steve Galster，Never ending Flow：The Afghan Pipeline，Covert Action Information Bulletin，No. 30，1988，p. 55.

② Steve Galster，Never ending Flow：The Afghan Pipeline，Covert Action Information Bulletin，No. 30，1988，p. 56.

③ Steve Galster，Never ending Flow：The Afghan Pipeline，Covert Action Information Bulletin，No. 30，1988，p. 57.

④ Steve Galster，Never ending Flow：The Afghan Pipeline，Covert Action Information Bulletin，No. 30，1988，p. 58.

国援助阿富汗反政府武装的事实也就大白于天下了，也很难再说是什么隐蔽行动了。当然，尽管如此，此后美国仍然没有直接给阿富汗反政府武装提供援助，而是继续通过巴基斯坦转交。美国在阿富汗的隐蔽行动之所以难守秘密，其原因主要有三：由于介入的国家较多，所谓人多口杂，本身就使秘密难守；水门事件后媒体对中央情报局的活动极为敏感，到处捕捉其信息予以曝光，对于全球关注的苏联入侵阿富汗这样的大事以及美国的态度、政策、行动不能不引起极大的注意，无孔不入，更何况美国隐蔽地援助阿富汗反政府武装是一个长时间、大规模的大动作大行动，而不是小动作小行动；从根本上说，也是由于西方媒体的发达、舆论监督作用的传统以及在"最好的新闻是负面的新闻"理念下对负面新闻的追逐。

美国在阿富汗的隐蔽行动，是冷战期间"美国采取的最大的隐蔽行动"[①]，是美国在苏联开始走向衰落的情况下给苏联的一记重拳，它严重地削弱了苏联的力量，使苏联为入侵阿富汗付出了沉重的代价，最终迫使苏军撤出了阿富汗。阿富汗战争期间，由于美国给阿富汗反政府武装源源不断地提供先进武器装备和军需物资，以及给予军事训练，极大地加强了原本组织落后、缺少武器、缺乏训练的阿富汗反政府武装的战斗力，重创了苏联军队，使苏军在阿富汗战争中投入的军队达11万多，死亡的人数达1.33万人，平均不到10个人中就有一个阵亡或因伤病而死；受伤人数约达3万人。[②] 特别是在"毒刺"导弹使用后，可谓使苏军闻风丧胆，给苏军造成了极大的心理压力，使苏联的飞机躲在机场不敢起飞，苏军的空中优势随之丧失。这样，阿富汗穆斯林游击队则可以肆无忌惮地到处出没，炮轰和偷袭苏联驻军，攻击据点哨所、运输车辆，抢夺武器弹药和粮食，破坏军事设施等，给苏军造成更大损失。与此同时，由于反政府武装的强大战斗力和破坏力，给苏联也造成了巨大的物质损失。根据苏联官方的估计，阿富汗战争期间，苏联平均每年为之付出的经济损失高达60亿卢布。[③] 阿富汗战争成为苏联历史上最得不偿失的战争，苏联领导人戈尔巴乔夫在1986

---

① John Prados，President's Secret Wars：CIA and Pentagon Covert Operations Since World War II through the Persian Gulf，Chicago：Ivan R. Dee，Publisher，1996，p. 363.

② （俄）弗·亚·克留奇科夫：《个人档案（1941—1994）：苏联克格勃主席弗·亚·克留奇科夫狱中自述》，何希泉等译，北京：东方出版社，2000年，第216页。

③ Mike Bowker，Russian Foreign Policy and the End of the Cold War，England：Dartmouth Publishing Company Limited，1997，p. 139.

年2月的苏共二十七大的报告中称之为“流血不止的伤口”。1986年11月13日，苏共中央政治局会议最终决定从阿富汗撤军。经过长时间的谈判，1988年4月14日，苏联、美国、阿富汗和巴基斯坦四国在日内瓦就政治解决阿富汗问题达成协议，规定苏联从5月15日开始撤军，9个月内撤完。到1989年2月15日，苏军全部撤出了阿富汗。

对于苏联来说，苏军撤出阿富汗既是一场梦魇的结束，也是苏联帝国走向崩溃的开始。之后不到一年，东欧各国一个个发生巨变，脱离了苏联阵营，转向了西方阵营，走上了资本主义发展道路。经过战后几十年苦心经营的苏联帝国大厦轰然倒塌，苏联本身也很快土崩瓦解。对于美国来说，其在阿富汗实施的隐蔽行动战略目标完全实现了：苏联的力量遭到了极大的削弱，苏军被迫撤出了阿富汗，苏联帝国开始崩溃了。当然，也留下了意想不到的后遗症。美国当年大力武装、精心训练的一些穆斯林游击队员，在阿富汗战争结束后，因不满美国对以色列的偏袒，对中东石油的掠夺，以及在国际事务中的横行霸道，把打击的矛头指向了美国，对美国及其盟国展开了恐怖袭击，制造了世贸大厦爆炸案、9.11事件等一系列惊天大案，给美国及其盟国造成巨大损失，也严重干扰了其正常的社会生活。为了消除恐怖活动的威胁，2001年，美国又发动了一场新的阿富汗战争，这场战争又已进行了8年，目前尚没有结束的迹象。战争的对象变了，战争的场所没有变，可谓“物是人非”。这些都是美国当年始料未及的，也是非常耐人寻味、值得思考的。

原载（《陕西师范大学学报》2011年第6期）

里根政府隐蔽行动政策文件的考察与解析

20世纪80年代是东西方冷战的重大转折期。在这10年中，冷战的两个主角美苏两国始而结束了前一阶段的“缓和”，展开了新一轮的激烈对抗争夺，即许多西方学者称之为的“新冷战”或“第二次冷战”；继而又都调整了对外政策，展开对话与谈判，走上了缓和关系结束对抗之路，直至20世纪80年代末至90年代初苏东发生剧变，冷战基本结束。在这10年中，美国有8年时间是由罗纳德·里根总统执政，也即是说，里根政府的冷战战略对这一系列重大转变起着至关重要的作用。隐蔽行动政策或曰隐蔽行动战略是里根政府冷战战略的重要组成部分，是实现其遏制大战略目标的重要手段[①]，因此考察和探讨里根政府的隐蔽行动政策，对其隐蔽行动政策文件进行剖析，对于理解这一时期冷战格局的变化、揭示苏东剧变冷战结束的某些原因具有重要意义。目前我国学术界尚乏有关研究成果，本文将就里根政府的隐蔽行动政策文件做一考察解析，以期加深对这一时期美国冷战战略及国际冷战格局的变化、苏东剧变之原因的认识。

一

1981年上台执政的罗纳德·里根被称为是“美国历史上反对共产主义最坚决

① 关于隐蔽行动战略与遏制战略的关系，详见拙文《大战略、遏制战略与隐蔽行动等诸战略——美国的冷战战略析论》，《陕西师范大学学报》（哲学社会科学版）2005年第6期，或《新华文摘》2006年第4期。

的总统”。[①] 他上台之时，正是经过20世纪70年代的“缓和”时期，苏联的势力在亚非拉地区进一步扩张，以美国为首的西方势力则似乎处于被动防守的地位。与此同时，苏联由于激烈的军备竞赛、国外负担过重及国内体制的弊端等多重原因，经济社会发展的困难日渐暴露、日益严重。在这种情况下，里根上台后迅速调整了对外政策，在大力扩充军备、加强对苏联公开威慑遏制的同时，充分运用隐蔽行动这一服务于遏制大战略的战略武器，制定了许多关于隐蔽行动的政策文件并加以实施，矢志要“把共产主义扔进历史的垃圾堆”，隐蔽行动成为其“进攻性外交政策的一个基本组成部分”。[②] 他在任职的8年中不仅接过了前7位冷战总统传递下来的隐蔽行动战略的接力棒，而且把它运用到极致。

里根政府是制订有关隐蔽行动政策文件最多的美国政府之一，其中既有对隐蔽行动的总体谋划，也有对苏联东欧、中美洲、阿富汗、安哥拉等国家和地区实施隐蔽行动的具体指令。里根上台之初，继承了卡特政府的国家安全委员会结构，包括对隐蔽行动的审查、监督机构。1981年12月4日，里根签署了第12333号行政命令（ED12333）《美国情报活动》，这是里根政府制定的有关隐蔽行动的第一份重要政策文件。文件规定国家安全委员会为对隐蔽行动进行审议、指导的最高行政机构，再次确认美国情报机构的任务之一是从事“特别活动”[③]，并明确授权中情局长“确保特别活动的实施”。文件也对“特别活动”的内涵进行了与福特的11905号行政命令、卡特的12036号行政命令雷同的解释，即“特别活动是指在国外实施的支持国家对外政策目标的活动，以及为支持这些活动所采取的行动。这些活动的计划和实施要使美国政府的作用不被暴露或公开承认”。[④] 这一解释和冷战爆发后杜鲁门政府制订的第一份关于对苏联集团展开全面隐蔽行动的政策文件NSC10/2中对隐蔽行动内涵的说明也极为相似。[⑤] 不久，里根成立了自己的审议隐蔽行动的专门机构“国家安全规划组”（the National

---

① Peter Schweizer，Victory：The Reagan Administration's Secret Strategy that Hastened the Collapse of the Soviet Union，New York：The Atlantic Monthly Press，1994，p. xii.

② William J. Daugherty，Executive Secrets：Covert Action and The Presidency，Lexington，Kentucky：The University Press of Kentucky，2004，p. 193.

③ 根据里根政府国家安全决定指令第159号文件（NSDD159），情报“特别活动”即“隐蔽行动”。

④ Executive Order 12333：United States Intelligence Activities，4 December 1981，http：//www. fas. org/irp/offdocs/eo12333. htm（2007-08-09）.

⑤ 详见拙文《冷战初期美国隐蔽行动政策的制订》，《陕西师范大学学报》（哲学社会科学版）2003年第4期，第5—13页。

Security Planning Group）以取代卡特政府时期的特别协调委员会，其成员包括副总统、国务卿、国防部长、总统国家安全事务助理、中情局长，以及总统的三个顾问——白宫总管、副总管和总统私人顾问。总统本人则是当然成员，经常出席并主持会议。① 这是一个级别极高的机构，实际上是一个扩大了的国家安全委员会，其成员大多是国家安全委员会成员，许多决定在会上当场拍板，而不需再召开正式的国家安全委员会会议研究决定。有时里根总统则绕开国家安全委员会和国家安全规划组，仅和中情局长凯西或其密友克拉克私下协商后便做出一些隐蔽行动决定，如秘密支持波兰团结工会和阿富汗抵抗运动。②

1985 年 1 月 18 日，即在里根总统第一任期即将结束、第二任期开始的前夕，他签署了一份专门的关于隐蔽行动的绝密政策文件—国家安全决定指令第 159 号《隐蔽行动政策批准与协调程序》（NSDD159）。这是迄今为止在已解密的里根政府文件中关于隐蔽行动的最详细具体的政策文件，文件详细规定了隐蔽行动的批准、审议协调、监督、保密等程序及相关责任人和机构。文件首先概述了美国实施隐蔽行动的目的和原则，指出“美国面临着对其国家利益及促进这些利益良机的种种威胁”，“特别是苏联集团和恐怖主义组织继续干涉民主国家和非民主国家的内部事务，并采取他们认为有效的任何手段以实现其目的。这些手段包括支持其盟友、损害其对手的隐蔽的政治行动、宣传、准军事行动以及情报支持计划，如破坏民主选举、组织和支持政变、恐怖主义、叛乱以及散布旨在诋毁美国及其盟友的假情报等活动”。为此，“美国需要各种国家安全工具以保护和促进其利益……这些工具包括公开和秘密的外交信息管道，政治行动，以及包括准军事行动和情报支持计划在内的隐蔽行动”。文件规定“隐蔽行动必须符合和支持国家安全政策，必须妥当地置于国家安全政策的框架之内。隐蔽行动永远不能代替政策③，国家安全委员会必须协调所有国家安全工具，总统必须决定隐蔽行动可以最好地实现哪些目的”。

紧接着，文件依次阐述、规定了制订本文件的意图目标、情报（隐蔽行动）批准程序、国家安全规划组和计划与协调组的构成与职责、程序的协调、国会

---

① Gregory F. Treverton, Covert Action: The Limits of Intervention in the Postwar World, New York: Basic Books, Inc., Publishers, 1987, p. 251.

② Peter Schweizer, Victory: The Reagan Administration's Secret Strategy that Hastened the Collapse of the Soviet Union, New York: The Atlantic Monthly Press, 1994, p. xix.

③ 从上下文来看，这里的政策是指国家安全政策。

通报程序以及保密程序。关于隐蔽行动的批准实施程序，文件规定，所有隐蔽行动须由总统通过签署“总统决定”（presidential findings）予以批准实施；除了总统专门指定其他政府部门外，隐蔽行动由中央情报局实施。文件确认了里根上台后不久设立的国家安全规划组（the National Security Planning Group，NSPG），指出它“作为国家安全委员会的一个分委员会，将就每一项拟议中的隐蔽行动或打算对一个正在进行的隐蔽行动进行调整向总统提出意见”。文件规定NSPG由总统、副总统、国务卿、国防部长、总统私人顾问、中情局长、白宫总管、白宫副总管、总统国家安全事务助理、参谋长联席会议主席组成，司法部长、预算与管理局长及其他合适人选将参加审议隐蔽行动的会议。文件规定了NSPG的具体职责，即审议、评估、指导和指示隐蔽行动的实施，确保与其他美国国家安全政策工具协调隐蔽行动，并将提议的总统“决定”和“通报备忘录”文件连同NSPG的意见，包括其他任何成员的不同意见，经由总统国家安全事务助理报告总统；定期审议实施隐蔽行动的政策，评估隐蔽行动计划和活动的妥适性与功效，对资源分配提出建议；对所有正在实施的隐蔽行动计划进行年度审议，就每项计划继续实施获请总统批准。

为了保证隐蔽行动政策的实施和功效，NSDD159号文件又设立了一个“计划与协调组”（Planning and Coordination Group，PCG）作为NSPG的辅助机构。PCG由副总统办公室代表、负责政治事务的副国务卿、负责政策的国防部副部长、负责行动的中情局副局长、参谋长联席会议主席助理、总统国家安全事务副助理组成，后者任主席。其他部门的代表可受邀参加有关会议。从人员构成看，其级别显然比NSPG低了一级。文件也详细规定了PCG的职责，共7条：确保隐蔽行动计划与相关的美国政府国家安全行动协调一致，以便相互支持；审议每一项提议的隐蔽行动决定，或一项正在实施的隐蔽行动的修改建议，确保这些活动支持美国的政策，并对每项提议的隐蔽行动向NSPG提出意见，包括其成员中的反对意见；对正在实施的隐蔽行动经常进行审议，确保它们符合政策目标，并为提交给NSPG进行年度审查做好准备；审议每项提议的隐蔽行动所要解决的威胁的性质和机会，包括美国的利益、目标和计划（政治、经济、军事等），可行的资源、合法性、国会和立法的需要、公众与媒体因素以及安全需求；判明应采取隐蔽行动支持抗击对美国国家安全威胁的政策或提供促进美国利益机会的形势和地区；为隐蔽行动计划制定和协调对国会简报、关于立法、如果合适的话还有公众事务的战略；建议和协调可增强隐蔽行动成功实施可能性的运作安全和遮掩战略。①

此外，文件也就协调程序、国会通报程序以及安全保密程序做了明确具体而又详细的规定。可见这是一份内容非常全面周详的隐蔽行动政策文件，它集中体现了里根政府对隐蔽行动政策的重视，隐蔽行动政策在里根政府对外战略中的地位。

1987 年 10 月 15 日，鉴于之前发生的“伊朗门”丑闻暴露出的问题，里根总统又签发了国家安全决定指令第 286 号文件《特别活动的批准与审查》（NSDD286），对 NSDD159 号文件中的有关内容作了一定修改。NSDD286 号文件特别强调除非总统通过一个决定授权，认为这项活动事关美国的国家安全，否则不能采取隐蔽行动；中情局在国外的所有隐蔽行动都必须在总统签署决定后才能实施；万一事情紧迫，总统来不及签发决定，也需要有总统口谕，并当即将其记录在案，书面决定则必须最迟在两天之内提交总统签署；任何“总统决定”不能事后授权或批准一个隐蔽行动。② 该文件迄今为止尚未全部解密，从已解密的内容看该文件主要是加强了对隐蔽行动的管理。但这并不意味着要放弃隐蔽行动，而是要将其置于更严格的框架之内，以便排除外界干扰，更充分地发挥其效力。

上述三份文件分别制订于里根 8 年执政的前期、中期和后期。其中后两份是关于隐蔽行动的专门的政策文件；前一份虽然是关于情报活动的，但根据美国官方和学术界的界定，情报活动包括间谍活动、反间谍活动和隐蔽行动，隐蔽行动自然也是该文件的一个主要内容。这就表明，隐蔽行动绝非里根政府一时兴起偶然使用的权宜之计，而是其从始至终一直实施的一项重要政策。这也可以从其制订和实施的一系列含有隐蔽行动内容的具体的对外政策文件中看出。

二

上述关于隐蔽行动的专门的政策文件，只是表明隐蔽行动是里根政府一以

---

① National Security Decision Directive Number159：Covert Action Policy Approval and Coordination Procedures，Jan. 18，1985，Document Number PD 01535，National Security Archives.

② National Security Decision Directive Number 286：Approval and Review of Special Activities，Document Number PD 02045，National Security Archives.

贯之执行的政策，以及规定了隐蔽行动的规划、批准、实施、监管等程序，其具体实施则应体现在那些具体的政策文件中。里根政府执政 8 年中制定了许多对世界各国及地区的政策，其中不少文件也都涉及隐蔽行动问题，如 NSDD17《古巴与中美洲》、NSDD37《古巴与中美洲》、NSDD54《美国对东欧的政策》、NSDD66《东西方关系及与波兰相关的制裁》、NSDD75《美国与苏联的关系》等。

苏联、东欧是里根政府隐蔽行动政策实施的重点地区。自从 1956 年匈牙利事件后，美国弱化了直接针对苏联东欧的隐蔽行动，更多地采取了通过加强双方的交流等可能促使其和平演变的战略。里根政府则重新加强了直接针对苏联东欧的隐蔽行动，企图利用苏联东欧国家的困境一举搞垮苏联集团。1982 年 5 月 20 日，里根签署了国家安全决定指令第 32 号文件《美国国家安全战略》(NSDD32)，授权采取广泛的政治行动和隐蔽宣传活动打破苏联对东欧的控制，并授权采取隐蔽行动和其他手段支持该地区的反苏组织，如秘密资助游行示威、集会、各种会议、出版印刷宣传品、制作电视节目、展览，以及诸如此类吸引人们注意苏联非法行为的活动。① 4 个月后，即 9 月 2 日，里根又签署了国家安全决定指令第 54 号文件《美国对东欧的政策》(NSDD54)，文件明确指出："美国对东欧的预期目标是……促使其最终融入欧洲国家共同体。"② 为了实现这一目标，美国要对东欧国家采取和苏联不同的政策，要鼓励该地区更自由的趋势，促进东欧国家的人权和公民权，加强其人民的亲西方倾向，减少他们在经济和政治上对苏联的依赖，促进他们与西欧自由国家的联合，鼓励其经济发展私有市场倾向和自由工会的活动。文件强调美国政府将运用商业、财政、交流、情报和外交等各种工具以执行其对东欧的政策，并具体规定了九个方面的政策，其中关于"文化和教育交流以及情报计划"规定，"这些计划将被用于加强东欧人民的亲西方倾向，给那里的听众传递美国的观念"③。这份文件只是部分解密，约有 1/3 被涂黑，被涂黑的部分显然是一些最隐秘的、尚不能见人的内容。尽

---

① William J. Daugherty, Executive Secrets: Covert Action and The Presidency, Lexington, Kentucky: The University Press of Kentucky, 2004, p. 197

② 省略号为笔者所加，表示这句话被涂黑，即未解密。根据 Executive Secrets 一书，被涂黑的一句是："削弱苏联对该地区的控制"。见该书 p. 198。

③ National Security Decision Directive 54: United States Policy toward Eastern Europe, Document Number PD 01665, National Security Archives.

管如此，我们依然能从上述已解密的内容中看到隐蔽行动的踪影，“文化和教育交流及情报计划”便暗藏了隐蔽的心理战的玄机。

1982年11月29日，里根总统签发了国家安全决定指令第66号文件《东西方经济关系及与波兰相关的制裁》（NSDD66）[①]，要求美国及其西方盟国不再购买苏联的天然气，禁止向苏联出口先进的技术设备，在巴黎统筹委员会的禁运清单上增加一些重要的技术设备项目，提高给苏联的贷款利率，限制给苏联的信贷。[②] 该文件实际上是要加强对苏联公开和隐蔽的经济战。

之后不到两个月，1983年1月17日，里根政府又通过了国家安全决定指令第75号文件《美国与苏联的关系》（NSDD75）。文件开宗明义地指出：“美国对苏联的政策由三个方面组成：从外部抵抗苏联的帝国主义；从内部对苏联施压以削弱苏联的帝国主义资源；通过谈判，在严格互惠的基础上，消除双方的突出分歧。”这三个方面，第一个方面既包括公开的军事对抗，也包括隐蔽的对抗争夺；第二个方面主要应为隐蔽行动；第三个方面则属于公开外交的范畴。可见，文件一开始就确定了要对苏联实施隐蔽行动。文件全面阐述、具体规定了美国对苏联总的和各个方面的政策任务战略措施。文件提出，美国要促进苏联向更多元的政治经济制度变化的进程。关于美国对苏经济政策，文件指出，首先要确保东西方经济关系不能有助于苏联增强军事实力，这就要阻止向苏联转让可能直接或间接增强其军事实力的技术和设备；要避免补贴苏联经济，或不当地减轻苏联资源分配决定的负担，从而不至于稀释使苏联制度产生结构性改变的压力。关于政治行动，文件指出，要极大地加强美国政治行动的工具，包括里根总统在伦敦发出支持民主力量的倡议；美国政府揭露苏联侵犯人权的活动；美国的无线电广播政策。要在所有可行的场合揭露苏联在对待自己的领域和外部世界（“资本主义”）的困难（如劳工的待遇、对少数民族的政策、使用化学武器等）时的双重标准。关于苏联帝国，文件认为苏联帝国有许多美国可利用的严重的弱点和易受打击的部位，美国的政策是在可能的任何地方寻求鼓

---

① William J. Daugherty, Executive Secrets: Covert Action and The Presidency, Lexington, Kentucky: The University Press of Kentucky, 2004，此书将该文件的时间写成11月12日，题目写成“对苏联持久的经济战”（Protracted Economic Warfare Against the USSR, p. 199）有误，根据笔者在美国国家档案馆复印的原件，该文件的时间和标题均如本文所述。

② National Security Decision Directive Number 66: East-West Economic Relations and Poland-Related Sanctions, Document Number PR01477, National Security Archives.

励苏联盟国在外交政策上远离莫斯科，在国内走向民主化。具体地说，对东欧，美国的主要目标是削弱苏联对该地区的控制，促进东欧各国的人权事业。对阿富汗，美国的目标是保持给莫斯科最大的压力使其从阿富汗撤军，确保苏联在继续占领期间付出严重的政治、军事和其他损失。对古巴，美国必须采取强硬的反制措施消除由苏联给古巴运送武器带来的政治—军事影响；美国也必须给被古巴的颠覆活动所威胁的中美洲和加勒比盆地国家提供经济和军事援助；最后，美国将谋求减少古巴在南部非洲的存在和影响，通过积极领导外交活动使古巴撤出安哥拉，如果外交努力失败，则通过增加古巴在南部非洲的损失。对第三世界国家，美国必须重建第三世界国家对它的信任，相信它决心抵抗苏联对美国及其盟国和朋友的利益侵犯，有效地支持愿意抵抗苏联的压力或反对苏联的反美行动，或者成为苏联政策特别目标的第三世界国家。美国在第三世界的活动必须包括在安全援助和出售军事设备方面发挥重要作用，并准备在需要保护至关重要的利益及支持身处险境的盟国和朋友时使用军事力量。[①] 这些政策和战略措施虽然也没有明确使用“隐蔽行动”或“特别活动”一词，但由于采取除战争之外的一切手段实现国家对外政策目标是冷战期间美国历届政府的共识，是美国的基本战略，里根政府既然要“促进苏联向多元化的政治经济制度变化的进程”，要削弱苏联对东欧的控制，要苏联在阿富汗付出沉重的代价等，就不可能不采用包括隐蔽行动在内的各种战略工具，更何况隐蔽行动还是一件屡试不爽多有斩获的战略武器。因此，我们还是能从该文件中嗅出隐蔽行动的火药味、血腥味来的。

中美洲和加勒比海地区也是里根政府实施隐蔽行动的一个重点地区，在其执政 8 年发出的 325 份国家安全决定指令中，至少有 9 份是指令加强在古巴和中美洲实施隐蔽行动的。1982 年 1 月 4 日，里根签署国家安全决定指令第 17 号文件《古巴和中美洲》(NSDD17)，这份绝密文件概述美国的政策是援助萨尔瓦多击败叛军，反对古巴、尼加拉瓜等国从外部地区向中美洲输入重型武器、军队，派遣受过训练的颠覆分子，或给叛乱者供应武器和军事装备。文件具体做出 11 条决定，其中有 4 条被涂黑，其余包括对一些中美洲和加勒比国家提供经济援助（1982 财政年度约 2.5 亿—3 亿美元）；给萨尔瓦多和洪都拉斯增加军事援

① National Security Decision Directive Number 75：U. S. Relations with the USSR，Document Number PR01458，National Security Archives.

助；给当地的军事组织和领导人在其国内外提供军事训练；鼓励通过多方合作和逐步努力击败外国支持的叛乱；支持尼加拉瓜的民主力量。① 4个多月后，即同年5月28日，国家安全委员会又通过秘密文件《关于古巴和中美洲国家安全决定指令》（NSDD37），要求完全彻底地、始终如一地贯彻执行NSDD17号文件中的决定，并就如何获得国会批准1982财年对这一地区追加援助等事项作了具体规定。② 同一天，国家安全委员会又发出了一份NSDD37的补充文件《关于古巴和中美洲的国家安全决定指令》，该文件的正文全部被涂黑，具体决定仍处于保密状态。③ 同年10月5日，里根总统又签署了国家安全决定指令第59号绝密文件《古巴与中美洲》（NSDD59），再次确认NSDD17、21和37等几份文件中决定的政策，同时指出，"鉴于需要一个持续和充分的资助活动，需要考虑该地区冲突加剧的可能性，特做如下决定"，但决定的具体内容全都被涂黑，只是在文件末尾讲到1983财年对中美洲的安全和经济援助经费维持在1982财年的水平。这份文件约两页长，由于绝大部分内容仍在保密，只露出了头尾，许多新的决定尚不得而知，但涉及隐蔽行动是毋庸置疑的。④

1986年10月22日，里根总统签署了国家安全决定指令第248号文件《中美洲》（NSDD248），这份文件对尼加拉瓜反政府力量给予了特别的关注，决定为了给予尼加拉瓜民主抵抗力量相关的活动提供政策指导、协调和监督，在国家安全委员会下面设立一个"尼加拉瓜部际小组"（Interagency Group on Nicaragua，IG/N），该小组由负责美洲事务的助理国务卿主持，其成员包括国防部、中情局、参谋长联席会议主席和国家安全委员会的代表，其他部门的代表将根据负责的具体事务由主席邀请参加会议。小组定期在白宫开会，其主要职责是确保美国政府计划的支持尼加拉瓜民主抵抗力量的活动完全符合美国关于尼加拉瓜和中美洲的外交、经济和安全政策目标；审查和批准提出的支持尼加拉瓜民主抵抗力量的计划，以及援助经费；监督和评估被批准的政策和决定的执行

---

① National Security Decision Directive Number 17：National Security Decision Directive on Cuba and Central America，http：// www. fas. org/irp/offdocs/nsdd/23-1554t. gif-1555t. gif（2007－09－29）.

② National security Decision Directive number 37：National Security Decision Directive on Cuba and Central America，May 28，1982，http：// www. fas. org/irp/offdocs/nsdd-037. htm（2007－09－29）.

③ National security Decision Directive number 37：National Security Decision Directive on Cuba and Central America，May 28，1982，http：//www. fas. org/irp/offdocs/nsdd-037A. htm（2007－09－29）.

④ National Security Decision Directive Number 59：Cuba and Central America，October 5，1982，http：//www. fas. org/irp/offdocs/nsdd/23-1920t. gif-1921t. gif（2007－09－29）.

情况及其效果。文件中关于执行援助尼加拉瓜民主力量的具体规定则被涂抹掉了，其秘密只能任人猜测。[①]

与此同时，为了保证高级政策官员能充分地了解情况，并有机会审查政策选择和目标，该文件也决定成立“尼加拉瓜高级部际小组”（Senior Interagency Group on Nicaragua，SIG/N），由负责政治事务的副国务卿召集和主持定期会议，其成员由参加 IG/N 的各个部门的代表组成，但代表级别须在部长助理之上，总统国家安全事务副助理将代表国家安全委员会参加 SIG/N。该小组的职责之一是审查 IG/N 的主席没有解决和要求立即做出决定的问题，或其他要求由高级政策官员审查的问题。

1987 年 2 月 27 日，里根又签署了一份关于中美洲的政策文件，即国家安全决定指令第 264 号文件（NSDD264），明确表示美国政府的政策是促进整个西半球的民主，并表示他决心看到民主在中美洲获胜。鉴于中美洲 5 个国家中已有 4 个变成“民主国家”，只有尼加拉瓜还是所谓“专制国家”，里根要求总统国家安全事务副助理主持的计划审查小组（Planning Review Group，PRG）在 3 月 10 日前开会审议美国对尼加拉瓜的目标，并将讨论结果报告总统国家安全事务助理；要求 PRG 利用一切政治和外交措施，提出一个与尼加拉瓜民主抵抗力量一起努力在尼加拉瓜实现民主的政治战略；要求财政部长提出一个扩大和加紧对尼加拉瓜经济禁运的计划；要求在总统立法事务助理的指导下，提出一个获得使国会对尼加拉瓜民主抵抗力量不断支持的一个综合性行动计划。[②] 此时尼加拉瓜已成为美国在拉丁美洲除古巴之外的心腹大患，必欲除之而后快，采取隐蔽行动自然是题中应有之意了。

阿富汗是里根政府隐蔽行动战略实施的重点之一。里根上台后，继承了卡特政府对阿富汗的隐蔽行动政策，继续给阿富汗穆斯林游击队以秘密支持，打击苏联驻阿部队。1985 年 3 月 27 日，即在其第二任期开始不久，里根总统签署了国家安全决定指令第 166 号绝密文件《美国在阿富汗的政策、计划和战略》（NSDD166）。该文件迄今尚未解密，详细内容不得而知，但根据时任美国国家

① National Security Decision Directive Number 248：Central America，October 22，1986，http：//www. fas. org/irp/offdocs/nsdd/23-2874a-2877a. gif（2007－09－29）.

② National Security Decision Directive Number 264：Central America，February 27，1987，http：//www. fas. org/irp/offdocs/nsdd/23-2972a. gif（2007－09－29）.

情报委员会主席罗伯特·M·盖茨等人的透露，该文件提出了在阿富汗的新的战略目标，即不是简单地从卡特政府沿袭下来的只是“骚扰”（harass）打击苏联驻阿富汗部队，而是“要采取一切可行的手段”把苏联赶出阿富汗，赢得这场战争的胜利。① 这份文件不仅是美国对阿富汗政策的转折点，也是阿富汗战争的一个转折点。此后，里根政府极大地增加了对阿富汗游击队的援助，援助经费从1981年的1亿美元、1983年的1.2亿美元、1984年的2.5亿美元猛增到7亿美元左右②，援助的武器包括肩扛式反直升机导弹——毒刺导弹等高技术武器，给苏联驻军造成致命打击。有学者认为“支持阿富汗抵抗力量成为美国采取的最大的隐蔽行动”。③

三

在非洲，里根政府也没有忽视采取隐蔽行动和苏联进行势力范围的争夺。自从1976年国会通过《克拉克修正案》禁止对安哥拉反政府武装提供军事援助之后，美国在安哥拉的隐蔽行动一度处于沉寂。里根上台后经过几年的斗争，终于说服国会于1985年8月撤销了这一限制，并授权每年给安哥拉反政府武装“争取安哥拉完全独立全国联盟”（UNITA，以下简称安盟）5000万美元的援助。之后里根政府便恢复了对安盟的军事援助，包括提供毒刺式导弹。里根政府对安盟的军事援助既是隐蔽的，又是公开的。之所以是隐蔽的，是因为援助是秘密进行的；之所以又说是公开的，是因为里根政府多次公开表示支持安盟，甚至在白宫接见其领导人，这就使它那些秘密军事援助也变成了掩耳盗铃式的把戏。④

---

① Robert M. Gates，From the Shadows：The Ultimate Insider's Story of Five Presidents and How They Won the Cold War，New York：Simon & Schuster，1996，p. 349；Raymond L. Garthoff，The Great Transition：American-Soviet Relations and the End of the Cold War，Washington，D. C.：The Brookings Institution，1994，p. 712；Milt Bearden and James Risen，The Main Enemy：The Inside Story of the CIA's Final Showdown with the KGB，New York：Random House，2003，p. 210.

② William J. Daugherty，Executive Secrets：Covert Action and The Presidency，Lexington，Kentucky：The University Press of Kentucky，2004，p. 206

③ John Prados，President's Secret Wars：CIA and Pentagon Covert Operations Since World War II，Chicago：Ivan R. Dee，Publisher，1996，p. 363

④ William J. Daugherty，Executive Secrets：Covert Action and The Presiolenoy，Lexington，Kentueky：The Universiey of Kentucky，2004，p. 210；William Blum，Killing Nope：US Military and CIA Interventions Since World War Ⅱ，London：Zed Books Ltd，2003，p. 256.

里根政府对安哥拉的隐蔽行动战略在其国家安全决定指令中也有所体现。1986年2月10日，国家安全委员会通过NSDD212号秘密文件《美国对安哥拉的政策》，文件指出，美国及其盟国在南部非洲有重要的政治、商业和战略利益，这些利益正在受到"安哥拉解放人民运动"（MPLA，以下简称安人运）政府的强硬政策和苏联集团对该政府增加的军事援助的威胁。文件规定美国的政策目标之一是削弱并尽可能消除苏联及其代理人在安哥拉和南部非洲的影响和机会。为了实现这些目标，美国将继续积极卷入南部非洲事务，就安哥拉而言，将执行一个双轨战略，即继续与安人运和南非就古巴军队撤离、纳米比亚独立问题进行谈判；对安人运施加压力，使其严肃对待谈判并接受谈判协议。文件具体列举了该战略所包括的十个方面的内容，或要做的十个方面的工作，其中包括扩大与安盟的联系，在政治上支持其提高国际地位的努力；继续美国在南部非洲与其国家价值和目标相一致的发展与安全援助及人道主义的食品救济计划；美国新闻署（United States Information Agency，USIA）应加强国际媒体的注意，增加安盟的政治目标和军事成就的国际影响力，并向古巴人民解释安哥拉战争对古巴的真实的代价；国务院应制订一个单独或通过友好政府在联合国和非洲统一组织支持安盟的政治战略；通知进出口银行（EXIM Bank），它在安哥拉既不应寻求、也不应接受从广义上说可能增强安人运的战争能力，或获得维持其战争的军事经济资源的新业务。文件最后总结说，为了实现美国的目标，美国将采取的政策是：对安哥拉政权施加压力，使其在当前的安哥拉-纳米比亚和谈中予以合作，并通过采用每一项可行的经济措施和一切可行的手段，限制其对安盟进行战争的能力。①

这份文件也没有明确使用"隐蔽行动"一词，但我们只要稍一剖析，同样可以发现隐蔽行动的影子。文件要求美国新闻署增强国际媒体对安盟政治目标和军事成就的注意，向古巴人民揭露古巴在安哥拉的损失，这实际上是要求开展一场宣传战，运用这种宣传机器，进行公开与隐蔽的宣传。文件要美国国务院制定一项在联合国和非洲统一组织由美国单方面行动和通过友好政府扶持安盟的政治战略，这种"通过友好政府"的做法实际上也是一种隐蔽行动——让别人出头露面，说自己想说的话，做自己想做的事，而自己的真实面目和幕后

① National Security Decision Directive Number 212：United States Policy toward Angola，February 10，1986，http：//www.fas.org/irp/offdocs/nsdd/23-2730a.gif（2007－09－29）.

活动则被掩盖了。要求进出口银行不要给安哥拉贷款同样具有隐蔽行动的性质：表面上拒绝贷款的是进出口银行，幕后操纵者则是美国政府。

1987 年 5 月 7 日，国家安全委员会通过了一份新的对安哥拉的政策文件 NSDD274《美国对安哥拉的政策》，文件回顾了自从 NSDD212 号文件批准实施以来的形势发展，认为安哥拉的军事冲突已稳定下来，无论安人运还是安盟都未能取得军事胜利；安盟在发展更广泛的国际联系方面已取得了一些进展，但安人运始终不愿意与安盟公开分享权力以取得民族和解；虽然苏联、古巴的损失加重了，他们仍然要挟持罗安达政权，保持其在安哥拉的存在和影响。基于此，文件决定要继续坚持 NSDD212 中所确定的政策目标和战略。至于 NSDD212 确定的为获得政策目标所实施的双轨战略，文件认为仍然基本有效，但做了若干补充，其中关于对安人运施压，文件指出美国将积极寻求和采取有效手段增加对安人运的压力，使其同意谈判解决；国务院要和其他相关部门一起，探索通过更有效的情报计划提升安盟在安哥拉和国际地位的手段；美国的情报活动也将寻求破坏古巴在安哥拉部署军队的能力，特别是通过马蒂电台对古巴无线电广播计划和通过针对古巴驻安哥拉军队的西班牙语广播计划；美国应尽可能在最大程度上寻求加剧安人运与其苏联集团支持者的分歧，破坏苏联-古巴将他们描绘成正在支持一个合法的被迫卷入战争的非洲政府的努力。①

从上述内容可知，与 NSDD212 相比，这份文件中要求实施隐蔽行动的色彩更加浓厚。文件规定要在最大程度上加剧安人运和苏联、古巴的分歧，破坏苏联、古巴支持安人运的努力，最行之有效的办法当然是在继续加强对安盟公开外交支持、暗中军事援助的基础上，采取挑拨离间、造谣惑众等隐蔽的政治战、宣传战了。

NSDD274 号文件要求加强对安哥拉的隐蔽行动，与美苏争夺的态势及冷战格局的变化有关。里根政府经过第一任期和第二任期上半期与苏联的强硬对抗，苏联已力不能支，渐渐败下阵来，这就更坚定了里根要在其任期内取得冷战决定性胜利的决心，从而加大了对苏联集团的打击力度，非洲战场自然也不例外。

以上我们考察剖析了里根政府制订的有关隐蔽行动政策的部分文件，由于条件限制，我们不可能揭示其隐蔽行动政策的全貌，但由此也可以看出，里根

---

① National Security Decision Directive Number 274：Central America，May 7，1987，http：//www.fas.org/irp/offdocs/nsdd/23-3016a.gif（2007－09－29）.

政府对隐蔽行动战略的实施是何等的重视。作为冷战期间美国遏制大战略中的一个重要子战略，隐蔽行动战略在里根政府时期得到更加充分的发挥运用。里根作为一名演员是二流的，作为一名政治家却是一流的，他上台后可谓“知己知彼”，清楚地认识到当时的国际冷战格局、美国的潜在优势与苏联的弊端，决心运用包括隐蔽行动在内的“所有国家安全工具”，“削弱苏联的力量和影响”，“使苏联制度产生结构性改变”，赢得冷战的胜利。在这些“国家安全工具”中，他特别倚重隐蔽行动战略，这是因为军事手段的过度使用容易导致和苏联直接的军事冲突，其后果不堪设想，特别是苏联早已和美国实现了核武器的“恐怖平衡”；公开的外交手段又往往难以征服对方，达到目的。隐蔽行动作为“第三种选择”，能起到二者不可替代的作用，以很小的代价获得最大的效益。因此他在执政的 8 年中制订了一系列涉及隐蔽行动的政策文件，从苏联东欧到拉丁美洲，从亚洲到非洲，实施了大量的秘密活动、隐蔽行动，给苏联造成了极大的困难，严重削弱了苏联的力量和影响。到 1989 年 1 月里根离开白宫时，其着力打击的老对手苏联已全线溃退，对外政策发生了根本性变化：放松了对东欧的控制，停止了对尼加拉瓜政府的援助，结束了在安哥拉的对抗，从阿富汗的撤军即将完成，与美国的关系也走向了缓和。国际冷战格局发生了新的变化，冷战的结束为期不远。与此同时，苏联东欧内部剧变的火山即将喷发。这一切的变化自然是多重因素综合作用的结果，其中里根政府坚持实施的隐蔽行动政策也“功不可没”。

原载（《陕西师范大学学报》2008 年第 5 期）

冷战初期美国隐蔽行动政策的制定

隐蔽行动是冷战期间美国对苏联东欧乃至中国等社会主义国家实施的主要政策或曰主要斗争手段之一。对这一问题西方学术界早在20世纪五六十年代即有学者撰写论著、当事人出版回忆录予以揭露。① 冷战结束后随着美国政府有关档案不断解密，其研究成果更是大量问世，成为西方冷战史研究的一个热点。② 然而。我国学术界由于资料所限，研究成果寥寥，尚未见到专门论著，仅有个别学者在阐述美国对苏联东欧政策时有所叙及③。本文将依据近年来美国政府解密的档案资料，就冷战初期美国隐蔽行动政策的制定做一初步探讨。

一

隐蔽行动（covert action，或 covert operation），按照美国中央情报局的解释，是指"一国以不被认为是本国所为的方式所采取的旨在影响某些政府、事件、组织或个人以支持其对外政策的活动。它包括政治、经济、宣传及准军事行动"。④ 这就是说，首先，隐蔽行动所采取的方式必须是隐蔽的，秘密的，必须要掩盖行为者的真实身份。其次，隐蔽行动的目的是通过对有关国家、组织

---

① 如 Robert T. Holt，Radio Free Europe，Minneapolis：University of Minnesota Press，1958；Sanehe de Gramont，The Secret War，New York：Dell Book，1962 等。

② 白建才：《近年来美国的冷战史研究》，《历史研究》2002 年第 1 期，第 175—182 页。

③ 如时殷弘先生在一篇论述冷战初期美国政府对苏联东欧内部状况的政策的文章中对其隐蔽行动也进行了有意义的探讨。时殷弘：《激变战略与解放政策》，《世界历史》1995 年第 3 期。

④ CIA，Consumer's Guide to Intelligence，Foreign Relations of the United States，1945-1950，Washington D. C.：U. S. Government Publishing Office，1995，p. 38. 转引自 David F. Rudgers，The Origins of Covert Action，Journal of Contemporary History，Vol. 35，No. 3，2000，p. 249.

或个人施加影响，以便为行为者对外政策服务。最后，其具体范围包括隐蔽的政治战、经济战、宣传战以及扶植援助敌对国家反政府武装等准军事行动。美国政府制订的关于隐蔽行动的第一份重要文件为NSC 4 - A。

二战结束后，美苏由于国家利益及对外战略构想的迥然不同，意识形态和社会制度的截然对立，战时同盟关系迅速走向破裂。到1947年初，美国抛出要“反击共产主义扩张浪潮”的“杜鲁门主义”，美苏冷战终于爆发。① 之后双方首先在欧洲展开激烈争夺。美国抛出马歇尔计划，力图挽救在战争摧残和共产主义浪潮冲击下濒临坍塌的西欧资本主义大厦；苏联抛出莫洛托夫计划，力图阻止美国资本对东欧各国的侵蚀渗透。美国支持建立西欧联盟，积极筹划北大西洋联盟，力图同西方国家结成反苏反共统一战线；苏联组建欧洲九国共产党工人党情报局，力图协调各国共产党的行动。同时，双方在意识形态领域互相攻讦。冷战愈演愈烈。

面对日趋激烈的冷战态势，美国开始寻找除战争、外交等公开手段以外的其他斗争手段。手段之一便是实施隐蔽的心理战。

早在1946年12月12日，美国国务院-陆海军协调委员会（SWNCC）就给国家情报局（NIA）递交了一份关于“心理战”的报告，强调了心理战作为“一个在战时，或总统确定受到战争威胁时，获得国家目标和军事目标的必要因素”，提议立即建立一个负责制订心理战政策、计划并进行相关研究的委员会。②1947年10月24日，国家安全委员会刚刚成立，其执行秘书悉尼·索尔斯在给国防部长福莱斯特的一个备忘录中提出，“需要采取心理战反击苏联鼓动的共产主义宣传，特别在法国和意大利”。他同时指出，应继续加强国务院情报部门的公开活动；由中央情报局进行隐蔽活动；设立机构，制定政策，协调二者的行动③。11月7日，国务院-陆海空军协调委员会下属的一个特别小组向该委员会提交了一份题为《心理战》的报告，编号为SANACC304/11文件，详细分析了

① 白建才：《论冷战的起源》，《陕西师范大学学报》（哲学社会科学版）1995年第4期，第35—42页。

② SWNC304/1，Psychological Warfare 转引自 David F. Rudgers，The Origins of Covert Action，Journal of Contemporary History，Vol. 35，No. 2，2000，p. 249.

③ Foreign Relations of the United States，1945 - 1950：Emergence of the Intelligence Establishment，Washington D. C.，1995，Document 245，http：//www. state. gov/www/about-state/history/intel（2001 - 11 - 27）.

当时的形势，颇为焦虑地指出："苏联正在进行一场激烈的主要针对美国的宣传运动，并综合运用心理的、政治的和经济的手段以图瓦解有能力反对苏联野心的各国所有非共产党力量。"结论说："目前的世界形势要求美国立即采取协调措施以影响各国的态度，使其有利于获得美国的目标，抵消反美宣传的恶果。"报告就心理战的机构设置、政策制定等一系列问题提出了明确具体的建议。① 该委员会随即修改通过了这份报告，并提交国家安全委员会。之后国家安全委员会经过反复讨论与修改，于12月17日召开第4次会议，批准了NSC 4-A。

NSC 4-A由《执行秘书关于心理战给国家安全委员会的备忘录》和附件《国家安全委员会给中央情报局长的指令》两部分构成。前者扼要报告了文件的起草情况及所附给中情局长指令的主要内容；后者虽为附件，却是文件的基本内容。

《国家安全委员会给中央情报局长的指令》全文很短，只有四段，主要内容是：(1) 国家安全委员会认识到苏联及其卫星国和共产党团体正通过恶毒宣传诋毁败坏美国及其他西方国家的目标与活动，"为了世界和平与美国的国家安全，决定采取隐蔽的心理战以补充美国政府的对外情报活动"。(2) 根据《1947年国家安全法》，"国家安全委员会指令，中央情报局长用可资使用的经费开展并指导隐蔽的心理战，以反击苏联及其支持的威胁世界和平安全，或旨在诋毁败坏美国热心促进的世界和平安全事业的活动"。(3) 为确保心理战与美国对外政策、公开的对外情报活动以及在国外的外交和军事行动、意图相一致，中情局长关于这些行动的所有政策指令和主要计划都须获得由国家安全委员会指定的专门小组同意；中情局局长负责与将受到这些行动直接影响领域的高级外交官和军事代表协调行动。(4) 这丝毫不意味着要求中央情报局泄露其秘密技术、情报来源或联系管道等行动细节②。在这四条中，核心内容只有两点，即国家安全委员会决定实施隐蔽的心理战；指令中情局长负责此项行动。NSC4-A的通

① Foreign Relations of the United States, 1945-1950: Emergence of the Intelligence Establishment, Washington D.C., 1995, Document 249, http://www.state.gov/www/about-state/history/intel (2001-11-27).

② Documents of the NSC, 1947-1977, Friedrick: University Publications of American, Microfilm, A438.3, D: I: 007。这里引用的是1947年12月9日索尔斯提交国家安全委员会第四次会议讨论的文本。无论是在《美国对外关系文件，1945—1950：情报机构的建立》一书中，还是在美利坚大学出版社制作的缩微胶卷《国家安全委员会文件：1947—1977》中，都没有发现清楚标明经12月17日国家安全委员会第四次会议修改后的NSC 4-A文本。

过意味着美国政府确立了要对苏联东欧实施“隐蔽心理战”的政策。当日，国家安全委员会执行秘书索尔斯给中央情报局局长希伦科特递交一份附有《国家安全委员会给中央情报局局长希伦科特的指令》的备忘录，称该指令已被国家安全委员会修改批准，要求中央情报局采取“合适行动”①。

接到国家安全委员会指令，中央情报局立即行动。12 月 22 日，希伦科特指示主管特别行动的局长助理唐纳德·盖洛韦，由负责收集秘密情报的特别行动处担纲实施隐蔽的心理战；要求盖洛韦立即“制订一份实施隐蔽心理战的计划”②。1948 年 3 月 22 日，希伦科特又给盖洛韦发出详细指示，要求在特别行动处设立一个“在美国及其领地之外实行隐蔽心理战”的单位，这些行动应包括“传递信息、收集情报和进行说服劝诱的一切手段”，“要始终掩盖这些活动源自美国政府”。这些活动应与其他美国政府机构的对外情报活动“截然分开”，其目标应是“瓦解从事反美活动的外国工具——无论是政府、组织还是个人的力量”，“通过影响外国公众见解，使其有利于实现美国的目标”，支持美国的对外政策。③ 根据希伦科特的指示，3 月 29 日，盖洛韦宣布建立“特别程序组”，负责组织和实施对苏联东欧的隐蔽宣传活动，以完成上述目标。

至此，美国政府不仅制定了对苏联东欧实施隐蔽心理战的政策，也建立了实施心理战的组织机构。美国对苏东集团的秘密心理战即将展开。十分有意思的是，美国实施心理战的第一个试验场不是在苏联东欧，而是在地缘政治上属于西欧的意大利。当时意大利正逢大选，战后蓬勃兴起的意大利共产党积极参加竞选，志在必得。美国政府清醒地看到，如果意大利落入共产党之手，就将在西欧阵营中打开缺口，苏联支持的共产主义将如洪水冲垮西欧的堤坝，整个西方世界的命运便岌岌可危。于是便对意大利展开了一场猛烈的隐蔽加公开的宣传战、心理战。美国政府煽动美籍意大利人掀起大规模书信运动，向其在意大利的亲友写信，要求其亲友在投票中支持基督教民主党；杜鲁门总统警告说

① NSC 第四次会议记录中未提到 NSC 4－A。索尔斯给希伦科特这份备忘录所附的《指令》删去了有关“专门小组”的内容。显然这便是该备忘录中所说的 NSC 对《指令》的修改。见 Emergence of the Intelligence Establishment, Foreign Relations of the United States, 1945-1950, Washington D. C.: U. S. Government Publishing Office, 1995, Document 257.

② Emergence of the Intelligence Establishment, Foreign Relations of the United States, 1945－1950, Washington D. C.: U. S. Government Publishing Office, 1995, Document 258.

③ Hillen Koetter to Galloway, 22 March 1948, 转引自 David F. Rudgers, The Origins of Covert Action, Journal of Contemporary History, Vol. 35, No. 2, 2000, p. 257.

如果共产党在选举中获胜，或即使成为联合政府的一部分，美国就不再给意大利提供经援；美国之音不断重复这一威胁；中情局大量散发反共邮件、传单、小册子，“制造大量假情报——伪造意共当选后对意大利的计划文件、书信”，大肆宣传苏军在德国占领区的抢劫、强奸及共产党在波、捷、匈的野蛮夺权和统治。结果，在 1948 年 4 月 18 日的选举中，共产党败北，基督教民主党以 48.5%的选票获胜。美国政府实施的心理战可谓首战告捷。心理战在意大利的胜利更鼓舞了美国政府进行心理战的信心。之后美国通过二战期间即已建立的美国之音和随后建立的自由欧洲电台、自由电台，通过用气球空投宣传品等手段，对苏东集团展开猛烈的心理战，诋毁苏东政府和社会制度，鼓吹西方生活方式和价值观念，鼓动苏东人民造反。心理战成为美国对苏东冷战的重要形式。

NSC 4 - A 是美国政府制定的对苏联东欧采取隐蔽行动的第一份重要文件，它标志着美国在对苏联实施遏制战略的同时，也开始对苏联的所谓扩张活动实施反击。然而 NSC 4 - A 只是要求对苏联东欧实施隐蔽的心理战，尚未提出实施全面的隐蔽行动。随着冷战的加剧，美国政府认为仅仅采取心理战远不足以反击苏联的扩张。因此，它仅仅实施了半年就被内容更为广泛的、要求展开包括心理战在内的全面隐蔽行动的 NSC10/2 号文件取代。

二

NSC10/2 号文件的始作俑者，或曰隐蔽行动的设计师，是遏制政策的设计师乔治·凯南。乔治·凯南自 1946 年 2 月作为美国驻苏大使馆临时代办向国务院发回那封著名的长电报，分析了二战后苏联对外政策的理论、意图和做法，提出对苏实施遏制政策的思想后，即引起美国国务院的注意，不久便奉召回国。1947 年 5 月 5 日，被国务卿马歇尔任命为刚刚建立的国务院政策设计室主任。该机构的主要职能是：制订和发展实现美国对外事务目标的长期计划；预测可能遇到的困难；研究和报告政治军事方面的重大问题；根据世界形势的发展评估当前的政策；在国务院内协调计划的制订和执行。其重要性显而易见。乔治·凯南就职后，果然不辱使命，领导政策设计室积极为美国政府献计献策。其时冷战逐渐深化。苏联为对抗美国及其西方盟国加强了对东欧的控制。罗马尼亚、捷克斯洛伐克、匈牙利等战后一度实行联合政府的东欧各国纷纷将资产阶级政党排挤出联合政府，将联合政府变为由共产党执政的人民民主专政。这样，如何反击苏联对东欧国家的控制就成为凯南及其政策设计室考虑的一个中心问题。

1948年5月4日，乔治·凯南向国家安全委员会提交了一份报告《开展有组织的政治战》。报告开宗明义地指出："政治战是克劳塞维茨理论在和平时期的逻辑应用。从广义上说，政治战就是一个国家运用除战争之外的一切手段以获取其国家目标。这些行动包括公开行动和隐蔽行动两种。其范围从诸如政治结盟、经济手段（如欧洲复兴计划）以及公正宣传等公开行动到暗中支持'友好的'外国分子、'隐蔽'心理战及至鼓励敌对国家的地下抵抗等隐蔽行动。"① 报告认为美国正承担着有史以来最大的国际责任，并遭受到克里姆林宫全力以赴的政治战，美国不能不动员一切力量对苏联开展隐蔽的政治战。报告列举了可对苏联集团实施的各种隐蔽行动，如组建促进东欧"解放"委员会，鼓励苏东集团国家人民的抵抗运动，支持自由世界受到苏联威胁国家"反对共产主义的原生力量"，必要时采取直接行动阻止自由国家的重要设备、物资或人员被苏联及其代理人破坏或落入他们手里。报告认为现在创建一个指导隐蔽政治战行动机构的时机已经成熟，并就这样一个机构的组成及其职责提出具体建议。

乔治·凯南的报告再次引起了美国高层领导的极大兴趣。第2天，国家安全委员会办公室便向委员会成员分呈了一份据凯南的建议写成的《国家安全委员会指令草案》征求意见。5月12日，国家安全委员会办公室根据反馈意见，又向委员会成员提交了一份《国家安全委员会报告草案》，编号为NSC10号文件。该文件包括正文《特别研究室主任》（DSS）和两个附件《国家安全委员会拟议指令》及《NSC4－A修改稿》。经过一个多月的反复讨论和修改，国家安全委员会在6月17日召开的第13次会议上终于同意了《国家安全委员会关于特别项目署的指令》，略作修改后于翌日正式下发给中情局长遵照执行。此即NSC10/2号文件。

NSC10/2号文件虽只有6条内容，比NSC 4－A大为扩展。如同NSC 4－A一样，文件照例首先把隐蔽活动的责任推给对方，指出"国家安全委员会认识到苏联及其卫星国和共产主义团体诋毁、败坏美国及其他西方国家目标与行动

① Emergence of the Intelligence Establishment, Foreign Relations of the United States, 1945－1950, Washington D. C.: U. S. Government Publishing Office, 1995, Document 269.

的恶毒的隐蔽活动，决定为了世界和平与美国国家安全的利益，必须用隐蔽行动补充美国政府公开的对外活动”。[①] 其次，文件明确了实施隐蔽行动的组织领导，决定在中情局内设立一个新机构“特别项目署”，负责策划实施隐蔽行动，在战时则与联合总参谋部协调策划实施此类行动；特别项目署长由国务卿提名，中情局长认可，国家安全委员会批准任命；特别项目署在中情局中保持一定独立性，署长直接向中情局长负责。中情局长的责任是：通过国务院和国防部派来的代表，确保隐蔽行动与美国的外交、军事政策及公开活动相一致，确保战时隐蔽行动计划的制订有联合总参谋部的代表参加，并与战时军事行动计划相一致；当隐蔽行动将影响美国政府在国内外的外交和军事代理机构时，通过合适渠道即时予以通达。涉及经济战的隐蔽行动将由特别项目署在负责经济战计划的有关部门指导下实施。再次，文件明确了隐蔽行动的内涵，指出隐蔽行动包括美国政府实施或资助的反对敌对国家或集团、支持友好国家或集团的一切活动，这些活动计划的执行要使任何局外人都不清楚其中的内幕和美国政府的责任；万一败露，美国政府也可以“巧言否认任何责任”。具体地说，“这些活动包括任何相关的秘密活动：宣传、经济战；预防性直接行动，包括破坏、反破坏，爆破拆毁，撤离转移；颠覆敌对国家，包括援助地下抵抗运动、游击队和难民解放组织，支持自由世界受到威胁国家中的反共产主义分子”[②]。文件特别说明，这些行动不包括可识别军事力量的武装冲突、间谍和反间谍以及为军事行动而采取的秘密欺诈活动。最后，文件宣布本指令取代 NSC 4 - A 指令。

NSC10/2 号文件是美国对苏联东欧集团展开全面隐蔽行动的秘密宣战书，它的通过标志着美国在公开遏制苏东集团的同时，加强了对苏联东欧集团的秘密战，将隐蔽行动由宣传领域扩展到政治、经济等其他领域，企图通过对苏联东欧实施全面的隐蔽行动，给苏联造成最大的困难，阻止苏联的扩张，把苏联的势力从东欧“推回去”，并最终战而胜之。正如美国学者格雷戈里·特里沃顿所言：“NSC10/2 号文件是隐蔽行动的转折点，它把隐蔽行动由宣传扩展到直接

① Emergence of the Intelligence Establishment，Foreign Relations of the United States，1945 - 1950，Washington D. C.：U. S. Government Publishing Office，1995，Document 292.

② Emergence of the Intelligence Establishment，Foreign Relations of the United States，1945 - 1950，Washington D. C.：U. S. Government Publishing Office，1995，Document 292.

干涉。”[①] 从此这一文件成为美国对苏联东欧进行秘密战的基本纲领，直至6年后被艾森豪威尔政府隐蔽行动指令所取代。

根据NSC10/2文件，同年8月指导实施隐蔽行动的组织机构正式建立。为了掩人耳目，该机构被命名为“政策协调署”，而非文件中提出的“特别项目署”。政策协调署建立后，其规模迅速扩大。1949年时其成员为302人，在海外有7个工作站，活动经费为470万美元，到1952年，其成员增加到2812人，另还有编外人员3142名；海外工作站发展到47个，活动经费增至8200万[②]。这组数字足以证明NSC10/2号文件通过后美国隐蔽行动的迅速扩展与活动猖獗。

在NSC10/2号文件实施3年多后，1951年10月23日，杜鲁门总统又批准了NSC10/5号文件《隐蔽行动的范围与步骤》，作为对NSC10/2号文件的补充。NSC10/5号文件要求进一步加强隐蔽行动，强调加强隐蔽行动的顺序是：(1)给苏联的权力结构造成最大的紧张，包括苏联与其卫星国以及共产党中国的关系；在按照美国与苏联的实力和避免战争风险的前提下，在合适的时间、地点，努力削弱苏联的力量和影响，使其不再对美国的安全构成威胁。(2)增强自由世界国家和人民对美国的向心力，增强他们抵抗苏联统治的意志和能力。(3)在战略地区发展地下抵抗，推进隐蔽的游击活动，并使其最大限度上与第1段的目标相一致……[③]

NSC10/5号文件特别强调要挑拨苏联与其卫星国以及中国的关系，增强资本主义国家对美国的向心力，这是因为1949年中国革命胜利后，迅速与苏联结成友好同盟，大大增强了社会主义阵营的实力；其时朝鲜战争已进行了1年多，美国在战场上直接领教了中国军队的铁拳；在中、苏等国影响下的亚非民族解放运动蓬勃发展。面对这种东风似乎要压倒西风的形势，挑拨苏联与东欧和中国等社会主义国家的关系，瓦解破坏社会主义阵营，增强西方阵营的团结就成为其隐蔽行动的重中之重了。

这样，杜鲁门政府不仅建立了实施隐蔽行动的一整套组织体系，确定了隐

---

① Gregory F. Treverton, Covert Action: The Limitied of Intervention in the Postwar World, New York: Basic Books, Inc., Publishers, 1987, p. 36.

② Gregory Mitrovich, Undermining the Cremlin: America's Strategy to Subvert the Soviet Bloc, 1947-1956, Ithaca, New York: Cornell University Press, p. 182.

③ Gregory Mitrovich, Undermining the Cremlin: America's Strategy to Subvert the Soviet Bloc, 1947-1956, Ithaca, New York: Cornell University Press, p. 67.

蔽行动的具体内容，而且明确了隐蔽行动的范围和步骤，要给苏联的权力结构和以苏联为首的社会主义国家相互关系造成最大的紧张。当共和党不断攻击杜鲁门民主党政府软弱无能，对苏联东欧集团只知采取防守性的“遏制”战略，大声疾呼要采取进攻性的“解放”战略时，杜鲁门政府早已秘密地、接二连三地制定了隐蔽行动战略，在多条战线上对苏联东欧集团展开了进攻。

三

1953年初，竞选获胜的共和党总统候选人艾森豪威尔就职总统。其时国际上东西方冷战正酣，朝鲜战争尚未结束。国内以麦卡锡主义为代表的反共浪潮甚嚣尘上。共和党之所以能竞选获胜，把民主党占据20年的总统宝座重新夺了回来，在很大程度上也得益于攻击民主党反共不力，叫嚣要把东欧从苏联的暴政下“解放”出来。因此当艾森豪威尔上台后，当他清楚地了解了杜鲁门政府对苏联东欧实施的进攻性隐蔽行动后，只能是继承而非放弃这一战略。

然而艾森豪威尔并未原封不动地继承这一战略，而是做了一定程度的调整。这集中体现在艾森豪威尔政府关于隐蔽行动的指令——NSC5412系列文件上。

1954年3月15日，艾森豪威尔总统批准了本届政府关于隐蔽行动的第一份文件，题为《国家安全委员会关于隐蔽行动的指令》，标号为NSC5412。该指令宣布取代NSC10/2和NSC10/5。1年后，即1955年3月12日，艾森豪威尔又批准了NSC5412/1号文件《国家安全委员会关于隐蔽行动的指令》，并用该指令取代NSC5412。同年12月28日，艾森豪威尔总统签署了关于隐蔽行动的第三个指令，题目如前，标号为NSC5412/2。它取代了NSC5412/1。这3份文件其实并无大的差别，基本内容完全相同。只是在监管指导隐蔽行动的组织机构方面做了一些调整。

根据NSC5412，行动协调局（OCB）为“协调国务院、国防部和中情局的正常渠道”[①]，隐蔽行动计划应提前交给行动协调局成员审查。行动协调局是1953年9月取代专门负责指导实施心理战的心理战略局（PSB）而建立的一个部际机构，由国务院、国防部和中情局的代表组成，隶属国家安全委员会，负责根据国家安全委员会确定的路线方针，制订有关计划，审查隐蔽行动项目。

---

① Covert operation，1978010100213，http：//www. ddrs. psmedia. com/（2001-03-16）.

或许是由于行动协调局的级别不够高，在审查隐蔽行动项目中多有不便，NSC5412/1设立了一个更高级别的机构“计划协调组”（PCG）来负责此项工作。文件指出：“除非总统有别的指令，今后中情局根据这一政策或别的指示提出的主要隐蔽行动计划，应提前通知计划协调组成员”；计划协调组“将是批准这些计划以及协调国务院、国防部和中情局支持的正常渠道”。① 艾森豪威尔总统为了进一步加强对隐蔽行动的监管，在NSC5412/2中又撤销了计划协调组，设立了一个NSC5412领导小组。该组由总统、国务卿和国防部长各自指定的级别在部长助理以上的代表组成（总统代表为国家安全事务特别助理），负责批准主要的隐蔽行动计划以及协调国务院、国防部和中情局的支持。NSC5412/2还比前两个文件多了一个附件，规定了为保证执行上述条款（NSC5412/2第7条）的“标准程序”②。

以上我们只是简略分析了NSC5412系列3个文件的细微差异。现在让我们着重看看它们和杜鲁门政府的隐蔽行动指令相比有何变化。

和NSC10/2、NSC10/5两份文件相比，NSC5412系列首先是扩大了隐蔽行动的范围，把隐蔽行动的矛头不仅指向苏联东欧集团，也指向了中国及整个共产主义世界。NSC5412系列第1条说：“国家安全委员会认识到苏联、共产党中国以及被他们统治的政府、政党和团体（此后统称国际共产主义）诋毁和败坏美国及其他自由世界国家目标活动的恶毒的隐蔽活动，决定如NSC10/2、NSC10/5指令所示，为了世界和平与美国国家安全的利益，用隐蔽行动补充美国政府公开的外交活动。”③ 这就把中国也作为其从事隐蔽活动的借口，从而也把隐蔽行动的矛头指向中国乃至整个“共产主义世界”。

其次，隐蔽行动所要达到的目标有所变化。关于隐蔽行动所要达到的目标，NSC5412系列共列举了六点，它们是：（1）给国际共产主义制造困难，破坏苏联和共产党中国以及他们和卫星国之间的关系，使苏联、共产党中国及其卫星国对国内的控制复杂化，延缓苏联集团军事和经济潜力的增长。（2）诋毁国际共产主义的威信和意识形态，削弱各国共产党及其支持者的力量。（3）阻止那些容易直接或间接地接受共产主义控制的党派或个人在一个自由世界国家获得

① Documents of the NSC，1947-1977，microfilm A. 438，A：4：0270.

② Documents of the NSC，1947-1977，microfilm A. 438，A：4：0275.

③ Documents of the NSC，1947-1977，microfilm A. 438，A：4：0275.

统治权力。(4) 削弱国际共产主义对世界任何地区的控制。(5) 增强自由世界人民和国家对美国的向心力……增强这些人民和国家抵抗国际共产主义的能力和意志。(6) 按照既定政策和可行条件，在被国际共产主义统治或威胁的地区发展地下抵抗，促进隐蔽行动与游击活动，保证这些力量在战争爆发后可被利用……①

与 NSC10/2 和 NSC10/5 做一比较，可以看出，NSC5412 系列所要达到的目标更为宽泛。它不只是要求美国的隐蔽行动“给苏联的权力结构造成最大的紧张”，而是要给整个国际共产主义“制造困难”；不只是要给苏联与东欧、中国的关系造成最大的紧张，而是要“破坏苏联与共产党中国以及他们与其卫星国之间的关系”；不只是要“努力削弱苏联的力量和影响，使其不再对美国的安全构成威胁”，而是要“使苏联、共产党中国及其卫星国对国内的控制复杂化，延缓苏集团军事和经济潜力的增长”，并且诋毁国际共产主义的威信和意识形态，削弱其党派的力量，“削弱国际共产主义对世界任何地区的控制”。换言之，杜鲁门政府的隐蔽行动力图给苏联造成最大的困难，动摇苏联的统治，破坏苏联与东欧各国及中国的关系，削弱苏联的力量和影响，使其不再对美国的安全构成威胁。而艾森豪威尔政府的隐蔽行动则要给整个社会主义阵营制造困难，破坏国际共产主义的力量和影响。艾森豪威尔政府所要达到的目标更为宽泛宏大。

艾森豪威尔政府的上述变化是由当时东西方冷战格局的变化所决定的。艾森豪威尔上台后不久，苏联领导层也发生了更迭。苏联新领导调整了斯大林和西方僵硬对抗的路线，多次表示要改善和西方国家的关系，缓和国际紧张局势，同不同社会制度的国家和平共处，并也采取了斡旋结束朝鲜战争、与奥地利签订和约、与西德建交等一系列切实具体的行动。苏联似乎暂时不再构成对美国最紧迫、最直接的威胁。另外，新中国此时已巩固了国内的统治，特别是在朝鲜战场上使不可一世的美帝国主义惨遭痛击，中国的国际威望迅速增长。在中国革命的影响下亚非民族解放运动蓬勃高涨，第三世界迅速崛起。与此同时，苏联和东欧各国签订华沙条约，结成紧密军事政治集团。社会主义阵营的力量空前壮大，社会主义的影响更加强烈。战后初期形成的美苏冷战格局已真正发

---

① Documents of the NSC，1947-1977，microfilm A. 438，A：4：0275.

展成为东西方冷战格局，社会主义和资本主义两大阵营冷战格局。正因为如此，艾森豪威尔政府在 NSC5412 系列文件中把苏联、东欧、中国以及其他各国的共产党团体统称为“国际共产主义”，在文件的字里行间渗透着对国际共产主义的恐惧与仇恨，处心积虑地要通过隐蔽行动破坏、削弱国际共产主义的力量和影响，力图在冷战中赢得最大红利。

综上所述，冷战初期，美国政府为了破坏、削弱苏联及国际共产主义的力量和影响，制订了一系列对苏联、东欧各国、中国等社会主义国家实施隐蔽行动的绝密政策文件和计划，并采取了相应的行动。每当这些行动败露，美国政府总是“巧言否认”，声称这些行动与己无关，上演了一出出此地无银三百两的丑剧。但谎言终究掩盖不了事实，冷战结束后美国政府解密的关于隐蔽行动的一份份文件便粉碎了其当年制造的所有谎言。明枪易躲，暗箭难防，和遏制政策相比，美国的隐蔽行动政策及活动以其隐蔽性、复杂多变性、难以防范性，对苏联东欧及中国等社会主义国家更具危险性。例如，20 世纪 50 年代初，杜鲁门政府雇用的一批来自哈佛大学、麻省理工学院、兰德公司的学者根据隐蔽行动政策，提出了一个颠覆苏联政权的“特洛伊计划”，其中包括要诱使苏联军队和安全机构中出现大量叛逃西方者，动摇党对他们的信任，导致新一轮清洗，削弱苏共镇压持不同政见者的能力；制造假情报，挑拨苏联领导人之间的关系，增加他们的相互猜忌，诱导苏联最高层的权力斗争；散布中共有铁托主义倾向的流言，分裂中苏关系等。堡垒最容易从内部攻破。20 世纪 50 年代苏联东欧国家激烈的党内斗争与中苏关系的分裂不能说与美国的隐蔽行动没有关系。美国隐蔽行动政策的危险与恶毒由此可见一斑。可以说，美国的隐蔽行动政策使东西方冷战进一步深化，同时也凸显了东西方矛盾的尖锐与冷战的严酷。美国的隐蔽行动政策及其活动成为东西方冷战的一个重要内容。

原载（《陕西师范大学学报》2003 年第 4 期）

论冷战期间美国的大战略体系

近年来我国学术界出现了一个引人注目的新的研究领域，即“大战略”研究。一些学者在译介西方大战略理论的同时，也开始对包括我国在内的部分国家历史和现实的大战略进行探讨。那么，冷战期间美国的大战略是什么？它和冷战期间美国政府为对抗并击溃苏联东欧集团、铲除所谓共产主义威胁，制订并实施的诸如遏制战略、新面貌战略、和平战略、缓和战略、超越遏制战略，以及贸易管制战略、和平演变战略、大规模报复战略、灵活反应战略、现实威慑战略、隐蔽行动战略等战略的关系如何？它们在苏东裂变、冷战结束中发挥了什么作用？对此国内学术界尚无专论集中予以阐释。本文试图依据美国解密档案资料，运用国际战略学理论，并借鉴国内外最新研究成果作一探析。

一

“大战略”（grand strategy，or higher strategy）是一战后首先在西方军事理论界明确提出的。1929 年英国著名军事理论家利德尔·哈特在《历史上的决定性战争》一书中多次使用了这一概念，并辟专章进行了论述。他认为大战略是位居战略之上的更高级的战略，“大战略的任务是协调和指导国家的全部力量以便达到战争的政治目的，即国家政策所确定的目标”。“……战略只看见战争本身，而大战略则越过战争看到未来的和平。大战略不仅把各种手段结合起来，而且协调其运用，以免有损于未来稳定而繁荣的和平状态”。[1] 这时他还只是把

---

① B. H. Liddell Hart，The Decisive Wars of History：A Study in Strategy，Boston：Little，Brown，and Company，1929，pp. 150-151.

大战略看作用以指导军事战略、实现战争政治目的的更高层次的战略。但其实现的手段则超出了军事领域，扩展到了国家的全部资源。这是由于随着现代社会的发展，军事和社会其他领域的联系日益紧密，单凭军事手段很难实现战争的政治目的，要想取得战争胜利，必须综合运用国家的全部力量。他同时也认为，“大战略的领域基本上是一片未被认识的处女地”。这一概念很快被英国军方所接受，1935 年英军将这一概念写入野战条例中，指出大战略“是最积极地运用国家全部力量的艺术。它包括运用外交、经济压力、与盟国缔结有利的条约、动员国家工业和分配现有的人力资源以及使用陆海空三军使之协调行动”。[①]

二战中，大战略研究在西方军事理论界继续开展，大战略思想在英美盟军中得到实际的运用。1941 年，英国剑桥大学研究员萨金特和韦斯特出版了第一部专门论述这一问题的专著《大战略》一书。1941 年 12 月，美英两国参谋部在华盛顿召开的第一次联席会议上制定了“先欧后亚”的大战略方针，会议通过的备忘录总标题即为“美英大战略”。这一大战略有效地保证了反法西斯同盟集中优势兵力和财力物力首先击败纳粹德国和意大利、之后消灭日本法西斯、取得反法西斯战争的最后胜利。

二战后，大战略研究进一步深化，大战略思想在西方主要国家得到了比较广泛的运用，虽然称谓不尽相同。如英国称之为大战略；在美国，有人称之为大战略，有人称之为国家战略或国家安全战略[②]；法国将其称为“总体战略”；日本则称之为“综合保障战略”。其内涵也得到进一步扩展。1957 年出版的《美国百科全书》对大战略内涵的界定是：大战略在一般意义上指“在平时与战时，发展并运用国家的政治、经济、精神以及军事力量以给予国家政策最大限度支持的艺术和科学”。[③] 二战期间曾任盟军中国战区参谋长的美国军事家阿·魏德曼在 1958 年出版的回忆录《魏德曼报告!》中写道：“大战略是运用一切国家力量，以实现国家政策所界定目标的艺术和科学。”他具体指出，这些力量包括政

---

① 转引自吴春秋：《论大战略和世界战争史》，北京：解放军出版社，2002 年，第 30 页。

② 对此学术界有不同看法，主要有三种：(1) 国家战略是国家的总体战略，大战略是其中关于国家安全部分，即国家安全战略。(2) 大战略是国家集团或联盟的战略，而国家战略是一国本身的战略。(3) 国家战略和大战略属同一层次，前者对内，后者对外。详见吴春秋：《大战略论》，军事科学出版社，1998 年，第 15 页。

③ The Encyclopedia Americana, New York、Chicago: Americana Corporation, 1957, Vol. 25, p. 712.

治、经济、心理和军事力量四大类。[①] 美国军事理论家约翰·M·柯林斯在1973年出版的《大战略：原则与实践》一书中指出："大战略是在一切环境下运用国家力量的艺术和科学，其目的在于通过使用武力、武力威胁、间接压力、外交、诡计以及其他可以想象的手段，给对手施加各种形式和程度的控制，以实现国家安全的目标。"[②] 我国学者吴春秋在对大战略作了长期研究之后也认为："大战略是政治集团、国家或国家联盟发展和运用综合国力以实现其政治目标的总体战略。"[③]

这些界定的新变化是不再把大战略仅作为战争时期指导军事战略实现战争目的的最高战略，而是在和平时期也要实行的最高战略。这是因为作为二战的后果之一，战后出现了美苏两个军事实力超强的超级大国。由于两国的意识形态、社会制度截然对立，以及对势力范围的争夺，两国分别组建了以各自为首的西方资本主义阵营和东方社会主义阵营，两大阵营之间展开了尖锐的冷战。冷战的特点是双方除直接战争之外的包括政治、经济、军事、外交、文化、科技等各个领域的全面对抗和争夺，有人称之为"冷和平"。它实质上是在和平时期两大敌对阵营用非战争的方法进行的生死大搏斗。这就要求卷入冷战的各国制定相应的大战略以实现国家总政策目标。与此同时，随着人类进入核时代和第三次科技革命的迅猛发展，各国之间的竞争日益演变为综合国力的竞争。这种竞争也要求各国制定相应的大战略以应对。在这种情况下大战略的内涵也随之扩展。

大战略既然作为国家最高战略或"更高级的战略"，就不是无水之源无本之木，不是高高在上的空中楼阁，而是具有全局性和系统性，是个复杂的体系。它犹如一座金字塔，其下有各个层面的战略为基础，"是由各个层面具体的战略架构起来的"。[④] 按照法国著名战略理论家薄富尔的解构，大战略体系至少包括三个层次的战略：大战略（他称为"总体战略"）位于金字塔的顶端，它决定各个领域战略的目标，并整合其行动；其下为军事、政治、经济、外交等各个领域的分类战略（他称为"全面战略"），其功能为在本领域内分配任务和协调行

① Albert C. Wedemeyer, Wedemeyer Reports! New York: Henry Holt&Company, 1958, p. 81.

② John M. Collins, Grand Strategy: Principles and Practices, Annapolis: U. S. Navel Institute Press, 1973, p. 14.

③ 吴春秋：《大战略论》，北京：军事科学出版社，1998年，第17页。

④ 李景治等：《国际战略学》，北京：中国人民大学出版社，2003年，第251页。

动；在每一领域内，又有许多分支战略用以指导各种不同的活动。[①] 依据这一理论，我们认为大战略体系由大战略和各个领域的分类战略及其众多子战略构成，它以各个领域的分类战略及其子战略为依托，统领着众多分类战略和子战略；这些分类战略和子战略则依据大战略制订并以大战略的目标为最终目标。

综上可知，大战略具有这样两个基本特征：其一，它是国家（或国家联盟）为实现某一时期政治目标而制订的最高战略或总体战略，具有全局性和系统性，统领着众多战略和子战略。其二，它的实施必须综合运用国家政治、经济、军事、文化等各方面的力量。这也就决定了大战略在国家决策中的重要地位，一个国家能否实现某一时期的政治目标，关键要素之一是能否制定合适的大战略，构建一个行之有效的大战略体系。大战略的重要性不言而喻。

二

冷战期间美国的大战略是遏制战略。

遏制战略是二战后在美苏同盟关系破裂、由合作转向冷战的大背景下，杜鲁门政府依据乔治·凯南的对苏遏制思想及政策建议制订，并于1950年最终确立的。

1946年2月22日，时任美国驻苏联大使馆临时代办的乔治·凯南应美国国务院的要求，发回了一封长达8000字的电报，对战后苏联的理论、意图、政策和做法进行了全面的分析，并就美国应采取的对策提出了具体的建议。乔治·凯南认为，苏联和希特勒德国不同，“……它不冒不必要的风险。它对理智的逻辑无动于衷，但对力量的逻辑高度敏感。由于这个缘故，当它在任何一点上遇到强大阻力时，它可以轻易地退却，而且它经常这样做。因此，如果对手拥有足够的力量和表明准备使用它，几乎用不着这样做，如果正确地处理形势，就不必进行有损威望的摊牌”。同时，凯南建议美国政府应不断完善美国社会，加强美国人民的自信、纪律、士气和集体精神，为其他国家规划并提出世界图景等。[②] 在这封“长电报”中，凯南虽没有使用遏制一词，但已提出了遏制苏联的

---

① （法）A. 薄富尔：《战略绪论》，（瑞士）A. 约米尼等：《西方战略经典》下册，范林森译，北京：时事出版社，2002年，第1049—1052页。

② Foreign Relations of the United States，1946，Washington，D. C.：U. S. Government Printing Office，1969，Vol. 6，pp. 696-709.

思想。

1947 年 7 月，已升任美国国务院政策设计室主任、进入美国高层决策圈的乔治·凯南又在美国权威期刊《外交》上化名“X”发表《苏联行为的根源》一文，明确提出了对苏遏制政策。他指出：“美国对苏联政策的要旨在于，它必须是一种长期的，耐心而又坚定的，警惕地遏制俄国对外扩张倾向的政策”。通过遏制苏联，给苏联施加极大的压力，促使苏联内部发生变化，最终在苏联建立“任何同我们所熟悉的那种私人企业相类似的制度”。[①] 这篇文章实际上是对“长电报”的补充和发展。这两份文件在美国政界引起了强烈反响。国务卿马歇尔夸奖“长电报”的分析“十分精彩”，并很快将凯南抽调回国，委以重任。海军部长福莱斯特尔则将“长电报”复印给高级军官和政府要员人手一份以供学习领会。学术界认为，“这篇文章一发表，使凯南成了公认的遏制理论的思想家”。[②]

凯南对苏遏制的思想理论与政策建议为已决心对苏联采取强硬态度的杜鲁门政府提供了充分的逻辑依据，据此美国政府很快制定了对苏遏制的政策，杜鲁门主义、马歇尔计划、第一次柏林危机、北约的建立等便是这一政策的具体体现。经过 3 年的实践，1950 年 4 月，美国政府正式将其写入国策大纲中，在著名的国家安全委员会 68 号文件《美国国家安全的目标与计划》（NSC68）中第一次明确提出了“遏制政策”，并作了具体的解说。文件指出，美国“当前的总政策是要创造一种让美国制度得以生存和繁荣的国际环境”。为了实现这一目标，需要执行两个不同而又“紧密联系相互影响”的政策：一个是“谋求发展一个健康的国际社会”，这是“即使没有苏联的威胁我们也会奉行的政策”；另一个便是“‘遏制’苏联制度的政策”。那么，什么是“遏制政策”呢？文件解释道：“至于‘遏制’政策，就是采取除战争之外的一切手段以期达到下列目的的政策：（1）阻止苏联强权的进一步扩张。（2）揭露苏联宣传的欺骗性。（3）减少苏联的控制和影响。（4）总之，在苏联制度内培植破坏力量，使克里姆林宫至少能改变其做法，遵守公认的国际准则。”文件还指出，为了执行遏制政策，美国必须拥有总体实力优势，其中最重要的便是军事力量，这是因为保持

① George Kennan，American Diplomacy，1900-1950，Chicago：The University of Chicago Press，1951，pp. 99-110.

② Alexander Deconde，Encyclopedia of American Foreign Policy，New York：Charles Scribner's Sons，1978，Vol. 1，p. 194.

强有力的军事地位既是国家安全的根本保证，也是实施遏制政策的必要前提："如果没有优越的总体军事力量，没有准备好的并随时可以调遣的力量，'遏制'政策仅仅是虚张声势—因为实际上它只是一种故意做出的、渐进式的威胁。"同时，为了成功地实施遏制政策，必须保留与苏联进行谈判的余地，外交冻结"会使'遏制'的真正目标落空，因为，它同时会造成一种紧张，从而使我们更难于促使苏联朝适当的方向减少和调整其行为"。①

从上述内容可以看出，NSC68 号文件在这里事实上已把遏制政策确定为美国在冷战时期的大战略。这是因为：第一，遏制政策所要实现的是文件所规定的"创造一种让美国制度得以生存和繁荣的国际环境"这样一个总政策目标；至于文件所规定的遏制政策所要达到的四个目的，则是冷战条件下这一总政策目标的具体化。第二，遏制政策所要采取的是除战争之外的一切手段，也即要综合运用国家政治、经济、军事、精神等各方面的力量，而不是某一个方面的力量。这就具备了大战略的两个基本特征。文件把"遏制"称为"政策"而非"战略"，这并不影响"遏制"作为大战略的存在与实质。根据国际战略学说，"所谓战略与政策，人们经常交替使用这两个词，因为它们在内容上无疑有共同与重叠之处，在名词上相互置换在很多情况下并不会带来歧义"。② 从政治层面说，遏制是一种政策；从军事层面讲，它又是一种战略。这就是为什么人们有时称之为"遏制战略"，有时又称之为"遏制政策"。NSC68 号文件是一份政策文件，是要确定美国国家安全的目标与计划，因此它把"遏制"称为"政策"。但文件同时也指出"冷战实际上是一场关系到自由世界存亡的真正的战争，"从这个意义上说人们把"遏制"称为"战略"也是确切无疑的。特别是在"战略"概念已被"普世化"的情况下，将事关美国国家安全与命运的一项重大政策称为"战略"是完全可行的。

美国政府在制订对苏遏制战略后，始终坚持这一战略，直至冷战结束。虽然 1952 年大选期间共和党对杜鲁门政府制订的遏制战略大加鞭挞，指责它是"消极、无用和不道德的"，"它将无数人类生灵丢弃给了专制和不信神的恐怖主义"③，艾森豪威尔上台后制定了自己的"国家安全基本政策"（NSC162/2），提

① U. S. Objectives and Programs for National Security, Foreign Relations of the United States, 1950, Washington, D. C.: U. S. Government Publishing Office, 1977, Vol. 1, pp. 252-253.

② 李景治等：《国际战略学》，北京：中国人民大学出版社，2003 年，第 104 页。

③ （美）约翰·加迪斯：《遏制战略：战后美国国家安全政策评析》，时殷弘等译，北京：世界知识出版社，2005 年，第 136 页。

出了“新面貌战略”，但它只是在新形势下对遏制战略的一种适度调整，本质上还是遏制战略。例如，NSC162/2 指出美国的长期目标是“对付苏联对美国安全的威胁”，“避免严重削弱美国经济或削弱我们的基本价值观和基本制度”。① 这和 NSC68 号文件规定的“创造一种让美国制度得以生存和繁荣的国际环境”的目标本质上是一致的。在手段上，NSC162/2 指出：“美国应尽可能采取政治、经济、宣传和隐蔽措施给苏联制造麻烦，利用这些麻烦，破坏苏联与中国的关系，使苏联对卫星国的控制复杂化，阻止苏联集团军事和经济潜力的增长。”②这也即是遏制战略所要采取的手段。因此，诚如美国学者所言：“事实上，艾森豪威尔政府像每届冷战政府一样，继续执行了遏制政策”。③ 作为艾森豪威尔政府的遏制战略，新面貌战略的突出特点是特别强调了核威慑的作用，即通过大力发展核武器、声言要用核武器进行大规模报复来阻遏所谓苏联集团的侵略扩张。1960 年，在民主、共和两党为争夺总统宝座的新的一轮大搏斗中，民主党总统候选人肯尼迪严厉抨击了艾森豪威尔政府的新面貌战略，提出了他上台后所要实施的“和平战略”，并坦陈他的遏制政策即和平战略。这一战略的特征是，“以军事实力为后盾，强调用和平的方式加强西方盟国的地位，对苏联等社会主义国家实行‘和平演变’，加强对第三世界的渗透与扩张，确立美国在世界上的霸主地位”。④ 它特别突出了“剑”与“橄榄枝”两手抓的作用。20 世纪 70 年代初尼克松政府在世界多极化趋势加强、苏联实力地位上升、美国内外交困的形势下又提出了“缓和战略”，这是在美国实力相对衰落条件下的一种遏制战略，其目的在于在保持实力地位的基础上，通过与苏联对话、谈判、缓和关系，加强双方的交流，防止核战争的爆发，遏制苏联的扩张，促使苏联接受现存的国际秩序和苏联社会的变化，促使东欧国家摆脱苏联的控制等。1989 年 5 月老布什总统在美苏关系走向缓和的形势下提出“超越遏制”战略，但“超越遏制”并非放弃遏制，而是在保持美国强大军事实力的基础上，在继续警惕和遏制苏联扩张的同时，利用苏联东欧正在进行改革之机，更多地综合运用经济、政治、

---

① Foreign Relations of the United States，1952-1954，Washington，D. C.：U. S. Government Publishing Office，1984，Vol. 2，p. 590.

② Foreign Relations of the United States，1952-1954，Washington，D. C.：U. S. Government Publishing Office1984，Vol. 2，p. 595.

③ Michael Kort，The Columbia Guide to the Cold War，New York：Columbia University Press，1998，p. 39.

④ 刘金质：《冷战史》上册，北京：世界知识出版社，2003 年，第 267—268 页。

文化、意识形态等各种手段，促进苏联和东欧国家和平演变，最终纳入西方资本主义世界体系。它本质上还是遏制战略，只是突出了“和平演变”在遏制大战略中的地位。

总之，尽管杜鲁门之后美国历届政府大都提出了自己的国家战略，而没有明确使用遏制战略一词，但万变不离其宗，它们本质上都是遏制战略。由于美国政治体制的特质，每位总统上台后都要和其前任保持一定距离，不肯轻言继承前任的政策，却要标新立异，借以显示自己属有创造力的总统；加之冷战态势在不断变化，根据新的形势进行适度战略调整也在所难免，一些新国家战略概念便应运而生。但只要是在东西方冷战的大背景下，遏制苏联集团所谓共产主义扩张便是美国的第一要务，遏制战略便是美国的大战略。美国著名冷战史学家约翰·加迪斯在 1982 年出版的产生极大反响的专著《遏制战略：战后美国国家安全政策评析》一书中认为，“遏制，在过去 30 年里一直支配美国对外政策”。① 事实上，在其后 10 余年中同样如此，直至冷战结束。

三

如前所述，根据战略学理论，大战略具有全局性和系统性，是一个如同金字塔的、由各个层面的战略构成的复杂的体系。遏制战略作为冷战时期美国的大战略，既然要采取除战争之外的一切手段也即要综合运用国家的政治、经济、精神以及军事力量以实现其战略目标，就必须依据不断变化着的形势制定和实施相应的政治、经济、军事、文化等战略，使其战略手段具体化，使其战略目标通过这些战略得以实现。因此遏制战略也有一个庞大的体系，它至少也包括了三个层面的战略：位于顶端的遏制战略；其下是政治战略、经济战略、军事战略、文化战略等各领域的分类战略；这些分类战略的子战略或曰具体战略，诸如威慑战略、贸易管制战略、和平演变战略、大规模报复战略、灵活反应战略、现实威慑战略等，则为第三层次的战略。遏制战略以各分类战略及其子战略为依托，统领着众多分类战略和子战略；各分类战略和子战略则依据遏制大战略制订并以遏制大战略的目标为最终目标。下面我们将就其中一些战略作具

---

① （美）约翰·加迪斯：《遏制战略：战后美国国家安全政策评析》，时殷弘等译，北京：世界知识出版社，2005 年，第 362 页。

体解读。

贸易管制战略属经济战略，是经济战略下的子战略，也是遏制大战略体系中第三个层次的战略。它是冷战爆发后不久杜鲁门政府即制定、之后美国历届政府都实施的一项重要经济遏制战略，旨在通过管制美国及其西方盟国与苏联集团的贸易，禁止向苏联集团出口战略物资，以阻止其经济、军事实力的增长，并最终实现遏制大战略的目标。早在1946年冷战尚在酝酿之中，美国众议院“战后经济政策计划特别委员会”就提出，“为了防止苏联集团军事力量的增长”，应该实行“范围广泛”的出口管制。[①] 1947年12月17日，成立不久的国家安全委员会在其召开的第四次会议上即通过了《对苏联东欧的出口管制》的重要文件，指出：“国家安全委员会认为，美国的安全需要立即、无限期地停止从美国向苏联及其附庸国出口所有美国短缺物资和有助于增强苏联军事潜力的物资。”[②] 这就制定了贸易管制战略。1949年2月20日，美国国会通过了《出口管制法》，规定美国实行出口管制的目的之一是促进美国的外交政策，帮助履行美国政府的国际责任；要求美国政府尽可能与盟国合作，共同实施出口管制；利用美国的经济资源和在与共产党国家贸易中的优势，推进美国的国家安全和外交政策目标。[③] 这就把贸易管制战略以国会立法的形式最终确定下来。根据这一战略，美国商务部制定了严格的出口许可制度，规定凡是从美国出口到苏联集团和西欧国家的所有物资都必须获得美国政府的批准。之后美国政府又通过威胁利诱等手段，迫使和苏联有着传统贸易关系的西欧盟国加入到贸易管制的行列来，于1950年初共同成立了“对共产党国家出口管制统筹委员会”（即“巴黎统筹委员会”），制定了严格的出口管制清单并付诸实施。由于对苏联集团实施了严格的贸易管制，东西方贸易锐减，如1948年时美国对苏联的出口额尚有2700多万美元，到1952年时锐减到只有1.5万美元。之后随着冷战态势的变化，东西方贸易关系时紧时松，但美国从来没有放松对能促进苏联经济军事实力的战略物资的管制，作为美国推行贸易管制战略有力工具的“巴统”组织也

---

① 崔丕：《美国的冷战战略与巴黎统筹委员会、中国委员会（1945—1994）》，长春：东北师范大学出版社，2000年，第83—84页。

② Foreign Relations of the United States，1947，Washington，D. C.：U. S. Government Publishing Office，1972，Vol. 4，p. 512.

③ 崔丕：《美国的冷战战略与巴黎统筹委员会、中国委员会（1945—1994）》，长春：东北师范大学出版社，2000年，第104页。

只是在苏联解体、冷战结束后，在完成了自己的历史使命后，于1994年宣告解散。美国的贸易管制战略事实上把苏联集团排斥在世界经济发展的大潮之外，从而严重延缓了苏联集团经济的发展。

和平演变战略既是一种政治战略，也是一种意识形态战略，同样属于遏制大战略体系中第三层次的战略。事实上乔治·凯南的遏制理论和NSC68号文件中已经提出了这一思想，即“在苏联制度内培植破坏力量，使克里姆林宫至少能改变其做法，遵守公认的国际准则”。20世纪50年代中期美国政府则明确提出。其时苏联的内外政策得到一定程度的调整，表现出某种非斯大林化和改革开放的迹象，美苏关系开始解冻。在这种情况下，1955年1月31日，艾森豪威尔总统批准了国家安全委员会文件《利用苏联和东欧卫星国的弱点》(NSC5505/1)，决定要“通过利用不满和其他麻烦，谋求制造和增强民众及官僚机构对苏联政权的压力，以促进苏联政策和行为的演变……”，要“继续保持反对苏联制度的基本立场，继续说明其邪恶，但强调演变而非革命”。[①] 这是美国政府在对苏联东欧的重要政策文件中第一次明确提出要促使其演变，把演变“正式确立为美国的一项目标”。[②] 1956年6月29日，艾森豪威尔总统又批准了国家安全委员会5607号文件《关于东西方交流的政策》。文件明确规定，美国对苏联集团的基本战略是：(1)“促进苏联内部的演变，使其政权放弃掠夺性政策，谋求实现苏联人民的愿望而非国际共产主义的全球野心，并逐渐成为依靠民意而非专制警察权力的政权”。(2)“促进欧洲卫星国的演变，使之摆脱苏联控制。”[③] 那么，如何促进苏联东欧“演变”呢？即如文件标题所示，通过改变过去相互封锁、隔绝、对峙的状态，加强双方在人员、信息、经济、文化等方面的交流，使苏联东欧的官员、知识分子和人民群众了解和倾慕美国的富裕生活、自由民主，接受西方的价值观念，促使他们逐渐改变本国的政策和体制。在这里，目标是明确的，是要促使苏联东欧“演变”；手段是和平的，是通过加强“东西方交流”。这实际上是要在和苏联集团的冷战对抗中充分发挥美国“软

① Foreign Relations of the United States，1955-1957，Vol. 24，Washington，D. C.：U. S. Government Publishing Office，1989，p. 21.

② 时殷弘：《促进苏东变革——从设想到政策（1953—1955）》，《南京大学学报》（哲学·人文科学·社会科学版）1995年第3期，第110页。

③ Foreign Relations of the United States，1955-1957，Vol. 24，Washington，D. C.：U. S. Government Publishing Office，1989，p. 243.

实力”的效用。和平演变战略最终确立。这一战略一经确立，便成为美国对苏联集团遏制大战略的一个重要支柱，在最终促使苏联东欧在20世纪80年代末发生剧变中发挥了潜移默化滴水穿石的作用。

威慑战略、大规模报复战略、灵活反应战略、现实威慑战略、新灵活反应战略分属杜鲁门、艾森豪威尔、肯尼迪、尼克松、里根政府的军事战略，遏制大战略体系中第三层次的战略。军事战略是遏制大战略的强大后盾和基本支柱。美苏对抗首先是建立在双方军事实力基础上的，如果双方军事实力悬殊，这种对抗就难以存在，因此双方都把发展军事实力当做头等重要之事。同时，美国要遏制苏联共产主义扩张，首先必须炫耀其武力，并建立进可攻退可守的强大军事同盟，使苏联望而却步。特别是在核时代，如何综合运用常规军事力量和核力量遏制苏联的扩张，而又不引发核战争导致双方乃至人类的毁灭，成为至关重要的头等大事，这就决定了军事战略在遏制战略中的地位。冷战期间，由于双方激烈的军备竞赛，军事实力对比不断发生变化，你消我长，美国的军事战略也不断进行相应调整，使得军事战略成为遏制大战略体系中最不稳定的战略，几乎每位总统都制订了不同于其前任的军事战略。

杜鲁门政府是提出并实施遏制大战略的首届政府，但在其军事战略中却没有提出一个有明确概念的子战略，我们可以根据其实际内容将它概括为“威慑战略”，即通过建立强大军事同盟，大力扩充军备，阻止苏联对西方发动战争，进而实现美国的大战略目标。美国国务卿艾奇逊在谈到北约的建立时承认，它“最大的目的”是对苏联起“威慑”作用。① NSC68号文件特别强调增强美国的军事实力，指出：“美国必须切实增加陆海空总兵力、核力量以及空中和对平民的防御能力，以便能够阻止战争的爆发，而且万一发生战争能够保证经受得住第一次打击，并继续实现最终目标。”② 可见这是一种全面发展军事力量进行威慑的战略。这一战略的实施使美国的战略空军和核武器实力大为增强，核武器数量从1948年的50枚增加到1953年的1350枚，处于绝对优势，但常规军事力量仍远远落在苏联之后；与此同时，军费开支急剧增加，导致财政赤字。艾森

---

① Foreign Relations of the United States, 1949, Washington, D. C.: U. S. Government Publishing Office, 1975, Vol. 4, p. 109.

② Foreign Relations of the United States, 1950, Washington, D. C.: U. S. Government Publishing Office, 1977, Vol. 1, pp. 287-288.

豪威尔政府认为，发展常规军事力量耗资巨大，继续全面发展军事力量的做法必将严重削弱美国的经济，美国必须在军事力量和经济力量之间保持平衡。据此，在NSC162/2号文件中提出了大规模报复战略，指出，为了对付苏联威胁，维护美国安全，“需要发展和保持一种更强有力的军事态势，重点强调依靠进攻性打击力量进行大规模报复的破坏能力”。[①]“如果发生战争，美国将考虑像使用其他武器那样使用核武器”。[②]这一战略的实质是，通过大力发展核优势，依靠大规模报复的核恫吓、核威慑，遏制苏联的扩张。结果是其核武器到1961年时已猛增至23 000枚。

到20世纪50年代末至60年代初，苏联经过10多年的发展，不仅拥有了包括氢弹在内的相当数量的核武器，而且率先将人造卫星送上太空，表明苏联似乎已具有了将核弹打到美国的能力。与此同时，亚非拉民族解放运动持续高涨，苏联不断乘机谋利，美国很难用“大规模报复”的核威慑予以阻遏。据此，肯尼迪对大规模报复战略严加指责，说它“把美国赶进了一个死胡同，在那里，唯一的抉择就是要么毁灭世界，要么低头屈服”。[③]入主白宫后很快制定了“灵活反应战略”，放弃了大规模报复战略那种主要依靠发展核力量、进行核威慑、削减常规力量的思想和做法，主张全面发展各方面的力量，做好打各种战争的准备，灵活反应，用特种部队对付民族解放战争，用常规战争对付有限战争，确立打“两个半战争”的常规战争方针，要求拥有“第二次核打击的力量”。肯尼迪遇刺身亡后继任的约翰逊政府继承了这一战略。

之后，尼克松政府在美国实力地位下降、苏联实力增强、和美国实现“核恐怖平衡”的背景下提出了“现实威慑”战略，强调维持核威慑，保持打“一个半战争”常规战争的能力，同时要求盟国也承担起威慑的任务，使对方不敢贸然发动战争。里根政府则提出了“新灵活反应战略”，要求大力扩充美国军事实力，重建对苏军事优势，对苏联实行“多层次威慑”，并有能力和苏联打各种规模的战争。这一战略与肯尼迪政府的灵活反应战略其实并无实质性差别：两

---

① Foreign Relations of the United States，1952－1954，Washington，D. C.：U. S. Government Publishing Office，1984，Vol. 2，p. 582.

② Foreign Relations of the United States，1952－1954，Washington，D. C.：U. S. Government Publishing Office，1984，Vol. 2，p. 593.

③ （美）小阿瑟·施莱辛格：《一千天：约翰·菲·肯尼迪在白宫》，仲宜译，北京：生活·读书·新知三联书店，1981年，第237—238页。

者都是一种全方位的扩军备战的战略，是对其前任有限收缩军事力量的否定；两者都主张根据具体情况灵活运用美国的核威慑与常规力量维护美国的全球利益，阻止苏联的侵略扩张。区别或许只在于里根政府的新灵活反应战略是苏联开始走向衰落而非鼎盛时期提出来的，它在实现美国促使苏联内部发生变化的政治目标方面发挥了更大的作用。

隐蔽行动战略是综合运用隐蔽的政治战、经济战、心理战和准军事行动等斗争手段，削弱苏联的力量和影响，给苏联权力结构造成最大紧张的战略。同政治、经济、军事、意识形态战略一样，隐蔽行动战略也是从属于遏制大战略的一个分类战略，也即遏制大战略体系中第二层次的战略。这一战略的特点在于，它是专门用来指导美国政府对苏联集团实施的隐蔽行动、秘密战争的。由于冷战是一场“真正的全面性战争”①，既包括公开的较量争夺，也包括秘密的尔虞我诈互相倾轧，这就决定了隐蔽战线是美国抗击苏联集团的一条重要战线，隐蔽行动成为那些公开的斗争手段无法替代、用来补充公开斗争活动的斗争手段。为此冷战爆发后不久杜鲁门政府即制订了这一战略，决定通过实施隐蔽的政治战、经济战、心理战和准军事行动以补充美国公开的对外活动。之后美国历届政府都继承实施了这一战略。② 由于遏制战略是要采取“除战争之外的一切手段”以实现前述的四个具体目标和一个总目标，隐蔽行动所属的种种手段自然也在其中；同时，隐蔽行动战略所要实现的目标和遏制战略所要实现的四个具体目标几乎完全一致。因此，毫无疑问，隐蔽行动战略也是遏制大战略体系中的一个重要战略，是以遏制大战略的目标为目标的。

四

以上我们扼要论述了冷战期间美国的大战略——遏制战略，以及遏制大战略体系中的一些重要战略。美国的冷战战略体系十分庞杂，40 余年中，围绕“遏制共产主义扩张”这根主线，美国在各个方面制定了许许多多形形色色的战略，由于篇幅所限，难以一一解读。这些战略有的昙花一现，提出不久就被新

① （美）理查德·尼克松：《真正的战争》，萧啸、昌奉译，北京：世界知识出版社，2000 年，第 24 页。

② 详见白建才：《冷战初期美国隐蔽行动战略的制订》，《陕西师范大学学报》（哲学社会科学版）2003 年第 4 期，第 5—13 页。

的战略取代，如那些军事遏制战略；有的则贯穿始终，长期发挥效用，如贸易管制、隐蔽行动等战略。它们相对独立，“各领风骚”，各自在所属领域发挥作用以实现遏制大战略所规定的目标。有时又互相联系密切配合，其目的手段往往互相交叉重叠，特别是政治、经济、军事、精神战略同隐蔽行动战略之间。如贸易管制实际上也是一种隐蔽的经济战，和平演变又是一种隐蔽的政治战、心理战。那些军事战略也常常起到一种心理威慑作用。

关于遏制大战略体系在冷战中发挥的作用，就某一具体战略来说，作用有大有小，有些甚至是失败的。如隐蔽行动战略，它对促使苏东裂变、美国赢得冷战起了不可忽略的重要作用。具体地说，首先，其政治战一定程度上造成苏联东欧统治集团内部的紧张气氛，培植加强了反社会主义因素，加速了社会主义阵营的瓦解。特别是20世纪80年代，里根政府和罗马教皇相勾结，秘密支持大力扶植波兰反政府的团结工会，使其最终坐大，夺取了政权，在东欧建立了第一个非共产党领导的政府。在波兰的多米诺效应下，其他东欧国家的共产党政权相继垮台，苏联东欧集团土崩瓦解。美国长期对苏联持不同政见者、民族分裂主义者公开的和秘密的支持。20世纪80年代中后期美国将一些苏联移民作为间谍派回苏联，使这些人“以激进改革派自居，以戈尔巴乔夫的‘民主化’和‘公开性’为借口，四处煽风点火、混淆视听，大肆进行反党、反社会主义的宣传活动，为搞乱苏联、搞垮苏共推波助澜。”①这些都在苏联剧变和解体中发挥了重要作用。其次，其经济战加剧了苏联的困难，加速了苏联的崩溃。如20世纪80年代中期里根政府秘密实施了一个“沙特行动”计划，即通过设法使沙特阿拉伯增加石油产量的做法使国际市场上石油价格暴跌，从而使原油输出大国苏联的外汇收入锐减。据中情局一份秘密报告说，每桶石油价格下跌1美元，苏联每年就会损失5亿—10亿美元。1985年11月每桶石油价格为30美元，5个月后跌至12美元，据此推算，苏联因此损失90亿—180亿美元。同时石油价格下跌也使一些中东国家因收入减少缩减了对苏联的武器购买，从而减少了苏联的军售外汇收入。苏共中央一位高级官员诺维柯夫说：“石油价格的下跌是破坏性的，它使数百亿美元一扫而空。”外汇收入的锐减给苏联经济带来严重困难，极大影响了苏联进口西方设备、工业材料和农产品，几十个大项目由于缺

① 李兴耕等编：《前车之鉴：俄罗斯关于苏联剧变问题的各种观点综述》，北京：人民出版社，2003年，第111页。

乏资金被迫中止。[①] 当时苏联正在实施加速经济发展战略，急需大量资金进口西方技术设备。里根政府的这些做法对苏联经济造成的危害是显而易见的。再次，其通过自由欧洲电台、自由电台和美国之音等广播及其他方式所进行的秘密宣传战和心理战毒化了苏联集团人民的思想信念，煽动了人们对现政权和社会制度的不满，激发了人们对西方自由民主制度的向往，传播了各地反抗的信息，对20世纪80年代末的苏东剧变起了十分重要的煽风点火的作用。冷战期间，专门针对东欧国家的自由欧洲电台每天以保加利亚语、捷克语、斯洛伐克语、匈牙利语、波兰语、罗马尼亚语等6种语言几乎昼夜不停地进行广播，专门针对苏联的自由电台每天以俄语和其他11种苏联少数民族语言进行广播，所发挥的功效是难以计量的。前波兰政府相信，"如果美国关闭自由欧洲电台，地下组织就会完全停止存在"。[②]曾担任卡特总统国家安全顾问的布热津斯基也认为，苏联集团"丧失对信息传播的垄断是共产党集权统治垮台的关键。"[③] 有学者甚至认为，西方之所以赢得冷战，"不是通过使用武器"，而是通过"比剑更有力的无线电广播""不战而屈人之兵"。[④] 最后，其准军事行动虽然屡遭失败，但也时有成功。特别是20世纪80年代在亚非拉的全面出击，给苏联造成巨大压力，迫使苏联进行全面收缩，最终结束冷战。如里根政府给阿富汗游击队秘密提供的先进武器装备等军事援助极大地加强了阿富汗游击队的实力，给入侵苏军沉重打击，使阿富汗战争变成了"苏联的越南战争"。1992年解密的苏联档案表明，"美国在1986年向阿富汗游击队提供'毒刺'导弹是促使戈尔巴乔夫"下决心从阿富汗撤军的"决定性因素。"[⑤]

相反，那些军事战略则大多是失败的。它们导致了激烈的军备竞赛，加剧了世界的紧张局势，双方制造的总数多达50 000余枚核弹使人类生活在了核毁灭的阴影之下；也严重影响了美国的经济和社会发展，使美国出现巨额财政赤

① （美）彼得·施韦策：《谁摧毁了"邪恶的帝国"?》，《现代外国哲学社会科学文摘》1995年第3期，第42页。

② Michael Nelson，War of the Black Heavens：The Battles of Western Broadcasting in the Cold War，Syracuse：Syracuse University Press，1997，p. xiii

③ Michael Nelson，War of the Black Heavens：The Battles of Western Broadcasting in the Cold War，Syracuse：Syracuse University Press，1997，p. xiii

④ Michael Nelson，War of the Black Heavens：The Battles of Western Broadcasting in the Cold War，Syracuse：Syracuse University Press，1997，p. xiii

⑤ （美）理查德·克罗卡特：《50年战争》，王振西译，北京：新华出版社，2003年，第521页。

字，由世界最大的债权国变成了最大的债务国，到冷战结束时其财政赤字高达3000亿美元，国债高达40 000亿美元；同时也使美国长期深陷越南战争，人民生灵涂炭，美国声誉扫地。

如果就这些战略构建的遏制大战略体系整体而言，可以说对促使苏东裂变、冷战结束发挥了巨大作用。不可否认，苏联东欧在20世纪80年代末至90年代初放弃实行多年的社会主义，乃至华约解散，苏联解体，内因是主要的、根本的。但如果没有美国的长期“遏制”，没有遏制战略体系中那些政治、经济、军事、精神、隐蔽行动等战略加剧苏联东欧的困难，给苏联的权力机构造成最大的紧张，在苏联东欧内部培植破坏的种子，苏联东欧断然不会在20世纪80年代末至90年代初剧变解体。同样，冷战之所以在1990年结束，从表面上看，是1985年戈尔巴乔夫上台后进行了政策调整，妥协退让，放弃对抗的结果。但这种政策调整在很大程度上是美国长期推行的遏制大战略体系综合作用的结果。正是由于冷战期间美国制定了一整套大体上行之有效的战略体系，极大地加剧了苏联的困难，才促使苏联在20世纪80年代中后期从根本上改变了对外政策，最终结束了冷战。因此可以说，冷战的结束也是美国以遏制战略为代表的大战略体系成功作用的结果。遏制大战略体系中各个方面的战略互相配合，共同作用，使遏制战略的目标最终得以实现。

原载（《唐都学刊》2007年第3期）

从布什政府对立陶宛、乌克兰独立的政策看其对苏联解体的态度

一

苏联的解体始于1990年3月立陶宛加盟共和国宣布独立之时。

早在11世纪前后，立陶宛就成为普鲁士人、俄罗斯人争夺侵食的对象。1569年，立陶宛为了免遭俄国的征服与波兰合并。然而在18世纪末俄、普、奥对波兰的三次瓜分中，立陶宛还是被俄国吞并。1917年俄国革命后，立陶宛获得独立，但这次独立只保持了20余年。二战爆发后，苏联根据与纳粹德国签订的秘密协定控制了立陶宛。1940年8月立陶宛加入苏联，成为苏联的一个加盟共和国。80年代末苏联东欧形势急剧变化，始终不甘苏联统治的立陶宛民族主义者重新抬头，要求独立的呼声日益强烈。1989年8月18日，戈尔巴乔夫的顾问亚历山大·雅克夫列夫在记者会上公开谴责了1939年苏德条约的秘密协定。8月22日立陶宛议会宣布苏联的吞并为非法。1990年3月11日，立陶宛议会通过《关于恢复立陶宛国独立的法令》，宣布立陶宛独立，更名为立陶宛共和国。

对于1940年苏联吞并立陶宛等波罗的海三国，美国政府从来没有承认，常常振振有词地谴责苏联对它们的吞并与奴役，把该三国称为“被奴役的国家”。但当立陶宛宣布独立时美国的态度却发生了变化。

1990年3月，立陶宛宣布独立后，戈尔巴乔夫曾发出最后通牒要求立陶宛取消独立。立陶宛最高苏维埃主席兰茨贝吉斯则拒绝撤销独立，立陶宛与联盟中央的关系日趋紧张。面对这一局势，布什政府一方面“赞扬”立陶宛为争取

独立采取行动，“支持”立陶宛实行自决，呼吁苏联“尊重”立陶宛公民的“意志”，同立陶宛政府进行“直接的建设性的谈判”；一方面又不愿马上承认立陶宛的独立。① 布什在会见流亡的前波罗的海三国领导人时讲道，他对他们的同情需要与他“支持”戈尔巴乔夫的民主改革的感情相一致。② 3 月 12 日白宫发言人菲兹沃特在新闻发布会上告诉记者，美国从来没有承认苏联对立陶宛的吞并，但美国不会马上承认立陶宛政府。一个被美国承认的政府必须控制着自己的领土或主宰着自己的命运。在立陶宛仍然有苏联军队，他们可能随时推翻当地政府。菲兹沃特代表布什总统警告兰茨贝吉斯不要请美国为他而战，相反，他应与克里姆林宫寻找出最好的解决办法。③ 3 月 2 日，布什在新闻发布会上重申美国从来没有承认苏联对立陶宛的吞并，但立陶宛应与苏联当局讨论他们之间的分歧。布什在私下与顾问的谈话中回顾了 1956 年的匈牙利事件与艾森豪威尔政府，说“我不打算做一个给人们留下错误的印象，认为他们造反就将得到帮助的总统”，他不想让美国的言论鼓励兰茨贝吉斯采取一个只能导致流血的不妥协的立场。④ 斯考克罗夫特认为对波罗的海三国的独立的“感情吁求”必须服从于美苏关系的“冷静现实”，表示除了希望波罗的海人交好运外美国不能再做什么，否则会损害美国利益。

在美国国会参议院，参议员杰西·赫尔姆斯要求美国立即承认立陶宛的独立，结果以 36 票支持、59 票反对而遭否决。

布什政府在对立陶宛的独立采取这种既表示“支持”又不予承认的不冷不热的态度的同时，对苏联则采取了表面上作出温和评论，建议其不使用武力，与立陶宛谈判，暗中施加压力的政策。3 月 20 日，国务卿贝克与苏联外长谢瓦尔德纳泽在纳米比亚庆祝独立的大会上相遇。在私下会见中贝克警告谢瓦尔德纳泽在立陶宛“如果你们使用武力或高压政策就会出现各种我们无法控制的结果”，影响两国关系。⑤ 斯考克罗夫特警告苏驻美大使杜比宁，如苏联对立陶宛

---

① 路透社华盛顿 1990 年 3 月 12 日电。

② Peter G. Boyle，American-Soviet Relations，From the Russian Revolution to the Fall of Communism，New York：Routledge，1993，p. 234.

③ Michael R. Beschloss and Strobe Talbott，At the Highest Levels，The Inside Story of the End of the Cold war，Boston，Little，Brown and Company，1993，p. 194.

④ Michael R. Beschloss and Strobe Talbott，At the Highest Levels，The Inside Story of the End of the Cold war，Boston，Little，Brown and Company，1993，p. 200.

⑤ Michael R. Beschloss and Strobe Talbott，At the Highest Levels，The Inside Story of the End of the Cold war，Boston，Little，Brown and Company，1993，p. 197，pp. 198-199.

使用武力，布什可能取消6月与戈尔巴乔夫的最高级会谈，“任何增加紧张的行动或威胁倾向不仅是有害的，而且可能影响美苏间的全面关系”。①

对布什政府采取的上述立场，戈尔巴乔夫颇为感激，告诉其助手他感谢布什拒绝使美国的批评升温，西方的批评只能使他更难在共和国的民族主义者和莫斯科的强硬派之间走“中间路线”。而立陶宛主席兰茨贝吉斯则抱怨布什政府为了保持与戈尔巴乔夫的关系出卖了他们。3月下旬，由于立陶宛拒不撤销独立宣言，苏联政府开始采取强硬措施。3月21日，戈尔巴乔夫命令收缴立陶宛人手中非法拥有的武器。3月23日，一批苏联空降兵占领立陶宛共产党中央大楼。布什政府对这些行动的批评开始升温，但很快认识到公开施压结果只能适得其反，于是布什命令菲兹沃特停止对苏联逐渐升温的批评。同时布什政府开始在联盟中央与立陶宛之间充当斡旋人的角色。3月28日，布什写信给戈尔巴乔夫，强调他并不想使戈尔巴乔夫的窘境更困难，一直信守马耳他高级会谈时的诺言，限制对苏联的公开指责；要求戈尔巴乔夫也信守诺言，缓和每天看起来都更有爆炸性的形势。4月3日，贝克在华盛顿问谢瓦尔德纳泽，如果立陶宛不是撤销而是搁置独立宣言苏联是否愿谈判，谢瓦尔德纳泽含糊作答。会后贝克的助手罗斯问谢的助手塔罗塞柯：“你们说你们想对话，但我们没有看出你们在严肃地对待这个问题。”塔罗塞柯回答说苏愿接受美国的搁置独立宣言的观点，但立陶宛人必须愿到莫斯科去。戈尔巴乔夫为要求兰茨贝吉斯来莫斯科而未来感到羞耻。事后贝克将这一信息传递给兰茨贝吉斯，后者表示如苏同意“临时”搁置，“这可能是解决问题的一个方法”。②

4月10日，戈尔巴乔夫的发言人宣布苏不再坚持立陶宛必须撤销独立宣言，但立陶宛必须停止通过与苏宪法相冲突的法律。三天后戈尔巴乔夫写信给兰茨贝吉斯，威胁说除非在48小时内服从该命令，否则进行经济封锁。4月17日莫斯科再度通知立陶宛，如24小时之内不满足苏的要求，就将切断对立陶宛的天然气供应，停止给立陶宛的主要炼油厂运送石油。之后苏开始对立陶宛实施经济封锁，并把它扩大到金属、木材、轮胎、糖和其他物资。

---

① Michael R. Beschloss and Strobe Talbott, At the Highest Levels, The Inside Story of the End of the Cold war, Boston, Little, Brown and Company, 1993, p. 202.

② Michael R. Beschloss and Strobe Talbott, At the Highest Levels, The Inside Story of the End of the Cold war, Boston, Little, Brown and Company, 1993, p. 443.

与此同时，莫斯科在私下建议兰茨贝吉斯搁置独立宣言两年，进行谈判。后者表示可以讨论。

在苏联对立陶宛威胁并实施经济封锁后，美国一方面在暗中对苏施压，另一方面加紧进行斡旋。布什鼓励法国总统密特朗和德国总理科尔写信给兰茨贝吉斯，催促他搁置独立宣言，与莫斯科谈判。同时他又分别劝说立陶宛、苏联接受该建议。对此立陶宛主席兰茨贝吉斯愤愤不平，说立陶宛是“第二个慕尼黑的受害者”。立陶宛总理普伦斯克涅在美国的劝说下接受了该建议。苏联也表示该建议与苏的路线相近。5月3日布什在白宫接见了立陶宛总理普伦斯克涅，后者对兰茨贝吉斯“另一个慕尼黑”的言论表示歉意，并表示如与莫斯科的谈判进展富有建设性，推迟至1992年完全执行独立宣言。布什称赞了她的耐心和远见。在美国政府的斡旋下，立陶宛的独立风波暂时平息下来了。

1991年“8·19”事件之后，苏联各加盟共和国纷纷宣告独立，苏联解体的趋势已很明显。在这种情况下布什政府决定承认立陶宛等波罗的海三国的独立，也希望一旦莫斯科承认该三国的独立，苏联的解体会减缓速度。8月底布什写信给戈尔巴乔夫，催促他尽快承认该三国的独立，说一旦苏联承认美国会紧跟着。这时布什仍然不愿在戈尔巴乔夫之前承认该三国的独立，而是让戈尔巴乔夫支配美国承认的时间表。他告诉记者：“我不打算仓促行动……我不想成为使苏内部出现无政府错误的一部分。”[①] 戈尔巴乔夫答应将于8月30日承认。后又要求再多给些时间。8月31日布什打电话给立陶宛主席，表示美国很快就会承认。9月2日布什政府正式宣布承认立陶宛的独立。这时美国已落在其他一些西方国家后面了。

上述事实表明，尽管美国政府从来没有承认苏联对立陶宛的吞并，但当它宣布独立时却没有积极支持，而是迟迟不予承认，甚至要求放慢独立步伐，后来在大势所趋的情况下才承认了其独立。布什政府对立陶宛的独立之所以采取这种与过去截然不同的保守谨慎的政策，其主要原因如下。

第一，出于支持戈尔巴乔夫改革的需要。1985年戈尔巴乔夫上台执政后提出“民主化”、“公开化”的口号和“新思维”，以此为指导对苏联社会进行全面改革，对内放弃共产党的垄断地位，实行多元化；对外摒弃“勃列日涅夫主

---

① Michael R. Beschloss and Strobe Talbott，At the Highest Levels，The Inside Story of the End of the Cold war，Boston，Little，Brown and Company，1993，p. 443.

义”，实行全面收缩。1989年布什入主白宫后经过一个时期的政策检讨，认为支持戈尔巴乔夫的改革符合美国的利益，遂于5月12日在得克萨斯州农业与机械大学发表演说，提出了本届政府的对苏政策，即“超越遏制战略”，说“美国现在的目标要比简单地遏制苏联的扩张主义更大得多——我们寻求使苏联融合到国际社会中来……最终，我们的目标是欢迎苏联重新回到世界秩序中来”。表示美国“真诚”地“希望看到苏联改革方针继续实行下去并取得成功”。[①] 之后布什及其助手多次强调美国政府坚决支持戈尔巴乔夫的改革，期望看到改革成功。如果美国积极卷入苏联内部事务，坚决支持民族分裂主义者，对戈尔巴乔夫的政策横加指责，就可能会被包括戈尔巴乔夫在内的苏联政府看作是干涉苏联内政，利用苏联的改革开放政策颠覆苏联，使苏联政府转而采取严厉的镇压措施，使改革发生倒退；或者给苏联反对戈尔巴乔夫改革的势力提供口实，使他们乘机搞垮戈尔巴乔夫，建立军事独裁专政，摧毁戈的改革事业。这些都是不符合美国利益的。1991年1月22日，斯考克罗夫特在白宫接见了一个小型的美籍波罗的海人代表团，该代表团指责政府对最近在维尔纽斯和里加发生的苏军对民族主义者的屠杀事件反应不强烈。斯考克罗夫特解释说美国不可能强迫苏联改变它的政策，美国的任何做法不仅纯粹是“刺耳的话”，而且也可能是挑衅性的，只能起反作用。“痛斥”可能使戈尔巴乔夫坠入陷阱并毁坏苏联的改革机会。他反问道，你们真的宁肯在克里姆林宫出现一个克格勃的军事独裁专政吗？斯考克罗夫特的这些看法清楚地揭示了美国不愿积极支持立陶宛立即取得独立的一个原因。

第二，出于对核武器失控的担心。苏联自1949年研制成功第一颗原子弹以来，到20世纪80年代末，在与美国近40年的核军备竞赛中建立了庞大的核武库，拥有核弹头达27 000枚。如果苏联分裂、解体或发生内战，哪怕有少许核武器散落在相互对立的任何一方手里，其后果必将不堪设想。20世纪80年代末布什政府建立了一个秘密小组，研究在苏联发生广泛暴力的可能性及核武器的散落与安全。研究结果认为，根据中央情报局掌握的资料，苏联核武器的指挥控制系统掌握在极少数人手里。由于复杂的密码和特定装置，苏联的战略核武器处于牢牢控制之下。但一些反叛者和持不同政见者可能获得某些战术核武器

---

① 路透社得克萨斯州利奇站1989年5月12日电。

和生化武器。这使布什政府确信必须控制苏联的民族分离主义；只有一个统一的中央政府才能保证可靠地控制苏联的核武器。1989 年 9 月 21 日布什在白宫会见谢瓦尔德纳泽，重申他个人毫无保留地支持戈尔巴乔夫的改革。会见后他对斯考克罗夫特说，美国如果执行旨在加速华沙条约组织的崩溃，或鼓励可能使苏联解体的离心力量的政策是“非常愚蠢的”，指出，“如果苏联帝国分裂不是很好吗？这一说法是诱人的，但是不实际，不聪明的”。斯考克罗夫特同意布什的观点，认为“缓和民族主义者的争论符合我们的利益。或许某种联合要比所有这些共和国分离各走各的路更好一些”。① 他们认为，对于国际和平与安全来说，一个统一的苏联比一个独立的立陶宛更重要。为了防止苏联分裂，布什有时甚至放弃反对使用武力的一贯主张，支持苏联政府的镇压措施。1990 年 1 月 20 日，苏军镇压了巴库民族分离主义者制造的骚乱，打死 100 多人。布什在当周一次私人晚宴上对苏驻美大使杜比宁爽朗地说，他“完全”支持戈尔巴乔夫在巴库的做法；一个领袖有时必须使用武力保护少数民族的权利维护和平。同一周他会见《新闻周刊》的记者时讲，他不愿看到巴库使用武力，“但这里的情况是苏联正试图制止种族骚乱、内部冲突”。在问到戈尔巴乔夫在苏联分离主义兴起的情况下是否会继续执政时，他宣称“我希望他不仅继续执政而且有力地执政”。② 此时布什公开和戈尔巴乔夫站在一起反对苏联的民族主义，这不仅是因为他认为戈尔巴乔夫是美国利益的“真正的最好的希望”，也是出于对苏联分裂核武器失控的担心。1991 年“8·19”事件后以及 12 月独联体成立、苏联解体过程中，布什政府最关心的就是苏联核武器的控制问题，多次在电话上询问并派贝克前往莫斯科商讨，直至戈尔巴乔夫和叶利钦等反复保证苏联的核武器处于牢牢控制之中，才算放了心。

第三，也是为了让立陶宛最终获得独立。美国没有坚决支持、立即承认立陶宛的独立并不意味着美国反对立陶宛独立。美国从来没有承认苏联对立陶宛的吞并就意味着美国在传统上从来就认为立陶宛是一个独立国家。问题是何时在事实上承认它的独立。布什政府认为没有戈尔巴乔夫就没有立陶宛的独立事

① Michael R. Beschloss and Strobe Talbott，At the Highest Levels，The Inside Story of the End of the Cold war，Boston，Little，Brown and Company，1993，p. 109.

② Michael R. Beschloss and Strobe Talbott，At the Highest Levels，The Inside Story of the End of the Cold war，Boston，Little，Brown and Company，1993，p. 176-177.

业。由于戈尔巴乔夫的民主化与“新思维”，立陶宛才能提出独立要求，开展独立运动。同样，也只有戈尔巴乔夫继续执政，继续改革，才能使立陶宛等国最终获得独立。欲速则不达。如果立陶宛等国家突然宣布独立，美国政府匆忙予以承认，很可能导致苏联政府采取镇压措施，立陶宛的独立事业也就付之东流。因此从策略上讲也不宜坚决支持、立即承认。布什在同美籍波罗的海人代表团的一次谈话中，在解释美国对立陶宛等波罗的海三国独立的政策时，以 1956 年匈牙利事件为例，说西方的鲁莽支持可能“毁灭”波罗的海三国的独立事业，就道出了布什政府的上述政策也是从策略上考虑的，是为了让立陶宛等国最终获得独立。

二

如果说布什政府对立陶宛的独立采取了没有坚决支持、立即承认的保守谨慎政策的话，那么对乌克兰的独立一度则近乎持反对态度。

与立陶宛不同，乌克兰在历史上与俄罗斯的关系比较密切。早在公元 9 世纪，在乌克兰的土地上就建立了著名的基辅罗斯公国，它成为俄罗斯、白俄罗斯和乌克兰这东斯拉夫三大民族文化的摇篮。之后数百年间几经战乱，到 18 世纪末乌克兰全部归并俄国。1917 年俄国革命后乌克兰共产党人建立了乌克兰苏维埃社会主义共和国。1922 年 12 月 30 日乌克兰与俄罗斯联邦、白俄罗斯以及南高加索联邦共同组成了苏维埃社会主义共和国联盟。

20 世纪 80 年代末在苏联东欧剧变的影响下，乌克兰的民族主义者也纷纷站出来为乌克兰的独立摇旗呐喊。1991 年 6 月乌克兰议会提出了从苏联独立出来的要求。“8・19”事变后乌克兰议会于 8 月 24 日通过了关于独立的文件，更国名为乌克兰。12 月 1 日乌克兰举行全民公决，参加投票的选民中 90%的人赞成独立。同时选举克拉夫丘克为乌克兰首任总统。

在原苏联的 15 个加盟共和国中，乌克兰的地位仅次于俄罗斯，人口排行第二，工农业产值约占苏联的 20%，谷物产量约占苏联的 25%，号称苏联的粮仓。其地位如此重要，联盟中央当然不愿让它独立，甚至俄罗斯联邦总统叶利钦在乌克兰全民公决之前也曾坚决反对其独立，表示如乌克兰不签署新的联盟条约，俄罗斯也拒绝签署。那么布什政府的态度又是如何呢？1991 年 7 月 30—31 日，布什在莫斯科与戈尔巴乔夫举行了第四次最高级会谈，正式签署了削减战略核武器条约。会谈结束后，8月1日，布什到基辅访问，在乌克兰议会发表了一篇出人意料的演说。他在演说中把戈尔巴乔夫大大褒奖了一番，说："戈尔巴乔夫总统已经取得了惊人的成就，他关于改革和公开性以及民主化的政策在实现自由、民主和经济自由的目标。"表示"我们将与戈尔巴乔夫总统的苏联政府保持最牢固的关系"。在赞扬戈尔巴乔夫并表示要与苏联政府保持"最牢固的关系"的同时，他又含蓄地谴责了乌克兰的分离主义，说自由不同于独立，"美国人不会支持那些为了用地方专制取代一个遥远的暴政而寻求独立的人。他们不会援助那些鼓动一种基于种族仇恨的自取灭亡的民族主义的人"。并且暗示乌克兰和其他共和国应留在苏维埃联邦中，说"作为一个联邦国家，我们希望与各加盟共和国之间建立良好的关系"。① 布什这番话使乌克兰人大为震惊。乌克兰独立运动的领导人伊万·德拉奇对记者满腹牢骚地抱怨说，"布什是作为戈尔巴乔夫的一个说客来这里的。关于乌克兰独立问题，他看起来还没有我们自己的共产党人政治家激进"。② 波兰的《论坛报》认为布什的基辅讲话"好似一瓢冷水浇在苏联的一些加盟共和国领导人的头上"。③ 美国一位评论家则批评布什过分懦弱并习惯地站在苏联当局一边反对民主变化。他称这篇演说为"令人沮丧的基辅懦夫演说"。④ 这一尖刻的指责很快被布什的政敌作为布什的绰号流传开来，广泛使用。

布什的这篇演说并非未加深思熟虑的即席发言，而是经过几个星期精心准备的蓄意之作。布什对其助手们说他希望用这篇演说促进莫斯科与共和国之间的谈判，而不是煽动戈尔巴乔夫不能容许、美国不可能支持的分离主义运动。布什政府对乌克兰独立运动的态度到此已一目了然了。其原因盖如我们前面所分析的，是出于支持戈尔巴乔夫改革的需要和对核武器失控的担心。乌克兰在苏联的地位举足轻重。乌克兰一旦独立，苏联势必解体。乌克兰又是苏联四个贮存核武器的共和国之一，在乌克兰存放的核武器达6000枚之多，乌克兰一旦独立，其核武器失去苏联中央的控制，后果也是不堪设想的。这些都将极大地损害美国的利益，威胁美国的安全。正因为如此，布什政府要和苏联政府站在

---

① 新华社华盛顿1991年8月1日电。

② Michael R. Beschloss and Strobe Talbott, At the Highest Levels, The Inside Story of the End of the Cold war, Boston, Little, Brown and Company, 1993, p. 418.

③ 新华社华盛顿1991年8月2日电。

④ 《纽约时报》1991年8月29日。

一起反对乌克兰独立。

但三个多月后布什政府的态度发生了变化。11月27日，布什在白宫与其高级对外政策顾问开会决定，在乌克兰全民公决，大多数人赞同独立后迅速承认乌克兰的独立。第二天他在会见一个美籍乌克兰人代表团时宣布了这一打算。该代表团将这一消息迅速泄露出去。12月3日，乌克兰全民公决结果公布后，布什立即打电话给当选总统克拉夫丘克表示祝贺，成为第一个对乌克兰的独立表示祝贺的西方领导人。紧接着又派助理国务卿奈尔斯作为总统特使赶赴基辅，同乌克兰领导人磋商建立正式关系等问题，成为乌克兰宣布独立后最早访问基辅的西方高级官员。12月25日，布什在圣诞之夜的电视讲话中正式宣布承认乌克兰的独立。

布什此举无疑对戈尔巴乔夫是一个巨大打击。当戈尔巴乔夫听到布什在乌克兰全民公决前四天实质上已承认了乌克兰的独立时感到茫然失措，问其助手“布什怎么能这么做?”他在给布什打电话时竭力控制着脾气，说布什的这一做法是令人失望的。戈尔巴乔夫的助手则称之为“背叛”。苏联许多人认为布什的声明“刺激了乌克兰的分离主义”。甚至贝克及其助手也感到布什有点“仓促行动”，承认戈尔巴乔夫的抱怨有些道理。布什政府对乌克兰独立的态度之所以来了个急转弯，是由两个因素造成的。

其一是由于国内政治的制约。1992年是大选之年。布什本人早就有心蝉联下届总统职位。但他遇到了严重挑战。一个新近宣布的民主党总统候选人、阿肯色州州长克林顿虎视眈眈，猛烈攻击布什政府迟迟不承认苏联各共和国的独立。11月初，宾夕法尼亚州在一次填补一名参议员空缺的特别选举中，许多东欧裔选民因不满布什迟迟不承认波罗的海三国的独立将选票他投，导致布什亲手选定的候选人、前司法部长迪克·托龙伯格落选。这又是一个不祥之兆。尽管布什在海湾战争结束时声望如日中天，但民意测验表明他的声望在不断下降。选民们对他保守谨慎、畏首畏尾的对外政策及无所作为的对内政策越来越不满。如果布什不迅速调整其对外政策，在下届总统的角逐中势必丧失许多选票，鹿死他手。出于对国内政治的考虑成为他转变对乌克兰独立政策的一个因素。

其二是由苏联局势发展的客观状况决定的。“8·19”事变后苏联各共和国的独立浪潮势不可挡，到10月底，除俄罗斯与哈萨克斯坦外其余13个共和国都宣布独立。联盟中央的权力大都丧失，解体指日可待。在这种形势下，虽然布什政府仍想减慢苏联分裂的步伐，期望各加盟共和国同意组成一种松散的联邦，但也不得不承认现实，加强同苏联各共和国的关系。尤其是与乌克兰、俄罗斯、白俄罗斯和哈萨克斯坦这几个共和国之间的关系，使一旦苏联解体，该四国贮存的核武器得到有效控制。同时在西方国家争夺这些新独立国家的利益时抢先一步。正如一位美国官员所说："我们仍然与戈尔巴乔夫联系在一起，如果要我们选择的话，我们仍然选择联盟。但人们已认识到我们的理想与现实不再相符。如果我们不采取适当的态度，我们会在不太遥远的将来给人们带来伤害。"① 在这种情况下，布什政府及时调整了对苏政策，将重点由和苏联政府保持"最牢固的关系"转而加强同各共和国之间的联系，承认乌克兰的独立就成为必不可免的了。

三

综上所述，在苏联15个加盟共和国中，立陶宛第一个宣布独立，给苏联的解体打开了缺口；乌克兰的独立则给苏联以致命的一击，使苏联终难"复苏"。对这两个国家的独立，布什政府在1991年"8·19"事件之前分别采取了消极支持和近于反对的政策，"8·19"事件失败后在各共和国纷纷宣布独立的情况下承认了立陶宛的独立；对乌克兰则直到苏联解体已成定局、美国大选之年即将到来之际才承认。由此可以看出，布什政府对苏联的解体并非持支持怂恿的态度，而是企图反对或阻缓它。布什政府并不愿看到苏联解体，至少不愿让苏联迅速解体。这并非出于对苏联和戈尔巴乔夫的同情与怜悯，从根本上说，是由美国国际斗争的战略与美国国家利益决定的。

由于意识形态及社会制度的根本对立，美国和苏联从一开始就处于相互敌对地位。二战后美苏冷战过程中美国对苏联的一个重要战略就是促使苏联和平演变。遏制政策的实质就是促使苏联从内部发生变化。布什政府也自始至终奉行这一战略。1989年5月他第一次公开提出本届政府的对苏政策时就讲："西方的政策必须鼓励苏联朝着开放社会演变。"② 1991年12月11日他在苏联行将就木时仍然不厌其烦地讲："我们关心的事，如我已声明的，是民主、市场改革、

① 新华社联合国1991年11月30日电。

② 路透社得克萨斯州科利奇站1989年5月12日电。

人道主义援助、核武器问题与和平、所有这一切的和平演变。”[①] 戈尔巴乔夫的改革正是使苏联社会朝着美国长期梦寐以求的方向演变，支持戈尔巴乔夫的改革就可以使美国“不战而胜”，实现数十年夙愿。因此布什政府在确定对苏政策后始终把支持戈尔巴乔夫的改革作为其对苏政策的核心。但戈尔巴乔夫的改革并非一帆风顺，在国内遇到强大阻力，特别是来自那些坚持苏联共产党正统观念的人的阻力。苏联任何一个共和国的独立都会使他们将其责任归咎于戈尔巴乔夫的“公开性”与“民主化”，从而搞掉戈尔巴乔夫或逼迫他向右转。这就会使戈尔巴乔夫的改革夭折，使美国政府的美梦难圆。在这种情况下它宁肯暂时放弃一贯鼓噪的“自决”理论，拒绝立即承认一些民族共和国的独立，也要支持戈尔巴乔夫的改革，保持苏联的统一。最后只是在苏联解体、“自由民主获胜”的大局已定，在国内政治威胁到布什总统的连任时才改弦更张，调整政策，承认了它们的独立。

布什政府之所以这样做也考虑到了国家利益。尼克松曾经讲，“所有领导人……都把他们的国家利益置于他们的好恶之上”。[②] 在目前这个由主权国家组成的国际社会里，国家利益始终是一国制订对外政策的主要依据。美国自然也不例外，让戈尔巴乔夫留在台上，让苏联保持统一，就可以使双方完成关于限制核武器的谈判，使美国大大削减军备，使在几十年核军备竞赛中消耗了数万亿美元、如牛负重的美国大大松口气，将庞大的军费转为民用；就可使美国的势力向东欧、向亚非拉前苏联的势力范围扩张，甚至向苏联本土扩张，为美国开辟更大更广阔的原料产地、商品市场与投资场所；就可以使苏联庞大的核怪物得到控制，不致对美国利益乃至世界和平造成危害。正因为如此，布什政府认为一个统一的苏联比一个独立的立陶宛更重要，宁肯在一段时间不承认立陶宛的独立。至于乌克兰，其独立与否对苏联的统一分裂解体起着举足轻重的作用，布什政府对它的独立则一度持反对态度。

当然布什政府并非对苏联情有独钟，完全不愿看到苏联解体。一旦苏联解体成为事实，核武器的控制得到保证，美国政府还是乐不可支、喜不自胜的。苏联的解体使美国的一个宿敌从地球上消失，这对美国政府来说毕竟是一件值

① 合众国际社华盛顿1991年12月1日电。

② 倪世雄等：《世纪风云的产儿——当代国际关系理论》，杭州：浙江人民出版社，1989年，第31页。

得庆幸的大事。苏联解体后美国政要、舆论界在一系列讲话、文章中为此幸灾乐祸，欢呼雀跃，高唱凯歌。1991 年 12 月 25 日圣诞之夜，布什在电视讲话中以从来未有的快乐心情讲道："40 多年来，美国领导西方同共产主义及其对我们最珍视的价值观的威胁进行了斗争……这种对抗现在已经结束……这是民主和自由的胜利。这是我们的价值观念道义力量的胜利。"① 布什政府的对苏政策也并非与苏联的解体完全没有关系。从某种意义上讲，苏联的解体也是布什政府对苏政策的结果。美国国务卿贝克对此毫不掩饰："我们不是这场革命的领袖，但也不是旁观者。"② 对此笔者将著专文予以探讨。

原载（《世界历史》1996 年第 2 期）

① 新华社华盛顿 1991 年 12 月 25 日电。
② 新华社莫斯科 1991 年 12 月 14 日电。

美国的冷战战略与苏东剧变、冷战结束

20世纪80年代末至90年代初，国际政坛发生了一场大地震。曾经盛极一时、几乎拥有世界半壁江山的苏联东欧集团土崩瓦解，苏联东欧各国的意识形态、社会制度急剧转型，走上了与之前完全不同的资本主义发展道路，持续战后40多年的东西方冷战画上了句号。苏东剧变、冷战结束后，国际学术界掀起了研究冷战史的新高潮，各国学者利用冷战双方解密的档案资料，对冷战中的各种问题展开了深入研究探讨，包括对苏东剧变、冷战结束、苏联解体原因的研究探讨。当时在美国的报纸杂志上发表了大量文章，讨论“Why the Cold War Ended”“Who Won the Cold War”。关于苏东剧变、冷战结束的原因，目前国内外学术界可以说仁者见仁、智者见智、众说纷纭。在美国学术界，最为普遍的有两种观点，一种认为是里根政府在20世纪80年代对苏联采取的强硬政策，给苏联造成了巨大压力，迫使苏联改变政策，结束冷战；另一种观点认为是由于苏联新一代领导人戈尔巴乔夫的“新思维”，改变了内外政策，摈弃了“勃列日涅夫主义”，缓和了与西方的关系，结束了冷战。关于苏联解体的原因，国内外学术界则有乌托邦说、原罪说、葬送说、和平演变说、民族矛盾说、帝国必然灭亡说、斯大林模式说、苏共错误说、上层自决说、抛弃说、历史合力论等各种观点。[①] 在我国学术界，迄今为止，对冷战结束原因的研究仍十分薄

---

① 近年来我国有不少学者对国内外学术界关于苏联解体原因的研究进行了综述评析，如吴恩远：《近年来国内外学术界对苏联解体原因研究综述》，《世界历史》2009年第1期；刘旳献：《对10年来中外学者关于苏联演变原因评析》，《河南大学学报》（社会科学版）2002年第1期等。

弱，成果不多；对苏东剧变、苏联解体的原因，则主要是从总结教训的视角，从苏联东欧内部寻找原因。

根据辩证唯物主义原理，任何事物的变化，有内因，也有外因，内因是变化的依据、变化的根本，外因是变化的条件，外因通过内因而起作用。没有鸡蛋孵不出小鸡，但鸡蛋也必须在一定的环境、温度等条件下才能孵出小鸡。用一块石头孵不出小鸡，但没有合适的环境温度，鸡蛋照样孵不出小鸡。依据这一原理，笔者认为，苏联东欧之所以在20世纪80年代末至90年代初发生剧变，冷战之所以在20世纪80年代末至90年代初结束，主要原因在于苏联东欧内部，在于苏联领导人戈尔巴乔夫的政策转向和改革失误，在于苏联东欧各国体制存在的结构性问题和领导层所犯的一系列错误。但是冷战期间美国制定和实施的冷战战略也发挥了非常重要的作用。本文着重就这一外部原因进行探讨。

一、遏制战略——冷战期间美国的大战略

所谓美国的冷战战略，是指冷战期间，美国政府为了对抗、削弱并击溃苏联东欧集团，铲除所谓共产主义威胁，赢得冷战的胜利，制订和实施的一系列战略的总称。这些战略包括遏制战略、新面貌战略、和平战略、缓和战略、超越遏制战略、贸易管制战略、和平演变战略、大规模报复战略、灵活反应战略、现实威慑战略、隐蔽行动战略等一系列名目繁多、行色各异的战略。这些战略都属于冷战战略，都可以称之为冷战战略，它们的总和便构成了总体冷战战略。那么，这一系列的冷战战略相互之间都有什么联系，它们在苏东剧变、冷战结束中发挥了什么作用呢？

我们认为，这些战略中，遏制战略是冷战期间美国的大战略。

首先，让我们看看什么是大战略。

“大战略”（grand strategy，or higher strategy）这一概念是西方军事理论界首先提出的。早在1830年，德国著名军事理论家克劳塞维兹在其论著中就使用了这一概念，指出：“有人说政治不应干涉战争指导，而那也是如此常见的说法，但这种人根本不知大战略为何物。”[①] 1929年英国著名军事理论家利德尔·哈特在《历史上的决定性战争》一书中多次使用了这一概念，并辟专章进行了

① 钮先钟：《战略研究》，桂林：广西师范大学出版社，2003年，第14页。

论述。他认为大战略是位居战略之上的更高级的战略，“大战略的任务是协调和指导国家的全部力量以便达到战争的政治目的，即国家政策所确定的目标”。“……战略只看见战争本身，而大战略则越过战争看到未来的和平。大战略不仅把各种手段结合起来，而且协调其运用，以免有损于未来稳定而繁荣的和平状态。”① 这时他还只是把大战略看作用以指导军事战略、实现战争政治目的的更高层次的战略。但其实现的手段则超出了军事领域，扩展到了国家的全部资源。这是由于随着现代社会的发展，军事和社会其他领域的联系日益紧密，单凭军事手段很难实现战争的政治目的，要想取得战争胜利，必须综合运用国家的全部力量。他同时也认为，“大战略的领域基本上是一片未被认识的处女地”。这一概念很快被英国军方所接受，1935 年英军将这一概念写入野战条例中，指出大战略“是最积极地运用国家全部力量的艺术。它包括运用外交、经济压力、与盟国缔结有利的条约、动员国家工业和分配现有的人力资源以及使用陆海空三军使之协调行动”②。

二战中，大战略研究在西方军事理论界继续开展，大战略思想在英美盟军中得到实际的运用。1941 年，英国剑桥大学研究员萨金特和韦斯特出版了第一部专门论述这一问题的专著《大战略》一书。1941 年 12 月，美英两国参谋部在华盛顿召开的第一次联席会议上制定了“先欧后亚”的大战略方针，会议通过的备忘录总标题即为“美英大战略”。这一大战略有效地保证了反法西斯同盟集中优势兵力和财力物力首先击败纳粹德国和意大利、之后消灭日本法西斯、取得反法西斯战争的最后胜利。

二战后，大战略研究进一步深化，大战略思想在西方主要国家得到了比较广泛的运用，虽然称谓不尽相同。如英国称之为大战略；在美国，有人称之为大战略，有人称之为国家战略或国家安全战略③；法国将其称为“总体战略”；日本则称之为“综合保障战略”。其内涵也得到进一步扩展。1957 年出版的《美

---

① B. H. Liddell Hart, The Decisive Wars of History: A Study in Strategy, Boston: Little, Brown, and Company, 1929, pp. 150-151.

② 转引自吴春秋：《论大战略和世界战争史》，北京：解放军出版社，2002 年，第 30 页。

③ 对此学术界有不同看法，主要有三种：(1) 国家战略是国家的总体战略，大战略是其中关于国家安全部分，即国家安全战略。(2) 大战略是国家集团或联盟的战略，而国家战略是一国本身的战略。(3) 国家战略和大战略属同一层次，前者对内，后者对外。详见吴春秋：《大战略论》，军事科学出版社，1998 年，第 15 页。

国百科全书》对大战略内涵的界定是：大战略在一般意义上指“在平时与战时，发展并运用国家的政治、经济、精神以及军事力量以给予国家政策最大限度支持的艺术和科学”。[①] 二战期间曾任盟军中国战区参谋长的美国军事家阿·魏德曼在1958年出版的回忆录《魏德曼报告!》中写道：“大战略是运用一切国家力量，以实现国家政策所界定目标的艺术和科学。”他具体指出，这些力量包括政治、经济、心理和军事力量四大类。[②] 美国军事理论家约翰·M·柯林斯在1973年出版的《大战略：原则与实践》一书中指出：“大战略是在一切环境下运用国家力量的艺术和科学，其目的在于通过使用武力、武力威胁、间接压力、外交、诡计以及其他可以想象的手段，给对手施加各种形式和程度的控制，以实现国家安全的目标。”[③] 我国学者吴春秋在对大战略作了长期研究之后也认为：“大战略是政治集团、国家或国家联盟发展和运用综合国力以实现其政治目标的总体战略。”[④]

这些界定的新变化是不再把大战略仅作为战争时期指导军事战略实现战争目的的最高战略，而是在和平时期也要实行的最高战略。这是因为作为二战的后果之一，战后出现了美苏两个军事实力超强的超级大国。由于两国的意识形态、社会制度截然对立，以及对势力范围的争夺，两国分别组建了以各自为首的西方资本主义阵营和东方社会主义阵营，两大阵营之间展开了尖锐的冷战。冷战的特点是双方除直接战争之外的包括政治、经济、军事、外交、文化、科技等各个领域的全面对抗和争夺，有人称之为“冷和平”。它实质上是在和平时期两大敌对阵营用非战争的方法进行的生死大搏斗。这就要求卷入冷战的各国制定相应的大战略以实现国家总政策目标。与此同时，随着人类进入核时代和第三次科技革命的迅猛发展，各国之间的竞争日益演变为综合国力的竞争。这种竞争也要求各国制定相应的大战略以应对。在这种情况下大战略的内涵也随之扩展。

大战略作为国家最高战略或“更高级的战略”，并非高高在上的空中楼阁，而是具有全局性和系统性，是个复杂的体系。它犹如一座金字塔，其下有各个

---

① The Encyclopedia Americana, New York, Chicago: Americana Corporation, 1957, Vol. 25, p. 712.

② Albert C. Wedemeyer, Wedemeyer Reports! New York: Henry Holt&Company, 1958, p. 81.

③ John M. Collins, Grand Strategy: Principles and Practices, Annapolis: U. S. Navel Institute Press, 1973, p. 14.

④ 吴春秋：《大战略论》，北京：军事科学出版社，1998年，第17页。

层面的战略为基础，“是由各个层面具体的战略架构起来的”。[①] 按照法国著名战略理论家薄富尔的解构，大战略体系至少包括三个层次的战略：大战略（他称为“总体战略”）位于金字塔的顶端，它决定各个领域战略的目标，并整合其行动；其下为军事、政治、经济、外交等各个领域的分类战略（他称为“全面战略”），其功能为在本领域内分配任务和协调行动；在每一领域内，又有许多分支战略用以指导各种不同的活动。[②] 依据这一理论，我们认为大战略体系由大战略和各个领域的分类战略及其众多子战略构成，它以各个领域的分类战略及其子战略为依托，统领着众多分类战略和子战略；这些分类战略和子战略则依据大战略制订并以大战略的目标为最终目标。

综上可知，大战略具有这样两个基本特征：其一，它是国家（或国家联盟）为实现某一时期政治目标而制订的最高战略或总体战略，具有全局性和系统性，统领着众多战略和子战略。其二，它的实施必须综合运用国家政治、经济、军事、文化等各方面的力量。这也就决定了大战略在国家决策中的重要地位，一个国家能否实现某一时期的政治目标，关键要素之一是能否制定合适的大战略，构建一个行之有效的大战略体系。

现在，就让我们回头看看，冷战期间美国的遏制战略和大战略是什么关系。

遏制战略是二战后在美苏同盟关系破裂、由合作转向冷战的大背景下，杜鲁门政府依据乔治·凯南的对苏遏制思想及政策建议制订，并于1950年最终确立的。

1946年2月22日，时任美国驻苏联大使馆临时代办的乔治·凯南应美国国务院的要求，发回了一封长达8000字的电报，对战后苏联的理论、意图、政策和做法进行了全面的分析，并就美国应采取的对策提出了具体的建议。在这封“长电报”中，乔治·凯南虽没有使用遏制一词，但已提出了遏制苏联的思想。

1947年7月，已升任美国国务院政策设计室主任、进入美国高层决策圈的乔治·凯南又在美国权威期刊《外交》上化名“X”发表《苏联行为的根源》一文，明确提出了对苏遏制政策。他指出：“美国对苏联政策的要旨在于，它必须是一种长期的，耐心而又坚定的，警惕地遏制俄国对外扩张倾向的政策”。通过遏制苏联，给苏联施加极大的压力，促使苏联内部发生变化，最终在苏联建立

① 李景治等：《国际战略学》，北京：中国人民大学出版社，2003年，第251页。

② （法）A. 薄富尔：《战略绪论》，（瑞士）A. 约米尼等：《西方战略经典》下册，范林森译，北京：时事出版社，2002年，第1049—1052页。

“任何同我们所熟悉的那种私人企业相类似的制度”。[①] 这篇文章实际上是对“长电报”的补充和发展。这两份文件在美国政界引起了强烈反响。国务卿马歇尔夸奖“长电报”的分析“十分精彩”，并很快将凯南抽调回国，委以重任。海军部长福莱斯特尔则将“长电报”复印给高级军官和政府要员人手一份以供学习领会。学术界认为，“这篇文章一发表，使凯南成了公认的遏制理论的思想家”。[②]

乔治·凯南对苏遏制的思想理论与政策建议为已决心对苏联采取强硬态度的杜鲁门政府提供了充分的逻辑依据，据此美国政府很快制定了对苏遏制的政策，杜鲁门主义、马歇尔计划、第一次柏林危机、北约的建立等便是这一政策的具体体现。经过3年的实践，1950年4月，美国政府正式将其写入国策大纲中，在著名的国家安全委员会68号文件《美国国家安全的目标与计划》(NSC68）中第一次明确提出了“遏制政策”，并作了具体的解说。文件指出，美国“当前的总政策是要创造一种让美国制度得以生存和繁荣的国际环境”。为了实现这一目标，需要执行两个不同而又“紧密联系相互影响”的政策：一个是“谋求发展一个健康的国际社会”，这是“即使没有苏联的威胁我们也会奉行的政策”；另一个便是“‘遏制’苏联制度的政策”。那么，什么是“遏制政策”呢？文件解释道：“至于‘遏制’政策，就是采取除战争之外的一切手段以期达到下列目的的政策：(1) 阻止苏联强权的进一步扩张。(2) 揭露苏联宣传的欺骗性。(3) 减少苏联的控制和影响。(4) 总之，在苏联制度内培植破坏力量，使克里姆林宫至少能改变其做法，遵守公认的国际准则。”文件还指出，为了执行遏制政策，美国必须拥有总体实力优势，其中最重要的便是军事力量，这是因为保持强有力的军事地位既是国家安全的根本保证，也是实施遏制政策的必要前提；同时，为了成功地实施遏制政策，必须保留与苏联进行谈判的余地，外交冻结“会使‘遏制’的真正目标落空，因为，它同时会造成一种紧张，从而使我们更难于促使苏联朝适当的方向减少和调整其行为”。[③]

从上述内容可以看出，NSC68号文件在这里事实上已把遏制政策确定为美

---

① George Kennan, American Diplomacy, 1900－1950, Chicago: The University of Chicago Press, 1951, pp. 99-110.

② Alexander Deconde, Encyclopedia of American Foreign Policy, New York: Charles Scribner's Sons, 1978, Vol. 1, p. 194.

③ *U. S. Objectives and Programs for National Security*, Foreign Relations of the United States, 1950, Washington, D. C.: U. S. Government Publishing Office, 1977 Vol. 1, pp. 252-253.

国在冷战时期的大战略。这是因为：第一，遏制政策所要实现的是文件所规定的“创造一种让美国制度得以生存和繁荣的国际环境”这样一个总政策目标；至于文件所规定的遏制政策所要达到的四个目的，则是冷战条件下这一总政策目标的具体化。第二，遏制政策所要采取的是除战争之外的一切手段，也即要综合运用国家政治、经济、军事、精神等各方面的力量，而不是某一个方面的力量。这就具备了大战略的两个基本特征。文件把“遏制”称为“政策”而非“战略”，这并不影响“遏制”作为大战略的存在与实质。根据国际战略学说，“所谓战略与政策，人们经常交替使用这两个词，因为它们在内容上无疑有共同与重叠之处，在名词上相互置换在很多情况下并不会带来歧义”。[①] 从政治层面说，遏制是一种政策；从军事层面讲，它又是一种战略。这就是为什么人们有时称之为“遏制战略”，有时又称之为“遏制政策”。NSC68 号文件是一份政策文件，是要确定美国国家安全的目标与计划，因此它把“遏制”称为“政策”。但文件同时也指出“冷战实际上是一场关系到自由世界存亡的真正的战争，”从这个意义上说人们把“遏制”称为“战略”也是确切无疑的。特别是在“战略”概念已被“普世化”的情况下，将事关美国国家安全与命运的一项重大政策称为“战略”是完全可行的。

美国政府在制订对苏遏制战略后，始终坚持这一战略，直至冷战结束。虽然 1952 年大选期间共和党对杜鲁门政府制订的遏制战略大加鞭挞，指责它是“消极、无用和不道德的”，“它将无数人类生灵丢弃给了专制和不信神的恐怖主义”[②]，艾森豪威尔上台后制定了自己的“国家安全基本政策”（NSC162/2），提出了“新面貌战略”，但它只是在新形势下对遏制战略的一种适度调整，本质上还是遏制战略。例如，NSC162/2 指出美国的长期目标是“对付苏联对美国安全的威胁”，“避免严重削弱美国经济或削弱我们的基本价值观和基本制度”。[③] 这和 NSC68 号文件规定的“创造一种让美国制度得以生存和繁荣的国际环境”的目标本质上是一致的。在手段上，NSC162/2 指出：“美国应尽可能采取政治、经济、宣传和隐蔽措施给苏联制造麻烦，利用这些麻烦，破坏苏联与中国的关

① 李景治等：《国际战略学》，北京：中国人民大学出版社，2003 年，第 104 页。

② （美）约翰·加迪斯：《遏制战略：战后美国国家安全政策评析》，时殷弘等译，北京：世界知识出版社，2005 年，第 136 页。

③ Foreign Relations of the United States，1952-1954，Washington，D. C.：U. S. Government Publishing Office，1984，Vol. 2，p. 590.

系，使苏联对卫星国的控制复杂化，阻止苏联集团军事和经济潜力的增长。”① 这也即是遏制战略所要采取的手段。因此，诚如美国学者所言：“事实上，艾森豪威尔政府像每届冷战政府一样，继续执行了遏制政策”。② 作为艾森豪威尔政府的遏制战略，新面貌战略的突出特点是特别强调了核威慑的作用，即通过大力发展核武器、声言要用核武器进行大规模报复来阻遏所谓苏联集团的侵略扩张。

1960 年，在民主、共和两党为争夺总统宝座的新的一轮大搏斗中，民主党总统候选人肯尼迪严厉抨击了艾森豪威尔政府的新面貌战略，提出了他上台后所要实施的“和平战略”，并坦陈他的遏制政策即和平战略。这一战略的特征是，“以军事实力为后盾，强调用和平的方式加强西方盟国的地位，对苏联等社会主义国家实行‘和平演变’，加强对第三世界的渗透与扩张，确立美国在世界上的霸主地位”。③ 它特别突出了“剑”与“橄榄枝”两手抓的作用。

20 世纪 70 年代初尼克松政府在世界多极化趋势加强、苏联实力地位上升、美国内外交困的形势下又提出了“缓和战略”，这是在美国实力相对衰落条件下的一种遏制战略，其目的在于在保持实力地位的基础上，通过与苏联对话、谈判、缓和关系，加强双方的交流，防止核战争的爆发，遏制苏联的扩张，促使苏联接受现存的国际秩序和苏联社会的变化，促使东欧国家摆脱苏联的控制等。1977 年上台的卡特总统在其执政的大部分时间里继续推行缓和战略，但特别强调“人权外交”，企图“在意识形态方面战胜苏联，扩大苏联东欧各国内部矛盾，促其内部发生变化，最终纳入美国的‘世界秩序’之中”。④ 苏联入侵阿富汗之后则提出“卡特主义”，加强了对苏联的遏制。

1981 年上台的里根政府对苏联采取了更加强硬的遏制政策，先后提出了“重振国威”、“现实主义、实力加谈判”、“里根主义”等战略，表示“苏联在哪里扩张”，美国“就在哪里对抗”，和苏联展开全面对抗，决心要把“共产主义扩张的势力推回去”，“把马克思列宁主义扔进历史的垃圾堆”。虽然时任美国国

---

① Foreign Relations of the United States, 1952-1954, Washington, D. C.: U. S. Government Publishing Office, 1984, Vol. 2, p. 595.

② Michael Kort, The Columbia Guide to the Cold War, New York: Columbia University Press, 1998, p. 39.

③ 刘金质：《冷战史》上册，北京：世界知识出版社，2003 年，第 267—268 页。

④ 资中筠主编：《战后美国外交史——从杜鲁门到里根》，北京：世界知识出版社，1994 年，第 788 页。

务卿舒尔茨在1983年6月15日对参议院外委会发表的政策声明中称，美国对苏政策既不是简单的遏制，也不是单纯的缓和，而是“超越遏制和缓和”①，这实际上是一种更加强硬的遏制政策。1982年5月20日里根总统签署的绝密文件国家安全决定指令第32号文件《美国国家安全战略》（NSDD32）就明确指出：美国“要遏制苏联在全世界的势力和军事存在，将其推回去，并要增加苏联支持和利用代理人、恐怖分子及颠覆力量的代价”。②

1989年5月老布什总统在美苏关系走向缓和的形势下提出“超越遏制”战略，但“超越遏制”并非放弃遏制，而是在保持美国强大军事实力的基础上，在继续警惕和遏制苏联扩张的同时，利用苏联东欧正在进行改革之机，更多地综合运用经济、政治、文化、意识形态等各种手段，促进苏联和东欧国家和平演变，最终纳入西方资本主义世界体系。它本质上还是遏制战略，只是突出了“和平演变”在遏制大战略中的地位。

总之，尽管杜鲁门之后美国历届政府大都提出了自己的国家战略，而没有明确使用遏制战略一词，但万变不离其宗，它们本质上都是遏制战略。由于美国政治体制的特质，每位总统上台后都要和其前任保持一定距离，不肯轻言继承前任的政策，却要标新立异，借以显示自己属有创造力的总统；加之冷战态势在不断变化，根据新的形势进行适度战略调整也在所难免，一些新国家战略概念便应运而生。但只要是在东西方冷战的大背景下，遏制苏联集团所谓共产主义扩张便是美国的第一要务，遏制战略便是美国的大战略。美国著名冷战史学家约翰·加迪斯在1982年出版的产生极大反响的专著《遏制战略：战后美国国家安全政策评析》一书中认为，“遏制，在过去30年里一直支配美国对外政策”③。事实上，在其后10余年中同样如此，直至冷战结束。

二、遏制大战略体系的构建

如前所述，根据战略学理论，大战略具有全局性和系统性，是一个如同金字塔的、由各个层面的战略构成的复杂的体系。遏制战略作为冷战时期美国的

① 资中筠主编：《战后美国外交史——从杜鲁门到里根》，北京：世界知识出版社，1994年，第879页。

② National Security Decision Directive Number 32, U.S. National Security Strategy, May 20, 1982.

③ （美）约翰·加迪斯：《遏制战略：战后美国国家安全政策评析》，时殷弘等译，北京：世界知识出版社，2005年，第362页。

大战略，既然要采取除战争之外的一切手段也即要综合运用国家的政治、经济、精神以及军事力量以实现其战略目标，就必须依据不断变化着的形势制定和实施相应的政治、经济、军事、文化等战略，使其战略手段具体化，使其战略目标通过这些战略得以实现。因此遏制战略也有一个庞大的体系，它至少也包括了三个层面的战略：位于顶端的遏制战略；其下是政治遏制战略、经济遏制战略、军事遏制战略、文化遏制战略、隐蔽行动战略等各领域的分类战略；这些分类战略则又有各自的子战略或曰具体战略。遏制战略以各分类战略及其子战略为依托，统领着众多分类战略和子战略；各分类战略和子战略则依据遏制大战略制订并以遏制大战略的目标为最终目标。下面我们将就其中一些战略作具体解读。

经济遏制战略是遏制大战略体系的重要组成部分，是遏制大战略体系的一根重要支柱。贸易管制战略便是这一战略的具体体现，也即它是经济遏制战略下的一个子战略或具体战略，是遏制大战略体系中处于第三层次的战略。它是冷战爆发后不久杜鲁门政府即制定、之后美国历届政府都实施的一项重要经济遏制战略，旨在通过管制美国及其西方盟国与苏联集团的贸易，禁止向苏联集团出口战略物资，以阻止其经济、军事实力的增长，并最终实现遏制大战略的目标。早在1946年冷战尚在酝酿之中，美国众议院“战后经济政策计划特别委员会”就提出，“为了防止苏联集团军事力量的增长”，应该实行“范围广泛”的出口管制。[①] 1947年12月17日，成立不久的国家安全委员会在其召开的第四次会议上即通过了《对苏联东欧的出口管制》的重要文件，指出：“国家安全委员会认为，美国的安全需要立即、无限期地停止从美国向苏联及其附庸国出口所有美国短缺物资和有助于增强苏联军事潜力的物资。”[②] 这就制定了贸易管制战略。1949年2月20日，美国国会通过了《出口管制法》，规定美国实行出口管制的目的之一是促进美国的外交政策，帮助履行美国政府的国际责任；要求美国政府尽可能与盟国合作，共同实施出口管制；利用美国的经济资源和在与共产党国家贸易中的优势，推进美国的国家安全和外交政策目标。[③] 这就把贸易管制战略以国会立法的形式最终确定下来。根据这一战略，美国商务部制定了

① 崔丕：《美国的冷战战略与巴黎统筹委员会、中国委员会（1945—1994）》，长春：东北师范大学出版社，2000年，第83—84页。

② Foreign Relations of the United States，1947，Washington，D. C.：U. S. Government Publishing Office，1972，Vol. 4，p. 512.

③ 崔丕：《美国的冷战战略与巴黎统筹委员会、中国委员会（1945—1994）》，长春：东北师范大学出版社，2000年，第104页。

严格的出口许可制度，规定凡是从美国出口到苏联集团和西欧国家的所有物资都必须获得美国政府的批准。之后美国政府又通过威胁利诱等手段，迫使和苏联有着传统贸易关系的西欧盟国加入到贸易管制的行列来，于1950年初共同成立了“对共产党国家出口管制统筹委员会”（即“巴黎统筹委员会”），制定了严格的出口管制清单并付诸实施。之后随着冷战态势的变化，东西方贸易关系时紧时松，但美国从来没有放松对能促进苏联经济军事实力的战略物资的管制，作为美国推行贸易管制战略有力工具的“巴统”组织也只是在苏联解体、冷战结束后，在完成了自己的历史使命后，于1994年宣告解散。

除了贸易管制战略之外，依据经济遏制战略，美国还制定并实施了经济援助战略、经济制裁战略。冷战爆发后美国对西欧实施的马歇尔计划就是经济援助战略的具体体现，旨在通过扶植濒临崩溃的西欧各国以遏制苏联向西欧的扩张。冷战期间，美国也对苏联东欧以及其他社会主义国家和具有反美倾向的第三世界国家频繁实施了经济制裁战略。1979年苏联入侵阿富汗后，美国立即停止了对苏联出售小麦的合同，企图迫使苏联从阿富汗撤军。可见，经济援助战略和经济制裁战略也都属于经济遏制战略，是从属于经济遏制战略的子战略。

作为遏制大战略体系中的一个重要分类战略，政治遏制战略也有自己的子战略，如同盟战略、分化战略、策反战略、和平演变战略等。同盟战略既是一种政治遏制战略，也是一种经济遏制战略、军事遏制战略。为了对苏联和所谓共产主义扩张实施全面的遏制，仅靠美国一国的力量是远远不够的，必须建立尽可能广泛的经济同盟、政治同盟、军事同盟。前述“巴统”组织即是一种经济同盟，“北约”则是政治、军事同盟。事实上，美国在冷战早期主导建立的一系列地区组织，签订的许多双边和多边条约，都兼具政治同盟和军事同盟性质，如美洲国家条约组织（1948年）、澳新美安全条约（1951年）、东南亚条约组织（1954年）、巴格达条约组织（1955年）等。所谓分化战略，是指美国通过公开和隐蔽的各种手段分化瓦解苏联集团的战略，如美国利用苏南矛盾，给南斯拉夫提供经济援助，企图加深苏联与南斯拉夫的裂痕，分裂社会主义阵营。冷战期间，美国制定的许多绝密文件，都指出要挑拨离间“苏联与其卫星国的关系”、中国与苏联的关系。

所谓和平演变战略，“就是运用一切非军事手段，包括政治、经济、外交、文化和心理因素等，扩大与社会主义国家的接触与交流，推销西方的政治、经济模式和价值观念，促使社会主义国家内部发生改变，以达到颠覆社会主义制度为目的的战略”。① 和平演变战略既是一种政治遏制战略，也是一种意识形态战略，同样属于遏制大战略体系中第三层次的战略。事实上乔治·凯南的遏制理论和NSC68号文件中已经提出了这一思想，即“在苏联制度内培植破坏力量，使克里姆林宫至少能改变其做法，遵守公认的国际准则”。50年代中期美国政府则明确提出。其时苏联的内外政策得到一定程度的调整，表现出某种非斯大林化和改革开放的迹象，美苏关系开始解冻。在这种情况下，1955年1月31日，艾森豪威尔总统批准了国家安全委员会文件《利用苏联和东欧卫星国的弱点》(NSC5505/1)，决定要“通过利用不满和其他麻烦，谋求制造和增强民众及官僚机构对苏联政权的压力，以促进苏联政策和行为的演变……”，要“继续保持反对苏联制度的基本立场，继续说明其邪恶，但强调演变而非革命”。② 这是美国政府在对苏联东欧的重要政策文件中第一次明确提出要促使其演变，把演变“正式确立为美国的一项目标”。③ 1956年6月29日，艾森豪威尔总统又批准了国家安全委员会5607号文件《关于东西方交流的政策》。文件明确规定，美国对苏联集团的基本战略是：(1)“促进苏联内部的演变，使其政权放弃掠夺性政策，谋求实现苏联人民的愿望而非国际共产主义的全球野心，并逐渐成为依靠民意而非专制警察权力的政权”。(2)“促进欧洲卫星国的演变，使之摆脱苏联控制”④。那么，如何促进苏联东欧“演变”呢？即如文件标题所示，通过改变过去相互封锁、隔绝、对峙的状态，加强双方在人员、信息、经济、文化等方面的交流，使苏联东欧的官员、知识分子和人民群众了解和倾慕美国的富裕生活、自由民主，接受西方的价值观念，促使他们逐渐改变本国的政策和体制。在这里，目标是明确的，是要促使苏联东欧“演变”；手段是和平的，是通过加强“东西方交流”。这实际上是要在和苏联集团的冷战对抗中充分发挥美国“软实力”的效用。和平演变战略最终确立。这一战略一经确立，便成为美国对

---

① 李景治等：《国际战略学》，北京：中国人民大学出版社，2003年，第270页。

② Foreign Relations of the United States，1955-1957，Vol. 24，Washington，D. C.：U. S. Government Publishing Office，1989，p. 21.

③ 时殷弘：《促进苏东变革——从设想到政策（1953—1955）》，《南京大学学报》（哲学·人文科学·社会科学）1995年第3期，第110页。

④ Foreign Relations of the United States，1955-1957，Vol. 24，Washington，D. C.：U. S. Government Publishing Office，1989，p. 243.

苏联集团遏制大战略的一个重要支柱，在最终促使苏联东欧在20世纪80年代末发生剧变中发挥了潜移默化滴水穿石的作用。

军事遏制战略是遏制大战略的强大后盾和基本支柱。美苏对抗首先是建立在双方军事实力基础上的，如果双方军事实力悬殊，这种对抗就难以存在，因此双方都把发展军事实力当做头等重要之事。同时，美国要遏制苏联共产主义扩张，首先必须炫耀其武力，并建立进可攻退可守的强大军事同盟，使苏联望而却步。特别是在核时代，如何综合运用常规军事力量和核力量遏制苏联的扩张，而又不引发核战争导致双方乃至人类的毁灭，成为至关重要的头等大事，这就决定了军事战略在遏制战略中的地位。冷战期间，由于双方激烈的军备竞赛，军事实力对比不断发生变化，你消我长，美国的军事战略也不断进行相应调整，使得军事战略成为遏制大战略体系中最不稳定的战略，几乎每位总统都制订了不同于其前任的军事战略。

杜鲁门政府是提出并实施遏制大战略的首届政府，但在其军事战略中却没有提出一个有明确概念的子战略，我们可以根据其实际内容将它概括为“威慑战略”，即通过建立强大军事同盟，大力扩充军备，阻止苏联对西方发动战争，进而实现美国的大战略目标。美国国务卿艾奇逊在谈到北约的建立时承认，它“最大的目的”是对苏联起“威慑”作用。[①] NSC68号文件特别强调增强美国的军事实力，指出：“美国必须切实增加陆海空总兵力、核力量以及空中和对平民的防御能力，以便能够阻止战争的爆发，而且万一发生战争能够保证经受得住第一次打击，并继续实现最终目标。”[②] 可见这是一种全面发展军事力量进行威慑的战略。这一战略的实施使美国的战略空军和核武器实力大为增强，核武器数量从1948年的50枚增加到1953年的1350枚，处于绝对优势，但常规军事力量仍远远落在苏联之后；与此同时，军费开支急剧增加，导致财政赤字。艾森豪威尔政府认为，发展常规军事力量耗资巨大，继续全面发展军事力量的做法必将严重削弱美国的经济，美国必须在军事力量和经济力量之间保持平衡。据此，在NSC162/2号文件中提出了大规模报复战略，指出，为了对付苏联威胁，

---

① Foreign Relations of the United States，1949，Washington，D. C.：U. S. Government Publishing Office，1975，Vol. 4，p. 109.

② Foreign Relations of the United States，1950，Washington，D. C.：U. S. Government Publishing Office，1977，Vol. 1，pp. 287-288.

维护美国安全，“需要发展和保持一种更强有力的军事态势，重点强调依靠进攻性打击力量进行大规模报复的破坏能力”①。“如果发生战争，美国将考虑像使用其他武器那样使用核武器”②。这一战略的实质是，通过大力发展核优势，依靠大规模报复的核恫吓、核威慑，遏制苏联的扩张。结果是其核武器到1961年时已猛增至23 000枚。

到20世纪50年代末60年代初，苏联经过10多年的发展，不仅拥有了包括氢弹在内的相当数量的核武器，而且率先将人造卫星送上太空，表明苏联似乎已具有了将核弹打到美国的能力。与此同时，亚非拉民族解放运动持续高涨，苏联不断乘机谋利，美国很难用“大规模报复”的核威慑予以阻遏。据此，肯尼迪对大规模报复战略严加指责，说它“把美国赶进了一个死胡同，在那里，唯一的抉择就是要么毁灭世界，要么低头屈服”。③ 入主白宫后很快制定了“灵活反应战略”，放弃了大规模报复战略那种主要依靠发展核力量、进行核威慑、削减常规力量的思想和做法，主张全面发展各方面的力量，做好打各种战争的准备，灵活反应，用特种部队对付民族解放战争，用常规战争对付有限战争，确立打“两个半战争”的常规战争方针，要求拥有“第二次核打击的力量”。肯尼迪遇刺身亡后继任的约翰逊政府继承了这一战略。

之后，尼克松政府在美国实力地位下降、苏联实力增强、和美国实现“核恐怖平衡”的背景下提出了“现实威慑”战略，强调维持核威慑，保持打“一个半战争”常规战争的能力，同时要求盟国也承担起威慑的任务，使对方不敢贸然发动战争。里根政府则提出了“新灵活反应战略”，要求大力扩充美国军事实力，重建对苏军事优势，对苏联实行“多层次威慑”，并有能力和苏联打各种规模的战争。这一战略与肯尼迪政府的灵活反应战略其实并无实质性差别：两者都是一种全方位的扩军备战的战略，是对其前任有限收缩军事力量的否定；两者都主张根据具体情况灵活运用美国的核威慑与常规力量维护美国的全球利益，阻止苏联的侵略扩张。区别或许只在于里根政府的新灵活反应战略是苏联

① Foreign Relations of the United States，1952-1954，Washington，D. C.：U. S. Government Publishing Office，1984，Vol. 2，p. 582.

② Foreign Relations of the United States，1952-1954，Washington，D. C.：U. S. Government Publishing Office，1984，Vol. 2，p. 593.

③（美）小阿瑟·施莱辛格：《一千天：约翰·菲·肯尼迪在白宫》，仲宜译，北京：生活·读书·新知三联书店，1981年，第237—238页。

开始走向衰落而非鼎盛时期提出来的，它在实现美国促使苏联内部发生变化的政治目标方面发挥了更大的作用。

意识形态战略也是美国遏制大战略体系的一个重要组成部分。所谓意识形态，也即观念形态，是指“系统地、自觉地反映社会经济形态和政治制度的思想体系”。① 冷战期间美国的意识形态战略是指美国运用除战争之外的各种手段传播西方资本主义的意识形态，诋毁社会主义的意识形态，以增强西方的凝聚力和对美国的向心力，改变社会主义国家民众的思想观念，促使社会主义国家发生根本性变化，赢得冷战的胜利。意识形态战略也属于遏制大战略体系的一个分类战略，也即第二层次的战略，其下有炫耀战略、诋毁战略等子战略。

隐蔽行动战略是综合运用隐蔽的政治战、经济战、心理战和准军事行动等斗争手段，削弱苏联的力量和影响，遏制所谓共产主义扩张的战略。同政治、经济、军事、意识形态战略一样，隐蔽行动战略也是从属于遏制大战略的一个分类战略，也即遏制大战略体系中第二层次的战略，其子战略包括隐蔽的政治战略、隐蔽的经济战略、隐蔽的心理战略、准军事行动战略等。这一战略的特点在于，它是专门用来指导美国政府对苏联集团及相关国家实施的隐蔽行动、秘密战争的。由于冷战是一场“真正的全面性战争”②，既包括公开的较量争夺，也包括秘密的尔虞我诈互相倾轧，这就决定了隐蔽战线是美国抗击苏联集团的一条重要战线，隐蔽行动成为那些公开的斗争手段无法替代、用来补充公开斗争活动的斗争手段。为此冷战爆发后不久杜鲁门政府即制订了这一战略，决定通过实施隐蔽的政治战、经济战、心理战和准军事行动以补充美国公开的对外活动。之后美国历届政府都继承实施了这一战略。③ 由于遏制战略是要采取“除战争之外的一切手段”以实现前述的四个具体目标和一个总目标，隐蔽行动所属的种种手段自然也在其中；同时，隐蔽行动战略所要实现的目标和遏制战略所要实现的四个具体目标几乎完全一致。因此，毫无疑问，隐蔽行动战略也是遏制大战略体系中的一个重要战略，是以遏制大战略的目标为目标的。

---

① 《辞海》，上海：上海辞书出版社，1999年版缩印本，第1915页。

② （美）理查德·尼克松：《真正的战争》，萧啸、昌奉译，北京：世界知识出版社，2000年，第24页。

③ 详见白建才：《冷战初期美国隐蔽行动战略的制订》，《陕西师范大学学报》（哲学社会科学版）2003年第4期，第5—13页。

三、美国的冷战战略在苏东剧变冷战结束中的作用

以上我们扼要论述了冷战期间美国的大战略——遏制战略，以及遏制大战略体系中的一些重要战略。美国的冷战战略体系十分庞杂，40余年中，围绕“遏制共产主义扩张”这根主线，美国在各个方面制定了许许多多形形色色的战略，由于篇幅所限，难以一一解读。这些战略有的昙花一现，提出不久就被新的战略取代，如那些军事遏制战略；有的则贯穿始终，长期发挥效用，如贸易管制、隐蔽行动等战略。它们相对独立，“各领风骚”，各自在所属领域发挥作用以实现遏制大战略所规定的目标。有时又互相联系密切配合，其目的手段往往互相交叉重叠，特别是政治、经济、军事、精神战略同隐蔽行动战略之间。如贸易管制实际上也是一种隐蔽的经济战，和平演变又是一种隐蔽的政治战、心理战。那些军事战略也常常起到一种心理威慑作用。

关于遏制大战略体系在冷战中发挥的作用，就某一具体战略来说，作用有大有小，有些甚至是失败的。但就以遏制大战略为代表的美国的冷战战略整体而言，它对促使苏东裂变、美国赢得冷战起了不可忽略的重要作用。

首先，在政治上，美国长期实施的冷战战略一定程度上在苏联东欧培植加强了反社会主义因素，激化了苏联东欧国内的矛盾，造成苏联东欧国家之间的紧张气氛，成为苏东剧变、冷战结束的催化剂。20世纪50年代初，美国政府在NSC10/5、NSC5412等许多绝密文件中，都指出要给国际共产主义制造困难，破坏苏联和共产党中国以及他们和卫星国之间的关系，使苏联、共产党中国及其卫星国对国内的控制复杂化；要诋毁国际共产主义的威信和意识形态，削弱各国共产党及其支持者的力量；要在被国际共产主义统治或威胁的地区发展地下抵抗。1950年秋杜鲁门政府雇用一批来自哈佛大学、麻省理工学院、兰德公司等学术机构和智库的学者制订了一个颠覆苏联政权的“特罗伊计划”。它具体包括四种方式：(1) 设法使苏联党和国家管理机构丧失能力。(2) 增加叛逃到西方的事件，煽动军队和安全机构中出现大量叛逃者，动摇党对他们的信任，导致新一轮清洗，削弱党镇压持不同政见者的能力。(3) 传播针对苏高层领导特别是政治局成员的假情报，以增加他们的相互猜忌，诱导苏共最高层的权力斗争。(4) 削弱苏联对东德共产党的信任及紧靠西方边界的苏联驻军的可靠性，继续进行把阿尔巴尼亚从苏联集团分离出来的活动，以及对苏联领导散布中国

共产党可能有铁托主义倾向的假情报，促使国际共产主义再次分裂。[①] 为了引诱、鼓动苏联集团人员叛逃，具体负责隐蔽行动的中央情报局常常派特工人员潜入苏联东欧进行策反，并资助一些民间机构进行鼓动。还有“1949 年中央情报局资助建立了一个自由法学家协会（总部设在西柏林），从事秘密鼓动东德人投奔西德的工作。”[②]

特别是 20 世纪 80 年代，里根政府以波兰为突破口，和罗马教皇相勾结，秘密支持大力扶植波兰反政府的团结工会，一方面给团结工会提供大量活动经费和无线电台、印刷机等设备；另一方面给波兰政府施压，要其取消军管，使波兰团结工会最终坐大，获得合法地位，夺取了政权，在东欧建立了第一个非共产党领导的政府。在波兰的多米诺效应下，其他东欧国家的共产党政权相继垮台，苏联东欧集团土崩瓦解。美国也长期对苏联持不同政见者、民族分裂主义者公开的和秘密的支持，在苏联培植破坏的种子。80 年代中后期，美国将一些苏联移民作为间谍派回苏联，使这些人“以激进改革派自居，以戈尔巴乔夫的‘民主化’和‘公开性’为借口，四处煽风点火、混淆视听，大肆进行反党、反社会主义的宣传活动，为搞乱苏联、搞垮苏共推波助澜”。[③]这些都在苏联剧变和解体中发挥了重要作用。

其次，在经济上，美国实施的对外经济援助战略挽救了濒临崩溃的西欧资本主义各国，巩固了对苏冷战的前沿阵地，加强了西方阵营的力量，扩大了美国反苏反共的势力范围。对苏联集团长期实施的贸易管制战略，实际上将苏联集团阻隔于世界经济发展的大潮、第三次科技革命的大潮之外，使苏联很难获得走在第三次科技革命前列的西方的先进技术和设备，使苏联的科学技术除了重点发展的航天工业和核武器制造、军事工业外，其余均大大落后于西方，加剧了苏联的困难，加速了冷战的结束和苏联的崩溃。例如，由于对苏联集团实施了严格的贸易管制，东西方贸易锐减，1948 年时美国对苏联的出口额尚有 2700 多万美元，到 1952 年时锐减到只有 1.5 万美元。在经济全球化迅猛发展、科学技术日新月异的时代，一个国家如果长期不能和世界经济与科学技术发展

---

① Gregory Mitrovich, Undermining the Kremlim: America's Strategy to Subvert the Soviet Bloc, 1947 - 1956, Ithaca, New York: Cornell University Press, 2000, p. 183-184

② 时殷弘：《从激变战略到解放战略》，《世界历史》1995 年第 3 期，第 8 页。

③ 李兴耕等编：《前车之鉴：俄罗斯关于苏联剧变问题的各种观点综述》，北京：人民出版社，2003 年，第 111 页。

的潮流接轨，或长期被排斥在世界经济发展的大潮之外，必然会严重阻碍其经济与社会发展，甚至会影响到其执政者存在的合法性。

20世纪80年代中期，里根政府又秘密实施了一个“沙特行动”计划，即通过设法使沙特阿拉伯增加石油产量的做法使国际市场上石油价格暴跌，从而使原油输出大国苏联的外汇收入锐减。据中情局一份秘密报告说，每桶石油价格下跌1美元，苏联 每年就会损失5亿—10亿美元。1985年11月每桶石油价格为30美元，5个月后跌至12美元，据此推算，苏联因此损失90亿—180亿美元。同时石油价格下跌也使一些中东国家因收入减少缩减了对苏联的武器购买，从而减少了苏联的军售外汇收入。苏共中央一位高级官员诺维柯夫说：“石油价格的下跌是破坏性的，它使数百亿美元一扫而空。”外汇收入的锐减给苏联经济带来严重困难，极大影响了苏联进口西方设备、工业材料和农产品，几十个大项目由于缺乏资金被迫中止。[①] 当时苏联正在实施加速经济发展战略，急需大量资金进口西方技术设备。里根政府的这些做法对苏联经济造成的危害是显而易见的。

再次，在军事上，美国实施的威慑战略、大规模报复战略等一系列军事遏制战略，实际上把苏联拖入了永无休止的军备竞赛之中，最终使苏联几乎无力应对，成为缓和与美国的关系、结束冷战的一个重要因素。根据国际关系的“安全困境”理论，一国为了自身安全加强军备，必然导致其竞争对手投入同样多的、甚至更多的军费。如此往复，很难休止，其结果必然是经济实力较弱的一方败下阵来。冷战期间，美国历届政府都拨出巨额军费，大力加强军备建设，把拥有强大的军事实力作为遏制苏联扩张的基础和前提。苏联为了和美国争夺势力范围，不甘示弱，每年也拨出巨款用于军费，企图赶超美国，“20世纪70年代苏联的实际军费开支已接近甚至超过美国”。但苏联的经济实力远不如美国，其国民总收入大致只相当于美国国民总产值的一半稍多。美国一年的军费开支占国民总产值的5%—7%，而苏联却占国民总产值的16%，远远高于美国。[②] 如此巨额的军费开支，必然严重阻滞国内的经济发展和人民生活水平的提高，付出沉重代价。

---

① （美）彼得·施韦策：《谁摧毁了“邪恶的帝国”?》，《现代外国哲学社会科学文摘》1995年第3期，第42页。

② 周尚文、叶书宗、王斯德：《苏联兴亡史》，上海：上海人民出版社，2002年，第809页。

1983年，里根政府又提出“星球大战计划”，企图将苏联拖入新一轮耗资更加巨大的军备竞赛中。这是里根政府一系列对苏冷战战略的重要组成部分，里根在其自传里承认，在他上台之时，他已看到苏联的经济已没有希望，决定对苏联施加全面压力，以迫使苏联内部发生根本性变化。美国国防部长温伯格在1982年提交的一份报告《1984—1988年国防指南》中，就提出要发展使“苏联难以抗衡的武器，迫使苏联付出更多费用”，要“打开新的军事竞争领域，使苏联原来珍贵的投资变成废物”。文件还提出，西方对苏联的贸易政策应该“给已背上沉重军事开支负担的苏联经济施加尽可能大的压力”。[①] 也即要经济遏制战略配合军事遏制战略，对苏联施压。正是主要出于这样的目的，里根政府提出了星球大战计划。这一招也确实厉害，苏联政府一方面强烈谴责美国的这一加剧军备竞赛的做法，并拨出巨额军费研制自己的防御系统和反制措施，另一方面强烈要求美国放弃这一计划。1985年戈尔巴乔夫上台后，在和里根进行削减核武器的每次会谈中，都要求美国放弃星球大战计划，并以此作为达成削减核武器条约的前提条件。但里根顽固坚持，拒不放弃。戈尔巴乔夫最终不得不放弃了这一要求，和里根政府签署了全面销毁中程导弹条约，和布什政府签署了第二阶段削减战略核武器条约。这些条约的签订，成为冷战走向结束的标志性事件之一。

还需要指出的是，准军事行动既属于隐蔽行动战略，也属于军事遏制战略的范畴。冷战期间美国实施的大量准军事行动，虽然屡遭失败，如猪湾惨败，但也有一些取得了成功。特别是20世纪80年代在亚非拉的全面出击，给苏联造成巨大压力，迫使苏联进行全面收缩，最终结束冷战。例如，里根政府给阿富汗游击队秘密提供的先进武器装备等军事援助极大地加强了阿富汗游击队的实力，给入侵苏军沉重打击，使阿富汗战争变成了“苏联的越南战争”。1992年解密的苏联档案表明，“美国在1986年向阿富汗游击队提供‘毒刺’导弹是促使戈尔巴乔夫下决心从阿富汗撤军的决定性因素”。[②]

当然，美国实施的军事战略对自身的发展和国际安全也带来了不少副作用。它们导致了激烈的军备竞赛，加剧了世界的紧张局势，双方制造了总数多达

---

① Sean Gervasi, A Full Court Press: The Destabilization of the Soviet Union, Covert Action Information Bulletin, No. 35, 1990, p. 21.

② （美）理查德·克罗卡特：《50年战争》，王振西主译，北京：新华出版社，2003年，第521页。

50 000余枚的核弹，使人类生活在核毁灭的阴影之下；也严重影响了美国的经济和社会发展，使美国出现巨额财政赤字，由世界最大的债权国变成了最大的债务国，到冷战结束时其财政赤字高达3000亿美元，国债高达40 000亿美元；同时也使美国长期深陷越南战争，人民生灵涂炭，美国声誉扫地。

最后，在意识形态领域，其长期实施的宣传战、心理战等战略毒化了苏联集团人民的思想信念，煽动了人们对现政权和社会制度的不满，激发了人们对西方自由民主制度的向往，传播了各地反抗的信息，对80年代末的苏东剧变起了十分重要的舆论准备和煽风点火的作用。冷战期间，美国政府采取了无线电广播、利用气球等工具散发传单、小册子、画册及其他宣传品、半导体收音机以及一些小礼物、举办展览、开展文化和教育交流等各种方式对苏联东欧实施宣传战、心理战。如其专门针对东欧国家的自由欧洲电台每天以保加利亚语、捷克语、斯洛伐克语、匈牙利语、波兰语、罗马尼亚语等6种语言几乎昼夜不停地进行广播；专门针对苏联的自由电台每天以俄语和其他11种苏联少数民族语言进行广播。这种思想的渗透、观念的改造、信息的传播、心理的煽动对于苏东剧变、冷战结束所发挥的作用是难以估量的。1956年匈牙利事件期间，自由欧洲电台竭尽宣传煽动之能事。匈牙利事件的发生，本身就与自由欧洲电台对赫鲁晓夫秘密报告和波兹南事件的猛烈报导以及对匈牙利内部状况的煽动宣传有直接的关系，根据事件后的另一个调查，当被问及促使匈牙利人起义的原因时，“40%的人把效法波兰放在首位”①。另外，“93%的受访者说外国电台是他们最重要的新闻来源”。② 匈牙利事件爆发后，自由欧洲电台为了扩大事态，除添油加醋地大肆报导匈牙利的事态发展外，竭力鼓动匈牙利人民坚持战斗，不与政府合作，乃至推翻政府。同时，自由欧洲电台还不断地给匈牙利起义者出谋划策，提供军事建议，甚至讲述游击战、反坦克战战术，以便起义者和前来镇压的苏联军队相对抗。此外，自由欧洲电台还不断给匈牙利人民传递西方将给予匈牙利起义者以援助、美国将会出面干涉等错误信息，鼓励匈牙利人不屈不挠，坚持战斗。事实上，在整个匈牙利事件期间，美国为了避免和苏联发

① Michael Nelson，War of the Black Heavens：The Battles of Western Broadcasting in the Cold War，Syracuse ：Syracuse University Press，1997，p. 78.

② Michael Nelson，War of the Black Heavens：The Battles of Western Broadcasting in the Cold War，Syracuse ：Syracuse University Press，1997，p. 79.

生直接的军事冲突，始终无意于武力干涉，自由欧洲电台这种错误的信息，只能徒增匈牙利人的无谓牺牲。50 年后，1998 年 11 月 7 日，一位曾参加过匈牙利起义的泥瓦匠在接受英国广播公司（BBC）记者电视采访时愤懑地说："自由欧洲电台讲再坚持三个星期，三个多星期后，我们就来了，我们来帮助你们。因此我们一直坚持战斗，直至打完最后一颗子弹，流尽最后一滴血。但发生了什么——他们对我们撒谎。谁也没有来。"① 这可以说是对自由欧洲电台错误宣传的血的控诉。根据对 1000 名匈牙利难民的事后调查，"他们中有 75%的人曾期待美国的军事援助，有一半人认为美国的广播给人的印象是如有必要，美国将为挽救匈牙利而战"②。

20 世纪 80 年代中后期，在美国多年的苦心经营和戈尔巴乔夫"新思维"的影响下，苏联东欧剧变的暗潮涌动。在这种情况下，美国政府加大了对苏联集团宣传战心理战的力度。里根一上台就声言要使美国之音成为砸开铁幕的工具，发挥"破城锤"的作用。1981 年 11 月美国之音副台长透露给《华盛顿邮报》的一份备忘录明确指出："我们应当破坏苏联及其卫星国的稳定，促进他们的人民和政府间的摩擦"；"我们要尽量在共产主义集团各国领导人之间打进楔子，使他们相互不满和相互猜疑"；"我们应当煽起民族主义的火焰，鼓励铁幕后面宗教感情的复活"。国务卿舒尔兹也强调要加强国际广播，使之成为"共产党国家的替代性的自由新闻"，从"道义上"满足那些共产党国家中"谋求进行和平改革的人士和组织"向美国"求援的要求"，"帮助他们进行争取自由的斗争"。③ 为此，里根政府大力加强国际广播。1983 年，里根政府宣布更新与加强国际广播电台的转播设施，决定从 1984 财政年度开始，建立 4 个短波转播站，改造华盛顿总部的播控系统，新建和改建国内外传播发射台，建立世界范围的发射网络控制系统。到 1986 年，美国的国际广播电台，包括美国之音、自由欧洲电台、自由电台、阿富汗自由电台每周的播音时间已达到了 2353 小时，超过了莫斯科电台的 2220 小时，居世界首位。里根政府如此重视国际广播，以致有学者

---

① Scottlucas，Freedom's War：The American Crusade against the Soviet Union，New York：New York Unirersity Press，1999，pp. 264-265.

② Scottlucas，Freedom's War：The American Crusade against the Soviet Union，New York：New York Unirersity Press，1999，pp. 259-260.

③ 刘金质：《美国国家战略》，沈阳：辽宁人民出版社，1997 年，第 340—342 页。

称之为“广播星球大战”。美国《国际先驱论坛报》发表的一篇题为《美国大搞广播政治》的文章就说，“现在世界上除军事上的星球大战之外，还有另一场星球大战，它所涉及的不是导弹，而是通过无线电向世界上各个偏僻地区传播新闻和意识形态”，并认为广播星球大战是一场美国正在进行的主要战争。[①] 美国政府大力实施的意识形态战略也取得了意想不到的效果。前波兰政府相信，“如果美国关闭自由欧洲电台，地下组织就会完全停止存在”[②]。曾担任卡特总统国家安全顾问的布热津斯基也认为，苏联集团“丧失对信息传播的垄断是共产党集权统治垮台的关键”[③]。有学者甚至认为，西方之所以赢得冷战，“不是通过使用武器”，而是通过“比剑更有力的无线电广播”“不战而屈人之兵”。[④]

总之，美国在冷战期间构建的遏制大战略体系，或者说美国的冷战战略体系，可以说对促使苏东裂变、冷战结束发挥了巨大作用。不可否认，苏联东欧在80年代末90年代初放弃实行多年的社会主义，乃至华约解散，苏联解体，内因是主要的、根本的。但如果没有美国的长期“遏制”，没有遏制战略体系中那些政治、经济、军事、精神、隐蔽行动等战略加剧苏联东欧的困难，给苏联的权力机构造成最大的紧张，在苏联东欧内部培植破坏的种子，苏联东欧断然不会在20世纪80年代末至90年代初巨变解体。同样，冷战之所以在1990年结束，从表面上看，是1985年戈尔巴乔夫上台后进行了政策调整，妥协退让，放弃对抗的结果。但这种政策调整在很大程度上是美国长期推行的遏制大战略体系综合作用的结果。正是由于冷战期间美国制定了一整套大体上行之有效的战略体系，极大地加剧了苏联的困难，才促使苏联在20世纪80年代中后期从根本上改变了对外政策，最终结束了冷战。因此可以说，冷战的结束也是美国以遏制战略为代表的大战略体系成功作用的结果。遏制大战略体系中各个方面的战略互相配合，共同作用，使遏制战略的目标最终得以实现。对于美国在苏东巨变、冷战结束中的作用，布什总统的国家安全事务助理斯考克罗夫特有一个评

---

① 刘金质：《美国国家战略》，沈阳：辽宁人民出版社，1997年，第344页。

② Michael Nelson，War of the Black Heavens：The Battles of Western Broadcasting in the Cold War，Syracuse：Syracuse University Press，1997，p. xiii

③ Michael Nelson，War of the Black Heavens：The Battles of Western Broadcasting in the Cold War，Syracuse：Syracuse University Press，1997，p. xiii

④ Michael Nelson，War of the Black Heavens：The Battles of Western Broadcasting in the Cold War，Syracuse：Syracuse University Press，1997，p. xiii

价，认为“在东欧紧张而平和地从专制演变到多元政治的关键时刻”，“美国在其间扮演着助产士的角色”。[①] 这个评价应该说是中肯的。时任联邦德国总理的科尔，在柏林墙被推倒后的当天下午就给美国总统布什打来电话，特意说：“没有美国，就不可能有今天的变革。”[②] 这绝不是恭维之词，而是对美国在苏东巨变、冷战结束中作用的客观评价。

原载（《世界近现代史研究》第11辑，社会科学文献出版社2011年版）

① （美）乔治·布什、布伦特·斯考克罗夫特：《重组的世界：1989—1991年世界重大事件的回忆》，胡发贵等译，南京：江苏人民出版社，2000年，第105页。

② （美）乔治·布什、布伦特·斯考克罗夫特：《重组的世界：1989—1991年世界重大事件的回忆》，胡发贵等译，南京：江苏人民出版社，2000年，第142页。

第二编　苏联篇

冷　冻　法规篇

列宁晚年解决苏联民族问题的两个原则

苏联是世界上民族最多的国家之一，民族问题尤为复杂。时至今日，不断发生的民族骚动仍常常困扰着苏联政府。列宁曾着力寻求解决苏联民族问题的途径，并取得了一些宝贵的经验。本文仅对列宁晚年解决苏联民族问题的思想原则作一考察，这对于全面理解列宁主义，对研究斯大林时期乃至后来很长一段时期苏联的民族政策不无裨益。

一、要在联盟中绝对坚持各民族平等的原则

民族平等原则是马列主义解决民族问题的一个基本原则。十月革命前，列宁在论述民族问题的大量著作中，对民族平等原则作了深刻的阐述，指出坚持民族平等原则是一个民主国家的基本要求，是无产阶级阶级斗争的需要；坚持民族平等原则，就可以增强无产阶级的团结，赢得各民族的支持，加速革命斗争的胜利。列宁尖锐地指出："谁不承认和不坚特民族平等和语言平等，不同各种民族压迫和不平等作斗争，谁就不是马克思主义者，甚至也不是民主主义者。"①列宁在其晚年，围绕各民族苏维埃共和国的联合问题，为捍卫各民族平等的原则问题，进行了坚决的斗争，并提出不仅要实现形式上的平等，而且要通过大民族对小民族的让步实现事实上的平等，大大发展了各民族平等的思想。

十月革命过程中，布尔什维克党贯彻民族自决纲领，一些非俄罗斯民族脱

---

① 《列宁全集》第20卷，北京：人民出版社，1956年，第11页。

离了俄国，建立了独立的苏维埃共和国。

但是，布尔什维克的民族自决纲领，并不是主张所有非俄罗斯民族都脱离俄国，把一个大国分裂为许多小国。而是要通过民族自决，使各民族在平等、自愿的基础上实现新的联合。列宁认为，和小国相比，大国更有利于无产阶级的革命斗争，有利于经济发展。“我们希望有一个尽量大的国家，尽量紧密的联盟”。[①] 但是这种联台必须是自愿的联合，这就必须承认分离自由，通过这一行动消除各民族对大俄罗斯民族的不信任心理，在自由分离的基础上实现自愿的联合。

国内战争时期，出于对付帝国主义武装干涉和反对反革命白卫军的共同斗争需要，各独立的苏维埃共和国建立了军事政治同盟。到 1921 年，参加同盟的已有俄罗斯联邦、乌克兰、白俄罗斯、阿塞拜疆、亚美尼亚和格鲁吉亚等苏维埃共和国。各苏维埃共和国分别与俄罗斯联邦共和国签订条约，成立统一的军事、财政、劳动、邮电、交通人民委员部以及最高国民经济委员会。所有缔约国都派代表参加俄罗斯联邦共和国的中央执行委员会和全俄苏维埃代表大会。这种军事政治同盟对粉碎帝国主义武装干涉和国内反革命叛乱起了重要的保证作用。但它毕竟是松散的条约同盟，随着国内战争的结束与经济建设的开展，各共和国都感到应建立更紧密的联盟，以便充分利用各国资源，密切进行经济合作，共同抵御外敌入侵。到 1922 年年中，各苏维埃共和国的共产党都提出了关于各苏维埃共和国的联合问题。

为了研究这一问题，1922 年 8 月 1 日，俄共（布）中央成立了一个由斯大林主持的专门委员会。斯大林很快提出了一个《关于俄罗斯苏维埃联邦社会主义共和国和各独立的共和国的相互关系》的草案，即“自治化”计划，规定乌克兰、白俄罗斯、阿塞拜疆、格鲁吉亚、亚美尼亚苏维埃共和国以自治共和国的身份加入俄罗斯联邦共和国；各共和国必须执行俄罗斯联邦共和国中央执行委员会、人民委员会和劳动国防委员会的决议。该决定经俄共中央赞同，不予公布，而作为通令转发给各民族共和国贯彻执行，在全俄苏维埃代表大会召开时再予公布。这个计划显然违背了在平等自愿基础上进行联合的原则，因而遭到一些民族共和国的反对。格鲁吉亚党中央通过的决议断然拒绝道：“认为根据

① 《列宁全集》第 26 卷，北京：人民出版社，1956 年，第 155 页。

斯大林同志的提纲建议的各独立共和国以自治形式进行联合为时过早。我们认为加强经济力量的联合和总政策的统一是必要的，但要保存独立的一切特征。”①白俄罗斯党中央的答复是，他们宁愿选择以双边条约为基础的现有关系体制。

列宁当时正在莫斯科郊区奇尔克村养病，他非常关心委员会的工作进展情况。1922年9月25日，应列宁的要求，委员会将材料送交列宁。列宁阅后对斯大林的草案很不满意，随即约见了斯大林，提出了修改意见。后又写信给政治局，对草案逐条作了修改。列宁批评斯大林有点操之过急，指出俄罗斯联邦同乌克兰以及其他共和国都是平等的，因此要同他们一起平等地加入新的联盟；建议把各苏维埃共和国以自治共和国的身份加入俄罗斯联邦这一条改为各苏维埃共和国“同俄罗斯苏维埃联邦社会主义共和国一起正式联合组成欧洲和亚洲苏维埃共和国联盟”。列宁特别强调：“重要的是，我们不去助长‘独立分子’，也不消灭他们的独立性，而要更上一层楼，建立平等的共和国联邦。”② 列宁清楚地点出了斯大林“草案”中问题之所在，明确表示，必须坚持民族平等的原则。

1922年9月27日，斯大林给列宁和政治局委员写的复函，非但没有接受列宁的意见，而且对列宁的修改意见几乎逐条予以驳斥，并把列宁温和地批评他“有点操之过急”的话又扣到列宁头上，指责列宁是“民族自由主义”，犯有轻率的集中主义的过失③。他坚持主张把俄罗斯联邦中央执行委员会改为“全联邦”中央执行委员会。也就是说，斯大林仍然试图把俄罗斯联邦凌驾于其他民族苏维埃共和国之上。

1922年10月6日，俄共（布）中央召开全会，列宁因病不能出席会议，写信给当时主持政治局工作的加米涅夫：“我宣布同大国沙文主义进行决死战。我那颗讨厌的蛀牙一治好，我就要用满口的好牙吃掉它。在联盟的中央执行委员会中要绝对坚持由俄罗斯人、乌克兰人、格鲁吉亚人等轮流担任主席。绝对坚持！”④ 列宁这封言辞激烈的信表明，他对党内那些违背民族平等原则的现象已经无法容忍，宣布要与之进行坚决的斗争，并坚决要求各民族共和国的联合绝

---

① 《列宁文稿》第4卷，北京：人民出版社，1978年，第523页。

② 《列宁文稿》第4卷，北京：人民出版社，1978年，第385—387页。

③ 中共中央马克思恩格斯列宁斯大林著作编译局《马列著作编译资料》编辑部编：《马列著作编译资料》第13辑，北京：人民出版社，1981年。

④ 《列宁全集》第33卷，北京：人民出版社，1956年，第334页。

对坚持平等原则。由于列宁的坚持，中央全会通过了根据列宁意见修改的决议草案。12月30日，召开了苏维埃社会主义共和国联盟第一次代表大会，通过了苏联成立宣言和联盟公约，宣布联盟是“各个平等民族的自愿联合”，规定“每个共和国有自由退出联盟的权利”[①]。大会选举产生了联盟最高权力机构苏联中央执行委员会和主席团，主席团由第一批加入联盟的四个加盟共和国各选派一人组成，轮流担任主席。各民族苏维埃共和国终于按照列宁坚持的平等原则联合起来了。

1922年12月30—31日，在苏维埃联盟一大召开和苏维埃社会主义共和国联盟宣告成立之际，列宁在病榻上分三次口授了《关于民族或“自治化”问题》一文。这是列宁关于民族问题的最后一篇文章，它体现了列宁对民族问题的极大关注，凝结着列宁对民族政策的深沉思索。文中列宁再次批评了斯大林的“自治化”计划“是根本不对的，是根本不合时宜的”[②]。提出了前压迫民族（即俄罗斯民族）不仅要遵守形式上的平等，而且要通过对异族的让步来实现事实上平等的思想。列宁认为，前压迫民族在历史上给异族施加了无数暴力和侮辱，“在历史的实践中几乎永远部是有过错的”[③]，尽管十月革命砸碎了民族压迫的枷锁，宣布了民族平等原则，但生活中实际形成的不平等依然存在。这种不平等表现在政治、经济、文化、心理状态等各方面。同时，由于非俄罗斯民族长期遭受俄罗斯上层统治阶级欺压的历史原因，使他们对俄罗斯人存在着猜疑、戒备等不信任心理，对平等问题特别敏感。因此，为了“保证在无产阶级的阶级斗争中取得异族人最大的信任”，为了“无产阶级团结的根本利益，无产阶级阶级斗争的根本利益”，前压迫民族“要以对待自己的不平等来抵偿生活上实际形成的不平等”，“需要这样或那样用自己对待异族人的态度或让步来抵偿‘大国’民族的政府在过去历史上给他们带来的那种不信任、那种猜疑、那种侮辱”。“多让步一些，多温和一些，比让步不够、温和不够要好些。”“谁不懂得这一点，谁就不懂得对于民族问题的真正无产阶级态度，谁就在实际上抱着小资产阶级观点，因而随时都会滚到资产阶级观点的泥坑里去。”[④]

① 齐世荣主编：《世界通史资料选辑》现代部分，北京：商务印书馆，1985年，第一分册，第314页。

② 《列宁全集》第36卷，北京：人民出版社，1956年，第628页。

③ 《列宁全集》第36卷，北京：人民出版社，1956年，第631页。

④ 《列宁全集》第36卷，北京：人民出版社，1956年，第631—632页。

列宁关于前压迫民族通过对异族的让步，通过对自己的不平等来实现前压迫民族与被压迫民族之间事实上平等的思想是马列主义发展史上第一次提出来的，它丰富和发展了马列主义关于民族平等的理论，为解决苏联的民族问题进一步指明了途径。

二、坚决反对大俄罗斯主义

与前一个问题相联系，列宁晚年解决苏联民族问题的另一个原则是坚决反对大俄罗斯主义。

众所周知，沙俄时期实行民族压迫政策，“政府的政策是使俄罗斯民族一个民族成为统治的民族，而所有其他民族成为被统治、被压迫的民族”①。它一方面给俄罗斯官吏、地主和资本家以种种特权，让他们毫无节制地掠夺、欺压和剥削广大非俄罗斯民族，同时在俄罗斯人中间散布大俄罗斯沙文主义情绪，培植大俄罗斯民族优越感，让他们盲目歧视其他民族。另一方面实行民族同化，强迫被吞并的民族放弃原来的信仰，改宗东正教；放弃本民族语言，改用俄罗斯语；放弃本民族文化，接受俄罗斯文化。这就在俄国造成了深厚的大俄罗斯主义传统。大俄罗斯主义不仅是沙俄政府实行统治的一根精神支柱，也毒害了俄罗斯人的中下层群众。正如列宁揭示的：“许多年来大俄罗斯人受着地主和资本家的影响，养成了一种丑恶可耻的大俄罗斯沙文主义的偏见。”②

既然大俄罗斯主义如此猖獗，作为它的对立物，在为数众多的非俄罗斯民族中，也就出现了形形色色的狭隘的民族主义，如主张所有突厥语民族、伊斯兰民族脱离俄国，建立自己的统一国家的大突厥主义、大伊斯兰主义；主张乌克兰、白俄罗斯独立的资产阶级民族主义，等。这类民族主义可以概括为被压迫民族的民族主义。

上述两种民族主义，前一种民族主义即大俄罗斯主义的反动性是无须多言的。至于后一种民族主义即被压迫民族的民族主义，就其反对沙皇政府的民族压迫政策、争取民族独立的斗争而言是进步的，但当它渗透到工人运动内部，则会危害统一的无产阶级革命事业。因此列宁主张在工人运动中要无一例外地

---

① 《斯大林文选》，北京：人民出版社，1962年，第69页。

② 《列宁全集》第30卷，北京：人民出版社，1956年，第263页。

反对这两种民族主义。他明确指出："任何自由资产阶级的民族主义，都会在工人中间起极大的腐蚀作用，都会使争取自由的事业和无产阶级斗争的事业遭受到极大的损失。"[①] "谁想为无产阶级服务，谁就应当把各民族的工人联合起来，不屈不挠地同'本民族的'和其他民族的资产阶级民族主义作斗争。"[②] 由于列宁和布尔什维克党的坚决斗争，各种分裂俄国工人运动的民族主义思潮遭到很大打击，保证了十月革命的胜利。十月革命后，地主资产阶级的民族压迫政策结束了，但民族主义思潮并没有随之而很快退出历史舞台。作为一种意识形态，它有自己的相对独立性，不会随着基础的消灭一下子消失的。当时无论在社会还是在党内，这两种民族主义的思潮残余都不同程度地存在着。前压迫民族的民族主义倾向，表现在忽视非俄罗斯民族的经济结构、语言文化、风俗习惯等民族特点，竭力排斥和压制非俄罗斯的东西，竭力使一切管理机关都掌握在俄罗斯人手中，甚至仍然主张"统一而不可分割的俄罗斯"，即把其他民族都置于大俄罗斯的控制之下。前被压迫民族的民族主义倾向则表现在过多地强调民族特点、民族利益，忽视无产阶级的整体利益，对大俄罗斯人存在着过多的戒备和不信任心理等。显然，这两种民族主义倾向都不利于各民族的团结合作和苏维埃政权的巩固。

然而，在这两种民族主义倾向中，列宁愈来愈表现出对大俄罗斯主义的深恶痛绝，愈来愈强调要坚决反对大俄罗斯主义。1919 年 12 月 16 日，列宁在《立宪会议选举和无产阶级专政》一文中提出："我们应该特别坚决地反对'俄罗斯'共产党人的大俄罗斯帝国主义思想和沙文主义思想的（有时是不自觉的）残余。"[③] 几天后，列宁在《为战胜邓尼金告乌克兰工农书》中更加鲜明地指出："在我们大俄罗斯共产党人当中，稍微有一点点大俄罗斯民族主义的表现，就应当极其严格地加以追究，因为这种表现根本违背共产主义原则，会带来很大的害处。"[④] 到 1922 年，列宁竟呼出了前文提到的要同大俄罗斯主义作决死战的心声。

相反，这一时期列宁对前被压迫民族的民族主义的谴责较为少见，对他们

---

① 《列宁全集》第 20 卷，北京：人民出版社，1956 年，第 11 页。
② 《列宁全集》第 20 卷，北京：人民出版社，1956 年，第 11 页。
③ 《列宁全集》第 30 卷，北京：人民出版社，1956 年，第 239 页。
④ 《列宁选集》第 4 卷，北京：人民出版社，1972 年，第 150 页。

更多地强调的是要温和、要让步，要最大限度地满足少数民族的利益；对于所谓“独立分子”——地方民族主义分子，既不助长也不消灭他们，和他们保持绝对的平等关系。很明显，在两种民族主义倾向中，列宁特别坚决地要求反对大俄罗斯主义倾向。

列宁的这一观点是在对苏联民族问题的历史反思和客观现实状况缜密分析的基础上得出的结论。列宁认为，从历史看，被压迫民族的民族主义是压迫民族逼出来的，是大俄罗斯民族给其他民族施加了无数暴力和侮辱造成的，只有通过对大俄罗斯主义的严厉追究，通过对异族人的让步，才能消除异族人对俄罗斯人的不信任和猜疑心理，补偿历史上大俄罗斯人对异族人造成的过错，巩固各民族联盟。从现实看，在两种民族主义倾向中，大俄罗斯主义表现最多，危害最烈。“刮一刮某个共产党员，你就会发现他是个大俄罗斯主义者”①。“没有什么比对待民族不公平更能阻止无产阶级团结的发展和巩固了”②。列宁特别从世界革命的高度来看待这一问题，认为为了给东方被压迫民族树立好的榜样，鼓舞和激发他们的反帝斗争，必须在联盟中保持各民族共和国平等、独立的地位，造成各民族互相信任的气氛，这就需要坚决反对和克服大俄罗斯沙文主义倾向。列宁特别尖锐地指出：“如果，在东方人民登上历史舞台的前夜，在他们开始觉醒的时候，由于我们对本国的其他民族采取即使是微小的粗暴态度和不公正态度而损害了自己在东方的威信，那就是不可饶恕的机会主义。……我们即使在小事情上对被压迫民族采取帝国主义态度，都会违背自己的原则立场，完全违背同帝国主义作斗争的原则立场。”③ 正因为如此，列宁以极其强烈的措词，提出要同大俄罗斯主义作决死战。在《关于民族或“自治化”问题》一文中，列宁愤怒地把大俄罗斯主义者比作果戈理讽刺剧《钦差大臣》中的沙俄警察杰尔治摩尔达。提出要处分动手殴打反对“自治化”计划者的格鲁吉亚党中央代表奥尔忠尼启则，以儆效尤，并让支持和庇护这个人的斯大林和负责调查格鲁吉亚事件的捷尔任斯基“对这一真正大俄罗斯民族主义的运动负政治上的责任”④。在1923年俄共（布）十二大上，根据列宁的上述思想，通过了《关于

① 《列宁全集》第29卷，北京：人民出版社，1956年，第167页。
② 《列宁全集》第26卷，北京：人民出版社，1956年，第632页。
③ 《列宁全集》第26卷，北京：人民出版社，1956年，第634页。
④ 《列宁全集》第36卷，北京：人民出版社，1956年，第633页。

民族问题》的决议，明确提出在两种民族主义倾向中，大俄罗斯沙文主义倾向是特别有害和特别危险的，它破坏过去被压迫民族对俄罗斯无产阶级的信任，阻碍各共和国的联合。列宁认为："同大俄罗斯沙文主义残余作坚决斗争是我们党当前的第一项任务。"在民族问题总体系中，大俄罗斯沙文主义占 3/4，地方民族主义是一种反对大俄罗斯主义的畸形的防御形式，打倒了大俄罗斯主义，就是把某些共和国内过去保存下来的、现在正在发展的民族主义打倒了 9/10。这个决议成为苏联历史上关于民族问题的最重要的文件之一。

综上所述，列宁晚年在解决苏联民族问题上，特别强调坚持各民族平等的原则和坚决反对大俄罗斯主义。列宁是从建设社会主义民主国家与推动世界革命两个角度来考虑这一问题的。列宁当时对世界革命形势的估计仍然比较乐观，期望通过解决苏联民族问题来影响和推动东方革命。这就不乏理想主义的成分。但它丝毫不影响这些原则本身对解决苏联民族问题的指导意义。遗憾的是列宁不久便逝世了，斯大林时期这些原则并未得到很好的贯彻执行，因而给苏联民族问题的解决留下了诸多后遗症。

原载（《西北大学学报》1989 年第 3 期）

论列宁、斯大林反对两种民族主义的不同取向

一

民族问题是一个复杂的世界性问题。研究和总结斯大林解决苏联民族问题的理论与实践有重要意义。本文试就列宁、斯大林反对两种民族主义的不同取向作一探讨。

苏联是个多民族国家。十月革命前，由于沙皇政府长期实行民族压迫政策，俄国存在着形形色色的民族主义思潮。有歧视和主张同化其他民族的大俄罗斯主义，有主张乌克兰、白俄罗斯独立的资产阶级民族主义，有主张所有突厥语民族、伊斯兰民族脱离俄国建立统一国家的大突厥主义、大伊斯兰主义，有主张实行“民族文化自治”的崩得分子等。这些民族主义大致可归纳为两种：压迫民族的民族主义即大俄罗斯主义和被压迫民族的民族主义。前一种民族主义的反动性是无须多言的。至于后一种民族主义，就其反对沙皇政府的民族压迫政策、争取民族独立的斗争而言是进步的，但当它渗透到工人运动内部，则会危害统一的无产阶级革命事业。因此列宁主张在工人运动中要无一例外地反对这两种民族主义。他明确指出：“任何自由资产阶级的民族主义，都会在工人中间起极大的腐蚀作用，都会使争取自由的事业和无产阶级斗争的事业遭受到极大的损失。”“谁想为无产阶级服务，谁就应当把各民族的工人联合起来，不屈不挠地同本民族的和其他民族的资产阶级民族主义作斗争。”① 由于列宁和布尔什

---

① 《列宁全集》第20卷，北京：人民出版社，1956年，第5、8页。

维克党的坚决斗争，各种分裂俄国工人运动的民族主义思潮遭到很大打击，保证了十月革命的胜利。

十月革命后，地主资产阶级的民族压迫政策结束了，但民族主义思潮并没有随之而很快退出历史舞台。当时无论在社会上还是党内，这两种民族主义的思潮残余都程度不等地存在着。前压迫民族的民族主义倾向，表现在忽视非俄罗斯民族的经济结构、语言文化、风俗习惯等民族特点，竭力排斥和压制非俄罗斯的东西，竭力使一切管理机关都掌握在俄罗斯人手中，甚至仍然主张"统一而不可分割的俄罗斯"，即把其他民族都置于大俄罗斯的控制之下。前被压迫民族的民族主义倾向则表现在过多地强调民族特点、民族利益，忽视无产阶级的整体利益，对俄罗斯人存在着过多的戒备和不信任心理等。显然，这两种民族主义倾向都不利于各民族的团结合作和苏维埃政权的巩固。

这时，列宁对民族主义的态度发生了变化。列宁认为，"抽象地提出一般民族主义问题是极不恰当的。必须把压迫民族的民族主义和被压迫民族的民族主义区别开来，把大民族的民族主义和小民族的民族主义区别开来"。[①] 如何区别呢？首先，要"特别坚决地反对俄罗斯共产党人的大俄罗斯帝国主义思想和沙文主义思想的（有时是不自觉的）残余……"。[②] 在大俄罗斯共产党人中，"稍微有一点点大俄罗斯民族主义的表现，就应当极其严格地加以追究"[③]。其次，压迫民族对于被压迫民族，不仅要遵守形式上的平等，而且要以对待自己的不平等来抵偿生活中实际形成的不平等，要通过对异族人的让步来抵偿历史上给他们带来的不信任、猜疑和屈辱。最后，要最大限度地满足少数民族的利益，对于所谓"独立分子"——地方民族主义分子，既不助长也不消灭他们，在联盟中要和他们保持绝对的平等关系。十分清楚，在两种民族主义倾向中，列宁现在特别强调反对大俄罗斯主义倾向。

列宁的这一观点是在对苏联民族问题的历史反思和客观现实状况缜密分析的基础上得出的结论。列宁认为，从历史上看，被压迫民族的民族主义是压迫民族逼出来的，是大俄罗斯民族给其他民族施加了无数暴力和侮辱造成的。只有通过对大俄罗斯主义的严厉追究，通过对异族人的让步，才能消除异族人对

---

① 《列宁全集》第 26 卷，北京：人民出版社，1956 年，第 631 页。
② 《列宁全集》第 30 卷，北京：人民出版社，1956 年，第 239 页。
③ 《列宁选集》第 4 卷，北京：人民出版社，1972，第 150—151 页。

俄罗斯人的不信任和猜疑心理，补偿历史上大俄罗斯人对异族人造成的过错，巩固各民族联盟。从现实看，在两种民族主义倾向中，大俄罗斯主义表现最多，危害最烈。“刮一刮某个共产党员，你就会发现他是大俄罗斯沙文主义者……”①。“没有什么比对待民族不公平更能阻挠无产阶级团结的发展和巩固了”②。列宁特别从世界革命的高度看待这一问题，认为为了给东方被压迫民族树立好的榜样，鼓舞和激发他们的反帝斗争，必须在联盟中保持各民族共和国平等、独立的地位，造成各民族互相信任的气氛，这就需要坚决反对和克服大俄罗斯沙文主义倾向。列宁特别尖锐地指出：“如果，在东方人民登上历史舞台的前夜，在他们开始觉醒的时候，由于我们对本国的其他民族采取即使是微小的粗暴态度和不公正态度而损害了自己在东方的威信，那就是不可饶恕的机会主义。……我们即使在小事情上对被压迫民族采取帝国主义态度，都会违背自己的原则立场，完全违背同帝国主义斗争的原则立场。”③ 正因为如此，列宁甚至喊出了要同大俄罗斯主义作决死战的心声。列宁关于坚决反对大俄罗斯主义的思想是解决苏联复杂的民族问题的正确指南。

二

那么，斯大林又是如何看待这两种民族主义倾向呢？

十月革命前，斯大林在抨击民族主义思潮时，一般是指非俄罗斯民族的民族主义，并不包括大俄罗斯主义。例如，他在《马克思主义和民族问题》一文中，提出要“给民族主义一个反击”，并列举了一大串民族主义，其中有犹太人的锡安主义，鞑靼人的大伊斯兰主义，阿尔明尼亚人、格鲁吉亚人、乌克兰人的民族主义，就是没有大俄罗斯主义④。

十月革命后直到1921年初，仍然是这种情况。1921年1月，斯大林在俄罗斯苏维埃联邦突厥语系民族共产党员会议上讲到，所有俄罗斯人，包括俄罗斯共产党员，除了有某些“大国沙文主义”情绪外，他们中间没有发生过民族主义倾向，因此用不着去克服这种倾向；而突厥语系民族的共产党员与此不同，

① 《列宁全集》第29卷，北京：人民出版社，1956年，第167页。

② 《列宁全集》第36卷，北京：人民出版社，1956年，第632页。

③ 《列宁全集》第36卷，北京：人民出版社，1956年，第634页。

④ 《斯大林全集》第2卷，北京：人民出版社，1958年，第289—290页。

他们中间过去和现在都存在着民族主义倾向和残余，因此克服这种倾向和残余是他们当前的任务①。斯大林在这里首先犯了一个概念上的错误，把“大国沙文主义”和“民族主义”机械地对立起来了。其实大国沙文主义就是民族主义的一种表现形式，即“大民族”的民族主义的表现形式。同时，他仅仅承认俄罗斯人有某些“大国沙文主义”的情绪，没有要求他们克服这种情绪，更否认他们有民族主义倾向，相反地，却特别强调了克服民族主义倾向是突厥语系民族共产党员的任务。可见，斯大林这时仍然无意于反对大俄罗斯民族主义，强调的只是反对非俄罗斯民族的民族主义也即地方民族主义。

1921年2月10日，《真理报》发表了由斯大林起草并提交党的十大的关于民族问题的报告提纲《论党在民族问题方面的当前任务》。该提纲是经政治局讨论、并由有列宁参加的委员会修订过的。提纲在揭露了党内存在的两种民族主义倾向后，第一次把大俄罗斯主义倾向作为主要危险提了出来，指出它是“特别危险和特别有害的”；“消除共产主义中的民族主义的、首先是殖民主义的动摇，是党在边疆地区最重要的任务之一”②。然而一个月后，斯大林在十大的正式报告中只字未提大俄罗斯主义是主要危险的问题，而是把大俄罗斯主义倾向和地方民族主义倾向相提并论，置于同等地位。这表明他并没有真正接受大俄罗斯主义倾向是主要危险的观点。

1923年党的十二大上，斯大林的观点发生了明显变化。他在关于民族问题的报告中分析党内存在的两种民族主义倾向时，明确指出大俄罗斯沙文主义倾向是“特别有害和特别危险的”，它破坏过去被压迫民族对俄罗斯无产阶级的信任，阻碍各共和国联合成一个统一的联盟，“同大俄罗斯沙文主义残余作坚决斗争是我们党当前的第一项任务”。在民族问题总体系中，大俄罗斯沙文主义占3/4，地方民族主义是一种反对大俄罗斯主义的畸形的防御形式，打倒了大俄罗斯主义，“就是把某些共和国内过去保存下来的、现在正在发展的民族主义打倒十分之九”③。斯大林这时接受了大俄罗斯主义是主要危险的观点。

斯大林上述观点的改变是列宁严厉批评的结果。1922年在成立苏联和格鲁吉亚事件问题上，斯大林提出要各民族共和国以自治共和国的形式加入俄罗斯

① 《斯大林全集》第5卷，北京：人民出版社，1958年，第3—4页。
② 《斯大林全集》第5卷，北京：人民出版社，1958年，第24页。
③ 《斯大林全集》第5卷，北京：人民出版社，1958年，第212页。

联邦的“自治化”计划，支持和袒护奥尔忠尼启则，打击压制反对这一计划的格鲁吉亚党组织，暴露出明显的大俄罗斯主义倾向，受到列宁严厉的批评。列宁宣布“要同大俄罗斯沙文主义进行决死战”[①]，斥责斯大林是“大国主义的杰尔摩·治尔泰”，要他和捷尔任斯基对这一大俄罗斯民族主义的运动负政治上的责任[②]，并准备在即将召开的党的十二大上进行清算。列宁后因病未出席十二大，但他的一系列尖锐批评不能不使斯大林有所触动，从而表面上接受了列宁的观点。

此后直到20世纪30年代初，斯大林在理论上基本坚持这一观点。1930年党的十六大上，斯大林仍说大俄罗斯主义是一种最精致最危险的民族主义，是党在民族问题上的主要危险，它的实质是“企图抹杀语言、文化和生活习惯方面的民族差别；企图准备撤销民族共和国和民族区；企图破坏民族平等权利原则，破坏党关于机关民族化与报刊、学校及其他国家组织和社会组织民族化的政策”[③]。但在党的下一次代表大会上，斯大林的观点再次发生了变化。

1934年1月，斯大林在党的十七大总结报告中，在谈到民族主义倾向时说道：“民族主义倾向，不管是大俄罗斯民族主义倾向还是地方民族主义倾向……就是使工人阶级的国际主义政策迁就资产阶级的民族主义政策……”，这两种倾向的根源是共同的，就是离开列宁的国际主义，要打击这两种倾向，就首先应该打击这个根源，打击那些离开国际主义的人。[④] 他只字未提大俄罗斯主义是主要危险的问题，而是重新把两种民族主义倾向相提并论，把放松和违背国际主义的人作斗争当做主要危险，要人们加紧和背离国际主义的倾向作斗争。此后，斯大林再未讲过大俄罗斯主义是主要危险，甚至也未讲过和大俄罗斯主义作斗争的问题。

上述事实表明，斯大林对两种民族主义的看法和列宁大不相同。十月革命前，列宁主张要反对各种分裂工人运动的民族主义思潮，斯大林则倾向于只反对非俄罗斯民族的民族主义而不反对大俄罗斯主义。十月革命后，列宁把大俄罗斯主义看作主要危险，提出要特别坚决地和大俄罗斯主义作斗争；斯大林虽

① 《列宁全集》第33卷，北京：人民出版社，1956年，第334页。

② 《列宁全集》第36卷，北京：人民出版社，1956年，第633页。

③ 《斯大林全集》第12卷，北京：人民出版社，1958年，第314页。

④ 《斯大林全集》第13卷，北京：人民出版社，1958年，第319—320页。

一度基本接受了列宁的观点，但最终还是抛弃了它。

三

如果说，斯大林在理论上一度也还承认大俄罗斯主义是主要危险的观点，在实践中则把打击的主要矛头始终指向地方民族主义，而不是大俄罗斯主义。这可从如下几个方面看出。

首先，对地方民族主义的指责始终不断，对大俄罗斯主义的指责较为鲜见。斯大林时期，无论是斯大林本人的言论著作还是官方的宣传中，虽然对大俄罗斯主义也有所指责，但远不及对地方民族主义指责得那样持久、激烈。党的十二大上，按列宁的想法，要集中力量清算大俄罗斯主义，丝毫无意于同时要打击地方民族主义。但斯大林的报告在批评大俄罗斯主义的同时，用很大篇幅谴责了地方民族主义，并对格鲁吉亚所谓地方民族主义“倾向分子”点名批判，对奥尔忠尼启则、捷尔任斯基以及他本人却未作批评。这不仅淡化了对大俄罗斯主义的斗争，而且把打击的主要矛头事实上指向了地方民族主义。斯大林这一作法在当时就遭到一些代表的批评。乌克兰代表尼·斯克雷尼克把斯大林这一做法称为“骑墙态度”，这个说法不无道理。

十二大后一个多月，斯大林主持召开了俄共（布）第四次民族会议。这次会议的首项议程本来是讨论制定贯彻十二大决议的具体措施，但斯大林临时把批判“资产阶级民族主义分子”、鞑靼自治共和国首届人民委员会主席苏丹——加里也夫作为第一项议程，集中火力进行批判。斯大林在会上作了“关于各民族共和国和各民族地区内的右派和‘左派’”的报告，强调“民族主义是在各边疆地区和各共和国培养马克思主义干部，培养马克思主义先锋队道路上的重要思想障碍”[①]。要求铲除民族主义，丝毫未提铲除大俄罗斯主义。

此后，苏联几乎每年都有一些人被指责为资产阶级民族主义分子，或因同一性质的问题遭到批判。仅举几例：1924 年，阿塞拜疆党的领导人罕布达戈夫等因要求停止向阿塞拜疆移民，被指责为地方民族主义倾向，受到批评；1926 年，乌克兰教育部长舒姆斯基和著名作家赫维廖维伊因要求乌克兰文学自由发展等问题，被指责为地方民族主义倾向，遭到批判；1927 年，哈萨克共产党主

① 《斯大林全集》第 5 卷，北京：人民出版社，1958 年，第 252 页。

要领导人被指控在分配土地问题上歧视和排挤俄罗斯人、乌克兰人移民而撤职。同年，苏联政府宣布在土库曼破获了一个民族主义组织；1929—1933 年，苏联政府宣布在乌克兰破获民族主义组织“乌克兰解放同盟”“乌克兰民族中心”“乌克兰军事组织”，在白俄罗斯破获民族主义组织“白俄罗斯民族中心”。而在此期间，很少有人被指责为“大俄罗斯主义分子”而受到点名批判。

20 世纪 30 年代中期以后，这种情况愈加突出，斯大林和苏联官方对大俄罗斯主义的谴责几乎销声匿迹，人们听到的只是对“资产阶级民族主义”的斥责声。战后苏联意识形态领域掀起一场思想批判运动。在这一运动中遭受批判的也主要是非俄罗斯民族的知识分子，他们被指责美化本民族历史，低估俄罗斯文化对其他民族的影响，没有给予沙俄征服者的进步作用以应有的估价等。其中犹太人受到特别严重的批判，1948 年底到 1949 年初，报纸上点名批判的知识分子大部分是犹太人，在点名批判的作家、艺术家中犹太人占 70%，经济和体育工作者中达 85%。①

其次，对大俄罗斯主义空泛批评，对地方民族主义严厉打击。反对民族主义倾向的斗争本来属思想斗争性质，应采取批判教育、以理服人的办法，但斯大林对地方民族主义倾向的打击非常严厉。一是无限上纲，动辄给扣上“资产阶级民族主义”的帽子，严加批判。上面提到的乌克兰作家赫维廖维伊 1925 年发表了一些关于乌克兰文化发展道路的文章，主张在文化上要“脱离莫斯科”，斯大林获悉后写信给乌共中央书记卡岗诺维奇等，指出“正当西欧各国无产者和他们的共产党都对莫斯科、对国际革命运动……的堡垒深表同情时，赫维廖维伊却号召乌克兰活动家尽快地‘摆脱莫斯科’，除此以外竟没有讲一句拥护莫斯科的话”，号召粉碎民族主义倾向——赫维廖维主义。② 本来是思想文化方面的分歧，一下子就上纲为政治问题。为此赫维廖维伊被开除党籍，遭到严厉批判，于 1933 年自杀。二是组织处理非常严厉。撤销职务、开除党籍是寻常的处分，逮捕处决也不乏见。特别在肃反运动中，许多人因“资产阶级民族主义者”或参加反苏民族主义恐怖组织等罪名被清洗。例如，在所谓白俄罗斯存在一个以党政领导人为首的广泛的反苏地下组织的罪名下，白俄罗斯党组织约有一半

① Benjamin Piokus，The Soviet Government and the Jews，1948 - 1967，Cambridge：Cambridge University Press，1984，p. 159.

② 《斯大林全集》第 8 卷，北京：人民出版社，1958 年，第 138 页。

成员被剥夺了党证，该共和国几乎所有领导人都被开除出党，有的被逮捕。格鲁吉亚1937年5月召开的党的十大共644名代表，有425人被逮捕、流放或处决，占代表总数的66%①。1937—1939年，有18名哈萨克党政领导人被处决②。与此相反，斯大林对大俄罗斯主义除作过几次空泛的批评外，从未对任何人因大俄罗斯主义的罪名给予如此严厉的处分。

斯大林在实践中把打击的主要矛头始终指向地方民族主义而不是大俄罗斯主义，背离了列宁的思想原则，给苏联社会发展和民族问题的解决带来不良后果。它使苏联的社会主义民主和法制遭到破坏，社会主义苏联的国际威望遭到损害。由于各民族共和国、民族地区许多优秀的党政领导人、老布尔什维克遭到清洗，许多杰出的文学家、艺术家、科学家遭到打击，因而阻碍了民族地区政治文化的发展。而且使苏联本来就严重存在的大俄罗斯主义不仅没有克服，还日益发展，愈演愈烈，乃至今日仍然是影响苏联民族关系的一个重要因素。

四

斯大林在反对两种民族主义倾向的斗争中之所以产生上述问题，是由历史的、现实的等诸种因素造成的。

1. 大俄罗斯主义历史传统的影响

众所周知，沙俄时期实行民族压迫政策。它一方面给俄罗斯官吏、地主和资本家以种种特权，让他们毫无节制地掠夺、欺压和剥削广大非俄罗斯民族；另一方面，又在俄罗斯人中间散布大俄罗斯沙文主义情绪，培植大俄罗斯民族优越感，让他们盲目地歧视其他民族。同时，沙皇政府对被吞并民族实行同化政策，强迫他们放弃自己的语言，改用俄语；强迫他们放弃本民族文化，接受俄罗斯文化。19世纪30年代，尼古拉一世通过他的教育大臣乌瓦罗夫抛出了一个“正统国民精神的理论”，把“正教、专制和民族”作为统治的三原则。亚历山大二世时，明确提出了“一个皇帝、一个宗教、一个语言”和“一个祖国、

① 《格鲁吉亚共产党历史片断》，1963年，第158—160页；转引自（苏）罗·亚·麦德维杰夫《让历史来审判：斯大林主义的起源及其后果》上册，赵洵、林英译，北京：人民出版社，1983年，第324页。

② （美）泽夫·卡茨主编：《苏联主要民族手册》，费孝通等译，北京：人民出版社，1982年，第295页。

一个民族、一个皇权”的口号，企图在俄国建立沙皇、东正教和俄罗斯民族的绝对统治，强制实行一体化。沙皇政府的这些政策不能不对俄国人民产生重大影响，造成深厚的大俄罗斯主义传统，并自然地带入布尔什维克党内。

十月革命后，尽管布尔什维克党和苏维埃政府废除了民族压迫和同化政策，宣布各民族一律平等，有自由自决、使用本民族语言等权利，但作为一种意识形态，大俄罗斯主义的偏见是很难一下子消除的。直到1923年党的十二大，在提到反对地方民族主义时，会场上掌声如雷，在谈到反对大俄罗斯主义时，“只举起一个孤零零的指头”①，就说明了大俄罗斯民族主义倾向的顽固性与普遍性。

斯大林虽然是格鲁吉亚人，但他成长在俄国大地上，缺乏民主的熏陶。作为鞋匠的儿子、贫苦家庭出身的异族人，他对沙皇专制制度的凶狠残暴深恶痛绝，很早就成为反对沙皇专制制度的斗士。但他从小在东正教会学校读书，俄国的大俄罗斯主义传统又如此深厚，使他不能不受影响；特别是在反对沙皇专制制度的斗争中，俄罗斯无产阶级站在前列，这一切就使他同时也产生了“俄罗斯民族自豪感”，把俄罗斯民族看作“最优秀民族”，“领导民族”②，成为列宁所批评的“俄罗斯化了的异族人”。这就导致他在处理苏联民族问题时，往往站在俄罗斯民族一边，袒护大俄罗斯主义，打击反对大俄罗斯主义的地方民族主义。

2. 俄罗斯集权主义历史传统的影响

俄国自伊凡雷帝正式确立中央集权制以来，到20世纪时已有300多年的历史。在此期间，历届沙皇始终把中央集权制作为进行统治的最重要支柱，并不断加以强化，这就在俄国同时造成了深厚的集权主义传统。这一传统在斯大林身上也刻下了深深的印痕，使他在政治上偏好于建立以俄罗斯为核心的中央集权制，“自治化”计划便是他这一偏好的最初反映和尝试。这就和主张在联盟中保持一定独立性、发展本民族经济文化的少数民族干部、知识分子发生了矛盾。结果他们便被冠以“资产阶级民族主义者”的帽子遭受打击。

3. 资本主义包围与一国建设社会主义的客观环境的影响

20世纪20年代中期，斯大林提出一国社会主义理论，把它确立为党的基本路线，苏联开始在资本主义包围之中依靠一国的力量建设社会主义。这种客观

---

① （苏）伊凡·麦斯特连科：《苏共各个时期的民族政策》，北京：人民出版社，1983年，第96页。

② 《斯大林文选》，北京：人民出版社，1962年，第428页。

环境使斯大林始终存在着一种危机感而缺乏安全感。同时，斯大林认为苏联是世界革命的基地、各国革命的枢纽，苏联社会主义建设事业的成败、苏维埃国家的安危也关系到世界革命的前途问题。为此斯大林特别重视苏联政权的巩固与国家利益，把民族问题纳入一国社会主义的轨道，民族利益必须服从苏维埃国家的利益。在他看来，地方民族主义倾向有损于苏维埃政权的巩固和国家利益，就把打击的主要矛头指向地方民族主义。20 世纪 20 年代末至 30 年代初，随着国际形势的日趋紧张，为了改变“落后就要挨打”的局面，把苏联尽快建成具有独立经济体系的社会主义强国，巩固国防，斯大林放弃了列宁的新经济政策，在苏联加速实现工业化和农业全盘集体化，建立了一套高度集中的管理体制。在这一过程中，一些少数民族的特点遭到忽视，民族权利遭到损害，激发了一些人的不满和反抗，民族矛盾重新尖锐。在这种情况下，斯大林公开放弃了大俄罗斯主义是主要危险的观点，从此对地方民族主义采取了更为严厉的打击措施。

综上所述，列宁和斯大林在反对两种民族主义倾向的斗争中，采取了迥然不同的立场。十月革命前，列宁主张无一例外地反对俄国工人运动中存在的各种民族主义倾向，斯大林则只强调反对非俄罗斯民族的民族主义。十月革命后，为解决苏俄复杂的民族问题，基于苏俄民族问题的历史与现状，列宁提出在两种民族主义倾向中要着重反对大俄罗斯主义。具有浓厚大俄罗斯主义思想残余的斯大林，在列宁的尖锐批评下虽然一度也曾口头上接受了这一观点，在实践中则把打击锋芒始终指向前被压迫民族的民族主义而不是大俄罗斯主义。结果使苏联本来就严重存在的大俄罗斯主义愈益发展，少数民族的权益受到损害。苏联民族关系至今时有纷扰，追根溯源，不能不说也受到斯大林这一做法的影响。当然，斯大林在反对两种民族主义的不同取向中之所以产生上述问题，也有客观原因。斯大林是时代的产儿，他的作为自然也就打上了他那个时代的烙印：俄国深厚的大俄罗斯主义土壤，一国建设社会主义的客观环境等，不再赘述。

原载（《陕西师范大学学报》1989 年第 1 期）

斯大林的一国社会主义对共产国际的影响

斯大林的“一国社会主义”，从狭义上说，是指斯大林关于首先在一国建成社会主义的理论；从广义上说，包括这一理论及其指导下的实践活动。本文试图从广义的角度探讨斯大林一国社会主义对共产国际的影响，揭示共产国际中后期所犯错误的一个重要原因。

一、斯大林的一国社会主义改变了共产国际关于世界革命的战略思想

斯大林关于首先在一国建成社会主义的思想，是在1924年底所写的《十月革命和俄国共产党人的策略》一文中提出来的。之后经过多次阐述和发挥，形成比较系统的理论。其基本内容，“这就是可能用我国内部力量来解决无产阶级和农民间的矛盾，这就是在其他国家无产者的同情和支援下，但无须其他国家无产阶级革命的预先胜利，无产阶级可能夺得政权并利用这个政权在我国建成完全的社会主义社会”①。1925年4月，在俄共（布）第十四次代表会议上，这一思想被写进大会决议，成为指导苏联党和人民进行革命和建设的基本路线。

斯大林的“一国社会主义”理论，严格说来还不算是一个完善的理论。例如，对于建成社会主义的标准，他时而说成是解决“无产阶级和农民之间的矛盾”，时而说成是“在斗争的过程中用本身的力量战胜本国的资产阶级”。这就未免有些简单化了。同时，斯大林把这一理论说成是列宁的创见，是列宁的

---

① 《斯大林全集》第8卷，北京：人民出版社，1958年，第64页。

"一国胜利"论，也是不够确切的。列宁的一国胜利论和斯大林的一国社会主义理论的内涵不尽相同，前者是指一国无产阶级可以首先夺取政权，后者则指不仅可以夺取政权，也可以建成社会主义。后者实际上是对前者的继承和发展。

斯大林的一国社会主义理论修正了传统观点，把同无产阶级世界革命相联系的社会主义，变成了同一个国家相联系。它明确提出无须其他国家革命的预先胜利，苏联独自一国可以建成社会主义。这就对当时唯一的无产阶级专政国家的前途和命运作出了积极的回答，对鼓舞苏联党和人民进行社会主义革命和建设起了重要作用。但是，由于苏联在共产国际中所处的特殊地位，一国社会主义既然成为苏联党的指导思想、基本路线，也就不可避免要被共产国际所接受，并改变了共产国际关于世界革命的战略思想。

共产国际是为领导和推动无产阶级世界革命而建立的世界共产党组织。1920年共产国际二大通过的《共产国际章程》宣布："共产国际的目的在于利用一切可以利用的手段（包括武装斗争），为建立一个作为完全废除国家的过渡阶段的国际苏维埃共和国而斗争。"① 共产国际之所以以此为目标，除了客观上当时各国出现工农运动高潮，世界革命似乎成为直接实践的问题外，其理论上的原因是，在马克思主义创始人看来，社会主义革命是一场世界性革命，它不能单独在某一个国家发生并取得胜利，而将在一切文明国家同时发生。因为大工业建立了世界市场，把各个资本主义国家联系了起来，使之互相影响，互相促进，一个国家反对资产阶级的斗争就会引起其他国家的连锁反应。列宁尽管在一战期间根据资本主义经济政治发展不平衡的规律，提出社会主义革命可能首先在少数甚至单独一个资本主义国家取得胜利的"一国胜利论"，并在这一理论指导下发动了俄国十月革命。但他仍然认为，"从全世界历史范围来看，如果我国革命始终是孤立无援的，如果其他国家不发生革命，那么毫无疑问，我国革命的最后胜利是没有希望的"②。列宁和马克思一样，认为社会主义是和现代化大生产联系在一起的。俄国是一个经济落后的小农国家，在这样的国家要单独建成社会主义是相当困难的，必须获得先进国家的经济技术援助，这就有赖于这些国家无产阶级革命的胜利。因此，列宁始终是把俄国的社会主义放在世界

① （英）珍妮·德格拉斯编：《共产国际文件》第1卷，北京编译社译，北京：世界知识出版社，1963年，第205页。

② 《列宁选集》第3卷，北京：人民出版社，1972年，第45页。

革命的总进程中来考虑的。直到1923年，列宁在逝世前所写的最后几篇文章中，还尖锐地提出俄国能否支持到西欧资本主义国家发展到社会主义那一天的问题。必须指出，当时各国社会主义者几乎无一例外都持上述观点。这也就奠定了共产国际关于世界革命的战略思想。

共产国际的上述战略思想与战略目标，决定了它的具体的政策、策略。共产国际在成立之初，由于对形势估计非常乐观，甚至认为“整个欧洲不出一年就要变成苏维埃的欧洲”①，采取了进攻的政策，并制定了相应的斗争策略。共产国际号召各国党进行武装斗争，立即对资产阶级政权发动“直接进攻”。为了进行这一斗争，必须和阻止无产阶级革命、维护资产阶级统治的右倾机会主义作坚决斗争，必须建立巩固的工农联盟，支持殖民地的一切解放运动。

1921年以后，世界形势发生了明显变化，共产国际一直号召并期待的各国无产阶级特别是先进国家无产阶级的公开夺权斗争没有发生，世界苏维埃共和国也没有能建立。对此，共产国际以为，“这些希望所以落空，并不是因为西方不具备社会主义革命的条件”②，而是因为这些国家的共产党没有把大多数群众争取过来，是由于社会民主党和工人贵族的背叛。为此，共产国际总结了各国革命斗争的经验教训，改变了斗争策略，“从进攻的策略转入了包围的策略，用渗透的办法代替了公开的武装斗争”③。这种策略上的转变，是以世界革命为前提的。尽管共产国际这时承认世界革命的速度减缓了，并认识到世界革命要在世界史上持续整整一个漫长而痛苦的时代，它在西欧的开展要比在俄国远为困难，但它仍坚持认为无产阶级革命不可能在单独一个国家取得彻底胜利。1922年共产国际四大通过的《俄国革命五周年》的决议特别提醒各国无产者，“无产阶级革命绝不可能单独在一个国家内彻底胜利，它作为世界革命必须在国际范围内获得成功”。④ 这就是说，直到这时，共产国际仍然坚持关于世界革命的战略思想。

---

① （英）珍妮·德格拉斯编：《共产国际文件》第1卷，北京编译社译，北京：世界知识出版社，1963年，第65—66页。

② （英）珍妮·德格拉斯编：《共产国际文件》第2卷，北京编译社译，北京：世界知识出版社，1963年，第330页。

③ （英）珍妮·德格拉斯编：《共产国际文件》第1卷，北京编译社译，北京：世界知识出版社，1963年，第287页。

④ （英）珍妮·德格拉斯编：《共产国际文件》第1卷，北京编译社译，北京：世界知识出版社，1963年，第570页。

斯大林提出一国社会主义理论后，随着反对派对该理论进攻的失败，共产国际逐渐接受了这一理论，并在 1928 年召开的六大上写入《共产国际纲领》中。《共产国际纲领》写道："不能把国际无产阶级革命看成是能在各地同时一举而成的事情。社会主义最初只能在几个甚至在一个资本主义国家获得胜利"。[①]这里所讲的社会主义在一国胜利既包括夺取政权，也包括建成社会主义，也即是斯大林一国社会主义理论的涵义。这可以从下文看出。《共产国际纲领》在具体讲到苏联时说，苏联"具有足以打倒大地主和资产阶级和彻底建成社会主义的必要物质条件"[②]。"社会主义作为苏联经济的决定性力量已经建立了"，并且"已越来越接近于完成"。[③] 对于社会主义在一个国家内胜利的涵义，斯大林也有过明确解释。他说："党始终认为：社会主义在一个国家内的胜利就是在这个国家内有建成社会主义的可能性，并且这个任务是可以用一个国家的力量来解决的。"[④] 可见，共产国际这时已接受了一国社会主义理论。

共产国际接受了一国社会主义理论，意味着它关于世界革命的战略思想发生了变化，承认不依赖世界革命，独自一国可以建成完全的社会主义；它开始特别强调苏联的地位和作用，把苏联说成是"一切被压迫阶级的国际运动的基地、国际革命的中心、世界历史中最重要的因素"[⑤]，是"国际无产阶级的唯一祖国，是它取得各项成就的最重要的支柱，是它获得国际解放的主要因素"。[⑥]这种战略思想的改变，对其实践活动产生了重大影响。

二、斯大林的一国社会主义使共产国际把"保卫苏联"作为注意的中心，把别国的革命斗争降到了从属地位

共产国际在其早期由于坚持世界革命的战略思想，在国家利益与国际革命

① （英）珍妮·德格拉斯编：《共产国际文件》第 2 卷，北京编译社译，北京：世界知识出版社，1963 年，第 670 页。

② （英）珍妮·德格拉斯编：《共产国际文件》第 2 卷，北京编译社译，北京：世界知识出版社，1963 年，第 690 页。

③ （英）珍妮·德格拉斯编：《共产国际文件》第 2 卷，北京编译社译，北京：世界知识出版社，1963 年，第 690 页。

④ 《斯大林全集》第 8 卷，北京：人民出版社，1958 年，第 289 页。

⑤ （英）珍妮·德格拉斯编：《共产国际文件》第 2 卷，北京编译社译，北京：世界知识出版社，1963 年，第 693 页。

⑥ （匈）贝拉·库恩：《共产国际文件汇编》，北京：生活·读书·新知三联书店，1965 年，第 3 册，第 59 页。

利益的关系问题上，强调要使“国家利益服从国际革命的利益”，“要体现各国无产阶级的相互支援”。[①] 它没有要求别国的革命利益要服从某一国的利益。列宁也没有要求其他国家的革命利益要服从俄国的利益，而是始终以推动国际革命为己任，使苏俄利益服从国际革命的整体利益。

斯大林在提出一国社会主义理论后，接着便开始强调苏联一国的利益。早在1925年3月，斯大林就指出：“苏联是世界各国革命运动的支柱，维护和加强苏联意味着加速工人阶级对世界资产阶级的胜利。”[②] 1927年更进一步提出保卫苏联的问题是检验革命者和国际主义者的标准。他说：“谁决心绝对地、毫不动摇地、无条件地、公开地和忠实地捍卫苏联，保卫苏联，谁就是革命者，因为苏联是世界上第一个建设社会主义的无产阶级的革命国家。谁决心绝对地、毫不动摇地、无条件地捍卫苏联，谁就是国际主义者，因为苏联是世界革命运动的基地，不捍卫苏联，就不能捍卫并推进世界革命运动。”[③] 斯大林是共产国际领导党——联共（布）的总书记，又是共产国际执委会委员、执委会主席团成员，他如此强调保卫苏联的重要性，共产国际当然不能等闲视之了。同时，共产国际这时也接受了一国社会主义论，倍加重视苏联的地位和作用。于是，在帝国主义对苏联的威胁不断增强的情况下，保卫苏联也就成为共产国际注意的中心。

共产国际六大上，尽管提出了“三个时期”的理论，认为世界革命的新高潮即将出现，要求各国党为迎接新的斗争做好准备，但又强调世界革命的发展进程取决于一个新的基本矛盾，即苏联与资本主义的矛盾，并着力描述苏联的重要性，指出“保卫苏联不能不成为注意的中心”。把“保卫苏联”明确规定为当前国际共运的一个主要任务，并把它写进了《共产国际纲领》中。此后，共产国际召开的历次会议上，几乎都无一例外地强调了保卫苏联的问题，把保卫苏联作为各国党的一项重要任务。例如，1930年2月举行的共产国际执委会主席团扩大会议，“再三提醒各支部，要记住共产国际所通过的有关保卫无产阶级专政国家——世界各国劳动人民的唯一祖国——的一切决议”[④]。1933年11—12

---

① （英）珍妮·德格拉斯编：《共产国际文件》第1卷，北京编译社译，北京：世界知识出版社，1963年，第29页。

② 《斯大林全集》第7卷，北京：人民出版社，1958年，第50页。

③ 《斯大林全集》第10卷，北京：人民出版社，1958年，第47页。

④ （匈）贝拉·库恩：《共产国际文件汇编》，北京：生活·读书·新知三联书店，1965年，第3册，第245页。

月召开的共产国际执委会第十三次全会，号召全世界工人和劳动者，“以自我牺牲的精神来保卫苏联”①。1935年召开的共产国际第七次、也即最后一次代表大会通过的决议中写道：“保卫苏联，支援苏联去战胜它所有的敌人，应该决定每个无产阶级的革命组织、每个真正的革命者、每个社会主义者、共产党人或无党派的工人、每个劳动农民、每个正直的知识分子和民主主义者的行动。”② 苏联驻共产国际代表克诺林甚至明确指出，从革命前景来看，主要的事情不是在资本主义国家从事革命斗争，而是保证苏联的发展。

共产国际之所以把保卫苏联作为注意的中心，是一国社会主义理论合乎逻辑的产物。既然承认苏联一国能够建成社会主义，苏联又是世界革命的枢纽、国际革命的中心，保卫苏联的社会主义革命和建设，就等于保卫世界革命，苏联的胜利就意味着世界革命的胜利，各国党就应“用一切办法来保卫苏联”，甚至牺牲自我，在所不惜。这样一来，别国人民的革命斗争就被降到了从属地位。这就不可避免要损害一些国家人民的革命斗争，给国际共运带来不良后果。对此，中国共产党人深有体会。

1929年7月，中国东北发生“中东路事件”。东北当局在蒋介石授意下用武力接管了中东铁路，逮捕和驱逐苏方人员。中东路是清朝政府和沙俄政府合资在我国东北建造的铁路。1924年中苏两国政府签订协定，规定由中国赎回中东路，在未赎回前仍由两国共管。“中东路事件”是公开的反苏行动，中共理所当然应揭穿蒋介石的反苏意图。但事件发生后，共产国际连续给中共发出指示，不仅要求中共“拥护苏联”，甚至要“武装保卫苏联”。7月21日，共产国际又发表宣言，要求中国无产阶级和劳动人民不惜作出重大牺牲，“冲上前去做反抗帝国主义的革命斗争拥护苏联”，“组织最坚固的防御战线反抗进攻苏联”。当时中国第一次国内革命战争刚刚失败不久，革命形势尚处于低潮，革命力量很薄弱，共产国际却指示中共要不惜最大牺牲武装保卫苏联，显然是不切实际的。

1931年“九一八”事变，日本迈出侵吞奴役中国的重要一步。但共产国际却认为是“进攻苏联的序幕”，是要把中国变为对苏作战的根据地，因而通过王

---

① 《共产国际有关中国革命的文献资料》第2辑，北京：中国社会科学出版社，1982年，第277页。

② 《共产国际第七次代表大会速记稿》，603页，转引自（西）费尔甫多·者劳丁：《共产主义运动——从共产国际到共产党情报局》上册，中共中央党校外文组译，北京：求实出版社，1982年，第174—176页。

明指示中共要“武装保卫苏联”。遵照共产国际指示，中共把“反对进攻苏联”“武装保卫苏联”作为党“中心任务”，大声疾呼要以实际行动援助苏联，并举行“拥护苏联周”。在日本帝国主义的铁蹄在中国领土上践踏的时候，由于共产国际的影响，中共没有大力宣传反对日本侵略中国的口号，却一味强调“武装保卫苏联”，只能给党造成不良影响。

其他国家的共产党也有过同样的遭遇。第二次世界大战期间，南斯拉夫共产党领导的游击队在抗击德国法西斯侵略者时遇到很大困难，南共中央三次给共产国际发电要求援助，但共产国际答复说，不列颠和南斯拉夫政府怀疑“游击队具有共产主义性质”，“在南苏维埃化”，不但不给援助，还要求南共删去宣言中的“欧洲一切被奴役民族反对侵略者的起义万岁”等话[①]。共产国际为了不影响苏联和英、美的同盟关系，以保证苏联取得战争的胜利，竟然不但不给正艰苦作战的南共游击队任何援助，反而要求他们放弃号召民族起义的口号。无产阶级的解放事业是国际性的事业，因为资本的压迫是国际性的，这就决定了全世界无产阶级必须联合起来，互相支援，共同战斗，才能战胜共同敌人，实现自己的解放。然而，“如果不就内容而就形式来说，无产阶级反对资产阶级的斗争首先是一国范围内的斗争。每一个国家的无产阶级当然首先应该打倒本国的资产阶级”[②]。无产阶级革命斗争的直接舞台是在本国，斗争的直接任务首先在本国范围。共产国际却把保卫苏联的口号绝对化，使苏联的利益高于一切，取消了各国无产阶级对本民族的责任和争取本国社会主义胜利的首要任务，忽视了无产阶级革命斗争的相互支援，这是和共产国际的宗旨和原则相违背的。

三、斯大林的一国社会主义使共产国际对二战的性质认识不清，在关键时刻降下了反法西斯旗帜

共产国际 24 年的斗争历史中，一个重要内容就是反对法西斯主义的斗争，特别是反对法西斯发动的侵略战争。由于斯大林一国社会主义的影响，共产国际一度对德、意、日发动的法西斯侵略战争的性质认识不清，对各国党作了错误的指导，给国际共运造成重大损失。

---

① （南）弗拉吉米尔·杰吉耶夫：《铁托传》，叶周等译，北京：生活·读书·新知三联书店，1977年，第 185—187 页。

② 《马克思恩格斯选集》第 1 卷，北京：人民出版社，1972 年，第 262 页。

法西斯主义是一战后特定历史条件下在一些国家出现的一种极端反动的政治思潮，其基本特征就是宣扬种族主义和民族复仇主义，对内要取缔资产阶级民主自由，实行独裁恐怖统治，对外发动侵略战争，争夺所谓“生存空间”。1933年1月希特勒在德国上台，标志着欧洲最大的法西斯势力攫取了政权，预示着全人类将卷入一场灾难。

对法西斯主义的危险，在其刚出笼时共产国际就有所觉察。1922年10月，墨索里尼夺取政权后仅一星期，共产国际就通过决议，指出“法西斯主义的危险目前存在于许多国家”①，号召各国共产党运用统一战线策略，组织群众抵抗国际法西斯主义。之后，共产国际在历次会议上，都讨论了反法西斯斗争问题。但由于共产国际五大后斯大林和共产国际一些领导人把社会民主党和法西斯等量齐观，甚至认为社会民主党左翼才是最危险的敌人，把打击矛头主要指向社会民主党，这就忽略了对法西斯的斗争，阻碍了反法西斯统一战线的形成，致使希特勒在德国上台，把德国共产党、社会民主党都淹没在血泊之中。

希特勒上台后，法西斯德国对苏联造成明显威胁，特别是1934年1月德国和波兰签订和平条约，更使苏联感到不安。于是苏联改变了过去视英法为主要危险的外交政策，开始和法国政府谈判；同时也改变了视社会民主党为社会法西斯主义的立场，在5月23日的《真理报》上发表文章，提出共产党人完全可以同社会民主党人进行适当的反法西斯联合行动。随着苏联政策的转变，共产国际很快调整了自己的政策，在1935年召开的七大上制定了建立广泛的反法西斯统一战线的战略方针，把国际反法西斯斗争推向一个新阶段。

当时，共产国际高举反法西斯大旗，站在国际反法西斯斗争的最前列。它对德、意、日法西斯的侵略活动及英法等国的绥靖政策给予有力的揭露和谴责，对抗击法西斯侵略的国家给予极大的支持和援助。西班牙内战爆发后，在共产国际的号召下，有54个国家的约4万多名共产党人和进步人士来到西班牙，组成举世闻名的国际纵队，和西班牙人民共同抗击德意法西斯军队及佛朗哥法西斯分子。共产国际还派执委会主席团成员陶里亚蒂前往西班牙协助西共工作。中国抗日战争爆发后，共产国际发表了《全力支持中国人民反对日本侵略者斗争的声明》，号召各国共产党和进步力量用各种方式支援中国人民反对日本法西

---

① （匈）贝拉·库恩：《共产国际文件汇编》，北京：生活·读书·新知三联书店，1965年，第1册，第414页。

斯的侵略。正因为如此，德、意、日法西斯对共产国际恨之入骨，并签订了臭名昭著的《反共产国际协定》。

1939年8月23日，苏联与德国签订互不侵犯条约。签约后一星期，法西斯德国按预定计划突袭波兰，第二次世界大战全面爆发。《苏德互不侵犯条约》的签订和二战的爆发，使共产国际对法西斯德国的态度骤然转变。在共产国际发表的宣言、给各国共产党的“指示纲要”等文件中，在共产国际一些领导人的文章、讲话中，不再谴责法西斯德国的侵略行径，而认为这次战争如同一战，是各帝国主义为争夺世界所进行的战争，并特别强调了英、法对战争应负的责任；要求各国党拥护《苏德条约》，实行“革命的失败主义”，不要支持这个战争。

这里，共产国际的错误是显而易见的。当时世界的主要矛盾是德、意、日法西斯和全世界人民的矛盾，全世界人民面临着法西斯的侵略和奴役。这就决定了这次战争不同于一战，而是全世界爱好自由和平的人民和法西斯国家进行的反侵略、反奴役的反法西斯战争。尽管苏联和德国签订了互不侵犯条约，但并未改变这个矛盾和性质。同时，《苏德条约》只是苏德两国的双边条约，对共产国际和其他国家没有也不应有任何约束力。在这种情况下，作为国际无产阶级战斗司令部的共产国际，就不应受苏德条约的束缚，而应继续高举反法西斯大旗，号召全世界人民对法西斯的侵略和奴役作坚决斗争。但共产国际却根据苏联一国一时的需要，在法西斯为奴役欧洲和世界开始大举进攻的时候，降下了自己高举的反法西斯旗帜，在世界人民最需要反法西斯斗争的时候抛弃了反法西斯纲领，并强使处境不同的各国共产党服从《苏德条约》，实行“革命失败主义”。这一错误做法给国际共运带来严重后果。首先它给西方资产阶级和反共分子提供了反共反苏借口，使自己通过斗争赢得的威信和影响丧失殆尽。其次它也给西方国家的共产党在政治、思想上造成严重混乱，使它们在这场重大事变中处于极端被动和困难的境地。例如，法国共产党由于盲目执行共产国际的指示，给群众留下恶劣印象，也为资产阶级政府镇压法共提供了口实。当时舆论指责共产党“涣散士气”，“打算向纳粹分子屈膝投降”①。法国政府下令解散了法国共产党及其所属组织，逮捕和审讯法国共产党领袖，指控他们宣传共产

① 《法国共产党史》第1卷，北京编译社等译，北京：世界知识出版社，1965年，207页。转引自余泽清：《对共产国际后期评价的一点看法》，《国际共运》1984年第5期，第58页。

国际“革命失败主义”的口号。结果法国共产党被迫转入地下，党员大量退党，同情分子锐减。法国共产党力量遭到严重损失。

与此同时，共产国际对不同意上述路线，而根据本国实际情况提出正确路线的党却批评压制。例如，罗马尼亚共产党针对德国侵略威胁，提出“保卫罗马尼亚边境”的口号，受到共产国际指责，说这是亲英、法政策。加拿大共产党发表了一面支持这次战争，一面迫使张伯伦政府发动“一个真正的反法西斯战争”的呼吁，后来也被迫“检讨”。只是在苏德战争爆发后共产国际才改变了政策，重新举起了反法西斯大旗。

综上可以看出，共产国际在其早期认为单靠一国不能取得社会主义革命的完全胜利，无产阶级革命只能在世界范围内才能取得成功。一国社会主义理论提出后，共产国际接受了这一理论，从而把苏联在世界革命中的地位和作用抬到高峰。这就导致了共产国际在其实践活动中，把保卫苏联的社会主义革命和社会主义建设作为自己注意的中心，把其他国家的革命斗争降到从属地位。在反法西斯的第二次世界大战爆发后，共产国际也只顾苏联一国一时的需要，不顾其他国家反法西斯斗争的利益。这些做法不可避免要产生一些消极后果：当苏联利益和其他国家革命斗争利益完全一致的时候，共产国际对各国党的领导基本还是正确的，对国际共运的发展能起到促进作用；一旦苏联利益和各国人民革命斗争利益发生冲突，以保卫苏联为己任的共产国际对各国党的领导必然发生偏差，使各国人民的革命斗争遭受损失。共产国际在中后期之所以犯了较多的错误，一国社会主义的影响不能不说是一个重要原因。

原载（《陕西师范大学学报》1988 年第 1 期）

论卫国战争中苏联对七个少数民族的迁徙

赫鲁晓夫在苏共二十大所作的秘密报告中，批评到斯大林在民族问题上所犯错误时曾说，卫国战争中，斯大林粗暴地破坏列宁的民族政策，把一些少数民族不分男女老幼、党员团员，统统逐出故土，强迫迁徙。赫鲁晓夫当时提及的被迁徙民族有五个，它们是卡尔梅克人、巴尔卡尔人、卡拉恰伊人、车臣人和印古什人①。其实，卫国战争中被斯大林强迫迁徙的民族非止这些，至少有7个。赫鲁晓夫在这里显然打了埋伏，有意无意地漏掉了人数众多的伏尔加日耳曼人和克里米亚鞑靼人。至于斯大林为什么要把这些民族强迫迁徙？它造成了什么后果？赫鲁晓夫没有作进一步评论。长期以来，由于众所周知的原因，我国学术界也极难见到有关资料和评述。本文愿就此作一初步探讨。

一

苏联是个多民族国家，据1926年全苏第一次人口普查，共有195个民族。上述7个民族便是这个多民族大家庭的组成部分。十月革命前，沙皇俄国实行民族压迫政策，广大非俄罗斯民族被视为“异族”。苏维埃政府贯彻列宁的民族自决原则，实行民族平等政策，少数民族在俄国范围内普遍实行了自治，建立了地方自治政权。其中居住在伏尔加河流域的日耳曼人在1918年建立了自治

---

① 陕西师范大学历史系苏联史研究室：《苏联史译文选辑》第3辑，内部资料，1980年，第106页。

州，1924年改为自治共和国；居住在克里米亚的鞑靼人于1921年建立了自治共和国；居住在北高加索一带的卡尔梅克人、巴尔卡尔人、卡拉恰伊人、车臣人和印古什人中，卡尔梅克和卡拉恰伊人分别建立了本民族的自治共和国或自治州，车臣-印古什人建立了联合的自治共和国，巴尔卡尔人和卡巴尔达人建立了联合的自治共和国。在列宁民族政策的光辉照耀下，这些民族和其他兄弟民族一样得到较快的发展，出现了民族的空前繁荣。据统计，1939年时车臣人已发展到407 690人，伏尔加日耳曼人约380 000，克里米亚鞑靼人约200 000，卡尔梅克人为134 271，印古什人为92 074，卡拉恰伊人为75 737，巴尔卡尔人为42 666，七个民族共约120多万①。然而卫国战争中他们却遭到了意想不到的厄运。

1941年8月28日，卫国战争爆发后仅两个多月，苏联最高苏维埃主席团通过了一个“关于迁徙伏尔加地区的日耳曼人”的秘密决议。决议说，根据军事当局的可靠报告，伏尔加省的日耳曼人中有成千上万异己分子和间谍遵照德国的指示在伏尔加日耳曼人居住地进行破坏活动。居住在该地区的日耳曼人没有一个向苏维埃政府报告这些人的活动，反而庇护他们。“为了防止伏尔加省的日耳曼异己分子和间谍按照德国的指示进行牵制活动，根据战时法令，必须对伏尔加省的全体日耳曼人采取惩罚性措施。然而，为了使处罚不致产生令人不愉快的后果与避免流血，最高苏维埃主席团认为有必要把伏尔加地区的全体日耳曼人迁移到其他地区……”。决议责成国防委员会负责迁徙的具体事宜②。根据这一决议，伏尔加日耳曼人在九月上旬被迁徙到中亚、哈萨克斯坦、西伯利亚等地。伏尔加日耳曼自治共和国被废除。随后，居住在乌克兰、克里米亚和北高加索的日耳曼人也被迁移到内地。

对伏尔加日耳曼人的迁移开创了苏维埃历史上对整个民族强迫迁徙的先例。1943年11月—1944年5月半年之中，其余6个民族均被迁移到中亚、哈萨克斯坦和西伯利亚等地，他们的民族政权同时被撤销。有关当局在迁徙这些民族的决议中，对他们作了和伏尔加日耳曼人相类似的谴责。1946年6月25日苏联

① He' le 'ne Carre' re d' Encausse, Stalin: Order through Terror, A History of the Soviet Union, 1917 - 1953, London: Longman Group United Kingdom, 1981, Vol. 2, p. 156.

② Fred C. Koch, The Volga Germans In Russia and Americas, from 1763 to the Present, London: Penn University Press, 1990, p. 284.

《消息报》公布的俄罗斯联邦最高苏维埃主席团的决议说，“在伟大卫国战争中，当苏联人民在反对德国法西斯的斗争中英勇地保卫着祖国的荣誉和独立时，许多车臣人和克里米亚鞑靼人在德国代理人的煽动下，参加了德国人组织的志愿团体，与德军一起进行了反对红军的武装斗争，在德国的命令下组成匪帮，反对后方的苏维埃统治；与此同时，车臣-印古什和克里米亚自治共和国的大部分人没有反对这些祖国的叛徒。据此，车臣人和克里米亚鞑靼人被重新安置在苏联的其他地区”，并撤销车臣-印古什自治共和国和克里米亚自治共和国①。这是苏联在迁徙这几个少数民族问题上唯一公开发表的一个决议。从该决议可以看出，克里米亚鞑靼人和车臣人被“重新安置”，是因为当局认为他们许多人在卫国战争中与敌人合作，和敌人站在一起反对苏维埃政权，其他人则知情不报，庇护他们。1944 年 4 月 8 日苏联最高苏维埃主席团的一个决议说道，“在卡巴尔迪诺-巴尔卡尔自治共和国被占领期间，大部分巴尔卡尔人背叛了祖国，参加了德国人组织的武装部队，进行反对红军的颠覆活动。通过在高加索山区当向导支持纳粹占领军，并在德军撤退后参加德国人组织的武装匪帮反对苏维埃政权”②。总之，这些民族被迁徙之罪名概括为一句话，就是他们大部分人背叛了祖国，与敌人进行了合作。所冠之罪名是否成立，有必要作番分析。

首先，苏联当局给这些民族强加的罪名，在理论上是站不住脚的。众所周知，斯大林早在 1936 年就宣布苏联已完全消灭了剥削阶级，社会阶级结构已根本改观，只剩下工人阶级、农民阶级和知识分子。工人阶级业已成为不同于旧无产阶级的全新的阶级，“已经变成消灭了资本主义经济制度、奠定了生产工具和生产资料的社会主义所有制、而引导着苏联社会向共产主义前进的苏联工人阶级”；农民也已成为全新的农民，他们“摆脱了剥削”，“绝大多数都是集体农庄农民”；知识分子则“是同工人阶级和农民骨肉相连的完全新的知识分子”。同时，在民族关系方面，“苏联各族人民的面貌已经根本改变，他们中间互不信任的心理已经消失，而相互友爱的感情已经发展，因而建立了各族人民在统一的联盟国家体系中真正兄弟合作的关系”③。这就是说，在苏联各民族内部，社

① Aleksandr M. Nekrich, The Punished Peoples: The Deportation and Fate of Soviet Minoriey at the End of the Second World War, New York: W. W. Norton & Cmpany, 1981, pp. 91-92.

② Aleksandr M. Nekrich, The Punished Peoples: The Deportation and Fate of Soviet Minority at the End of the Second World War, New York: W. W. Norton & Company, 1981, p. 92.

③ 《斯大林文选》，北京：人民出版社，1962 年，第 86—89 页。

会主义的敌对阶级已经消灭，只有作为国家主人的工人、农民及其知识分子；在各民族之间，芥蒂已经消失，猜忌与怨愤已为友好合作所取代。既然如此，在外敌入侵、国难当头的时候，在民族命运危亡之秋，任何一个民族的工人、农民和知识分子怎么可能大都背叛自己的祖国和侵略者勾结呢？怎么可能放弃主人地位而屈居奴隶呢？当然，这些民族中也确有一些人背叛了自己的祖国，和敌人站在一起，组织或参加了反苏“志愿军”或武装自卫队，但这类人在其他民族中也有，法西斯德国组建的“俄罗斯解放军”就是由叛变投敌的原红军将领、俄罗斯人伏拉索夫指挥的。这类人毕竟是极少数，他们是决然不能构成民族主体的。

其次，上述罪名也不符合历史事实。事实是和其他民族一样，这些民族的绝大多数人民在卫国战争中坚定地站在苏维埃一边，为保卫祖国、反击侵略进行了英勇斗争，做出了应有的贡献。(1) 战争爆发后，他们的青壮年踊跃报名，积极参战。1942 年 8 月—1943 年 3 月，车臣—印古什地区进行了三次动员，该地区党委的评价是“车臣和印古什志愿者在应征入伍时表现了真正的苏维埃爱国主义精神”，表现了“勇敢、无畏和坚定”。[①] 据不完全统计，战争初期在红军队伍中作战的克里米亚鞑靼人约有 20 000 多人，车臣-印古什人约 18 500 人，巴尔卡尔人约 5000 多人，卡尔梅克人约 4000 多人[②]。他们作战勇敢，许多人立功受奖，甚至被授予苏联英雄称号。克里米亚鞑靼人有上千名获得勋章或奖章。8 人获得苏联英雄称号。飞行员阿赫马德·汗·素丹两次荣获苏联英雄称号。伏尔加日耳曼人中，有两人获苏联英雄称号。(2) 积极参加敌后游击活动和地下小组，从背后狠狠打击敌人。当时在克里米亚活动着三支游击部队，其中有许多鞑靼人。据曾担任第八游击分队队长的 M·阿里也夫回忆，在他们 138 人的分队中，有 38 名鞑靼人。有一些鞑靼人还担任了游击队的领导职务[③]。(3) 广

① 陕西师范大学历史系苏联史研究室：《苏联史译文选辑》第 3 辑，内部资料，1980 年，第 106 页；Aleksandr M. Nekrich，The Punished Peoples：The Deportation and Fate of Soviet Minority at the End of the Second World War，New York ：W. W. Norton & Company，1981，p. 57.

② 第一个数字见（俄）罗·亚·麦德维杰夫主编：《政治日记》，贾连义等译，济南：山东人民出版社，1983 年，第 262 页；其余数字分别见 Aleksandr M. Nekrich，The Punished Peoples：The Deportation and Fate of Soviet Minority at the End of the Second World War，New York ：W. W. Norton & Company，1981，p. 57，p. 62，p. 84.

③ Aleksandr M. Nekrich，The Punished Peoples：The Deportation and Fate of Soviet Minority at the End of the Second World War，New York ：W. W. Norton & Company，1981，p. 34.

大群众也积极支持红军和游击队的斗争。1942年，鉴于有人反映克里米亚鞑靼人和敌人勾结，克里米亚党委经过慎重调查，得出结论说："联共（布）地区委员会掌握的事实证明，许多村子的鞑靼人不仅同情游击队，而且积极地援助了他们。在山区及邻近的所有鞑靼村民在很长一个时期支持游击队。"还举例说鞑靼村民给游击队提供粮食，保守秘密，"游击队通过时留下了脚印，一个聪明牧民就赶着羊群踩在游击队的脚印上以便抹掉他们通过时留下的所有痕迹"[①]。事实说明，这些民族的广大群众并没有与敌人合作，而是和敌人进行了坚决的斗争。

苏共二十大后，由于这些民族的坚决要求，苏联政府先后给他们恢复了名誉。1956年11月24日苏共中央作出决议，恢复了卡尔梅克、卡拉恰伊、巴尔卡尔、车臣-印古什人的名誉和民族自治。1964和1967年又分别恢复了伏尔加日耳曼人和克里米亚鞑靼人的名誉。1964年8月29日苏联最高苏维埃主席团作出的决议说："1941年8月28日苏联最高苏维埃主席团关于迁移居住在伏尔加地区的日耳曼人的决议，给作为苏联公民的大量日耳曼人加上了支持和煽动德国法西斯侵略者的罪名。生活表明这些强加的罪名是毫无根据的，是斯大林个人迷信时期存在的专横武断、滥用职权的表现。事实上，在伟大卫国战争中，绝大多数日耳曼人与全体苏联人民一起，为战胜法西斯德国贡献了力量。"[②] 历史终于推翻了横加在这些民族头上的不实之词，作出了公正的裁决。

二

现在让我们再来看这些民族如何被迁徙以及造成的后果。

（一）迁徙是在严厉的强制性手段下进行的

迁徙过程由内务部副部长谢洛夫负责执行。克里米亚鞑靼人在凌晨2—3点被手持自动步枪的内务部士兵从睡梦中叫醒，经过短暂收拾后便被带上途程。车臣人在庆祝红军的集会上被部队突然包围，强迫带走。无论男女老幼病残、

---

① Aleksandr M. Nekrich，The Punished Peoples：The Deportation and Fate of Soviet Minority at the End of the Second World War，New York：W. W. Norton & Company，1981，p. 30.

② Aleksandr M. Nekrich，The Punished Peoples：The Deportation and Fate of Soviet Minority at the End of the Second World War，New York：W. W. Norton & Company，1981，p. 172.

还是党员团员干部，均无例外，如有违抗，便予制裁。在迁移车臣人时，一位年逾八旬的村苏维埃主席不愿离开家园，执行任务的军官便命令士兵把这位老人和他的儿媳、孩子一起处决，士兵不愿杀害妇女和孩子，军官便亲自动手，把这三位手无寸铁的老、妇、幼连同那个士兵一起枪杀了。[①] 最后各个民族都在武装部队押送下到达安置地。

在这些民族被“重新安置”的同时，红军部队中这些民族的官兵也被解除了武装，调到建筑部队、工兵部队。战后，他们也不能返归故里，只能在安置地和家人团聚。

（二）在安置地，人们被取消了基本公民权，受到种种严格限制

人们住在划定的“特别居住区”，在居住地四周设立许多路障、岗哨，移民不得随便出入，更不能返回家园。他们每月必须到当地的内务部特别局登记，共产党员要由武装警察押送出席党的会议，凡违反居住地规定者受到严厉处罚。一些移民不堪忍受这种待遇，向斯大林写信申诉，得到的最好回答是由政府代表做“解释工作”，有时则被抓进监狱或集中营。巴尔卡尔一位多次获奖的战斗英雄给斯大林写信，仅仅要求结束对特别移民的粗暴和侮辱，就被抓进集中营。同时，他们不准开设用本民族语言教学的学校，不准出版发行本民族语言的书刊。

（三）如此强制性的迁移，必然招致严重后果

首先是生命财产的损失。他们绝大多数是被以“突然袭击”的方式拉上征途的，没有给足够的准备时间。据克里米亚鞑靼人回忆，只给他们 5—15 分钟的准备时间，也不允许他们带许多东西，最多不能超过 20 公斤。这就使他们的旅途生活十分艰难。几十个人拥挤在一节运牛车厢里，空气污浊，无法休息，缺粮缺水，在这样的条件下要走几个星期的路程，要经过干旱燥热的中亚沙漠地区，其滋味是可想而知的了。一些老弱病残不堪折磨，半道上就咽了气。

在安置地，等待着他们的是：（1）没有住房。在吉尔吉斯，1944 年 9 月 1

---

① Aleksandr M. Nekrich，The Punished Peoples：The Deportation and Fate of Soviet Minority at the End of the Second World War，New York ：W. W. Norton & Company，1981，p. 59.

日时，31 000 户移民中只有 5000 户获得住房，仅占 1/6。在伏龙芝地区，8950 户移民只有 1675 间房子，平均每 5 家有一间房子。还有一个地区，900 户移民获得 18 套房间，即 50 户一套。① 这样，绝大多数移民不得不撑起帐篷，或露天生活。（2）没有足够的衣食。由于准备不足，所携食物很快吃光，许多人陷入饥寒交迫、营养不良的境地。（3）气候不适。伏尔加日耳曼人、克里米亚鞑靼人从温和湿润的伏尔加河流域、黑海边来到干燥酷热的中亚荒漠和严寒的西伯利亚地带，很难一下子适应气候。由于这些因素，流行疾病蔓延，导致了更多的人死亡。克里米亚鞑靼族妇女丹吉列·伊勃拉吉莫娃回忆说："从我们村子里迁走了三十家，其中还幸存的不满 5 家……我的侄女麦奴别·沙依西斯拉莫娃带着 8 个孩子同我们一起被迁走，她的丈夫从一开始就在苏联军队里，后来牺牲了。而他们一家饿死在乌兹别克斯坦，只有一个小女孩名叫贝拉还活着，但是由于惊吓和饥饿也成了一个残废人……我们的男人都在前线，所以死的人都没人埋，尸体常常一连几昼夜就停放在活人待的地方。"②

关于被迁徙的总人数和死亡人数，没有确切统计资料。苏联从未公布这些数字。西方学者根据 1939 年苏联人口调查时这些民族的人数推算，估计迁徙人数至少在 100 万以上，中亚几个共和国的有关档案材料也可证实这一结论。这些材料说，在哈萨克斯坦有移民 507 480 人，吉尔吉斯有 137 298 人，在乌兹别克有 151 424 克里米亚鞑靼移民。③ 这些数字加起来已近 80 万，再加上迁徙到西伯利亚、乌拉尔等地的人数，总数当不在百万以下。关于死亡人数，无法推断。但从苏联官方的一些材料来看，死亡率也是很高的。根据苏联一个档案材料，到达乌兹别克的鞑靼人在 1946 年 1 月 1 日前约有 3.13 万人死亡，约占到达人数的 17.7%。这个数字还不包括在迁徙过程中死亡人数④。1969 年 9 月一位年迈的鞑靼人证实，"我们村子原有 206 人，死了 100 人，我亲自埋葬了 18 人，我 7

---

① Aleksandr M. Nekrich, The Punished Peoples: The Deportation and Fate of Soviet Minority at the End of the Second World War, New York : W. W. Norton & Company, 1981, p. 122.

② （俄）罗·亚·麦德维杰夫：《让历史来审判》，赵洵、林英译，北京：人民出版社，1983 年，第 842 页。

③ Aleksandr M. Nekrich, The Punished Peoples: The Deportation and Fate of Soviet Minority at the End of the Second World War, New York : W. W. Norton & Company, 1981, p. 116.

④ Aleksandr M. Nekrich, The Punished Peoples: The Deportation and Fate of Soviet Minority at the End of the Second World War, New York : W. W. Norton & Company, 1981, pp. 113-114.

家亲戚无一幸存”[1]。可见死亡率是很高的。

被迁徙民族的财产也遭到巨大损失。在他们迁徙后所遗财物被抢劫一空，原来的公有财产也被拆散了，财产的损失是无法计算的。

其次，文化教育事业遭到摧残。这些民族和其他民族一样有着悠久的历史。他们世世代代在自己的土地上辛勤劳作，创造了灿烂的文化。但在他们迁走后，原来的文化遗迹被扫荡殆尽，连带有民族色彩的地名也更换了。在安置地，他们没有使用本民族语言接受教育、出版的权利。过去，伏尔加日耳曼人拥有 5 所高等学校和 400 所中小学，现在没有一所学校。[2] 战前克里米亚有几百所鞑靼语教学的中小学，九种鞑靼语报纸，三种杂志，一个民族剧院和一个科学院，现在没有一所鞑靼学校，更没有民族剧院和科学院。[3] 许多学龄儿童因没有用本族语言教学的学校而无法上学。在哈萨克斯坦 1944 年时移民中有 50 323 名学龄儿童，只有 16 000 名上了学。[4] 这些民族的文化教育水平大大下降了。

再次，它也给苏联的民族问题带来严重后遗症。斯大林逝世后，卫国战争中被迁徙民族纷纷要求恢复公民权，重返家园。成千累万的人冲破束缚返归故里。迫使当局先后给这些民族雪耻昭冤，恢复了公民权，并组织一部分民族返回家园。但仍不允许人数众多的伏尔加日耳曼人和克里米亚鞑靼人返回。时至今日，这两个民族争取返回家园的斗争仍持续不断，成为影响苏联社会安定的一个因素。[5]

综上所述，苏联政府对这些民族的集体迁徙是作为一种惩罚性手段出现并强制进行的，丝毫看不到自愿迁居的影子；在安置地，这些民族被剥夺了基本公民权，丧失了人身自由，受到严格限制；他们的名字，他们的文化、历史、杰出人物都从苏联的宣传机器、出版物中消失了，似乎这些民族已不复存在。

---

① Alan W. Fisher, Crimean Tatars, Standford: Stanford University Press, 1978, p. 170.

② （俄）罗·亚·麦德维杰夫主编：《政治日记》，贾连义等译，济南：山东人民出版社，1983 年，第 52 页。

③ Aleksandr M. Nekrich, The Punished Peoples: The Deportation and Fate of Soviet Minority at the End of the Second World War, New York : W. W. Norton & Company, 1981, pp. 174-175.

④ Aleksandr M. Nekrich, The Punished Peoples: The Deportation and Fate of Soviet Minority at the End of the Second World War, New York : W. W. Norton & Company, 1981, p. 126.

⑤ 据报载：“莫斯科市苏维埃执委会七月三十日警告到莫斯科要求自治的克里米亚鞑靼人，如果他们不听劝阻，继续破坏首都的社会秩序，将对他们采取法律措施。据塔斯社报道，该执委会已授予政法机构以补充权力来维持社会秩序。”《陕西日报》1987 年 8 月 2 日。

凡此种种，说明苏联政府对这些民族的所谓“迁徙”、所谓“重新安置”，实质上是对整个民族的集体流放，它背离了列宁的民族政策原则，破坏了社会主义民主与法制，是一出本来不该发生的悲剧。

三

尽管我们找不到、也无法得到苏联政府在决定流放这些民族时斯大林所起作用的具体材料，但从斯大林所处地位来看，他扮演了最终决策者的角色是毋庸置疑的。对此，聪明的读者料已心领神会。问题是，斯大林何以竟至对这些民族采取如此严厉的措施？笔者认为，这是有深刻的历史根源与思想根源的。

（一）大俄罗斯主义历史传统的影响

众所周知，沙俄时期实行民族压迫政策。“政府的政策是使俄罗斯民族成为统治的民族，而所有其他民族成为被统治、被压迫的民族”。[①] 它一方面给俄罗斯官吏、地主和资本家以种种特权，让他们毫无节制地掠夺、欺压和剥削广大非俄罗斯民族；另一方面，又在俄罗斯人中间散布大俄罗斯沙文主义情绪，培植大俄罗斯民族优越感，让他们盲目地歧视其他民族。19世纪俄国反动思想家达尼洛夫斯基在其所著《俄国与欧洲》一书中，就宣扬一切民族应区分为高低两个类型，俄罗斯人属于“高等文化历史类型”，异族人属于“低等文化类型”的观点。

在这种观点支配下，沙皇俄国又实行民族同化政策，强迫被吞并的民族放弃原来的信仰，改宗东正教；强迫他们放弃自己的语言，改用俄语；强迫他们放弃自己的文化，接受俄罗斯文化。19世纪30年代，尼古拉一世通过他的教育大臣乌瓦罗夫抛出了一个“正统国民精神的理论”把“正教、专制和民族”作为统治的三原则。亚历山大二世时，明确提出了“一个皇帝、一个宗教、一个语言”和“一个祖国、一个民族、一个皇权”的口号，企图在俄国建立沙皇、东正教和俄罗斯民族的绝对统治，强制实行一体化。沙皇政府的这些政策在长期的统治中不能不对俄国人民产生重大影响，造成深厚的大俄罗斯主义传统，正如列宁揭示的：“许多年来大俄罗斯人受着地主和资本家的影响，养成了一种

---

① 《斯大林文选》，北京：人民出版社，1962年，第69页。

丑恶可耻的大俄罗斯沙文主义的偏见。”[①] 这种偏见自然也存在于布尔什维克党内。

十月革命后，尽管布尔什维克党和苏维埃政府废除了民族压迫和民族同化政策，宣布各民族一律平等，各民族有自由自决，使用自己的语言等权利，但作为一种意识形态，大俄罗斯主义的偏见是很难一下子消除的，直至1923年党的十二大，在提到反对地方民族主义时，会场上掌声如雷，在谈到反对大俄罗斯主义时，则“只举起了一个孤零零的指头”[②]，就说明了大俄罗斯民族主义倾向的顽固性与普遍性。无怪乎列宁认为，“刮一刮某个共产党员，你就会发现他是一个大俄罗斯主义者”[③]，宣布要向大俄罗斯沙文主义作决死战。斯大林在十二大关于民族问题的报告中也承认大俄罗斯沙文主义“正在一点一滴地渗入我们工作人员的耳目，一步一步地腐蚀我们工作人员”[④]。在大俄罗斯主义传统如此深厚的环境中，斯大林不能不也受到影响，由一个格鲁吉亚人演变为“俄罗斯化的异族人”。

正是这一历史传统的影响，使斯大林在苏联各民族中产生了亲疏之感，对俄罗斯民族倍加信任，对有些民族则满腹狐疑。卫国战争结束后，斯大林在一次招待红军将领的讲话中，把俄罗斯民族称为“加入苏联所有民族中最杰出的民族”，是“苏联民族的领导力量”。既然有“最杰出民族”“领导民族”，也就有不杰出的被领导的民族了。同时，他满怀深情地讲道，苏联政府犯了不少错误，在1941—1942年丢失了大片领土，如果是旁的人民，就会请这样的政府下台，俄罗斯人民却没有这样做，他们相信自己的政府，甘愿承受牺牲，保障了战争的胜利。[⑤] 他在盛赞俄罗斯民族之时，也把其他一些民族置于不信任的地位。这样，当他接到这七个民族中有人和法西斯侵略者站在一起，组织或参加了反苏“志愿军”、自卫队的报告后，很容易把它看成是整个民族的“集体背叛”，从而给予制裁。

值得注意的是，斯大林不仅在思想情感上，在具体做法上同样受到大俄罗

① 《列宁全集》第30卷，北京：人民出版社，1959年，263页。

② （苏）伊凡·麦斯特连柯：《苏共各个时期的民族政策》，林钢译，北京：人民出版社，1983年，第96页。

③ 《列宁全集》第29卷，北京：人民出版社，1959年，167页。

④ 《斯大林全集》第5卷，北京：人民出版社，1958年，第199页。

⑤ 《斯大林文选》，北京：人民出版社，1962年，第428—429页。

斯主义历史传统的影响。对整个民族集体流放并非斯大林的首创。早在克里米亚战争（1854—1855）后不久，沙皇政府就以克里米亚鞑靼人支持了土耳其人的罪名，把10万多克里米亚鞑靼人驱逐出家园，流放到西伯利亚等地。这一做法当时曾受到所有进步舆论的强烈谴责，赫尔岑在《对克里米亚鞑靼人的惩罚》一文中揭露说，“政府把忠实的鞑靼人从克里米亚赶走，为的是把俄罗斯人安置在那里”。[①] 第一次世界大战中，沙皇政府也曾计划把伏尔加日耳曼人流放，只是由于二月革命的爆发使该计划最终未能实现。斯大林则不仅继承了流放克里米亚鞑靼人的传统，也实现了对伏尔加日耳曼人的流放。历史在这里出现了惊人的相似之处。对此我们又该发何感慨呢？！

（二）形而上学哲学思想的影响

斯大林深受形而上学哲学思想的影响，看问题容易简单化、片面化与绝对化。对斯大林的著作只要稍加注意，细心的读者就不难发现斯大林有句口头禅——“二者必居其一”。他把许多事物看成是“二者必居其一”，否认不同事物可以在一定条件下并存、转化，否认中间状态的存在和作用。表现在国家利益与民族利益问题上，他片面强调国家利益而忽视民族利益，看不到二者的辩证关系，看不到忽视民族利益往往会损害国家利益。特别是苏联当时是唯一的社会主义国家，处于资本主义包围之中，加之法西斯德国背信弃义突然进攻，这种客观环境使斯大林虑及的只有国家安全，国家利益了。为此，他不惜对那些不信任的民族采取沙俄式的流放政策。

有人或许会说，当时是战争环境，为了保障战争的胜利，把这些民族迁徙到内地未尝不可。但事实是，在迁徙的所有这些民族中，仅仅对伏尔加日耳曼人的迁徙具有直接的军事目的。当时战争刚刚开始，遭到突然袭击的苏军连连败退，局势岌岌可危。伏尔加日耳曼人是敌国后裔，他们中个别人对德军的入侵又表现出热忱，在这种情况下把他们迁徙到内地具有保障战争胜利的因素。在迁徙其他民族时，战争态势已经转化，苏军胜利已成定局，迁徙他们就不是出于直接的军事目的，而是出于对这些民族的不信任和国家长久安全的考虑，认为这些民族都居住在边疆区或战略要地，让他们居住在那里会继续危及国家

---

① Aleksandr M. Nekrich，The Punished Peoples：The Deportation and Fate of Soviet Minority at the End of the Second World War，New York：W. W. Norton & Company，1981，p. 106.

安全，因而把他们流放到内地。其结果是不仅损害了这些民族的基本权利，也给苏联的社会发展造成一定动乱。1922 年 10 月 27 日，列宁在和英国《观察家报》和《曼彻斯特卫报》记者法布尔曼的谈话中深沉地讲道："……俄国民族如此之多，未必能找到第二个国家可以和她比拟，五年以来，我们在这个国家里解决民族问题的经验，使我们完全相信：在类似的情况下，对于多民族利益的唯一正确的态度，便是最大限度地满足他们，创造一切条件以排除任何冲突的可能性。我们的经验使我们确立了一条坚定不移的信念，这就是：只有对各民族的利益予以极大的注意，才能消除冲突的根由，消除互不信任，消除任何倾轧的危险……"① 这是列宁对十月革命以来党和苏维埃政府解决民族问题的经验总结。斯大林在卫国战争中对七个少数民族的流放，距列宁的这一思想原则实在是相去太远了。

① 中央民族学院研究部编：《民族问题译丛》第 4 期，北京：民族出版社，1957 年，第 2 页。

略论斯大林晚年的反犹太主义倾向

迄今为止，人们对斯大林模式问题，对斯大林在 20 世纪二三十年代及至二战中的内政外交等各个方面的功过是非的论述已经很多了。但对斯大林晚年，即 1946—1953 年苏联国内政策的专论尚不多见，对这一时期斯大林民族政策的论述则更少。笔者不耻陋拙之笔，愿就所能接触到的有限材料，对斯大林晚年民族政策中的一个问题作番粗略探讨，以期达到抛砖引玉之效。

斯大林晚年民族政策中的一个突出问题是他的反犹太主义倾向逐渐暴露，使苏联犹太人遭受打击。

苏联犹太人是中东犹太人的后裔。公元 2 世纪，中东的犹太国灭亡后，犹太人大都离开家园，迁居北非、西亚、欧洲等地，其中一部分在今天苏联的格鲁吉亚、塔吉斯坦、布哈拉等地定居。18 世纪末 19 世纪初，立陶宛、白俄罗斯和乌克兰西部地区并入俄国后，大批犹太人随之移居到俄罗斯。据沙俄 1897 年人口普查，居住在俄国境内的犹太人有 5 215 800 人，约为世界犹太人的半数。[①] 但据 1979 年全苏第五次人口普查，苏联现有犹太人 1 811 000 人，大部分散居在俄罗斯联邦、乌克兰、白俄罗斯以及其他共和国的城市里。[②]

沙俄时期实行民族压迫政策，犹太人和其他非俄罗斯民族一样遭受歧视和迫害，彼得大帝曾把犹太人称为“流氓和骗子”。叶卡捷琳娜二世时，在俄国西部和西南部设立帖累，即犹太人居住区，把犹太人限制在居住区内。1827—

---

① （苏）泽夫·卡次主编：《苏联主要民族手册》，费孝通等译，北京：人民出版社，1982 年，第 503 页。

② 赵龙庚、金火根编著：《苏联民族概览》，北京：时事出版社，1981 年，第 125 页。

1855年，尼古拉一世的统治被描绘为“对犹太人无情的三十年”。他把犹太人看成是“吸血鬼和寄生虫……无法同化的分子”。19世纪末20世纪初犹太人受到更为严酷的限制和迫害，他们不能在政府机关任职，接受高等教育和就业机会被严格限制，居住地的法规更为严厉。当局和社会上的黑帮分子不断制造反犹事件，疯狂屠杀犹太人。据统计，仅乌克兰一地就有20万犹太人被杀，70多万人流离失所。占统治地位的意识是统治阶级的意识。沙俄统治阶级对犹太人的歧视与迫害影响了其他民族特别是俄罗斯民族的一些人，使他们产生了严重的反犹情绪。同时也促使犹太人的许多知识分子较早地走上革命的道路，为俄国革命的胜利做出了贡献。

十月革命后，布尔什维克党和苏维埃政府废除了歧视犹太人的各种法规，多次作出决定，宣布同反犹太主义作坚决的斗争。犹太人在政治上获得了解放，在当时的中央委员会里，犹太人约占25%，担负着党和政府的重要职务。政府还帮助犹太人出版报纸、刊物，建立犹太人剧院，开办犹太人学校，从各方面发展犹太民族的文化、语言和文学。1928年3月28日，苏联政府把远东的比罗比詹区划为犹太人移民区。1930年建立民族区，1934年5月7日改为自治州。同时利用宣传机器，对反犹主义严厉抨击。犹太人民积极参加苏联的革命和建设，为社会主义事业，特别是文化和科技的发展作出了较大的贡献。犹太人中涌现出许多著名的科学家、文学家和艺术家。古列维奇是著名的米格飞机的设计者之一，阿勃拉姆·约费是原子物理苏联学派之父，苏联原子弹之父库尔恰托夫的老师，物理学家列夫·兰道被誉为“苏联的爱因斯坦”。然而，40年代末50年代初，犹太人接连遭到一系列打击。

其一是1946年下半年开始的意识形态领域的思想批判运动，到1948年底1949年初时带上明显的反犹倾向。卫国战争期间苏联曾有大片领土被德军占领，几千万人在敌人占领下生活，几百万人被押解德国充当劳工，许多苏联人被俘。随着苏军的胜利与德军的败溃，数百万苏军越过边界，踏上了西部世界。同时苏联与美国保持了同盟关系。这就使得西方资产阶级思想文化通过各种渠道传入苏联，使苏联意识形态领域出现了崇拜资产阶级文化、宣扬西方腐朽思想意识等现象。有鉴于此，1946年8月以后联共（布）中央相继作出了《关于〈星〉和〈列宁格勒〉两杂志》、《关于剧场上演节目及其改进方法》、《关于影片〈灿烂的生活〉》、《关于穆拉杰里的歌剧〈伟大的友谊〉》等四个决议，对文艺创作和文艺界人士进行了批评，从而在意识形态领域掀起了一场思想批判运动。批判首先从文艺界开始，之后扩展到哲学、经济学、语言学、生理学、农艺学等其他科学领域。1948年底—1949年初，运动明显地带上了反犹太主义色彩，犹太人成为猛烈批判对象。根据对1948—1953年苏联21种完整的报刊分析（中央和各共和国报纸9种，文学艺术等不同学科的杂志12种），1948年全年，这些报纸杂志发表的攻击犹太人的文章共23篇，1949年2月仅一个月，即49篇，3月达58篇。① 在报纸上点名批判的大部分是犹太人。例如，点名批判的作家、艺术家中，犹太人占70%，经济和体育工作者则占85%。同时，在被攻击三次以上的人中，百分之八十是犹太人。② 许多著名的犹太出身的作家、艺术家、科学家都被攻击为“无根的世界主义者”、“卑躬屈膝者”、“犹太复国主义者”，有些文章和作品则对犹太人竭力进行歪曲的描绘，把他们描绘成剥削者、骗子、投机商、腐化堕落的人。关于这场运动，苏联后来公开承认存在不少问题，如“对不少有才华的艺术工作者的创作”，“有个别不公正的过于苛刻的批判”，“往往毫无根据地批评了一些作品……”。“在个别情况下，不同意见的争论受到了限制”③，但丝毫未提反犹太主义倾向问题。然而从官方的宣传和犹太人所受的打击来看，后来出现反犹太主义倾向问题是无可置疑的。

其二是解散犹太反法西斯委员会。该组织是1942年5月24日，经斯大林同意成立的，旨在吸引各国犹太人支援苏联的卫国战争。战争结束后，该组织向斯大林建议，在克里米亚建立一个犹太苏维埃共和国，斯大林怀疑这是美国犹太复国主义捣的鬼，这个委员会的成员是美国犹太复国主义的代理人，他们企图在克里米亚建立一个犹太国，以便从苏联手中夺取克里米亚，在苏联海岸边建立一个直接威胁苏联安全的帝国主义的前哨据点。于是，据斯大林女儿斯维特兰娜讲，他在1948年2月指使秘密警察以“汽车车祸”的方式暗杀了著名的犹太演员、犹太反法西斯委员会主席米霍伊尔斯。④ 一般地说，这个材料是可信

---

① Benjaminpiukus，The Soviet Government and the Jews：1948-1967，Cambridge：Cambridge University Press，1984，p. 158.

② Benjaminpiukus，The Soviet Government and the Jews：1948-1967，Cambridge：Cambridge University Press，1984，p. 159.

③ （苏）鲍·尼·波诺马廖夫主编：《苏联共产党历史》，郭值金等译校，上海：上海人民出版社，1974年，第637—638页。

④ （苏）斯维特拉娜·阿利卢耶娃：《仅仅一年》，刘白岚译，北京：外文出版局，1980年，第140—141页。

的。斯维特兰娜虽然背叛了自己的祖国，对斯大林也不无恶感，但还不至于给自己的父亲无中生有，妄加罪名。之后不久，又解散了犹太反法西斯委员会，逮捕了几乎全部领导人，包括曾经担任过红色工会国际主席的洛佐夫斯基和莫洛托夫的妻子捷姆丘任娜，洛佐夫斯基等被处决，捷姆丘任娜直至斯大林逝世后才被释放。

其三是所谓医生阴谋案件。1953 年 1 月 13 日《真理报》公布了一起所谓“医生谋杀案”，说克里姆林宫一批著名的医生妄图“通过有害的治疗来缩短苏联积极活动家的生命”。他们已杀害了日丹诺夫等，并打算杀害其他一些领导人。同时称这些医生与两个外国特务机关有联系，其中一个是主要通过犹太人慈善组织“联谊会”进行活动的美国特务组织。关于这一案件的真伪，苏联政府在斯大林逝世后不到一个月就作了结论，确定是起假案，并释放了逮捕人员，恢复了名誉。问题是这一假案的产生与斯大林的反犹倾向有直接关系。克里姆林宫那位叫丽佳·季马舒克的女医生，在毫无合理根据的情况下诬告克里姆林宫一批著名医生，这些医生大都是犹太人出身的。在逮捕的九名医生中，有七位是犹太人。如果这批医生都是俄罗斯人，斯大林是不会相信这种荒唐诬告的，正因为这些医生大都是犹太人，对犹太人有着很深的狐疑、反感情绪的斯大林便轻易地相信了这一诬告，给诬告信加了按语，加以散发，并责令内务部长伊格纳捷夫严加查办，威胁他如不能使医生们服罪，就杀掉他的脑袋。

其四是犹太人的政治权利下降，公民权受到限制。上述事实加剧了斯大林对犹太人的不信任心理和反犹情绪。因此，20 世纪 40 年代末至 50 年代初，苏联当局对中央机关、军事外交部门、内务部、检察院、法院等要害部门的犹太人进行了清洗，导致犹太人的政治权力急剧下降，在中央委员会的人数从 1939 年的 10.1%下降到 1952 年的 2.1%。1937 年在苏联最高苏维埃选举中，选入两院的犹太人代表有 47 人，占两院代表的 4.1%；1950 年选入两院的只有 7 人，仅占两院代表的 0.6%。[①] 犹太人的基本公民权受到了限制。许多高等学校、大学的许多系都限制或停止招收犹太族学生，很多企业也限制招收犹太人。甚至在学术论文答辩时，犹太学者也只许占一定的比例。犹太人的学校、剧院、报纸和杂志被封闭。30 年代初，苏联有专为犹太人设立的各类学校 1100 所，剧院

① Benjaminpiukus，The Soviet Government and the Jews：1948－1967，Cambridge：Cambridge University Press，1984，p. 340，p. 351.

18个，莫斯科的“西方劳动者共产主义大学”、基辅的戏剧学院等大学专门设有“犹太系”，但到40年代末时这些学校、剧院均被取消，无一幸存。[①] 据说，斯大林在逝世前，曾打算把所有犹太人都流放到比罗比詹犹太人居住区去，并在那里开始修建木棚，准备告犹太人书。只是由于他的逝世，这一计划才没有实现。

斯大林在晚年暴露出如此明显的反犹主义倾向，是由主客观两方面的因素造成的。

首先，主观上，是斯大林本身存在的对犹太人的不信任与厌恶心里作祟。长期以来，斯大林作为列宁事业的继承人，作为一个马列主义理论家，在公开的讲话、书稿中，是看不出他有反犹倾向的。相反，他对反犹主义倒作过公开的谴责。1931年1月12日，他在回答美国犹太电讯社的问题时，斩钉截铁地说道：“反犹太主义对剥削者是有利的，因为它是使资本主义躲开劳动打击的避雷针。反犹太主义对劳动者是危险的，因为它是使劳动者离开正路而走入丛莽密林的歧途。因此，作为彻底的国际主义者的共产党人不能不是反犹主义的势不两立的死敌。”[②] 然而据许多曾经和斯大林十分接近的人回忆，斯大林私下常常流露出对犹太人的反感情绪。[③] 斯大林非常反感其女儿的第一次婚姻，就因为对方是犹太人。斯大林甚至认为这是那些犹太复国主义者硬将他塞给自己女儿的。[④] 从这里，我们足以看出斯大林对犹太人所抱的偏见了。

斯大林对犹太人的这种偏见主要是反犹主义传统影响的结果。20年代党内斗争中好几个反对派的头面人物都是犹太人，一些犹太知识分子也参加了反对派的行列，反对斯大林的路线政策，这也加深了他对犹太人的恶感。

其次，当时思想批判运动造成的客观形势与复杂的国际局势加剧了斯大林的反犹情绪。犹太民族是苏联文化水平较高的一个民族，在科技文化界工作的

---

① （苏）泽夫·卡次主编：《苏联主要民族手册》，费孝通等译，北京：人民出版社，1982年，第526、528页。

② 《斯大林全集》第13卷，北京：人民出版社，1958年，第28页。

③ （苏）波利斯·巴让诺夫：《斯大林秘书回忆录》，洪钢译，北京：知识出版社，1982年，第82—83、204—208页；（苏）赫鲁晓夫：《赫鲁晓夫回忆录》，北京：生活·读书·新知三联书店，1973年，第375—377页；（苏）斯维特拉娜·阿利卢耶娃：《仅仅一年》，刘白岚译，北京：外文出版局，1980年，第139—142、154页。

④ （苏）斯维特拉娜·阿利卢耶娃：《仅仅一年》，刘白岚译，北京：外文出版局，1980年，第139页。

人很多。20世纪30年代，犹太人只占苏联人口约3%，但却占文化机关的工作人员和医生总数的16%，科学家总数的13%[①]，二战后，这种情况进一步增长。思想批判运动开始时并不具有反犹性质，但同样有一些犹太人遭受批判。中央关于《〈星〉和〈列宁格勒〉两杂志》决议中点名批判的那两个作家诗人都是犹太人。之后，随着运动深入发展，几乎各个领域都有犹太人被揭露批判，这就诱发了社会各阶层及斯大林本人的反犹情绪。同时，在成立以色列国问题上苏联曾给予积极支持，并是最早承认以色列的国家之一，企图在东西方尖锐对垒的国际形势下，利用犹太复国主义把积极鼓吹冷战的英国势力赶出中东。但以色列却违背苏联的意志，站在西方世界一边，这就进一步加剧了斯大林的反犹情绪，正是在这种情况下，苏联犹太人受到沉重打击。

最后，需要指出的是，斯大林晚年的反犹太主义倾向不仅背离了列宁的民族平等原则，损害了苏联犹太人的民族权益，也在苏联一些犹太人心中投下了阴影，使他们对社会主义苏联产生了离心倾向。1948年，以色列首任驻苏公使果尔达·梅尼夫人在苏联受到犹太人异乎寻常的欢迎，就间接表明了他们对苏联的离心倾向。当然，在斯大林的高压政策下，这种离心倾向是不可能有所作为的。斯大林逝世后，这种离心倾向就日益明显地表现出来。60年代以后，苏联犹太人不顾政府阻挠，开始大批移居以色列。到1974年，从苏联移居以色列的犹太人已达10万人。他们之所以大批离开苏联，可以说既有对勃列日涅夫政府的不满，也因为尝受过斯大林晚年反犹太主义的苦果。西方一些学者把这一时期称为苏联犹太人的"黑暗年代"[②]，虽有危言耸听、"恶意攻击"之嫌，但从某种程度上揭示了斯大林晚年苏联犹太人遭受的打击。

原载（《苏联历史问题》1988年第3期）

① （苏）泽夫·卡次主编：《苏联主要民族手册》，北京：人民出版社，1982年，第497页。

② Thomas E. Sawyer, The Jewish minority in the Soviet Union, Boulder, Colorado: Westview Press, 1979, p. 11.

第三编　国际关系篇

文明自觉论对国际关系的指导意义

2008年，教育部组织编写的《中国高校哲学社会科学发展报告（1978—2008）》由广西师范大学出版社出版。该书的历史学部分中，把文明交往史观、整体史观和现代化史观并称为中国世界史研究理论体系的三大史观，指出这是"中国世界史学界20多年来的进步和成熟的标志"。① 文明交往史观是由我国著名历史学家、西北大学教授彭树智先生积数十年治史之所思所得于20世纪80年代中期后逐渐提出的，在其2002年出版的《文明交往论》专著中进行了集中论述。近年来彭先生通过继续和深入研究，将这一理论进一步发展为"文明自觉论"，或"文明交往自觉论"，并于2012年出版了多达137万字的三卷本《两斋文明自觉论随笔》，对该理论进行了充分阐释。

彭先生提出的"文明自觉论"意义重大，内涵博深，不仅为我们认识世界历史提供了一个新的视角和方法，也对世界各国、各民族乃至人与人之间如何处理相互关系、构建和谐世界指明了道路。我这里仅就这一理论对国际关系的指导意义谈一点粗浅看法。

自从近代出现真正意义上的国际关系以来，"强权政治"、"均势外交"一直是指导各国对外关系的基本准则。一些所谓世界大国，也即率先开始工业化、现代化的国家，自以为本民族优越，为了本民族、本国的一己私利，肆无忌惮地侵略、奴役、掠夺弱小民族和国家，将它们踩在自己的铁蹄之下。这些所谓

---

① 李学勤、王斯德主编：《中国高校哲学社会科学发展报告（1978—2008）》，桂林：广西师范大学出版社，2008年，第273页。转引自彭树智：《我的文明观》，西安：西北大学出版社，2013年，第67页。

的世界大国之间，则钩心斗角，争权夺利，抢夺势力范围，瓜分殖民地。结果是，占世界绝大多数的弱小国家和民族长期处于贫困、落后状态，其人民在生命的死亡线上挣扎；殖民主义、帝国主义大国之间战争不断，特别是在20世纪接连发动了两场人类历史上规模最大的战争，使无数家园毁于战火，千百万生灵涂炭。

第一次世界大战后，西方不少明智的政治家和学者为避免人类再次陷入战争的深渊，开始寻求世界和平之道，国际关系理论应运而生。从那时到现在，近一个世纪过去了，西方学术界提出了许许多多形形色色的国际关系理论，如理想主义、规范主义、世界主义、现实主义、科学行为主义、新现实主义、新自由制度主义、建构主义、世界体系理论、仁慈霸权论、民主和平论，等等。但这些理论并未避免战争的发生，期间战争仍然不断，特别是发生了另一场规模更加巨大的世界大战，造成了更加惨重的损失和无法抹去的伤痛。时至今日，一些国家仍然动辄使用武力，频频发动战争，搅得世界不得安宁。之所以出现这种情况，问题仍然在于，一些大国，或相对强大的国家，自认为高人一等，以救世主自居，有权利让那些弱小国家、“失败国家”、“劣等民族”顺从自己的意志，服务于自己的利益，甚至企图独霸或瓜分世界。正如希特勒、墨索里尼、东条英机之流所做的。

中华民族自古就是崇尚和平、和谐、和睦的民族，“以和为贵”，“协和万邦”。新中国成立后不久就确立了和平共处的对外政策。但我国国际关系理论的建构相对滞后，至今尚未形成完整系统的、成熟的国际关系理论体系。20世纪80年代以来，我国学术界开始大量引进西方的国际关系理论，不少学者运用西方各种国际关系理论阐释国际关系，但由于这些理论本身存在着各种各样的偏颇弊端局限性，并不能提供令人信服的合理解释和方向道路。近年来随着经济实力的提升，我国在国际事务中发挥的作用越来越大，但缺乏合适的理论指导也在制约着这种作用发挥的空间。对此，我国著名国际关系学者秦亚青有一个很中肯的评论，即“中国国际关系理论研究已经从前理论阶段进入了理论学习的深化期，但还没有进入理论创新期”①。

彭树智先生在长期研究世界历史上的文明交往及其规律的基础上，近年来

① 秦亚青：《中国国际关系理论研究的进步与问题》，《世界经济与政治》2008年第11期，第13页。

提出了“文明自觉论”。就国际关系来说，我认为这一理论为我国乃至世界各国正确处理对外关系、相互关系，提供了一个重要的理论基础和践行路径。

彭先生认为，文明自觉即文明交往的自觉，“所谓文明自觉是人类文明交往实践的产物。它是以人的思想文化自觉为核心、以文明交往自觉活动为主线的人类创造历史的理论和实践活动。人类的文明自觉是对文明交往活动的总结和升华，其集中体现就是对交往互动规律的践行和把握”。①彭先生具体将这一理论概括为九个要点，即“一个中轴律”——人类文明交往互动的辩证规律；“两类经纬线”——相同文明之内的相互融合，不同文明之间的相互交流；“三角形主题”——人与自然、人与社会和人的自我身心；“四边形层面”——物质文明层面、精神文明层面、制度文明层面、生态文明层面；“五种社会文明交往形态”——社会结构、社会制度、社会关系、社会意识形态和社会生活形态；“六条交往力网络”——精神觉醒力、思想启蒙力、信仰穿透力、经贸沟通力、政治权制力和科技推动力；“七对交往概念”——传承与传播、善择与择善、了解与理解、对话与对抗、冲突与和解、包容与排斥、适度与极端；“八项变化”——涵化、教化、内化、外化、同化、转化、异化、人化；“九何而问”——何时、何地、何人、何事、何故、何果、何类、何向、何为。② 他还把他的文明自觉论归纳为“五句言”，即“自知之明，知物之明，知人之明，文明自觉，全球文明”。③

彭先生特别强调他对文明自觉论的研究“不照搬西方任何理论，尤其不受学术界盛行西风时尚的消化不良影响。它关注中国自身文化背景，联系中国实际，探索具有人类文明的人类性普遍价值”；“不作纯书斋的理论思考，而是把许多社会实践中的案例结合起来，使理论有明确的针对性，作学术层次和现实层次的双层批判”；“它关注文明交往的历史现实与未来相统一的思考，不限于公式化结论，而追求关注、介入现实，并超越于学科立场之上的人类文明自觉视野和对具体价值标准的价值追求”。④

我认为，彭先生的文明自觉论对国际关系的指导意义至少有以下四个方面。

---

① 彭树智：《两斋文明自觉论随笔》第一卷，北京：中国社会科学出版社，2012 年，第 3 页。

② 彭树智：《两斋文明自觉论随笔》第一卷，北京：中国社会科学出版社，2012 年，第 3—7 页。

③ 彭树智：《两斋文明自觉论随笔》第一卷，北京：中国社会科学出版社，2012 年，第 4 页。

④ 彭树智：《两斋文明自觉论随笔》第一卷，北京：中国社会科学出版社，2012 年，第 87 页。

第一，这一理论为世界各国、各民族的自我定位、相互认知提出了具体原则与方法，这就是应当有“自知之明、知物之明、知人之明”，都应当看到，世界各民族在历史发展的长河中都创造了自己的文明，它们都是在各自特定的环境中成长发展并相互交往的结果，都是五彩缤纷的大千世界的重要组成部分，“任何一种文明，都只是人类文明的一部分”。① 因此各种文明、各个国家、各个民族都是平等的，并无优劣高下之分，各有自己的特点和长处，都应当互相尊重、平等相待。“知人者智，自知者明”，对别的文明不霸道，对自己不苟且，“果如此交往自觉，则文明之光可逐步普照于全球”。②

第二，这一理论为世界各国、各民族在和平与发展时代潮流中的对外政策指明了方向。发展是宇宙万物的恒定规律，和平是各个文明的普遍诉求，文明交往是世界历史的主题，世界历史就是在生产力和交往力及其相互作用中推动发展的，各国、各民族在对外关系中都应当坚持和平发展的原则，“发展为本，和平为贵”，“消灭暴力交往的根源，把和平和发展结合起来，把历史交往引向法制秩序和道德规范的轨道上来”③，互不侵犯，互不干涉，互相交流，和平共处。

第三，这一理论为世界各国、各民族如何面对利益差异与分歧提供了合理的思路。由于世界各民族、各国历史发展的自然与人文环境、道路不尽相同，发展水平迥异，在现实世界中的利益诉求也不完全相同，有时会存在很大差异，如在政治制度、贸易、金融、文化乃至领土等问题上。在这种情况下，世界各民族、各国都应站在文明自觉的立场，从人类命运世界和平全球文明的角度思考问题，处理相互关系，不搞对抗，“破除‘战争解决问题观念’”④，加强对话与交流，“文明对话是消除对抗冲突、破除隔阂壁垒和走向国内和谐、国际和平的必由之路”。⑤ 通过对话与交流，互相理解，互相包容，寻求共同利益，互利互惠，求同存异，“共存同进”，合作共赢。

第四，这一理论也为世界各国、各民族如何解决相互冲突乃至战争指出了路径。由于上述历史的与现实的原因，以及产生误解等偶发因素，在国际关系中出现冲突甚至战争是难以避免的，在这种情况下，重要的是尽快化解冲突，结束战争，实现和平，避免新的冲突，通过“文明自觉”，实现“全球文明”。

① 彭树智：《两斋文明自觉论随笔》第二卷，北京：中国社会科学出版社，2012年，第448页。
② 彭树智：《我的文明观》，西安：西北大学出版社，2013年，第8页。
③ 彭树智：《我的文明观》，西安：西北大学出版社，2013年，第14页。
④ 彭树智：《两斋文明自觉论随笔》第二卷，北京：中国社会科学出版社，2012年，第502页。
⑤ 彭树智：《两斋文明自觉论随笔》第三卷，北京：中国社会科学出版社，2012年，第1088页。

正如彭树智先生指出的："应当用中国的'柔武'思想，超越单纯的'尚武'思想"①，"人类社会的出路和走向，应当是在互动交往中化解冲突、从冲突中总结交往规律，提高交往智慧和文明程度，加强交往互动的文明化进程。"②

彭树智先生在总结其文明交往自觉论的理论要点时明确指出："人类文明交往发展的总特点是由自发走向自觉，由自在走向自为，由情绪化走向理智化，由必然走向自由，由对立、对抗走向对话、合作"；"人类文明追求的目标是人与人、人与自然、国家与国家之间和睦、和谐、平等、互利，是对自己文明的自尊、欣赏和对异己文明的互尊、宽容乃至欣赏，是抱着爱其所同、敬其所异的广阔胸怀和对人类共同美好理想的追求。"③ 这既是世界各国各民族处理相互关系的理想状态，也是一种规律性总结，对国际关系的指导意义是显而易见的。

彭先生的文明自觉论博大精深，内涵十分丰富。它根植于中国的历史文化传统，依托对世界历史的精深研究，遵循马克思主义唯物史观，为中国的国际关系学奠定了理论基础。彭先生曾尖锐指出，"现在，西化语境、西方意识形态的强势统治着国际关系理论……中国有出息的学人要有主体意识"。④ 我国学者完全可以在文明自觉论的基础上构建中国特色的国际关系理论体系，以便在世界国际关系学界发出我们自己的声音。同时，彭先生的文明自觉论也为世界各国各民族如何处理对外关系指明了方向，这就是只要各国各民族坚持"文明自觉"，而不是"文明对抗"，最终必然实现"全球文明"，把人类社会推向一个更高级的阶段。

总之，当今世界正处于全球化时代，"人类文明交往和文明自觉，事关人类的命运和前途，具有十分重要的历史和现实内容以及宽广的理论研究空间"。⑤ 秦亚青先生也认为，"冷战结束后，文化和文明开始进入国际关系的研究范畴"，但"还处于刚刚起步阶段"。⑥ 我们热忱期待着彭先生关于文明自觉论有更多研究成果问世，引领中国的世界史学和国际关系学走向世界。

原载（《战略决策研究》2014 年第 6 期）

---

① 彭树智：《我的文明观》，西安：西北大学出版社，2013 年，第 57 页。

② 彭树智：《两斋文明自觉论随笔》第一卷，北京：中国社会科学出版社，2012 年，第 9 页。

③ 彭树智：《我的文明观》序言，西安：西北大学出版社，2013 年，第 5 页。

④ 彭树智：《两斋文明自觉论随笔》第三卷，北京：中国社会科学出版社，2012 年，第 1059 页。

⑤ 彭树智：《两斋文明自觉论随笔》第一卷，北京：中国社会科学出版社，2012 年，第 7 页。

⑥ 秦亚青：《文化、文明与世界政治：不断深化的研究议程》，《世界经济与政治》2010 年第 11 期，第 15 页。

论冷战的起源

冷战是战后国际关系史最重要的内容之一，它从1947年3月正式爆发，像一根主线贯穿战后国际关系40多年，给美苏两国、世界许多国家乃至整个世界局势带来重大影响，有人称之为“第三次世界大战”。[①] 那么，这场以美苏争夺为核心的东西方冷战的根源何在？本文将就此作一探索。

一

冷战之所以爆发，首先源于以美苏为代表的两种不同意识形态及社会制度的抗争。

美苏两国意识形态及社会制度根本不同。美国是典型的资产阶级民主国家，以18世纪英法资产阶级启蒙思想家约翰·洛克的天赋人权思想、卢梭的社会契约论和孟德斯鸠的三权分立原则为立国的思想原则，苏联则以马克思、列宁的阶级斗争理论、无产阶级革命与无产阶级专政学说作为立国的思想原则；美国视私有财产神圣不可侵犯，奉行自由竞争的市场经济制度，苏联反对个人拥有生产资料，实行生产资料公有制和由中央指令的计划经济制度；美国实行两党竞选的资产阶级民主共和制，苏联实行一党集权的无产阶级专政；美国实行比较广泛的言论、出版、集会、结社、宗教信仰等个人自由，苏联则对此施加种种限制；最后，美国有一种“使命感”或曰救世主精神，认为美国的自由民主制度是最合理的社会制度，美国应把它推广到全世界，以民主自由的传播者、

---

① John Miller：Quiet Cataclysm：Some Afterthoughts about World War III，Diplomatic History，Vol. 16，Issue. 1，1992，pp. 66-75.

捍卫者自居，以自由世界的领袖自居，苏联则认为共产主义社会是人类最美好的社会，苏联是共产主义革命的先锋队、基地与堡垒，以推动世界革命为己任，以在全球实现共产主义为最高理想、最终目标。这样，美苏的意识形态及社会制度从一开始就处于尖锐对立之中。二战中双方由于遭到共同敌人德、意、日法西斯的侵略和威胁，暂时捐弃前嫌，结成了联盟。但随着德、意、日法西斯的溃败，双方结盟的基础逐渐消失，意识形态及社会制度的对抗又重新浮现。1945 年 4 月，斯大林对南斯拉夫共产党领导人说："这次战争和以往战争不同，谁解放的领土，谁就把自己的社会制度推行到他们军队所到之处，绝不可能不是这样。"① 这表明斯大林有乘胜利之机扩张社会主义的意图。二战末期，在苏联帮助下，一大批东欧国家获得解放，并逐步走上社会主义道路。

面对此情此景，美英极为恐慌，惊呼"俄国已经成为自由世界的致命威胁"。他们一方面加速进军，力图抢夺更多的地盘；另一方面，在雅尔塔会议上提出《被解放的欧洲的宣言》，要求在被解放的国家建立"民主制度"，并一再以此为武器，要求在东欧国家实行"自由选举"，或把新政府改组成追随西方的"民主政府"。

这样，由于意识形态和社会制度的矛盾，双方都想为自己抢夺更多的地盘，把各自的社会制度推行到被解放的国土。同时，出于意识形态的偏见，美英的统治者把处于苏联势力范围之内的国家看成是正受到"暴政"的"高压控制"和奴役，把各国共产党看成是受苏联操纵的"第五纵队"，甚至把殖民地半殖民地的民族解放运动也看成是苏联扩张共产主义的阴谋，认为美英有义务、有责任拯救和捍卫西方世界，这就使双方矛盾逐渐激化，最终走向尖锐对抗。

对于冷战的意识形态性质，西方政治家和学者从不讳言，并着意渲染。例如，杜鲁门把他发动的冷战标榜为"对共产主义暴君扩张浪潮的回答"。② 布什在冷战结束后坦率地承认："40 多年来，美国领导西方同共产主义及其对我们最珍视的价值观的威胁进行了斗争"，并欢呼"这种对抗现在已经结束……这是民主和自由的胜利。这是我们的价值观念道义力量的胜利"。③ 西方史学界关于冷

---

① Walter Lafeber：America，Russia and the Cold War，1945-1990，New York：McGraw-Hill，1991，p. 13.

② （美）哈里·杜鲁门：《杜鲁门回忆录》第 2 卷，李石译，北京：生活·读书·新知三联书店，1974 年，第 120 页。

③ 新华社华盛顿 1991 年 12 月 25 日电。

战起源的正统派们也认为冷战是“自由人民对共产主义侵略勇敢的根本的回应”。① 西方政治家和学者着意把冷战描绘成意识形态的对抗冲突是为了给他们所从事的冷战戴上一个神圣的光环。但不可否认，两种不同意识形态与社会制度的抗争是冷战爆发的一个重要原因。

二

冷战之所以爆发，也源于美苏两种不同对外战略构想的碰撞。

二战后期，苏联在乘胜前进的同时，乘机在东欧、中近东和远东进行了扩张。苏联这样做虽含有乘机扩张共产主义的意图，但主要还是从保障自身安全考虑的。

苏德战争虽以苏联的胜利而告终，但也使苏联遭受了空前的浩劫。战争给苏联造成了2000多万人的死亡，1710座城镇、7万多个村庄和3万多家工矿企业被毁，直接经济损失估计高达25 600亿卢布。② 这样，如何有效地防御侵略威胁，确保苏联国家安全，就成为二战后期和战后初期斯大林对外战略构想的中心课题。斯大林希望战后继续维持苏、美、英三大国合作，通过建立一个新的国际组织来维持世界秩序，保障和平。同时，鉴于苏联历史上所遭受的几次大规模入侵多来自西部，斯大林力图通过把苏联西部边界向外推进，并在东欧建立一系列对苏友好的国家，把昔日入侵苏联的危险走廊变成保卫苏联的安全地带。此外，削弱德日等昔日仇敌，在中近东和远东尽可能谋取一些权益。

西方一些政治家和学者把苏联的上述做法仅仅看做是扩张共产主义，推进世界革命，是不符合逻辑与事实的。苏联当时刚刚经过战争的浩劫，经济、军事实力都不如美国，如大力推进世界革命，必然和美国迎头相撞，导致一场更恐怖的战争。斯大林并不愿再看到一场战争，他深知苏联现在的首要任务是恢复和发展经济，增强实力，确保国家安全。为此他再三表示要和美国和平共处，友好合作，直到1947年4月冷战爆发后，他还重申了两种不同制度国家和平共处的可能性和必要性，指出美国和苏联“既然在战时能够合作，在和平时期又为什么不能合作呢?”③由于害怕同美国发生剧烈对抗，危及苏联的安全，他甚

① William Hyland, Cold War is Over, Carmarthen: Crown House, 1990, p. 5.

② 周尚文等:《新编苏联史（1917—1985)》，上海：上海人民出版社，1990年，第415页。

③ 《斯大林文选》下册，北京：人民出版社，1962年，第491页。

至要武装力量很强的希腊、法国、意大利共产党放弃武装斗争、参加政府和资产阶级合作。在远东，他也没有积极支持中共的解放战争。在中近东，在美国采取强硬立场支持伊朗和土耳其政府后，他很快从伊朗撤军并放弃了对土耳其的要求。可见，当时苏联在东欧等地的扩张主要并非扩张共产主义，更多的是从苏联国家安全考虑的，是斯大林保障国家安全战略的具体体现。罗斯福的亲信、多次与斯大林打交道的霍普金斯曾说，斯大林“是一个彻头彻尾的俄国利益维护者，他最先想到的永远是俄国”①。从苏联的利益考虑，当时只能是维持苏、美、英三大国的战时合作，确保苏联的国家安全，争取一个和平的国际环境，努力医治战争创伤，发展经济，增强实力。再进行一场战争，对苏联即使不意味着毁灭，也将是一场更大的灾难。这种后果是斯大林绝对不愿看到的。

然而斯大林保障国家安全的战略还是和美国的对外战略构想迎头相撞了。

美国是两次世界大战的暴发户。特别是经过第二次世界大战，经济军事实力空前膨胀。而其他资本主义国家或战败，或遭到严重削弱，不仅其实力远远不能和美国相比，还要仰仗美国的救济、援助和保护。即使苏联和美国相比，也处于劣势。在这种情况下，美国政府从根本上抛弃了孤立主义，走向世界主义，向全球扩张、夺取世界霸权的野心越来越大。早在1941年初，美国《时代》《生活》杂志的老板亨利·卢斯抛出《美国世纪》一文，叫嚷“20世纪是美国的世纪……这是美国作为世界统治力量出现的第一个世纪”。他要美国人认清“领导的全部机会都属于我们”，“我们的主要目标”就是建立美国在世界的统治地位。② 1943年4月，罗斯福总统授意雷斯特·戴维斯在《星期六晚邮报》上发表了《罗斯福的世界蓝图》一文，透露了罗斯福对战后世界安排的一些构想，即战后应保持美、英、苏、中四大国合作，通过联合国、国际货币基金组织等世界机构维护世界秩序，在这些机构中美国居主宰地位。显然，这是一个和平缓进的称霸世界的战略。

1945年4月12日罗斯福病逝，杜鲁门继任总统。和罗斯福相比，杜鲁门更加露骨地表达了美国称霸世界的野心，多次公开表示美国要承担起领导世界的

① （美）哈里·杜鲁门：《杜鲁门回忆录》第1卷，李石译，北京：世界知识出版社，1964年，第20—21页。

② （美）沃尔特·拉弗贝：《冷战的起源1941—1947》，转引自《战后世界历史长编》编委会：《战后世界历史长编》第1编，上海：上海人民出版社，1975年，第1分册，第453页。

责任。1946 年 4 月 6 日，杜鲁门在芝加哥的一次演讲中称："美国今天是一个强大的国家，没有任何一个国家比它更强大了。……这意味着，我们拥有这样的力量，就得挑起领导的担子并承担责任。"[①] 为杜鲁门起草国会演说稿的约瑟夫·琼斯在回忆录中也承认："当时许多人都清楚"，美国正"转向持久不辍地承担领导世界的义务。"[②] 可见，杜鲁门急欲充当世界霸主。同时，杜鲁门改变了罗斯福与苏联合作的构想，把苏联不是作为盟友而是作为对手，对苏联采取了更为强硬的政策。他上任第二天就告诉国务卿爱德华·斯退丁纽斯："我们要顶住俄国人"，并认为过去对苏联太软了。[③] 1946 年 1 月 5 日，杜鲁门在给国务卿贝尔纳斯的备忘录中，详述了他对和苏联争执的一些问题的立场，坚定地指出："我认为我们不应该再作任何妥协。我们一定要拒绝承认罗马尼亚和保加利亚，除非它们符合我们的要求；我们应该在伊朗问题上表明我们的坚定立场，我们应该继续坚持基尔运河、莱茵——多瑙河水道和黑海海峡国际化，我们应该坚持完全控制日本和太平洋……"，最后他表示"已厌倦于笼络苏联人"。[④] 杜鲁门与苏联强硬对抗的立场昭然若揭。

在杜鲁门政府称霸世界的战略中，欧洲由于地域广大，资源丰富，经济技术力量雄厚，市场广阔，以及重要的战略地位而成为其争夺控制的重点。近代史上，谁能在欧洲称霸，谁就能夺取世界霸权。二战末期，在解放欧洲的过程中，美英控制了西欧，苏联控制了东欧。据此，美国的设想是稳住西欧，通过要求在东欧国家贯彻《被解放的欧洲的宣言》，实行自由选举和自决，把它们从苏联手中夺回来，使其成为抵制苏联共产主义扩张的"防疫地带"和反共前沿阵地。

此外，杜鲁门改变了罗斯福分割德国的政策，力图扶植德国，把德国变成"复兴欧洲"的工具；排斥苏联，独占日本，力图把日本变成美国控制的反革命堡垒和掠夺东方的基地；反对苏联在中近东的扩张、力图伺机控制中近东。这

① 《基辛氏当代文献（1946—1948）》，转引自《战后世界历史长编》编委会：《战后世界历史长编》第 1 编，上海：上海人民出版社，1977 年，第 3 分册，第 6—7 页。

② （美）约瑟夫·琼斯：《十五个星期》，转引自《战后世界历史长编》编委会：《战后世界历史长编》第 1 编，上海：上海人民出版社，1977 年，第 3 分册，第 32 页。

③ Walter Lafeber：America，Russia and the Cold War，1945—1990，New York：McGraw-Hill，1991，p. 16.

④ （美）哈里·杜鲁门：《杜鲁门回忆录》第 1 卷，李石译，北京：世界知识出版社，1964 年，第 470 页。

样，双方在东欧等一系列问题上的争夺逐步激化，最终走上冷战。

总之，杜鲁门上台后，改变了罗斯福与苏联合作的构想，采取了与苏联强硬对抗的立场，实行了以苏联为主要对手，以欧洲为重点，向全球扩张，称霸世界的战略。这一战略和苏联保障安全的战略迎头相撞，成为冷战爆发的又一重要原因。

三

美国政府在二战末期转而对苏联采取强硬态度，继而对苏发动冷战，与原子弹的面世不无关系。

原子武器的试制最先始于纳粹德国。1939 年 8 月，爱因斯坦和另一核物理学家西拉德联名致书罗斯福说纳粹德国正在研制一种“威力极其强大的炸弹”，敦促美国政府着手研制。10 月 19 日罗斯福对该件作了批示，美国政府开始研制。太平洋战争爆发后美国加快了研制的步伐，到二战末时终于掌握了原子武器制造技术并研制成三颗原子弹。

美国独家掌握了威力无比的原子弹及其制造技术，骤然间处于无与匹敌的战略优势地位。如果说之前美国对苏联的军事实力还有所顾忌的话，现在原子弹则为其撑了腰，壮了胆，使杜鲁门政府决心凭借手中这张王牌与苏对抗，以核垄断进行核讹诈，实现美国的战略构想。请看下述事实。

（1）关于波茨坦会议召开的时间。早在 1945 年 5 月 11 日德国刚刚投降，丘吉尔就致电杜鲁门，建议邀请斯大林再举行一次三巨头会议，讨论“世界上最重大的问题”。但杜鲁门并不想立即举行会谈，而是把它推到原子弹试爆之后。杜鲁门对其助手私下说，“如果原子弹爆炸成功（我想会成功的），我肯定会敲敲那帮家伙的”。1945 年 5 月美驻苏大使约瑟夫·戴维斯会见杜鲁门后在日记中写道：“使我感到吃惊的是，总统说不到 7 月份以后他是不会参加政府首脑会晤的。我所想到的理由是他要处理预算问题。‘但是’，他说，‘我还有一个理由没有告诉任何人’。他和我谈起了原子弹。最后试验原是 6 月份，但现在推迟到 7 月份。我感到吃惊和震惊。”[①] 后来，波茨坦会议召开的时间确定在 7 月 17 日，

---

① （美）嘎尔·阿尔普诺维茨：《美国为什么投下了原子弹?》，《世界史研究动态》1992 年第 2 期，第 26 页。

即原子弹试爆的第二天，这显然不是一种巧合，而是杜鲁门的精心安排，企图在会议上以原子弹为后盾要挟苏联。可见，早在原子弹试爆之前，杜鲁门已决心以原子弹为武器，和苏联强硬对抗。

（2）波茨坦会议开幕后，当杜鲁门获悉原子弹试爆成功的消息，对苏联的态度马上变得强硬起来。对此，美国陆军部长史汀生在日记中作了生动的记录："丘吉尔跟我说，他在昨天的三大国首脑会议上注意到杜鲁门总统显然由于发生了什么事情变得强硬起来，总统大胆地面对俄国人并果断而有力地说他们根本不应提出某些美国完全不能接受的要求。丘吉尔说，'现在我知道杜鲁门昨天是怎么回事了，但昨天我百思不解。当他看过那份报告再次参加会议时，他已判若两人。他要苏联干这干那，几乎控制着整个会议'。"[①]

波茨坦会议是二战中三巨头三次会议中争吵最激烈的一次会议，远没有前两次会议的那种和谐气氛。在处置德国、波兰疆界、对罗马尼亚等国新政府的承认等问题上美国都采取了对抗立场，反对苏联的建议要求，而不像前两次会议上罗斯福对苏联的许多要求妥协让步，甚至和斯大林签订秘密协定，完全满足苏联对远东的要求。究其原因就在于美国现在已独家掌握了威力无比的原子弹，可以凭此来按照美国的构想、美国的蓝图重塑战后世界了。美国前总统赫伯特·胡佛说得好："目前，我们，只有我们掌握着原子弹，我们能够把自己的政策强加给全世界。"[②] 此言真是一矢中的。贝尔纳斯在首次会晤杜鲁门时即讲："我相信原子弹完全可以使我们在战争结束时提出我们自己的条件。"他在接见核物理学家西拉德时也说，美国拥有和使用原子弹将在欧洲问题上更易于支配苏联。[③]

（3）1945 年 8 月 6 日和 9 日，美国把当时仅剩的两颗原子弹扔到日本广岛、长崎，造成 20 多万无辜平民的伤亡，此举也与对抗苏联有关。

斯大林在雅尔塔会议上承诺，苏联将在欧战结束 2—3 个月内对日宣战。西方新的研究成果表明，早在 1945 年 4 月中旬，美国情报研究就断定，"苏联参战

① （美）嘎尔·阿尔普诺维茨：《美国为什么投下了原子弹?》，《世界史研究动态》1992 年第 2 期，第 27 页。

② （美）赫伯特·胡佛：《论美国的道路（1945—1948）》，转引自刘绪贻、杨生茂主编：《战后美国史（1945—1948）》，北京：人民出版社，1989 年，第 11 页。

③ （美）嘎尔·阿尔普诺维茨：《美国为什么投下了原子弹?》，《世界史研究动态》1992 年第 2 期，第 26 页。

将会使大部分日本人立即相信，他们的全面失败不可避免”。[①] 同年 6 月中旬，美陆军参谋长马歇尔告诉杜鲁门，苏对日宣战很可能使日本立即投降。杜鲁门本人也认为，在使用原子弹之前，只要苏对日宣战肯定可以结束战争。当苏联通知美国决定 8 月初对日宣战后，杜鲁门私下写道：“此事一旦发生，日本就完了。”[②] 同时，研究结果还表明，如果不使用原子弹，只采取常规作战进攻日本，也不会像原来估计的要损失 100 万美国人的性命。美国参谋长联席会议的一个高级顾问小组——联合作战规划委员会推断，如先进攻九州岛，再进攻日本本土，大约损失 4 万美军。1989 年发现的当时美国陆军部一份绝密的情报研究直截了当地指出，原子弹对日本决定投降关系不大，“几乎可以肯定地说，只要俄国参战，日本就会投降”，大规模的美国进攻可能永远不会发生。[③] 这些材料和分析表明，如果从纯军事角度考虑，投掷原子弹并非必要。那么，杜鲁门下令投掷原子弹的真正目的又何在？

对此，爱因斯坦虽不是历史学家，也看得一清二楚：“原子弹之所以爆炸是因为美国想尽一切办法在苏联参战以前结束太平洋战争。”[④] 丘吉尔在 1945 年 7 月 23 日也看到：“很显然美国目前不希望俄国对日作战。”美国海军部长詹姆斯·福莱斯特当时在日记中写道：贝尔纳斯“非常希望在俄国参战前了结日本事务”。美国之所以想在苏联参战前“了结日本事务”，贝尔纳斯的私人助理沃尔特·布朗道出了部分真相。他在私人笔记中写道：贝尔纳斯“认为原子弹投放后日本将投降，俄国就发挥不了多少作用，因而也就不能对中国提多少要求了”。[⑤] 可见，美国对日投放原子弹也是从对抗苏联考虑的，企图以此来阻止苏联在远东扩张势力，抵消由于苏联参战而造成的影响，从而使美国在这一地区处于支配地位。

---

① （美）嘎尔·阿尔普诺维茨：《美国为什么投下了原子弹?》，《世界史研究动态》1992 年第 2 期，第 23 页。

② （美）嘎尔·阿尔普诺维茨：《美国为什么投下了原子弹?》，《世界史研究动态》1992 年第 2 期，第 23 页。

③ （美）嘎尔·阿尔普诺维茨：《美国为什么投下了原子弹?》，《世界史研究动态》1992 年第 2 期，第 23 页。

④ （美）嘎尔·阿尔普诺维茨：《美国为什么投下了原子弹?》，《世界史研究动态》1992 年第 2 期，第 25 页。

⑤ （美）嘎尔·阿尔普诺维茨：《美国为什么投下了原子弹?》，《世界史研究动态》1992 年第 2 期，第 25 页。

(4) 美国不仅利用原子弹这张王牌和苏联对抗，还企图始终维持核垄断地位，限制苏联研制原子弹。1946 年 6 月，美国驻联合国原子能委员会代表贝尔纳德·巴鲁克在联合国提出要对原子能的发展加以控制，由国际机构统筹必要的原料，并对各国进行监督；对国际机构的控制和核查不得否决，一切按多数票通过的决议办理。这一计划显然是针对苏联的，企图利用美国对联合国的控制，限制和阻止苏联发展核武器，维持美国的核垄断地位。苏联认为这项计划完全无法接受，提出反建议，即首先销毁全部原子弹，并禁止生产这种武器，列强公决不使用原子武器，然后再协商控制问题。但巴鲁克的态度是要么全盘接受美国方案，要么干脆不要任何方案，横蛮至极。结果未达成任何方案。

这些事实表明，原子武器出现后，美国利用独家掌握的原子弹耀武扬威，对苏联采取强硬对抗政策，恶化了美苏关系，加速了冷战的爆发。美国著名学者沃尔特·拉弗贝尖锐地指出："轰炸广岛以来，外交上的每一次交锋都笼罩上了原子能的魔影。"① 史汀生则坦率地承认："我们保持与苏联之间令人满意的关系问题不仅仅是与原子弹有关，而且是受原子弹支配的。"②

四

探讨冷战的起源，不能不涉及英国所起的作用。

在西方几个大国中，英国一贯是反苏反共的急先锋。苏德战争爆发后英国虽然与苏结盟，但一直心怀二心。在开辟第二战场问题上一拖再拖，迟迟不愿开辟，并与苏美意见相左，力主从意大利、巴尔干插入中欧，企图在中欧打进一个楔子，阻止苏联红军进入中欧。在三巨头几次会议上，和斯大林争吵最激烈的就是丘吉尔。

二战后期，眼看着苏军越出国境，解放并控制了东欧大片土地，英国极为恐慌。东欧是英国传统的势力范围，从地缘政治讲，它不愿轻易丢失；从意识形态考虑，它更不愿东欧赤化。但经过两次世界大战，大英帝国已失去昔日的辉煌，无力单独与苏抗衡，于是英国就把希望寄托在美国身上，企图促使美国

---

① (美) 嘎尔·阿尔普诺维茨：《美国为什么投下了原子弹?》，《世界史研究动态》1992 年第 2 期，第 28 页。

② Walter Lafeber：America，Russia and the Cold War，1945—1990，New York：McGraw-Hill，1991，p. 46.

承担责任，借助美国的力量遏制苏联的扩张。

早在1945年4月6日，丘吉尔就致电罗斯福，谈及英美和苏联的矛盾，煽动美国和英国一起“毅然决然地起而应战”。4月11日，他再次致电罗斯福，提请他注意上封电报，“激励罗斯福保持坚定”。① 罗斯福逝世后他又不断致电杜鲁门，说他“极为忧虑地看到……苏联的权力移到西欧的中心，在我们同东方的一切事物之间垂下了一道铁幕”，说“您我二人对未来仍须负起重大的责任”②，“诚恳地盼望您的行动终将造成欧洲的持久和平”。③

1946年1月16日，已经下野的丘吉尔应邀访美。在美期间他多次发表谈话，鼓吹英美联合，抵制苏联的扩张。3月5日，他在杜鲁门总统的陪同下在密苏里州小城富尔敦的威斯敏斯特学院发表了一篇题为“和平砥柱”的演说。他在演说中严厉抨击苏联“权力和主义的无限扩张”，说“从波罗的海的什切青到亚得里亚海边的里雅斯特，一幅横贯欧洲大陆的铁幕已经降落下来”。这条线后面的东、中欧国家“无不处在苏联的势力范围之内，不仅以这种或那种形式屈服于苏联的势力的影响，而且还受到莫斯科日益增强的高压控制”。“在远离俄国边界、遍布世界各地的许多国家里，共产党第五纵队已经建立，它绝对服从来自共产主义中心的指令，完全协调地工作着……到处构成对基督教文明的日益严重的挑衅和危险”。他说“美国此刻正高踞于世界权力的顶峰”，鼓吹英美“建立特殊关系”，实现“兄弟般的联合”，“联合使用两国在世界各地掌握的所有海空基地”，垄断制造原子弹的秘密，共同对付共产主义的扩张。④

丘吉尔这篇演说显然激起杜鲁门的共鸣，在演说中杜鲁门多次带头鼓掌。《纽约时报》也发表评论说美英“两国为同一命运所支配”，应“同情和支持”丘吉尔的建议。但它也遭到许多人的谴责。《芝加哥太阳报》认为丘吉尔是想要美国为英帝国火中取栗，说：“紧随着这位伟大而盲目的贵族所高举的大旗，就会使我们投入这个世界最恐怖的战争中去。”⑤ 演说8天后，3月13日，斯大林

---

① （比）E. N. 德泽勒皮：《丘吉尔的秘密》，徐耕才译，石家庄：河北人民出版社，1984年，第8页。

② （美）哈里·杜鲁门：《杜鲁门回忆录》第1卷，李石译，北京：世界知识出版社，1964年，第212页。

③ （美）哈里·杜鲁门：《杜鲁门回忆录》第1卷，李石译，北京：世界知识出版社，1964年，第215页。

④ 王绳祖主编：《国际关系史资料选编》下册，武汉：武汉大学出版社，1983年，第83—88页。

⑤ 1946年3月6日美联社综合报道，转引自《战后世界历史长编》编委会：《战后世界历史长编》第1编，上海：上海人民出版社，1977年，第2分册，第52页。

对《真理报》记者发表谈话，严厉指出："这个演说是危险的行动，其目的是要在盟国中间散播纠纷的种子，使它们难于合作"；谴责丘吉尔像希特勒一样散布种族优越论，认为"讲英语的民族是唯一的最优秀的民族，应当统治世界上的其他民族"；揭露丘吉尔的方针"是进行战争的方针，号召同苏联进行战争"。①当天，《真理报》发表了题为《丘吉尔玩弄刀枪挑起反苏战争》的社论。丘吉尔这篇演说加剧了国际紧张局势，成为冷战爆发的一个信号。一些西方学者认为它是丘吉尔的"冷战宣言"。②

英国促使美国承担领导自由世界的责任、发动对苏冷战的最重要一招是使了一个金蝉脱壳计，主动把希腊、土耳其交给美国。希腊原是英国的势力范围，二战爆发后被德国占领。1944 年 10 月希腊解放时，希腊共产党领导的民族解放阵线几乎控制了全国。但英军登陆后支持希腊右翼政府镇压了希腊共产党武装。1946 年秋，希腊共产党再次掀起武装斗争。到 1947 年春，尽管英国给希腊提供了 4 万军队，输送了 7.6 亿美元的军事物资，但希腊政府的统治还是岌岌可危，最后只能控制雅典和萨洛尼卡等大城市及附近地区。

这时英国在希腊的处境颇似后来美国在越南的处境。英国虽然是二战的战胜国，但这场战争也使它元气大伤，遭受巨大损失。战争结束时英国债务高达 350 亿美元，黄金储备几乎耗尽。这时，英国又背上希腊这样一个包袱，要给希腊提供大量援助，使本身经济已很困难的英国不堪重负。如果不尽快从希腊脱身，势必陷入泥淖不能自拔。但英国政府又不愿让希腊落入共产党之手。只有美国能够承担起援助希腊、土耳其的重任，领导自由世界遏制共产主义的扩张。于是，1947 年 2 月 21 日，英国政府照会美国国务院，声称由于国内经济困难，3 月 31 日以后英国无力再对希腊和土耳其提供进一步援助；鉴于希腊和土耳其在军事上和战略上的重要性，希望美国挑起这副担子。

美国早就关注着希腊、土耳其事态的发展。早在 1945 年秋，杜鲁门就授权国务院与英国商讨援希问题。1946 年 10 月，美国国务院近东和非洲事务司提出备忘录，指出希腊"正成为紧张的国际关系的焦点"，它的地位"可能构成中近东未来趋向的一项决定性因素"。翌年 2 月，该司再次就希腊问题提出备忘录，

① 《斯大林文选》下册，北京：人民出版社，1962 年，第 462—463 页。

② Walter Lafeber：America，Russia and the Cold War，1945—1990，New York：McGraw-Hill，1991，p. 40.

题为“危机和迫在眉睫的崩溃的可能性”。美国政府对希腊的局势已极为担忧了。但希腊是英国的势力范围，如英国不放弃，美国也不便直接插手干涉。现在，既然英国拱手相送，同时美国经过一年多的酝酿，业已确定了遏制苏联扩张的冷战政策，也就义不容辞地接受下来，承担起援助希、土的责任。这样，杜鲁门政府经过20余天的精心准备，终于在3月12日抛出了“杜鲁门主义”。杜鲁门在那篇向国会发表的咨文中，极力渲染希腊正遭受到共产党领导的“恐怖分子的威胁”，并说如果希腊沦入少数武装分子控制之下，就会对其邻国土耳其产生严重、直接的影响，甚至可能引起整个中东的混乱，欧洲各国也将蒙受重大影响，要求国会同意向希、土提供4亿美元的援助，并派员前往参与“重建”。杜鲁门同时指出，世界已经分成两个敌对的营垒，一边是“极权政体”，一边是“自由国家”；“通过直接或间接侵犯而强加于各国自由人民的极权政权，削弱着国际和平的基础，因而也危害着美国的安全”；“美国的政策必须是支持各国自由人民”。最后，杜鲁门以“伟大的责任已降临在我们头上”结束了他的演说。[①] 这篇演说杀气腾腾，充满火药味，在美国内外引起强烈反响。一些西方学者认为，该演说是“美国历史上最重要的演说之一”，是杜鲁门政府的对苏“冷战宣言”，它标志着美苏冷战的正式爆发。[②] 杜鲁门本人也承认，这“是美国外交政策的转折点，它现在宣布，不论什么地方，不论直接还是间接侵略威胁了和平，都与美国的安全有关”[③]。战后持续40多年的冷战爆发了。

这些事实表明，对于冷战的爆发，英国并非扮演了消极被动的美国的追随者的角色。经过二战，英国尽管已沦为二流强国，但其坚定的反苏反共立场未变。特别是出于对苏联势力扩张的恐惧，对二战后掀起的遍布世界的红色浪潮的恐惧，生恐危及大英帝国的利益，这就决定它必然采取一种主动积极的对抗性政策。但由于它经济困难，实力有限，无力单独和苏对抗，更无力承担领导自由世界的责任，因而向美国靠拢，施展外交手腕影响美国政府的外交政策，使美国介入欧洲事务，承担领导自由世界遏制苏联扩张的责任，借助美国的力

---

① 转引自《战后世界历史长编》编委会：《战后世界历史长编》第1编，上海：上海人民出版社，1977年，第3分册，第44—49页。

② Steven W. Hook and John Spanier, American Foreign Policy Since World War II, Washington, D. C.: Congressional Quarterly, 1991, p. 41.

③ (美）哈里·杜鲁门：《杜鲁门回忆录》第1卷，李石译，北京：世界知识出版社，1964年，第120—121页。

量抵抗苏联的威胁，维护英国的利益。英国政府对冷战的爆发起了推波助澜的作用。

以上笔者从四个方面探索了冷战的起源。世界上的事物是复杂的，冷战之所以爆发并持续 40 多年当然不能简单归结为某一两个因素的作用，而是多种因素构成的合力作用的结果。

原载（《陕西师范大学学报》1995 年第 4 期）

冷战结束时间辨析

近年来国内外学者及一些政治家对冷战结束时间的界定颇不统一，请看下述几例。

(1) 1992年美国西部观察出版社出版的《冷战的反复》① 一书认为，20世纪60年代初—70年代，当东西方政府承认了德国与欧洲的分裂时，冷战实际上已经结束了。1989年革命彻底改变的不是冷战秩序，而是东西方关系的后冷战秩序。

(2) 美国《政策评论》杂志1993年秋季刊发表的《1983：从奥韦尔的恶梦中醒来》② 一文认为，1983年标志着冷战开始结束。这一年里根政府制定的许多国内外政策扭转了苏联的扩张主义，领导西方获得了冷战的胜利。

(3) 1989年12月3日美苏首脑马耳他会晤后，戈尔巴乔夫在与布什联合举行的记者招待会上说，冷战时期正在彻底过去，让位与新时代③。同一天他对苏联电视台发表谈话说："世界正在挣脱'冷战'……世界正在进入长期的和平发展时期。"当记者问他"正在挣脱"是否意味着"还没有完全挣脱出来"时，他回答"冷战已经结束。基本上是这样"。④ 1990年5月底6月初戈尔巴乔夫访美期间在斯坦福大学发表演说，宣布冷战结束了⑤。

---

① Allen Lyneh，The Cold War is Over-Again，Boulder，Colorado：Westview press，1992.

② Adnrew E. Busch and Elizabeth E. Spalding，1983：Awakening From Orwell's Nightmare，Policy Review，Fall 1993.

③ 塔斯社瓦莱塔1989年12月3日电。

④ 塔斯社莫斯科1989年12月3日电。

⑤ Peter G. Boyle，American-Soviet Relations：from the Russian Revolution to the fall of Communism，London and New York：Routledge，1993，p. 239.

(4) 1990年11月21日布什在欧安会第二次首脑会议结束后发表的讲话中说:“今天上午我们签署了巴黎宪章,从而结束了历史的一个篇章。冷战已经过去……冷战始于对如何组织和治理社会的两种不同看法的思想斗争。我今天上午签署的文件标志着这场斗争的结束”。[①]

(5) 1993年,英国罗特莱吉出版社出版的《美苏关系——从俄国革命到共产主义的没落》一书认为,1991年“8·19”政变的失败标志着冷战结束。

(6) 1994年中国经济科学出版社出版的高等学校马克思主义理论课通用教材《世界政治经济与国际关系》一书认为,1989年12月美苏首脑马耳他会晤是冷战结束的标志。

(7) 1992年军事译文出版社出版王玨琳等编著的《战后国际关系史(1945—1992)》一书认为,以苏联质变和解体为标志,战后持续了40多年的雅尔塔体制彻底瓦解,冷战最终结束。

(8) 1992年美国《外交史》杂志春季刊发表《冷战结束了吗?》[②]一文认为,冷战并非只是美苏之间的对抗,而是由形形色色的冲突对抗组成的。因此冷战并没有结束。1993年8月2日《纽约时报杂志》刊载的《冷战没有结束》[③]一文认为,尽管苏联解体了,但1992年美国联邦政府5480亿美元的开支中仍有20%用于遏制共产主义。从这个意义上讲冷战并没有结束。

可见,关于冷战结束时间的界定众说纷纭,莫衷一是。笔者认为,以1990年11月欧安会第二次首脑会议召开作为冷战结束的标志更为合适。理由如下。

第一,从欧安会第二次首脑会议召开的背景看。我们知道,所谓冷战,是指分别以苏、美为首的东、西方两大集团之间由于意识形态及地缘政治的冲突,也由于害怕核战争,所进行的除直接战争之外在政治、经济、军事、外交、意识形态等方面的对抗争夺。从二战后到20世纪80年代中期的40年中,这种对抗争夺时起时伏,但始终没有停止。冷战给双方乃至整个世界局势造成严重影响。激烈的军备竞赛使双方都建立了庞大的核武库,世界处于核毁灭的阴影下。冷战给双方造成巨大物质损失,带来沉重负担。它使美国背上了沉重的债务包袱,并由最

---

① 美国新闻署巴黎1990年11月21日电。

② Walter Lafeber: America, Russia and the Cold War, 1945—1990, New York: McGraw-Hill, 1991.

③ Thomas L. Friedman, Cold War without End, The New York Times Magazine, August 22, 1993.

大的债权国变为最大的债务国，财政赤字不断上升，这阻碍了美国的经济发展，削弱了美国的国际竞争能力，使美国在国际经济中的地位不断下降。冷战给苏联造成的后果更为严重。苏联由于长期优先发展重工业和军事工业，使国民经济畸形发展，农业和轻工业长期落后，它反过来又制约了整个国民经济的发展和人民生活水平的提高，经济发展速度不断下降，到20世纪80年代中期出现停滞。这就更使苏联难以应付已发展到太空的军备竞赛。同时，长期冷战也使苏联的政治经济体制更趋僵化，权力高度集中，官僚主义严重，生产效率低下，经济效益极差。在国际社会中，苏联作为第二经济大国的地位岌岌可危。

在这种情况下，苏联新一代领导人戈尔巴乔夫提出“新政治思维”，认为在核时代无论核战争还是大国间的常规战争，都将导致地球上一切生命的灭亡和人类文明的毁灭。提出全人类的利益高于一切，“整个人类不分阶级和民族，都必须同舟共济”。提出要根本改革苏联社会，实行“人道的”、“民主的”社会主义。据此苏联大幅度调整了对外政策，改变了前一阶段和美国僵硬对抗的态度，广泛实行战略收缩，积极谋求和美国等西方国家对话，缓和国际紧张局势。在国内实行“民主与公开性”，猛烈批判斯大林时期的内外政策，并逐步发展至放弃共产党的领导，实行经济私有化和政治多元化。苏联内外政策的上述变化意味着在东西方冷战的态势中苏联正在败北：在地缘政治的争夺中苏联节节败退，在意识形态及社会制度的抗争中苏联开始向西方缴械。这正是美国等西方国家长期追求的战略目标。同时，20世纪80年代初在西欧和美国爆发的大规模反核和平运动对西方政府造成巨大压力，美国总统里根也很想以一个和平总统的声誉结束其白宫生涯。这样，到20世纪80年代中期，当美国在和苏联争夺中重新处于优势地位之后，也改变了前一阶段拒不对话的政策，向苏联伸出橄榄枝，表示愿意恢复对话谈判，企图在谈判桌上对苏施加压力，加速苏联东欧的演变。从1985年11月到1990年9月，短短5年，美苏两国即进行了8次首脑会晤，46次外长会晤和多次军事领导人会晤。在此期间双方就一系列问题达成协议，结束了对抗，双方关系不断走向缓和。1987年12月，美苏两国首脑签署了中导条约，规定双方在3年内分阶段销毁两国全部陆基中程导弹。这是两个超级大国签订的第一个削减核武器条约，是双方互相妥协让步的产物，是美苏关系走向缓和的重要标志。1988年4月，美、苏及巴基斯坦、阿富汗就阿富汗问题达成《日内瓦协议》，苏军于5月15日起从阿富汗撤军，到1989年2月全部撤离阿富汗，从而结束了长达10年的苏阿战争，拆除了美苏关系中的一个篱笆。1988 年 12 月，安哥拉、南非、古巴在纽约签署正式和约，由美、苏分别支持的安哥拉对立双方之间的内战宣布结束。1988 年底苏联停止对尼加拉瓜军事援助，劝说桑地诺民族解放阵线政府向反对派让步，举行自由选举。1990 年 2 月尼加拉瓜实行大选，桑地诺民族解放阵线政府在选举中失败，将政权交给反对派联盟。美苏结束了在中美洲的争夺。1989 年底，东欧发生剧变，各国相继抛弃了共产党的领导，改行资本主义制度。对此，苏联摒弃勃列日涅夫主义，采取了顺其自然、不予干涉的“西纳特拉主义”政策，加速了其演变。1989 年 11 月 9 日，象征冷战铁幕的柏林墙被推倒。翌年 10 月，两德实现统一，统一后的德国加入北约。至此，维系战后东西方格局的雅尔塔体制在欧洲彻底崩溃，苏联与东欧的联盟趋于瓦解。

在这种情况下，美苏两国关系进一步向前发展。1989 年 12 月布什与戈尔巴乔夫在马耳他举行第一次会晤。这是一次非正式会晤，双方并未签订任何协议。但通过会晤双方增进了了解，对一些问题取得了谅解。双方共同强调要加强“相互理解与合作”。布什通过这次会晤进一步认识到苏联的改革符合美国的利益，表示要支持戈尔巴乔夫的改革，认为“美苏关系的新时代”即将开始。戈尔巴乔夫也认为“‘冷战’时期正在彻底过去，让位于新时代”。1990 年 3 月，立陶宛宣布独立，联盟中央和立陶宛关系骤然紧张。从未承认过苏联对立陶宛等波罗的海三国吞并的美国政府为了支持戈尔巴乔夫的改革，没有立即承认立陶宛的独立，而是居中斡旋，要求立陶宛搁置独立宣言，帮助戈尔巴乔夫平息了这场独立风波。1990 年 5 月 31 日—6 月 3 日，布什与戈尔巴乔夫在华盛顿举行了第二次会晤。在这次会晤中双方签署了削减战略核武器、销毁和禁止生产化学武器、监督与核查地下核试验等一系列有关军事控制的联合声明或协议，签署了有关两国在经济、文化、科学、海运等领域进行合作的一系列协议。会晤期间，戈尔巴乔夫即对苏联电视台记者发表谈话，声称美苏之间“现在已经看到了伙伴关系的迹象”，“伙伴关系已经为期不远”。[①] 会晤结束后戈尔巴乔夫在和布什联合举行的记者招待会上说，两国之间已经建立了一种新型关系，“而且我们可以谈到一个合作的新阶段”[②]。6 月 5 日，戈尔巴乔夫在斯坦福大学发表

① 塔斯社莫斯科 1990 年 6 月 3 电。

② 路透社华盛顿 1990 年 6 月 3 日电。

演说，宣布“冷战现在已经结束”[①]。布什在会晤期间指出：“世界已经等待得够了，冷战应当结束了。”[②]在会晤结束后的联合记者招待会上布什也谈到了两国关系的发展，说在双方讨论的所有问题中“充分体现了坦率、开诚布公和有愿望……的精神，这就是一个标志，它表明了美苏关系发展到了什么程度”[③]。1990年8月伊拉克入侵科威特，海湾危机爆发。事件发生后一贯支持伊拉克的苏联并没有站在伊拉克一边，而是和美国站在一起，发表联合声明，谴责伊拉克的行径，之后又在联合国支持美国的提案，切断了对伊拉克的武器供应，并给美国提供关于伊拉克的重要军事情报。在地区冲突中苏美站在一起这还是第一次，充分体现了双方的伙伴合作关系。1990年9月9日，布什与戈尔巴乔夫在赫尔辛基举行了第三次会晤，就海湾局势进行磋商。会晤后布什在国会两院发表演说，指出会晤“极有成效”，美苏之间“新的伙伴关系已经开始”。戈尔巴乔夫在回到莫斯科后也表示“这次会晤开辟了通向一种新的合作形式和增加信赖的道路”。“我们实际上已进入了一个新时代”。在美苏关系不断改善发展的同时，苏联与西欧各国的关系由于苏联签署了中导条约、放弃了对东欧的控制、从东欧撤军等一系列行为而得到改善。1990年11月10日，苏联与统一后的德国签署了《德苏睦邻、伙伴关系和合作条约》。德国还给苏联提供巨额资金援助，支持苏联的改革。

上述事实表明，到1990年11月欧安会第二次首脑会议召开时，美苏两国已由数十年的对手变为伙伴，以苏联为盟主的东欧集团已四分五裂，名存实亡，东欧各国已倒向西方，苏联也已接受了西方“经济自由”与“政治民主”的价值观念。以美苏为首的东西方之间地缘政治的争夺与意识形态的对抗基本结束了。欧安会第二次首脑会议正是在这样的背景下召开的。

第二，从会议通过的文件看。欧洲安全与合作会议第一次首脑会议是在70年代初开始的东西方关系有限缓和的大背景下，经过近3年的筹备讨论，于1975年7月31日—8月1日在赫尔辛基举行的。欧洲33国及美国、加拿大共35国的国家元首或政府首脑出席了会议，签署了业已准备就绪的《欧洲安全与合作会议最后文件》，这使自20世纪70年代初以来的东西方缓和达到高潮。但

---

① 美联社旧金山1990年6月5日电。

② 美联社华盛顿1990年6月1日电。

③ 路透社华盛顿1990年6月3日电。

它并未消除对抗，结束冷战。该会议是由苏联倡导召开的，其目的之一是要美国等西方国家正式承认欧洲各国边界现状，承认二战期间苏联侵占的欧洲国家的48万平方千米的土地，巩固苏联的势力范围。因此苏联坚持要求在《最后文件》中《指导与会国关系的原则宣言》里列入边界不可侵犯原则。西方国家则要求在确定这一原则时，又写上"边界可以根据国际法，以和平手段和通过协议加以改变"。美国总统福特还表示，欧安会文件"不是法律上对任何与会国有约束力的文件"，美国不会因此而默认苏联对东欧的永久控制。在另一项名为《人道主义和其他方面的合作》的文件中，西方国家竭力要求规定"人员和思想的自由交流"，企图以此来向苏联及其势力范围渗透。但苏联则要求加上"在相互可以接受的条件下"，"根据每个国家自己的方式"，"遵守有关规定"等限制性词句，抵消该条款的作用。可见《赫尔辛基宣言》只是双方暂时妥协的结果，并未消除双方的矛盾与对抗。欧安会后，苏联在缓和的烟幕下加速扩张，美苏关系再度紧张，东西方冷战重现高潮。

欧安会第二次首脑会议也是应苏联的请求，于1990年11月19日—21日在巴黎召开的。这次会议是在苏联东欧发生剧变、东西方结束对抗、走向全面缓和的大背景下召开的。因此，苏联要求召开这次会议的目的和上次迥然不同。上次会议召开时苏联风头正健，是和美国平起平坐的一个超级大国，其目的是要西方承认二战后苏联的既得利益和势力范围，把东西欧分裂的局面固定下来。此时的苏联却内外交困，众叛亲离，从前的东欧盟友纷纷倒向西方，苏联自身亦放弃和西方的对抗，和西方结成了伙伴关系。为此，戈尔巴乔夫根据其"新思维"中关于建立"全欧大厦"的设想，企图通过这次会议确立冷战后欧洲新秩序，实现欧洲的统一，以便从西方获得长期稳定的援助，解决国内困境，保障改革成功，并利用地缘政治优势保持对欧洲的影响。欧洲各国也希望在苏联东欧剧变的形势下建立欧洲新秩序以实现"大同欧洲"。这就决定了这次会议是使欧洲结束对抗、走向合作的会议。事实正是如此。这次会议主要通过3个文件：一是北约和华约22国首脑签署了《欧洲常规武装力量条约》。这是战后两大军事集团签署的第一个常规裁军条约，对双方常规武装力量的数量作了严格的限定，进行了大幅度裁减，使双方的常规武装力量达到均衡。撒切尔夫人说：欧洲发动突然袭击的可能性消失了。二是北约和华约22国首脑签署《联合声明》，郑重宣布：在欧洲新时代开始之际，双方"不再互为对手，相互间将建立新的伙伴关系并友好相处”[①]。双方重申根据联合国宪章承担的义务和赫尔辛基宣言承担的一切保证，同时表示愿意与欧安会其他成员国进行合作，以推动欧安会进程的不断前进。三是与会34国首脑签署《新欧洲巴黎宪章》，郑重宣布：“欧洲对立和分裂的时代已经结束”，各国今后的关系将“建立在彼此合作和尊重的基础上”。《新欧洲巴黎宪章》对欧安会所有成员国在人道、安全、经济、文化、环境保护等各个领域的合作做了安排，并决定将欧安会制度化和机构化，定期举行外长会议，每年至少一次，使之成为“欧安会政治磋商中心”；在布拉格设立一个负责欧安会日常事务的小型秘书处；在维也纳建立“防止冲突中心”，负责交流各国军事情报，核查各国的军备情况，以减少冲突和防止发生冲突；在华沙建立监督“自由选举”的机构。这些文件郑重宣布华约和北约“不再互为对手”，“欧洲对抗和分裂的时代已经结束”，今后各国间“将建立新的伙伴关系并友好相处”，这实际上是冷战的双方正式宣告了冷战的结束。在这次会议召开期间及会后，许多西方新闻记者、评论家及政治家发表评论，认为它“最终埋葬了冷战”[②]，“为东西欧洲的对立与分裂打上了句号”[③]，“成为冷战结束的象征”[④]。美国总统布什在会议结束后发表了本文开头所引的那段话。戈尔巴乔夫在1989年12月美苏首脑马耳他会晤后即认为“冷战已经结束。基本上是这样”。在这次会议上他谈论的已不是结束冷战的问题，而是强调“今天，苏联和美国已不是敌手，而是伙伴。他们的相互理解程度已达到，他们对世界的和平和安全负有共同的责任”[⑤]。美苏是冷战的主角，欧洲是冷战的中心，冷战主要是在分别以美、苏为首的北约、华约两大军事政治集团之间进行的。现在，美苏两国、北约与华约均郑重宣布不再互为对手，冷战结束了。据此，我们完全可以认为：欧安会第二次首脑会议标志着冷战的结束。

第三，从欧安会第二次首脑会议后局势的发展看。1991年是华约及苏联寿终正寝的一年。2月25日，华沙条约组织政治协商委员会特别委员会在布达佩斯开会，正式宣布从1991年3月31日起中止在华约范围内签订的军事协定的效力，解散华约所有军事机构，停止一切军事行动。7月1日，华沙条约政治组织

---

① 法新社巴黎1990年11月19日电。
② 新华社巴黎1990年11月19日电。
③ 新华社东京1990年11月21日电。
④ 合众国际社维也纳1990年11月18日电。
⑤ 塔斯社巴黎1990年11月19日电。

也宣告解散。至此，战后和北约对峙了 35 年的华约组织成为历史陈迹。在此之前，6 月 28 日，作为在经济上维系苏联东欧纽带的经济互助委员会也予以解散。以苏联为首的东欧集团彻底地土崩瓦解了。与此同时，苏联经济持续恶化，政局动荡不定。“8·19”政变失败后，各加盟共和国纷纷宣布独立。12 月 21 日，阿塞拜疆、亚美尼亚、哈萨克斯坦、吉尔吉斯、摩尔瓦多、塔吉克、土库曼和乌兹别克 8 国同明斯克协约的 3 国在阿拉木图签署了建立独立国家联合体协议议定书，并发表阿拉木图宣言，宣布苏联不复存在。12 月 25 日，克里姆林宫上空的苏联国旗徐徐降落，苏联的历史画上了句号。

上述事实表明，欧安会第二次首脑会议后，华约与苏联自顾不暇，先后分崩离析，再也没有力量恢复冷战，和西方对抗。虽然在 1991 年年初，戈尔巴乔夫政府由于屈服于国内强硬派的压力，采取武力镇压立陶宛的独立，美国对此予以谴责并施加压力；海湾战争爆发后苏联由于担心美国对中东的控制，接二连三提出“和平倡议”，不希望用武力解决海湾危机，招致美国的不满；戈尔巴乔夫曾警告美国不要干涉苏联内政，否则美苏关系有可能退回到“半冷战”。但这只是美苏“伙伴”关系中出现的一点小小的龃龉，并未导致新的冷战或“半冷战”。“8·19”政变的失败也表明，任何恢复冷战的企图都是不得人心的，也是不能得逞的。

综上所述，可以看出，欧安会第二次首脑会议召开之前，以美苏为首的东西方之间的冷战已经结束了；欧安会第二次首脑会议通过的文件正式宣布从前冷战的双方不再互为对手，宣布欧洲的分裂对抗已告结束；会后华约组织仅存在了 4 个月即自行解散，苏联也在内乱中仅苟延残喘了一年而土崩瓦解，美苏及东西方集团之间的对抗冷战再未出现。因此，笔者认为，应该把 1990 年 11 月欧安会第二次首脑会议的召开作为冷战结束的标志。冷战从 1947 年 3 月爆发后一直在持续，直至 1990 年 11 月宣告结束，其间只有高潮与低潮之分，并未停止，故不能说六七十年代即结束了。1989 年 12 月美苏首脑马耳他会晤后，只是苏联单方面宣布冷战结束了，冷战的另一主角并未表态，故尚不能说冷战已经结束。“8·19”政变失败、苏联解体均发生在冷战双方都已宣布结束冷战之后，它们只能表明美苏冷战不可能恢复，而不应将其作为冷战结束的标志。

原载（《陕西师范大学学报》1996 年第 2 期）

试论冷战结束的一个原因

冷战结束已有多年，对冷战结束原因的探讨也当提上议事日程。笔者认为，战后持续 40 多年、被某些西方学者称为“第三次世界大战”的东西方冷战于 20 世纪 90 年代初宣告结束①，原因是多方面的：既有苏美两国政府在各种压力下的政策转向，又有世界和平、民主运动的推动，甚至也不乏作为冷战产物的美苏两国令人生畏的庞大核武库的反作用。其中，当时苏联领导人戈尔巴乔夫的政策取向起了十分重要的作用。

一

1985 年 3 月，苏联在两年多时间里连丧三主之后，由领导集团中“年富力强”的戈尔巴乔夫出台主政。戈尔巴乔夫上台之际，苏联正处于内外交困的窘境。在国内，已实行了 60 多年的高度集中的政治经济体制严重阻碍了生产力的发展。苏联经济困难重重，发展速度不断下降。与此相伴随的，则是市场供应紧张、商品短缺，人民生活日趋困难。这种情况使苏联在国际综合国力的竞争中处于劣势，大有丧失超级大国地位，沦为二流强国的危险。

国际上，20 世纪 70 年代苏联利用美国战略收缩之机四处扩张，虽连连得手，但也背上了不少包袱。20 世纪 80 年代初，美国调整了对外战略，重新对苏实行强硬政策，力图把苏联从 20 世纪 70 年代夺得的阵地上“推回去”。同时大力扩充军备，企图凭借美国的经济技术优势，通过军备竞赛拖垮苏联。里根表

---

① 关于冷战结束的时间，请参阅拙文《冷战结束时间辨析》。《陕西师范大学学报》（哲学社会科学版）1996 年第 2 期，第 139—144 页。

示，美国“将不惜一切代价在军备竞赛中保持领先地位”，认为“俄国人永远不会赢得军备竞赛，因为我们可以在开支上永远超过他们”，同时，“我们有能力永远保持技术上的优势”。[①] 为此，里根政府甚至制订了需耗资上万亿美元的“星球大战”计划，把美苏军备竞赛引向太空。面对美国的进逼，苏联强硬对抗，在军备竞赛方面，大力加强和更新核攻击力量，并进行太空武器的研制。苏联的综合国力远不如美国，其国民总收入只及美国的一半左右，且经济发展每况愈下，和美国进行这种耗资巨大的军备竞赛，使十分虚弱的苏联经济更是雪上加霜，不堪重负。

戈尔巴乔夫正是在这种形势下上台执政的。作为苏联新一代领导人，他较少传统思想的束缚，比其前任对苏联的处境有更为清醒的认识。1985 年 4 月 23 日，戈尔巴乔夫在上台后举行的第一次中央全会所作的报告中，分析了苏联在国内外面临的严峻局势，认为“国家正处于危机前的状况”，“必须进行根本性的变革和改造”，提出了加速国家社会经济发展战略和社会主义革新方针。5 月 17 日，戈尔巴乔夫在彼得格勒视察时，在斯莫尔尼学院发表重要讲话，指出苏联经济状况是美国的技术进展之所以威胁到战略均势的根本原因。苏联必须进行改革，以加速经济发展。1986 年 2 月 25 日，苏共召开第 27 次代表大会，审议和确认了戈尔巴乔夫提出的加速经济和社会发展的战略，把它作为本世纪指导苏联各项工作的总战略方针。戈尔巴乔夫在政治报告中强调：“加快我国社会经济发展，是解决所有问题——不论是近期的和远期的、经济的和社会的、政治的和思想的、对内的和对外的问题的关键。”

要加速社会经济发展，改变国内的困境，实现苏共二十七大提出的到 2000 年使国民收入和工业产值增长 1 倍，劳动生产率提高 1.3—1.5 倍，国民收入的年增长速度提高到 5%，人均实际收入增加 60%—80%的战略任务，就必须缓和国际紧张局势，缓和与美国的关系，争取一个和平、稳定的外部环境。二十七大强调苏联外交的战略任务是为国内建设创造和平的国际环境。为此，戈尔巴乔夫改变了其几位前任与美国强硬对抗的做法，开始推行缓和战略。戈尔巴乔夫在各种场合多次表示要改善苏美关系，不断向美国和西欧发起和平攻势，单方面暂停核试验，提出一个又一个裁军建议。美国此时认为，经过前一阶段争

① （美）罗纳德·里根：《里根自传》，张宁等译，北京：世界知识出版社，1991 年，第 234—235 页。

夺，美国已重新处于战略优势，加之国内外反核和平运动的压力，也想通过谈判迫使苏联收缩。于是两国领导人就双边关系，限制军备和热点地区等问题进行广泛会谈。苏美关系由对抗开始走向缓和。因此，可以说，戈尔巴乔夫的加速发展的战略使苏美关系走上缓和之路。

二

戈尔巴乔夫在提出和实施加速发展战略的过程中，其外交思想也发生了变化，提出了对外政策“新思维”。

1985 年 11 月，戈尔巴乔夫与美国总统里根在日内瓦举行最高级会晤时首次提出了“新思维”一词。翌年 1 月 15 日，戈尔巴乔夫在一项关于销毁核武器的声明中阐述了这一概念，说“新思维是苏联外交政策的哲学”。之后他多次阐述了这一概念，特别是在 1987 年 11 月出版的《改革与新思维》一书中，对这一概念进行了全面系统的阐述，使之成为指导苏联内外政策的依据。

戈尔巴乔夫认为，当今世界，战争已不再是解决政治问题的最后手段。在核时代，无论是核战争还是大国间的常规战争都不存在“胜利者”和“失败者”，都将导致地球上一切生命的灭亡，导致人类文明的毁灭。“一旦爆发战争，一切生灵都将从地球上消失”[①]。同时，当代世界已成为一个相互依存的整体，全世界有 170 多个独立国家，各有各的利益，但同时也面临一系列全球性的共同问题，这些问题的解决，不能指靠几个大国，而是需要全世界所有国家的共同努力。两个不同社会政治体系应当长期和平共处。和平共处应成为处理当代国际关系的最高准则和普遍的国际新秩序。戈尔巴乔夫特别强调，“新思维的核心是承认全人类的价值高于一切，更确切地说，是承认人类的生存高于一切”[②]。

根据这些思想，戈尔巴乔夫提出苏联对外政策的原则：确立全人类价值观，不同社会制度的国家必须从对抗走向合作，由斗争转向为实现和平、改善生活等“人的普遍价值”方面的合作；对东欧实行不干涉政策，对西欧争取建立“全欧洲大厦”；继续与美国就裁军、削减核武器、限制地区冲突等问题进行谈

① （苏）米·谢·戈尔巴乔夫：《改革与新思维》，苏群译，北京：新华出版社，1987 年，第 173 页。

② （苏）米·谢·戈尔巴乔夫：《改革与新思维》，苏群译，北京：新华出版社，1987 年，第 184 页。

判，争取达成协议；和中国建立睦邻友好关系，在经贸、科技、文化等领域加强彼此合作；争取阿富汗、柬埔寨、安哥拉、尼加拉瓜等问题的政治解决①。

戈尔巴乔夫的“新思维”为苏联的缓和战略提供了新的理论依据。在此之前，缓和战略的理论依据是“加速发展战略”。“新思维”与“加速发展战略”不同。前者认为“全人类的利益高于一切”，以全人类利益为出发点，后者只是从苏联一国的发展考虑；前者着眼于世界全面、长期的缓和和稳定，后者着眼于21世纪的争夺。“新思维”与“加速发展战略”相比，可谓发生了一个思想的飞跃。戈尔巴乔夫对外政策“新思维”为东西方关系的全面缓和与冷战的结束奠定了思想基础。

三

戈尔巴乔夫依据其对外政策新思维，在外交上实行全面收缩，放弃与美国对抗，使冷战最终走向结束。

（1）在限制军备谈判中作出重大让步，和美国签署《全面消除中导条约》和《削减战略核武器条约》。激烈的军备竞赛是美苏冷战的一个重要方面。战后40多年，美苏双方你追我赶，展开激烈军备竞赛，既消耗了两国人民无数血汗，又对人类的生存造成极大威胁。其间双方虽然也曾多次进行限制军备谈判，但由于缺乏诚意，都想保持优势，压倒对方，结果是越谈双方的核武器越多，到20世纪80年代中期双方已分别拥有25 000枚左右的核弹头。

1985年3月11日戈尔巴乔夫在当选苏共中央总书记后即发表讲话，表示希望同美国停止军备竞赛，冻结核武库和停止部署导弹。3月12日双方开始在日内瓦举行新的军控谈判。在谈判之初，苏联坚持要求把消除中程导弹、削减战略核武器和禁止太空武器试验挂钩，力图打掉美国的“星球大战”计划。但美国拒不放弃该计划。在这种情况下戈尔巴乔夫作出重大让步，不再坚持要美国放弃“星球大战”计划，同时在欧洲中导问题上接受了美国的在全球范围内消除陆基中程导弹的建议。这样，双方在1987年达成并签署了全部销毁陆基中程导弹的条约，在1990年6月达成了削减战略核武器的框架协议，并于翌年签署。这两项条约的达成与签订大大降低了美苏核对抗的水平，是两国在核裁军问题

① 周尚文、叶书宗、王斯德：《苏联兴亡史》，上海：上海人民出版社，1993年，第725页。

上的一个重大突破。它一改过去只限制不削减、只限制对方不限制自己、只向上平衡不向下平衡的做法，由限制转向削减甚至销毁，转向“限制对方，约束自己”，成为苏美关系走向缓和的一个重要标志。

(2) 从阿富汗撤军。1979 年 12 月苏联入侵阿富汗不仅是对国际法的公然践踏，同时也形成苏联直逼波斯湾和包围中国的战略态势，因此遭到包括美国和中国在内的国际社会的强烈反对。美国因此而放弃前一阶段的缓和政策，对苏采取强硬措施，美苏掀起第三次冷战高潮。因此，阿富汗问题能否解决，苏联能否从阿富汗撤军，就成为关系到美苏关系、中苏关系、国际紧张局势能否缓和的至关重要的问题。

1985 年 4 月，戈尔巴乔夫上台仅一个月，即下令对阿富汗的形势进行“扎实的和不带偏见的分析”。1986 年 2 月，戈尔巴乔夫在苏共二十七大上表示：“一旦达成政治解决办法，能够保证实际停止和保证不恢复对阿富汗内政的外来武装干涉，就将同阿方商定分阶段撤出苏军的期限。”同年 7 月，戈尔巴乔夫在海参崴发表的讲话中提出苏将分阶段从阿撤军的打算，表示年底之前先撤回 6 个团。之后经过多次谈判，1988 年 4 月 14 日在联合国秘书长德奎利亚尔主持下，苏联、美国、巴基斯坦、阿富汗四国代表在日内瓦签署了政治解决阿富汗问题的协议。5 月 15 日，苏联宣布开始从阿撤军，9 个月后苏联在阿富汗的 12 万军队全部撤出。

苏军撤出阿富汗，使横在美苏乃至中苏之间的一块顽石被搬掉了，大大促进了美苏、中苏关系的缓和。

(3) 摒弃“勃列日涅夫主义”。根据二战末期苏、美、英三大国在几次首脑会议上确定的雅尔塔体制，战后东欧成为苏联的势力范围。但冷战爆发后美国一再寻机向东欧渗透，通过美国之音、自由欧洲电台对东欧发动宣传战、心理战，秘密扶持东欧一些国家的反对派势力，力图瓦解苏联东欧集团。苏联则为了防止其阵营的分裂，维护其势力范围，抛出“勃列日涅夫主义”，对东欧各国严加控制，在东欧部署了大量军队，把东欧变成与美国对抗的一个主战场。

戈尔巴乔夫调整了与东欧各国的关系，表示“一定要在完全自主的基础上建立社会主义国家之间的整个政治关系体系”①。1989 年东欧发生剧变，波兰、

---

① (苏) 米·谢·戈尔巴乔夫：《改革与新思维》，苏群译，北京：新华出版社，1987 年，第 210 页。

匈牙利、民主德国、罗马尼亚、捷克斯洛伐克等国的反对派掀起声势浩大的反政府运动，要求实行民主选举和私有化。对此，戈尔巴乔夫在马耳他与布什会晤时信誓旦旦地保证不干涉东欧各国内政。苏联外交部发言人吉拉素诺夫发表声明说："勃列日涅夫主义已经死亡。……你们知道弗兰克·西纳特拉的歌'我的路'，匈牙利、波兰正在走他们的路。我们现在有西纳特拉主义。"① 这样，戈尔巴乔夫摒弃了勃列日涅夫主义，对东欧剧变采取了听其自然、不予干涉、让他们走自己的路的"西纳特拉主义"。之后，东欧各国的共产党纷纷易帜或丢掉了政权。东欧各国摒弃了社会主义，实行资本主义。这意味着，经过数十年的争夺，苏联最终放弃了东欧这块阵地。东西方冷战在走向结束的道路上迈出了关键的一步。

（4）同意两德统一并加入北约。在东西方冷战中，由于民主德国是东欧集团的前哨阵地，双方在这里的争夺尤其激烈。两次柏林危机曾把东西方冷战推向两次高潮。第二次柏林危机中民主德国又在东西柏林之间修筑了一道长达 165 千米的"柏林墙"，把柏林一分为二，柏林墙也就成为"铁幕"和冷战的象征。

1989 年民主德国发生剧变。11 月 9 日民主德国政府决定开放柏林墙和其他边界检查站，象征冷战铁幕的柏林墙被推倒。随着民主德国的剧变与柏林墙的拆除，两个德国开始讨论统一的问题。

对于德国统一，苏联最初持反对立场。因民主德国是华约的重要成员和前哨阵地，苏联在东欧驻军的 2/3 在民主德国。民主德国的领土面积不及西德的 1/2，人口只有后者的 1/4。两德统一很可能意味着联邦德国吃掉民主德国。同时担心统一的德国威胁欧洲安全，打破欧洲格局与东西方力量均势。但由于大势所趋，加之戈尔巴乔夫为摆脱国内经济困境有求于西方等原因，苏联转变了态度，同意德国统一。但苏联坚决反对统一后的德国加入北约，而要其保持中立或同时加入华约和北约。

但联邦德国和美国坚决主张统一的德国加入北约。5 月 17 日，联邦德国总理科尔与美国总统布什在白宫举行会谈，会谈结束后向记者发表谈话，指出统一的德国将是北约的完全成员国；德国在北约中的身份是不容谈判的。同时，美国和联邦德国对苏联百般抚慰。在这种情况下，戈尔巴乔夫意识到，如果继续反对统一后的德国归属北约，不仅达不到目的，还可能引发东西方关系新的

---

① Peter G. Boyle, American-Soviet Relations: From the Russian Revolution to the fall of Communism, London, New York: Routledge, 1993, p. 230.

紧张，危及其五年来谋求的缓和成果。如果顺水推舟，同意德国归属北约，不仅可以谋取经济利益，而且可能利用德国统一推动欧安会进程，建立欧洲安全的新格局，即其一直倡导的“欧洲大厦”。于是，戈尔巴乔夫再次作出让步，和来访的联邦德国总理科尔经会谈后在 7 月 16 日宣布，苏联同意“统一后的德国可按自己的意愿决定归属问题”。10 月 3 日，两德正式统一。11 月 9 日，戈尔巴乔夫访德，两国签署了《德苏睦邻、伙伴关系和合作条约》。德国的统一，标志着雅尔塔体制在欧洲的解体，也为欧安会第二次首脑会议的召开铺平了道路。

（5）在亚非拉热点地区收缩。20 世纪 80 年代上半期，美苏在亚非拉热点地区展开激烈争夺，双方在这里竭力培植亲己势力，颠覆敌对政府，压制和消灭反对派，力图把这些地区控制在自己手中。戈尔巴乔夫上台之初并未立即放弃在这里争夺，企图利用热点地区的争夺迫使美国在军控谈判中让步。但随其新思维的形成和国内危机的加深，苏联逐渐放弃了在这里的争夺，促成了柬埔寨、安哥拉、尼加拉瓜等热点地区问题的政治解决。

（6）单方面裁军。戈尔巴乔夫为了缓和东西方关系，实现其加速发展战略和对外政策“新思维”，频频发动外交攻势，多次宣布单方面停止核试验和裁军，特别是 1988 年 12 月在联合国大会上宣布，今后两年内苏联将单方面裁军 50 万，约占苏军总数的 10%，在国际社会引起强烈反响，受到西方国家的普遍欢迎。西方舆论界说这是戈氏送给西方的新年礼物。

戈尔巴乔夫采取的上述措施，搬掉了横在东西方缓和道路上的一个个障碍，扑灭了冷战的一团团烈火，消除了东西方冷战的紧张局势，博得了西方社会的信赖与好感，使美苏两个超级大国、北约与华约两大军事政治集团最终能够坐在一起，召开了欧安会第二次首脑会议，化敌为友，化干戈为玉帛，共同宣布东西方对抗的结束。

四

综上所述，戈尔巴乔夫上台之际，苏联内外交困，超级大国的地位岌岌可危。美国总统里根认为苏联的经济“已毫无希望”[①]。这种形势迫使戈尔巴乔夫

---

① （美）罗纳德·里根：《里根自传》，张宁等译，北京：世界知识出版社，1991 年，第 234—235 页。

改弦易辙，将注意力转向在国内制定加速发展战略，对外则谋求与西方的对话与缓和。在实施这一战略过程中其思想进一步发展，提出对外政策“新思维”，提出核战争中没有胜利者，全人类的利益高于一切。以此为契机，在对外政策方面实行了全面的战略收缩，和美国停止了核军备竞赛，签订了全面销毁陆基中导条约，达成了削减战略核武器协议，摒弃了勃列日涅夫主义，放弃了对东欧的控制，允许两德统一并加入北约，从阿富汗撤军，从其他热点地区收缩，单方面大规模裁军。这一系列做法赢得了西方的好感与信赖，使东西方结束对抗，走向缓和，持续战后40多年的冷战得以终结。因此，可以认为，戈尔巴乔夫在结束东西方冷战中起了十分重要的作用。美国布鲁金研究所的高级研究员雷蒙德·加特霍夫认为“是戈尔巴乔夫把冷战引向结束”[1]。当然，戈氏结束了冷战，却断送了一个社会主义国家。

原载（《历史教学》1999年第1期）

① Raymond L. Garthoff, Why Did the Cold War Arise, and Why Did It End? Diplomatic History, Vol. 16, Issue 2, 1992, p. 288.

试论核武器在冷战发生、发展和结束中的作用

核武器是一种利用原子核裂变、热核聚变产生的巨大能量造成巨大杀伤力的武器。它诞生于二战末期，对二战本身的进程并未产生实质性影响。然而，在整个冷战期间，它却如影相随，始终相伴，其数量质量急剧膨胀，对冷战的发生、发展乃至结束产生巨大影响。本文试就此做一探讨。

一

探讨核武器在冷战爆发过程中所起的作用，实际上涉及的是冷战起源问题。冷战起源是国内外冷战史学者最为关注、着墨最多的问题，长期以来，众说纷纭，莫衷一是。笔者认为，二战后美苏两国之所以很快由盟友变为对手，进入冷战状态，是多种因素综合作用的结果：两国截然对立的意识形态及社会制度的矛盾；两国不同的国家利益与对外战略构想的碰撞，以及英国的推波助澜。此外，核武器的面世打破了美苏均势，美国凭借独家掌握的原子弹耀武扬威，对苏联实行强硬对抗政策，成为冷战爆发的一个重要因素。

二战期间，德、日、美、英、苏等几个主要交战国都秘密进行了原子弹的研制，但经济科技实力雄厚的美国独领风骚，于二战末率先研制成功。

在美国研制成功原子弹之前，美苏之间由于法西斯的战败，结盟的基础逐渐消失，意识形态、社会制度及国家利益的矛盾日渐突出，美国对苏联乘机扩张势力范围的做法日益不满。但是，经过二战，苏联的军事实力与国际威望空前提高，成为可与美国平起平坐的另一超级大国。其海、空军实力虽不及美国，

但陆军战斗力却无与匹敌，它在反法西斯战争中经受了最严峻的考验和锻炼，抗击并消灭了73%、约1000万纳粹德国军队，为反法西斯战争的胜利做出了最卓越的贡献。况且，从传统战争的角度来看，决定战争胜负主要靠的是陆军。就欧洲地缘政治而言，苏联占领了东欧，美英控制了西欧。因此，可以认为，美苏军事实力基本处于均势。同时，美国在对日作战中也有求于苏联出兵援助。在这种情况下，美国虽然对苏联的扩张行为不满，尚不敢贸然采取强硬对抗态度，只是通过外交途径抱怨"不理解"和表示"不安"，正如罗斯福总统在逝世前不久给斯大林的信中所表明的那样。罗斯福逝世后杜鲁门继任。和罗斯福相比，杜鲁门思想更趋保守，对苏联怀有很深的敌意和偏见，同时缺乏外交经验，处事僵硬，不善妥协。其时美国研制核武器的"曼哈顿工程"已进行了3年多，接近尾声，成功在望，但作为罗斯福副手的杜鲁门却对此一无所知。只是在他继任的当晚陆军部长史汀生告诉他，美国正在进行"一个预期将发展成一种具有新的、令人难以相信的毁灭力量的爆炸物的计划"，这才使杜鲁门"第一次获悉关于原子弹的一点消息"。① 之后不久，国务卿贝尔纳斯和史汀生先后向他详细汇报了原子弹的威力及研制进展情况，说美国"正在完成一种威力足以毁灭整个世界的爆炸物"②，"这种炸弹有可能使我们在战争结束时处于发号施令的地位"③，"对于我们与其他国家的关系一定会产生决定性影响"，并满怀信心地说："今后几个月内很可能获得成功"。④ 杜鲁门这才完全掌握了美国关于原子弹的研制情况，并从中受到很大"启发"，决心利用即将研制成功的原子弹和苏联强硬对抗。

首先，在波茨坦会议召开的时间问题上，纳粹德国刚刚投降，斯大林和丘吉尔就同意再举行一次三巨头会议，讨论"世界上最重大的问题"。但杜鲁门并不想立即举行会谈，而是要把它推到原子弹试爆之后。杜鲁门私下对其助手说：

---

① （美）哈里·杜鲁门：《杜鲁门回忆录》第1卷，李石译，北京：世界知识出版社，1996年，第2页。

② （美）哈里·杜鲁门：《杜鲁门回忆录》第1卷，李石译，北京：世界知识出版社，1996年，第3页。

③ （美）哈里·杜鲁门：《杜鲁门回忆录》第1卷，李石译，北京：世界知识出版社，1996年，第70页。

④ （美）哈里·杜鲁门：《杜鲁门回忆录》第1卷，李石译，北京：世界知识出版社，1996年，第70页。

"如果原子弹爆炸成功（我想会成功的）我肯定会敲敲那帮家伙的。"[①] 1945 年 5 月美驻苏大使约瑟夫·戴维斯会见杜鲁门后在日记中写道："使我感到吃惊的是，总统说不到 7 月份以后他是不会参加政府首脑会晤的。我所想到的理由是他要处理预算问题。'但是'，他说，'我还有一个理由没有告诉任何人'，他和我谈起了原子弹。最后试验原是 6 月份，但现在推迟到 7 月份。我感到吃惊和震惊"[②]。后来，波茨坦会议召开的时间确定在 7 月 17 日，即原子弹试爆的第 2 天，这显然不是一种巧合，而是杜鲁门受原子弹的"启发"所做的精心安排，企图在会议上以原子弹为后盾要挟苏联。

波茨坦会议期间，当杜鲁门获悉原子弹试爆成功的详细消息后，对苏联的态度马上变得强硬起来。对此，史汀生在记录他给丘吉尔通报美国试爆成功原子弹的日记中写道："丘吉尔跟我说，他在昨天的三大国首脑会议上注意到杜鲁门总统显然由于发生了什么事情变得强硬起来，总统大胆地面对俄国人并果断而有力地说他们根本不应提出某些美国完全不能接受的要求。丘吉尔说，'现在我知道杜鲁门昨天是怎么回事了，但昨天我百思不解。当他看过那份报告再次参加会议时，他已判若两人。他要苏联干这干那，几乎控制着整个会议'"。[③]

波茨坦会议是二战中三巨头三次会晤中争吵最激烈的一次，远没有前两次会议那样和谐。在处置德国、波兰疆界、对罗马尼亚等国新政府的承认等问题上美国都采取了对抗立场，反对苏联的建议和要求，而不像前两次会议上罗斯福对苏联的许多要求妥协让步，甚至和斯大林签订秘密协定，完全满足苏联对远东的要求。究其原因就在于美国现在已独家掌握了威力无比的原子弹，认为可以凭此来按照美国的构想、美国的蓝图重塑战后世界了。正如美国前总统胡佛所言："目前，我们，只有我们掌握着原子弹，我们能够把自己的政策强加给全世界"[④]。美国国务卿贝尔纳斯则称，美国拥有和使用原子弹将在欧洲问题上更易于支配苏联。[⑤]

1945 年 8 月 6 日和 9 日，美国把当时仅剩的两颗原子弹扔到日本广岛和长

① （美）嘎尔·阿尔普诺维茨：《美国为什么投下了原子弹》，《世界史研究动态》1992 年第 2 期。

② （美）嘎尔·阿尔普诺维茨：《美国为什么投下了原子弹》，《世界史研究动态》1992 年第 2 期。

③ （美）嘎尔·阿尔普诺维茨：《美国为什么投下了原子弹》，《世界史研究动态》1992 年第 2 期。

④ （美）赫伯特·胡佛：《论美国的道路（1945—1948）》，转引自刘绪贻、杨生茂主编：《战后美国史（1945—1986）》北京：人民出版社，1989 年，第 11 页。

⑤ （美）嘎尔·阿尔普诺维茨：《美国为什么投下了原子弹》，《世界史研究动态》1992 年第 2 期。

崎，造成20多万平民伤亡。此举并非全是为了对付日本，也是用来对抗苏联的。当时苏联即将参加对日作战，日本正在酝酿投降。美国情报部门分析，只要俄国参战，日本就会投降，对此，美国政府十分清楚。因此，从纯军事角度考虑，投掷原子弹并非必要。美国之所以在苏联即将参战前夕匆匆忙忙扔下两颗原子弹，一个重要原因就是要在苏联参战之前结束太平洋战争，或抵消由于苏联参战造成的影响，阻止苏联在远东扩张势力，使美国在这一地区处于支配地位。对此，爱因斯坦虽然不是历史学家，也看得一清二楚："原子弹之所以爆炸是因为美国想尽一切办法在苏联参战以前结束太平洋战争。"[①] 国务卿贝尔纳斯的私人助理沃尔特·布朗在笔记中揭露说，贝尔纳斯认为"原子弹投放后日本将投降，俄国就发挥不了多少作用，因而也就不能对中国提多少要求了"[②]。贝尔纳斯本人承认，"炸弹扔在日本，正是为了在俄国收到效果"[③]。英国著名物理学家布莱克特则进一步认为，美国此举"与其说是第二次世界大战的最后军事行动，不如说是现在正在进行的对苏冷战的最初的主要作战之一"[④]。

原子弹在日本的投掷首次向世人展示了其神奇威力，骤然间使美国处于无与伦比的战略优势地位，坚定了杜鲁门政府和苏联强硬对抗的决心。对此，杜鲁门毫不讳言："我们现在拥有一种战争武器，它不但能彻底扭转整个战局，而且能掉转历史和文明的方向。"[⑤] 此后，美国政府便以原子弹为后盾，不断对苏联施加压力，企图逼其就范。1945年12月，在莫斯科三国外长会议上，苏联外长莫洛托夫问贝尔纳斯是否在裤袋里装着一颗原子弹，贝尔纳斯毫不客气地回答，如果不认真谈的话，就得领教原子弹的滋味。此次会议由于苏联方面做了较大让步，贝尔纳斯也做了适当妥协，达成了一些协议。但杜鲁门获悉后极为不满，说"贝尔纳斯本人所掌握的美国外交政策的方向是我不能同意也不会同意的"[⑥]，并在白宫向贝尔纳斯当面宣读了他写给后者的备忘录，再次批评了贝尔纳斯独断专行、没有随时向他请示汇报的做法，详述了他对和苏联争执的一

---

① （美）嘎尔·阿尔普诺维茨：《美国为什么投下了原子弹》，《世界史研究动态》1992年第2期。

② （美）嘎尔·阿尔普诺维茨：《美国为什么投下了原子弹》，《世界史研究动态》1992年第2期。

③ （美）小查尔斯·米：《在波茨坦的会晤》，上海《国际问题资料》编辑组译，北京：生活·读书·新知三联书店，1978年，第244页。

④ 《战后世界历史长编》编委会：《战后世界历史长编》第1编，上海：上海人民出版社，1975年，第1分册，第232页。

⑤ （美）哈里·杜鲁门：《杜鲁门回忆录》第1卷，北京：世界知识出版社，1996年，第468页。

⑥ （美）哈里·杜鲁门：《杜鲁门回忆录》第1卷，北京：世界知识出版社，1996年，第314页。

些问题的立场，坚定指出："我认为我们不应该再作任何妥协。我们一定要拒绝承认罗马尼亚和保加利亚，除非它们符合我们的要求；我们应该在伊朗问题上表明我们的坚定立场，我们应该继续坚持基尔运河、莱茵—多瑙河水道和黑海海峡国际化，我们应该坚持完全控制日本和太平洋……"，最后他表示"我已厌倦于笼络苏联人"。[①]

从1946年到1947年初，美国频频与苏联对抗并加紧酝酿对苏冷战：坚决支持伊朗、土耳其对抗苏联，迫使苏联从伊朗撤军，放弃对土耳其的领土等要求；让其驻苏代办乔治·凯南分析苏联行为的根源，提出遏制理论；杜鲁门陪同丘吉尔在美国富尔顿发表"铁幕"演说，抛出"丘吉尔的冷战宣言"；提出《美苏关系报告》，确定对苏遏制战略。1947年3月12日，杜鲁门政府在经过精心准备之后，最终抛出"杜鲁门主义"，美苏冷战正式爆发。

上述事实表明，原子武器出现后，打破了美苏均势，美国利用独家掌握的原子弹耀武扬威，对苏联实行强硬对抗政策，这就必然恶化美苏关系，导致冷战的爆发。正如美国著名学者沃尔特·拉弗贝指出的，"轰炸广岛以来，外交上的每一次交锋都笼罩上了原子能的魔影"[②]。原子弹的出现成为冷战爆发的一个重要因素。

二

原子武器的出现不仅成为导致冷战爆发的重要因素之一，而且使冷战愈演愈烈，几乎把人类推向毁灭的边缘。

首先，它刺激了美苏两国乃至世界许多国家之间的核军备竞赛，使核军备竞赛成为冷战的重要内容。

如前所述，苏联在二战期间也秘密进行了核武器的研究，但由于苏联被纳粹德国占领，成为反法西斯的主战场，物质、技术等种种条件限制了其研究进程。波茨坦会议期间，杜鲁门为了恫吓斯大林，有意透露说，美国研制出一种威力很大的炸弹。斯大林表面不露声色，事后立即指令苏联具体负责核武器研制工作的核物理学家库尔恰托夫加快研制步伐。美国用原子弹轰炸广岛后，斯

① （美）哈里·杜鲁门：《杜鲁门回忆录》第1卷，北京：世界知识出版社，1996年，第470页。

② Walter LaFeber，America，Russia and the Cold War，1945—1990，New York：Mc Graw-Hill，Inc，1991，p. 41.

大林深感“广岛事件震动全球，均势已被打破”①，只有研制出自己的原子弹才能使苏联摆脱危险。1946年1月25日，斯大林亲自接见了库尔恰托夫，指出苏联的核武器研制工作不能再花时间“小规模”进行，而要以“俄国的规模”进行，为此“将提供最广泛最大限度的援助”。② 在政府的全力支持和科学家的艰苦努力下，苏联终于在1949年8月29日成功地进行了首次核试验。美国政府原来估计苏联最早也要在1951年研制成原子弹③，没料到仅仅4年苏联便打破了美国的核垄断，这“不啻是对华盛顿的当头一击”④。于是，为了保持对苏联的核优势，也为了防止苏联先于美国拥有氢弹，杜鲁门政府迅速作出决定，研制威力更加巨大的“超级炸弹”——氢弹。1952年11月1日，美国在马绍尔群岛的埃尼威托克岛上成功地试爆了名为“迈克”的第一颗氢弹，其当量为1040万吨梯恩梯，比扔在广岛的“小男孩”大几百倍。它在太平洋上留下了一个长1英里、深175英尺的弹坑，使一座名为埃柳杰拉布的小岛在海面上消失。⑤ 苏联则在第一颗原子弹试爆成功后紧接着转入氢弹的研制，并于美国试验氢弹9个月后的1953年8月8日试爆了第一颗氢弹。当天，苏联部长会议主席马林科夫宣布：“美国再也垄断不了氢弹了。”⑥

之后，双方你追我赶，不断进行核试验，大量生产核弹头，核弹的威力越来越大，储存的核弹头越来越多。1954年3月1日至5月14日的两个多月中，美国连续进行了6次核试验，试验了6种不同类型的氢弹，其中第一枚为投送爆炸，当量为1500万吨梯恩梯，产生的辐射波覆盖了太平洋上方圆7000平方英里的范围，是其时威力最大的核弹。1961年10月30日，苏联在北极圈的新地岛上空试爆了一颗当量为5000万吨梯恩梯的巨型氢弹，爆炸所发出的闪光1000英里之遥也能看得见，所产生的巨大蘑菇云上升高达64英里，爆炸现场被夷为平

---

① Vladislav Zubok, Constantine Pleshakov, lnside the kremlin's Cold War, From Stalin to Khrushchev, Cambridge: Harvard University Press, 1996, p. 40.

② Stalin's Secret Order: Build the Bomb "on a Russian Scale", Cold War International History Project Bulletin, Fall, 1994, p. 5.

③ （美）麦乔治·邦迪：《美国核战略》，褚广友译，北京：世界知识出版社，1991年，第274页。

④ （美）麦乔治·邦迪：《美国核战略》，褚广友译，北京：世界知识出版社，1991年，第273页。

⑤ （美）约翰·纽豪斯：《核时代的战争与和平》，军事科学院外国军事研究部译，北京：军事科学出版社，1989年，第144页。

⑥ （美）约翰·纽豪斯：《核时代的战争与和平》，军事科学院外国军事研究部译，北京：军事科学出版社，1989年，第144页。

地，扫荡一空，几百英里外的木屋被毁，石屋被掀掉屋顶门窗，无线电通讯被中断了1小时。它的爆炸力相当于二战中使用的全部炸弹（包括扔在日本的两颗原子弹）的10倍。这是一次规模空前的核试验，但这还不是苏联研制的最大氢弹。苏联当时已可制造当量达1亿吨梯恩梯的氢弹，这次试验实际上就是为亿吨级氢弹试验投送装置的。[①] 到20世纪80年代末，美苏双方已分别进行了930次和630次大气层及地下核试验，双方所拥有的核弹头分别达25 000枚左右。

美苏双方研制出原子弹和氢弹后，在努力改进核弹头和增加核弹头储备的同时，也展开了核运载工具的竞争。20世纪50年代中期以前美苏双方的主要核运载工具为轰炸机，之后双方相继研制成功射程达几千乃至上万千米的洲际导弹，这意味着双方均可将核弹直接打到对方本土，这使双方大为恐慌，都担心出现“导弹差距”，遂展开新一轮导弹竞争，不断增加导弹数量，改进导弹性能。到1982年，美国在本土已装备部署了1051枚洲际弹道导弹，苏联则装备部署了1398枚洲际弹道导弹。这些导弹中，有些为分导式多弹头导弹，一次可携带和发射3—10余枚核弹头。双方的洲际导弹已更新了几代。与此同时，双方还研制装备了形形色色的各类导弹。按导弹运载发射方式分类，有机载、潜射、陆射导弹；按导弹飞行路线分类，有弹道、巡航导弹；按导弹射程分类，有远程、中程、中短程、短程导弹；按导弹的用途分类，有战略、战术导弹，反弹道导弹，有空空、空地、地空、空舰、舰空、舰舰等导弹。此外，还有用火炮发射的核炮弹以及核地雷、核鱼雷、核炸弹等，真是琳琅满目，不一而足。赫鲁晓夫说，苏联制造导弹就像制造“香肠一样，不断从机器里生产出来”[②]。此言形象地反映了苏美核军备竞赛的一个侧面。

到20世纪70年代，美苏双方的核军备竞赛出现了“恐怖平衡”，双方所拥有的核弹头、核运载工具虽各有千秋，但总体上达到平衡。为了在核军备竞赛中彻底压倒对方，并通过耗资巨大的核军备竞争搞垮苏联的经济，1983年，里根政府提出了惊世骇俗的“战略防御倡议”，即“星球大战计划”，企图在太空

---

① Viktor Adamsky，Yuri Smirnov，Moscow's Biggest Bomb：The 50—Megaton Test of October 1961，Cold War lnternational History Project Bulletin，Fall，1994，p. 3，p. 19.

② （美）约翰·纽豪斯，《核时代的战争与和平》，军事科学院外国军事研究部译，北京：军事科学出版社，1989年，第223页。

建立层层防御屏障，一旦爆发核战，让苏联的核弹在太空即被击落。这使苏联领导层大为震惊，一方面齐声谴责“星球大战计划”，另一方面加紧早已开始的太空武器研制，美苏核军备竞赛发展为太空军备竞赛。

就在美苏两个超级大国进行核军备竞赛的同时，世界其他一些大国也不甘落后，纷纷研制和发展自己的核武器。英、法、中三国分别于1952、1959、1964年研制成功原子弹，1957、1968、1967年研制成功氢弹，英国到1968年时共进行了44次核试验，法、中两国到1992年时分别进行了192次和37次核试验。此外，印度、以色列也于20世纪70年代进行了核试验。核军备竞赛的蔓延更加剧了世界的紧张局势，使冷战氛围更加浓烈。

其次，冷战期间双方利用核武器互相威慑，在重大斗争中双方频频挥舞核弹互相讹诈，几至把人类推向毁灭的边缘。

1948—1949年，第一次柏林危机期间，为了迫使苏联解除对西柏林的封锁，杜鲁门扬言，必要时将使用原子弹，并将60架曾把原子弹扔到日本广岛、长崎的那种B-29轰炸机派往英国，以此对苏联进行核威胁。

1958—1961年，第二次柏林危机期间，双方竭尽核威胁之能事，都不停地表示必要时不惜进行一场核战争。肯尼迪毫不忌讳强调将首先使用核武器。赫鲁晓夫威胁肯尼迪，说如果发生战争，他将是美国的最后一个总统，并恫吓美国的西欧盟友说，毁灭英国只需6颗核弹，毁灭法国只需8颗核弹。一旦爆发战争，苏联为了自卫会针对主要国家的领土予以毁灭性的打击，到那时，意大利的橘林和人民，希腊的城市、人民和历史古迹等都将化为灰烬。一时间，核战争的叫嚣甚嚣尘上。这场危机最终导致作为“铁幕”象征的“柏林墙”的建立，使冷战进一步深化。

1962年古巴导弹危机期间双方的核威慑战略发展到顶峰。苏联为了弥补其战略核武器的不足，增加对美国的威胁，企图在古巴部署中程导弹。美国闻讯则采取更强硬措施予以对抗，对苏联发出最后通牒，限令苏联拆除导弹；封锁加勒比海，拦截苏联运送导弹的船舰；宣布全国进入核战备状态，战略轰炸机和洲际导弹做好了核攻击的准备。核战争已如刀出鞘、箭在弦，大有一触即发之势，全世界人民在恐怖中熬过了令人惊心动魄的13天。

此外，在朝鲜战争期间，在1954年的奠边府战役时，在1954—1955年的第一次台湾海峡危机期间，美国多次扬言或暗示要对我国使用核武器，进行核威慑，企图扭转其在朝鲜战场上的不利态势，阻止我国对越南抗法斗争的支援和解放自己的神圣领土台湾。1956 年，苏伊士运河危机期间，苏联威胁英法，如不从苏伊士运河撤退就要用导弹核武器攻击伦敦和巴黎，艾森豪威尔则授意北约总司令格伦瑟将军宣布，如果苏联用火箭袭击英法等国，莫斯科将像黑夜接替白昼一样肯定遭到毁灭。1973 年第 4 次中东战争期间，为阻止苏联出兵中东，美国政府再次命令包括战略核部队在内的美国武装部队处于三级战备状态，对苏联发出核战争威胁。

总之，激烈的核军备竞赛以及双方频频使用核威慑都是冷战的重要内容，同时它们的发展又使冷战更趋深化，使双方的对抗加剧，使全世界始终笼罩在核战争的阴影之中。物极必反，否极泰来，当核武器这个怪物如此威胁着人类的生存与安宁时，摘除这把悬在人们头上的达摩克利斯剑就成为众望所归了。

三

20 世纪 80 年代中后期—90 年代初，东西方关系走向缓和，冷战最终结束，这也与核武器的疯狂发展不无关系。

首先，核武器的疯狂发展给冷战双方乃至全人类的安全与生存造成严重威胁。二战期间各国在研制原子弹时尚不清楚核武器的实际威力，“当时以为可能制造的原子弹是一种新的威力极大的炸弹，同现代战争的其他致命的爆炸武器一样，可以名正言顺地予以使用”①。随着第一颗原子弹的试爆成功及“小男孩”与“胖子”在广岛、长崎的投掷，人们才开始真正了解核武器的威力，逐渐了解到它具有冲击波、光辐射、贯穿性辐射、放射性污染及核电磁脉冲等五大杀伤破坏效应。20 世纪 80 年代初，联邦德国和美国的一些科学家又提出“核冬天理论”，认为大规模核爆炸掀起的尘埃和火灾的烟雾，将笼罩地球，长久不散，遮挡住阳光对地面的照射，使大地一片黑暗，温度急剧下降，寒冷如冬，江河冰封，草木枯萎，人畜死亡，这种状况可能持续数月，人类将随之毁灭。总之人们逐渐认识到，核武器已不是一般意义上的武器，而是一种毁灭性武器，并不具有实战意义。在战争中，如果一方率先使用，必遭到另一方大规模报复，如此往复，终将导致双方同归于尽乃至人类的毁灭。它是从潘多拉匣子里跑出

① （英）劳伦斯·弗里德曼：《核战略的演变》，黄钟青译，北京：中国社会科学出版社，1990 年，第 26 页。

来的魔鬼，是悬在人类头上的达摩克利斯之剑。当美苏两国疯狂发展核武器，都建立了庞大的核武库时，当世界其他大国也在积极寻求发展核武器时，人类犹如坐在火药桶、火山口上，核武器成为人类安全与生存的最大威胁。

其次，激烈的核军备竞赛给双方造成巨大经济负担。冷战期间，美苏双方对抗争夺，都把国民收入的很大一部分用于国防开支，美国的军费开支长年保持在国民总收入的6%—7%，苏联则在10%以上。在两国的军费开支中，又有相当一部分是用来进行核军备竞赛的。例如，美国提出“星球大战计划”，要想实现该计划，估计得耗资10 000亿美元。激烈的核军备竞赛以及其他庞大的国防开支给两国带来沉重负担，它使美国成为世界上国债最巨、财政赤字最高的国家，使美国的国际竞争能力削弱，美国人民的收入下降。它对苏联造成的困难则更加严重。由于苏联的经济体制本身缺乏活力，效率低，浪费严重，庞大的国防开支更使其雪上加霜，不堪重负，导致经济增长率逐年下降，继而出现停滞。

再次，美苏双方激烈的核军备竞赛也遭到世界人民的反对。核武器既然对人类的安全与生存造成巨大威胁，也就不能不遭到全世界人民的反对。早在1949年4月在巴黎和布拉格同时举行的第一届世界保卫和平大会就发出了无条件禁止原子武器和大规模毁灭性武器的呼吁。1950年3月，世界保卫和平大会常委会通过无条件禁止原子武器和宣布使用原子武器的政府为战犯的宣言，几个月中就有5亿多人在宣言上签字。此后全世界反对核武器的呼声几乎从未间断。特别是80年代初西欧、北美掀起大规模反核和平运动高潮。1983年10月22日，西欧十几个国家约400多万群众走上街头，举行了反对部署核武器、反对美苏核军备竞赛的游行示威活动。这就不能不给美苏领导人造成压力，使他们在决策中虑及民意。

这里，特别值得一提的是，一些曾参与核武器研制的头脑清醒的科学家也转而反对核军备竞赛。1949年苏联试制成功原子弹、打破美国的核垄断后，美国政府很快决定研制威力更加巨大的氢弹，但遭到曾负责研制原子弹的罗伯特·奥本海默等一批科学家的反对。他们在一份报告中指出，“如果使用这种武器，将毁灭无数生灵；它是不能用来破坏军用的或半军用的物质设施的武器”，“使用氢弹，就是比使用原子弹变本加厉地实行消灭平民百姓的政策”。[①] 无独有偶，被称为“氢弹之父”的苏联科学家萨哈罗夫在研制成氢弹后，对氢弹造成

① （英）劳伦斯·弗里德曼：《核战略的演变》，北京：中国社会科学出版社，1990年，第84页。

的巨大危害深感震惊，转向坚决反对核试验。他曾请求赫鲁晓夫取消原订的核爆炸计划，不要从事任何核试验，至少不要试验氢弹，“作为一个科学家和氢弹的设计者，我知道这些爆炸能够给人类带来巨大的危害”①。应该承认，对于核武器的巨大危害，苏美两国领导人也有清醒认识。斯大林的继任者马林科夫认为，“用现在的战争手段进行新的世界大战”将导致“世界文明毁灭”②。赫鲁晓夫对核战争的可怕后果更作过淋漓尽致的描绘。美国总统艾森豪威尔认为，在核时代，无限核战争是不可想象的，而有限核战争则是不可获胜的。里根也明确指出，美苏两国“如果任何一方使用核武器，另一方就能进行报复并摧毁发动进攻的一方”③。

正是由于上述种种因素，冷战期间，美苏双方在进行核军备竞赛的同时，也提出了限制核军备的问题，展开了限制核军备竞赛的谈判。这种谈判是断续进行的，随着两国关系的发展变化时张时合，由浅入深，在一定程度上促进了两国关系的缓和，并最终促进了冷战的结束。

早在 1946 年 6 月美国就在联合国提出了一个建立国际原子能管制的“巴鲁克计划”。但由于该计划旨在维持美国的核垄断地位，限制苏联研制核武器，自然遭到苏联的坚决反对。到 1953 年，美苏双方相继研制成功氢弹，“核妖魔”对人类的安全造成更大威胁。为此，12 月 8 日，美国总统艾森豪威尔在联大发表演说，提议设立一个国际原子能机构，管制和和平利用原子能。他说，继续进行军备竞赛，“必将导致无可挽救的结局，两个原子大国注定将在一个动荡颤抖的世界上互怀恶意，视为仇敌”④。据说，当艾森豪威尔演说结束时，“3500 名代表开始热烈欢呼，甚至连苏联代表也加入了这一欢呼的潮流。如此狂热的场面，在联合国是史无前例的”⑤。12 月 21 日，苏联政府即作出回应，发表声明，主张签署各国不使用原子武器的协议。此后，20 世纪 50 年代中后期—60

---

① （苏）赫鲁晓夫：《最后的遗言——赫鲁晓夫回忆录续集》，北京：东方出版社，1997 年，第 123 页。

② （美）约翰·纽豪斯，《核时代的战争与和平》，军事科学院外国军事研究部译，北京：军事科学出版社，1989 年，第 194 页。

③ 王建华等：《美国历届总统就职演说精选》，南昌：江西人民出版社，1995 年，第 390 页。

④ （美）约翰·纽豪斯，《核时代的战争与和平》，军事科学院外国军事研究部译，北京：军事科学出版社，1989 年，第 196 页。

⑤ （美）约翰·纽豪斯：《核时代的战争与和平》，军事科学院外国军事研究部译，北京：军事科学出版社，1989 年，第 196 页。

年代初，美苏双方都多次提出核军备限制和裁减核军备的建议，但由于此时冷战方酣，双方正在全球激烈争夺，同时双方核力量悬殊，且又唯恐对方超过自己，核军备竞赛的战车很难煞住。实际上谁都没有认真考虑核军备限制的问题，提出的建议往往是为了掩人耳目，或是和对方斗争的一种手段。

1962年的古巴导弹危机使美苏都意识到了核战争的危险，促使他们开始认真考虑防止核战争的措施。为此，双方很快恢复了从1958年即开始的禁止核试验的谈判，并于1963年7月25日在莫斯科签订了苏美英三国《禁止在大气层、外层空间和水下进行核武器试验的条约》，规定缔约各国保证不在条约禁止的领域进行核试验；保证不引起、不鼓励或以任何方式参加上述试验。

部分核禁试条约是美苏在大气层等领域进行了足够的核爆炸后签订的，条约并未禁止两国继续制造、储存和使用核武器及进行地下核试验，条约的目的在于巩固美苏的核垄断地位，阻止法、中等国发展核武器。但该条约毕竟是美苏间签订的第一个核军备控制条约，它的签订标志着美苏在限制核军备竞赛方面迈出了可喜的、十分重要的第一步。

但要把跑出潘多拉魔瓶的“核妖魔”重新收回并非易事。部分禁止核试验条约签订不久美苏双方实际上又掀起了新一轮核军备竞赛，即双方都大力研制和发展核弹头及其运载工具。尤其是苏联，为了洗雪古巴导弹危机的耻辱，奋起直追，大力充实其核武库。20世纪60年代末至70年代初，美苏双方的核力量出现大致平衡，并都达到了足以毁灭对方多次的程度。此时美国正陷入越战，内外交困，实行战略收缩，对苏推行“缓和”外交，苏联也提出了缓和战略。双方遂重新开始限制核军备竞赛谈判，并达成《美苏关于限制反弹道导弹系统条约》《关于限制进攻性战略武器条约》等一系列条约。这些条约对双方所拥有的进攻性战略武器的数量进行了限定，使其大致保持均衡，同时对防止核战争作了一些具体规定，这和60年代签订的部分禁止核试验条约相比显然大大前进了一步。它使核战争的危险得以减缓，把东西方缓和推向高潮。

20世纪80年代上半期，美国里根政府调整对外战略，重新实行对苏强硬政策，提出“星球大战计划”，冷战出现新的也是最后一次高潮。这实际上是冷战行将结束前的一次回光返照。正是在这次冷战高潮中，美苏双方却开始了限制核军备竞赛的一个新阶段——削减战略武器谈判，由原来的单纯限制转向大规模削减。勃列日涅夫在会见西德社会民主党主席勃兰特时迫不及待地说：“苏联恨不得明天就坐下来就限制欧洲核竞赛问题开始谈判。”① 与此同时，双方还就限制欧洲中程导弹问题展开谈判。但这一时期的谈判由于双方在具体问题上意见分歧，观点各异，又互不相让，未获结果。

1985 年，戈尔巴乔夫上台后，双方重开限制核军备竞赛的谈判。与几位前任相比，戈尔巴乔夫对核战争的危险、核军备竞赛对苏联带来的危害有更清醒的认识，认为在核时代，东西方之间无论核战争还是常规战争都没有胜利者，都将导致人类的毁灭。他提出了在核时代全人类的利益高于一切的新思维。为此，他放弃了其前任长期坚持的阶级斗争观点与世界革命思想，竭力推动与美国对话，缓和关系，重开限制军备谈判，在谈判中作出重大让步。美国总统里根则由于在前一阶段的争夺中重新获得优势，加之国内外反核和平运动的压力，作出积极回应，在谈判中作了一定让步。这样，双方限制军备谈判取得重大突破，终于在 1987 年 12 月签署了《美苏消除两国中程和中短程导弹条约》，1991 年 7 月签署了《美苏削减战略武器条约》。根据这两个条约，美苏两国销毁了其全部的陆基中程和中短程导弹，削减大约 1/3 的战略核武器，限定了各方战略核力量的数量及弹道导弹的总能力，规定了严格的核查制度。核军备竞赛是美苏冷战的重要内容之一，这些条约的签订结束了两国核军备竞赛，大大促进了东西方关系的缓和与冷战的结束。到 20 世纪 90 年代初，美苏领导人都一再表示两国已不是对手而是伙伴关系。

综上所述，核武器在冷战发展全过程中扮演了奇特的角色：它的面世极大地加强了美国的军事实力，打破了美苏均势，使美国凭借独家拥有威力无比的原子弹颐指气使，和苏联强硬对抗，成为冷战爆发的一个重要原因；在冷战期间，美苏展开激烈的核军备竞赛，双方都挥舞核大棒互相讹诈，几至把人类推向毁灭的边沿，使冷战愈演愈烈；与此同时，由于核战争、核毁灭的阴影时刻威胁着人类也威胁着自身的生存，又驱使美苏双方进行一次次限制核军备竞赛的谈判，这些谈判使冷战的紧张程度得以缓解，并最终促进了冷战的结束。核武器以其神奇的魔力使人类走了一个怪圈，最终又回到起点。一位哲人曾把核武器比作“真老虎”与“纸老虎”。冷战的历史似乎证实了这一点。就其无穷的威力来说，它是一只可以吃掉整个人类的“真老虎”；但正因为如此，人们不敢

① 资中筠主编：《战后美国外交史》，北京：世界知识出版社，1994 年，第 859 页。

轻易使用它，它又变成了一只仅能吓人的“纸老虎”。但核武器的存在终究对人类的安全造成威胁。当今世界拥有核武器的国家已达十余个，有些国家还在偷偷摸摸研制。核弹头数以万计，其当量总数高达上百亿吨梯恩梯。谁又能保证某一天不会再有希特勒式的战争狂人使用核武器？抑或由于种种意外事故导致核泄露、核爆炸？冷战虽然结束了，核武器的存在依然时刻威胁着人类的安全。只有全面销毁并永远禁止生产核武器，才是使人类免除这一灾难的唯一有效途径。

原载（《陕西师范大学学报》2000 年第 1 期）

试论冷战的后果与教训

被某些西方学者称为“第三次世界大战”① 的冷战可谓世界现代史上持续时间最长、波及范围最广的“战争”。它从战后初期酝酿爆发，到 1990 年底宣告结束，持续时间长达 40 多年，影响遍及全世界，对美苏两国乃至世界各国的发展产生了重大影响，带来严重后果，并给人类留下了许多可资汲取的教训。

冷战所造成的影响与后果，至少有如下几个方面。

首先，冷战如同两次世界大战一样，同样是人类所蒙受的一场灾难，给人类的生命财产带来了巨大损失。所谓冷战，是和“热战”相对而言的，即指它不是一场炮火纷飞、硝烟弥漫的战争，而是分别以苏、美为首的东、西方两大集团之间由于害怕引起核战争而进行的除直接战争之外的军事、经济、政治、外交、文化、意识形态等方面的对抗争夺。冷战的主角是美苏两个超级大国，给美苏两国带来的损失也最为惨重。冷战期间，美苏两国为了压倒对方，战胜对方，展开了激烈的军备竞赛。两国都维持着一支在和平状态下不必拥有的庞大的常规部队。苏联武装部队总数达 400 万人，约占全国人口的 2%。美国军队人数 1939 年仅有 33 万，二战后常年保持在 200 多万。与此同时双方你追我赶，大力研制发展核武器和各种现代化尖端武器。到 20 世纪 80 年代中期两国都建立了庞大的核武库，分别拥有核弹头 27 000 枚左右，其总当量相当于 200 多亿吨梯恩梯。在海军军备方面，1962 年古巴导弹危机之后，苏联大力发展海军，到 20 世纪 80 年代，其舰艇总数达 1200 余艘，由近海防御型海军发展成为一支远

---

① John Miller, Quiet Cataclysm: Some Afterthoughts about World War III, Diplomatic History, Vol. 16, Issue1, 1992。

洋进攻型海军。美国在越南战争时期已拥有一支舰艇总数达1000多艘的世界最强大的海军。之后，由于越南战争造成的困境及经济困难一度落伍。1981年里根上台后提出“重振国威”，制订了重建海军计划，到20世纪90年代初已完成该计划，把美国海军建设成包括15个航空母舰战斗群、共拥有600多艘现代化舰艇、可在全球游弋的庞大军队。里根政府还制定了“星球大战计划”，把美苏军备竞赛引向太空。激烈的军备竞赛迫使美苏两国把劳动人民的大量血汗用于国防开支，军费开支常年在国民收入中占据很大比例。过去，苏联从来不公布实际军费开支。1989年美苏关系缓和后，苏联首次公布了实际军费开支，当年苏军费开支为773亿卢布，占国民收入的12.1%。据此推算，在冷战激烈时代苏联的军费开支远远超过这个比例。美国在里根政府时期，平均年度军费达3000多亿美元，占国民收入10%左右。

庞大的国防开支给两国带来沉重负担。据美国著名学者沃尔特·拉弗贝统计，冷战期间美国的国防开支累计多达4万亿美元①。美国前总统尼克松则说高达12.7万亿美元②。它使美国背上了沉重的债务，阻碍了经济的发展，削弱了国际竞争能力，使美国在国际经济中的地位大幅度下降。到90年代初美国的国债高达4万亿美元，财政赤字达3000多亿美元，国民生产总值在世界总产值中的比重由战后初期的60%下降到23%。美国有学者评论说：“未来几代人都得为我们偿付债务。”③ 冷战也使美国劳动人民的生活水平下降了。以1977年的币值为标准，1972年时美国职工平均每周的工资为198.41美元，每小时工资为5.36美元，到1989年时分别减少到166.52和4.80美元④。美国加州大学经济学教授默里·沃尔夫森认为冷战给美国造成的经济损失足抵一场世界大战。因为世界大战期间美国每年直接军费开支占当年国民总收入的40%，4年战争累计为160%。冷战期间每年直接军费开支虽只占当年国民总收入的6%—7%，但冷战延续了40年，其军费开支累计超过国民总收入的240%，大大超过了前者⑤。

激烈的军备竞赛和庞大的国防开支给苏联带来的则是灭顶之灾。它使苏联

① Walter Lafeber, America, Russia and the Cold War, 1945—1990, New York: McGraw-Hill, 1991, p. 1.

② (美)理查德·尼克松:《超越和平》，范建民等译，北京：世界知识出版社，1995年，第26页。

③ (美)彼得·金:《许多冷战英雄仍然自以为是》,《洛杉矶时报》1992年4月1日。

④ 人禾:《雪解冰释话冷战》,《世界史研究动态》1993年7期。

⑤ 人禾:《雪解冰释话冷战》,《世界史研究动态》1993年7期。

长期片面地优先发展重工业和军事工业，导致国民经济畸形发展，农业、轻工业长期落后，这不仅给人民的生活造成困难，而且严重阻滞了国民经济的发展。1981—1985年，国民总收入的年增长率逐年递减，分别为5.1%、3.1%、2.2%、1.8%，其后经济发展实际上处于停滞状态[①]。社会主义就是解放生产力，就是要提供比资本主义更高的劳动生产率并努力满足人民群众不断增长的物质文化生活的需要。苏联的上述做法背离了社会主义宗旨，损害了社会主义威信，成为苏联解体的深层原因。从这个意义上可以说，冷战导致了苏联的经济崩溃、社会变质、国家解体。

冷战虽然名曰冷战，但也不乏"热战"。二战后40多年，从朝鲜到越南，从非洲丛林到中美洲的热带雨林，战火此起彼伏，连绵不断。据统计，1945—1985年，全世界共发生了300多起局部冲突和战争。这些冲突和战争许多都直接或间接地与冷战有关，同美苏在全球的争夺有关。冷战期间，全世界约有2180万人死于战火[②]，比第一次世界大战死亡的人数还要多。

关于冷战造成的物质损失尚无全面、具体、精确的统计资料，但仅从这里即可看出损失是何等的巨大！

其次，在政治上，由于冷战，无论是在苏联、东欧，还是在美国，都导致了一系列破坏民主与法制的行为。在苏联，当冷战尚在酝酿之中，即于1946年在意识形态领域掀起了一场批判运动。在这场运动中，许多知识分子只是因学术观点的不同就被冠以"卑躬屈膝者"、"世界主义者"、"蜕化分子"等莫须有的罪名，遭到猛烈批判，有关杂志被勒令停刊，不少人被撤销职务，开除党籍，一些作家被开除出作家协会。这一批判运动扼杀了知识分子的独立思考精神和创造意识，使教条主义和八股习气横行，造成了死水一潭的局面，阻碍了苏联社会的发展。

1949—1950年，苏联制造了"列宁格勒案件"，苏共中央政治局委员、部长会议第一副主席、国家计划委员会主席沃兹涅先斯基等苏联党政领导在被秘密审讯、刑讯逼供后以"叛国罪"处死。同时，一大批党政军干部被株连，遭到逮捕和清洗。

---

① 周尚文、叶书宗、王斯德：《苏联兴亡史》，上海：上海人民出版社，1993年，第789页。

② Walter Lafeber，America，Russia and the Cold War，1945-1990，New York：McGraw-Hill，1991，p. 1.

1953 年，苏联又制造了所谓“医生谋杀案”，将克里姆林宫医院 15 名著名医生逮捕，诬指他们是受英、美特务组织的指使，妄图“通过有害的治疗来缩短苏联积极活动家的生命”。案中人被严刑逼供，要求承认是“帝国主义间谍”。斯大林逝世一个月后，苏联政府承认这桩只有一封诬告信而无任何其他“罪证”的案件是假案，予以平反。

在东欧各国，20 世纪 40 年代末至 50 年代初也发生了一系列清洗运动，许多党政领导人被冠以“帝国主义间谍”“铁托分子”等罪名遭到清洗、逮捕、镇压。例如，1950 年匈牙利将内务部长拉伊克等 9 名党和政府领导人逮捕，罪名是“南斯拉夫间谍”“右派”等，拉伊克被绞死。此后在党内进行大规模清查，20 多万人受审查。1952 年，捷克斯洛伐克制造了所谓“以鲁·斯兰斯基为首的反国家阴谋中心案”，将捷共中央总书记鲁道夫·斯兰斯基等 13 名党政军高级干部以“帝国主义间谍”“叛国”等罪名处死。苏联东欧的这些做法都严重损害了社会主义的声誉，造成恶劣影响，成为 20 世纪 80 年代末苏联东欧剧变的一个重要原因。

这种破坏民主与法制的行为，在一贯自诩为民主自由楷模的美国也未能例外。

1947 年 3 月，冷战刚刚爆发，美国政府即颁布了所谓“联邦忠诚法”，规定美国司法部、联邦调查局及各地成立的特别委员会，对全国公务人员进行审查，看其是否忠于美国政府；同时规定政府机关中职员、学校教师及学术机构的研究人员必须宣誓“效忠政府”，如发现不忠诚者，即强迫辞职。据此，在 20 世纪 40 年代末至 50 年代初，全国有 1350 万人受到忠诚和安全审查，约占全部劳动力的 1/5。加州大学有 1100 名教师被要求忠诚宣誓。其中有 17 名因拒绝宣誓而被解聘。

1950 年，美国政府又颁布“国内安全法”，规定“共产主义组织必须向司法部登记并提供有关财务和组织的全部情况”，禁止共产党员在政府机关任职、在国防企业工作、领取出国护照，授权总统在“非常状态”时期可将共产主义组织成员无限期地关进集中营。

1950—1954 年，美国更出现了一股以麦卡锡主义为代表的歇斯底里的反共浪潮。参议员麦卡锡利用职权肆意诽谤诬陷，指控国务院许多人是“共产党员”“间谍”，诬指共产党员已渗透到军队、军工部门、甚至中央情报局等国家机关。

他甚至把攻击矛头直指美国领导人：攻击罗斯福在雅尔塔会议上把中国和波兰出卖给苏联；史迪威在中国“奠定了共产党征服”这个国家的基础；马歇尔使华期间帮助了中国共产党；杜鲁门政府“执行了有利于国际共产主义而不利于美国的政策”；罗斯福政府和杜鲁门政府执政的20年是“叛卖的二十年”。在麦卡锡时代，美国社会一片恐怖气氛，人们互相猜忌，成千上万的民主进步人士以及政府、军队人员遭到迫害，他们的亲属朋友遭到株连。对此，连杜鲁门也承认：“这种攻势的范围如此广泛，似乎每个人都免不了要受攻击。这是我们这个时代的悲剧和耻辱。”①

发生在苏联、东欧以及美国等西方国家的破坏民主与法制的行为不胜枚举。其原因盖出于双方坚持冷战，互为对手，把对方看作最主要、最危险的敌人，不自觉得了“恐美症”或“恐苏症”，在国内唯恐产生对方的“间谍”或代理人，刺探情报，颠覆破坏本国政权，因而采取了藐视法律、侵犯人权、甚至草菅人命的极端行为。

再次，在对外关系方面，无论美国还是苏联，为了争夺势力范围，肆意践踏国际法，屡屡干涉别国内政，甚至不惜大举用兵。美国操纵联合国，打着联合国的旗号出兵朝鲜，干涉朝鲜内战，并把战火烧到鸭绿江边；为扶植南越傀儡政权，赤裸裸地派出大军，不惜进行长达12年之久的越南战争。为了使面积只有300多平方千米、人口仅有11万的格林纳达亲苏政权臣服，竟也不惜大举入侵。在这方面苏联也毫不逊色。它打着国际主义旗号，出兵匈牙利、捷克斯洛伐克，镇压匈牙利事件和“布拉格之春”，防止“社会主义大家庭”分崩离析。为了操纵控制阿富汗，打通南下印度洋的通道，公然冒天下之大不韪，大举入侵阿富汗，导致了长达8年的苏阿战争。

除了直接出兵入侵，美苏两个超级大国更多的是通过出钱出枪，扶植雇佣军，干涉别国内政的方式。例如，古巴革命胜利后，美国招募和训练了大批古巴流亡分子，组成雇佣军，入侵古巴，妄图颠覆古巴政权。美国政府还不顾国际法院的裁决，给尼加拉瓜反政府军提供巨额军费和武器，并把给伊朗出售军火的收入转交给尼加拉瓜反政府军，企图颠覆亲苏的尼加拉瓜政府。苏联则支持古巴雇佣军在非洲入侵安哥拉，企图控制大西洋上战略通道；入侵扎伊尔，

① （美）哈里·杜鲁门：《杜鲁门回忆录》第2卷，北京：生活·读书·新知三联书店，1974年，第344页。

企图控制非洲中部的战略资源。在中美洲，苏联伙同古巴出钱出枪支持萨尔瓦多游击队，企图颠覆亲美政府。

冷战也使苏美双边关系受到严重影响。40多年中，双方的文化、教育、科技、卫生、体育等方面的交往经常处于冻结状态。双方的贸易额也很小，如美国1979年对苏出口36亿美元，进口仅15亿美元，1980年分别减少到8.73亿和4.3亿美元①，这在美国每年数千亿美元的进出口总额中所占比重是极小的，这种状况自然阻碍了两国的经济文化等各方面的发展。

最后，冷战在人们的心理、文化等方面，也投下了巨大的阴影。冷战中双方长期的激烈争夺和核军备竞赛，给世界蒙上了核战争的阴影，使世界各国人民生活在核毁灭的恐怖之中。20世纪80年代初，西欧掀起了声势空前浩大的反核和平运动。西欧各国首都的群众示威游行此起彼伏，参加人数有时多达二三十万人。他们高呼"不要核武器""要和平，要中立""退出北约""美国佬滚回去"等口号。与此同时，美国电视台播放了电视片《翌日》。该片淋漓尽致地描绘了爆发核战争之后的惨景：城市化为灰烬，人畜大批死亡，气候变冷，树木枯萎；少数劫后余生者遍体鳞伤，精神变态，丧失生存意志。该片在美国引起强烈反响，据说有一亿人观看了该片。1982年6月，在美国爆发了历史上规模空前的反核反战运动，全国有600多个城镇通过了冻结核军备的建议。

冷战给双方带来强烈的不信任感。一方的真诚愿望会被对方看做是阴谋。斯大林逝世后苏联政府多次表示要和美国改善关系，缓和国际紧张局势，但被美国看成只是一场"和平攻势"。1956年1月25日，苏联政府向美国政府提议缔结为期20年的苏美友好合作条约，美国政府也因怀疑其诚意而拒绝。双方这种不信任竟发展到1983年苏联把韩国一架偏离航道的民航客机当做从事间谍活动而击落，致使机上269名无辜者全部罹难。

冷战使双方在意识形态领域互相攻讦。苏联攻击西方社会是"垂死""腐朽"的帝国主义，美国则攻击苏联是"邪恶的帝国"。美国攻击苏联"集权""专制"、不讲民主、破坏人权，苏联攻击美国搞种族歧视、假民主。赫鲁晓夫对尼克松说："你们的孙子将在共产主义制度下生活"，尼克松反唇相讥说"你

---

① Peter G. Boyle，American-Soviet Relations：From the Russian Revolution to the fall of Communism，London，New York：Routledge，1993，p. 261.

们的孙子将在自由制度下生活”。[①] 许多文艺作品以对方为假想敌，把对方描绘成间谍、特务、杀人犯，不能真实反映对方社会生活。

冷战也给国际奥运会——人类团结的盛会蒙上了阴影。1980年，美国因抗议苏联入侵阿富汗抵制了在莫斯科召开的夏季奥运会。1984年苏联作为报复又抵制了在洛杉矶召开的夏季奥运会，使这两届奥运会成为残缺不全的“盛会”。

综上所述，可以看出，冷战造成的影响及后果是广泛、严重而又深远的。美国著名外交史学家小阿瑟·施莱辛格称之为“近代历史上的荒谬插曲”，是“漫长的、代价高昂的、黑暗阴郁的、危险的事件”，是“人类最接近于集体自杀的一次经历”。[②] 因而，其教训也是极为深刻的。

第一，不同意识形态、社会制度的国家应在互相尊重别国的主权和领土完整、互不侵犯、互不干涉内政、平等互利、和平共处的五项原则基础上处理相互之间的关系。绝不能唯我独尊，以为本国的社会制度最好，上帝赋予或历史赋予自己将本国社会制度推广到全世界的“使命”。不要企图将本国的制度强加于人，也不要输出革命。应尊重别国人民的选择，尊重历史发展的规律。持续40多年的冷战之所以爆发，其最深层的原因就在于以美苏为首的东西方集团之间、特别是美苏两国之间不同社会制度及意识形态的对抗争夺。美国当权者认为以美国为代表的西方自由民主制度是人类社会最合理的制度，苏联领导人认为以苏联为楷模的社会主义制度是人类历史上最美好的制度；西方思想家政治家认为资本主义制度是人类社会的终极制度，马克思主义认为共产主义是人类社会的最高理想，社会主义必然要取代资本主义。与此同时，美国统治者有种根深蒂固的“使命感”，认为美国应将其自由民主制度推行到全世界，以自由民主的传播者、捍卫者自居；苏联则认为自己是社会主义革命的先锋队、基地与堡垒，以推动世界革命为己任，以在全球实现共产主义为最终目标。这样，社会主义和资本主义这两种不同社会制度和意识形态从一开始就处于尖锐对立之中。俄国十月革命胜利后，英、法、美等西方国家对苏俄实行经济封锁、外交孤立、武装干涉，企图把新生的红色政权扼杀；苏维埃俄国则建立共产国际，

---

① Richard Nixon, Seize the monent: America's Challenge in a One-Superpower world, New York: Easton Press, 1992.

② (美) 小阿瑟·施莱辛格:《冷战给我们的某些教训》,《美国研究参考资料》1992年第8期，第2、5页。

推进世界革命，甚至提出要建立“世界苏维埃共和国联盟”。武装干涉的失败及世界革命的希望幻灭后，双方斗争并未消除，只是由直接的、公开的、武装的转为间接的、隐蔽的、和平的。二战中双方由于遭到共同敌人德意日法西斯的侵略和威胁，暂时结成了联盟。共产国际也予解散。但随着德意日法西斯的战败，双方结盟的基础逐渐消失，社会制度及意识形态的对抗又重新浮现。苏联乘胜利之机将其制度推行到红军所到之处，在东欧建立一系列人民民主国家。紧接着中国、朝鲜、越南、古巴革命取得了胜利，使社会主义制度从欧洲扩展到亚洲和拉美，扩展到美国后院。苏联还长期坚持世界革命的战略，输出革命。美国则凭借战争中膨胀起来的庞大的经济军事实力，以自由世界的领袖自居，提出杜鲁门主义、马歇尔计划，实施“遏制”战略、“解放”战略，不仅要遏制苏联、中国的“共产主义扩张”，而且要分化瓦解苏联东欧集团，促使其实现和平演变，搞垮社会主义。这样美苏双方、东西方之间展开了长达 40 多年的冷战，双方都为此付出了沉重的代价。

近几年我国领导人在和西方人士的谈话中多次讲，世界是复杂的，丰富多彩的，在这个丰富多彩的世界里决不应只要求存在一种单一的社会制度模式。这是对冷战教训之一的正确总结。为了世界的和平安宁，为了人类的繁荣幸福，不同社会制度的国家只应在前述五项原则基础上和平共处，谁的社会制度好，谁的社会制度劣，只应通过和平竞赛的方法来比较鉴别，通过自然规律择优汰劣。如果总想把自己的主观意志强加于人，一味指手画脚评头品足，甚至干涉别国内政，只能恶化双方关系，加剧国际紧张局势，使冲突各方都遭受巨大损失。

第二，不能以任何理由、任何借口、搞任何形式的扩张主义。一个国家保障安全的防线只能建立在本土上，不能建立在别国的土地上。为了保障自身安全搞对外扩张，是地地道道的民族利己主义、大国沙文主义。由于二战给苏联造成极其惨重的损失，二战末期和战后初期，苏联对外战略构想的中心课题是如何有效地防御侵略威胁，确保苏联国家安全。历史上，苏联遭受的几次大规模入侵主要来自西部。二战初期，苏联为防御纳粹德国的侵略即通过苏芬战争、吞并波罗的海三国、占领比萨拉比亚，将其西部边界向外推进了 200—300 千米，建立了一条“东方战线”。战后，斯大林承继这一做法，继续把苏联西部边界向外推进，夺得 50 多万平方千米的土地，并在东欧培植亲苏政权，以便把昔日入侵苏联的危险走廊变成保卫苏联的安全地带。此外，苏联也企图在中近东和远东建立一条防线。但苏联的这一做法一方面引起英美等西方国家的不安；另一方面和美国称霸全球的对外战略相撞，致使美英政府改变和苏联合作态度，制定遏制政策，对苏联发起了冷战。

第三，任何国家都不应凭借自身的经济军事优势搞霸权主义，否则只能造成国际局势动荡，给世界和平和安全带来威胁。美国是两次世界大战的暴发户。特别是经过二战，其经济军事实力雄踞世界各国之上，称霸世界的野心也急剧膨胀。美国垄断资本视 20 世纪为“美国世纪”，杜鲁门政府一再宣称要“承担领导世界的责任”，认为“不论什么地方，不论直接还是间接侵略威胁了和平，都与美国的安全有关”①，美国都要加以干涉。为此它不仅对苏联发起冷战，而且在世界到处插手，或直接发动战争，或干涉他国内政。苏联也不甘久居人下，20 世纪 60 年代以后，它作为经济军事实力仅次于美国的第二超级大国，和美国展开全球争夺。美苏两个超级大国恃强凌弱，对弱小国家为所欲为，动辄以军事侵略、经济封锁相威胁，要弱小国家臣服它们。这就严重破坏了起码的国际法准则，造成国际紧张局势。

当今世界已联成一体，各国互相依赖，共同生存。小国需要大国，大国也需要小国。弱国需要强国的资金技术，强国需要弱国的市场原料。全人类也共同面临着能源、生态、人口等问题，这些问题解决不好，人类又将出现一次集体自杀的经历。这就需要各国不论大小，互相尊重，携起手来，为全人类的生存与发展而斗争。

第四，各国都应致力于国内事务，努力解决好国内问题。冷战期间，美苏两国常常热衷于全球争夺，未能全力解决国内问题，导致国内问题日积月累，有些问题成为顽疾，很难根治。特别是苏联，未能努力解决高度集中的政治经济体制、劳动生产率低、效益差、浪费严重、官僚主义、国民经济畸形发展等严重问题，使苏联经济发展逐渐陷入困境，社会主义优越性得不到充分体现。再加之政治上破坏民主与法制等问题，使许多人对社会主义丧失信心，并最终抛弃了社会主义。这一教训告诉我们，社会主义国家必须把加速经济发展、努力提高人民生活文化水平、满足人民不断增长的物质文化需要放在首位。同时，

---

① （美）哈里·杜鲁门：《杜鲁门回忆录》第 2 卷，北京：生活·读书·新知三联书店，1974 年，第 120—121 页。

在政治上，不断发展和扩大社会主义民主，健全法制，使劳动人民真正成为国家的主人。只有这样，才能在和资本主义的竞争中立于不败之地，实现自己的崇高理想。资本主义国家也应着力解决自身存在的问题，不要当自己还存在着诸如种族歧视、男女不平等、枪杀等社会犯罪严重、众多“无家可归者”等种种问题时，却一味指责别国的所谓“人权”问题，忽视了自身问题的解决。如果各国都能努力解决国内问题，在国际上坚持和平共处的五项原则，我们迎来的必将是和平、繁荣、发展的新世纪。

原载（《历史教学》1996 年第 9 期）

再论冷战的后果与影响

1992年初，即冷战结束不久，美国著名历史学家小阿瑟·施莱辛格在美国《外交史》杂志上发表的一篇题为“冷战的一些教训”的文章中，对二战后持续40多年的东西方冷战的后果与教训作了非常精彩的评述，认为冷战是“现代历史上的荒谬插曲”，是“漫长的、代价高昂的、黑暗阴郁的、危险的事件”，“威胁到地球上所有人的生命”[①]，是“人类最接近于集体自杀的一次经历”[②]。之后笔者也在有关论著中就冷战的后果从四个方面进行了初步探讨，即（1）冷战如同两次世界大战一样，给人类的生命财产带来了巨大损失。（2）由于冷战，无论苏联东欧还是美国，都导致了一系列破坏民主与法制的行为。（3）在对外关系方面，无论美国还是苏联，为了争夺势力范围，肆意践踏国际法，屡屡干涉别国内政，甚至不惜大举用兵。（4）冷战在人们的心理、文化方面也投下了巨大阴影，并造成了在相当长时间内难以消除的冷战思维。[③] 然而，世界上的事物是复杂的，我们必须多角度、全方位地去观测、考察、剖析，才能认清其全貌。今年是东西方冷战结束20周年，冷战史研究在国际学术界已相当深入，在我国也正蓬勃展开，对冷战后果、影响、教训的研究也当深化。但对这一问题国内外学术界的研究还相当薄弱。本文将在笔者原有研究的基础上，从新的视角，

---

① Arthur Schlesinger, Some Lessons from the Cold War, Diplomatic History, 1992, Vol. 16, No. 1, p. 48.

② Arthur Schlesinger, Some Lessons from the Cold War, Diplomatic History, 1992, Vol. 16, No. 1, p. 53.

③ 白建才主编：《美苏冷战史》，西安：陕西师范大学出版社，1996年；白建才：《试论冷战的后果与教训》，《历史教学》1996年第9期，第3—7页。

就冷战的后果与影响作进一步探讨。

笔者认为，关于冷战的后果与影响，至少还可从以下几个方面认识和总结。

第一，长达40多年的东西方冷战从根本上改变了国际关系格局，使国际关系格局经历了从多极到两极、再到单极的巨大转变，使国际局势很大程度上受到了那个唯一超级大国的操控。自从世界进入近代、出现真正意义上的国际关系以来，国际关系体系经历了威斯特伐利亚条约体系、维也纳体系、凡尔赛—华盛顿体系等多次重大转变，这些国际关系体系的共同特点是都形成了多极国际关系格局，即世界上同时存在多个实力大致平衡的强国，它们通过签订一系列条约，大体上划分了各自的势力范围，协调了各国的利益，在一段时间内维持了和平的局面。

然而，第二次世界大战结束后，基于二战末期召开的德黑兰会议、雅尔塔会议、波茨坦会议等重要会议签订的一系列条约，形成了雅尔塔国际关系体系。由于德日意法西斯的战败投降，英法的衰落，中国的贫弱，雅尔塔国际关系体系实际上是由美苏两个超级大国建构的两极国际关系格局。这是人类历史上出现的第一个两极国际关系格局，“国际关系体系自威斯特伐利亚条约以来第一次由多极体系变为两极体系”。[①] 之后随着美苏冷战的迅速展开，双方各自构筑自己的营垒，形成了分别以美苏为首的资本主义和社会主义两大阵营，双方展开了激烈的冷战争夺，世界真正形成了相互对立的两极国际关系格局。冷战把世界一分为二了。

1991年冷战结束后，国际关系格局再次发生了巨大变化。此时，作为与西方阵营对垒的苏联东欧集团，不仅东欧国家剧变倒戈、华沙条约组织分崩离析，就连苏联也分裂解体成大大小小15个国家。其中最大的俄罗斯虽然作为苏联的继承者，接管了苏联的政府、企业、军队等，但已经大伤元气，其实力、影响力已不能和苏联相比，沦落为“发展中国家”或“二流国家”。西方国家中，虽然英法德日等国经过40多年的发展重新崛起，但经济军事实力和影响力远逊于美国，仍属于“二流国家”。只有美国在世界各国中实力超群，独占鳌头，无与伦比。经济上，美国的国民总收入约占世界的1/4；军事上，美国拥有世界上最庞大的核武库、最先进的武器、最强大的空军和海军，其军费开支一度相当于

① 刘同舜编：《冷战、“遏制”和大西洋联盟》，上海：复旦大学出版社，1993年，第1页。

其他所有国家的总和；美国的文化则渗透到世界的各个角落，其影响力无处不在；外交上，美国则挥舞制裁大棒，肆意发动战争，煽动“颜色革命”，颠覆别国政府，世人无可奈何。世界从此进入了“单极时代”，而不是“多极时代”或“无极时代”，形成了单极国际关系格局，或“一超多强”国际关系格局。我国学术界比较流行的所谓“一超多强”国际关系格局本质上仍是一种单极国际关系格局，只是“多强”的国际话语权在增强，但国际局势在很大程度上仍受那个唯一超级大国的操控。单极国际关系格局的出现，这在世界历史上也是第一次。这种状况至少还将持续几十年。虽然世界正向多极化发展，但多极格局短期内难以出现。美国企业研究所研究员卜大年在2011年3月美国《美国人》杂志上发表的一篇题为“为什么现在仍是单极时代”的文章中就认为当今世界仍然是美国领导下的单极时代，并诙谐地指出：尽管“我们可能已经厌倦了单极时代，但这个时代还长着呢”。①

第二，冷战期间，美苏双方将冷战争夺限制在除直接战争之外的领域，避免了新的世界大战的发生，维持了较长时期的和平局面。二战后欧亚的传统大国或战败，或衰落，世界形成分别以美苏两个超级大国为首的两极格局。此时只有这两个超级大国有能力发动世界大战，如果发生世界大战，必然是在以美苏为首的两大阵营之间进行。但鉴于两次世界大战造成的巨大灾难和沉痛教训，鉴于核武器的出现和迅速发展，美苏两国谁也不愿意再挑起一场新的世界大战，导致两国的同归于尽乃至人类的毁灭。因此，尽管两国在军事上互相对垒，经济上互相封锁，外交上唇枪舌剑，意识形态上互相攻讦，暗中互相拆台，采取各种形式展开激烈争夺，但都竭力避免发生直接军事冲突。即使发生像苏联领导人赫鲁晓夫被迫在美国军舰的眼皮底下从古巴撤出导弹这样大失颜面的事，也要避免发生战争。朝鲜战争和越南战争期间，尽管苏联给中朝军队提供了大量军事物资，苏联的空军以隐蔽的形式参加了朝鲜战争，苏联给越南政府提供了最多的军事物资的援助，使美国军队遭到沉重打击，但美国并未因此而对苏宣战。同样，阿富汗战争期间，美国也实施隐蔽行动战略，给阿富汗反政府武装提供了大量先进的武器装备，使苏军遭受重创，苏联也并未因此而对美国宣战。竭力避免发生直接军事冲突已经成为双方领导人心照不宣的潜规则。这就

① （美）卜大年：《为什么现在仍是单极时代》，《参考消息》2011年3月24日，第10版。

维持了世界的相对和平的局面。从1914年到1945年，30年中就发生了两次世界大战，但冷战的40多年中没有发生一次世界大战。就欧洲来说，19世纪到20世纪上半期，战乱不断，据统计，1792—1945年的153年中，就发生了23场战争，平均不到7年就发生一场战争，造成了至少2820万军人死亡①，但冷战期间欧洲没有发生一场战争。因此，美国著名冷战史专家约翰·加迪斯把冷战称为“长和平”②，也有人称之为“冷和平”，认为“尽管冷战是危险的”，但“在很大程度上，冷战为这个世界提供了缓和——无论多冷，缓和看起来都存在”，“冷战体系为世界提供了和平和安全，尽管存在核均势威慑”。③

第三，东西方冷战加速了西欧二战后的恢复发展，促进了西欧的联合，使欧洲联合的梦想开始走向实现。这也为各地区的联合树立了样板，对于世界走向大同具有重要意义。欧洲是二战的主战场之一，经过二战炮火的摧残，西欧许多国家遭到严重破坏，经济的恢复和发展步履维艰。1946年的冬天，西欧又遭遇了百年罕见的严寒，更是雪上加霜，人民饥寒交迫，生活极为困难。与此同时，西欧各国政治动荡，工人罢工不断，共产党活动频繁，影响力大增，法国共产党赢得了1/4选票，意大利共产党赢得了1/3选票。④ 希腊共产党正在领导开展反政府的武装斗争。西欧大有落入共产党手之势。

此时美苏冷战的大幕正徐徐拉开，在美国的冷战棋局中西欧的地位至关重要。西欧是资本主义的发源地和大本营，拥有庞大的工业生产能力，如果西欧落入苏联之手，美国不仅要失去这块巨大的销售市场和投资场所，更重要的是将动摇资本主义的根基，直接威胁到美国资本主义的安全和生存，1947年5月乔治·凯南领导的政策设计室提出的《关于美国援助西欧的政策》文件就认为，“共产党人正在利用欧洲危机，如果他们进一步得逞，美国安全将会面临严重威

---

① （美）约翰·米尔斯海默：《大国政治的悲剧》，王义桅、唐小松译，上海：上海人民出版社，2003年，第499页。

② John Lewis Gaddis，The Long Peace：Inquiries Into the History of the Cold War，New York：Oxford University Press，1987.

③ （美）杰里·本特利、赫伯特·齐格勒：《新全球史》，魏凤莲等译，北京：北京大学出版社，2007年，第1150—1151页。

④ Michael Kort，The Columbia Guide to the Cold War，New York：Columbia University Press，1998，p. 27.

胁”[1]。杜鲁门本人也认为，如果西欧的经济局面不改变，“共产主义可能取得胜利”[2]。正是在这种背景下，美国政府在1947年6月提出了被称为马歇尔计划的“欧洲复兴计划”，决定由美国给西欧各国提供巨额援助。1948年4月，美国国会通过《1948年对外援助法》，马歇尔计划正式开始实施。从1948年到1952年，马歇尔计划实施了4年，共向西欧各国提供了132亿美元的援助，其中英国（包括属地）32亿，法国27亿，意大利15亿，西德14亿。到1952年马歇尔计划结束时，西欧16国工业产量超过战前35%，农业超过战前10%。[3] 可以说，马歇尔计划的实施加速了西欧的恢复和发展。

西欧各国的恢复和发展，也为西欧的联合创造了条件。欧洲的联合是自古以来不少政治家和思想家的梦想。13—14世纪的法国著名律师和政治活动家杜布瓦（1250—1320）就提出应建立一个由法国国王领导的欧洲组织，以保障欧洲和平。1814年，法国著名空想社会主义者圣西门提出了一个详细的欧洲统一方案，呼吁建立一个欧洲合众国。一战以后欧洲联合的呼吁更加强烈。但由于战胜国之间分赃的不均和对战败国的严厉宰割，最终导致了第二次世界大战。二战后，欧洲统一运动再度兴起，1946年9月，丘吉尔在一次讲话中再次提出建立“欧洲合众国”的问题。随着冷战的展开，一方面西欧国家的恢复发展需要各国联合起来，协调行动，互通有无；另一方面任何一国都无力单独抵抗苏联的所谓侵略扩张，必须联合起来。在这种情况下，法德两国捐弃前嫌，1951年4月，西欧6国首先建立了以法德为核心的“欧洲煤钢共同体”。1957年3月，该6国又建立了“欧洲经济共同体”和“欧洲原子能共同体”。1967年7月，这3个共同体合并为“欧洲共同体”。欧共体成立后，其成员不断增多，实力和影响力不断扩大，到1986年，其成员国已增加到12国，总面积225.4万平方千米，人口约3.2亿，贸易额已占世界总额的40%。1991年冷战结束之际，欧共体成员国又签订了《欧洲联盟条约》，决定分阶段建立欧洲联盟。1993年，欧共体正式更名为欧洲联盟。现在，欧洲联盟已发展成为包括27个国家、有自

---

① Foreign Relations of the United States, 1947, Washington, D.C.: U.S. Government Publishing Office, 1972, Vol. 3, p. 225.

② （美）哈里·杜鲁门：《杜鲁门回忆录》第2卷，北京：世界知识出版社，1965年，第128页。

③ 资中筠主编：《战后美国外交史——从杜鲁门到里根》，上册，北京：世界知识出版社，1994年，第87—88页。

己的总统、议会、货币、没有关税壁垒、其成员国公民在各国可自由通行的一个经济和政治实体。

欧共体和欧洲联盟的建立，不仅促进了各成员国之间的密切联系和经济社会发展，成为国际政治舞台上的一支重要力量，也为世界其他地区和国家的联合起了重要的示范作用。在欧共体和欧洲联盟的影响下，亚非拉各大洲的许多国家也纷纷联合起来，成立各种联盟或经济共同体，以促进各国的联系和发展，如东南亚国家联盟（1967），非洲统一组织（1963），中部非洲关税和经济联盟（1964），中非国家经济共同体（1983），西非国家经济共同体（1975），西非经济货币联盟（1994），大湖国家经济共同体（1976），东部和南部非洲共同市场（1994），拉丁美洲经济体系（1975），中美洲共同市场（1960），南方共同市场（1991），等等。

世界大同是人类几千年来最美好的理想，可以断言，世界大同必然首先从地区联合开始。各地区内部的联系愈加紧密，走向世界大同的日子就愈加接近。当各地区组织内部的国家藩篱逐渐被拆离后，人类开始考虑的便是逐渐拆除各地区组织的藩篱了。到那时，世界大同之日也便为期不远了。当然，这将是一个非常漫长的过程。

第四，与上面所述相联系，东西方冷战在某种程度上促进了全球化。我们这里所说的"全球化"主要是指"经济全球化"。所谓"经济全球化"，一般认为至少包括两个基本含义："其一是指生产要素在世界范围内跨国界自由流动的不断加深，以寻求最佳配置。其二是指这些流动要遵守一定的共同规则。"① 经济全球化自从15—16世纪伴随着新航路的开辟、新大陆的发现和资本主义的兴起肇始以来，经过几个世纪的缓慢发展，进入20世纪后开始加速。② 特别是二战后，虽然东西方冷战把世界一分为二，分割成两大阵营，形成了社会主义和资本主义两个所谓"平行市场"，但正如英国学者伊恩·克拉克所说："冷战的最终作用是一体化而不是非一体化。虽然它造成东西方深刻的分裂，但是这种分裂却为西方内部的一体化整合服务，同时促进第三世界融入第一世界，并且

① 彭树智主编：《世界史·当代卷》，北京：高等教育出版社，2006年，第448页。

② 关于经济全球化开始的时间及其内涵等，学术界尚无统一观点，有多种看法，这里所说只是其中之一。

可能潜在地为冷战后形成单一的全球体系作出了贡献。”[①] 冷战期间，东西方两大阵营为了战胜对方，在各自内部整合力量，加强联系，在经济上建立协调机制。西方阵营“在经济上充分发挥资本主义市场机制的作用，特别是通过美国的干预和领导，建立和运行多边主义的贸易体系，维护和保障市场的充分开放、促进经济的高度自由化”[②]。西方阵营通过二战后建立起来的关税和贸易总协定、国际货币基金组织、世界银行等组织调节市场，提供贷款，保障和促进各国经济和贸易发展；西欧各国通过建立欧洲共同体促进欧洲的一体化；美国通过实施马歇尔计划帮助西欧较快地摆脱困境、恢复经济，促进了西欧的发展和联合；同时改变了对战败国德国和日本的政策，竭力扶植联邦德国和日本，加强对德日的援助，使德日在资本主义自由市场的体系内迅速崛起，进一步加强了资本主义世界经济的融合。

就以苏联为首的社会主义阵营来说，则通过在各国建立苏联模式的高度集中的计划经济体制，通过建立经济互助合作组织、相互签订经济互助合作条约，加强联系，分工合作，互通有无，进行经济和技术援助，建立了一个统一的大市场。

尽管从表面上看这是两个互相对立的“平行市场”，但主体市场则是资本主义市场。因为苏联东欧集团的经济规模在整体世界经济中所占比例很小。1950年时，其占世界经济总量的14.01%，到1989年则下降到10.75%。[③] 同时，冷战期间社会主义国家也并未完全断绝和西方的经济联系，为了发展其经济，东方阵营各国还是想方设法进口西方先进的技术设备，这就不能不服从西方的贸易规则。

此外，对于两个阵营之间的广大中间地带国家，或曰第三世界国家，美苏双方为了争夺这些国家，增强自己的实力，通过提供大量经济援助、进行投资贸易等方式，竞相拉拢，力图将其纳入本方的经济体系；这些国家则充分利用

---

① Ian Clark, Globalization and Fragmentation: International Relations in the Twentieth Century, Oxford: Oxford University University Press, 1997, p. 122. 转引自叶江：《大变局——全球化、冷战与当代国际政治经济关系》，上海：生活·读书·新知三联书店，2004年，第115—116页。

② 叶江：《大变局——全球化、冷战与当代国际政治经济关系》，上海：生活·读书·新知三联书店，2004年，第117页。

③ 叶江：《大变局——全球化、冷战与当代国际政治经济关系》，上海：生活·读书·新知三联书店，2004年，第122页。

冷战格局，积极寻求各方援助，这也促进了各国的经济联系。

总之，正如上海交通大学教授叶江指出的：“冷战所造成的两极对峙国际格局和经济上的两个平行市场，促使相互对抗的东西方两大集团都高度地加强各自内部的协调，而这种两大集团内部的高度协调却在分割世界的同时又对世界市场的一体化产生直接的影响。”[①] 也即在一定程度上促进了经济全球化。冷战结束后经济全球化迅猛发展，这与冷战期间各国经济联系的加强是分不开的。

第五，促进了西方资本主义向国家垄断资本主义和福利国家的发展，部分地改变了资本主义的形象。资本自从来到世间，它的每个毛孔里就沾满了汗水、泪水和鲜血。从14、15世纪资本主义的发轫到20世纪初的几百年间，资产阶级以其永不满足的征服欲、占有欲，创造了“比过去一切世代创造的全部生产力还要多、还要大”的生产力，极大地改变了世界的面貌。然而，由于资产阶级“用公开的、无耻的、直接的、露骨的剥削代替了由宗教幻想和政治幻想掩盖着的剥削”[②]，其贪得无厌、惨无人道的掠夺给被剥削、被压迫者带来了沉重的苦难，激起了被压迫阶级、被压迫民族的强烈反抗。与此同时，由于自由资本主义基本矛盾运动的结果，资本主义生产经常发生周期性经济危机，导致大批企业倒闭，工人失业，通货膨胀，市场萧条。19世纪末到20世纪初，自由资本主义发展到垄断资本主义，少数大企业垄断了生产和市场，不仅破坏了自由竞争的神圣原则，使大量中小企业难以生存，也使社会贫富鸿沟更加扩大，社会矛盾更加尖锐。其结果是导致了20世纪30年代世界性的经济大危机，给资本主义世界造成灾难性破坏。为了摆脱经济危机，美国总统罗斯福采取非常措施，运用国家权力强制干预经济，使美国最终摆脱了经济危机。西方资本主义由此开始了向国家垄断资本主义过渡。

二战后，西方资本主义阵营在和社会主义阵营的冷战争夺中，为了避免再发生类似于30年代的经济大危机，削弱西方的实力，同时为了提升资本主义的形象，增强其内聚力和外引力，进一步加强了国家对经济的干预：将一些企业收归国有，或国家参股控股，对生产进行有计划的指导，扩大加工订货，运用货币政策调节经济，通过税收政策调节收入，缩小贫富差别，等等。西方资本

① 叶江：《大变局——全球化、冷战与当代国际政治经济关系》，上海：生活·读书·新知三联书店，2004年，第116页。

② 马克思、恩格斯：《共产党宣言》，北京：人民出版社，1964年，第26页。

主义进入了国家垄断资本主义阶段。同时，西方国家也开始学习社会主义国家的一些做法，建立广泛的福利制度，实行免费基础教育，医疗保险，失业救济，养老保险，兴建廉租房等。虽然西方国家“创设公民权和福利项目的主要目的就是拉拢人民获取他们的支持，这种现象在冷战期间一直持续着”[①]，这些做法一定程度上调节了资本主义的生产关系，缓和了社会矛盾，促进了生产的发展。同时，这些做法也在一定程度上改变了资本主义的形象。我国有学者认为，“现代西方福利制度的发展体现了社会主义取代资本主义的必然性”，“预示着社会主义发展的必然趋势”[②]，这一论断是很有道理的。

第六，长达40多年的东西方冷战使世界社会主义事业遭受重大挫折，留下了许多宝贵经验和沉痛教训，也使中国找到了一条符合国情的有中国特色的社会主义道路，为世界社会主义事业的发展开创了新的前景。苏联是列宁亲手创建的世界上第一个社会主义国家，也是马克思科学社会主义学说的第一次实践。1917年10月革命胜利之初，新生的苏维埃俄国外有帝国主义列强的包围和武装干涉，内有反革命武装叛乱，政局动荡，经济破败，西方帝国主义预言家甚至认为苏维埃政权维持不了几个月。但苏维埃俄国硬是在这样极端复杂困难的形势中坚持下来，并不断发展壮大，建成了一个包括15个加盟共和国、占世界陆地面积1/6的巨大的苏维埃社会主义共和国联盟，打破了国际孤立的局面，打败了横扫欧洲不可一世的纳粹德国，赢得了反法西斯卫国战争的胜利。二战后苏联又将社会主义事业跃出一国范围，在帮助东欧国家打败德国法西斯的基础上引导它们走上社会主义道路，形成了一个社会主义阵营。与此同时亚洲的一些国家，特别是1949年中国革命胜利后加入了社会主义阵营，社会主义阵营的力量空前强大，世界社会主义事业蓬勃发展，许多新独立的亚非拉国家都打出了社会主义的旗号，声称要走社会主义发展道路。以至毛泽东高兴地评论说现在是“东风压倒西风”。

然而经过40多年的冷战，最终结果是东欧剧变，苏联解体，存在了74年的第一个社会主义国家轰然倒塌，原苏联东欧集团各国都抛弃了多年坚持的意识形态和社会制度，走上了资本主义发展道路，有些国家甚至加入了以“北约”

---

① （英）安东尼·吉登斯：《第三条道路：社会民主主义的复兴》，郑戈译，北京：北京大学出版社，2000年，第75页。

② 张红：《现代西方福利制度评析》，《兰州学刊》2007年第11期，第44页。

为代表的西方集团。世界社会主义事业遭到了空前的挫折，一时间，“大失败”、“历史终结”的论调甚嚣尘上。

那么，为什么以苏联为首的社会主义阵营要和西方阵营发生冷战？为什么这场冷战竟然持续了40多年？为什么苏联东欧集团会遭到失败？为什么这种失败是以苏联解体、东欧剧变的形式表现出来？这些都是很大很复杂的问题，非三言两语所能说清，不属本文论述的范围。我们这里所要说的是，作为东西方冷战的后果之一，世界社会主义事业遭受重大挫折，必然留下许多经验教训可资总结借鉴。例如，社会主义国家应努力发展经济，提高生产力，把提高人民的生活水平、满足人民物质生活和文化生活的需要放在国家政策的首位；要逐步扩大民主，真正做到劳动人民当家做主；要严格实行法制，依法治国，保障公民的基本权利；领导干部要廉洁奉公，密切联系群众，真正做人民的公仆而不是“老爷”或“父母官”，全心全意为人民服务；要建立健全监督机制，加强民众对领导干部的监督，防止其腐败变质，等等。这些问题苏联东欧国家都没有解决好，导致其政府和执政党丧失了民心，最终在冷战中败下阵来。

新中国成立后，我国也被卷入冷战之中，站在了以苏联为首的社会主义阵营一边。冷战对我国的发展也产生了巨大影响。我国被迫直接或间接卷入的冷战期间最大的两场热战——朝鲜战争和越南战争，造成巨大的人员伤亡和物质损失。我国仿照苏联模式建立了高度集中的计划经济体制，虽然在一个时期由于集中国家的财力物力快速推进了社会主义建设，但也带来了生产效率低下、浪费严重、生产积极性难以充分发挥、人民的生活水平长期得不到提高等问题，加之西方阵营长期对我国实施经济战，进行经济封锁，更加剧了我国经济建设的困难。国家最高领导人出于对西方和平演变战略的担心，坚持以阶级斗争为纲，不断发动运动，甚至发生了长达10年的“文化大革命”这样人为的灾难。20世纪50年代末以后，由于中苏两国领导人在社会主义国家的内外政策上发生了严重分歧，导致两国两党关系破裂，社会主义阵营分裂，曾经亲如兄弟的两个最大的社会主义国家处于严重的兵戎相见的敌对状态，中国在外交上更加孤立。

令人欣慰的是，20世纪70年代初，我国领导人作出重大战略决策，与美国实现了关系正常化，首先退出了和美国的冷战。1989年5月，我国又实现了和苏联的关系正常化，彻底退出了冷战。更加可喜的是，1978年中共十一届三中全会后，我国政府正确地认识到我国仍处于社会主义初级阶段，作出改革开放的战略决策，提出建设有中国特色社会主义的战略方针，以经济建设为中心，全力发展经济，取得举世瞩目的巨大成就，国家面貌发生翻天覆地的变化。与此同时，人民的生活水平得到极大提高，人民的幸福感空前强烈。世界舆论到处都在热议“中国模式”，预测中国的国内总产值何时超越美国。可以说，冷战对中国的发展产生了巨大影响：卷入冷战，中国遭受巨大损失，陷入内外困境；走出冷战，中国龙腾虎跃，高速发展。中国找到了一条符合国情的有中国特色的社会主义道路，为世界社会主义事业的发展开创了新的前景。

本文扼要论述了冷战的6个后果和影响，加上15年前笔者对冷战后果与影响的初步总结，我们共总结了冷战的十大后果和影响。当然，冷战的后果和影响远非这些，40多年的东西方冷战后果与影响巨大而深远，经验教训丰富而深刻，这些都有待于我们进一步深入挖掘。

原载（《史学理论研究》2011年第4期）

1940年法国败降后英国抵抗德国入侵的斗争

一

1940年6月，号称欧洲第一陆军强国的法国，对希特勒在西线发动的进攻，只抵抗了短短6个星期就失败了，从而使英国陷入极端困难的境地。这时的英国，作为纳粹德国在西欧的最后一个敌国，随时有遭受入侵的可能。英伦三岛被困，和欧洲大陆的贸易被切断，与海外联系由于不断遭到德潜艇、空军袭击而受阻。就国内防务而言，守备军编制虽有27个师和14个独立旅，但只有几个师是训练过的，其余大都正在整训①。军事装备严重缺乏，重型武器大都丢在法国，国内残存的中重型坦克不到200辆，各种类型野炮不足500门②，军火生产一时又很难满足需要。与之对峙的德国，却占领了欧洲大片土地，控制了欧洲大部分国家及其资源，拥有300多万装备精良、训练有素的侵略大军。实力对比如此悬殊，以至于在许多人看来，英国的末日已经来临。柏林一些报纸得意地评论说，"英国业已无法从事任何军事性的抵抗"，"不列颠将是继法国之后要求与我们妥协的欧洲大国"③。德国名将隆美尔在家书中喜不自胜地说，两个星期之内德国就要高唱凯歌了④。美国总参谋部中有4/5的人认为英国的前途是令

---

① （澳）切斯特·威尔莫特：《欧洲争夺战》，钮先钟译，台北：军事译粹社，1978年，第16页。

② （英）温斯顿·丘吉尔：《第二次世界大战回忆录》第2卷，吴万沈等译，北京：商务印书馆，1974年，第378页。

③ （英）爱德华·比雪：《光荣的英伦三岛之战》，李长源译，台北：大明王氏出版有限公司，1973年，第23页。

④ （英）爱德华·比雪：《光荣的英伦三岛之战》，李长源译，台北：大明王氏出版有限公司，1973年，第24页。

人绝望的。就连丘吉尔本人后来在下院一次秘密会议上也承认："在1940年，大约有15万精锐的侵入军就能使我们遭到彻底毁灭。"[①] 局势之严重显而易见。

但是，希特勒并没有立即入侵英国，而是玩弄起和谈手腕来。希特勒在欧洲的基本战略是大陆霸权战略，即彻底击败世仇法国，把英国势力逐出欧洲大陆，并争取和英达成瓜分势力范围的谅解和妥协，竭力向东方扩张，夺取"生存空间"，这在他那遗臭万年的《我的奋斗》一书以及与部属的多次谈话中早有披露。随着法国的沦亡，英国之败走英伦，希特勒报仇雪恨的夙愿已偿，俨然成为欧洲霸主，踌躇满志，得意非凡。但同时，苏联为建立"东方战线"在巴尔干采取的行动又使希特勒惴惴不安，唯恐在进攻苏联之前先遭暗算。这样，为了尽快结束西线战争，挥师东进，希特勒首先祭起和谈法宝，通过各种途径向英国发出一连串讯号，企图诱降英国。希特勒这时认为，困守弹丸之地的英国已根本无力单独抵抗，只要作为胜利者的德国宽宏大量提出和谈，英国没有理由不接受，实现体面的和平，或许还会和德国联合起来，共同反苏。然而，英国却断然拒绝了德国的和谈建议。

这时的英国政府已不是慕尼黑分子所把持的张伯伦政府，也不同于贝当、魏刚等投降派把持的法国政府，而是坚决主战的丘吉尔政府。丘吉尔是英国统治阶级中一位坚决反法西斯的有识之士，早在20世纪30年代，他就看到了德国法西斯的危险，反对政府纵容德国扩军备战、侵略扩张的绥靖政策。1940年5月10日，就在纳粹德国向西欧大举进攻的同一天，因顽固推行绥靖政策声名狼藉的张伯伦政府倒台，丘吉尔出任首相兼国防大臣，组织了各党派的战时联合政府。丘吉尔受命于国家危亡之秋，他清楚地认识到正在进行的这场战争不仅关系到整个大英帝国的生存，也关系到西方自由制度和英国本身的民族生存[②]，因而决心不惜任何代价战斗下去。1940年6月4日，在完成敦刻尔克撤退后，丘吉尔在下院发表了一篇著名演说，他说："尽管欧洲的大片土地和许多古老的有名的国家已经陷入或可能陷入秘密警察和纳粹统治的种种罪恶机关的魔掌，我们也毫不动摇，毫不气馁。我们将战斗到底，我们将在法国作战，我们将在

---

① Winston S. Churchill, Secret Session Speeches Delirered By the Right Hom. Winston S. Churchill to the House of Commons 1940-1943, London: Cassell and Compary, 1946, p. 52.

② （英）温斯顿·丘吉尔：《第二次世界大战回忆录》第2卷，吴万沈等译，北京：商务印书馆1974年，第329—330页。

海上和大洋中作战，我们将具有愈来愈大的信心和愈来愈强的力量在空中作战，我们将不惜任何代价防卫本土，我们将在海滩上作战，我们将在敌人登陆的地点作战，我们将在田野和街头作战，我们将在山区作战，我们决不投降……”。[①]这篇演说慷慨激昂，气势磅礴，充分表达了英国人民抗战到底的决心。欧洲大陆的隆隆炮声把英国人民从20世纪二三十年代盛行的和平主义梦幻中惊醒，德国法西斯在占领区的种种暴行激发了英国人民的仇恨，广大英国人民坚决支持政府打赢这场战争。由于英国政府和人民深刻认识到战争的意义，尽管希特勒的诱和讯号具有极大诱惑力，但丝毫没有动摇丘吉尔政府和人民的战斗决心。6月28日，丘吉尔得知罗马教皇派出使节出面斡旋和平后，立即指示外交大臣：“我希望向罗马教皇使节说明：我们不想询问同希特勒媾和的条件，所有我们的外交官严禁接受任何这类建议。”[②] 7月20日，丘吉尔得知德国驻美国代办托姆森企图在华盛顿与英国大使会谈的消息后，立即发电指示：“应告知洛提安勋爵绝不能给德国代办以任何答复。”[③] 7月19日，希特勒在国会发表演说，对英国软硬兼施，又是劝降诱和，又是威胁恫吓，说什么他看不出有同英国继续打下去的任何理由，只要英国承认德国在欧洲大陆的行动自由，即可缔结和约，同时又恶狠狠叫嚷，如果英国政府拒绝和谈，他就要把不列颠帝国斩尽杀绝，夷为平地。但希特勒演说后不到1小时，伦敦英国广播公司的电台就斩钉截铁予以拒绝，3天后丘吉尔政府授权外交大臣发表广播讲话，正式拒绝了德国建议。希特勒诱降英国的阴谋终遭破产。

二

丘吉尔政府在拒绝德国诱降的同时，采取一系列措施，加强本土防卫，准备粉碎德国入侵。在全国实行总动员，集中全国人力、财力、物力，进行反法西斯战争，整训和扩大军队，并建立了一支庞大的国民自卫军；制定周密的本

---

① （英）温斯顿·丘吉尔：《第二次世界大战回忆录》第2卷，吴万沈等译，北京：商务印书馆1974年，第169—170页。

② （英）温斯顿·丘吉尔：《第二次世界大战回忆录》第2卷，吴万沈等译，北京：商务印书馆，1974年，第248页。

③ （美）威廉·夏伊勒：《第三帝国的兴亡——纳粹德国史》，董乐山等译，上海：生活·读书·新知三联书店，1974年，第1036页。

土防卫作战计划，建立严密的环土防线，加紧构筑工事，设置反坦克障碍，建立防空观察站、通讯网、雷达网和高射炮网，在空中置放阻塞气球，开足马力进行军火生产，为了制造更多的战斗机，政府提出“把煎锅变成战斗机”的口号，号召群众捐献铝制品；肃清“第 5 纵队”，逮捕关押了一批怀疑同德国有联系的人。在对外政策方面，积极寻求美国和加拿大、澳大利亚等自治领的援助，很快从美国得到步枪 50 万余支，机关枪 22 000 挺，野炮 895 门①，这对英国军队的重新武装起了重要作用。

丘吉尔政府这些抗德措施受到人民的拥护与支持。在国难当头，民族危亡之秋，英国人民暂时缓和了阶级斗争，积极支持政府所采取的各项抗德措施。他们响应政府号召，积极参加民兵性质的国民自卫军。5 月国民自卫军开始组建，到 7 月参加者已达 100 多万，一年后达 160 多万②。其中年龄最小的 17 岁，最大的 65 岁，不拿报酬，不脱产，利用业余时间执勤训练。军工部门职工加班加点生产，工时由每天 8 小时延长到 12 小时。关于这一点，丘吉尔在其回忆录中有段精彩的描述，他说：“在这一时期，所有的英国人都参加了工作，尽了最大的努力，而且空前团结。男人和妇女在工厂里的车床和机器旁边辛勤地劳动，直到精疲力竭，倒卧在地，不得不把他们扶走，让他们回家，而他们的岗位则马上由另外的人提前上班接替……没有别的事比敌人入侵的威胁更能促使英国人行动了……”。由于政府的有力措施和职工的努力生产，军火生产增长很快，7 月，军火产量已比大战爆发时增加一倍多③。战斗机产量直线上升，4 月为 255 架，5 月为 325 架，6 月为 440 架，7 月为 490 架。④ 1940 年全年德国生产各种作战飞机 10 250 架，而英国则生产 15 050 架⑤，超过了德国。飞机生产的迅速发展在即将到来的空战中发挥了举足轻重的作用。

---

① （苏）弗·格·特鲁汉诺夫斯基：《英国现代史》，秦衡允、秦士醒译，北京：生活·读书·新知三联书店，1979 年，第 321 页。

② （苏）弗·格·特鲁汉诺夫斯基：《英国现代史》，秦衡允、秦士醒译，北京：生活·读书·新知三联书店，1979 年，第 330 页。

③ （苏）弗·格·特鲁汉诺夫斯基：《英国现代史》，秦衡允、秦士醒译，北京：生活·读书·新知三联书店，1979 年，第 330 页。

④ （英）切斯特·威尔莫特：《欧洲争夺战》，钮先钟译，台北：军事译粹社，1978 年，第 35 页。

⑤ 苏联科学院主编：《世界通史》第 10 卷，吉林师范大学《世界通史》翻译组，长春：吉林人民出版社，1978 年，第 52 页。

与此同时，因诱降不成而大失所望的希特勒决心诉诸武力。7月2日，德最高统帅部发出了第一道关于对英作战的指令，要求“一切准备工作都须立即开始”，但又强调“一切准备工作都必须在这样的基础上进行：入侵仍然仅仅是一个计划，还没有作出什么决定”[①]。7月16日，希特勒正式下达了“关于准备在英国登陆作战”的第16号指令，指令说：“由于英国不顾自己军事上的绝望处境，仍然毫无愿意妥协的表示，我已决定准备在英国登陆作战，如果必要，即付诸实施。这一作战行动的目的，是消除英国本土作为对德作战的基地，并且在必要时，全部予以占领。”规定这次行动的代号为“海狮”，准备工作于8月中旬完成[②]。

但是入侵英国远非入侵法国那样容易，且不说英国政府和军民的抵抗意志远非法国所能企及，就地理位置而言，英国和欧洲大陆横隔着一条多佛尔—英吉利海峡，最狭窄处也有20多浬[③]，这就决定入侵英国首先必须夺取海峡与英国南部的制海权与制空权，以保证庞大的登陆部队安全登陆，建立滩头阵地，然后向纵深突进。由于希特勒一贯对海军不如对陆、空军重视，没有大力发展，因此德海军实力薄弱，远远不是英国对手。大战爆发时，英有战列舰2艘，战斗巡洋舰3艘，航空母舰7艘，巡洋舰64艘，驱逐舰200艘，潜艇60艘，而德只有袖珍战列舰3艘，重巡洋舰2艘，轻巡洋舰6艘，鱼雷艇30艘，潜艇57艘[④]。大战爆发后，双方在海战中互有损伤，但制海权仍在英国手中。但是空军力量，德国却远占优势，当时德国仅在西线就有2669架作战飞机，英国战斗机还不足700架[⑤]，力量对比似乎为4∶1。这样，希特勒决定在陆海军加紧进行登陆作战准备的同时，首先利用空军优势，对英国发动一场空中闪电战，摧毁对方飞机军舰、机场码头等重要军事设施，夺取制海权与制空权，为登陆作战清除障碍，创造条件。这样，希特勒对英国的入侵首先变成了一场史无前例的空中入侵，或“空中闪电战”。

---

① （美）威廉·夏伊勒：《第三帝国的兴亡——纳粹德国史》，董乐山等译，上海：生活·读书·新知三联书店，1974年，第1038页。

② （美）威廉·夏伊勒：《第三帝国的兴亡——纳粹德国史》，董乐山等译，上海：生活·读书·新知三联书店，1974年，第1041页。

③ 1浬=1.852米

④ （英）亨利·米歇尔：《第二次世界大战》，九仞译，北京：商务印书馆，1980年，第8—9页。

⑤ （英）亨利·慕尔：《第二次世界大战的重大战役》，尚钢译，上海：上海译文出版社，1983年，第38页。

三

纳粹德国对英国发动的空中闪电战事实上从7月初即已开始，到次年5月基本结束，历时将近一年。这里依据德国空袭重点的变化，大致把它划为三个阶段。

第一阶段：7月初—8月12日，为序战阶段。早在德最高统帅部下达准备入侵英国的第一道命令之前，好大喜功的空军司令戈林即抢先行动，于6月30日发出通令，指出空军在入侵英国时的任务是击毁敌方空军和地面组织，扰乱其航空工业；袭击港口、补给船只、护航军舰，以切断英国的补给①。之后，戈林又进一步明令空军对英国船舰港口进行骚扰性攻击，使飞行人员熟悉入侵地区。据此，德空军从7月初起对海峡和英国南部沿海一带的英国补给船只、护航舰队以及港口进行空袭。同时企图引诱英国飞机出击而重创之。7月10日，德一批轰炸机由大批战斗机护航，袭击行驶在多佛尔海峡的英1支商船队，英派6架旋风式战斗机拦截，击落德机3架，英1条商船也被炸中。这是法国沦亡后英德第一次空战。之后德空军依照上述目标，接连不断进行袭击。鉴于力量对比悬殊，不能硬拼的情况，英空军只派出少量战斗机进行拦截，尽管如此，仍使德空军损失惨重。7月10日—8月10日，德空军共损失飞机227架，而英只损失96架②。但英也不得不暂时停止海峡中的全部航行。德部分地达到了目标。

第二阶段：8月13日—9月6日，为决战阶段。在希特勒下达准备攻英的第16号指令后，德海军却信心不足。7月31日，希特勒在上萨尔斯堡别墅召集军事首脑会议，海军司令雷德尔详述了渡海攻英的困难，认为“从一切情况考虑，最有利的作战时间将是1941年5月”③。鉴此，希特勒决定首先由空军对英南部进行一个星期的密集轰炸再确定攻英时间。8月1日，希特勒发出“关于对英进行海空作战的第17号指令”，决定“对英国本土继续进行比过去更加猛烈的海

① 德国军事研究会主编：《决定性会战》，钮先钟译，台北：军事译粹社，1977年，第82页。

② （英）亨利·慕尔：《第二次世界大战的重大战役》，尚钢译，上海：上海译文出版社，1983年，第43—44页。

③ （美）威廉·夏伊勒：《第三帝国的兴亡——纳粹德国史》，董乐山等译，上海：生活·读书·新知三联书店，1974年，第1055页。

空战争"，命令"德国空军应尽快以其所有办量打败英国空军"，指示可在8月6日以后开始加强空战①。据此，戈林下令8月10日开始对英进行大规模空袭，主要目标是摧毁英南部及东南部的战斗机场、地面防空设施、飞机工厂，消灭英空军，夺取制空权。该日代号为"鹰日"。戈林夸下海口：4天之内摧毁英国南部的空中防御，4周之内把英国空军逐出整个英国上空。

8月10日，气候不佳，戈林临时把"鹰日"推迟到13日。13日，英东南部上空阴云密布，气候更不宜于空战，但纳粹空军还是对苏塞克斯郡和肯特郡的战斗机场、雷达站进行猛烈轰炸，造成严重破坏。德国飞机也遭到英空军的英勇拦截，迫使许多德轰炸机盲目投弹，没有命中目标。这天德共出动飞机1485架次，比英多1倍，但德共损失飞机47架，而英只损失13架。②

8月15日，天气晴朗，能见度极好，驻扎在法国北部和低地国家以及丹麦、挪威的德二、三、五3个航空队几乎倾巢出动，对英国发动了规模最大的一次空袭。但早已从雷达屏上发现敌机的英空军严阵以待，英勇拦截。战斗机和高射炮互相配合，驱逐敌寇。这一天德共出动飞机1790架次，损失74架，英出动1000架次，损失34架③。但是英的一些地面设施遭到严重破坏，罗彻斯特的肖特飞机工厂被毁。

此后直到9月6日，德空军对英南部及伦敦周围的战斗机场、防空设施、飞机工厂连续不断猛烈轰炸，并造成极大破坏，但由于英空军殊死战斗，德国始终未能夺取制空权，更未能消灭英空军。相反，德国空军却由于在不到两个月的时间损失80多架飞机而士气日渐低落，同时由于德国轰炸机往往要以2：1以上的战斗机护航，德战斗机的严重损失使其不能派出足够的力量护航，因而德机出动的架次也日渐减少，到9月6日，英机出动的架次已超过德机。

第三阶段：9月7日—1941年5月，为恐怖轰炸阶段。8月24日，德机在轰炸伦敦郊外目标时误把炸弹扔进市区，造成和平居民伤亡。作为报复，8月25日晚，英派81架轰炸机夜袭柏林，之后又多次轰炸德国城市。这使希特勒大

① （美）威廉·夏伊勒：《第三帝国的兴亡——纳粹德国史》，董乐山等译，上海：生活·读书·新知三联书店，1974年，第1055—1056页。

② （英）亨利·慕尔：《第二次世界大战的重大战役》，尚钢译，上海：上海译文出版社，1983年，第47页。

③ （英）亨利·慕尔：《第二次世界大战的重大战役》，尚钢译，上海：上海译文出版社，1983年，第49页。

为震怒，遂下令对伦敦等重要工业城市进行恐怖轰炸，摧毁英国的经济力量和抵抗意志，压迫英国屈服。9月7日下午，德国300多架轰炸机由600多架战斗机护航，直扑伦敦，英机还来不及拦截，德机即已向伦敦市区投下成百吨炸弹，伦敦立即燃起熊熊大火，泰晤士河北岸的东区河滨地带被炸成一片废墟。接着一批又一批德机轮番轰炸，一直持续到次日凌晨，给伦敦造成严重破坏。之后德国平均每天出动200架飞机，对伦敦连续轰炸57天，接着又对考文垂、伯明翰、利物浦、普利茅斯等城市狂轰滥炸。由于轰炸主要是在夜间进行，不利于空中拦截，造成破坏极大，工业城市考文垂几乎被夷为平地。但是它并未能摧毁英国的经济力量，更未能动摇人民抗德决心。1941年5月10日，德空军对伦敦进行了最后一次猛烈轰炸。之后，便大部分被调往东方。希特勒对英国发动的空中闪电战以失败而告终。

四

1940年7月—1941年5月是英国历史上最危急的时期。当举世瞩目希特勒发动的"空中闪电战"时，很少有人相信英国能幸存下来。然而，英国不仅奇迹般地坚持下来，而且最终粉碎了德国的空中入侵。是什么力量促使英国最终打赢这场战争呢？

首先，最重要的力量，是英国军民的同仇敌忾，顽强抵抗。英吉利民族是伟大的民族，他们绝不允许自己的国土遭受侵略者的蹂躏。自从11世纪"诺曼征服"以来的近一千年中，他们从未被侵略过。当德国法西斯的入侵威胁着他们的民族生存时，他们决心用战斗来保卫。空军健儿在力量对比悬殊，新飞行员的补充远远不足的情况下，以高昂的斗志，连续作战。在战斗最激烈的日子里，他们每天要起飞3—4次，至少飞行5小时，在天空以1∶2以上的比率和敌机周旋角逐；有的飞行员被击落跳伞后，复又驾机投入战斗。他们经受了最大的考验，作出了最大的贡献。在7—10月的空战中，德共损失飞机1733架和飞行员6000多名，其大部分是被英空军击毁的。有的飞行员创造击落德机32架的记录。与此同时，英空军也付出重大代价，损失飞机915架和飞行员414名①②。

---

① （英）亨利·慕尔：《第二次世界大战的重大战役》，尚钢译，上海：上海译文出版社，1983年，第76—77页。

② （德）阿道夫·贾兰德：《神鹰武士》，钮先钟译，台北：军事译粹社，第36页。

英国飞行员的英勇战斗赢得人民的崇敬，称誉他们为皇家空军的花朵，丘吉尔的珍宝。相反，却使德国侵略者为之丧胆。德王牌驾驶员贾兰德也不得不承认："我对英国的战斗机驾驶员，实在不能不表示最高的敬意，尽管他们在技术上处于劣势，可是他们还是英勇地永不休止地打下去。在这千钧一发的关头，他们毫无疑问地救了他们的国家。"① 英国空军健儿为保卫不列颠立下了不朽功勋，丘吉尔给他们以极高评价："在人类战争的领域里，从来没有过这么少的人对这么多的人作过这么大的贡献。"②

英国空军健儿的辉煌战果与广大人民的支援密切相关。有5万多人参加的防空观察哨日夜坚守在岗位上，随时把敌机行动报告给空军；飞机工厂的职工尽管遭到最猛烈的轰炸，仍然及时为空军提供了足够数量的战斗机。英国人民也以坚忍不拔的毅力顶住了德机的恐怖轰炸。德机每天扔下的成百上千吨炸弹，以及由此而造成的数万居民死亡，大量建筑物被炸毁，并没有摧毁英国人民的抵抗意志，反而更加深了他们对法西斯的仇恨，更坚定了他们的抗德决心。他们在全国组织许多个志愿消防队、救护队、抢救队，和恐怖轰炸搏斗。伦敦居民夜晚躲进地下铁道，白天照常工作。9月中旬以后，德国投下大量延时炸弹，许多群众不顾生命危险志愿起爆。萨福克伯爵和他的私人女秘书、司机组成"三位一体"起爆小组，成功地挖出34颗延时炸弹，但在挖第35颗时全部牺牲。

英国空军健儿在抵抗德机空袭的同时，也主动出击，轰炸停泊在海峡对岸准备入侵的德国船舰。到9月17日上午，准备渡海攻英的德船舰，有12%被炸毁③。

由于英国军民的顽强抵抗，使德国既不能消灭英国空军，夺取制空权，也不能摧毁英国人民的斗争意志，反而使自己遭到重大损失，迫使希特勒一再延期执行"海狮"计划。9月17日，希特勒不得不承认敌人的空军一直仍然没有被击败，反而言之，它却比以前更为活跃，并下令无限期延期"海狮"计划。次年5月又终止了对英国的空中闪电战。

---

① （英）温斯顿·丘吉尔：《第二次世界大战回忆录》第2卷，吴万沈等译，北京：商务印书馆，1974年，第501页。

② （英）切斯特·威尔莫特：《欧洲争夺战》，钮先钟译，台北：军事译粹社，1978年，第32页。

③ （英）切斯特·威尔莫特：《欧洲争夺战》，钮先钟译，台北：军事译粹社，1978年，第32页。

苏联有一种观点，认为“是苏联的存在把英国从希特勒的侵略中拯救出来”。[①] 利德尔·哈特也说希特勒转而“向东方打主意”是“对保存英国起决定性作用的关键因素”[②]，这些说法是值得商榷的。诚然，希特勒在放弃“海狮”计划之前已开始考虑入侵苏联的问题，在不列颠之战期间就把注意力逐渐转向东方，但是这并不能导致上述结论。促使希特勒把注意力转向东方的因素是多方面的，希特勒认为英国之所以拒不投降，是寄希望于苏、美援助，因而产生先消灭苏联再回头攻英的想法，这不可否认是一重要因素，但产生这一因素的前提仍然在于英国的抵抗。正是由于英国军民的坚决抵抗，使其消灭英国空军，夺取制空权的目的始终未能达到，这就失去了渡海攻英的先决条件；又由于英国空军和远程大炮的轰击，使其入侵英国的准备工作不能顺利进行，再加之日益不利的气候条件，迫使希特勒不得不推迟“海狮”作战计划，另辟蹊径，把注意力转向东方。如果当时空战进行得很顺利，消灭了英空军，夺取了制空权，希特勒肯定无疑要执行他的“海狮”计划的。这从前面叙及的希特勒在7月31日军事首脑会议上的决定即可看出。因此结论应是：英国军民的顽强抵抗把自己从纳粹德国的侵略中拯救出来，苏联的存在，希特勒把注意逐渐转向东方，在客观上缓和了纳粹德国对英国的压力，有利于英国的抗德斗争。

其次，英国当时所拥有的比较先进的军事科学技术，在粉碎德国的空中闪电战中发挥了重要作用。恩格斯曾经说过：“军队的全部组织和作战方式以及与之相关的胜负，取决于物质的即经济的条件：取决于人和武器这两种材料，也就是取决于居民的质与量和取决于技术。”不列颠之战是一场空战，决定这场战争胜负的除了上述的人的要素外，就是有关空战的技术的要素，即作战飞机的性能、对空监视系统及指挥系统等。就前者而言，双方“各有千秋，高下难分”，但就后两点来说，英国却占上风。在对空监视方面，英国拥有当时最先进的雷达装置，它可以在敌机飞临英国之前即可发现，充分准备，从容迎敌，这就使德机非但不能像在波兰、法国一样，把敌机炸毁在机场上，而且往往由主动变为被动，自投罗网，被动挨打。在空战指挥方面，英国当时一家独具高频的无线电报话机（德的研制比英国晚了两年）起了重要作用，指挥人员可以通

① （英）利德尔·哈特：《第二次世界大战史》，伍协力译，上海：上海译文出版社，1983年，第468页。

② 《马克思恩格斯选集》第3卷，北京：人民出版社，1972年，第210页。

过它来畅通无阻地指挥空中作战。德国当时缺乏这一装置，主要凭飞行员自己的观察来行动，很难同时眼观六路，耳听八方。这样，不列颠之战实际上是一场机会和力量对科学和技巧的战争，英国利用先进的军事科学技术弥补了数量上的劣势，变被动为主动，转守为攻，以少胜多，以弱胜强，一次次把来袭之敌拦截于空中，给予重创。此外，英国还利用先进的无线电科学技术干扰德机的无线电导航系统，把来袭之敌引入歧途，使其不能炸中目标。由于英的干扰再加之一般误差，德机投弹命中未超过 1/5[①]。在现代社会，随着科学技术的飞跃发展，军事科学技术在战争中的作用日趋重要，一个新的军事科学技术的出现往往对战局能产生重大的影响，不列颠之战即是例证。认识这一点，对我们建设现代化的国防不无裨益。

1940 年 7 月—1941 年 5 月，也是英国历史上“最光辉的时刻”。在这将近一年间，英国在极端困难的条件下，在欧洲单独进行着反法西斯战争，最终粉碎了德国法西斯的空中入侵，粉碎了希特勒登陆英国、占领英国的迷梦，保卫了自己的国家和民族独立。不列颠之战是希特勒自从 1936 年进兵莱茵非军事区以来第一个未达目的的战役，英国军民用自己的“鲜血、汗水和眼泪”谱写了反法西斯战争的第一曲凯歌，“德国空军不可战胜的神话破灭了”。[②] 同时，英国的斗争也为反法西斯的第二次世界大战在西欧保留了一块根据地。当时英国是欧洲唯一幸存并仍在进行反法西斯战争的国家，戴高乐称之为“遭到毁灭的旧世界的最后堡垒”[③]，欧洲大陆被法西斯吞并国家的人士纷纷来这里组织流亡政府，并以此为根据地组织国内的抵抗运动，英国也从各个方面给予支持。这样，英国人民的抗德斗争就不仅是在保卫自己的国家安全，也是在保卫着一块世界反法西斯战争的根据地。正是由于这块根据地的存在，苏德战争爆发后苏英迅速联合，并在此基础上建立了国际反法西斯统一战线，使世界反法西斯战争转入一个新的阶段；也正是由于这块根据地的存在，才能有日后的盟军在诺曼底登陆，在欧洲开辟第二战场，使希特勒首尾不能相顾，遭到沉重的一击。可以设想，如果当时英国政府苟且偷安，接住希特勒的橄榄枝，甚至和德勾结起来，

---

① （英）温斯顿·丘吉尔：《第二次世界大战回忆录》第 2 卷，吴万沈等译，北京：商务印书馆，1974 年，第 575 页。

② （德）阿道夫·贾兰德：《神鹰武士》，钮先钟译，台北：军事译粹社，1978 年，第 52 页。

③ （法）戴高乐：《战争回忆录》第 1 卷，北京编译社译，北京：世界知识出版社，1981 年，第 91 页。

共同发动反苏战争，那么第二次世界大战的进程又是如何，是不言而喻的。因此，这一时期英国人民的抗德斗争在反法西斯的第二次世界大战中占有重要位置。西方一些学者说当时的英国在世界史上扮演了“空前绝后、举足轻重的角色”[①]，未免言过其实，然而忽视或贬低英国在第二次世界大战特别是这一时期所起的重要作用同样有失偏颇。

原载（《西北大学学报》1988年第1期）

① （英）爱德华·比雪：《光荣的英伦三岛之战》，李长源译，台北：大明王氏出版有限公司，1973年，第7页。

论30年代至40年代初德意日法西斯的矛盾与勾结

迄今为止，我国史学界在论及20世纪30年代至40年代初德意日的关系时，总是强调它们的一致性，它们的“沆瀣一气”、“狼狈为奸”，很少注意它们之间的钩心斗角、矛盾纠葛。事实上，它们虽然同属法西斯国家，但彼此之间并非没有矛盾，它们的勾结有个过程；这些矛盾对于它们共同发动的战争的结局也产生过重大影响。因此，重新研究和探讨20世纪30年代至40年代初德意日的矛盾与勾结不无裨益。

一、德意的矛盾与勾结

20世纪30年代德国和意大利的矛盾首先表现在对奥地利的争夺上。

奥地利地处欧洲心脏，具有重要战略地位。一战后签订的《凡尔赛和约》与《圣日耳曼和约》都规定应保持奥地利的独立，“奥地利之独立如非经国际联盟行政院之许可不得变更”①。

1933年1月希特勒在德国建立法西斯专政，其称霸世界的第一步就是要吞并奥地利。因为据有奥地利，就可以形成三面包围捷克斯洛伐克的局面，并打开通往南欧和巴尔干半岛的大门。他在《我的奋斗》一书的第一页就叫嚣“日耳曼的奥地利必须回到伟大的日耳曼祖国来”，鼓吹德奥合并。

意大利是现代法西斯主义的发源地，一战前同德奥结盟，与英法俄三协约

① 《国际条约集（1917—1923）》，北京：世界知识出版社，1961年，第109、312页。

国争霸。一战爆发后，协约国以战后将使意大利获得奥地利和亚得里亚海其他国家的大片土地，并参与瓜分德国在非洲的殖民地为诱饵，把意大利拉到协约国一边。但在巴黎和会上，这些诺言并没有兑现，使意大利大为不满。意大利法西斯政府的野心是控制地中海，变地中海为意大利的内湖，复兴古罗马帝国。同时它也把奥地利看做是自己的势力范围，非常忌讳德国染指奥地利，在奥地利问题上和德国发生了尖锐矛盾。

希特勒上台伊始，纳粹德国就频繁展开吞并奥地利的活动。它以和奥地利接壤的巴伐利亚为基地，对奥地利法西斯分子进行军事训练，组成“奥地利军团”，供给武器弹药，企图让他们武装颠覆奥地利；德国报纸连篇累牍攻击奥地利政府迫害奥地利纳粹党人；德国官方人士公开出面，干涉奥地利内政。1933年3月18日，巴伐利亚州政府司法部长费朗克在慕尼黑电台发表演说，公开叫嚷德国纳粹党人将对自己的奥地利同伙的“安全和自由”、“担负起责任”。2日，纳粹党徒库贝以希特勒的代表身份在普鲁士议会上明目张胆地叫喊“只有当整个德国和包括奥地利在内的日耳曼人都统一起来，纳粹的目标才能算是实现了”[①]。从7月起，德国甚至出动飞机，在奥地利境内散发传单，鼓动法西斯暴乱。

德国吞并奥地利的企图当即遭到意大利的反对。1933年3月—8月，墨索里尼数次邀请奥地利总理道尔弗斯访意。1934年1月21日，墨索里尼首席外交顾问苏维奇访奥，公开表示：“由于奥地利地处中欧心脏和多瑙河流域”，意大利的一贯立场是“必须首先保证其独立”。[②] 2月18日，意大利同英法发表联合宣言，表示在“根据有关条约保持奥地利的独立和完整方面”，三国“持有共同的看法”。一个月后意大利同奥地利、匈牙利签订《罗马议定书》，相约在三国中任何一国遭到威胁时，三国将互相磋商对策。

面对意大利等国的干涉，希特勒一面矢口否认吞并奥地利的企图，指责“关于德国打算侵犯奥地利的说法是荒唐可笑的”，并向墨索里尼表示德国决不染指奥地利；一面在暗中加紧活动，煽动、策划奥地利纳粹党在维也纳发动暴乱，冲人总理府，刺杀了道尔弗斯，推翻了道尔弗斯政府，同时指派“奥地利

① 《1934年国际事务概览》，1935年，第436页。

② Winston S. Churchill, The Second World War, Boston: Houghton Mifflin Company, 1967, Vol. 1, p. 82.

军团”从巴伐利亚开入奥地利。

对此墨索里尼很快作出强烈反应。他谴责那些对道尔弗斯之死“负有直接、间接责任的人”，下令调集意军4个师驰赴意奥边界。英、法也公开表示要维护奥地利的独立。

奥地利的法西斯暴乱很快被镇压。当时德国的扩军刚刚开始，尚不足以进入战争，因此吞并奥地利之心虽然迫切，面对意大利的军事压力和国际舆论的压力不得不实行退却。希特勒对道尔弗斯被刺一事假装表示“谴责和遗憾”，把参与策划暴乱的驻奥公使里特调回国。1935年1月希特勒无可奈何地对奥地利纳粹党魁表示，“德国将继续对奥地利民族社会主义提供全部金融支持，但奥地利问题只能通过外交手段的方式来解决，这就需要3—5年的时间，直到德国的重整军备完成”。①

德国和意大利的妥协与勾结是从意大利侵略埃塞俄比亚开始的。

20世纪30年代初期，意大利争霸的目标主要在巴尔干地区，这也是它称霸地中海总战略的一部分。但此举遭到英法的坚决反对。意大利在巴尔干受挫后，便把矛头指向埃塞俄比亚。占领埃塞俄比亚不仅可以控制地中海经红海进入印度洋的通道，并把意大利在东北的殖民地连成一片，也可以控制尼罗河流域苏丹和埃及的水利灌溉。因此意大利早就觊觎着埃塞俄比亚，19世纪末就曾大举入侵，遭到惨败。30多年后，经过周密策划，1935年10月3日，意大利再度举兵入侵埃塞俄比亚。

意大利对埃塞俄比亚的侵略使英法德意欧洲四强的关系格局发生了明显变化。之前，英法意结成联盟反对德国吞并奥地利。意大利侵略埃塞俄比亚对英法在北非的利益造成一定威胁，但英法唯恐得罪墨索里尼，把他推入希特勒的怀抱，丝毫不敢采取强硬措施，只是迫于国际舆论的压力，通过国际联盟对意大利实行了半心半意的经济制裁。与此同时，德国对意侵埃则明里暗里地给予支持。德国此举的目的是，第一，意大利陷入非洲的战争，必然削弱其在欧洲的地位，有利于德国吞并一直在意大利保护下的奥地利。第二，乘机分化英法意反德联盟，把意大利拉到自己一边，摆脱孤立状态。1936年3月底，希特勒转交给墨索里尼一封信，对墨索里尼大大吹捧一番，表示德国同情他在埃的行

① Gerhard L. Weinberg，The Foreign Policy of Hitler's Germany：Starting World War Ⅱ，Chicago：The University of Chicago Press，1970，p. 48.

动，并要和墨一起战斗，共同对付西方国家。对此墨索里尼自然感激不已。这时墨索里尼也看到，意大利要争夺殖民地和势力范围，无论在欧洲还是非洲，主要对手和德国一样都是英法。意大利实力不足，必须借助德国的支持。因此意大利开始向德国靠拢，逐步改变了对德国吞并奥地利的态度，以换取德国对意大利的支持。1936年6月墨索里尼会见奥地利总理舒士尼格时一反常态，反复提醒奥地利是一弱国，不能执行反德政策，"奥地利站在德国一边，这是保证独立的最好方法"。在墨索里尼的反复劝说下，奥地利只好和德国举行谈判，签订协定。可见，经过意埃战争，德意两国开始妥协，并迈出了勾结的第一步。欧洲四强的关系格局也如丘吉尔评论的："德国已不再孤立。欧洲四个强国，从前是3∶1，现在却变成2∶2了。"①

1936年7月，西班牙法西斯分子发动武装叛乱，西班牙发生内战。西班牙扼大西洋和地中海航道的咽喉，这样一个战略位置，对德国来说，一旦加以控制，就可摧毁英法的侧翼，形成对英法的战略包围，切断英法同它们在非洲、亚洲殖民地之间的交通线；对意大利来说也是称霸地中海不可或缺的。西班牙资源丰富，拥有德意急需的水银、铁、钨、铅、锌等战略物资。同时，如果西班牙叛军获胜，也可在法西斯营垒中增加一个新伙伴，并防止西班牙革命蔓延到本国。出于上述战略与政略的需要，德意两国从一开始就介入了西班牙内战，分别给西班牙叛军运送了大批军火，派出了大批军队到西班牙直接参战。

德意武装干涉西班牙内战进一步密切了两国的关系。意埃战争后英法曾竭力和意大利修好，重建三国反德联盟，但意大利涉足西班牙再次加剧了彼此的矛盾。德意介入西班牙的真正矛头是对准英法的，这是明眼人都能看到的。德国干涉西班牙原本还有所图，即诱使意大利深陷西班牙战争，激化英法和意大利的矛盾，使意大利进一步向德国靠拢。结果果然如是。1936年10月，意大利外长齐亚诺同德国外长牛赖特在柏林签订了秘密协定。《柏林协定》是德意两国法西斯政府签订的第一个条约，它协调了两国的外交方针，划分了两国的势力范围，表示要在重大国际问题上采取共同立场，因此可以说该协定的签订标志着两国的正式勾结。

1939年5月22日，两国又在柏林签订了军事同盟条约，明确规定两国互相

---

① Winston S. Churchill, The Second World War, Boston: Houghton Mifflin Company, 1967, Vol. 1, p. 167.

承担军事义务，在缔约一方同一个或几个国家发生敌对行为时，另一方“将立即作为盟国，以其全部军事力量从陆上、海上和空中予以支持”，并表示两国“决心并肩协力行动，以取得它们的生存空间”。和《柏林协定》相比，该条约的签订显然意味着两国的关系更加密切，两国的勾结更加紧密。前者只是秘密的政治上的勾结，后者则是公开的政治和军事结盟，后来被称为“钢铁同盟”。至此，两国从 30 年代中期开始的勾结过程遂告完成。

但军事政治同盟的建立并未完全消除双方的矛盾。随着战争的日益临近，两国在发动战争的时间表上产生了尖锐的分歧。关于发动战争的时间，希特勒和墨索里尼曾多次商定在 1942 年，认为届时双方都将完成备战工作①。但当希特勒看到英法对德意扩军备战和已采取的几次军事行动表现得软弱无力、妥协退让时，便以为发动战争的时机已到，急欲提前开战。意大利则由于意埃战争和对西班牙的干涉遭受巨大损失，国内经济困难，人民反战，认为时机尚不成熟，备战工作还未完成，希望按原计划进行。1939 年 8 月中旬，正当德国私下热火朝天准备发动对波兰的战争时，意大利外长齐亚诺多次会见了德外长和希特勒，反复劝说德国不要在意大利尚未做好准备的情况下发动战争。1939 年 8 月 25 日，墨索里尼写信给希特勒，表示德国进攻波兰后遭到英法的反击，意大利将不卷入战争，除非德国能向意提供军事物资和原料②。意大利的态度以及随之听到的英波签约的消息迫使希特勒取消了 26 日凌晨进攻波兰的命令。为了争取意大利履行盟约，希特勒很快给墨索里尼复信，询问意所需物资情况。翌日意大利送来所需物资清单，希特勒无法满足。至此希特勒对意大利履行盟约立即参战已完全失望，遂于当日深夜复信墨索里尼，表示尊重墨索里尼作出决定的“理由和动机”，但“先决条件是不应使外人知道它所打算采取的态度，至少在开战前应当如此”，同时恳请意用“报纸和其他手段在心理上支持”德国的“斗争”，并采取一些佯动措施以牵制英法力量。对此墨索里尼满口答应，但在 8 月 31 日德国开战前夕，齐亚诺约见英国驻意大使时大声表示意大利永远不会对英发动战争，把意大利不打算立即卷入战争的消息泄露了出去。此后意大利一

① （美）威廉·夏伊勒：《第三帝国的兴亡》，董乐山等译，北京：生活·读书·新知三联书店，1974 年，第 172 页。

② （美）威廉·夏伊勒：《第三帝国的兴亡》，董乐山等译，北京：生活·读书·新知三联书店，1974 年，第 172 页。

直坐山观虎斗。直到1940年6月10日希特勒横扫西欧、法国即将崩溃时才“履行”盟约，趁火打劫投入了战争。

二、德、日的矛盾与勾结

日本与德国地处东、西，天各一方，一个要在东方争雄，一个要在西方称霸。但两国同样存在着矛盾，主要是：一战后日本占领了德国在太平洋的几块属地和获取了在中国山东的权益，对此德国耿耿于怀，总想伺机收回；20世纪30年代以来日本加紧侵华又触犯了德国在华利益。然而无论对德国还是日本来说，它们的主要对手都是英法美苏。希特勒首先急于夺取的是欧洲的大片土地和英法在非洲的殖民地，他需要在亚太地区寻找一个伙伴借以对英法苏两面夹击；日本要建立“大东亚共荣圈”，也希望在欧洲寻找盟友以牵制主要对手的力量。正是出于这种共同的需要使这两个相距万里之遥的法西斯国家从20世纪30年代中期开始勾搭起来。

早在1935年5月，日本就和德国开始举行关于缔结同盟的谈判。1936年11月25日德日双方在柏林签订《反共产国际协定》，这是德日两国法西斯政府签订的第一个协定，它的公开矛头虽对着共产国际和苏联，但另有所指，这就是在反共的幌子下掩盖德日的侵略计划和扩军备战的行动。正如希特勒对其亲信所言：“利用布尔什维的幽灵来遏止凡尔赛诸国，要使他们相信，德国是反对赤祸的决定性堡垒。这是我们渡过危机，摆脱凡尔赛和约重新武装的唯一办法。”①德日两国在反共、反苏的旗帜下开始勾结起来。一年后意大利也宣布加入该协定，形成了恶名昭著的“柏林—罗马—东京”轴心。

然而，《反共产国际协定》仅仅是政治结盟，并没有规定明确的军事义务。1938年1月德日首先开始缔结军事同盟的谈判。在谈判中双方的矛盾明显地暴露出来，突出地表现在关于军事同盟的矛头所向。德国的计划是首先征服英法，然后回师东进，为了避免两线作战，主张当前应主要针对英法，倾向于缓和同苏联的关系；日本此时因北上攻苏的呼声很高，主张只应针对苏联。在谈判中日本一再提出，在条约签订后应向英法美声明，条约是《反共产国际协定》的

---

① （苏）萨姆索诺夫：《苏联简史》，武汉大学外文系译，北京：生活·读书·新知三联书店，1976年，第403页。

发展，是针对苏联而不是英法美，德意则要求日本无条件加入三国军事同盟。这样谈判了一年多毫无结果，德意只好首先结成军事同盟。

1939 年 8 月，德国背着日本突然同苏联签订了互不侵犯条约，这使正与苏联在诺门坎交战的日本大为愤慨。外交大臣有田当即指示驻德大使："（1）通知德国政府，日本政府对缔结互不侵犯条约的理解是，这项条约彻底取消了当前关于三国条约的谈判。（2）日本政府声明，德国同俄国缔结互不侵犯条约，是对日德《反共产国际协定》有关秘密协定的严重破坏，日本政府向德国政府提出强烈抗议。"[①] 日政府宣布推迟签署日德贸易协定。军部也发表声明，表示日本对"直至昨天还是日友邦"的国家居然与俄国修好感到失望[②]。当时日本朝野一片谴责声，平沼内阁不得不宣布集体辞职。

第二次世界大战爆发后德国在不到一年的时间里征服了大半个欧洲，使日本看得眼红，急于在亚洲扩大战火。这时由于几次对苏联的进犯都遭到沉重打击，加之苏德条约的作用，美国又开始对日本实行"道义禁运"，停止对日本出售战略物资，东南亚丰富的战略物资对资源贫乏的日本也产生更强烈的吸引力，种种原因使日本北进的呼声减弱，南下的叫嚣日甚。1940 年 7 月 26 日，第二届近卫内阁抛出了"基本国策纲要"，宣称日本政府的根本方针是"建设以日本皇国为中心，以日满华的牢固结合为主干的大东亚新秩序"[③]，最终确定了南进战略。南进方针既定，这就要求日本和德意加强合作，共同对付英美。同时日本担心德国打败英国后会要求英国分割其在东方的殖民地，从而危及日本的利益，企图通过结盟换取德国对日"大东亚势力圈"的承认。德国此时虽然占领了大半个欧洲，但向英国试探和平失败，英国的抵抗意味着德国将面临长期作战的前景。而且种种迹象表明，美国也在跃跃欲试，准备参战。德苏关系也已渡过了"蜜月"，开始出现裂痕，希特勒已在酝酿着回师东进，打败苏联后再回头收拾英国的决心。总之无论从哪个角度讲都需要日本从东方出击，以配合德国在西方的行动。在这种情况下双方重开缔结军事同盟的谈判。1940 年 9 月 27 日，德意日三国在柏林缔结了军事同盟条约。至此，酝酿了近 3 年的三国军事同盟

---

① 颜声毅等：《现代国际关系史》，北京：知识出版社，1984 年，第 315 页。

② （英）阿诺德·托因比、维罗尼卡·M·托因比编：《轴心国的初期胜利》，许步曾等译，上海：上海译文出版社，1983 年，第 885 页。

③ （日）信夫清三郎：《日本外交史》，天津社会科学院日本问题研究所译，北京：商务印书馆，1980 年，第 648 页。

总算建立起来了。三个法西斯元凶最终结成了紧密的军事政治同盟。

1941年4月，就在德国加紧准备进攻苏联时，日本外相松冈与苏联签订了中立条约。日本签订该约的目的是既已确定南进，在北方就应暂时与苏联保持相安无事。同时，此举也可削弱苏联对中国抗战的支持，瓦解中国人民的抗战意志；还可对美国施加压力，迫使美国在美日谈判中作出更大让步。但该约却与三国军事同盟条约发生了矛盾。对此，松岗也承认“在法理上是发生矛盾”的，“但日本将以自主的立场作出决定”。[①] 这就暴露了三国军事同盟的裂痕。6月22日，德国突然发动对苏战争，日本大为震怒，认为是德国的第二次背叛。以后德国多次催促日本参战，从东面夹击苏联，但日本始终虚与委蛇，以尚未完成准备等为借口，不愿履行三国军事同盟条约，参加对苏作战，使德国两面夹击苏联的战略终遭破产。

三、结　论

综观20世纪30—40年代初德意日之间的关系可以看出，无论德意还是德日之间的关系，都是循着矛盾—勾结—矛盾的轨迹发展的。在此期间三国虽然结成了联盟，但矛盾并未消除，甚至不断发展。

这一时期德意日之所以勾结在一起，当然是因为它们有许多共性：大致相同的法西斯政权机制；都保留了浓厚的封建残余；都具有久远的军国主义传统；都对凡尔赛-华盛顿体系心存忌恨，都欲置之死地而后生。然而正是这些共性种下了它们之间永远无法消除的矛盾。它们都要砸碎凡尔赛——华盛顿体系，重新分割世界，都想占领更多的土地，夺取更大的势力范围，彼此之间必然会产生这样那样的利害冲突。这就决定了尽管它们在某一时期能实现妥协，结成联盟，但终究不是铁板一块的联盟。随着彼此利益的冲突，矛盾会不断爆发，并最终走向分裂，作鸟兽散。总之，勾结是相对的，矛盾才是绝对的。

德意日的上述矛盾对它们所发动的战争带来了严重后果。这些矛盾使它们几经曲折签订的所谓“钢铁盟约”变成了一团废纸，使它们在战争中各行其是，各自为战，战线漫长，兵力分散，成为它们最终遭到惨败的一个重要原因。如果我们把战争的性质暂且搁置一边，从纯军事的观点讲，如果德意日在战争中

---

① （日）深井英五：《枢密院重要议事备忘录》，东京：岩波书店，1953年，第150页。

彼此都能忠实履行“盟约”，紧密配合，协调作战，特别是如德日两国对苏联东西夹击，战争的发展显然要对它们有利得多，战争的结局也可能是另外一个样子。当然战争的性质注定它们最终会失败，但它们的阴谋也可能得逞于一时，世界人民将因此而付出更沉重的代价。

原载（《陕西师范大学学报》1990 年第 4 期）

中美关系谱新篇——评美国总统克林顿访华

近日来神州大地掀起一股“克林顿热”，美国总统克林顿访华成为人们议论的一个中心话题，克林顿成为人们注目的一个中心人物，关心时政的人们通过新闻媒介竞相追踪克林顿在中国的活动，了解中美两国领导人会谈情况，了解美国政府的对华政策。克林顿访华为中美关系的发展揭开了新的一页。

去年10月底11月初，应美国总统克林顿的邀请，中国国家主席江泽民正式访问了美国。访美期间，两国领导人就双边关系及双方所关心的一系列国际问题进行了广泛、深入、坦率的会谈，签署了《中美联合声明》，作出了双方要建立“建设性战略伙伴关系”的决定。此次克林顿访华，是对江泽民主席访美的回访。这是1989年以来访华的首位美国总统，也是克林顿总统首次访华。双方再次就双边关系及重大地区、国际问题进行了广泛、深入、坦诚的会谈，作出了互不把导弹瞄准对方的决定，并就经贸、科技、教育、卫生、环保、住房等各方面的合作达成了一系列协议，签署了总额为31.2亿美元的商贸合同。这充分显示了双方相互信任与合作的良好的关系。通过这两次访问，两国终于结束了近10年来徘徊的关系，走上了友好、信任、合作的健康道路。

中美两国同处太平洋地区，都是当今世界最具影响力的国家之一。美国是当今世界最大的发达国家，唯一的超级大国，其国民总收入约占世界总产值的1/4。中国则是最大的发展中国家，人口总数约占世界总人口的1/4，近20年来其经济以世界最快的速度向前发展。同时，十分有趣的是，中国是一个最古老的大国，有着极其丰厚的历史遗产和文化积淀，却又背负着沉重的历史包袱；

美国则是最年轻的大国，极具开拓性而又充满了对悠久历史文化的仰慕钦羡。中美两国犹如太平洋两岸的两颗耀灿明珠，遥遥相望，交相辉映。然而，历史上，中美两国关系时而排斥，时而相吸，一波三折，充满了恩恩怨怨。近代史上，美国曾趁英、法等老牌殖民主义者掠夺中国之机，趁火打劫，强迫腐朽无能的清政府签订了《中美望厦条约》等不平等条约，攫取了中国大量权益。当八国联军在京津地区烧杀掳掠之时，美国大兵也曾赤膊上阵，一马当先。而对英、俄等帝国主义瓜分中国的企图，美国为自身利益提出了“门户开放”政策，在客观上起了阻遏作用。在那场决定人类命运的伟大的反法西斯战争中，中美两国结成了亲密联盟，共同打败了穷凶极恶的日本法西斯。二战后美国政府却又竭力支持国民党蒋介石政府打内战，借以阻止中国革命的胜利。新中国成立不久，中美两国军队即在朝鲜战场上兵戎相见，进行了一场生死搏斗。其后便是长达20年的孤立、封锁、对抗、隔绝，20世纪60年代末至70年代初，当美中两国都面临快速崛起的苏联“社会帝国主义”的严重威胁时，两国政府都及时调整了对外政策，缓和了相互关系，在联手抗苏的大前提下实现了关系正常化。

20世纪80年代末至90年代初，苏联东欧发生剧变，中美结盟的基础似乎消失。此时中国又发生了政治风波，美国于是对中国大加鞭伐，实行经济制裁，中美关系降到冰点。虽然中国努力修复双方正常关系，但没有得到积极回应。

1992年美国大选时民主党候选人克林顿攻击布什政府对华政策软弱，表示当选后要对中国实施更加强硬的政策。随后克林顿竞选获胜，入主白宫。克林顿上台后，在其第一任期的大部分时间里对华政策举棋不定。当时美国朝野一部分人对中国的崛起忧心忡忡，认为苏联解体后中国已成为美国最大的威胁，力主孤立、遏制中国，像搞垮苏联那样搞垮中国。但包括前总统尼克松、卡特、布什等在内的众多有识之士则认为孤立、遏制中国将损害美国利益，不利于亚太地区及世界的和平稳定，主张和中国保持接触。双方为此展开了一场辩论。在这种情况下克林顿政府对华政策矛盾重重，一方面要和中国接触，发展两国经贸关系和人员交流；另一方面又不断制造事端，指责中国出售导弹技术，制造“银河号”事件，阻止中国举办奥运会，反对中国加入世界贸易组织，派出第七舰队威胁中国在台海地区的军事演习。结果使中美关系不能改善，也损害了美国的国家利益。1996年克林顿政府下决心调整对华政策，确定了同中国加强接触而不是遏制的政策。之后，中美两国高层官员多次互访，并最终促成了两国元首的互访，使两国建立了面向 21 世纪的“建设性战略伙伴关系”。

中美两国友好合作，建立、发展建设性战略伙伴关系，首先符合两国的根本利益。

如前所述，中国是世界上最大的发展中国家，正在全力进行现代化建设，急需引进发达国家先进的技术设备及资金，是一个潜力无穷的巨大市场；美国是最大的发达国家，拥有先进的科学技术、庞大的生产力和资金，也需要广阔的海外市场，两国经济互补性很强。我国实行改革开放以来，中美两国的贸易不断发展，目前美国已成为中国第二大贸易伙伴，中国成为美国第四大贸易国，1997 年两国贸易总额达 490 多亿美元。此外，两国在科技、教育、文化、卫生等方面的交流合作也广泛开展。很明显，在这种情况下，如果孤立、遏制中国，必然使两国的利益都受到伤害；只有加强友好合作，才符合两国人民的根本利益，包括直接利益和长远利益。

其次，中美两国友好合作，建立、发展建设性战略伙伴关系，也有利于亚太地区及世界的和平稳定。

苏联解体、冷战结束后，世界并不太平。地区性冲突频频发生，核扩散的危险日益增加，最近，南亚次大陆又掀起了核军备竞赛的浪潮。同时，人类共同面临的生态环境恶化、资源短缺、贩毒吸毒、艾滋病传播、国际恐怖活动等问题日益严重。此外，世界还存在着许多不稳定因素。很难设想，把一个占世界人口 1/4 的大国拒之门外，这些问题能够得到抑制或解决。当然，如果对中国实行遏制孤立政策，只能使这些问题更趋恶化，导致世界的分裂，导致冷战重演。克林顿总统正是清楚地认识到了这些，才最终确定了对华接触而不是遏制、建立建设性战略伙伴关系政策的。

克林顿此次访华的意义，不仅在于双方就一系列问题达成协议，使中美面向 21 世纪的建设性战略伙伴关系又向前迈进了一大步，而且加深了克林顿政府及美国人民对中国的了解。克林顿及其 100 余名随员亲眼看到的，以及众多新闻媒介展现在美国人民面前的，是一个具有辉煌灿烂历史文化的中国，是一个朝气蓬勃致力于现代化建设并取得巨大成就的中国，是一个改革开放越来越民主自由的中国，是一个渴望了解世界走向世界创造更加美好未来的中国，是一个在亚洲金融风暴中巍然挺立、坚持人民币不贬值，为世界经济稳定做出巨大贡献的中国。这些都是美国人由于种种原因知之甚少或知之不多的。中国人民的乐观自信、勤劳智慧、热情好客，中国人民在现代化建设中取得的辉煌成就，中国在亚洲金融风暴中的杰出表现，中国美丽的自然风光和人文景观，给克林顿总统及其随员都留下了美好深刻的印象，以致克林顿总统说虽然美国独立节即将来临，他仍然想留在中国，并表示希望任内再次访华。其女儿则希望留在上海多住些日子。这就为消除某些美国人的偏见，为中美友好合作关系的进一步发展奠定了良好的基础。

最后，值得称道的是，克林顿总统此次访华是冲破重重阻力而来的。长期以来美国国会中某些人坐井观天，闭目塞听，对中国发生的变化视而不见，始终把中国视为洪水猛兽，坚持要孤立遏制中国，必欲置之死地而后快。对克林顿总统访华，他们寻找种种借口加以阻挠。据此，克林顿总统多次发表讲话，并在《时代》周刊上撰文，阐述其对华政策，批驳那些要孤立遏制中国的谬论。最终，他不顾那些议员的反对，毅然启程访华。这充分显示了美国新一代领导人抛弃意识形态偏见，注重现实、面向未来的政治家风度。克林顿访华的成功完全证明了这个选择的正确性。

当今世界，和平与发展是时代的主旋律，也是中美两国的共同诉求。中美两国虽然社会制度、意识形态、文化传统、价值观念不同，但追求国家繁荣、人民幸福以及国际局势的和平稳定是共同的，这是两国的根本利益所在。目前，两国领导人已深刻地认识到这一点，并通过两国元首的互访加深了彼此的了解，建立了“建设性战略伙伴关系”，揭开了两国关系的新篇章。我们衷心祝愿两国关系在此基础上进一步发展，把一个互相信任、合作的美中关系带入21世纪。

原载（《人文杂志》1998年第4期）

第四编　研究述评篇

近年来美国的冷战史研究

冷战结束后，冷战史研究一直是美国学术界最热门的课题之一。1996年初笔者曾撰文介绍苏联解体后至1994年美国学术界对冷战史的研究①。最近，笔者有幸在哈佛大学进行了一段时间研究，对1994年以来美国冷战史研究状况作了考察。现介绍如下，供学界同仁参考。

一、对冷战的宏观性总结研究

首先引人注目的是一些学者对冷战进行了较全面的宏观性总结研究，撰写了一批关于冷战的通史类著作。

早在1967年，美国著名学者路易斯·约瑟夫·哈利就出版了《冷战史》一书，详细总结了截至20世纪60年代的冷战史②。90年代初，随着苏联解体，冷战真正成为历史。不少学者开始对持续40多年的冷战进行全面总结，关于冷战的通史类著作不断涌现。其中影响较大的主要有马丁·沃尔特的《冷战史》，爱德华·H. 贾奇与约翰·W. 兰登合著的《艰难困苦的和平——全球冷战史》，罗纳德·E. 波沃斯基的《冷战：美国与苏联，1917—1991》，凯瑟琳·A.S. 西布利的《冷战》，诺曼·弗莱德曼的《50年：冷战中的冲突与战略》，罗伯特·C. 格鲁金的《天敌：美苏冷战史，1917—1991》等。

马丁·沃尔特是美国著名新闻评论家和专栏作家，所著《冷战史》是冷战

---

① 白建才：《苏联解体后美国学术界对冷战史的研究》，《世界历史》1996年第1期，第100—106页。

② Louis Joseph Halle, Cold War as History, New York: Harper & Row, 1971.

结束后最早出版的冷战通史类著作之一。该书全面阐述了冷战的历史进程，认为和两次世界大战相比，"冷战是一场真正的全球冲突"①；冷战的结束并非西方的胜利和苏联的失败，而是"人类的胜利，冷战自身的失败"②。该书把 1990 年 11 月 19—21 日在巴黎召开的欧洲安全与合作第二次国家元首、政府首脑会议界定为冷战结束的标志③，这一观点已被众多学者认同④。

《艰难困苦的和平——全球冷战史》一书对冷战进行了全方位的历史考察，总结了六点基本结论：虽然冷战并非不可避免，鉴于 1917—1941 年苏联和西方民主国家的关系，击败德国后双方关系更可能是冲突而非友好；冷战始于德国，因为在 1945 年，欧洲是全球力量平衡的支点，德国是欧洲的支点；核武器对冷战的性质产生重要影响；冷战发展历经几个阶段，其中三个是关键时期，即 1948—1949 年、1961—1962 年、1985—1986 年；苏联在冷战中的许多做法不仅没有增强自身力量，反而刺激了西方的反应，削弱了苏联的安全，同时表明经济技术先进的美国不可能被战胜；苏联制度比西方民主制度更为僵化保守，对环境变化与技术进步更少接受能力⑤。

诺曼·弗莱德曼是美国著名战略家，冷战期间曾长期在美国重要思想库赫尔曼·卡恩的赫德森研究所工作，并担任负责国家安全研究的副所长。他著述极丰，其文章经常出现在各种报纸杂志上。《50 年战争》是他最新的一部力作，长达 597 页。他在书中深入探讨了长达半个多世纪的冷战冲突及冲突双方的战略，提出了一些颇为新颖独到的见解。例如，作者认为"冷战始于 1937 年斯大林企图操纵当时的西班牙内战"⑥。他借用中国古代杰出军事家孙子的思想解释冷战双方胜负的原因，指出西方的基本战略是遏制，它基于西方的自知与对苏联制度根本特点的了解，所以取得了成功；斯大林有自知之明，故得以幸存；

① Martin Walker，The Cold War：A History，New York：Henry Holt and Company，1995，p. 1.

② Martin Walker，The Cold War：A History，New York：Henry Holt and Company，1995，p. 7.

③ Martin Walker，The Cold War：A History，New York：Henry Holt and Company，1995，p. 324.

④ Michael Kort，The Columbia Guide to the Cold War，New York：Columbia University Press，1998，p. 87.

⑤ Edward H. Judge and John W. Langdon，A Hard and Bitter Peace：A Global History of the Cold War，NJ：Upper Saddle River，Prentice-Hall，Inc.，1996，pp. 310—313.

⑥ Norman Friedman，The Fifty-Year War：Conflict and Strategy in the Cold War，Annapolis：Naval Institute Press，1999，p. 3.

戈尔巴乔夫则连自己也不了解，故在冷战中失败①。

上述著作探讨问题的角度与结论不尽相同，但它们都对冷战进行了比较全面系统的描述阐释，使读者“不仅看到了树木和森林，也看到了冷战的全景”，对人们完整了解冷战的全过程具有重要意义。

二、“新冷战史学”

近年来，随着苏联东欧集团大量档案材料的解密，一些学者开始依据来自冷战另一方的资料，对过去的冷战史研究进行反思，从而在美国出现所谓“新冷战史学”，这一现象十分引人注目。

反思冷战潮流的主要推动者是美国著名外交史学家、耶鲁大学历史系教授约翰·L. 加迪斯。加迪斯早在1972年因出版《美国与冷战的起源：1941—1947》一举成名，从而奠定了其修正学派代表人物的地位。1996年2月在美国天普大学举行的主题为“冷战的起源：新的证据、新的解释和新的意义”的学术会议上，加迪斯发表了题为“新冷战史：一些最初感想”的主题演说，总结了自己及美国外交史学界对冷战的反思，提出了关于“新冷战史”研究的六个假设②。翌年他又出版了《我们现在知道了：反思冷战史》一书③。加迪斯的论著发表后，在学术界引起了强烈反响。不少学者发表文章，赞赏加迪斯的观点，支持“新冷战史学”。也有人不以为然，唱出了“我们仍不知道”的反调④。从1998年到2000年，美国学术界接连出版了多部反思冷战的论文集，对冷战进行反思。例如，艾伦·亨特编辑的《反思冷战》共收集了14篇论文，这些论文针对冷战结束后在西方兴起并占了主导地位的“辩护主义”，即用美国在冷战中获胜为美国早期的对外政策辩护，以证明美国的对外政策是正确的，从不同立场、不同角度、不同学科、不同方法对冷战进行重新探讨和解释，引导人们反思什

---

① Norman Friedman, The Fifty-Year War: Conflict and Strategy in the Cold War, Annapolis: Naval Institute Press, 1999, p. xiv.

② 戴超武：《“新冷战史”与当代美国外交史学思潮》，《美国研究》1999年第1期，第39—51页。

③ John L. Gaddis, We Now Know: Rethinking Cold War History, New York: Oxford University Press, 1997.

④ Richard N. Lebow, We Still Don' t Know! Diplomatic History, 1998, vol. 22, No. 4, pp. 627-632.

么是冷战？是什么力量维持它并导致它最终结束？[①] 奥德·阿恩·韦斯泰德编辑的《重评冷战——方法，解释，理论》收集了1998年夏在挪威诺贝尔研究所召开的国际学术讨论会的16篇论文。这次会议邀请了来自美、英、俄、挪的一些最著名的冷战史研究专家与会，重新审视冷战。在这次会议上，有的学者对约翰·L. 加迪斯的观点提出挑战，认为他走得太远，已危险地退到了正统派的立场。也有的学者认为，说新冷战史是一种独立的研究方法或一种“学派”为时尚早。新冷战史是冲突结束后，在可以接近华沙条约集团国家档案的形势下所写的冷战史[②]。帕特里克·M. 摩根和基思·L. 纳尔逊合编的《重评冷战：东西方冲突中的国内因素和对外政策》共收录了8篇论文，这些论文运用国际关系理论，从20世纪20年代苏联对外关系中的内外因素、斯大林原子外交中的国内因素、1953—1964年苏联对德政策的多种动力等各个方面深入探讨了冷战期间美、苏对外政策所受的国内外因素的影响或国内外因素的相互影响[③]。

总之，重评冷战的浪潮方兴未艾。历史学家由于受时空条件与认识的局限，其任何研究成果都只具有相对的意义，尤其在冷战的一方处于十分封闭的情况下更是如此。即使在今天，封闭的匣子也并未完全打开，只是露出了冰山一角。对冷战的重评、反思实际上是冷战史研究的深化。因此可以断言它还必将继续发展下去。

三、对冷战起源的再探讨

对冷战起源的研究是冷战史研究永恒的课题，自从冷战爆发以来这一研究经久不衰。冷战结束后由于前苏联东欧集团档案材料的解密，更激发了人们的研究热情。前文所说的“新冷战史”的核心便是对冷战起源的重新探讨，用前苏东集团的材料来判明冷战发生的责任问题。在这方面最具代表性的便是加迪斯。他在《我们现在知道了》一书中指出：“新冷战史正把我们带回到一个旧的回答：只要斯大林统治着苏联，冷战不可避免……我们了解得越多，越感到不

① Allen Hunter, Rethinking the Cold War, Philadelphia: Temple University Press, 1998.

② Odd A. Wested, Reviewing the Cold War: Approaches, Interpretations, Theory, Portland, Oregon, London: Frank Cass Publishers, 2000, p. 5.

③ Patrick M. Morgan and Keith L. Nelson, Re-viewing the Cold War: Domestic Factors and Foreign Policy in the East-West Confrontation, Westport, Conn: Praeger, 2000.

能把斯大林的对外政策与他在国内的所作所为乃至个人行为区别开来。”[①] 这种观点实际上和正统派“冷战是斯大林的战争”之观点如出一辙，因此得到不少学者的响应，成为近年来颇为流行的观点。

但也有学者不同意上述看法。哥伦比亚大学副教授安德斯·斯特凡松就批评这种观点缺乏对美国意识形态的理解，认为如果不是因为一个特定的美国世界观，就不会有冷战，冷战是“美国方式”[②]。加迪斯原来的积极支持者、弗吉尼亚大学教授梅尔文·莱弗勒则从后修正派退到现实主义立场上，用“国家安全”的范式解释冷战的起源，认为双方的意识形态立场让位于国家安全需要，西方是侵略一方[③]。他在另一篇文章中强调不应因前共产主义世界文件的公开转移了对美国所起作用的注意力，美国在众多国家、联盟、利益集团以及革命运动错综复杂的交互作用中扮演了关键角色[④]。魁士兰大学美国外交史教授约瑟夫·M. 西拉库萨在《走进黑屋：美国外交与冷战的意识形态起源》一书中也从现实主义角度解释冷战起源，认为当美国的自由国际主义的理想主义让位于现实主义的遏制时，其冷战政策便得到时断时续的发展；失去中国与朝鲜战争的爆发在遏制政策的形成中起了重要作用。“如果没有失去中国和朝鲜战争，冷战可能从来不会发生”。[⑤] 约翰·福赛克的《领导自由世界——美国的民族主义与冷战的文化根源》则从美国民族主义角度探讨了冷战的文化根源，认为美国的民族主义思想意识是美国人民广泛支持美国冷战政策的主要基础。“从 40 年代末至 80 年代末，美国进行反对苏联的冷战主要不是以资本主义或西方文明的名义，而是以美利坚民族的名义……它通过民族主义的诉求而获得了巨大的力量”。[⑥] 帕特里克·弗莱厄蒂在《冷战的起源：新证据》一文中认为新公布的苏

---

① John L. Gaddis，We Now Know：Rethinking Cold War History，New York：Oxford University Press，1997，pp. 292-293.

② Odd A. Westad（ed.），Reviewing the Cold War：Approaches，Interpretations，Theory，Portland，Oregon，London：Frank Cass Publishers，2000，p. 5.

③ Odd A. Westad（ed.），Reviewing the Cold War：Approaches，Interpretations，Theory，Portland，Oregon，London：Frank Cass Publishers，2000，p. 5.

④ Melvyn P. Leffler，The Cold War：What do We Now Know? American Historical Review，1999，Vol. 104，No. 2. pp. 501-524.

⑤ Joseph M. Siracusa，Into the Dark House：American Diplomacy and the Ideological Origins of the Cold War，Claremont，Calif：Regina Books，1998，p. XIV.

⑥ John Fousek，To Lead the Free World-American Nationalism and the Cultural Roots of the Cold War，Chapel Hill：The University of North Carolina Press，2000，p. 2.

联东欧档案材料支持了修正派的观点，即苏联希望避免冷战的爆发，美国的帝国主义野心是冷战爆发的首要催化剂①。

还有学者认为冷战的发生是由于双方的误会造成的，或是可以避免的。1995 年《美国遗产》杂志刊载了冷战史学家约翰·卢卡斯与遏制政策的设计师乔治·F. 凯南从 1994 年 12 月至 1995 年 4 月的 6 封通信。在信中二人均认为美苏双方都误解了对方的真实意图，没有一方的立场是正确的。凯南认为苏联的行为出于民族主义而非意识形态，如果美国认识到这一点，美国就会在冷战中更好地处理与苏联的关系②。小沃尔特·C. 克莱门斯在《莫斯科与华盛顿过去及现在的冲突不可避免吗?》一文中认为，二战后斯大林的苏联与西方严重冲突有可能发生，但并非不可避免③。

总之，近年来关于冷战起源的再探讨仁者见仁，智者见智，仍未形成定论，各种观点基本未脱正统派、修正派或后修正派的窠臼。

四、对冷战结束原因的阐释

探讨冷战结束的原因，是冷战结束后冷战史研究出现的一个新课题，也是学者最感兴趣的研究课题之一。在这方面，许多学者发表论著，从不同角度进行探讨，提出了各种不同看法。归纳起来，主要有以下几种观点。

（1）美国政府长期的遏制政策，特别是里根政府的强硬政策，迫使苏联改弦易辙，放弃对抗，实行缓和，结束了冷战。这是冷战结束后在美国最为流行的观点，实际上也是官方观点。1999 年 2 月 22 日，斯坦福大学胡佛研究所在华盛顿主办了纪念柏林墙坍塌 10 周年学术讨论会，参加人有前里根政府重要成员，著名学者，工业界领袖及出版社代表。会后彼得·施韦策编辑出版了《柏林墙的坍塌：重评冷战结束的原因与后果》论文集，所收 6 篇论文从不同角度探讨了里根政府在导致苏联崩溃和冷战结束中的重要作用，特别强调里根政府

① Patrick Flaherty, Origins of the Cold War: New evidence, Monthly Review, 1996, Vol. 48, No. 1, p. 35.

② George F. Kennan and John Lukas, From World War to Cold War, American Heritage, 1995, Vol. 46, No. 8, http://magnolia.harvard.edu.

③ Walter C. Clemens, Was / Is Conflict Inevitable between Moscow and Washington? Soviet and Post-Soviet Review, 1995, Vol. 22, No. 1, pp. 135-147.

同其前任不同，清楚地认识到苏联经济的弱点，通过加强军备竞赛、减少苏外汇收入、在第三世界采取反击行动等手段，加重苏联负担，最终迫使苏改变对外政策，结束冷战[①]。彼得·施韦策在其所著《胜利：里根政府加速苏联崩溃的秘密战略》中就此进行了更为详细的探讨[②]。

（2）戈尔巴乔夫对结束冷战起了关键作用。美国前外交官、布鲁金斯研究所的高级研究员雷蒙德·加特霍夫在其长达834页的巨著《大转变：美苏关系与冷战的结束》中明确指出，戈尔巴乔夫和苏联政策的转变把冷战引向结束[③]。美国著名学者弗朗西斯·菲兹吉拉德新著《出路在天空：里根，星球大战与冷战的结束》一书批驳了关于里根的星球大战计划导致苏联经济恶化、冷战结束的神话，指出苏联经济下降是由于列宁和斯大林所创建的体制的失败；戈尔巴乔夫扭转经济下降和使苏联现代化的努力导致了苏联的崩溃、冷战的结束[④]。艾伦·柯林斯在《安全窘境与冷战的结束》一书中认为冷战的结束"是由于戈尔巴乔夫的主动而非西方自1949年以来执行的政策"[⑤]。

（3）特别强调和平运动在结束冷战中的作用。拉尔夫·萨米和米歇尔·E.萨拉合编的《冷战为什么结束：一系列解释》一书所收集的15篇论文对正统派提出挑战，批驳了认为里根政策导致冷战结束的观点，强调了知识分子、和平团体、持不同政见者、作家、媒体在结束冷战中的作用[⑥]。马修·埃万杰利斯塔从20世纪80年代后半期即开始研究国际和平运动。其最终研究成果《非武装力量：结束冷战的国际运动》一书详细考察了国际核物理学家阻止核战争运动等国际和平运动、裁军运动在斯大林去世后近40年东西方冲突及结束冷战中的作用，认为这些运动"在帮助苏联领导人米哈伊尔·戈尔巴乔夫结束冷战的努

---

① Peter Schweizer，The Fall of the Berlin Wall：Reassessing the Causes and Consequences of the End of the Cold War，Stanford，Calif：Hoover Institution Press，2000.

② Peter Schweizer，Victory-The Reagan Administration's Secret Strategy that Hastened the Collapse of the Soviet Union，New York：The Atlantic Monthly Press，1994.

③ Raymond L. Garthoff，The Great Transition：American-Soviet Relations and the End of the Cold War，Washington，D. C.：The Brookings Institution，1994，p. 753.

④ Frances FitzGerald，Way out there in the Blue：Reagan，Star Wars，and the End of the Cold War，New York：Simon & Schuster，2000，p. 475.

⑤ Alan Collins，The Secunity Dilemma and the End of the Cold War，New York：St. Martin's Press，1997，p. 6.

⑥ Ralph Surmmy and Michael E. Salla，Why the Cold War Ended：A Range of Interpretations，Westport，Conn.：Greenwood Press，1995.

力中获得了最大的成功”[1]。戈尔巴乔夫的“新思维”一词即源自国际和平运动。

(4) 核武器在结束冷战中起了重要作用。威廉·B. 弗格勒所著《向后退：核武器控制与冷战的结束》一书认为核武器谈判是结束冷战的历史性转变的中心，“没有这些军备控制成就冷战的结束也是难以想象的”[2]。

(5) “冷战的结束是一个错综复杂的外交和军事行动以及苏联集团内所发生的社会和政治剧变的结果”[3]。这是一种把冷战的结束看做是诸多因素综合作用的结果的观点。

冷战结束的原因是冷战史研究的重要内容，对它的研究只是刚刚起步。由于这一时期冷战双方的档案尚未大量解密，对它的深入研究、揭开庐山真面目，还有待时日。

五、揭露美国对苏联的秘密战

近年来美国冷战史研究最引人注目的或许便是对一些最隐秘活动的揭露。苏联解体后，美国政府认为已无大忌，逐渐将一些冷战时期制订的如何破坏、瓦解苏联集团以期在冷战中获胜的绝密文件解密。一些参与过这类活动的当事人或撰写回忆录，或讲述“过去的事情”。这就使冷战史学者能够通过对那些绝密档案的研究和采访当事人，揭露深埋的最隐秘的活动。这些成果主要包括以下三类。

(1) 揭露冷战初期及20世纪80年代美国对苏联集团采取的政治战、准军事行动等颠覆破坏苏联东欧集团的隐蔽行动。例如，格雷戈里·米特罗维奇的《破坏克里姆林：美国颠覆苏联集团的战略，1947—1956》一书详细考察了战后初期美国颠覆破坏苏联集团的战略，指出“美国的冷战政策远比迄今为止学者们理解的复杂得多，不能被认为只是遏制的延伸”。“美国的目标并非单纯地与苏联谈判，而是要采取心理战和隐蔽行动破坏苏联政府，迫使它放弃扩张野心，或引发共产主义集团的彻底崩溃”。“结果是，隐蔽行动和心理战成为美国对外

---

① Matthew Evangelista, Unarmed forces: the Transnational Movement to End the Cold War, Ithaca, New York: Cornell University Press, 1999, p. 3.

② William B. Vogele, Stepping back: Nuclear Arms Control and the End of the Cold War, Westport, Conn.: Praeger, 1994, p. 135.

③ William C. Wohlforth, Witnesses to the End of the Cold War, Baltimore: Johns Hopkins University Press, 1996, p. vii.

政策的重要组成部分和美国最高层进行战略决策的一个基本因素”①。彼得·格罗斯的《反击行动——美国在铁幕后的秘密战争》深入探讨了美国遏制政策之父乔治·凯南如何又为美国政府制订了对苏联集团进行秘密政治战战略，以及这一战略的实施与在艾森豪威尔政府时期的破产②。约翰·普拉多斯的《总统的秘密战争——二战至海湾战争期间中情局与国防部的隐蔽行动》早在1986年出了第一版，10年后经修改扩充再版。作者在书中全面揭露了冷战期间美国中央情报局和国防部对苏联集团及中国等社会主义国家的隐蔽活动，特别是准军事行动③。约翰·雅各布·纳特的《中央情报局的黑色行动——隐蔽活动，对外政策与民主》详细揭露和深刻剖析了中央情报局自1947年建立以来对苏联集团及其他国家采取隐蔽活动的类型，成功与失败的范例，冷战期间美国如何迷恋隐蔽行动，如何经常用“黑色行动”替代对外政策，中情局如何发展成政府所依赖的一个决策者④。

（2）揭露美国政府对苏联集团及其他国家采取的心理战、宣传战。例如，斯科特·卢卡斯的《自由的战争——美国反对苏联的圣战》详细考察了二战后至50年代后半期美国通过建立反共的“国家—个人网络”，对苏联集团进行的心理战、宣传战，以期瓦解苏联集团，捍卫西方的民主自由。该书作者认为冷战首先是不同文化及意识形态的对抗，美国所进行的冷战也是其“为了确立美国的生活方式优于其对手的文化的战斗”，战斗的核心是要加强美国“自由和民主”卫道士的地位⑤。阿尔文·A. 斯奈德撰写了《假情报斗士：美国的宣传、苏联的谎言与冷战的胜利——一个知情人的阐释》一书。作者1982—1988年曾任美国新闻署影视部主任。该书集中揭露了这一时期美国对苏联集团的重大宣传战，作者称之为“一个影响国内外公众的态度和削弱对苏联制度支持的战

---

① Gregory Mitrovich，Undermining the Kremlin：America's Strategy to Subvert the Soviet Bloc，1947－1956，Ithaca，New York：Cornell University Press，2000，pp. 177-178.

② Peter Grose，Operation Rollback-America's Secret War Behind the Iron Curtain，Boston：Houghton Mifflin Company，2000.

③ John Prados，Presidents' Secret Wars：CIA and Pentagon Covert Operations from World War II through Persian Gulf，Chicago：Ivan R. Dee，Publisher，1996.

④ John Jacob Nutter，The CIA' S Black Ops：Covert Action，Foreign Policy，and Democracy，New York：Prometheus Books，2000.

⑤ Scott Lucas，Freedom's War：The American Crusade Against the Soviet Union，New York：Manchester University Press，1999，pp. 1-2.

争”[①]。沃尔特·L. 希克森的《撕破铁幕：宣传、文化与冷战，1945—1961》集中考察了杜鲁门、艾森豪威尔政府时期美国对苏联东欧的冷战宣传与文化渗透。作者认为，虽然这些努力在美国的冷战战略中处于次要地位，却比一般人所认识的更为重要。华盛顿企图首先通过心理战，然后通过最终更为有效的——尽管更长期的——逐渐的文化渗透计划动摇苏联东欧共产党的统治。尽管这些努力没有获得应有的重视和理解，到艾森豪威尔执政末期，华盛顿还是成功地撕开了铁幕[②]。米歇尔·纳尔逊著有《黑色天国的战争——冷战期间西方的广播战》，作者长期在路透社工作，曾任该机构总裁，基金会主席等职。该书深入探讨了冷战期间西方对苏联东欧的宣传战，以及其在结束冷战中的作用，认为西方之所以赢得冷战，不是通过使用武器，而是通过无线电广播“不战而屈人之兵”。[③] 阿奇·普廷顿著有《广播自由——自由欧洲电台与自由电台的冷战凯旋》。该书依据保存在华盛顿的自由欧洲电台和自由电台联合总部的大量文件，以及作者与上百位当事人的访谈，详细探讨了从1949年自由欧洲电台的筹建到1991年苏联解体、冷战结束共40余年间两电台的活动，它们在美国冷战战略中的角色，与美国情报机构的关系。作者认为“两电台成功地完成了它们的使命，虽然它用了近40年时间，比当初预计长得多”。[④]

需要指出的是，冷战期间美国不仅对苏联集团进行心理战，也对西欧国家的人民进行心理战和宣传战。弗朗西斯·斯托纳·桑德斯的《文化冷战：中央情报局与艺术和文字世界》指出，1947—1967年，美国中央情报局在美国国会支持下，通过在西欧设立机构，印制宣传品，举办展览，召开会议等各种形式，对西欧国家人民进行文化冷战，即心理战、宣传战，以使他们免受或脱离共产主义的影响，适应美国“方式”[⑤]。

---

① Alivin A. Snvder, Warriors of Disinformation: American Propaganda, Soviet Lies, and the Winning of the Cold War, an Insider's Account, New York: Arcade Publisher, 1995, p. xiv.

② Walter L. Hixon, Parting the Curtain: Propaganda, Culture, and the Cold War, 1945-1961, New York: St. Martin's Press, 1997, p. iv.

③ Michael Nelson, War of the Black Heavens: The Battles of Western Broadcasting in the Cold War, Syracuse: Syracuse University Press, 1997, p. xiii.

④ Arch Puddington, Broadcasting Freedom, the Cold War Triumph of Radio Free Europe and Radio Liberty, Lexington: The University Press of Kentucky, 2000, p. xviii.

⑤ Frances S. Saunders, The Cultural Cold War: The CIA and the World of Arts and Letters, New York: New Press, 2000.

（3）揭露冷战期间美国对苏联的秘密空战与海战。在空战方面，最具代表性的有柯蒂斯·皮布尔斯的《隐蔽飞行——美国反对苏联的秘密空战》。作者长期从事美苏在空间的竞争及美国对苏联的秘密空战研究，著述颇丰。本书是其最新力作，详细考察了美国从二战后即开始的对苏隐蔽飞行到U—2飞机事件的秘密空战①。同类著作还有罗伯特·杰克逊的《高空冷战：战略空中侦察与电子情报战》②，米歇尔·E. 哈斯的《阿波罗斗士：美国空军在冷战中的特别行动》等③。

海战方面，主要有约翰·P. 克雷文的《静静的战争：海下冷战》④；戴维·F. 温克勒的《海上冷战——美苏海上冲突》⑤。该书作者为美国海军历史基金会计划与发展部主任，从20世纪80年代末起即开始这一课题的研究。他在书中利用大量解密资料，详细探讨了美苏在海上的冲突。书末附有美苏海上冲突大事记。基特·博纳的《海上冷战：图解史》用大量图片反映了冷战期间美苏海军军备竞赛。作者认为美苏海上冷战始于1945年9月二战结束，终于1991年12月苏联解体⑥。

六、探讨冷战对美国文化、教育、科技的影响

探讨冷战对美国国内的影响，特别是对文化、教育、科技的影响，是近年来美国冷战史研究的又一热点。

关于冷战对美国文化的影响，早在1991年斯蒂芬·J. 怀特菲尔德就出版了《冷战文化》一书，1996年再版。该书被认为是“对战后美国文化的杰出考察”⑦。作者在书中详细考察了战后反共产主义思潮对美国政治、宗教、文化、电影、小说等的影响，认为“共产主义对美国是一个威胁……但它并非来自美

---

① Curtis Peebles, Shadow Flights-America's Secret Air War against the Soviet Union, Novato: Presidio Press, Inc., 2000.

② Robert Jackson, High Cold War: Strategic Air Reconnaissanceand Electronic intelligence War, Newbury Park, Calif: Haynes North America, 1998.

③ Michael E. Haas, Appllo's Warriors: US Air Force Special Operations During the Cold War, Maxwell Air Force Base: Air University Press, 1997.

④ John P. Craven, The Silent War: The Cold War Battle Beneath the Sea, New York: Simon &Schuster, 2001.

⑤ David F. Winkler, Cold War at Sea: High Seas Confrontations Between the United States and the Soviet Union, Annapolis: Navil Institute Press, 2000.

⑥ Kit Bonner, Cold War at Sea: An Illustrated History, Osceola, WI: MBI Pub., 2000, p. 152.

⑦ Michael Kort, The Columbia Guide to the Cold War, New York: Columbia University Press, 1998, p. 304.

国国内。而后者常常被人们大大地夸张了"[1]。1998 年佛罗里达国际大学教授里查德·A. 施瓦茨出版《冷战文化——媒体与艺术，1945—1990》一书，以百科全书的形式，详细探讨和介绍了冷战影响下的美国文化，包括文学、艺术、音乐、舞蹈、戏剧、语言、杂志、体育、动画、消费商品、玩具以及有关人物、事件、运动等各个方面[2]。2001 年美国首都华盛顿史密森学院出版社出版了彼得·J. 库兹尼茨克和詹姆斯·吉尔伯特合编的《反思冷战文化》。该书实际上是由美国大学历史系和史密森学院的美国历史博物馆主办的"冷战文化"学术讨论会的论文集。书中收集的 9 篇论文从不同角度探讨了冷战对儿童、工人、性、电影等社会文化的影响，并对一些传统观点提出挑战。[3] 此外，戴维·锡德的《美国科幻小说与冷战：文学和电影》、爱德华·布鲁纳的《冷战诗歌》分别探讨了冷战对文学、电影和诗歌的影响。[4] 南希·E. 伯恩哈德的《美国电视新闻与冷战宣传，1947—1960》探讨了冷战对这一时期美国电视新闻宣传的影响。该书揭露了在电视媒体的早年，电视网与政府紧密勾结，成为非官方的宣传家，传送被白宫、国务院、国防部制作、编写或同意的消息和节目，将冷战有效地"卖"给了美国公众[5]。

关于冷战对美国教育和科学的影响，南佛罗里达大学教授雅各布·诺斯纳的《杰出的代价：冷战冲突中的大学》以亲身经历和长期研究揭露了美国政府如何支配大学和学院，把他们拖入冷战的行列，扭曲了他们自古以来的神圣天职[6]。戴维·蒙哥马利等合著的《冷战与大学——战后知识分子史》深入探讨了冷战对政治学、历史学、人类学、语言学、地球科学等学科及大学的影响[7]。克

---

① Stephen J. Whitfield, The Culture of the Cold War, Baltimore: John Hopkins University Press, 1996, pp. 3-4.

② Richard A. Schwartz, Cold War Culture: Media and Arts, 1945-1990, New York: Factsou File, 1998.

③ Peter J. Kuznick and Gilbert James, Rethinking Cold War Culture, Washington, D. C.: Smithsonian Institute Press, 2001.

④ David Seed, American Science Fiction and the Cold War: Literature and Film, Chicago: Fitzroy Dearborn, 1999; Edward Brunner, Cold War Poetry, Urbana: University of Illinois Press, 2000.

⑤ Nancy E. Bernhard, US Television News and Cold War Propaganda, 1947 - 1960, Cambridge, New York: Cambridge University Press, 1999.

⑥ Jacob Neusner, The Price of Excellence: Universities in Conflict during the Cold War Era, New York: Continum, 1995.

⑦ David Montgomery, The Cold War & the University: toward an Intellectual History of the Post War Years, New York: The New Press, 1998.

里斯托弗·辛普森编辑的论文集《大学与帝国：冷战时期社会科学中的金钱与政治》所录10篇论文，对冷战时期金钱和政治对美国社会科学及一些研究人员的影响进行了深入考察①。2001年最新出版的罗恩·西奥多·罗宾所著《冷战敌人的形成：军事-知识分子综合体中的文化与政治》更进一步深入探讨了冷战中知识分子与政府的结合及其后果。该书提出“军事-知识分子综合体”一词，指出冷战的大部分时期关于一个敌人的传闻纠缠着美国，学院术士应对这些传闻的产生负责，特别是行为学家。“冷战军事-知识分子综合体把理论与政策混为一谈，造成混乱，最终毁坏了科学的声誉。”②

也有学者探讨了冷战对自然科学的影响。例如，沃尔特·麦克杜格尔在《科学的冷战之旅》一文中探讨了冷战期间美国的科学技术在政府资助下的发展历程③。丹尼尔·李·克莱曼和马克·索洛韦的《热科学与冷战：二战后的自然科学基金会》一文揭示冷战期间美国政府为加强国家安全，刺激经济增长，于1950年创建自然科学基金会，从此冷战成为科学家们要求政府给基金会大量拨款及扩大基金会在联邦科学政策制定中作用的基础④。约翰·H. 珀金斯在其所著《地缘政治与绿色革命：小麦、基因与冷战》中，考察了二战后发生在美、英、印度、墨西哥的“绿色革命”，把它和这些国家的安全政策及对外交换政策联系起来，揭示美国把促进本国的绿色革命和支持印、墨的绿色革命作为遏制苏联的冷战政策的组成部分⑤。

七、资料建设与普及工作

资料建设与普及工作是学术研究繁荣的一个重要标志，也是进一步提高学术研究水平的重要条件。美国学术界一贯重视学科的资料建设与普及工作，近

---

① Christopher Simpson，Universities and Empire：Money and Politics in the Social Sciences during the Cold War，New York：The New Press，1998.

② Ron Theodore Robin，The Making of the Cold War Enemy：Culture and Politics in the Military-Intellectual Complex，Princeton，：Princeton University Press，2001，p. 5.

③ Walter McDougall，The Cold War Excursion of Science，Diplomatic History，2000，Vol. 24，No. 1，pp. 117-127.

④ Daniel Lee Kleinman and Mark Solovey，Hot science Cold War：The National Science Foundation after World WarⅡ，Radical History Review，1995，No. 63，pp. 111-139.

⑤ John H. Perkins，Geopolitics and the Green Revolution：Wheat，Genes，and the Cold War，New York：Oxford University Press，1997，p. vii.

年来这方面的成就尤为突出。

在资料建设方面，第一是出版了不少文件资料集。例如，多纳德·P. 斯图瑞编辑的《在冷战前线：柏林间谍战文件，1946—1961》[①]；欧内斯特·R. 梅与菲利普·D. 泽利柯合编的《肯尼迪录音带：古巴导弹危机时的白宫内幕》。该书是古巴导弹危机时肯尼迪与特别执行委员会开会讨论危机处理的录音记录[②]。克里斯托弗·辛普森编辑的《里根与布什政府时期的国家安全指令——被解密的美国政治和军事史，1981—1989》，收集了已解密的里根与布什政府的全部国家安全指令文件，长达1000多页。[③] 本杰明·B. 菲希尔编辑的《冷战的结束：美国关于苏联和东欧的情报，1989—1991》收集了冷战末期中央情报局关于苏联东欧内部局势及发展趋势的情报[④]。华盛顿伍德罗·威尔逊国际学者中心国际冷战史项目自从1992年编辑出版主要刊载译成英文的原苏联集团档案资料的刊物《国际冷战史项目公报》以来，近年来继续出版，为研究人员提供了极大的方便。

特别需要指出的是，美国白宫、国务院、国防部、中央情报局等政府机构，为了便于学者的研究，解密和编辑出版了不少文件资料。1996年美国国务院编辑出版了《美国对外关系文件·情报机构的出现（1945—1950）》，将近年来解密的有关情报机构的建立、发展及其活动的重要文件汇集成册，以利于学者的研究[⑤]。

第二，近年来随着计算机网络的发展，美国不少政府机构、图书档案馆、学术单位将档案资料上网，这就更加方便了研究。例如，美国国务院将所出版的部分《美国对外关系文件》上网；在中央情报局的网站中，可以查阅到CIA的起源及其重大事件；美国国会图书馆将收集的苏联档案部分上网，并译成英

---

① Donald P. Steury, On the Front Lines of the Cold War: Documents on the Intellegence War in Berlin, 1946 to 1961, Washington, DC: CIA History Staff, Center for the Study of Intelligence, 2000.

② Ernest R. May, Philip D. Zelikow, The Kennedy Tapes: Inside the White House During the Cuban Missile Crsis, Cambridge: Harvard University Press, 1997.

③ Christopher Simpson, National Security Directives of the Reagan and Bush Administrations-The Declassified History of U. S. Political and Military Policy, 1981-1989, Boulder: Westview Press, 1995.

④ Benjamin B. Fischer, At Cold War's End: US Intelligence on the Soviet Union and Eastern Europe, 1989 - 1991, Washington, D. C.: CIA Center for the Study of Intelligence, 1999.

⑤ Emergence of the Intelligence Establishment, Foreign Relations of the United States, 1945 - 1950, Washington, D. C.: United States Government Printing Office, 1996.

文。美国国家安全档案馆是设立在乔治·华盛顿大学校园里的一个独立的、非政府研究机构和图书馆，它将所收集的政府解密文件全部上网，编成专题，如柏林危机、古巴导弹危机、阿富汗战争、美国与尼加拉瓜关系等，每个专题所收集的文件达上千页，内容极为丰富。威尔逊国际学者中心国际冷战史项目将所出版的《公报》全部上网。南加州大学开设了“美国外交史资料索引”网页，从这里可以了解到所有上网的档案资料目录。著名的图书资料公司盖尔集团公司将收集到的美国政府 20 世纪 70 年代以来解密的文件全部上网，材料多达 70 000 余份，40 余万页。这就使不少学者足不出户便可获得所需资料。

第三，近年来美国学者还编辑出版了不少工具书。例如《冷战百科全书》① 《冷战政治百科全书》② 《冷战历史辞典》③ 《越南战争百科全书》④ 《朝鲜战争百科全书》⑤ 《海上冷战大事记》⑥ 《冷战参考指南》⑦ 《哥伦比亚冷战指南》⑧ 等。

第四，制作关于冷战的电视片、多媒体。1995 年，美国有线电视新闻网（CNN）投资 1200 多万美元，聘请著名冷战史学家加迪斯等做顾问，派员采访了全世界 30 多个国家的 500 多位冷战当事人，历时 3 年，制作成长达 24 集的电视系列片《冷战》，从 1998 年 9 月起在电视台连续播出，引起强烈反响。美国一些出版公司制作了关于越南战争、朝鲜战争的 CD 盘，收录了有关这两次热战的文件、图片、著作、文章等。还有的出版公司制作了收录杜鲁门、艾森豪威尔等总统公开发表的讲话、通信、声明的光盘。

第五，筹建冷战博物馆。1996 年，美国几位前高级外交官发起筹建“冷战博物馆”，成立了筹建委员会，选址华盛顿，现正在筹建中。

第六，不少大学开设了“冷战研究”课程，出版了关于冷战的教材及参考

---

① Thomas Parrish，The Cold War Encyclopedia，New York：H. Holt，1996.

② Brandon Toropov，Encyclopedia of Cold War Politics，New York：Facts on File，Inc. 2000.

③ Joseph Smith and Simon Davis，Historical Dictionary of the Cold War，Lanhan，Md：Scarecrow Press，2000.

④ Stanley I. Kutler，Encyclopedia of the Vietnam War，New York：Scribner's，1996.

⑤ Stanley Sandler，The Korean War：An EncycloPedia，New York：Garland，1995.

⑥ Norman Polmar，Chronology of the Cold War at Sea，1945 - 1991，Annapolis：Naval Institute Press，1998.

⑦ Richard Alan Schwartz，The Cold War Reference Guide：A General History and Annotated Chronology，Jefferson：McFarland & Company，1996.

⑧ Michael Kort，The Columbia Guide to the Cold War，New York：Columbia University Press，1998.

资料。甚至一些中学也开设了有关冷战的课程。美国全国社会研究委员会批准将前述《冷战》电视片作为中学教学内容，免费发到各中学，并由加迪斯等编写了配套教材。

综上所述，近年来美国冷战史研究进一步深入，呈现一派繁荣。但也有其局限，主要是研究大多集中在二战后至20世纪60年代初，关于20世纪60年代以后的研究成果较少。这或许是因为冷战双方有关档案资料尚未大量解密所致。同时，对美、苏之外其他国家在冷战中的作用研究也显得薄弱。冷战是部读不完的书，解不完的谜，关于冷战史的研究今后仍将是美国学术界的一出重头戏。

原载（《历史研究》2002年第1期）

美国学术界关于冷战期间美国对外隐蔽行动的研究

在美国冷战史、外交史学界，有一个引人注目的、但至今未引起我国学界足够重视的研究领域，即冷战期间美国的隐蔽行动政策与实践的研究①。开展并加强对这一问题的研究，可大大深化我国的冷战史研究，并具有较强的现实意义。本文将主要就美国学术界对冷战期间美国对外隐蔽行动研究作一梳理评述，以期为我国的研究提供一些资讯与借鉴。

一

美国学术界对冷战期间美国隐蔽行动政策与实践的研究，可以说始自 20 世

① 隐蔽行动一词的英文表述为“covert action”，或“covert operation”。“covert”意为隐蔽的、秘密的，“action”和“operation”均有行动、活动之意，因此这两个词组便有“隐蔽行动”“秘密行动”“隐蔽活动”“秘密活动”等几种译法。然而根据其内涵，将之译为隐蔽行动更为确切。在英文文献中，“秘密活动”一般被写作“secret activity”或“secret activities”。根据《韦伯第三版新国际英语辞典》，“秘密是一个广义词，泛指任何被隐藏、掩盖、被有限的少数人参与或知道的事情”。“covert action (operation)”是美国在二战后和苏联对抗中才开始使用的一个新概念，是美国政府在公开外交和军事对抗之外采取的一种斗争方式。根据 1976 年 2 月 18 日福特总统在第 11905 号行政命令中第一次对隐蔽行动的概念所做的官方的、正式的界定，隐蔽行动“不同于收集和提供情报以及为此而进行的活动，它是旨在促进美国政府在国外的计划和政策的活动，这些活动的计划和执行要使美国政府的作用不被暴露或公开承认”。从隐蔽行动的内涵可知，这一概念和秘密活动既有联系，又有区别。其联系是，隐蔽行动也属于秘密活动，也可称之为秘密活动；其区别是，秘密活动的内涵更宽泛，隐蔽行动只是其中的一种，除此而外，间谍活动、反间谍活动等均属秘密活动。隐蔽行动的内涵则仅限于美国政府在掩盖自己的作用的情况下所进行的影响他国政治、经济、军事、文化的活动。“秘密活动”与“隐蔽行动”的关系，即是一种一般和个别的关系。因此，将“covert action”译为“隐蔽行动”更为精准。需要指出的是，这一概念目前已被国内学术界认同。如中国人民大学 2004 年出版的“21 世纪国际政治系列教材”《美国政治经济与外交概论》第 11 章第 3 节“外交政策手段”的第 3 部分即为“隐蔽行动”。

纪五六十年代，其时即已有个别当事人和学者撰写回忆录、发表论著予以披露探析。例如，1958 年罗伯特·T. 霍耳特出版《自由欧洲电台》一书，揭露了美国秘密支持建立自由欧洲电台对苏联东欧集团进行的心理战。1962 年坦德·苏尔克和卡尔·E. 梅耶出版《入侵古巴：灾难记事》，揭露了 1961 年 4 月那场让美国声名狼藉的准军事行动——猪湾事件。1964 年保罗·W. 布莱克斯托克出版《颠覆战略：操控他国政治》①，对美国实施隐蔽政治战、颠覆别国政府的行径予以揭露。但总的来说，这一时期由于东西方冷战正处于激烈争夺的状态，采取一切手段以对抗苏联集团几乎是美国国内的共识；加之有关档案尚未解密，研究资料有限，对这一问题的研究并未充分展开。

对这一问题真正的具有较大影响的研究兴起于 20 世纪 70 年代。1972 年 6 月 17 日清晨，美国共和党争取总统连任委员会安全委员 J. W. 麦利德等 5 人潜入民主党总部华盛顿水门大厦企图窃取对方竞选情报时被抓，水门事件爆发。水门事件爆发后，美国国会在追查水门事件的过程中，中情局自成立以来实施的隐蔽活动不断被揭露，由此引发了美国学术界研究的第一个高潮，出现了一大批研究成果。

首先，一些前中情局官员或工作人员，由于良心的发现和正义感的驱使，不满于中情局不择手段干涉别国内政等做法，不惧中情局的威胁恫吓，公开发表论著，对中情局从事的一些隐蔽活动进行了大胆的揭露。例如，前中情局驻拉丁美洲官员菲利浦·埃格在 1975 年出版《公司内幕：中情局日记》一书，详细揭露了中情局在拉美的秘密活动。埃格作为中情局隐蔽活动官员长达 12 年，由于不满中情局采用龌龊伎俩干涉别国内政，在内心经历了苦闷、彷徨、挣扎、搏斗之后最终辞职，将中情局的一些活动公之于众。书末还附了几百名美国间谍名单及其公开身份。因此，中情局曾千方百计阻挠该书的出版，并动用司法程序，以泄密罪将其驱逐出境。但埃格不屈不挠，继续战斗。1978 年，他和路易斯·沃尔夫合编了《肮脏的工作：中情局在西欧》，书中收集了在各种报纸杂志上公开发表的数十篇揭露中情局在西欧各国从事隐蔽活动内幕的文章。这两

① Robert T. Holt, Radio Free Europe, Minneapolis: University of Minnesota Press, 1958; Tad Szulc and Karl E. Meyer, The Cuba Invasion: The Chronicle of a Disaster, New York: Ballantine Books, 1962; Paul W. Blackstock, The Strategy of Subversion: Manipulating the Politics of Other Nations, Chicago: Quadrangle, 1964.

部著作的出版均引起巨大反响。1979 年，埃伦·雷等四位作者又编辑出版《肮脏的工作 II：中情局在非洲》。与此同时，布拉德利·厄尔·艾尔斯在 1976 年出版《并非战争的战争：一个局内人对美国反对古巴的隐蔽活动的陈述》。哈里·罗西兹克在 1977 年出版《中情局的秘密活动：间谍、反间谍与隐蔽行动》①。哈里·罗西兹克是一位老情报工作人员，二战期间曾在美国战略情报局（OSS）工作两年，二战后在中情局工作长达 25 年，先后在中情局驻慕尼黑、新德里等地工作站工作，担任过中情局驻新德里站站长。该书主要阐述了二战后美国对苏联东欧集团的隐蔽行动，被称为是“第一本向读者介绍在冷战与缓和的年代里，中情局如何侦查并反击苏联意图的著作”。作者在书中还就美国秘密活动的未来进行了探讨，因此也被称为关心美国前途者的“必读书”②。纳撒尼尔·戴维斯 1978 年在《外交》季刊上发表《1975 年对安哥拉的决策：个人回忆》③。作者原为美国国务院负责非洲事务的助理国务卿，他坚决反对美国在安哥拉的准军事行动，认为隐秘的军事卷入可能加剧暴力冲突，但其警告被充耳不闻，中情局还是实施了卷入安哥拉内战的准军事行动，他因此而愤然辞职。文章就美国卷入安哥拉内战的内幕进行了揭露。

其次，一些学者对美国的隐蔽行动进行了个案研究，对其原因与后果进行了剖析，并对其合法性开始质疑。这方面尤以论文为多。例如，莫里斯·莫利和史蒂文·史密斯合著的《帝国的‘延伸’：美国的政策与中情局在智利的活动》一文探讨了 1970—1973 年美国在智利隐蔽政治活动的作用。斯蒂文·魏思曼的《中情局在扎伊尔和安哥拉的隐蔽行动：范式与后果》一文④，通过对中情局在扎伊尔、安哥拉隐蔽行动的个案研究，剖析了其对第三世界的干涉，指出

---

① Philip Agee, Inside the Company: CIA Diary, New York: Stonehill, 1975; Philip Agee and Louis Wolf, Dirty Work: The CIA in Western Europe, NJ: Lyle Stuart, 1978; Ellen Ray, et al. Dirty Work II: The CIA In Africa, Secaucus, NJ: Lyle Stuart, 1979. Bradley E. Ayers, The War That Never Was: An Insider's Account of CIA Covert Operations Against Cuba, Indianapolis: Bobbs-Merrill, 1976; Harry Rositzke, The CIA's Secret Operations: Espionage, Counterespionage, and Covert Action, New York: Reader's Digest Press, 1977.

② Harry Rositzke, The CIA's Secret Operations: Espionage, Counterespionage, and Covert Action, pp. i-ii.

③ Nathaniel Davis, The Angola Decision of 1975: A Personal Memoir, Foreign Affairs, 1978, Vol. 57, No. 1.

④ Morris Morley and Steven Smith, Imperial "Reach": U. S. Policy and The CIA in Chile, Journal of Political and Military Sociology, 1977, Vol. 5, No. 2; Stephen Weissman, CIA Covert Action in Zaire and Angola: Patterns and Consequences, Political Science Quarterly, 1979. Vol. 94, No. 2, pp. 263-286.

隐蔽行动不同程度的成功有赖于公开外交的配合，打击对象的内部结构，以及苏联、中国反应的性质。此外，还有罗杰·莫里斯的《中情局干涉的后果》、莱斯利·H. 盖尔博的《我们应在世界上玩弄肮脏的诡计吗?》、里查德·A. 福尔克的《中情局的隐蔽行动与国际法》、阿瑟·莱斯特·雅各布的《美国在对外政策中应该使用隐蔽行动吗?》、尤金·V. 罗斯托夫的《论对外隐蔽行动》[①] 等。

再次，这一时期，国会在审查中情局活动过程中，成立专门委员会，举行了多次听证会，有关材料汇集出版，进一步促进了隐蔽行动的研究。例如，1975 年美国政府出版局出版了参议院研究政府情报活动专门委员会的报告《在智利的隐蔽行动：1963—1973》，1976 年出版了《参议院研究政府情报活动专门委员会中期报告：被指控暗杀外国领袖的秘密计划》，以及该委员会的《最后报告：对外与军事情报》[②]，这也为学者的研究提供了不少新的材料。

这一时期在美国也出现了一份揭露中情局隐蔽行动的专刊《隐蔽行动信息公报》(Covert Action Information Bulletin)。70 年代中期，美国一些进步人士曾创办了一份专门揭露中情局在世界各地的间谍及其活动的杂志《反间谍》(Counterspy)，但由于中情局的竭力阻挠以及保守派人士对其有损美国国家利益的质疑，于 1976 年被迫停刊。之后，该杂志的几位编辑重振旗鼓，另起炉灶，于 1978 年创办了这份杂志。该杂志的主编即为前述的菲利浦·埃格，前中情局专门从事隐蔽活动的官员；还有两位编辑曾为中情局工作过 9 年；其余编辑也是致力于研究美国情报活动的人员。该杂志的主要目标即是“揭露美国在全世界的隐蔽干涉”，特别是中情局的活动。[③] 编辑部设在美国首都华盛顿。它自从

---

① Roger Morris, The Aftermath of CIA Intervention, Society, March/April 1975, Vol. 12; Leslie H. Gelb, Should We Play Dirty Tricks in the World? New York Times Magazine, 21 Dec. 1975. Richard A. Falk, CIA Covert Action and International Law, Society 12, Mar. /April 1975. Arthur Lester Jacobs, Should The U. S. Use Covert Action in the Conduct of Foreign policy? Freedom at Issue, 1976, Eugene V. Rostow, On Foreign Covert Action Operations, Yale Law Report, Spring 1976.

② Senate Select Committee to Study Governmental Operations with Respect to Intelligence Activities, Stuff Report: Covert Action in Chile, 1963-1973, Washington, D. C. : U. S. Government Printing Office, 1975; Alleged Assassination Plots Involving Foreign Leaders, Interim Report of the Select Committee to Study Governmental Operations with Respect to Intelligence Activities, Washington, D. C. : U. S. Government Printing Office, 1976; Senate Select Committee to Study Governmental Operations with Respect to Intelligence Activities Final Report: Foreign and Military Intelligence, Washington, D. C. : U. S. Government Printing Office, 1975-76.

③ Philip Agee, CAIB-Eleven Years in Retrospect, Covert Action Information Bulletin, 1989, No. 32, p. 4.

问世以来，屡遭磨难，菲利浦·埃格甚至被驱逐出境，到处流浪，最后不得不定居古巴。但几位编辑还是克服重重困难，顶住重重压力，不仅坚持下来，而且由小到大，将杂志由最初的每期24页增加到每期70多页，并于1993年更名为《隐蔽行动季刊》（Covert Action Quarterly）。这份杂志先后发表了大量文章，在反对美国干涉别国内政、揭露中情局的隐蔽行动中发挥了重要作用。

总之，这一时期美国学术界对美国政府在对外关系中实施的隐蔽行动开始比较广泛地揭露和探讨，特别是出现了一份专门揭露美国对外隐蔽行动的刊物，使这一取向更加引人注目。与此同时，也开始质疑隐蔽行动的必要性和合法性。但尚缺乏全面深入的研究，很有深度的研究成果并不多见，特别是学术专著较少。

二

20世纪80年代中期，美国又曝出"伊朗门丑闻"（Irangate Scandal）。里根政府秘密向伊朗出售了一批武器，把部分售款用于援助尼加拉瓜反政府武装。此事被新闻媒体披露后，舆论大哗，国会同样展开追查，学术界也掀起了新一轮的揭露和探究里根政府及历届美国政府隐蔽行动的高潮，出现了一批很有分量的研究成果。在学术专著方面，最具代表性的有约翰·普拉多斯的《总统的秘密战：二战后中情局与五角大楼的隐蔽活动》，鲍勃·伍德沃德的《面罩：中情局的秘密战，1981—1987》，格雷戈里·特里沃顿的《隐蔽行动：在战后世界干涉的局限》，以及威廉·M. 利里的《危险的使命：民航运输与中情局在亚洲的隐蔽行动》，约翰·雷内尔夫的《中央情报局的兴衰》，特朗布尔·希金斯的《惨败：肯尼迪、艾森豪威尔与中情局在猪湾》，罗德里·杰弗里—琼斯的《中情局与美国民主》[①]，等等。

约翰·普拉多斯毕业于美国常春藤名校哥伦比亚大学，在那里获得政治学

① John Prados, President's Secret Wars: CIA and Pentagon Covert Operations Since World War II, New York: Morrow, 1986; Bob Woodward, Veil: The Secret Wars of the CIA, 1981 - 1987, New York: Pocket Books, 1987; Gregory F. Treverton, Covert Action: The Limits of Intervention in the Postwar World, New York: Basic Books, Inc., Publishers, 1987; William M. Leary, Perilous Missions: Civil Air Transport and CIA Covert Operations in Asia, Tuscaloosa: University of Alabama Press, 1984; John Ranelagh, The Agency: The Rise and Decline of the CIA, New York: Cambridge Publishing, 1986; Trumbull Higgins, The Perfect Failure: Kennedy, Eisenhower, and the CIA at the Bay of Pigs, New York: Norton, 1987; Rhodri Jeffreys-Jones, The CIA and American Democracy, New Haven: Yale University Press, 1989.

博士学位，是美国“著名的国家安全事务、情报活动、国际安全的历史学家”，该书通过对回忆录、报纸杂志文章、档案文献等广泛收集的资料的深入研究，对二战后美国对他国实施的隐蔽行动，特别是准军事行动进行了全面的揭露与剖析，在学术界获得极高评价，被认为是“一部极其优秀的研究著作”，“将隐蔽行动的研究推到一个更高、更精深的阶段”。[①] 鲍勃·伍德沃德是《华盛顿邮报》的资深记者与编辑，曾独著和合著了10部在《纽约时报》畅销书排行榜上排名第一的著作，本书即是其中之一。作者通过对250多位相关当事人的访谈，有的则是多次访谈，如与时任中情局长凯西的谈话超过48次，对里根政府时期中情局的秘密活动，特别是在伊朗、尼加拉瓜、利比亚等国家的活动，进行了第一次全面的揭露和剖析，引起强烈反响，受到极高评价，《波士顿环球报》载文称之为“对当代美国情报、间谍与隐蔽行动的最具揭露性的著作”。[②] 作者本人也被一些评论家认为是“我们时代最优秀的记者”，甚至“可能是人类历史上最杰出的记者”。[③]

格雷戈里·特里沃顿是哈佛大学教授，20世纪70年代中期曾在参议院情报专门委员会（即“丘奇委员会”）工作，参与了对中情局隐蔽行动的调查。之后致力于对这一问题的研究，终成本书。这是美国学术界第一部全面系统阐述隐蔽行动的专著，既有理论的阐述，又有个案的剖析，既有历史的追溯，又有未来的展望，被认为“对于隐蔽行动在美国对外政策中的地位的争论做出了重要的有思想的贡献”，“以悉心的写作、有力的论证捍卫了作者的观点”。[④] 该书成为研究这一问题最重要的参考书之一。

格雷戈里·特里沃顿在出版上述专著的同时，也发表了几篇颇有影响的论文。其中《隐蔽行动与开放社会》一文回顾了二战以来美国的隐蔽行动，讨论了从事这些活动对于一个开放社会的政府的含意，指出在一个开放社会中，隐蔽行动不可避免要公之于众；这些活动的失败会使政府狼狈不堪。《隐蔽行动：

① Covert Action: A Start Point, http: //intellit. muskingum. edu/covertacton-folder/cabegin. html (2006-07-01).

② Bob Woodward, Veil: The Secret Wars of the CIA, 1981-1987, New York: Pocket Books, 1987, p. ii.

③ 该书封面语。

④ Covert Action: A Start Point. http, //intellit. muskingum. edu/covertacton-folder/cabegin. html (2006-07-01).

从"隐蔽"到"公开"》① 一文探讨了从50年代到80年代中期美国隐蔽行动的规模、动机和成效，认为从对尼加拉瓜反政府武装和阿富汗游击队的援助可见隐蔽行动日益公开化。

在论文方面，主要还有《强硬起来：美国与1947年意大利选举》，《对一次失败的剖析：登陆猪湾的决定》，《美国与推翻苏加诺，1965—1967》，《美国政策中隐蔽行动的合适作用》。卢奇·K. 约翰逊的《隐蔽行动与责任：美国秘密外交政策的决策》一文广泛地考察了隐蔽行动的运用，特别论证了其决策程序。戴维·埃森伯格的《美国隐蔽行动的缺陷》② 一文认为战后美国隐蔽行动的范围与规模很大，但其成效被大大夸张了。

从上述论著可以看出，和上一阶段相比，这一时期美国学术界对隐蔽行动的研究已上升到一个新的层面。这主要表现在：第一，在继续广泛揭露美国对外隐蔽行动的同时，开始对其进行宏观的全面系统的研究，出现了第一部全面系统研究美国对外隐蔽行动的专著。第二，开始进行深入地探讨，理论上的探索，探讨其历史渊源、政治文化，它的概念、范畴、决策、运作、成效、缺陷等，从而提升了人们对隐蔽行动的认识。

三

历史的时钟进入90年代以来，由于东欧剧变、苏联解体、冷战结束，冷战双方的档案资料大量解密，就美国方面来说，也包括一些冷战时期制订的对苏东集团及其他国家实施隐蔽行动的绝密文件。同时，更多参与过这类活动的当事人也敞开长期紧闭的双唇，或撰写回忆录，或向别人讲述"那过去的事情"。这就使美国学术界关于隐蔽行动的研究成果持续不断，大量问世，

---

① Gregory F. Treverton，Covert Action and Open Society，Foreign Affairs，1987，Vol. 65，No. 5，Gregory F. Treverton，Covert Action：From "Covert" to "Overt"，Daedalus，1987，Vol. 116，No. 2.

② James E. Miller，Taking off the Gloves：The United States and the Italian Elections of 1947，Diplomatic History，1983，Vol. 7；Lucien S. Vandenbrouche，Anatomy of a Failure：The Decision to Land at the Bay of Pigs，Political Science Quarterly，1984，Vol. 99，No. 3；Peter Dale Scott，The United States and the Overthrow of Sukarno，1965 - 1967，Pacific Affairs，1985，Vol. 58，pp. 239-264；John B. Chomeau，Covert Action's Proper Role in U. S. Policy，International Journal of Intelligence and Counterintelligence，1988，Vol. 2，No. 3；Lock K. Johnson，Covert Action and Accountability：Decision-Making for America's Secret Foreign Policy，International Studies Quarterly，1989，Vol. 33；David Isenberg，The Pitfalls of U. S. Covert Operations，Policy Analysis，Washington，D. C.：Cato Institute，1989，No. 118.

研究视角也涉及隐蔽行动的各个方面。就学术著作而言，大体可以分为以下两类。

一、全面研究

所谓全面研究，是指类似于格雷戈里·特里沃顿的《隐蔽行动》一书，即对美国的隐蔽行动进行全面的宏观的概括总结与分析阐述，侧重于理论的探讨。这类著作中，最主要有以下几部。

（1）《需要知道：20 世纪基金会隐蔽行动与美国民主研究小组的报告》①。该书共分 8 章，依次阐述了隐蔽行动的定义、发展、支持隐蔽行动者的论据、反对隐蔽行动者的论据、适当的隐蔽行动、隐蔽行动之活动的计划与批准、隐蔽行动的监督、20 世纪 90 年代的隐蔽行动。有学者评论该书是“已有出版物中对这一问题的最好总结”。②

（2）W. 米歇尔·赖斯曼和詹姆士·E. 贝克合著的《规制隐蔽行动：国际法与美国法律中有关对外秘密施压的实践、环境与政策》。③ 本书是作者在应美国和平研究所（The U. S. Institute of Peace）之邀所写的研究报告的基础上加工而成的，它详细探讨了关于隐蔽行动的国际法律规定与美国的法律程序，并对未来隐蔽行动的实施提出了一些指导性建议。

（3）罗伊·戈德森的《肮脏的诡计还是王牌：美国的隐蔽行动与反情报活动》④。作者为乔治敦大学教授，长期从事国家安全与对外政策、对外情报的研究，曾任里根政府国家安全委员会、总统对外情报顾问团顾问。本书的特点是就美国对外情报活动中的两个重要方面——隐蔽行动与反情报活动的内涵、区别进行了界定，对它们在二战后的发展、各自所遵循的原则、其成效与教训作了系统阐述与剖析，最终得出结论，认为适当使用“肮脏的诡计”和反情报活

---

① Twentieth Century Fund, The Need to Know: The Report of The Twentieth Century Fund Task Force on Covert Action and American Democracy, New York: The Twentieth Century Fund Press, 1992.

② Covert Action: A Start Point, http://intellit.muskingum.edu/covertacton-folder/cabegin.html (2006-07-01).

③ Michael W. Reisman and James E. Baker, Regulating Covert Action: Practices, Contexts, and Policies of Covert Coercion Abroad in International and American Law, New Haven: Yale University Press, 1992.

④ Roy Godson, Dirty Tricks or Trump Cards: U. S. Covert Action and Counterintelligence, Washington, D. C: Brassey's, 1995.

动使美国能够实现许多用传统手段难以达到的重要目标。该书出版后，同样产生重大反响，并于2001年再版。有学者评论说他“作为一个情报研究的开拓者和当今最有影响的学者之一”，在本书中“做了杰出的分析”，“提出了指导冷战后美国政策的有效原则”。①

（4）约翰·雅各布·纳特的《中央情报局的黑色行动：隐蔽行动、对外政策与民主》②。作者是美国一位著名的政治学家，密歇根大学教授，长期从事隐蔽行动、国际政治研究，经常在美国国家公共电台（National Public Radio）、有线新闻电视台等新闻媒体的新闻访谈节目中露面。本书即作者在密歇根大学讲授“民主、对外政策与隐蔽行动”课程的讲稿基础上整理成书的。书中详细揭露和深刻剖析了中情局自1947年建立以来对苏联集团及其他国家实施隐蔽行动的类型、成功与失败的范例，冷战期间美国为何迷恋隐蔽行动，用“黑色行动”替代对外政策，中情局如何发展成为政府所依赖的一个决策者，并揭示了其与美国民主社会的矛盾。

（5）威廉·J. 多尔蒂的《行政秘密：隐蔽行动与总统》③。作者为中情局已退休的高级官员，乔治亚阿姆斯特朗大西洋大学副教授。这是迄今为止最全面论述隐蔽行动的一部专著，全书共13章，依次论述了隐蔽行动在情报与对外政策中的作用，隐蔽行动的成败，隐蔽行动政策与缺陷，战时与和平时期的隐蔽行动，隐蔽行动的范畴，隐蔽行动计划的批准与检查，以及杜鲁门、艾森豪威尔、肯尼迪与约翰逊、尼克松与福特、卡特、里根、老布什与克林顿等二战后的历任总统与隐蔽行动的关系。该书认为二战后美国实施的主要隐蔽行动都是由总统批准的，美国总统也将继续运用隐蔽行动，但方式会有所改变。

二、个案研究

与全面研究相比，这类研究成果量多面广，可谓不胜枚举。且看最具代表

① 见本书末页所附评论。

② John Jacob Nutter，The CIA’s Black Ops：Covert Action，Foreign Policy，and Democracy，New York：Prometheus Books，2000.

③ William J. Daugherty，Executive Secrets：Covert Action and The Presidency，Lexington，Kentucky：The University Press of Kentucky，2004.

性的几部。

（1）彼得·施魏策尔的《胜利：里根政府加速苏联崩溃的秘密战略》[①]。作者为斯坦福大学胡佛研究所的高级研究员，他在书中运用所获得的里根政府的一些绝密文件和对有关当事人的访谈，揭露了里根政府通过对苏联实施隐蔽的政治战、经济战、心理战和准军事行动，从而加速了苏联的崩溃。这是关于本问题的第一部比较全面深入地论述的专著。

（2）格雷戈里·米特罗维奇的《挖克里姆林宫墙角：美国颠覆苏联集团的战略，1947—1956》。本书为康奈尔大学《安全事务研究丛书》之一，作者在书中详细考察了冷战早期美国颠覆破坏苏联集团的战略，揭示了“美国的目标并非单纯地与苏联谈判，而是要采取心理战和隐蔽行动暗中破坏苏联政府，迫使它放弃扩张野心，或引发共产主义集团的彻底崩溃”[②]。

（3）彼得·格罗斯的《反击行动：美国在铁幕后的秘密战争》[③]。该书深入探讨了遏制政策之父乔治·凯南如何又为美国政府制订了对苏联集团进行秘密政治战战略，以及这一战略的实施与在艾森豪威尔政府时期的破产。

（4）斯科特·卢卡斯的《自由的战争：美国反对苏联的圣战》[④]。作者详细考察了二战后至50年代后半期美国对苏联集团进行心理战、宣传战，以期瓦解苏联集团，捍卫西方的民主自由。作者认为，冷战首先是不同文化及意识形态的对抗，美国所进行的冷战也是“为了确立美国的生活方式优于其对手的文化的战争”，战斗的核心是要加强美国“自由和民主”卫道士的地位。[⑤]

（5）沃尔特·L. 希克森的《撕破铁幕：宣传、文化与冷战，1945—1961》。该书集中考察了杜鲁门、艾森豪威尔政府时期美国对苏联东欧的冷战宣传与文化渗透。作者认为，虽然这些努力在美国的冷战战略中处于次要地位，却比一

---

① Peter Schweizer，Victory：The Reagan Administration's Secret Strategy that Hastened the Collapse of the Soviet Union，New York：The Atlantic Monthly Press，1994.

② Gregory Mitrovich，Undermining the Kremlin：America's Strategy to Subvert the Soviet Bloc，1947 - 1956，Ithaca，New York：Cornell University Press，2000.

③ Peter Grose，Operation Rollback：America's Secret War Behind the Iron Curtain，Boston：Houghton Mifflin Company，2000.

④ Scott Lucas，Freedom's War：The American Crusade Against The Soviet Union，New York：University Press，1999.

⑤ Scott Lucas，Freedom's War：The American Crusade Against The Soviet Union，New York：University Press，1999pp. 1-2.

般人所认识得更为重要。华盛顿企图首先通过心理战，然后通过最终更为有效的、尽管更为长期的、逐渐的文化渗透计划动摇苏联东欧的统治。尽管这些努力没有获得应有的重视和理解，到艾森豪威尔执政末期，华盛顿还是成功地撕开了铁幕。①

（6）米歇尔·纳尔逊的《黑色天国的战争：冷战期间西方的宣传战》。作者长期在路透社工作，曾任该机构总裁、基金会主席等职。该书深入探讨了冷战期间西方对苏联东欧的宣传战，及其在结束冷战中的作用，认为西方之所以赢得冷战，不是通过使用武器，而是通过无线电广播“不战而屈人之兵”。②

（7）阿奇·普廷顿的《广播自由：自由欧洲电台与自由电台的冷战凯旋》。作者通过对两电台大量文件的研究和与上百位当事人的访谈，详细探讨了从1949年自由欧洲电台的筹建到1991年苏联解体期间两电台的活动，它们在美国冷战战略中的角色，与美国情报机构的关系，认为“两电台成功地完成了它们的使命，虽然它们用了近40年时间，比当初预计长得多”③。

（8）弗朗西斯·斯托纳·桑德斯的《文化冷战：中央情报局与艺术和文字世界》④。本书集中探讨了冷战期间美国对西欧的心理战，指出1947—1967年，中情局通过在西欧设立机构，印发宣传品，举办展览，召开会议等多种形式，对西欧民众进行心理战、宣传战，以使他们免受或脱离共产主义的影响，适应美国“方式”。

（9）柯蒂斯·皮布尔斯的《朦胧的战斗：对苏联的空中隐蔽行动》。作者长期从事美苏在空间的竞争及美国对苏联的秘密空战的研究，本书是作者在2000年出版的《隐蔽飞行：美国对苏联的秘密空战》⑤一书的扩展，书中详细考察了从冷战爆发到越战结束期间的美国对苏联集团的空中隐蔽行动。

---

① Walter L. Hixon，Parting the Curtain：Propaganda，Culture，and the Cold War，1945-1961，New York：St. Martin's Press，1997.

② Michael Nelson，War of the Black Heavens：The Battles of Western Broadcasting in the Cold War，Syracuse：Syracuse University Press，1997，p. xiii.

③ Arch Puddington，Broadcasting Freedom：The Cold War Triumph of Radio Free Europe and Radio Liberty，Lexington：The University Press of Kentucky，2000，p. xviii.

④ Frances S. Saunders，The Cultural Cold War：The CIA and the World of Arts and Letters，New York：The New Press，2000.

⑤ Curtis Peebles，Twilight Warriors：Covert Air Operations against the USSR，Annapolis：Naval Institute Press，2005；Curtis Peebles，Shadow Flights：America's Secret Air War Against the Soviet Union，Novato：Presidio Press，2000.

在揭露和探讨美国对一些国家和地区实施的隐蔽行动方面，有肯尼思·康博伊和詹姆斯·莫里森合著的《中情局在西藏的秘密战》。该书详细揭露了中情局秘密支持中国西藏的达赖喇嘛民族分裂集团发动武装叛乱、企图分裂中国的活动。另如，小理查德·H. 舒尔茨的《对河内的秘密战：肯尼迪与约翰逊政府在北越运用间谍、破坏者和隐蔽战士》，小詹姆斯·E. 帕克的《隐蔽行动：中情局在老挝的秘密战》，山姆·犹龙的《突击队：中情局与尼加拉瓜反叛者》，唐·博宁的《困扰卡斯特罗：美国对古巴的隐蔽行动，1959—1965》①，等等。

这一时期在美国报纸杂志上发表的关于隐蔽行动的论文和揭露性文章则更多，其内容广泛涉及理论探讨、个案研究、回忆揭露等各个方面。例如，约翰·霍顿的《对隐蔽行动及其欲望的反省》，威廉·布卢姆的《罗纳德·里根的遗产：中情局8年的隐蔽行动》，道格拉斯·利德尔的《冷战与隐蔽行动：美国与叙利亚，1945—1958》，詹姆斯·A. 巴里的《隐蔽行动可以是正当合理的》，布鲁斯·D. 伯克沃茨与阿伦·E. 古德曼合著的《隐蔽行动的逻辑》，道格拉斯·利德尔的《不可能完成的使命：中情局及其在中东的隐蔽行动崇拜》②。

总之，和上一阶段相比，这一时期美国学术界对美国对外隐蔽行动的研究，无论从深度还是广度来说，都达到了一个新的制高点。就深度来说，许多成果不仅对美国的隐蔽行动进行了全面的概括总结，也深入探讨了隐蔽行动的决策程序、监督机制、其与美国民主社会的矛盾等。就广度来说，对隐蔽行动的揭露已涉及政治战、经济战、心理战、准军事行动、空战、海战等方方面面，以

---

① Kenneth Conboy and James Morrison, The CIA's Secret War in Tibet, Lawrence, Kansas: The University Press of Kansas, 2002; Richard H. Shultz, The Secret War Against Hanoi: Kennedy's and Johnson's Use of Spies, Saboteurs, and Covert Warriors in North Vietnam, New York: Harper Collins Publishers, 1999; James E. Parker, Covert Ops: The CIA's Secret War in Laos, New York: St. Martin's Press, 1995; Sam Dillon, Commandos: The CIA and Nicaragua's Contra Rebels, New York: Henry Holt and Company, 1991; Don Bohning, The Castro Obsession: U. S. Covert Operations Against Cuba, 1959 - 1965, Washington, D. C: Potomac Books, Inc., 2006.

② John Horton, Reflections on Covert Action and Its Anxieties, International Journal of Intelligence and Counterintelligence, 1990, Vol. 4, No. 1; William Blum, Ronald Reagan's Legacy: Eight Years of CIA Covert Action, Covert Action Information Bulletin 33, Winter 1990; Douglas Little, The Cold War and Covert Action: The United States and Syria, 1945 - 1958, Middle East Journal, 1990, Vol. 44, No. 1; James A. Barry, Covert Action Can Be Just, Orbis, 1993, Vol. 37, No. 3; Bruce D. Berkowitz and Allan E. Goodman, The Logic of Covert Action, National Interest, 1998, Vol. 51; Douglas Little, Mission Impossible: The CIA and the Cult of Covert Action in the Middle East, Diplomatic History, 2004, Vol. 28, No. 5, pp. 663-701.

及东欧、西欧、亚非拉等许多国家和地区，隐蔽行动的研究已经蔚然大观，成为美国冷战史、外交史研究的一个十分重要的领域了。

综上所述，冷战期间美国的隐蔽行动，是美国学术界一个热门的研究课题，既有几十年的研究历史，也有着丰硕的研究成果；既有宏观的总体性的研究和理论探讨，更有大量的微观的个案研究，并有专门的研究刊物。这当然并非是美国学者的一种嗜好，而是凸现了冷战期间美国隐蔽行动的猖獗和隐蔽行动在美国冷战战略中的重要地位。冷战期间，以美苏为首的东西方两大集团之间的对抗争夺说到底主要包括三种形式：军事对抗、外交折冲和隐蔽行动。在这三种形式中，军事对抗、军事干涉极容易引发战争，造成灾难性后果，特别是在核时代，其后果不堪设想。外交手段则又过于柔弱，在两极格局尖锐对立的状态下，在事关双方各自国家利益、集团利益的一些关键性问题上，通过外交对话、谈判、提出抗议、居中斡旋等公开外交很难达到目的。在这种情况下，隐蔽行动就为美国实现其政策目标提供了一种新的选择——“第三种选择”[①]，即通过实施隐蔽的政治战、经济战、心理战和准军事行动，给实施对象造成巨大的压力和困难，这比起公开的外交活动更容易实现目标，万一败露，也可巧言否认其责任，不致引发军事冲突。因此，冷战期间美国大量运用隐蔽行动，把它作为实现遏制大战略目标的重要子战略，正如美国政治学家约翰·雅各布·纳特所言：“隐蔽行动从早期的偶然使用，到冷战时期上升到对外政策的顶端，典型地体现了美苏的幕后竞争。从前隐蔽行动是单纯的调味品，40 年代末之后成了一道主菜。”[②] 这自然也就催生了美国学术界对隐蔽行动长期、广泛和深入地研究。

当然，美国学术界的研究也并非完美无缺。主要问题是他们往往就事论事多，从战略层面的分析则比较薄弱，也没有揭示其和遏制战略、和平演变战略等其他冷战战略的关系，这不能不说是一个遗憾。

原载（《世界历史》2009 年第 2 期）

---

① Theodore Shackley, The Third Option: An American View of Counterinsurgency Operations, New York: McGraw-Hill, 1981, p. 6; John Jacob Nutter, The CIA's Black Ops: Covert Action, Foreign Policy, and Democracy, New York: Prometheus Books, 2000, p. 30; William J. Daugherty, Executive Secrets: Covert Action and Presidency, Kentucky: The University Press of Kentucky, 2004, p. 19.

② John Jacob Nutter, The CIA's Black Ops: Covert Action, Foreign Policy, and Democracy, New York: Prometheus Books, 2000, p. 50.

二十年来我国学术界对冷战史的研究

冷战是世界现代史、现代国际关系史、美国现代史、苏联史等学科的重要内容之一。它持续战后40多年，对世界各国乃至整个国际格局的发展产生重大深远影响，被某些西方学者称为“第三次世界大战”，“人类最接近于集体自杀的一次经历”。“文化大革命”前由于我国基本处于封闭状态，有关方面的资料甚少，对冷战的研究极为薄弱，只是零星翻译出版了一些西方政治家的回忆录和个别西方学者的著作，同时发表了一些批判美国侵略政策的文章。“文化大革命”后我国迎来了科学的春天，冷战史研究如同其他学科一样出现了生机勃勃的局面。我国学者乘改革开放的东风，翻译出版了不少外国学者、政治家有关冷战的著述，并尽可能依据第一手资料，采用历史唯物主义方法，开展自己的研究，初步形成了一支精干高效的研究队伍，推出了一批批颇有分量的研究成果。本文将对改革开放20年来的这些研究成果作番巡礼，这对于促进我国学术界的冷战史研究不无裨益。

一

冷战史研究首当其冲者是起源问题，这是西方学术研究的一出重头戏。在西方浩如烟海的冷战史研究成果中，冷战起源的研究占了很大比重。颇为相似的是，20年来我国不断增加的冷战史研究成果中，也有相当一部分涉及冷战起源问题，归纳起来，主要有以下四种观点。

(1) 认为冷战是由美国酝酿和发动的，苏联只是被动的应战者。竺培芬认为，美苏之间爆发冷战绝非偶然，也非一朝一夕，而是战争后期两国在波兰问题和德国问题上利害冲突的逻辑延伸。战后美国实力雄厚，处处盛气凌人，成为冷战的发起者，而苏联则是被动应战者①。张宏毅、董宝才指出，造成冷战紧张局势的根源在于美国推行霸权主义，美国必须对冷战承担主要责任。从两大阵营形成的基本过程看，也反映出美国是冷战的责任者。同时他们指出，雅尔塔体制的“大国安排世界”和“划分势力范围”体制造成冷战局面的观点是“片面的，把复杂问题简单化了”②。

（2）认为冷战是一个双向的过程，是双方行为的结果，并非美国单方面对苏联发动的，或仅仅是由美国的政策和措施引起的。沈志恩指出，冷战并非美国“独家制造”，而是“美苏共振互动所致”，双方在东欧、德国、黑海海峡、伊朗、东亚等问题上共振互动，“又经双方最高领导人升华”③ 所致。张盛发分析了作为冷战一方的苏联在冷战形成中的举措，以此来说明苏联对冷战的爆发同样负有不可推卸的责任④。杨铮认为，美苏在战后都打算利用时机调整和配备力量，确定势力范围，以各自为核心组建新的国际体系，因此美苏为划分势力范围而爆发了冷战⑤。高明振则认为，冷战是由美苏对雅尔塔协定的不同解释引起的⑥。

（3）强调英国在冷战形成中的主动作用。黄亚红指出，英国早在 1946 年上半年就形成了联美反苏的冷战政策。1946 年夏季的土耳其事件就是英国这一政策的体现。英国由于自身力量不足，为抵抗苏联的努力扩张，确保英帝国的利益和国家安全不受苏联的威胁，必须争取美国的全面合作，于是“拉拢美国结成亲密的联盟”。美国只是出于自身的需要于 1947 年“加入冷战”，并由于实力雄厚而“取得了反苏阵营的领导权”⑦。席来旺、司昆阳则着重强调了丘吉尔个人对冷战爆发所起的作用。

（4）认为以美苏争夺为核心的东西方冷战是多种因素综合作用的结果。时殷弘指出“冷战的起源是个十分复杂的问题”，导致冷战的一些重要因素是，

---

① 竺培芬：《冷战起源浅析》，《世界史研究动态》1985 年第 2 期。

② 张宏毅、董宝才：《也谈二战后期冷战的责任者问题》，《历史教学》1990 年第 9 期。

③ 沈志恩：《冷战起源论》，《浙江师范大学学报》（社会科学版）1994 年第 3 期。

④ 张盛发：《论苏联在冷战形成中的举措》，《上海师范大学学报》（哲学社会科学版）1995 年第 1 期。

⑤ 杨铮：《试论均势原则与战后国际力量对比》，中国国际关系史研究会编：《国际关系史论文集》，内部资料，1981 年。

⑥ 高明振：《冷战起源探析》，《华中师范大学学报》（人文社会科学版）1988 年第 2 期。

⑦ 黄亚红：《试论英国冷战政策的形成（1944—1946）》，《世界历史》1996 年第 3 期。

“美苏在战时的军事合作本身就包含着冲突种子”；“冷战的一个基本原因是美国政府旨在支配世界的‘全球主义’”；美国统治阶级根深蒂固的反共意识形态使其把苏联的对外政策目标视为谋求世界性扩张；美国实力在第二次世界大战中迅速膨胀，刺激了它到处扩张的欲望及遏制苏联的自信；战时苏联在租借援助和第二战场等问题上对美国的猜疑妨碍了它争取战后同美国和平共处的积极努力；苏联在波兰问题上的大国主义和民族利己主义刺激了美国政府内外的反苏情绪；在伊朗和黑海海峡问题上违反国际关系准则的做法成为美国对苏联强硬方针的一个诱因①。白建才认为，冷战深深根植于社会主义与资本主义两种不同社会制度及意识形态的抗争，直接产生于苏联保障国家安全战略与美国称霸全球战略的碰撞，原子武器的出现增强了美国的实力，加速了冷战的爆发，英国对冷战的爆发起了推波助澜的作用②。苏格则从三个层次剖析了冷战的缘起，指出：“从国际层次上看，意识形态的差异和战后地缘政治因素逐渐使东西方形成战略对峙，双方互感‘安全威胁’”；“从国家层面来看，美国综合国力和核武器的优势，使美国确立了‘领导世界’的国际战略，并首先采取对苏强硬政策”；与其有特殊关系的英国“对美苏冷战起了推波助澜的作用”；“从决策者个人层面看，‘政治现实主义’理论家的政策建议则是促成华盛顿选择‘遏制’道路的重要因素。”③

那么，冷战首先是从哪里开始的？康春林认为，“东西方在东欧问题上的剧烈冲突是冷战的主要起因”，由于东西方大国领导人“安全带”思想和“防疫带”思想的对立和冲突与东欧特殊的地理位置结合，必然使东欧成为冷战的焦点④。潘光、邓新格则指出，在战后初期，中东北部及其邻接地区虽然不是苏联与英美抗争的重点，却因其固有的战略价值及其他一些互相牵制的复杂因素而成了它们冲突的焦点和世界局势中的“热点”。就这一抗争发生的时间和发展的全过程来看，它最早显示出了此后数十年为人们所熟悉的那些冷战的典型特点。因此，美苏英三大国战后初期在中东北部及其邻接地区的抗争，实际上就是后来全面冷战的开端⑤。

① 时殷弘：《美苏从合作到冷战》，北京：华夏出版社，1988年。

② 白建才：《论冷战的起源》，《陕西师范大学学报》（哲学社会科学版）1995年第4期。

③ 苏格：《美国与冷战的缘起》，《外交学院学报》1996年第4期。

④ 康春林：《东西方在东欧问题上的冲突与冷战起因》，《世界历史》1990年第4期。

⑤ 潘光、邓新格：《战后初期苏美英三国在中东北部的抗争——兼论冷战的开端问题》，《西亚非洲》1986年第6期。

二

20世纪80年代末到90年代初，随着东欧剧变、苏联解体，作为冷战的一方已不复存在，冷战最终画上了句号。至此，人们开始把冷战真正作为“历史”来研究，关于冷战结束的时间、冷战造成的影响、后果和教训逐渐成为我国学者关注的论题。

关于冷战结束的时间，国内外学者的看法颇不统一。我国学者目前大体有五种观点。(1) 认为1989年12月美苏首脑马耳他会晤标志着冷战的结束。(2) 以1991年苏联质变与解体为标志，战后持续40多年的雅尔塔体制彻底瓦解，冷战最终结束。(3) 80年代末到90年代初，美苏冷战迅速走向终结。(4) 1990年11月欧安会第二次首脑会议的召开标志着冷战的结束。(5) 从20世纪80年代后半期起，冷战开始逐步消亡，到1991年底苏联解体，冷战完全退出历史舞台。

关于冷战的影响与后果，白建才从宏观的角度进行了分析，指出冷战如同两次世界大战一样，同样给人类的生命财产造成重大损失；在政治上，无论是在苏联东欧还是美国，都导致了一系列破坏民主与法制的行为；在对外关系方面，苏美两国为争夺势力范围，肆意践踏国际法，干涉别国内政，甚至不惜大举用兵，导致世界不得安宁；冷战在人们的心理、文化等方面，也投下了巨大的阴影①。张小明在《冷战及其遗产》中分析了冷战的四点影响：冷战造成的一些地区冲突至今还未能解决，继续影响着冷战后地区局势的发展；冷战所导致的大量大规模杀伤性武器还在威胁着人类的安全；对政治家的行为造成“冷战思维”等重大影响。祝明、高鉴国则着重探讨了冷战对美国社会的影响，指出美国“统治阶级为冷战采取的对抗性措施，增强了国家对社会生活的干预职能，加快了经济军事化和科学军事化的发展”。它使“美国总统在外交和军事方面的责任和立法权进一步扩大，总统办事机构和人员成倍增加”，使“联邦政府不断推出新的有针对性的政策和方法，以使社会和经济关系发生变化或调整”，它推动了美国20世纪60年代的社会改革，“对美国公众舆论产生了复杂的影响”。②

---

① 白建才：《试论冷战的后果与教训》，《历史教学》1996年第9期。

② 祝明、高鉴国：《冷战对美国社会的影响初探》，中国美国史研究会编：《美国现代化历史经验》，北京：东方出版社，1994年。

刘祖熙、杨华分析了冷战对东欧的深重影响，指出“冷战扭曲了东欧国家的社会主义发展道路，是使东欧局势长期不稳，一再发生社会动乱的一个重要原因”①。

关于冷战的教训，黄钟青着重从军备竞赛角度进行了分析，指出美苏两个超级大国为他们奉行的军备竞赛付出了沉重的代价②。白建才在《试论冷战的后果与教训》中总结了冷战的教训：不同意识形态、社会制度的国家应在和平共处五项基本原则基础上处理相互之间的关系。不要企图将本国的制度强加于人，也不要输出革命，应尊重别国人民的选择，尊重历史的发展规律；不能以任何理由、任何借口，搞任何形式的扩张主义；任何国家都不应凭借自身的经济、军事优势搞霸权主义；各国都应致力于国内事务，努力解决好国内问题。张小明在《冷战及其遗产》中从另一角度总结了冷战的四点教训：不可低估意识形态因素在国际关系中的作用；应当清醒认识核时代战争的毁灭性，把避免爆发世界大战和努力以政治方式解决国际冲突作为世界各国特别是主要大国处理相互间关系的基本行为准则之一；领导人之间的相互理解和沟通，是世界各国特别是大国处理好相互关系的一个重要条件；共产党执政的国家必须采取切实有效的措施解放生产力，大大增强综合国力，特别是经济实力，稳步提高广大人民的生活水平。

三

对冷战期间所发生的重大事件的研究是冷战史研究最艰巨的任务。20 年来我国学者也就此进行了艰苦的探索，取得丰硕成果。限于篇幅，本文仅介绍几次最重大事件的研究状况。

1. 关于两次柏林危机

对两次柏林危机，张盛发进行了专题研究，认为“由于对德国和柏林问题的错误判断和对西方实力的错误估计，苏联采取了封锁柏林的措施，导致了（第一次）柏林危机的爆发”。这次危机使苏联遭到了失败，同时“进一步强化了‘冷战’局面，加快了未来欧洲两大军事集团形成的过程”，并“为斯大林的

---

① 刘祖熙、杨华：《冷战对东欧的深重影响》，《世界知识》1990 年第 4 期。

② 黄钟青：《冷战的教训》，《外交学院学报》1991 年第 4 期。

后任、生性鲁莽的赫鲁晓夫留下一个极其棘手的难题”①。1958 年赫鲁晓夫再次挑起柏林危机，既是为了巩固由斯大林建立起来的苏联“安全带”，又是建立同美国平起平坐大国地位的第一次尝试。“危机严重加剧了国际紧张局势，抑制了50 年代中期开始的有限‘缓和’，使冷战再趋激烈”。同时，从某种程度上讲，柏林危机成为 1962 年古巴导弹危机的原因之一。张盛发还认为，柏林墙的修建并非如有些史学家认为的是使危机达到了高潮，“实际上柏林墙应该是危机落潮的标志”②。资中筠主编的《战后美国外交史》一书认为，“围绕柏林的封锁和反封锁斗争，实质上是美苏在中欧的一次力量和意志的较量”；“在此过程中双方都采取过边缘政策，但事实上都适可而止，避免了正面冲突”；“美国为此付出了巨大的代价”，但它“凭借雄厚的物力、暂时的原子弹垄断，以及‘杜鲁门主义’之后国内的反苏反共情绪，坚持了强硬政策，在这一回合中取得了胜利”。而“苏联方面虽然未能把西方赶出柏林，在此期间也基本上完成了建立东德政权的步骤”。对第二次柏林危机，该书也认为“无论是苏联还是美、英、法三国，都不准备在柏林问题上逐步升级，冒引起一场军事冲突的危机”，而柏林墙的修建标志着“柏林危机的结束”③。黄正柏指出，第一次柏林危机表明，“既要进行尖锐的斗争，又设法避免美苏紧张关系失控而导致迎面相撞，同时加紧控制中间地带，这成为美苏冷战中的一大特点”。第二次柏林危机的结局“再次表明了美苏在欧洲和德国问题上的斗争处于僵持状态，谁要单方面强行打破这种状态都是不可能的。谁也不敢和不愿冒战争风险去打破现状”④。

2. 关于古巴导弹危机

古巴导弹危机是冷战期间最危急的一个事件，几乎把人类推向核毁灭，自然成为我国学者最为关注的问题之一。张小明利用最新公布的档案材料，就苏联决定在古巴建造中导基地的动机，美国情报机关对苏联部署在古巴的军事力量之估计以及超级大国处理危机的方式等问题进行了探讨，认为“当时苏联的行为动机不会是单一的，保护古巴不受美国的侵略和改善苏联的战略地位这两

① 张盛发：《苏联与 1948 年柏林危机》，《上海师范大学学报》（哲学社会科学版）1992 年第 4 期。

② 张盛发：《赫鲁晓夫与 1958—1961 年柏林危机》，《上海师范大学学报》（哲学社会科学版）1993 年第 4 期。

③ 资中筠主编：《战后美国外交史——从杜鲁门到里根》，北京：世界知识出版社，1994 年。

④ 黄正柏：《美苏冷战争霸史》，武汉：华中师范大学出版社，1997 年。

个目标是并行不悖的”，但后者则是首要动机。对这场危机的处理方式，充分表现了冷战时期两国处理相互冲突的基本行为特征。“可以说在冷战时期，避免直接的军事对抗，尤其是避免核冲突，成了两个超级大国心照不宣、共同遵守的游戏规则”①。李华认为，古巴导弹危机能在短时间内迅速解决，原因在于：美苏对核战争存有共同的恐惧心理，肯尼迪与赫鲁晓夫都不想让事态扩大到不可收拾的地步；苏联是在面临常规力量与核力量威胁的情况下才退却的；当时的国际氛围对苏联不利②。

桂立对导弹危机期间美苏双方的决策因素进行了分析，认为决策的理性化、程序化和较为切合实际是危机成功解决的关键③。黄正柏认为，古巴导弹危机是苏联外交史中少有的“大赌博、大失败和大耻辱”，“也是对赫鲁晓夫本人的一次沉重打击”。其深远影响是：由于双方都从危机中看到“核时代超级大国对抗中固有的风险和核讹诈政策的局限性”，意识到双方在防止核冲突方面的共同利益，此后不再动辄以核武器来彼此炫耀和对抗，而且开始就核武器控制达成某些协议，“冷战对峙中一个特别危险的阶段过去了，既斗争、又合作的特点更加突出起来”，成为“美苏冷战走向缓和中的一个不大不小的转折点”。经过这次对抗，美国认为苏联比较“理智”，而中国则更危险，故而进一步加强在亚洲遏制中国，甚至希望利用苏联来制约中国。刺激了苏联加强与美国的军备竞赛。在两大阵营内部促进了分化，削弱了美苏在各自的集团中的威信、影响和控制力。韩洪文认为古巴导弹危机的主要后果是导致了美苏之间的战略军备竞赛；对欧洲、东南亚特别是拉丁美洲产生了深刻影响；遏制了美国咄咄逼人的气势，使其不敢贸然入侵古巴，使古巴从美国的殖民枷锁下解放出来，在和平的环境里走上了社会主义道路④。

3. 关于朝鲜战争

朝鲜战争是冷战期间发生的第一场热战，由于我国也被卷入，对这场战争的研究备受我国学者的重视。20 世纪 80 年代以来美国公布了关于朝鲜战争的全

① 张小明：《古巴导弹危机的再认识》，《世界历史》1996 年第 5 期

② 李华：《古巴导弹危机始末》，《军事史林》1990 年第 2 期。

③ 桂立：《古巴导弹危机决策分析》，《武汉大学学报》（哲学社会科学版）1992 年第 4 期。

④ 韩洪文：《论古巴导弹危机及其后果》，《聊城师范学院学报》（哲学社会科学版）1997 年第 2 期。

部档案，俄国解密了部分档案，并发表了大量有关朝鲜战争的回忆录和采访录，我国也公布了一些有关档案，出版了一批口述史料。这使我国学者得以进行深入研究，推出了一批有分量的研究成果。

关于朝鲜战争的起源与性质，一些学者提出不应拘泥于谁先打第一枪，而应放在当时世界的冷战格局中考察。沈志华认为，“朝鲜战争最深刻的起因在于战后形成的美苏两个超级大国及其所控制的两大阵营之间的冷战格局，这种格局在朝鲜半岛就表现为围绕三八线展开的美苏两国外交争斗和南北朝鲜的军事对峙”。[①] 朝鲜南北双方都有意通过武力将自己的理想、权力和制度扩展到整个朝鲜半岛，从而实现民族的统一。问题在于朝鲜的设想和计划得到了苏联的同意和支持，而韩国同样的设想和计划却没有或暂时没有得到美国的同意和支持[②]。晓军、陆建洪指出，“朝鲜战争不论是谁先打响第一枪，但有一点是毋庸置疑的，即这场战争是战后世界美苏两强国用来解决相互间不可调和的矛盾的一种最高形式”。就美国而言，是为了向外扩张，把亚洲乃至整个世界统一到资本主义体系中去；就苏联而言，则是为了巩固和扩大社会主义阵线[③]。韩高润、宋中岳认为，朝鲜战争不完全是大国唆使怂恿而形成的，也不属于后来出现的所谓代理人性质的战争，而是朝鲜人民对分治的一种抗拒的必然趋向。朝鲜战争固然是大国强权政治留下的恶果，但另一方面却是小国将大国拖入一场性质纯属内战的战争的典型事例[④]。

美国为什么要仓促参战？沈志华认为有其偶然性和必然性。偶然性是对朝鲜的意图、韩国的能力判断失误以及对战争缺乏心理准备与军事战略理论的错误。必然性是：战后世界分裂为社会主义和资本主义两大阵营，美国既然自认为是资本主义世界的领袖，也就担负起了保卫整个资本主义世界的责任和义务，而朝鲜发生的事件，被美国认为是苏联策划的全线进攻的第一步，或试探性进攻，美国必须加以遏制。国内政治斗争的影响，即执政的民主党为了免遭共和

---

① 沈志华：《朝鲜战争揭秘》，香港：天地图书有限公司，1995年。

② 沈志华：《朝鲜战争研究综述：新材料和新看法》，《中共党史研究》1996年第6期。

③ 晓军、陆建洪：《爆发朝鲜战争的根本原因探析》，《山东医科大学学报》（社会科学版）1991年第1期。

④ 韩高润、宋中岳：《朝鲜战争反思》，《战略与管理》1994年第3期。

党的攻击；苏联避免参战的态度为美国地面部队的参战敞开了大门[①]。尚鸿也认为，“美国对朝鲜战争政策的制订无时不受着苏联的牵制与制约”。当美国国家安全委员会研究确认，美国出兵朝鲜苏联不会作出积极反应后，杜鲁门遂发布了武装入侵朝鲜的“总统声明”[②]。

中国为什么要出兵朝鲜？中国留美学者陈谦在对中国档案进行广泛研究的基础上提出，中国决定参与朝鲜战争不像长期以来西方认为的那样，仅仅是出于安全的考虑。中国介入的原因比简单地保护它的邻国更广泛、更复杂。毛泽东的革命观念表现出他们那代人对中国民族解放的激情和责任，表现出他渴望中国在世界政治中虽不能占统治地位，但也可以成为一个中心。这就导致了毛泽东和他的同志们强调他们无法忍受华盛顿对中国和中国人民的蔑视。他们决心向“美国的傲慢”挑战。中国领导人希望利用介入朝鲜问题来提高新政权的国际威望和影响，恢复中国在国际事务中的中心地位。在更深层的意义上说，中央领导人对朝鲜危机的态度来自于他们要寻找一种方法动员中国人民支持1949年胜利后的继续革命的决心[③]。沈志华强调中国出兵朝鲜是在极其困难的条件下被迫作出的决策，毛泽东在这个问题上的主要考虑有三点：避免被人指责走上铁托式的道路，而使新中国在社会主义阵营中处于孤立地位；避免在中国境内与美国进行战争，从而引起中国局势的动荡；避免苏联借助美国把战火引向中国之机，利用中苏同盟条约派兵进入中国东北[④]。

关于朝鲜战争的影响与后果，韩高润、宋中岳指出朝鲜战争是对冷战推行者的第一次惩戒，对其在心理上、政治上造成的影响不可估量。它是冷战的恶果，但反过来又促进了冷战格局的发展，导致了国际局势、特别是东亚局势的进一步恶化，对冷战的加剧起了催化剂的作用。它是进入热核时代后的一场只使用常规武器的国际战争，标志着在新条件下一个有限战争时代的开始，在战争史上具有划时代的意义。对苏联而言，它既避免了与美国的直接冲突，又收回了军火利润，兵不血刃地巩固了远东战线。黄正柏认为，朝鲜战争不仅是美国“在战后争霸势头上遭到的当头棒喝”，更重要的是，它“关死了还是半掩着

① 沈志华：《美国是怎样卷入朝鲜战争的?》，《世界历史》1995年第3期。

② 尚鸿：《谈美国朝鲜战争政策中的苏联因素》，《华中师范大学学报》（人文社会科学版）1996年第2期。

③ 转引自沈志华：《朝鲜战争研究综述：新材料和新看法》，《中共党史研究》1996年第6期。

④ 沈志华：《中国出兵朝鲜的决策过程》，《党史研究参考资料》1996年第1期。

的中美关系的大门”，遏制苏联变成了同时遏制苏联和中国，使其战线大为拉长，这是它在对苏冷战中的重大失策。金正浩探讨了朝鲜战争对东北亚格局的影响，认为朝鲜战争加速了东北亚冷战格局的形成；推动了日本经济迅速发展；加剧了冷战，推动了核武器竞赛；加强了朝鲜南北双方的对立；导致了中美之间 20 余年的敌对①。孙宅巍分析了朝鲜战争对国共关系的影响，认为朝鲜战争的爆发使国共双方的斗争出现了新的焦点，台海形势呈现对峙局面，两党关系重现严峻态势，这些变化深刻影响和制约着中国的政治、军事、外交和经济等各个方面②。《战后美国外交史》一书认为，对美国的全球战略而言，介入朝鲜战争“是一次严重的偏离行动，它对美国的亚洲政策及其在这一地区与盟国之间的关系，均产生了严重的影响。朝鲜战争结束后，亚洲局势持续紧张，美国与中国处于尖锐的敌对状态，结果使美国越来越深地卷入亚洲事务，在亚洲到处承担军事义务，以各种手段组织对中国的包围，并最终介入第二次印度支那战争”。

4. 关于越南战争

关于美国为何卷入越南战争？原祖杰将战后美国从初涉印度支那事务到在越南全面的军事卷入分为四个阶段，并通过对四个阶段的分析得出结论，认为美国卷入越南战争，首先是遏制政策不断发展的结果。其次有国内政治的原因，如行政权力不断扩大和国会权力相对缩小，军方在制订和执行对外政策中的作用增强，决策中的权宜之计和执行中的官僚主义等便于侵略倾向的因素导致了美国在越南卷入的加深③。蔡佳禾认为，奠边府战役和 1954 年日内瓦会议后，艾森豪威尔政府为了挽回这一失败引起的人们对美国“领导地位和能力的怀疑”，迫使法国势力退出印度支那，自己取而代之，承担了保护没有政治基础的南越政权的义务，从而使美国长期陷入了难以自拔的困境④。时殷弘依据 80 年代后期公布的有关肯尼迪政府越南政策的美国国务院档案，深入剖析了美国对越南干涉不断升级的历史过程，认为 1961 年是美国对越干涉史上至关重要的一

---

① 金正浩：《朝鲜战争与东北亚格局》，《延边大学学报》（社会科学版）1996 年第 3 期。

② 孙宅巍：《朝鲜战争与国共关系》，《南京社会科学》1994 年第 2 期。

③ 原祖杰：《关于美国卷入越南战争的几个问题》，《世界历史》1990 年第 3 期。

④ 蔡佳乐：《替代法国——美国滑入越南泥潭的关键一步》，《南京大学学报》（哲学·人文科学·社会科学）1993 年第 1 期。

年，是年肯尼迪采取了加强干涉的一系列措施①。时殷弘在另一篇文章中认为，美国国内高涨的反战情绪和反战运动是导致1968年约翰逊总统决定对北越轰炸降级的关键因素。同时中国参战的可能性对美国起着一种至关重要的威慑作用，使之未能采取从单纯军事角度看较有效的战略②。

张岷、黎章春从四个方面剖析了越战对美国社会的影响：经济上，推动了国民经济军事化的进一步加强，造成经济的虚假繁荣，增加了人民负担，加速了地区经济结构的变化，使美国背上的军费开支包袱越来越重，最终成为消除美国宏观经济结构失调的最棘手的问题之一；越战使美国社会沉疴发作，暴露了“民主”的真面目，导致犯罪和暴力事件增多，人们的信心和希望动摇；越战带来统治集团内权力和权势的调整，使日益膨胀的总统权限多少受到遏制，使传统的东北部优势动摇；越战使美国的世界霸主地位丧失③。

20年来我国学术界对冷战史的研究硕果累累。冷战史当前仍然是国际学术研究的一个热点。美国首都华盛顿威尔逊国际学者中心专门设立了一个“国际冷战史项目”，集中了一批学者进行研究。该中心还不定期出版《国际冷战史项目公报》及《工作文件》，刊载有关档案资料及研究成果，经常举行各种形式的学术讨论会，并资助各国学者来美国开展研究。随着前苏联、东欧国家档案的不断解密，冷战时期的许多问题都需要重新研究。国际冷战史研究权威、美国耶鲁大学历史系教授约翰·刘易士·加迪斯认为，由于冷战的结束及多国文献的开放，一部完全不同于“旧”冷战史的“新”冷战史将会出现。我们衷心祝愿我国学术界紧跟时代步伐，将我国冷战史研究推向新阶段。

原载（《世界历史》1999年第2期）

① 时殷弘：《美国参战和特种战争——肯尼迪政府的越南政策》，《南京大学学报》（哲学·人文科学·社会科学）1991年第4期。

② 时殷弘：《逐渐升级战略及其失败——论1965—1968年美国对北越的轰炸》，《美国研究》1993年第2期。

③ 张岷、黎章春：《略论越南战争对美国社会的影响》，《历史教学问题》1990年第1期。

苏联解体后美国学术界对冷战史的研究

苏联解体后美国学术界掀起了一股空前的“冷战史学”热，笔者这几年恰好在美国访学，收集了不少资料，现仅就此整理概括如下。

一、关于冷战的起源与性质

关于冷战的起源与性质，概括地说，苏联解体之前美国学术界大体流行三种观点。

一种是正统观点，产生于20世纪40年代冷战开始之初，认为冷战是斯大林发动的，是“斯大林的战争”，美国从事冷战是被迫的、自卫的，“是自由人民对共产主义侵略勇敢的回应”。① 第二种为“修正主义学派”，它产生在20世纪50年代末，偏重于批评美国的对外政策，认为美国外交的悲剧在于理念与行为之间的矛盾。理念上宣扬自决，但在国际政治的实践中在一些国家反对自决；鼓吹经济自由，却又力图控制别国经济。该学派被正统学派攻击为马克思主义、共产党学派。第三种为声称要进行综合分析的“后修正主义学派”，产生于20世纪70年代，认为二战后苏联的行动是“矛盾的”、“反动的”、“防御性的”、“谨慎的”，其能力是有限的；杜鲁门政府歪曲了苏联的行为，忽视了斯大林的保守主义，夸大了苏联的威胁，错误地把第三世界的反殖民主义运动看做是苏联扩张共产主义的工具，导致了韩战、越战，并与第三世界的独裁者结盟②。对

---

① William Hyland, The Cold War is Over, London: Crorn House, P. 5.

② John Lewis Gaddis, The Tragedy of Cold War History, Diplomatic History, 1993, Volume 17, Issue 1, pp. 1-16.

以上三种观点，纽约市立大学人类学教授阿瑟·小施莱辛格概括为“40年代和50年代的正统观，把俄国人看做是坏人、反面角色；60年代的修正主义者，把美国人看作坏人、反面角色；到80年代……后修正主义的综合分析的出现……历史开始从一个战斗的武器转为努力分析确定结构窘境和理解敌对双方的关系”。①

苏联解体后冷战最终结束，人们有可能回过头来全面冷静地考察这一历史，首先是关于它的起源和性质。1992年春夏，美国研究外交史的权威杂志《外交史》季刊连续两期刊载20余篇论文，对冷战史进行讨论，其中有不少文章探讨了冷战的起源。此后继续大量载文讨论。美国退休外交官、布鲁金研究所的高级研究员雷蒙德·加特霍夫在《冷战产生与结束的原因》一文中认为冷战的根本原因是苏美双方都相信被历史所强加的冲突是不可避免的。苏联领导人相信共产主义最终将在全世界获胜，苏联是社会主义共产主义国家的先锋队，历史决定西方“帝国主义”国家必然采取反对他们的敌对行动。西方领导人则估计苏联决心要增强其力量并不择手段地推行扩张共产主义的政策以图建立一个由苏联领导的共产主义世界。每一方都认为由于对方的现实存在而不得不投入斗争。② 阿瑟·小施莱辛格在《冷战的一些教训》一文中认为美苏两国是站在根本对立的原则基础上的，他们在人权、个人自由、文化自由、文明社会的作用、历史的方向以及人的尊严这些最重要和最基本的问题上的分歧使他们分裂，每个国家都把对方看成是和自己的本质永远敌对的。阿拉巴马大学历史学教授霍华德·琼斯与阿肯色大学外交史教授兰德尔·伍兹合写的《冷战在欧洲与近东的起源：最近的历史编纂与国家安全因素》一文认为必须从国际与国内两个方面全面考察冷战的起源。最近的研究表明冷战是由多种复杂因素综合引起的，其中一个重要原因是东、西方在相互极不信任以及二战造成的混乱状态下为谋求各自的安全引起的。③

---

① Arthur Schlesinger，Some Lessons from the Cold War，Diplomatic History，1992，Volume 16，Issue 1，pp. 47-53.

② Raymond L. Garthoff，Why Did the Cold War Arise，and Why Did It End? Diplomatic History，1992，Volume 16，Issue 2，pp. 287-293.

③ Howard Jones and Randall B. Woods，Origins of the Cold War in Europe and the Near East：Recent Historiography and the National Security Imperative，Diplomatic History，1993，Volume 17，Issue 2，pp. 251-276.

关于冷战在东亚的起源，1993年纽约哥伦比亚大学出版社出版奥德·韦斯坦特的专著《冷战与革命：苏美竞争与中国内战的起源》。作者认为冷战在东亚始于中国共产党获胜或韩战。1945年8月美国许多高级官员已意识到罗斯福总统关于美苏在东亚合作的计划过时了，他们看到苏联对中国的要求是侵略性的，认为中共是苏联对外政策的工具，力图避免苏联红军登陆日本并遏制苏联对中国的影响。到1946年中，苏美两国领导人都看到中国的内战与美苏在欧洲和中东的利益冲突相联系，美苏在东亚的冲突不可避免。

在论及冷战的性质时，约翰·加迪斯在《冷战，长期和平与未来》一文中认为所谓冷战正如杜鲁门总统所说是“民主与专制两种生活方式之间的斗争”。① 雷蒙德·加特霍夫在前引文中认为冷战具有意识形态斗争和地缘政治斗争双重性质。阿瑟·小施莱辛格则认为冷战“意识形态的冲突大于地缘政治的冲突”。罗彻斯特大学政治学教授约翰·米勒在《静悄悄的灾变：关于第三次世界大战的一些后果》一文中更大胆地把冷战称为“第三次世界大战”。②

二、关于冷战结束的原因、后果与教训

第一，关于冷战结束的时间。这方面大体有三种不同观点。比较普遍的观点认为1991年苏联的解体标志着冷战的最终结束。例如，曾担任过卡特政府国家安全顾问，现为美国战略与国际研究中心顾问、霍普金斯大学美国对外政策教授齐格尼耶夫·布热津斯基在《冷战及其后果》一文中认为冷战可分三个阶段：第一阶段从二战后冷战开始到1953年斯大林逝世，双方都持防御立场；第二阶段从20世纪50年代末至70年代，苏联转为进攻；第三阶段从1979年至1991年，西方重新发动进攻，苏联阵营爆发危机，美国在军备竞赛中给予最后的决定性一击，苏联解体，冷战结束。③

也有人认为冷战结束的时间还要早。艾伦·林奇在西部观察出版社1992年出版的《冷战再次结束》一书中认为20世纪60年代初至70年代期间当东西方

---

① John Lewis Gaddis，The Cold War，the Long Peace，and the Future，Diplomatic History，1992，Volume 16，Issue 2，pp. 234-246.

② John Miller，Quiet Cataclysm：Some Afterthoughts about World War III，Diplomatic History，1992，Vol. 16，Issue1.

③ （美）齐格尼耶夫·布热津斯基：《冷战及其后果》，美国《对外事务》杂志1992年第4期。

政府承认了德国与欧洲的分裂时冷战实际上已经结束了。1989 年革命彻底改变的不是冷战秩序而是东西方关系的后冷战秩序。《政策评论》季刊 1993 年秋刊载的安德鲁·布希与伊丽莎白·斯波尔丁合写的文章《1983：从奥韦尔的恶梦中醒来》认为 1983 年标志着冷战结束的开始。主要由前总统里根制定的许多国内外政策决定开始抑制了苏联的扩张主义；里根在 1983 年的一次演说中把苏联称作"邪恶的帝国"体现了西方对苏联军事政策的看法；美国发起了"星球大战计划"，在萨尔瓦多取得积极进展，对格林纳达的马克思主义武装取得了胜利，并开始了一个长期的经济恢复，这些都使美国有可能领导西方获得冷战的胜利。

还有人认为冷战并没有结束。沃尔特·拉菲博尔在《冷战结束了吗》一文中认为冷战并非只是美苏之间的对抗；而是由形形色色的冲突对抗组成的，至少有四个：工业国家之间的冲突对抗；世界的商业中心与提供市场与原料国家之间的冲突对抗；美国内部行政与立法之间的冲突对抗，它导致了水门危机与伊朗门事件；美苏之间的长期对抗。这四对矛盾中前三对仍在继续和发展；第四对根本改变了，但由于苏联分裂成许多独立的小国所产生的民族与经济问题仍给世界安全带来威胁，因此冷战仍在继续。作者认为如果把过去 45 年的冷战仅仅看做是美苏对抗可能是方便的，但不符合历史。在此期间美苏并没有在战场上互相厮杀，却有 2100 万人死于战乱。其中 400 万人死于 1945—1975 年的越南冲突中。① 1993 年 8 月 2 日《纽约时报杂志》刊登的托马斯·弗里德曼的文章《冷战没有结束》认为尽管苏联崩溃了，但 1992 年美国联邦政府 5480 亿美元的开支中仍有 20%用于遏制共产主义，从这个意义上讲冷战并没有结束。1994 年 2 月《每月评论》杂志的一篇社论认为军备竞赛是冷战的一个特征，仍然膨胀的美国军事预算表明军备竞赛仍在继续，冷战并没有结束。

第二，关于冷战的结果——谁赢得了冷战？苏联解体后不少美国政要、学者宣布冷战以美国的胜利、苏联的失败而告终。1992 年 1 月布什在给国会的国情咨文中自豪地宣布美国赢得了冷战，博得了满堂彩。1992 年美国大选期间共和党与民主党竞相把自己打扮成冷战的胜利者。对此前苏联、东欧的许多人首先不同意。1992 年 1 月俄罗斯总统叶利钦公开声明"我不认为美国赢得了冷战。

① 沃尔特·拉菲博尔：《冷战结束了吗》，《外交史》1992 年春季刊。

我认为我们共同赢得了它”[①]。1992年8月17日，埃弗雷特·丹尼斯在其文章《我们没有赢得冷战》中讲道，他访问了东欧数国，“无人说美国赢得冷战。知识分子们认为美国的民主是导致冷战结束的一个因素，军备竞赛加速了苏联的崩溃，但他们通过1989年以来的革命为冷战的结束作出了更大的贡献”。[②] 美国也有不少学者提出不同看法，主要有如下四种观点：

（1）都是冷战的失败者。美国著名学者、外交官、遏制政策的设计师乔治·凯南1992年10月28日在《纽约时报》发表题为《谁赢得了冷战》的文章无情地指出，说共和党赢得冷战是滑稽可笑的，没有任何国家、任何政党、任何个人赢得冷战。冷战是一个长期的损耗巨大的斗争，它极大地绷紧了美苏两国的经济资源，使得两国到20世纪80年代末时出现严重的财政、经济、社会问题，在俄国还有政治问题。

（2）西欧、日本是冷战的真正获胜者。《外交史》杂志1992年冬刊载的亚历克斯·费里托夫的文章《战后的胜利：冷战的后果》认为争论谁赢得冷战是空洞无意义的，因为冷战的参与者都对冷战获得了胜利，也可以说由于两个超级大国的争斗与衰败，西欧和日本是冷战的真正获胜者。

（3）共和党与民主党共同赢得了冷战。《华盛顿邮报》1992年8月19日刊登的威廉姆·奥多姆的文章《谁真正赢得了冷战》，认为是共和党与民主党的合作使美国能够迎击苏联的挑战，导致冷战的结束。

（4）美国是冷战的失败者，1993年3月31日，《高等教育时报》载韦德·亨特利的一篇文章认为冷战的结束留给美国更多的是损失而非胜利。

第三，关于冷战结束的原因。这个问题实际上和苏联崩溃的原因紧密相连。对此布什政府同样窃其功为己有，自诩是由于他继续了里根“以实力求和平”政策使美国赢得冷战。[③] 美国学者则从不同角度进行了分析探讨，主要有如下四种观点。

（1）雷蒙德·加特霍夫认为，西方并没有通过地缘政治的遏制与军事阻拦赢得冷战。冷战也不是像一些人所认为的那样被里根的增强军备和里根主义打

---

① 《我们共同获胜》，《洛杉矶时报》1992年8月22日。

② 埃弗雷特·丹尼斯：《我们没有赢得冷战》，《洛杉矶时报》1992年8月22日。

③ 杰夫·特林希尔：《谁推倒这堵墙》，《美国新闻与世界报道》1992年1月2日。

赢的。美国在结束冷战中的作用是必要的但不是主要的。冷战主要由于苏联新一代领导人认识到其国内外政策的失败而把它引向结束。是戈尔巴乔夫把冷战引向结束。

（2）1994 年 5 月 30 日《国家评论》杂志刊载了彼得·施韦策的《谁摧毁了“邪恶的帝国”》一文，文章指出，由于里根政府采取了一系列主动的进攻性政策，如制订星球大战计划，采取了许多破坏苏联石油工业和国防工业的秘密措施，瓦解苏对波兰、东欧、阿富汗的控制等，导致了苏联的没落和冷战的结束。1994 年纽约大西洋月刊出版社出版了他的专著《胜利：里根政府加速苏联崩溃的秘密战略》就此作了详尽的揭露探讨。

（3）丹尼尔·多伊德尼与约翰·伊肯伯里合写的《谁赢得冷战》一文指出，前总统里根的支持者们坚持说里根的强硬路线导致冷战的结束，但 20 世纪 80 年代发生的其他一些事情也导致冷战的结束，如被里根强硬政策所激发的和平运动的增长；不断增长的东、西方经济关系的利益。[①] 1993 年加州大学出版社出版的塞西亚·英洛伊的专著《早晨以后：结束冷战中的女性政治》分析探讨了妇女在结束冷战中的作用。同年西部观察出版社出版的戴维·康特雷特的专著《和平工作：公民在结束冷战中的作用》分析探讨了和平运动与公民在结束冷战中的作用。

（4）1992 年 10 月 30 日《华盛顿邮报》刊载的斯蒂芬·罗斯菲尔德《冷战的胜利者》一文，评价了里根与布什在结束冷战中的作用，认为在苏联由于内部危机处于崩溃边缘的情况下里根与布什将其推倒，结束了冷战。

第四，关于冷战的影响与后果。二战后冷战持续 40 多年，造成的影响与后果不可估量。对此，美国学者讨论了它的方方面面。

（1）对美国的影响。首先，在经济方面，韦德·亨特利认为冷战使美国背上了沉重的债务，遭受了贫穷的折磨。美国不必要地花费了数以千万亿计的美元用以加强军备，反对共产主义。彼得·金在《许多冷战英雄们仍然自以为是》一文中也认为冷战给美国造成巨大的财政赤字和国债，使未来几代人都得为我们偿付债务。[②] 加尔·阿尔珀罗维奇与凯·伯德在《冷战的消失与 20 世纪问题

① 丹尼尔·多伊德尼、约翰·伊肯伯里：《谁赢得冷战》，《对外政策》杂志 1992 年夏季刊。

② 彼得·金：《许多冷战英雄们仍然自以为是》，《洛杉矶时报》1992 年 4 月 11 日。

的揭秘》一文中认为由于过分以军事为中心建设经济，冷战限制了美国的经济选择。① 其次，在政治方面，加尔·阿尔珀罗维奇和凯·伯德在前引文中认为冷战中美国右翼势力嚣张，否定了左翼在美国政治中的合适作用并限制了美国的对外政策，特别是对第三世界国家的经济和政治选择。苏珊·艾森豪威尔在《冷战的遗产》一文中认为冷战中核武器的发展导致了联邦财政的增长和政策决定的集中化。② 再次，在文化方面，斯蒂芬·惠特菲尔德在《成为历史的文化冷战》一文中认为持续近半个世纪的冷战对美国的文化表现、人权以及学术自由都产生深远的影响，并进行了详细讨论。③ 1993 年芝加哥伊凡·迪伊出版社出版巴鲁克学院历史学教授爱德华·佩森的专著《丧失灵魂：美国在冷战中的所作所为》，该书揭露了中央情报局、军事工业集团、冷战的思想家与政治家们在冷战中的所作所为，指出虽然美国赢得了冷战，但使用的方式是“如此严重地缺德以至于美国可能永远不会从它对我们的价值、我们的自由、我们的政治、我们的安全、我们的物质生活条件……”所造成的影响中“恢复过来”。

（2）对第三世界的影响。1992 年纽约普雷格出版社出版的卡伦·费斯特的专著《扩大战线：冷战中超级大国的干涉》，考察了冷战中美苏对第三世界的干涉，指出美苏总是从他们自己的角度看待第三世界发生的事情，不能正确理解当地的条件，横加干涉，结果扩大了冷战的战线。1992 年杜克大学出版社出版的威廉姆·奥多姆的专著《介入内战：美苏与第三世界的代理人和骚乱》考察了美苏在第三世界特别是拉丁美洲与亚洲寻找代理人煽动骚乱进行干涉，批评美国的政策是“口技殖民主义”。《外交史》1992 年冬季刊发表诺姆·乔姆斯基的文章《从下面观察》认为，苏联的消失和冷战的结束不可能使南部发展中国家获益。冷战结束后美国在巴拿马和波斯湾的军事冒险表明美国意欲增强其军事和经济实力。苏联威胁的消失并不能阻止美国对第三世界国家的干涉，它会通过寻找其他借口进行干涉。如鼓励一个可接受的政府。美国将通过支持腐败政府延长它在美洲霸权，通过自由贸易协定扩大它对墨西哥和加拿大的霸权。《国家利益》杂志 1993 年夏季刊发表埃利奥特·艾布拉姆斯的文章《新穷国》

---

① Gar Alperovitz and Kai Bird：The Fading of the Cold War：And the Demystification of Twentieth-Century Issues，Diplomatic History，1992，Volume 16，Issue 2，pp. 312-318.

② （美）苏珊·艾森豪威尔：《冷战的遗产》，《纵横》1993 年第 2 期。

③ 斯蒂芬·惠特菲尔德：《成为历史的文化冷战》，《弗吉尼亚评论》1993 年夏季刊。

指出，冷战中所有国家都从主要大国获得经济援助，因为每个国家都是一个潜在的美苏争斗的战场。冷战的结束把发展中国家分成了两类。其中较穷者获得援助，较富者吸引投资。较富的发展中国家由于对国际金融社会有着更大的利益，也就具有更多的讨价还价的力量。

（3）对中、近东的影响。伯纳德·刘易斯在《对外事务》1992年秋季刊上发表题为《反思中东》一文，认为冷战的结束导致了中东地缘政治的重新界定并使美国不再在这一地区扮演帝国主义的角色。美国在中东的主要政策成为阻止该地区出现地区霸权主义。然而尼基·凯迪在《外交史》1992年冬季刊发表题为《冷战的结束与中东》一文认为冷战的结束对中东并未带来任何重要变化。美国在该地区的影响始终比苏联大，苏联在该地区对西方利益威胁的消失并没有减少美国在该地区的出现。但由于冷战的结束与共产主义威胁的消失所产生的几个因素可能影响中东：东欧共产党政府及其援助的消失；前共产党国家民主的上升；西方左翼分子放弃共产主义理念；美苏竞争以及一个与美抗衡的超级大国的消失。《外交史》同期刊载的布鲁斯·卡尼霍尔姆《冷战在近东的结束：它对历史学家和决策者们意味着什么》一文认为波斯湾战争表明近东的后冷战环境。苏联的没落、美国的专横，引起叙利亚、土耳其、伊拉克和沙特阿拉伯重新思考他们的对外政策。历史学家们必须认识该地区的新趋向。决策者需要了解该地区的历史，当今该地区发挥作用的各种政治力量，就共同的国际目标取得一致，并当突发事件出现时灵活处置。

（4）对亚洲的影响。1992年11月27日《探索者》杂志发表一篇题为《超级大国的战场》的文章指出，冷战对大部分亚洲国家产生严重的经常是破坏性的影响。虽然两个超级大国并没有相互公开战斗，他们各自支持亚洲国家敌对的一方。朝鲜战争和越南战争就是美苏间接斗争的两个实例。另一篇题为《中国的作用》的文章指出冷战期间中国被认为是亚洲政治的焦点，美国始终注视着中国的政治活动。具有讽刺意味的是，美中关系受到美苏关系的左右，由于苏联威胁的增长两国不得不进行谈判走到了一起。

（5）对非洲的影响。《国际事务杂志》1993年夏刊载卡罗尔·科林斯的文章《冷战来到非洲：科迪埃与1960年刚果危机》，指出联合国在解决1960年刚果危机时由于联合国官员安德鲁·科迪埃的冷战偏见而导错了方向。他们把刚果的冲突看作是东西方冲突的一部分，拒绝支持反殖民主义的民族主义者，迫使后者寻求苏联的支持，而联合国与西方支持了刚果的独裁者。

第五，关于冷战的教训。阿瑟·小施莱辛格在《冷战的一些教训》一文中集中讨论了冷战的教训。他归纳总结出冷战有六个主要错误也即教训：过分地解释、夸大了对手的动机和行为；执行了僵化的冷战政策，把冷战政策过分地制度化了；轻妄地预言未来，忽视了历史的多变性；普遍地狂妄自大，自以为是，不能客观地看待自己；把冷战看做只是美苏表演的双边游戏，忘记了欧洲国家的参与；把冷战看做是一方得益另一方遭损的竞争，实际上它最具有集体自杀的性质。

三、关于冷战的一些人物与事件

这也是近两年美国学术界讨论的一个热点。既然冷战结束了，随着关于冷战的一些秘密档案材料曝光，对冷战中一些当事人和一些事件的评价与再评价也就被提上议事日程。

(1) 对人物的评价。这方面首先是对几位美国总统的评价。安东尼·多兰在《美国企业》杂志 1993 年 3—4 月这一期上发表《精心推敲的辞句：里根的“邪恶的帝国”》一文指出，许多分析家谴责里根总统任职期间关于苏联发表了一些不谨慎的言论，如把苏联称为“邪恶的帝国”。但他的言论实际上经过仔细推敲并对结束苏联的共产主义产生了最大的影响。他利用总统府的讲坛谴责苏共的谎言欺骗与野蛮镇压。与此同时在外交上主动出击，加速了冷战的结束。理查德·莱鲍和贾尼斯·斯坦在《里根与俄国人》一文中指出，有人认为里根加强军备的政策导致了冷战的结束，实际上它延长了冷战。[1]

杰里尔·罗莎蒂在《总统研究季刊》1993 年夏季刊上发表《吉米·卡特：一位走在时代前面的人？第一位后冷战总统的起落》一文。文章认为卡特总统是抱着取代几位前任的冷战政策上台执政的。他提出了第一个后冷战对外政策。但该政策在其任期结束时遭到破产。戈尔·维达尔在《肯尼迪的战争游戏》一文中认为肯尼迪为了赢得冷战进行了美国历史上第二个最大的军备建设。他入侵古巴和老挝的军事冒险遭到失败，他为了显示政治上的果断使美国投入了越

① 理查德·莱鲍、贾尼斯·斯坦：《里根与俄国人》，《大西洋杂志》1994 年第 2 期。

南战争。[①]

纽约牛津大学出版社1993年出版了罗伯特·迪万的专著《人造卫星的挑战：艾森豪威尔对苏联人造卫星的回应》。作者指出1957年苏联第一颗人造卫星上天后美国一片恐慌，只有艾森豪威尔总统保持镇定并知道美国在科学技术和武器方面远远超过苏联；只有艾森豪威尔看到赫鲁晓夫为美国未来的侦察卫星提供了合法的先例。作者赞扬了艾森豪威尔对苏联人造卫星的低调的通情达理的回应，但批评他没有看到宣传的重要性，没有通过宣传消除美国人民恐惧心理，结果开始了由于无知而造成的长达10年军备竞赛。

著名外交家基辛格在《对外事务》杂志1994年5—6月刊上发表《遏制的反思》一文，对遏制政策的设计师乔治·凯南及其遏制政策进行了评价，指出45年前乔治·凯南以“X”署名在本刊上发表的文章给美国勾勒了一个反对共产主义意识形态的长期斗争的蓝图。“遏制”只有在苏联制度的崩溃与转变后才能结束。遏制指导了美国政策，凯南成为最早最直接地预见到苏联垮台的人。里查德·巴尼特在《外交史》1992年春季刊上发表《平衡的一页：李普曼、凯南与冷战》一文，认为冷战的结束对考察乔治·凯南和沃尔特·李普曼的美国对苏政策提供了好机会。凯南在1947年提出遏制政策，同时也指出由于与生俱来的问题苏联的统治最终会没落。李普曼反对遏制，但也正确地预见到该政策对美国会产生消极的政治、道德和经济后果。

(2) 对事件的评价。关于古巴导弹危机，1992年纽约圣·马丁出版社出版詹姆士·内森编辑的论文集《重评古巴导弹危机》。该书包括8篇论文，都是基于过去5年来新公布的文件、录音等材料写成的。其中一个新的结论是在古巴导弹危机中肯尼迪比过去人们知道的更理智、更妥协。1992年纽约西蒙—舒斯特出版社出版罗伯特·汤普森的专著《十月的导弹：被公开的肯尼迪与古巴导弹危机的历史》。该书引用了新公布的国家安全委员会的档案。一个结论是没有证据表明1962年10月在U-2飞机之前肯尼迪已知道苏联在古巴部署了进攻性导弹。1992年12月26日《新闻周刊》发表汤姆·摩根索《大灾难的边缘》一文指出，根据新提供的前苏联和美国中央情报局的资料，在古巴导弹危机中美

① 戈尔·维达尔：《肯尼迪的战争游戏》，《新政治家与社会》1993年1月26日。

国与苏联比人们所知道的更接近一场核战争。过去对该事件的评论往往是错误的。1993 年纽约潘西奥著作出版社出版詹姆士·希莱特、布鲁斯·阿林和戴维·韦尔什合写的著作《处在边缘的古巴：卡斯特罗，导弹危机，与苏联的崩溃》指出，1992 年 1 月在哈瓦那举行的关于导弹危机的国际讨论会上，卡斯特罗承认他当时已准备进行一场战争，即使是一场核战争。

原载（《世界历史》1996 年第 1 期）

独占鳌头，学界瞩目——美国的冷战史研究

冷战史，或曰冷战国际史，是国际学术界目前最热门的研究领域之一。无论是大国还是小国，发达国家还是发展中国家，许多学者加入了研究的行列，将其研究不断推向高潮。在众多从事冷战史研究的国家中，美国再次扮演了超级大国的角色，独占鳌头，为学界瞩目。本文将就美国学术界的冷战史研究作一简略评述。美国的冷战史研究可概括为四个特点。

一、研究起步早，持续时间长

美国学术界的冷战史研究几乎是与冷战同步开始的。自从 1947 年 3 月 12 日美国总统杜鲁门在国会两院联席会议上发表被称为其“冷战宣言”的“杜鲁门主义”，酝酿两年的美苏冷战随之爆发；4 月 16 日参议员伯纳德·巴鲁克在演说中公开使用了冷战一词后，美国的冷战研究也就开始了。是年 7 月，著名国际关系学家、时任美国国务院政策设计室主任的乔治·凯南化名“X”在权威的《外交》期刊上发表题为《苏联行为的根源》一文，成为冷战研究的首篇论文。9 月，美国著名评论家沃尔特·李普曼出版了《冷战》一书，就战后美国的对外政策进行了研究，成为冷战研究的第一部著作。之后美国学术界对冷战史的研究逐步展开，迅速发展，流派层出，争论不断，高潮迭起。特别是 20 世纪 90 年代以来，随着苏东剧变冷战结束，冷战的一方退出历史舞台，持续 40 多年的冷战真正成为历史；同时冷战双方的档案资料大量解密，美国学术界的冷战史研究持续升温，直至今日。可以说，美国是最早开始冷战史研究并持续不断的

国家。

二、研究范围广，探讨问题深

首先，就空间范围来说，其研究没有局限于美、苏等少数几个大国，而是遍及各大洲的许多国家，乃至美苏在太空的争夺，建构了一幅立体多维的冷战全景图。以非洲和拉丁美洲为例，20 世纪 60 年代后，随着冷战向全球扩展，美国学界也加强了对非洲和拉美国家内部发展与东西方冷战争夺的研究。例如，詹姆斯·佩特拉斯和莫里斯·莫利出版的《美国与智利：帝国主义与阿连德政府的推翻》(1975)，马德琳·G·卡尔布出版的《刚果电报：从艾森豪威尔到肯尼迪在非洲的冷战》(1982)，霍利·斯克拉出版的《华盛顿对尼加拉瓜的战争》(1988)，费尔南多·安德森·吉马德斯出版的《安哥拉内战的起源：外国干涉与国内政治冲突》(1998) 等，这些著作都用丰富的资料，揭露了美苏在该地区的争夺。

其次，就研究内容来说，所涉及范围既有对冷战史的宏观总结，出版不少通史类著作，如沃尔特·拉弗贝的《美国、俄国与冷战，1945—1990》(1991)、马丁·沃尔特的《冷战史》(1995)、马丁·麦考利的《俄国、美国与冷战，1949—1991》(1998)、约翰·加迪斯的《新冷战史》(2004)，以及对冷战期间各国的战略研究，如诺曼·弗莱德曼的《50 年：冷战中的冲突与战略》(2000) 等，也有对冷战时期发生的重大事件的个案研究，如对马歇尔计划、两次柏林危机、德国分裂、新中国的成立、朝鲜战争、匈牙利事件、古巴导弹危机、越南战争、阿富汗战争、东欧剧变、苏联解体等的研究；既有对冷战起源的研究，也有对冷战结束及其原因与后果的探讨，如雷蒙德·加特霍夫的《大转变：美苏关系与冷战的结束》(1994)、艾伦·柯林斯的《安全困境与冷战的结束》(1997)、杰弗里·A·恩格尔编辑的论文集《全球冷战的地方后果》(2007)、A. S. 格拉切夫的《戈尔巴乔夫的赌博：苏联对外政策与冷战的结束》(2008) 等；既有对冷战期间各国对外政策、对外关系的探讨，也有对各国政治家、外交家的人物研究；既有对美苏的政治博弈、经济竞争、军备竞赛、文化冷战、核武器与核战略的研究，也有对两国的秘密机构和隐蔽行动的研究，等等，可谓无所不至，一些研究也很有深度。这里仅举两个方面的研究，由此以窥一斑。

第一，美国的隐蔽行动和秘密战。美国学术界对冷战期间美国隐蔽行动和秘密战的研究，始自20世纪五六十年代。1972年水门事件爆发后，美国国会在追查水门事件过程中，中情局自成立以来实施的隐蔽活动不断被揭露，由此引发了美国学界研究的第一个高潮，出现了一大批研究成果。

80年代中期伊朗门丑闻披露后，学界掀起了新一轮揭露和探究里根及历届美国政府隐蔽行动的高潮，出现了一批很有分量的研究成果。在学术专著方面，最具代表性的有约翰·普拉多斯的《总统的秘密战：二战后中情局与五角大楼的隐蔽活动》(1986)，格雷戈里·特里沃顿的《隐蔽行动：在战后世界干涉的局限》(1987) 等。

苏东剧变冷战结束后，冷战双方的档案资料大量解密，包括一些美国对苏东集团及其他国家实施隐蔽行动和秘密战的绝密文件。加之更多参与过这类活动的当事人不再忌讳，接受采访，撰写回忆录。这就使美国学术界关于隐蔽行动和秘密战的研究成果大量问世，研究视角也涉及隐蔽行动和秘密战的各个方面。就学术著作而言，大体可以分为以下两类。

(1) 对美国的隐蔽行动宏观阐述，侧重理论探讨。例如，《需要知道：20世纪基金会隐蔽行动与美国民主研究小组的报告》(1992)，系统阐述了隐蔽行动的定义、发展、支持与反对隐蔽行动者的论据、适当的隐蔽行动、隐蔽行动之活动的计划与批准、隐蔽行动的监督等。罗伊·戈德森的《肮脏的诡计还是王牌：美国的隐蔽行动与反情报活动》(1994) 就美国对外情报活动中的两个重要方面——隐蔽行动与反情报活动的内涵、区别进行了界定，对它们在二战后的发展、各自所遵循的原则、其成效与教训作了系统阐述与剖析。约翰·雅各布·纳特的《中央情报局的黑色行动：隐蔽行动、对外政策与民主》(2000) 揭露剖析了中情局自1947年建立以来对苏联集团及其他国家实施隐蔽行动的类型、成功与失败的范例，冷战期间美国为何迷恋隐蔽行动，用“黑色行动”替代对外政策，中情局如何发展成为政府所依赖的一个决策者，并揭示了其与美国民主社会的矛盾。威廉J. 多尔蒂的《行政秘密：隐蔽行动与总统》(2004) 系统论述了隐蔽行动在情报与对外政策中的作用、成败、缺陷，隐蔽行动的范畴，其计划的批准与检查，以及二战后历任总统与隐蔽行动的关系。

(2) 个案研究，侧重具体隐蔽行动与秘密战的阐述。例如，彼得·施魏策尔的《胜利：里根政府加速苏联崩溃的秘密战略》(1994) 一书揭露了里根政府通过对苏联实施隐蔽的政治战、经济战、心理战和准军事行动，从而加速了苏联的崩溃。格雷戈里·米特罗维奇的《挖克里姆林宫墙角：美国颠覆苏联集团的战略，1947—1956》（2000）详细考察了冷战早期美国颠覆破坏苏联集团的战略，揭示了“美国的目标并非单纯地与苏联谈判，而是要采取心理战和隐蔽行动暗中破坏苏联政府，迫使它放弃扩张野心，或引发共产主义集团的彻底崩溃”。斯科特·卢卡斯的《自由的战争：美国反对苏联的圣战》（1999）详细考察了二战后至20世纪50年代后半期美国对苏联集团进行心理战、宣传战，以期瓦解苏联集团，捍卫西方的民主自由。阿奇·普廷顿的《广播自由：自由欧洲电台与自由电台的冷战凯旋》（2000）探讨了从1949年自由欧洲电台的筹建到1991年苏联解体期间两电台的活动，它们在美国冷战战略中的角色，与美国情报机构的关系。柯蒂斯·皮布尔斯的《朦胧的战斗：对苏联的空中隐蔽行动》（2005）详细考察了从冷战爆发到越战结束期间美国对苏联集团的空中隐蔽行动。肯尼思·康博伊和詹姆斯·莫里森合著的《中情局在西藏的秘密战》（2002）详细揭露了中情局秘密支持中国西藏的达赖喇嘛民族分裂集团发动武装叛乱、企图分裂中国的活动。小詹姆斯 E. 帕克的《隐蔽行动：中情局在老挝的秘密战》（1995）、唐·博宁的《困扰卡斯特罗：美国对古巴的隐蔽行动，1959—1965》（2006）则分别论述了美国对这两个弱小国家的隐蔽行动，等。

第二，冷战对美国文化、教育、科技的影响。关于冷战对美国文化的影响，斯蒂芬 J. 怀特菲尔德出版了《冷战文化》（1991）一书，详细考察了战后反共产主义思潮对美国政治、宗教、文化、电影、小说等的影响。理查德·施瓦茨出版的《冷战文化——媒体与艺术，1945—1990》（1998）一书，以百科全书的形式，介绍了冷战影响下的美国文化，包括文学、艺术、音乐、舞蹈、戏剧等各个方面。彼得·库兹尼茨克和詹姆斯·吉尔伯特出版合编的论文集《反思冷战文化》（2001）。书中收集的9篇论文从不同角度探讨了冷战对儿童、工人、性、电影等社会文化的影响，并对一些传统观点提出挑战。此外，戴维·锡德的《美国科幻小说与冷战：文学和电影》（1999）、爱德华·布鲁纳的《冷战诗歌》（2000）分别探讨了冷战对文学、电影和诗歌的影响。南希 E. 伯恩哈德的《美国电视新闻与冷战宣传，1947—1960》（1999）探讨了冷战对这一时期美国电视新闻宣传的影响，揭露了在电视媒体的早年，电视网与政府紧密勾结，成为非官方的宣传家，传送被白宫、国务院、国防部制作、编写或同意的消息和节目，将冷战有效地"卖"给了美国公众。

关于冷战对美国教育和科学的影响，雅各布·诺斯纳《杰出的代价：冷战冲突中的大学》（1995）以亲身经历和研究揭露了美国政府如何支配大学和学院，把他们拖入冷战，扭曲了他们自古以来的神圣天职。戴维·蒙哥马利等合著的《冷战与大学——战后知识分子史》（1997）深入探讨了冷战对政治学、历史学、人类学、语言学、地球科学等学科及大学的影响。克里斯托弗·辛普森编辑的论文集《大学与帝国：冷战时期社会科学中的金钱与政治》（1998 年）所录 10 篇论文，对冷战时期金钱和政治对美国社会科学及一些研究人员的影响进行了深入考察。

也有学者探讨了冷战对自然科学的影响。例如，沃尔特·麦克杜格尔的《科学的冷战之旅》一文（2000）探讨了冷战期间美国的科学技术在政府资助下的发展历程。丹尼尔·李·克莱曼和马克·索洛韦的《热科学与冷战：二战后的自然科学基金会》一文（1995）揭示冷战期间美国政府为加强国家安全，刺激经济增长，于 1950 年创建自然科学基金会，从此冷战成为科学家们要求政府给基金会大量拨款及扩大基金会在联邦科学政策制定中作用的基础。约翰 H. 帕金斯的《地缘政治与绿色革命：小麦、基因与冷战》（1997）考察了二战后发生在美、英、印度、墨西哥的"绿色革命"，把它和这些国家的安全政策及对外交换政策联系起来，揭示美国把促进本国的绿色革命和支持印、墨的绿色革命作为遏制苏联的冷战政策的组成部分。可见，美国冷战史研究的内容相当广泛，一些研究已相当深入。

三、研究机构活跃，资料建设扎实

1991 年美国华盛顿伍德罗·威尔逊国际学者中心设立了冷战国际史项目（The Cold War International History Project，CWIHP），成为世界上最早成立的冷战史研究专门机构。之后，哈佛大学、乔治·华盛顿大学等高校和研究机构也设立了冷战国际史项目。这些冷战史研究机构成立后非常活跃，特别是冷战国际史项目，该机构创办了免费赠送的专业刊物《冷战国际史项目公报》，主要刊载译成英文的前苏联东欧以及中国等社会主义国家的档案资料及学者评述。同时经常举办专题国际学术研讨会，如 1993 年 1 月在莫斯科与俄罗斯科学院世界史研究所合办了专题即为冷战的研讨会；1996 年 1 月在香港与香港大学合办了“冷战在亚洲”研讨会；1997 年 10 月在北京与中国史学会东方历史研究中心、当代中国研究所合办了“冷战与中苏关系”研讨会；1998 年 6 月在奥斯陆与挪威诺贝尔研究所合办了“关于冷战历史的档案文献”研讨会等。该机构还给各国学者、博士生提供经费，资助他们去美国、俄罗斯等国利用档案资料进行研究；开通了自己的网站，发布档案资料、研究成果和学术交流信息；出版冷战史研究著作。这一机构目前是国际上最为活跃的冷战史研究机构，甚至起到了国际冷战史研究领头羊的作用。哈佛大学冷战史研究项目自 1999 年开始出版《冷战研究》季刊，发表基于档案资料的研究论文。该项目几乎每周都举办小型研讨会，邀请一些学者介绍最新研究成果，并围绕这些问题进行讨论。笔者在哈佛作高访时就多次参加过这样的研讨会。

在资料建设方面，首先是出版了不少文件资料集。例如，克里斯托弗·辛普森编辑出版的《里根与布什政府时期的国家安全指令——解密的美国政治和军事史，1981—1989》(1997)，收集了已解密的里根与布什政府的全部国家安全指令文件；本杰明 I. 菲希尔编辑出版的《冷战的结束：美国关于苏联和东欧的情报，1989—1991》(1999)，收集了冷战末期中央情报局关于苏联东欧内部局势及发展趋势的情报；多纳德 P. 斯图瑞编辑出版《在冷战前线：柏林间谍战文件，1946—1961》(2000) 等。

其次，随着国际计算机网络的发展，美国不少政府机构、图书档案馆、学术单位将一些档案资料上网。例如，美国国务院将所出版的部分《美国对外关系文件》上网。美国国家安全档案馆是设立在乔治·华盛顿大学校园里的一个独立的、非政府研究机构和图书馆，它将所收集的政府解密文件编成专题，如柏林危机、古巴导弹危机、阿富汗战争、美国与尼加拉瓜关系等，每个专题所收集的文件达上千页，并全部上网。南加州大学开设了“美国外交史资料索引”网页，从这里可以了解到所有上网的档案资料目录。盖尔集团公司将收集到的美国政府自 20 世纪 70 年代以来解密的文件全部上网，材料多达 70 000 余份，40 余万页。这就使不少学者足不出户便可获得所需资料。

此外，美国学者还编辑出版了不少工具书，如《冷战百科全书》、《冷战历史辞典》、《海上冷战大事记》、《冷战参考指南》等。

四、研究方法多样，观点百家争鸣

美国冷战史研究由来已久，学者众多，其研究方法也是多种多样，主要有基于档案文件和其他第一手资料的实证研究，运用国际政治学、国际关系学、国际经济学、国际战略学、地缘政治学、历史心理学、社会心理学、社会历史学、计量史学等跨学科的理论和方法的分析阐释。例如，约翰·加迪斯出版的《遏制战略：战后美国国家安全政策评析》（1982）一书，就运用国际战略学理论，“从大战略角度评介其理念、纲领、实施和成败得失”，“精彩地揭示了寓于遏制战略史中的许多精微复杂的战略机理”。梅尔文·莱弗勒出版的《人心之争》（2007）一书中充分运用国际关系学理论对冷战史进行阐释，“最大限度地强调意识形态和国际体系中权力结构的演变之间的交叉”，最终得出“冷战持续如此漫长的时间，是由于美苏的思想和国际体系不断发展的局势之间的相互影响”的结论。

由于研究视角和方法的多样性，专家学者百家争鸣，观点不断推陈出新。例如，关于冷战起源的研究，就先后出现了其责任在于苏联的正统派、在于美国的修正派、双方都有责任但苏方更大一些且英国也有责任的后修正派等流派。关于冷战结束的原因，则有“里根胜利说”、“戈尔巴乔夫主动说”、“和平运动作用论”、“核武器作用论”、“综合作用论”等。

以上我们简略介绍了美国的冷战史研究，由此足见美国学界对冷战史研究的重视及成果之丰。其所以如此，首先在于冷战本身在世界历史中的重要地位。冷战持续战后 40 多年，世界许多国家都被卷入，给世界各国和人类社会的发展造成严重后果，带来巨大影响，不少西方学者之称为“第三次世界大战”，美国前总统尼克松在《真正的战争》一书中也将之称为“第三次世界大战”。对这样一个重大的历史事件、一个历史时代，具有深厚学术研究传统和敏锐嗅觉的美国学界不能不重视，对冷战的方方面面展开研究，以丰富人类的知识宝库。

其次，冷战结束迄今已近 20 年了，但冷战的影响和后果还没有消失，冷战的梦魇还常常萦绕在人们心头。不少人依然用“冷战思维”处理国家关系，或常常叫嚣、预测某某国家之间会爆发“新冷战”。因此，加强对冷战史的研究，搞清冷战中的各个问题，总结冷战的经验教训，具有重要的现实意义。对此美国学者也非常清楚，许多学者在其论著中就注意有关经验教训的总结。德瑞克·李波厄特在其《五十年伤痕：美国的冷战历史观与世界》一书的中文版序言中就坦率地承认，“我试图从大冷战冲突时期美国领导人的对与错中寻找教训”，“这可以为应对‘9.11’事件后出现的挑战提供一些借鉴”。总结教训、提供借鉴也成为美国冷战史研究繁荣的一个推动力。

此外，获取资料的便利，相对充足的经费等，也是促使美国冷战史研究走在世界前列的一些有利因素。例如，美国不少基金会给冷战史研究机构和研究者提供资助，几个总统图书馆给赴馆研究者提供津贴，这就促进了学者的研究。

当然美国的冷战史研究也有不足，主要是研究大多集中在二战后至70年代，关于20世纪70年代以后的研究成果较少。这或许是因为有关档案资料尚未大量解密。同时，对美、苏之外其他国家在冷战中作用研究也显薄弱。一些观点也有失偏颇。2009年12月20日，美联社报道，美国将在年底前解密4亿页档案资料，内容涉及苏联入侵阿富汗、柏林墙倒塌、美苏关系、谍报活动等。这必将进一步促进美国的冷战史研究。

原载（《中国社会科学报》2010年4月29日）

应加强对冷战史的研究——略论研究冷战史的意义

冷战结束已有几年。当西方学术界连篇累牍地发表关于冷战史研究的论文、专著之际[①]，我国学术界则似乎处于沉寂状态。有关论文寥寥无几，专著则更难得一见。这显然与我们这个12亿人口的泱泱大国的地位极不相称。在此，笔者要大声疾呼：应加强对冷战史的研究。

笔者认为，研究冷战史至少有四个方面的意义。

第一，从冷战史与其他学科的关系看。冷战是世界现代史（含当代史）的重要篇章，也是美国现代史、苏联史的重要组成部分；是现代国际关系史的重要内容，也是美国外交史、苏联外交史、美苏关系史的主要内容之一。我国著名美国外交史专家资中筠先生就认为，“所谓战后美国外交史，实际也就是一部‘冷战史’，因为美国在这个时期的外交政策主线就是对抗苏联……”[②]。我们研究世界现代史，研究美国现代史、苏联史，不能不涉及冷战史，不能不研究冷战史。只有摸清搞透冷战史，把冷战史从宏观到微观的方方面面都研究清楚，才能把世界现代史、美国现代史、苏联史、现代国际关系史、美国外交史、苏联外交史、美苏关系史等学科的研究提高到一个新水平。因此，研究冷战史是我们所有这些学科史学工作者的一项迫切而重要的任务。

第二，从冷战造成的影响、后果看。冷战从二战末期、战后初期酝酿爆发，

---

① 白建才：《苏联解体后美国学术界对冷战史的研究》，《世界历史》1996年第1期。

② 资中筠主编：《战后美国外交史——从杜鲁门到里根》，北京：世界知识出版社，1994年，第3页。

到20世纪90年代初结束，持续40多年，对美苏两国乃至世界各国的发展产生重大影响，带来严重后果。冷战的主角是美、苏两个超级大国，但其影响遍及全世界，欧、亚、非、澳、美各大洲的许多国家都被卷入了冷战。冷战虽然名曰冷战，但也不乏“热战”，从朝鲜到越南，从非洲丛林到中美洲的热带雨林，战火此起彼伏，连绵不断，给人类的生命财产带来巨大的损失。据西方学者统计，冷战期间全世界有2180万人死于战火①。冷战的两个主角损失最为惨重。它夺去了美国近10万年轻的生命，耗费了美国高达4万亿美元的国防开支②，使美国背上了沉重的债务，在国际经济中的地位大幅度下降。到90年代初美国的国债突破4万亿美元，财政赤字达3000多亿美元，国民生产总值在世界总产值中的比重由战后初期的60%下降到23%。美国有的学者评论说“未来几代人都得为我们偿付债务”。③ 冷战给苏联带来的则是经济崩溃、社会变质、国家解体。在冷战期间，无论是苏联、东欧，还是美国，都出现了一系列破坏民主与法制的行为。在苏联，1946—1949年在意识形态领域掀起了一场批判运动，许多知识分子被冠以“卑躬屈节者”、“世界主义者”、“蜕化分子”等莫须有的罪名遭到批判、逮捕、监禁；1949—1950年制造了所谓“列宁格勒案件”，苏联部长会议副主席、国家计委主席沃兹涅先斯基等被以叛国罪处死，许多党政干部被株连受审；1953年初又制造所谓“医生谋杀案”，诬指克里姆林宫一批著名医生受美英指使企图谋杀苏联党政军领导人，把他们逮捕监禁。在东欧各国，20世纪40年代末—50年代初也进行了一系列清洗运动，许多党政领导被冠以“帝国主义间谍”“铁托分子”等罪名遭到清洗、逮捕、镇压。这些做法都严重损害了社会主义的声誉，造成恶劣后果。

在美国，1947年和1950年联邦政府先后颁布了“联邦忠诚法”与“国家安全法”，对公民的权利横加限制，对国家公务人员进行审查，禁止共产党员在政府机关任职，不得领取出国护照，政府机关的任何职员甚至高校教师和学术机构的研究人员都必须宣誓“效忠政府”。这股浪潮到20世纪50年代初发展为反共歇斯底里的“麦卡锡主义”，参议员麦卡锡利用职权肆意诽谤诬陷、指控国务

---

① Walter Lafeber, America, Russia and the Cold War, 1945-1990, New York: McGraw-Hill, 1991, pp. 335.

② Walter Lafeber, America, Russia and the Cold War, 1945-1990, New York: McGraw-Hill, 1991, p. 335.

③ 彼得·金:《许多冷战英雄们仍自以为是》,《洛杉矶时报》1992年4月1日。

院许多人是“共产党员”、“间谍”，甚至艾森豪威尔总统也成了“叛卖”国家利益的嫌疑犯。在麦卡锡时代，美国社会一片恐怖气氛，人们互相猜疑，成千上万的民主进步人士以至于政府、军队中的普通成员遭受迫害，他们的亲属朋友遭到株连。对此，连杜鲁门也承认：“这种攻势的范围如此广泛，似乎每个人都免不了要受攻击。这是我们这个时代的悲剧和耻辱。”①

由于冷战，在对外关系方面，无论美国还是苏联，肆意践踏国际法，屡屡干涉别国内政，甚至不惜大举用兵。美国出兵朝鲜，进军越南，甚至连弹丸之地的格林纳达也不放过。苏联则出兵匈牙利、捷克斯洛伐克，并入侵阿富汗。美国出钱出枪，支持古巴流亡分子，尼加拉瓜反政府军，颠覆当地亲苏的合法政府；苏联则伙同古巴，支持萨尔瓦多游击队，颠覆亲美政府。此外，美苏频频在亚非拉国家策动政变，扶植亲己势力，以便把该国置于自己的控制之下。美苏争夺成为世界不安宁的一个根源。冷战也给人们的心理蒙上了巨大的阴影。美苏长期剧烈的核军备竞赛给世界蒙上了核战争的阴影，使世界各国人民生活在核战争的恐怖之中。冷战给双方带来了强烈的不信任感，一方的真诚愿望会被对方看做是阴谋，甚至偏离航道的民航客机也会被当做从事侦察任务而击落，致使无辜的旅客罹难。

总之冷战带来的影响是巨大的，造成的损失是惨重的。正因为如此，西方有学者称之为“第三次世界大战”。② 冷战持续时间如此之长，波及范围如此之广，带来的后果如此严重，必然有许多教训可以总结，可资汲取。这是研究冷战史的又一重要意义。

第三，从美中关系的现状与前景看。研究历史是为了教育今人，启迪后人，是为现实服务的。苏联解体后虽然以美苏争夺为主要内容的冷战结束了，但是今后会不会再出现新的冷战？新的冷战会不会把中国卷进去？对此问题恐怕没有人敢贸然否定。让我们且看看近几年美国对中国都做了些什么。

（1）大搞“人权外交”，以“人权”为武器，频频对中国施加压力。1989 年苏联东欧剧变之前，美国出于苏美中大三角战略的考虑，把人权武器主要用于

① （美）哈里·杜鲁门：《杜鲁门回忆录》第 2 卷，上海：生活·读书·新知三联书店，1974 年，第 34 页。

② John Miller, Quiet Cataclysm: Some Afterthoughts about World War III, Diplomatic History 1992, Vol. 16, Issue1.

苏联东欧，而对中国的所谓“人权”问题睁一只眼闭一只眼。苏东剧变之后，美国随即把人权武器转运中国，在中国的“人权”问题上大做文章，借口中国违反“人权”，对中国实施经济制裁。美国政府把“人权”问题视为美中关系的“三大障碍”之一，双方官员每次会谈，美方几乎都要提出中国的“人权”问题，对中国的人权问题“表示不满”，并横加指责。

(2) 不顾中国及其他亚洲国家强烈反对，设立“自由亚洲电台”，加强对亚洲国家，主要是中国的宣传战、心理战。因美国的自由欧洲电台、自由电台在促使苏东剧变中起了重要作用。现在美国又如法炮制，运用于中国。

(3) 千方百计阻挠中国举办奥运会，阻挠中国进入世界贸易组织，阻挠世界银行对中国贷款。其军事计划、军事演习以中国为假想敌。甚至好莱坞新出的一些影片也以中国为假想敌。

(4) 阻挠中国的统一与强大。改革开放以来我国经济以平均9%的年增长率迅速发展。世界银行预测照此发展速度，再有几十年中国国民总产值将超过美国，成为世界头号经济大国。同时国内外一些有识之士主张建立大中华经济圈，将中国大陆、香港、台湾及东南亚国家的华人在经济上联网。如果这一设想得以实现，中国的经济实力将空前强大。这些都是美国不愿看到的。因此美国千方百计阻挠中国的统一与强大。在香港回归问题上支持英国政府设置种种障碍；在台湾问题上表面称坚持一个中国的政策，暗中却扶植“台独”势力，搞“一中一台”或“两个中国”。美国政府出尔反尔允许李登辉访美，有的议员公然鼓吹承认“台湾政府”。美国还不断给台湾出售军火、加强台湾的军事力量。

总之，在涉及中国利益的许多重大问题上，美国都要站在中国的对立面，加以阻挠反对。对于美国的这些所作所为，有些人常常感到困惑：美国为什么要一而再、再而三地给中国制造麻烦，站在中国的对立面？甚至在以“平等、发展与和平”为主题的第四次世界妇女大会上也不放过对中国的指责、攻击？其实这一点也不奇怪，它完全是由美国的对外总战略及对华战略决定的。

美国的经济实力在19世纪末跃居世界前列，在两次世界大战中急剧膨胀。随着其经济实力的迅速增长，在外交上逐渐抛弃了孤立主义的传统，意欲承担“领导世界”的责任。1946年4月6日，杜鲁门总统在一次讲话中就明确表示：“美国今天是一个强大的国家，没有任何一个国家比它更强大了。……这意味着，我们拥有这样的力量，就得挑起领导的担子并承担责任。”[①] 承担领导世界的责任成为二战后美国对外战略的主要目标之一。

战后美国对外战略的另一个重要目标是保卫美国及整个自由世界的安全，把美国的自由民主制度推行到全世界。1917 年俄国十月革命胜利后，一种和资本主义根本对立的崭新制度出现在世界舞台。新生的苏维埃俄国通过共产国际大力推进世界革命，企图建立“世界苏维埃共和国联盟”。二战末期苏联乘机向外扩张，在东欧建立一系列人民民主国家。中国、朝鲜、越南、古巴革命的胜利使社会主义制度从欧洲扩展到亚洲和拉美，扩展到美国后院。亚非许多新独立国家纷纷宣布实行社会主义。这就使美国乃至整个自由世界心存恐惧，必欲置共产主义于死地而后快。同时，美国有一种根深蒂固的“使命感”，认为美国的民主制度和自由市场经济制度是最合理最先进的制度，美国有义务、有责任将其推广到全世界，以自由民主的传播者、捍卫者自居，以救世主自居。1991 年 1 月 29 日，布什总统在国情咨文中讲道：“两个世纪以来，美国给世界树立了一个鼓舞人心的、自由民主的榜样”，并要求“每一个美国人……为下一个美国世纪做好准备。”12 月 25 日圣诞之夜，布什在电视讲话中又讲道：“40 多年来，美国领导西方同共产主义及其对我们最珍视的价值观的威胁进行了斗争……这种对抗现在已经结束……这是民主和自由的胜利。这是我们的价值观念道义力量的胜利。”[②] 布什这两段话清楚道出了战后美国对外战略的基本目标，甚至暴露了要使 21 世纪也成为“美国世纪”的勃勃野心。

根据上述美国对外战略，在美国看来，苏联和中国既是其“领导世界”的主要障碍，也是对美国和自由世界的主要威胁。因此从二战后到 20 世纪 70 年代初美国长期对苏、中实行冷战政策。无论是杜鲁门政府的“遏制战略”，还是艾森豪威尔政府的“解放战略”、“大规模报复战略”，还是肯尼迪政府的“灵活反应战略”，抑或是“两个半战争”战略，都是既针对苏联，也针对中国的。艾森豪威尔政府国务卿杜勒斯就多次讲“中国牌子的共产主义比俄国牌子的共产主义威胁更大”。20 世纪 70 年代初，由于美国力量的削弱、苏联实力的增强以及中苏关系的恶化，美国改变策略，实行联中抗苏政策，和中国实现关系正常化。

① 转引自《战后世界历史长编》编委会：《战后世界历史长编》（1945 年），上海：上海人民出版社，1975 年，第 453 页。

② 新华社华盛顿 1991 年 12 月 25 日电。

中国一时间成为美国的盟友。20 世纪 80 年代末至 90 年代初，苏东剧变，苏联解体，中国作为美国抗苏盟友的地位和作用消失。此时，中国成为世界上仅存的几个社会主义国家中影响最大的一个，美国便把中国看成实现其对外战略目标的最大障碍，把打击的矛头指向中国。1993 年 1 月 13 日，美国国务卿克里斯托弗在参院外委会听证会上说，美国对华战略的目标是“谋求促进中国出现从共产主义到民主制的广泛的、和平的演变，办法是鼓励那个伟大的、非常重要的国家实现经济和政治自由化的势力”。[①] 前述美国对中国的一系列做法正是建立在这一战略基础上的。

中国是一个发展中国家，经济军事实力远不及前苏联，不愿意、也不会成为美国的威胁。我国现在正集中力量进行经济建设，需要一个和平、稳定的国际环境，也需要美国的资金设备和技术援助。我们需要保持和美国的良好合作关系。但树欲静而风不止。美国如果坚持上述对华战略，必然干涉中国的内政，侵犯中国的权益，导致中美关系的恶化。最近已有不少学者、政治家和新闻分析家认为美国正在对中国搞新的“遏制”。因此我们加强对冷战史的研究，总结和吸取过去的经验教训，对于我们今后正确处理与美国等西方国家的关系，利用矛盾，发展自己，粉碎遏制中国的图谋，是很有帮助的。

第四，从美俄关系的现状与前景来看。俄罗斯是苏联的主要继承者。苏东剧变、冷战结束后俄国已完全放弃了社会主义发展道路，改行资本主义制度。但这并不意味着俄国与美国等西方国家的关系已亲如家人步入和谐，双方的矛盾斗争消失了。从历史的角度看，从 1776 年美国立国到 1991 年苏联解体，美俄关系只有最初的 91 年比较和谐密切，那是为了共同对付大英帝国的需要。其后的 126 年基本处于怀疑、冷漠、敌视、对抗状态。1867 年之后，随着美国对西部扩张的完成和对海外扩张的开始，美俄之间的纠葛纷争逐渐凸现，直至从 20 世纪初在远东的争夺发展到二战后在全球的争夺。当时这种矛盾斗争具有意识形态斗争和地缘政治斗争双重性质。冷战结束后美俄之间意识形态的矛盾斗争基本消失了，但地缘政治的斗争并没有消除。尽管双方一度表示要建立联盟、伙伴关系，两国领导人不断互访。但好景不长，蜜月过后双方很快在一系列问题上暴露出了矛盾：美国要使北约东扩，俄国表示反对；美国偏袒波黑穆斯林

① 转引自霍世亮：《苏联解体后的世界格局与美国的战略选择》，《美国研究参考资料》1993 年第 6 期，第 3 页。

政府，俄罗斯庇护波黑塞族；美国操纵北约轰炸波黑塞族，俄国予以谴责；俄国坚持给伊朗出售核反应堆，美国则坚决反对。可见美俄关系中还存在着许多矛盾，有些还很尖锐。

苏联解体后，俄国的实力尽管遭到很大削弱，但仍然是拥有 2 万多枚核弹头的超级军事大国。作为过去和美国平起平坐的超级大国，它是不会始终听任美国指手画脚发号施令、轻易放弃其在东欧的传统势力范围的。同时随着其经济实力的恢复和发展，必然要在世界上谋取权益，这就必然和美国的利益发生碰撞。加之许多俄国人对美国有怨恨情绪，认为是美国搞垮了苏联，抱怨美国没有实践诺言，给俄国大量经济援助，极端民族主义者大肆宣扬要恢复俄罗斯自豪感和强国地位。俄罗斯共产党也积极活动，要求恢复苏联。这种种因素决定美俄关系的发展前景并不美妙，在其道路上必将充满荆棘坎坷，矛盾纷争。因此，加强对冷战史的研究，对于研究和把握美俄关系的发展也是很重要的。

总之，冷战是人类历史上奇特的一页，也是一个重要篇章，美国著名外交史学家小阿瑟·施莱辛格称之为“近代历史上的荒谬插曲”，是“漫长的、代价高昂的、黑暗阴郁的、危险的事件”，是“人类最接近于集体自杀的一次经历”。[①] 因此，在冷战结束几年之后的今天，对冷战史进行全面、深入、系统的研究已作为一项重要任务摆在学术界的面前。我们热切期待着有更多关于冷战史的研究成果问世。

原载（《西北大学学报》1996 年第 3 期）

① Arthur Schlesinger, Some Lessons from the Cold War, Diplomatic History, 1992, Volume 16, Issue 1, p. 2, p. 5.

进一步加强与深化冷战国际史研究

讨论世界史研究的热点问题与前沿问题，不能不说到冷战国际史研究。2008年9月17日，我备课时在Google上搜索“cold war”一词，得2530万条相关信息资料。4年后，2012年9月12日，我再次检索，竟获得2亿条相关信息资料，4年中增加了近7倍。10月19日我又搜索了一次，相关信息资料又增加到了2.24亿条，仅37天就增加了2400万条。关于冷战的信息资料如此急剧地膨胀，说明世界各国、国际社会、特别是学术界对冷战问题的高度重视，这其中自然也包括冷战历史的研究。毫无疑问，冷战国际史研究是当前国际学术界研究的一个热点问题与前沿问题。持续战后40多年、被一些西方学者称为“第三次世界大战”的冷战刚刚结束20余年，冷战造成的后果仍然在影响着世界许多国家以及国际格局的发展，新冷战的阴云也常常在世界上空飘荡，加之有关冷战的档案资料的大量解密，冷战国际史研究自然成为国际学术界研究的一个热点。

我国学术界对冷战史的研究自20世纪80年代中期起步，90年代中后期开始快速发展。特别是进入21世纪以来，随着华东师范大学冷战国际史研究中心的成立，一批重量级学者的加盟，其冷战国际史档案资料库的建立，一些重大项目的组织与完成，相关国际学术会议、论坛的多次举办，把我国的冷战史研究推向高潮。从事冷战史研究的学者日益增多，研究成果不断问世，不少博士生硕士生的学位论文以冷战史为选题。据统计，1979—1999年这21年中我国期刊发表的冷战史论文约为245篇，2000年至今的12年中就发表了约1210篇。就硕博学位论文来说，1980—1999年为28篇，2000年至今为245篇。[①] 世界史

① 以上数字通过检索中国期刊网和万方数据库统计，因不少重要文章都未被这两个数据库收录，此数字仅供参考。

学界第一篇全国优博论文便出自于冷战史研究。[①] 就著作来说，1980—1999 年的 20 年中出版有关冷战史著作约 30 本，2000 年至今的 12 年中则已出版约 72 本。[②] 可以说，“最近十几年来，中国学界的冷战史研究取得了长足进步”，一些研究“已走在世界前列”。[③]

然而我们并不能以此为满足。与冷战的历史地位相比，从冷战的全部历史来看，现有的研究只可谓冰山一角，需要研究的问题何止万千。冷战国际史研究需要进一步加强与深化。

就目前我国学术界的研究情况来看，加强与深化冷战国际史研究，就是要拓宽研究领域，运用多国档案资料，采取跨学科方法。其中后两个方面，王立新、张小明、梁志等学者已有很好的论述[④]，笔者不再赘述。这里主要谈谈拓宽研究领域的问题。

笔者认为，冷战国际史研究的领域至少应包括以下六个大的方面或六大类。

1. 对冷战国际史的整体研究，也即宏观研究

（1）冷战的起源、性质、特点、发展阶段、结束时间、结束原因、后果、教训等的研究。

（2）冷战在各方面的表现：政治冷战、经济冷战、军事冷战、文化冷战、核武器与冷战等的研究。

（3）冷战对各方面的影响：国际关系格局、世界各国的政治经济军事文化等各个方面的发展乃至人们的日常生活、第三次科技革命、全球化等。

2. 对冷战国际史的个案研究，也即微观研究

（1）对冷战中发生的各种事件的研究。不仅是重大事件，也包括有一定意义的小事件。

（2）研究某一国家、某一组织、某一个人在冷战某一时期、某一事件中的作用等。

---

① 张杨：《冷战与美国的外层空间政策（1945—1969）》，博士学位论文，东北师范大学历史文化学院，2005 年。

② 从国家图书馆网站和“读秀”数据库检索。

③ 梁志：《近十余年中国冷战史研究新气象》，《世界历史》2012 年第 4 期，第 112 页。

④ 王立新：《跨学科方法与冷战史研究》，《史学集刊》2010 年第 1 期；张小明：《国际关系理论与冷战史研究》，《史学月刊》2005 年第 6 期；梁志：《近十余年中国冷战史研究新气象》，《世界历史》2012 年第 4 期。

3. 对冷战期间各国内外政策和战略的研究

（1）各国对外政策和战略研究：

1）整个冷战时期某一国的总体对外政策和战略。

2）冷战某一时期、某一阶段某一国的对外政策和战略。

3）某国在整个冷战时期对另一国的外交政策和战略。

4）某国在整个冷战时期对某一地区的外交政策和战略。

5）某国在冷战某一时期、某一阶段对另一国、某一地区的外交政策和战略。

6）某国对某一事件的政策和战略。

7）对某国某一项、某一类政策文件的研究：考察、解读、剖析。

（2）各国对内政策研究：如经济、政治、军事、文化、教育、科技等政策研究（同样可细分为某一时期、某一阶段等情况进行研究）。

4. 冷战期间各国相互关系研究

（1）某两国在整个冷战时期的外交关系。

（2）某国在整个冷战时期与某一地区的外交关系。

（3）某国在冷战某一时期、某一阶段与某一地区的外交关系。

（4）某国在冷战某一时期、某一阶段与某一国的外交关系等。

5. 冷战期间一些重要人物的研究（政治家、外交家、军事家、思想家、科学家、社会活动家、学者、特工间谍等）

（1）对其人的总体评价。

（2）对其思想、理论、在某一时期某一事件中的作用的研究等。

6. 冷战史学史、方法论研究

（1）国际的、中国的、外国的冷战史研究评价。

（2）冷战史研究应采取的理论与方法。

（3）对某一冷战史学者思想观点方法的研究。

以上只是笔者暂时所能想到的冷战国际史的一些研究领域，这里虽然只列举了六大方面，其中包含的需要研究的问题已难以数计。例如，就冷战造成的后果影响来说，冷战期间世界各国都被直接或间接地卷入其中，冷战对各国各个方面的发展都造成了大小不等的直接或间接的后果影响，这就需要我们分别加以研究阐述，在此基础上进行归纳概括，探讨总结冷战造成的总体后果影响。

这也正是冷战史被称为“冷战国际史”的一个重要原因，即冷战并非仅仅是美苏两个超级大国及其阵营的对抗争夺，整个世界被卷入其中，对其研究不能仅仅局限于美苏两国或两大阵营之间的相互关系及对抗争夺，而应从国际史的视野，从微观到宏观，全面考察其在各个国家、各个地区、各个领域的表征，以及其后果影响，考察其对国际关系乃至人类社会发展进程产生的影响。近几年一些西方学者的研究已深入到探讨冷战对社会生活各方面的影响，如冷战与人权、冷战与科学技术、冷战与全球移民、公共健康和人口控制、冷战与文化等。① 也有的学者研究了冷战与宗教的关系、冷战对环境的影响、美国的展览及其在文化冷战中的作用等。② 这些研究给我们以很大的启发，即冷战国际史的研究领域极其宽广，等待我们去研究的问题很多，我国学者完全可以在上述各个领域以及更多的领域找到用武之地。可喜的是近年来国内一些学者已跳出将冷战史研究局限在美苏两国对外政策及其相互关系、中苏关系、中美关系的藩篱，开辟了一些新的研究领域，如对经济冷战、文化冷战、隐蔽行动、心理战、核武器与冷战等的研究，有的学者还探讨了冷战期间一些国家派出留学生、实习生的状况，社会主义国家间或社会主义国家与第三世界国家间的边界与侨民问题等。③ 可以断言，随着我国冷战国际史研究持续不断地向前发展，其研究领域必将进一步扩大和深入。

原载（《世界历史》2013 年第 4 期）

① 2010 年由剑桥大学出版社出版的三卷本《剑桥冷战史》中就有相关专题研究。详见 Melvyn P. Leffler，Odd Arne Westad，The Cambridge History of the Cold War，Cambridge：Cambridge university Press，2010.

② Philip E. Muehlenbeck，Religion and the Cold War：A global perspective，Nashville：Vanderbilt University Press，2012；J. R. McNeill，Corinna R. Unger，Environmental Histories of the Cold War，New York：Cambridge University Press，2010；Jack Masey and Conway L. Morgan，Cold War Confrontations：US exhibitions and their role in the cultural Cold War，Zurich：Lars Müller Publisher，2008.

③ 详见梁志：《近十余年中国冷战史研究新气象》，《世界历史》2012 年第 4 期，第 112—115 页。

加强世界史队伍建设，促进世界史学科繁荣

改革开放以来，我国世界史学科像其他学科一样，得到较快发展，研究队伍不断壮大，研究水平不断提高，研究成果大量涌现，学术交流广泛开展。然则与我国经济和现代化建设快速发展相比，仍显落后；世界史专业人才的培养和世界史知识的普及仍然赶不上我国不断上升的国际地位和提高国民文化素质的需要。许多高校，特别是中西部地区的许多省属院校，世界史学科的教学研究队伍非常薄弱，不少高校世界史教师只有4—5人，甚至2—3人，只能勉强应付最基本的通史课教学，难以进行扩展性教学，更谈不上开展学术研究。在这类学校，拨给世界史学科的经费也极少，世界史资料奇缺，这些都极大影响了历史专业学生的教学质量，制约了世界史学科高层次人才的培养和世界史知识的普及。这就要求我们，必须大力加强世界史队伍建设，努力促进世界史学科繁荣，让世界史学科紧紧跟上我国现代化建设与和平崛起的步伐。

加强世界史队伍建设，首先领导要重视，要有全局的宏观性的战略眼光，要看到其必要性和重要性。建设社会主义现代化强国与和平崛起是我国既定的大战略目标。现代化不只是工业的、农业的、军事的、科技的现代化，也包括人的精神的现代化，即要使我们的公民具有较高的精神文明。同时，现代化建设与和平崛起既需要让世界了解中国，也需要中国了解世界。特别是快速发展的经济正把我国推向世界政治的中心，更需要我们加强对世界各国的研究。这就要求我们大力加强世界史学科队伍建设，有关教育管理部门和高校的领导在决策时从学科设置、定编定岗、经费划拨等方面对世界史学科给予更多的关注，

使更多的学者投入到世界史教学研究的队伍中来。

加强世界史队伍建设，就是要大力培养世界史教学研究人员，充实各高校世界史教学研究队伍，提高其教学科研水平。那些世界史教学研究人员严重短缺的高校，应当有计划地、尽可能快地引进、补充相关人才。这也就要求有世界史专业博士点的高校和科研部门尽可能招收培养更多的博士生。同时，为了提高世界史教学研究人员的学术水平，各高校应尽可能为他们提供出国进修的机会，有计划地选派他们出国学习，收集资料。正如研究中国古代周秦汉唐史必须到西安实地考察一样，研究世界史也应尽可能到对象国学习考察。

在世界史队伍建设方面，我校的做法可供有关学校借鉴。20 世纪 90 年代之前，我校世界史学科实力较强，教学研究人员达 20 多人，有几位全国著名学者，世界古代史、西方史学史、苏联史等方向的研究站在国内前沿。由于各种原因，到20 世纪 90 年代初急剧滑坡，人员锐减到八九人，世界近代史课竟无人讲授，不得不请外校教师代讲。之后学院根据学校“大力引进、积极培养、优化结构、提高素质、确保规模”的师资队伍建设方针，十分重视世界史队伍建设，一方面选留一些优秀的硕士毕业生，并鼓励资助他们到名校读博；另一方面大力引进一些名校毕业的博士。目前我校仅历史文化学院专门从事世界史教学研究的教师已有 15 人，其中教授、副教授、讲师各 5 人，有博士学位者 12 人，形成了一支结构合理、素质较高的队伍，在世界史教学、研究成果、研究生培养、项目争取等各个方面都取得了显著成绩。近两年我们又在实施“走出去”战略，准备分期分批派遣中青年教师出国进修。可以说，我校世界史学科正呈现出欣欣向荣蓬勃发展的局面。

总之，我国的世界史教学研究队伍必须加强，必须与国家的经济发展与繁荣同步。只有这样，世界史学科才能更好地为国家的现代化建设服务，为国家培养出满足教育和科学研究需要的更多的人才，提高全体国民的精神文明程度。

原载（《世界历史》2011 年第 2 期）

弘扬主流价值观，着力研究大问题

《世界历史》是我国世界史学界的一面旗帜，一块圣地，自创刊以来，为推动、发展和繁荣我国的世界史研究做出了无可替代的重大贡献。任何国家的主流媒体、刊物都有其导向，《世界历史》作为一个国家级权威期刊，理应发挥其导向作用，在政治导向上坚持弘扬我国的主流价值观；在学术导向上坚持组织研究一些具有较大学术价值和现实意义的问题；在学风导向上坚持科学、严谨的治学作风。当前应重点组织研究以下几个方面问题。

一、具有中国特色的世界史学科体系的构建

新中国成立60多年来，特别是近30年来，我国世界史同仁为构建世界史学科体系进行了不懈努力，取得了一定成就。但到目前为止，还没有写出以唯物史观为指导、全面阐述世界历史发展进程、令同仁普遍满意的世界历史著作。虽然近些年我国学者借鉴国外学界研究成果，提出了整体史观、全球史观、文明史观、现代化史观等新的世界史观，展开了热烈讨论，并以吴于廑先生提出的整体史观为纲，主编出版了六卷本和四卷本的《世界史》，将构建具有中国特色的世界史学科体系大大向前推进了一步，但这一目标并未完成，该书内容尚不够全面，对人类历史纵向与横向发展及相互作用、历史发展的中心和边缘的关系、历史发展的各种推动力、偶然性和必然性等的阐释，尚需做出努力。我们作为具有几千年治史传统的文明古国，作为经济总量即将跃居世界第二的社会主义大国，理应构建具有中国特色的世界史学科体系，编写出像苏联《世界通史》、剑桥《世界史》那样的大型世界通史著作。《世界历史》杂志可开设专

栏，就有关问题展开讨论，最后达成共识，确立我国自己的世界史学科体系，编写出代表我国最高学术水平的世界通史著作。

二、现代化建设与科学发展

17世纪后世界进入现代化建设时代。经过几百年发展，西方国家早已完成现代化建设，进入所谓后现代阶段；广大发展中国家正加紧进行现代化建设。我国在改革开放后确立了要在21世纪中叶建设成具有中等发达水平的社会主义现代化强国的目标，加快了现代化建设步伐。但是，在现代化建设中，如何处理好现代化建设与科学发展的关系？这是关系到一个国家能否持续发展、乃至整个人类生存和命运的大问题。近年来我国一些地方由于过分追求高速度、高GDP，忽视了科学发展，导致了严重的环境污染、资源浪费、生态破坏，以及分配不公、贫富悬殊、贪腐问题严重，社会矛盾加剧。正因为如此，以胡锦涛总书记为首的党中央提出了科学发展观的问题，要求我国在现代化建设中一定要贯彻科学发展的理念。这实际上也给我们世界史工作者提出了一个重大任务，即总结世界各国现代化建设与科学发展的经验教训，以便学习借鉴。“经世致用”是我国史学的传统，也是许多西方史家的共识，20世纪西方兴起的新史学就特别强调研究那些有助于解决当前社会各种问题的历史主题。《世界历史》杂志也可开辟专栏，从宏观到微观，研究世界各国是如何处理现代化建设与科学发展关系，如何解决环境污染问题，如何解决贫富悬殊问题，如何解决贪腐问题，等等。这是非常具有理论和现实意义的。

三、国际关系与和谐世界

近两年我国也提出了“和谐世界”的理念。构建和谐世界既是世界各国和平发展的外部需要，也是人类共同追求的理想境界。我国从孔子的“和为贵”，到康有为的《大同书》，到毛泽东的“太平世界，环球同此凉热”，实际上都追求的是一种和谐世界的理想境界。我国目前正加紧进行社会主义现代化建设，同样需要和世界各国在和平共处五项原则基础上的和平共处。为了构建和谐世界，世界史工作者和《世界历史》杂志同样可以有所作为。我们可以从世界历史的角度，研究探讨和谐世界理念的提出和发展，实现和谐世界的内部条件和外部条件，研究探讨世界各种文明的交往与互动，国际关系的矛盾运动，殖民主义、帝国主义、霸权主义的兴衰流变，不同意识形态及社会制度国家的和平共处，民族矛盾与领土争端，战争与和平，国际恐怖主义的产生发展及其原因，揭露、批判世界历史上那些破坏和谐世界构建的种种行为，等等。通过对这一系列问题的研究，为我国构建和谐世界的外交政策和理想境界提供借鉴。

此外，2009—2011 年是东欧剧变、冷战结束、苏联解体 20 周年，西方学术界已经并将继续就这些问题以及冷战国际史展开深入研究。在这一国际学术研究的热点问题上，我国理应有自己的声音，不能失语。《世界历史》杂志可组织几次专题讨论，探讨冷战为什么会发生？冷战是如何发展演变的？冷战有哪些后果、影响、教训？以及苏东剧变苏联解体的原因、冷战期间各国的对外战略、一些政治家的外交思想、一些重大事件、国际结构的演变、我国在冷战中的地位和作用，等等。由此促进我国冷战国际史的研究。

总之，世界历史可研究的内容十分广泛庞杂，《世界历史》杂志应组织研究和刊发一些具有较大学术价值和现实意义的问题，这样也就起到了政治导向和学术导向的作用。

原载（《世界历史》2010 年第 2 期）

名师风范　后学楷模——读《齐世荣史学文集》

我素爱读述论古今中外著名学者治学历程及思想方法的文章著作。每当见到此类书文，我必细细捧读。书文中那些名师大家浸透智慧的深邃见地，刻苦严谨的治学精神，虚怀若谷的行止品格，幽默风趣的谈吐话语跃然纸上，使我每每为之掩卷沉思或拍案叫绝。我的精神在阅读中升华，我的力量似乎也随之增添了几分。

近日喜得《齐世荣史学文集》一书。齐先生是我所景仰的当代中国著名的世界史专家之一，我自然对这部书爱不释卷，忘神翻阅。这是齐先生的一部自选集，书中汇集了先生自改革开放以来发表的主要文论，共 34 篇，35 万言，人民出版社 2002 年 10 月出版。文章按专题分为 8 组。第一组是齐先生研究的重点，包括现代国际关系史方面的 8 篇专论，大多发表在《历史研究》《世界历史》等权威期刊或其他核心期刊上，我都曾拜读过。其中关于绥靖政策的七篇文章实际上是由齐先生主持的国家哲学社会科学基金七五重点研究项目的主要研究成果，收集在由齐先生主编的《绥靖政策研究》一书中（首都师大出版社，1998 年）。这是迄今为止我国学者对绥靖政策这一 20 世纪 30 年代国际关系史中重大问题的全面深入的研究，在国内学术界产生了重大影响，在国际学术界也有相当影响，代表了中国世界史研究的先进水平。还有一篇《论 1917 年底至 1918 年初真假和平的斗争》，曾分两次在《世界历史》1982 年第一、二期连载。该文长达 3 万余字，主要依据外文资料写成，对一战后期苏维埃俄国与帝国主义国家之间围绕结束战争、实现和平问题的斗争进行了深入剖析，并总结了三点教训。当时正值改革开放之初，我国世界史研究还很落后，停留在利用极有限的中文资料进行研究或重复劳动上，一篇论文通常不过引用两三种外文资料。齐先生的文章征引外文资料达20多种，其资料之翔实，见解之精辟，着实令人耳目一新，并给人以启迪：世界史研究必须建立在第一手外文资料的基础上，必须掌握一两门外语。之后，我们这些刚刚踏入世界史研究门槛的青年学子正是沿着齐先生他们导引的方向前进的。

第二组是关于中国抗日战争史的两篇力作。其中《论中国抗日战争在第二次世界大战中的地位和作用》是代表中国学术界向第16届国际历史科学大会提交的论文并在大会宣读。该文在世界反法西斯战争胜利40周年之际，用大量资料无可辩驳地论证了中国在这场伟大战争中所起的重要作用，扭转了国际学术界长期以来的偏见。

第三组包括国际共运史的三篇文章，文章字里行间闪现着先生这一代人对共产主义的执著追求和对马列主义的辩证理解。例如，《论有关俄国十月革命的几个问题》一文（原载《世界历史》1996年第2期），对苏联解体后西方及俄罗斯学术界否定俄国十月革命的奇谈怪论进行了有力驳斥，坚定地指出："俄国无产者所开通的航路必将由各国的革命者继续行驶下去。今天，中国人民正在采取一系列社会主义制度自我完善的重大措施，在建设有中国特色社会主义的道路上已经取得并正在取得举世瞩目的成就。这充分说明社会主义这种新生制度是富有生命力的。一切攻击十月革命彻底失败的言行不过徒劳而已。"[①] 先生的坚定信念与远见卓识令人敬佩。

第四至七组文章为世界史综论、史学理论与方法、教学科研与学科建设以及为几部著作所作的序，由于我所从事的专业及兴趣，也大都拜读过，并颇受教益。最后一组是纪念几位极负盛名的老一辈史学家的文章，却未曾见过，便一口气读完，心潮起伏难平。

齐先生在这里述及了雷海宗、周一良、白寿彝、吴于廑、沈炼之及何兹全等六位名师。文章虽然都不很长，多则三两千字，少则千余文，但感情充沛真切，语言朴实无华，将作者与这些名师的交往及感受娓娓道来，让人读着倍感亲切。

---

① 齐世荣：《齐世荣史学文集》，北京：人民出版社，2002年，第315页。

读着齐先生的文章，六位名师虽然我大都未曾谋面，其音容笑貌身形体态却鲜活清晰地浮现在我的眼前。他们都是学贯中西、成就斐然的史学大家，其成就首先来源于勤奋严谨的治学精神。白寿彝先生是我国著名的历史学家和历史教育家，吴于廑先生是我国世界史学科的开拓者和奠基者，他们在耄耋之年仍然在为中国历史学科的发展辛勤耕耘着：白先生主编了多卷本大部头的《中国通史》；吴先生进行了一场世界史学科的“革命”——让世界史学科成为真正的作为整体的世界历史学。沈炼之先生是我国著名法国史专家，早年留学法国，完全具备博士生导师的条件。“但沈老认为，在中国培养法国史博士生，要特别慎重，还要积蓄力量，多购图书资料，充分做好准备”。[①] 这一方面体现了沈老的谦虚风范，另一方面也反映了老先生治学的严谨。“宝剑锋从磨砺出，梅花香自苦寒来”。这些用来砥砺当今后学的至理名言正是前辈学者勤奋耕耘的真实写照。

说到谦虚，这也是众多名师大家的共同品格。周一良先生早年受业于陈寅恪、洪业、邓之诚等诸公，后在哈佛大学留学，与同在哈佛读书的吴于廑、杨联升、任华并称“哈佛四杰”。但周先生在逝世前不久写的一篇文章《哈佛大学中国留学生的“三杰”》，将自己排除在外。其实周先生的才华学识并不在“三杰”之下。杨联升先生就曾对吴于廑先生说：“周公是史学界我们这一辈人的未来领袖人物。”[②] 此事足见周先生之自谦，“不敢居‘一杰’之位”。齐先生在《一代名师——雷海宗》一文中，还讲到解放前他在清华大学读书时，讲授西洋史的刘崇鋐先生曾郑重地对他说：“你要好好听雷先生的课，他讲课有哲学意味，我做不到这点。”[③] 刘先生比雷先生年长，在学生面前坦承自己不如雷先生。虚怀若谷，高风亮节，在几位先生身上体现得淋漓尽致。

关爱后学是几位先生的又一共同特点。他们深知，自己所钟爱的学术研究的生命力在于后辈学者的薪火相传与推陈出新，所以他们始终以培养扶植后学为己任，时刻关心着他们的学习乃至生活。齐先生在读大四时生活拮据，雷海宗先生得知后就让齐先生给一位美国留学生补习中文，这样既可借机练习英文，也可增加点收入。这令齐先生十分感动。1982 年，齐先生去美国讲学，在纽约

---

① 齐世荣：《齐世荣史学文集》，北京：人民出版社，2002 年，第 464 页。

② 齐世荣：《齐世荣史学文集》，北京：人民出版社，2002 年，第 471 页。

③ 齐世荣：《齐世荣史学文集》，北京：人民出版社，2002 年，第 461 页。

州立大学布法罗分校讲了两个外国史问题。曾在1948年给齐先生讲授过日本史的周一良先生得知后十分高兴，写信给齐先生祝贺鼓励说：“你这次堂而皇之，正经八百地对外国人讲世界史问题，亮出我们的观点与水平，在某种意义上，与打球同样是为国争光也，可贺可贺!”并表示“将来有机会，当再仔细聆教”。① 周一良先生对后学的关怀及自谦溢于言表。

读着齐先生的文章，字里行间，我分明也看到了齐先生勤奋严谨谦虚治学的身影，听到了先生关爱后学关注世界史学科建设的心声。齐先生早已过了古稀之年，还在为我国世界史学科的发展殚精竭虑。他的文章无矫揉造作之嫌，有谦虚平实之风。我曾在几次学术会议上聆听过齐先生的报告，几乎每次他都要讲述前辈学者勤奋严谨谦恭待人的事迹，热情鼓励青年后学脚踏实地，戒骄戒躁，向老一辈学者学习，对他们充满了殷切期望。我每次听到这些，都非常感动。问渠哪得清如许，为有源头活水来。老一辈学者是读不完的书，挖不完的宝。作为青年后学，只有始终以前辈名师为楷模，“站在巨人的肩上”，才可做成真学问、大学问。

原载（《世界现代史新论续篇》，中国文史出版社2004年版）

① 齐世荣：《齐世荣史学文集》，北京：人民出版社，2002年，第473页。

附 录

附 表

迟到的春天——捷克斯洛伐克“以鲁·斯兰斯基为首的反国家阴谋中心”案始末

1952年11月20日，布拉格街头寒风瑟瑟，落木萧萧。位于市区的那座古老监狱——潘克拉茨大楼外岗哨林立，戒备森严，更增添了一种阴冷恐怖的气氛，使人不寒而栗。大楼里，捷克斯洛伐克最大的政治审判案——以鲁道夫·斯兰斯基为首的反国家阴谋中心案的审判正在进行。因为这次审判的14名被告都是原党政领导和高级干部，他们中除捷克斯洛伐克的第二号人物、前捷共中央总书记斯兰斯基外，还有前党的副总书记、党中央书记处国际部主任、外交部长、外交部副部长、国防部副部长、公安部副部长、外贸部副部长、财政部副部长等，所以格外引人注目。捷克斯洛伐克报纸、电台每天都将审讯情况向外作公开报道。七天后，捷克斯洛伐克国家法庭作出判决：斯兰斯基等11人被判处死刑，其余三人被判处无期徒刑。

当无线电波载着这一消息飞向四面八方的时候，整个世界都惊呆了。自从人类社会步入近代文明以来，对上层集团如此大规模的合法屠杀能有几次？何况它又发生在所谓社会制度最为先进的国家？有人为之动容，有人为之瞠目，有人在困惑，有人在思索……

16年后，在“布拉格之春”中，捷共中央特设的负责复查和平反政治审讯案的小组委员会经过大量调查，写出了长达数十万字的总结报告，揭露了20世纪40年代末至50年代初捷克斯洛伐克组织一系列政治审判案的详情。原来，所谓以鲁·斯兰斯基为首的反国家阴谋中心案，不过是一起人为制造的冤假错案，它的出笼是有着深刻背景的。

一、战后风云

1945年8月，第二次世界大战结束了。伴随着苏联红军的胜利进军，东欧、东南欧、南欧一系列国家的共产党，或依靠自己的力量，或在苏联红军援助下，发动起义，推翻了地主资产阶级政府，建立了人民政权。与此同时，苏联也把手伸向了伊朗，伸向了土耳其，伸向了远东。

面对此情此景，那位不屈不挠的、倔强的反共老战士丘吉尔首先恐慌了。早在大战期间，英美盟军在商讨开辟第二战场之际，英国首相丘吉尔就力主盟军从欧洲柔软的下腹部巴尔干登陆，直插欧洲中部，抵御苏联的扩张。无奈此愿遭到美国总统罗斯福的反对，未得实现。如今，眼看半个欧洲落入苏联的卵翼之下，自称和共产主义誓不两立的丘吉尔岂能坐视不理。就在这一年6月，丘吉尔写信给美国新总统杜鲁门，表达了他对“苏联的势力深入到西欧的心脏”的“深切的忧虑”，说苏联在东西方之间降下了一道“铁幕”。1946年3月5日，丘吉尔在杜鲁门陪同下，在美国密苏里州富尔敦的威斯敏斯特学院发表了题为“和平砥柱”的演说，再次警告西方世界，苏联在无限扩张“权力和主义”，在“从波罗的海的什切青到亚得里亚海边的里雅斯特”扯起了“一幅横贯欧洲大陆的铁幕”，号召英美结成同盟，讲英语的民族团结一致，用他们联合起来的人力、物力，以及他们在世界各地的海、空军基地，对付来自俄国共产主义的“对基督教文明的日益严重的挑衅和危险”。

就在丘吉尔接二连三发出警告的同时，美国政府对苏联的态度愈益强硬。1946年4月6日，丘吉尔富尔敦演说一个月后，杜鲁门在芝加哥公开表示美国要在世界上“挑起领导的担子并承担责任”。翌年3月12日，杜鲁门在国会宣读了一篇咨文，宣称世界已划分为“自由制度”和“极权政体”两个阵营，美国有领导“自由世界”的使命，诬指任何国家的人民革命都会“危害美国的安全”，宣布美国要“援助”各国“自由人民”，以维持他们的“自由制度”，抵制“极权政体”对他们的种种“侵犯行动”。

此后美国加紧了以欧洲为重点的外交、经济和军事活动。1947年7月，美国同土耳其签订了《关于援助土耳其的协定》，向土耳其提供了大批军事装备，在土耳其建立了海、空军基地。同年美国派援助代表团到希腊，为希腊提供大批军事装备，成立美希联合总参谋部，帮助希腊政府镇压人民革命。1948 年 4 月，美国会通过《1948 年对外援助法》，拨巨款帮助西欧恢复经济。1949 年 5 月，策划成立了德意志联邦共和国，分裂了德国，同年 8 月，策划成立了西方军事集团北大西洋公约组织。

与此同时，美国宣传机器也大造“共产主义威胁”、“苏联扩张”、“美苏必战”“第三次世界大战必然爆发”的舆论，制造国际紧张气氛。在国内，则加紧迫害共产党和进步人士。

那么，对美国的这一连串行动，苏联作何反应？

1945 年 4 月，斯大林曾对南斯拉夫一位领导人说“这次战争和以往战争不同，谁解放的领土，谁就把自己的社会制度推行到他们军队所到之处，绝不可能不是这样”。基于这样的认识，苏联当时竭力想解放更多的领土，占领更多的地盘。1946 年 3 月，丘吉尔富尔敦演说一周后，斯大林对《真理报》记者发表谈话，谴责丘吉尔是在号召同苏联进行战争。之后，针对美国发动的一系列攻势，苏联也采取了相应的反击措施。1947 年 9 月，苏联和欧洲八国共产党、工人党在波兰举行会议，宣布成立“欧洲共产党与工人党情报局”，以加强各党之间的联系。同时苏联和捷克斯洛伐克、波兰、罗马尼亚、匈牙利等人民民主国家签订了友好互助合作条约。1949 年 4 月，苏联同这些国家以及保加利亚又成立了经济互助委员会。这样，美苏的战时同盟关系彻底被裂了，取而代之的是分别以美、苏为首的两个尖锐对立的阵营，双方时有剑拔弩张之势，战争的阴云重新笼罩在欧洲上空。

就在东西方尖锐对垒的时刻，苏联集团中又出现了一位“离经叛道”者。

第二次世界大战后期，苏联对南斯拉夫人民的反法西斯战争给予了一定援助，但同时表现出了大国主义，引起南斯拉夫共产党的不满。1948 年 1 月，苏联通知南斯拉夫派代表团赴莫斯科会谈。南共总书记铁托借口有病没有前往，派自己的副手卡德尔率代表团出席。会谈期间，斯大林对南斯拉夫横加指责，并要求卡德尔在一项苏联事先拟订好的条约上签字，该条约保证南斯拉夫就所有外交政策问题同苏联进行协商。3 月 1 日，南共中央开会，听取了从莫斯科归来的代表团的汇报，回顾了与苏联的关系，决定不理睬斯大林的有关指示。

18 天后，苏联通知南斯拉夫，立即从南撤走全部苏联顾问和军事教官，铁托当即写信给莫洛托夫，对苏联的行动表示“痛心和惊奇”，要求说明这一行动的背景和根据。此后，苏连续几次来信，对南进行了一系列更为严厉的指责，说南的社会主义改造是“微不足道的”，南是由于苏军的援助才得到解放的，要求南共同意把这一分歧提交到共产党情报局，遭到南的拒绝。6月28日，共产党情报局在布加勒斯特举行第三次会议，通过了《关于南斯拉夫共产党的情况》的决议，谴责南共在国内外政策中执行了一条背离马克思主义的错误路线，将南开除出共产党情报局。

南共被开除出情报局后，苏联与各人民民主国家随之断绝了与南的一切贸易关系。南斯拉夫为了摆脱经济困境，不得不向西方国家谋求援助。这又成为铁托“把自己出卖给资本主义”的证据，1949年11月情报局第四次会议通过了《由刽子手和间谍控制的南斯拉夫共产党》的决议，把南共领导人说成是帝国主义间谍、法西斯匪帮、杀人凶犯，号召各国共产党提高警惕性，审查党员，将混入党内的敌对分子和异己分子清除出去。与此同时，各人民民主国家开始逮捕、审判本国的“铁托分子”。1948年8月，波兰工人党总书记哥穆尔卡被撤职，次年被开除出党，逮捕入狱。1948年9月，阿尔巴尼亚党的领导人科奇·佐治被解职，次年被逮捕处决。1949年3月，保加利亚共产党总书记科斯托夫被解职，同年12月被处决。1949年5月，匈牙利外交部长拉伊克被逮捕，同年9月被判处绞刑。所有这些人的罪名都是“铁托分子”“帝国主义间谍”，或“从事破坏活动”。看来，这场清洗在捷克斯洛伐克也是不可避免的了。

二、锒铛下狱

1951年11月24日深夜，捷克斯洛伐克共产党前总书记、现任国务院副总理的斯兰斯基刚刚出席完党的主席、共和国总统哥特瓦尔德举办的家庭宴会。他神驰心怡，微露醉意，两个月来因总书记被解职而引起的不快早已融化在宴会那暖融融的气氛中了。当他乘坐的汽车拐出总统府第，驶上回家的街道时，国家安全部的一辆警车挡住了去路。斯兰斯基还没有弄清怎么回事，手铐已套在了他手上。他被捕了。

1901年7月31日，斯兰斯基出生在捷克斯洛伐克一个犹太商人家庭里。20岁那年，他加入了共产党，成为一名坚定的革命者。不久，他担任了捷共机关报《红色权利报》编辑，捷共比尔森地区书记。1929年，他当选为捷共中央委员和政治局委员。纳粹德国占领捷克斯洛伐克后，他和许多捷共党员流亡到苏联，成为捷共驻莫斯科的领导成员。世界反法西斯战争胜利前夕，他被秘密派遣回国，参加了1944年8月斯洛伐克的民族起义。1945年5月，捷全境获得解放，斯兰斯基返回布拉格，担任了捷共中央总书记。

捷克斯洛伐克地处欧洲中部，西南与德意志联邦共和国、奥地利接壤，实属苏联集团的前哨阵地。同时，捷资源丰富，盛产煤、铁、铀矿，机器制造业较为发达，被视为社会主义阵营的机器制造厂和武器库。正因为如此，苏联集团对捷克斯洛伐克至为关注。

苏南关系破裂后，情报局各成员国争先恐后抨击“铁托叛徒集团”，揭露和清洗本国“铁托分子”，唯独捷克斯洛伐克步履缓慢，表现不力，引起苏联集团的不满，被视为社会主义阵营链条上最薄弱的一环。1949年9月3日，匈牙利共产党领导人拉科西致信哥特瓦尔德，指名道姓地说捷一些党政干部是可疑分子，警告哥特瓦尔德不能信任内务部长、外交部长。同时，匈牙利、波兰等国的安全部催促捷尽快着手逮捕可疑分子，并说逾期不捕所产生的危险，不仅要威胁捷克斯洛伐克，而且至少还要威胁到匈牙利、波兰。他们强调说，已没有时间进行长期的有准备的侦察，必须通过逮捕、审讯和对质来尽快达到这个目的。

这一时期，捷克斯洛伐克内部的政治形势也表现得极为尖锐、复杂。一些被推翻的剥削阶级分子进行了反对人民民主制度的活动，一些中小资产阶级对国家的某些政策表示不满，国家安全机关也时常抓获一些来自西方国家的间谍。这种情况促使捷共转变了政策，加快了寻找“暗藏的敌人”，寻找“捷克斯洛伐克拉伊克”的步伐。

为了加强对捷这场斗争的指导，哥特瓦尔德和斯兰斯基联名写信给苏联第二号人物马林科夫，请求派遣熟悉匈牙利拉伊克案件的顾问。这一愿望自然很快得到了满足。

这样，在苏联顾问指导下，捷国家安全机构加紧在党内寻找敌人。到1951年初，已寻找出一大批“帝国主义间谍”，他们之中有外交部长克利门第斯，捷共中央主席团委员、书记什维尔莫娃，捷共布尔诺州委书记什林，斯洛伐克党政领导人胡萨克、诺沃麦斯基、什米德基等，所有这些人都根据哥特瓦尔德、斯兰斯基、西罗基、萨波托斯基等四人组成的政治书记处的命令遭到了逮捕。

然而，苏联顾问和捷国家安全机构对已取得的成绩并不满意。他们还要摸更大的“鱼”。在他们看来，“捷克斯洛伐克的拉伊克”不是克利门第斯，阴谋活动的魁首不是什林，而是一位地位更高的人。

正在这时，被捕人员的口供中开始经常出现鲁·斯兰斯基的名字。某些人提到斯兰斯基是出于自卫，在符合事实的情况下，他们证明自己担负的职务是斯兰斯基建议的，他们是按照斯兰斯基的思想、在他的同意下或根据他的命令行事的。另一些人则想把他们的罪名加在斯兰斯基头上。

这一情况很快引起了苏联顾问和捷克斯洛伐克国家安全机构的注意，他们认为这可能是走出当前审问陷入死胡同的出路。同时，值得注意的是，帝国主义者正利用犹太复国主义进行反对社会主义阵营的阴谋活动，斯兰斯基恰好又是一个犹太人!

1951年6月，捷国家安全部侦察司司长杜贝克、侦察员科什贾尔根据苏联顾问的指示，整理了第一份关于斯兰斯基和捷共中央书记处国际部主任盖明德尔的材料，经顾问修改后分别报送苏联政府和哥特瓦尔德。7月20日，斯大林给哥特瓦尔德发来一封密码信，确认已收到揭发斯兰斯基和盖明德尔的材料。斯大林认为这些材料不足以作为控告的依据，因为资料出自“著名罪犯的告发”。哥特瓦尔德当即回信说，他从一开始就对来自“被揭发的罪犯”那里的口供抱有类似的怀疑。

7月23日，哥特瓦尔德的女婿、捷政府副总理兼国防部长、捷共中央政治书记处成员切皮契卡代表哥特瓦尔德出席了联共（布）中央政治局会议，汇报了捷克斯洛伐克政治审讯的情况。会议特别详细地分析了斯兰斯基和盖明德尔的问题。第二天，斯大林在给哥特瓦尔德的信中说，苏联党还是不认为被揭发出来的罪犯的口供是可靠的。但同时他又指出，根据在捷的苏联顾问的报告，斯兰斯基在干部政策上犯了许多错误，所以不能留任捷共总书记的职务。此外，斯大林提出，由于博亚尔斯基顾问的工作不够老练，决定将他撤离捷克斯洛伐克，由“更强的和更有经验的工作人员”接替。7月26日，哥特瓦尔德写来回信，表示同意斯大林的建议，将考虑解除斯兰斯基的现任职务，让他在政府任职，并请求斯大林及早派新的安全顾问来捷。

7月31日是斯兰斯基50寿辰，捷共中央向他写来了热情洋溢的贺信，哥特瓦尔德给他授予了捷克斯洛伐克最高奖章——社会主义建设哥特瓦尔德勋章。

捷共中央机关报《红色权利报》发表了社论，称他是“共产党革命家的杰出典范”“列宁和斯大林旗帜下的一名忠诚和热情的战士”“哥特瓦尔德的亲密和忠实的合作者”。使斯兰斯基迷惑不解的是，他同时也收到了其他兄弟党和国家的贺信、贺电，唯独不见苏联有任何表示。

一个多月后，捷共中央召开全会，批评了斯兰斯基使用干部、把党的机掏置于国家机构之上以及不能正确理解“到底怎样行使权力”的错误。斯兰斯基在作了自我批评后，被免掉了总书记的职务，调任政府副总理。

1951年11月11日，联共（布）中央政治局委员米高扬突然访问布拉格，给哥特瓦尔德带来了斯大林的亲笔信。斯大林在信中态度急转直下，坚决主张尽快逮捕斯兰斯基，因为据说他有逃跑到西方的危险。哥特瓦尔德起初犹豫不决，为此米高扬中止会谈，通过苏联使馆向斯大林作了汇报。斯大林坚持要求逮捕斯兰斯基，并提醒哥特瓦尔德注意他所担负的重大责任。这样，哥特瓦尔德在没有见到任何具体证据的情况下，表示斯大林一般都是根据可靠材料得出结论的，他的建议肯定是好的，同意逮捕斯兰斯基。

然而，逮捕并没有立即实行。11月9日，捷安全部门截获一封奇怪的匿名信，署名收信人为“伟大的清洁工”。该信警告收信人，波兰哥穆尔卡案件中类似的“审讯”正在威胁着他。信中介绍了越出国境，在国外谋生、进入政界的方法。这封信的背景至今未搞清楚，但苏联顾问和捷国家安全部认定这位“伟大的清洁工”就是斯兰斯基。11月23日，哥特瓦尔德听取了国家安全部和苏联顾问的汇报后同意了这一推论，遂决定24日夜里逮捕斯兰斯基。第二天，捷共中央政治书记处和捷共中央主席团通过了与逮捕有关的程序及具体步骤。正是在这种情况下，发生了本节开头所讲的一幕。

在斯兰斯基被捕后的很短时间内，盖明德尔、捷共中央委员陶西戈娃、斯兰斯基的兄弟理查德·斯兰斯基等许多人相继被捕。

三、假戏真做

1952年11月20日，斯兰斯基等被捕整整一年之后，捷克斯洛伐克国家法庭终于正式开庭审判。首席检察官乌尔伐列克作为公诉人首先宣读了起诉书。起诉书说，斯兰斯基等14名被告都是“托洛茨基—铁托、犹太复国主义和资产阶级民族主义等类的叛徒，同时是捷克斯洛伐克人民、人民民主制度和社会主义的敌人；他们为美帝国主义者服务并且在西方间谍机关的指使下，组织了一个反国家的阴谋中心，阴谋颠覆人民民主制度，破坏社会主义建设，损害国民经济，进行间谍活动，削弱捷克斯洛伐克人民的团结和共和国的国防能力，用这些来使共和国背弃它对苏联的亲密同盟和友好关系，消灭捷克斯洛伐克的人民民主制度，恢复资本主义，把共和国重新拉进帝国主义阵营并且破坏它的国家主权与独立”。起诉书认定，以斯兰斯基为首的本案各个被告，已犯了反国家、反人民的重大罪行。

宣读起诉书后，斯兰斯基被第一个带上法庭。

审判长：你承认起诉书中控告你所犯的四条罪状吗？

斯兰斯基：承认。

审判长：承认第一条罪状——间谍罪吗？

斯兰斯基：承认。

审判长：承认叛国罪吗？

斯兰斯基：承认。

审判长：承认破坏罪吗？

斯兰斯基：承认。

审判长：承认出卖军事秘密罪吗？

斯兰斯基：承认。

接着，被告进行了长篇独白。他首先供认作为共产党和人民民主制度的内部敌人，他组织并领导了这个反国家中心。这个中心搜罗各种资产阶级分子，为英美帝国主义服务，目的在于推翻人民民主制度，复辟资本主义。斯兰斯基供认他在二战前就是托洛茨基分子。1944 年害死了捷克斯洛伐克民族英雄斯维尔玛。之后利用总书记的职务组织了反国家中心，故意把一些敌对分子安插在党和国家机关的负责岗位上，通过这些人和西方帝国主义者联系，充当他们的特务间谍。他曾与铁托的左右手比雅杰进行过会谈，表示支持铁托集团对苏联的态度，他的组织与犹太复国主义组织也有联系。被告还供认他准备阴谋“清除”共和国总统哥特瓦尔德，使自己成为“捷克斯洛伐克的铁托”。斯兰斯基声音低缓，面色苍白，看上去好像极为疲倦，法庭的空气沉闷得叫人喘不过气来。

之后几天，其他被告均作了如是的招供。整个审判似乎组织的天衣无缝，被告好像对所指控的罪行都心悦诚服，好像他们真的都是托洛茨基-铁托分子、帝国主义间谍、犹太复国主义者、资产阶级民族主义者，这些情形既叫人不可思议，又好像无懈可击。

然而，就在判决作出后，被判处死刑的 11 名被告在行刑前，除斯兰斯基外都反目了。他们不约而同地给自己的领袖哥特瓦尔德写去了最后一封信，诉说了自己心中的哀怨。前捷共中央副总书记弗雷卡在信中诚恳地说：“一个人在他生命的最后时刻不会撒谎，因此，我请您相信我在这里写给您的一切。即使我已经不在人间，这几行字照样可以到您手中，为什么我要写别的而不写实话呢?”然后他写道，他之所以把自己说成是间谍，是为了对劳动人民和捷共完成自己的职责——这是审判员逼他这样做的。前国家安全部副部长什瓦布写道，他之所以编造出自己的口供，是因为他认为这样做是“自己的职责和政治上的需要”。什林宣布：“在处决我之前，我要老老实实地宣布，我从来也不是间谍。”前《红色权利报》编辑西莫内首先提醒人们，在临死前几小时“也许连最坏的人也会说实话”，然后他声明，“自己从来也不是叛徒，从来也不是间谍，从来也不是负有使命的西方和其他侦查机构的间谍”。

这样一来，疑惑就消除了。原来，被告在法庭上的供词全是假话，全是在审判员的威逼利诱之下，根据他们的要求事先背诵好了的。据后来揭发，在审讯前，捷国家公安部长巴契列克与除斯兰斯基外的所有被告都单独进行了谈话。他威逼说，为了党的利益，必须进行这次审讯，要求他们对党负责，如在法庭上表现好，可以从轻量刑，可以给他们的家庭提供保障。

事实上，这种“假话”早在国家安全机构的侦讯过程中就产生了。20 世纪 40 年代末，捷克斯洛伐克加快了寻找“暗藏的敌人”的步伐后，在苏联顾问指导下，捷国家安全机构采取了一种新的工作方式。它不是根据确凿的证据来揭露真正的不法行为，而是着意寻找敌人，特别是共产党内部的敌人。它对历史不清、犹太裔出身、在西方生活过一段时间、或过去曾同资产阶级圈子里的人有过接触的人们给予了特殊的注意；把一句话、一个口供、一次自我批评都当做被告犯罪的“证据”，它在侦讯中广泛采取了鞭打、车轮战、以饥渴折磨、以家属命运相威胁、导演和假证人对质、在牢房里安插特务、搞窃听等方法。在这种情况下，被告只能根据审讯人员的要求，交代他们所需要的“口供”了。在斯兰斯基案件中侥幸被判处无期徒刑、免于一死的前外交部副部长朗登后来回忆说，他当时被搞到这种程度，以致如果有人问他的话，他会证明自己一岁的儿子也是个托洛茨基分子。

需要指出的是，斯兰斯基本人也是这种新方法的倡导者之一。1949 年 12 月 7 日，斯兰斯基在布拉格干部会议上讲到各人民民主国家当时审讯的经验时说道：“就是我们党现在和将来也都不可避免地要这样做，以便使敌人不能把自己的人安插到党的队伍中来，不让敌人在我们的党员中间招募自己的代理人……。如果我们认识到这些情况，就应当更加提高警惕，以便能够揭露出自己队伍中最危险的敌人。”同时他提出了一些寻找敌人的具体方法：首先，是考查那些发表不正确观点的人，因为间谍的“右的、资产阶级民族主义的面目”就是通过这种方式表现出来的。其次，必须检查政治任务的完成情况，因为困难、缺点和混乱可能是蓄意破坏的表现。最后，必须天天审查党的干部，特别是他们的历史，历史上的“污点”可能会被敌人间谍机构所利用。可悲的是，作为这场悲剧导演之一的斯兰斯基，最终也成为悲剧中的一个角色，而且是主角。

那么，斯兰斯基在临刑前为什么没有像其他被告那样设法洗刷自己的“罪名”？或许是他在诡诈的审判员的诱导下真的感到自己“有罪”？或许是他对这种做法不抱任何希望？抑或是他为自己参与导演的这场悲剧深感懊悔，甘愿一死去陪伴那些屈死的冤鬼？这些后人就永远不得而知了。

四、步履蹒跚

1953 年初斯大林逝世后，苏联开始清理斯大林时期所制造的政治案件。斯大林逝世前夕所制造的“医生阴谋案”很快被平反，被捕人员均予释放。不久苏联内务部长贝利亚被处决。这股刚刚吹起的春风虽然还不很强劲，但它还是掠过了东欧平原，越过喀尔巴阡山，吹到了苏联集团的各个角落。四十年代末、五十年代初各人民民主国家政治审判案的甄别、平反工作开始了。

然而，正如在组织政治审判案时是落伍者一样，捷克斯洛伐克对政治审判案的平反同样落在了兄弟国家的后面。特别是对斯兰斯基案的审查平反，更显得迟疑不决，步履蹒跚。

直到 1955 年 1 月，捷共中央政治局才讨论成立了政治审讯的审查委员会。且该委员会的任务仅仅被确定为“从惩罚轻重的观点来重新研究和审查 1948 年以来的某些法律案件”。同时，捷共中央政治局规定，“在复查时不涉及对斯兰斯基及其同伙的审讯和法律上已生效的判决”。

1955年7月12日，杜贝克因“使用过违法的审问方法，从而粗暴地破坏了社会主义法制”被捕了。杜贝克是斯兰斯基案件的主要炮制者之一，他在供词中揭露了整个国家安全部使用违法的审讯方法，以及凭空捏造政治案件的详细情况。他供认道：“不管斯兰斯基的罪行曾是如何如何，可是事实是：他在阴谋活动中所起的作用是预先推断出来的；对他的审查也仅是按照事先确定的这一路线进行的。”这就证实了，所谓“以鲁·斯兰斯基为首的反国家阴谋中心”案完全是一起在寻找党内的敌人、捷克斯洛伐克的拉伊克思想指导下人为制造的冤案。但审查委员会仍然本着政治局“不得涉及斯兰斯基案件”的原则，回避了涉及该案的所有问题。

1955年底，委员会开始调查斯兰斯基集团案中的最初几个案件。调查进一步发现了政治审讯中违法乱纪的情况。当时的公安部长科曾日瓦揭露说，所有的逮捕行动都没有证明材料，都是在政治上不信任、怀疑和未经核实的告发的基础上，由党的核心领导集团决定的。这就需要对斯兰斯基全案作出解释。但捷共中央第一书记诺沃提尼在为捷共中央1956年1月全会准备的报告初稿中仍然坚持“斯兰斯基及其真正的同伙是根据他们的功过作为党、人民和共和国的敌人而被逮捕、判决和惩罚的”。斯兰斯基似乎成了捷克斯洛伐克的贝利亚，他在党内，国家机关和安全部门内都使用了贝利亚式的方法，并到处安插自己的人，践踏党的基本原则。他仍然是企图在捷克斯洛伐克复辟资本主义的帝国主义的代理人。这些观点由于遭到苏共中央的反对，一月全会最终未予讨论。

1956年苏共二十大像一股强劲的春风，把捷克斯洛伐克政治审讯的复查又向前推进了一步。

这年4月5日，捷共中央政治局建议成立了以巴拉克为首的“审查斯兰斯基及其同伙的法律案件委员会”，责成立即着手进行审查工作，尽快向政治局提出报告。20天后，该委员会即通过了一项决议，认为“必须把整个案件判定为各个人的犯罪活动，不存在中心案”。不久，委员会向政治局提交了正式报告，报告认为阴谋分子和中心案是不存在的，但斯兰斯基及其同伙都多少有些罪，没有一个人能得到完全平反，问题是应公正地判定对他们惩处的程度。政治局讨论并原则通过了这一报告。

之后委员会成立了若干工作小组，分别复查对斯兰斯基集团案中各被告的判决。1957年9月5日，斯兰斯基案工作小组提出报告初稿，结论说“据国家法院的判决，斯兰斯基承认了叛国、搞间谍活动、破坏活动以及军事叛变的罪行，经过审查，这些罪行中的任何一种罪行，包括主要指控——在反国家阴谋中心的叛国阴谋都没有得到确证。但是已查清斯兰斯基的行为给党造成了很大损失”。“斯兰斯基犯了使有害的方法渗透到党的工作中的罪行”。委员会对该报告极为不满，退回去要求改写。9月23日政治局通过了修改报告，修改报告给斯兰斯基列了在党内安插异己分子等八条罪状，决定保留原判。与此同时，政治局对斯兰斯基集团案中其他被告大都通过了相类似的决定。之后不久，政治局通过决议，结束了复查工作。

总之，通过这一阶段的复查，否定了所谓“以鲁·斯兰斯基为首的反国家阴谋中心案”，但斯兰斯基以及同案的大部分受害者被冠以了新的罪名，仍旧维持了原判。1962年8月30日，由于四十年代末五十年代初政治审讯受害者及其亲友始终不断的申诉，也由于苏共二十二大再次批判斯大林个人崇拜的推动，捷共中央第一书记诺沃提尼向政治局提出了“再次审核对那些担任重要政治职务的人所进行的最重大的政治审讯”的建议。据此捷共中央成立了由科耳德主持的平反委员会，同时责成最高法院和总检察院从法律的角度进行复查。11月底最高法院、总检察院和平反委员会相继向政治局提交了报告。最高法院与总检察院的结论是“必须把整个范围内的判决看做是非法的”。平反委员会认为斯兰斯基的错误不应在党外解决，但“斯兰斯基的过错为解除他的一切政府职务和解除他的中央委员资格与党籍问题提供了依据”。第二年4月，捷共中央全会作出决议，“批准受中央委托重新调查1949—1954年政治审讯及其结果的委员会的报告”。同时确定将斯兰斯基集团案中的斯兰斯基等3人开除出捷共中央和开除出党，另有2人被开除出党，7人被恢复党籍（其余2人已于50年代被平反）。

随后，当年参与政治审讯的部分国家安全部与内务部的工作人员、检察员、审判员、辩护律师受到了程度不等的党纪与政纪处分，他们因积极参加审讯而获得的奖章、勋章也被没收。

至此，所谓“以鲁·斯兰斯基为首的反国家阴谋中心”案被根本否定了，14名受害者均在法律上得到了平反。

春天尽管来得晚一些，但，春天还是到来了。

五、尾　声

1968年4月，布拉格民心浩荡，春潮滚滚，捷共中央全会为完成恢复名誉工作，成立了一个由各方面专家组成的小组委员会，负责关于政治审讯案的调查与平反工作。小组委员会在大量调查的基础上，写出了总结报告，系统地阐述了政治审讯时期的国际背景、国内政治条件、经过与后果，介绍了1955—1963年的复查与平反情况，分析了对审讯所应承担的政治责任。同时，为捷共中央拟定了结束党的平反工作的决议草案，决定撤销1963年4月3—4日捷共中央全会决议，恢复斯兰斯基等的党籍和党内外职务，为他们彻底恢复名誉。这些文件本来准备在年底召开的中央全会上讨论通过，但由于8月苏军的入侵，从此被作为绝密档案锁进了保险柜。尽管如此，一批坚决反对苏军占领的捷共党员还是设法将它带到国外，公之于世了。由此人们才得以知道20世纪40年代末至50年代初捷克斯洛伐克政治审讯的全部实情。

原载（《苏联历史问题》1989年第1期）

元帅之死——图哈切夫斯基传略

一、立志从戎

1893年2月16日，俄国斯摩棱斯克省多罗戈布日县，亚历山德罗夫斯科耶庄园一幢普通的木屋里，突然传来一阵婴儿的啼哭声，它划破静谧的天空，在周围的树林、池塘上空久久回荡。未来的苏军元帅米哈伊尔·尼古拉耶维奇·图哈切夫斯基降生了。

图哈切夫斯基出生于一个没落的贵族家庭。早在17世纪下半叶，他的祖先就开始在沙皇军队中任职。到父亲尼古拉·尼古拉耶维奇时情况发生了变化。尼古拉·尼古拉耶维奇厌武尚文，鄙视世俗偏见，背弃了家族的传统，不愿在军中任职，做起庄园的小地主来。

庄园里有个穷汉子彼得·普男霍罗维奇·米列霍夫。他有五个女儿，个个长得楚楚动人。小女儿玛芙娜聪明活泼，更是妩媚可爱。尼古拉·尼古拉耶维奇被她的美丽深深打动了，常常呆呆站在那里，久久凝视着给自己干活的玛芙娜。

大凡贵族哥儿和农家姑娘恋爱，结局往往是一场悲剧，很少能终成眷属。但尼古拉·尼古拉耶维奇对玛芙娜执著的爱情感动了善良的祖母索菲娅·瓦连京诺夫娜，她同意了他们的婚事。

与农家女儿结婚，断送了尼古拉·尼古拉耶维奇升官发财和进入上流社会的前程，也妨碍了他本可按照自己的出身充任的职务。但他对此毫不后悔，对妻子始终如一，一往情深。

尼古拉·尼古拉耶维奇有一大嗜好，那就是酷爱音乐。在他家的客斥里，摆着两架钢琴。他和祖母常常在一起弹奏，有时各弹一架钢琴，有时并排坐在一起，出色地用四只手合奏，弹奏莫扎特、贝多芬和肖邦的作曲。

图哈切夫斯基是尼古拉·尼古拉耶维奇九个孩子中的一个。作为父亲和母亲爱情的结晶，他身上有着父母亲许多优秀的遗传因子。他相貌英俊，仪表堂堂，妙龄女郎常常投去多情的目光。他身材魁梧，体格健壮，在奔萨中学上学时全年级中数他劲大，是全年级体操比赛的魁首，角斗冠军。同学们亲昵地叫他“河马”。

图哈切夫斯基和父亲一样热爱音乐。最使他着迷的乐器是小提琴。他曾向莫斯科最著名的小提琴大师维塔切克求教，后来在担任彼得格勒军区司令员时，还亲手制作了一把小提琴。音乐厅、歌剧院是他常常光顾的地方，即使在国内战争最紧张的时候，当从激烈战斗的前线返回莫斯科述职待命时，也还要抽暇去听听著名提琴手、钢琴家的演奏。当然，在这个家庭里，喜爱音乐的大有人在：大弟弟亚历山大是音乐学院钢琴系的学生，后来又选择了大提琴；小弟弟伊戈尔则被视为音乐学院的“神童”，弹得一手好钢琴，可惜在 14 岁那年夭折了。

有一点图哈切夫斯基和父亲不同，那就是他选择了军职。

或许是因为图哈切夫斯基的血管里同样还流淌着祖先尚武的血液。图哈切夫斯基从小就喜欢阅读有关俄国著名统帅苏沃洛夫的著作。富克斯的《大元帅苏沃洛夫公爵传》、佩特鲁舍夫斯基的《大元帅苏沃洛夫公爵》是他的不释之卷，给他带来了无限的遐想。米里·恺撒的《高卢战记》、列夫·托尔斯泰的《战争与和平》使他心醉神迷。有一次，他硬拉着父亲和兄弟们，利用假日专程到亚斯纳亚波良纳庄园拜访了托尔斯泰。托尔斯泰热情地接待了他们，还让图哈切夫斯基坐上自己的四轮马车兜了一阵风，使他的弟兄羡慕不已。

1904 年是使沙皇俄国蒙受耻辱的一年。偌大的一个俄国，在与日本争夺中国辽东半岛的战争中遭到了惨败。消息传来，举国震动。人们到处都在谈论着俄国军队的腐败无能。每当大人们议论前方战事的时候，12 岁的图哈切夫斯基总是站在旁边静静地听着。有时他独自察看着地图，想从地图上观察到俄军的行动。俄军的溃败深深刺痛了少年的心，他暗暗下定决心，长大入武从军，做一个苏沃洛夫式的伟大统帅。

1909年，图哈切夫斯基一家从奔萨迁到了莫斯科。莫斯科是沙皇俄国的第二首都，这里人才济济，文化发达，有体系完备的军校。这使图哈切夫斯基十分惊喜，坚持要从普通中学转入军事学校。父亲本来想让儿子们接受广泛的文科教育，但是拗不过倔强的儿子，只好同意他转入莫斯科叶卡捷琳娜第一武备学校学习。

1911年，图哈切夫斯基以全年级总分第一的成绩毕业了。这时，种类繁多的正式军校摆在面前，供他选择深造。最诱人的是彼得格勒巴甫洛夫军校，这在当时被认为是最高级军校，学员毕业后大多充当了沙皇的御前军官，可以自由出入于上流社会，风度翩翩，大出风头，前程似锦。然而出人意料的是，图哈切夫斯基选择了在军事训练方面素质较高的莫斯科亚历山大军校。

亚历山大军校的训练确实与众不同。在训练抗击乘马冲击时，教官手持脱鞘的军刀，刀锋几乎贴近士官生鼻子尖，沿着队伍的排面猛跑，队伍中谁要是乱动或者不看齐，鼻子就有被削掉的危险。图哈切夫斯基就是在这样严格的环境中学习了两年。1914年7月，他以优异的成绩结束了军校生活，进入谢苗诺夫近卫团，领中尉衔。

二、投身革命

1916年的一天，德国梅克仑堡—史威特的巴特—施图耶尔集中营的一辆马车吱吱咿咿地从大道上走来。当大车穿过一片密林时，车上木桶中跳出两个人来。他们猛扑过去，缴了那个押车的德国兵的械，消失在林中不见了。

这两人中，有一个便是米哈伊尔·尼古拉耶维奇·图哈切夫斯基。

这已是他的第三次逃跑了。两年前，第一次世界大战刚刚爆发，图哈切夫斯基所在的部队便开赴了前线。1915年2月19日，他指挥的连队在一次战斗中几乎全部被歼，他和余生者一起当了俘虏。

图哈切夫斯基被俘后，时刻伺机逃跑，但前两次逃跑都失败了。这次，他利用集中营每月送洗一次衣服的机会，事先藏在塞满脏衣服的木桶里逃了出来。

图哈切夫斯基和同伴逃进密林后，隐藏了好久，直到听不见动静才溜出来。他们漂泊了26天，到达荷兰边界。在这里，图哈切夫斯基和同伴分了手。不幸的是，他在越境时再次被德军抓了起来，关进了位于上巴伐利亚的英戈尔城堡。说也凑巧，后来的法兰西共和国总统夏尔·戴高乐当时也正关押在这里。

1917年春，俄国发生了“二月革命”，愚蠢而残暴的沙皇政府被推翻了。消息传来，图哈切夫斯基激动不已。他渴望着自由，渴望着尽快逃出虎口，回到祖国。不久，他又逃跑了一次，但这次和上次一样，逃离了关押被俘军官的城堡，又被抓进了关押被俘士兵的集中营。

这年夏天，在难友的帮助下，他第五次逃跑了。这次，他记取了教训，昼伏夜行，极为小心，终于历尽千辛万苦，回到了俄国。

这时的俄国，革命洪流仍在涌动。重新回到谢苗诺夫团、被士兵推选为连长的图哈切夫斯基默默地观察着，深深地思索着。他多少次踯躅街头，倾听着布尔什维克的演讲。他眼见人们为布尔什维克的讲演欢呼跳跃，而把那些鼓吹拥护临时政府的家伙一个个撵下台。看得出，人民是拥护布尔什维克的，列宁的党是和人民同呼吸共命运的唯一的党。在莫斯科，和老同学、布尔什维克尼古拉·尼古拉耶维奇邂逅相遇，几次详谈更坚定了信念。1918年春，图哈切夫斯基加入了布尔什维克党，并成为全俄苏维埃中央执行委员会军事部的一名工作人员。

三、英雄司令

1918年夏，刚刚诞生不到一年的苏维埃政权迎来了又一次生与死的考验。

从春季开始，英、法、美、日等国军队相继从俄国北部重要港口摩尔曼斯克、东部重镇海参崴、西南部里海沿岸的巴库等地登陆，英国军队还从伊朗侵入土耳其斯坦和高加索，对苏维埃俄国发动了武装干涉。与此同时，它们煽动和支持俄国国内的反革命匪帮、捷克斯洛伐克战俘发动武装叛乱，妄图内外结合，把苏维埃政权扼杀。一时间乌云滚滚，硝烟弥漫，整个国家陷入一片混乱和骚动中，全国四分之三的领土处在外国干涉者和反革命武装的占领之下。

就在敌人极为猖獗之时，俄国东部战线传来了捷报——白军占领的列宁的家乡辛比尔斯克市被解放了！

指挥这次战役的就是年仅25岁的工农红军第一集团军司令员图哈切夫斯基。不久前他受命前往东线组建和指挥红军高级军团，到任后同古比雪夫冒着敌人的连续攻击，在很短时间内将溃散的红军支队编组成辛比尔斯克、奔萨、因萨等步兵师，创建了第一支能完成战役任务的步兵军团——第一革命集团军。之后图哈切夫斯基便指挥该军实施了这次战役，一举攻克了辛比尔斯克。

战役结束后，第一集团军的英雄们给刚刚遭到阶级敌人疯狂谋杀、身受重伤的列宁拍去了电报，表达了他们对列宁的慰问和消灭敌人的决心："亲爱的弗拉基米尔·伊里奇！攻克您的故乡，这是我们对您这次受伤给敌人的回答，下一个将是萨马拉。"

正在养伤中的列宁看到来自东线的捷报非常高兴，当即复电鼓励："我的故乡辛比尔斯克的收复，是包扎我的伤口的一条最有效的最好的绷带。我顿时觉得精神极好，力量骤增。我祝贺红军战士的胜利，并代表全体劳动者对他们付出的一切牺牲表示感谢。"

紧接着，图哈切夫斯基率领第一集团军发动了一系列攻击，解放了瑟兹兰、萨马拉、别列别伊等地。

1919 年 3 月，高尔察克匪军在东线集结兵力，发动攻势，使东线再次告急。前不久因南部吃紧而调任南方战线第八集团军司令的图哈切夫斯基，旋即被调回东钱，担任第五集团军司令，粉碎高尔察克的新进攻。当时，第五集团军的处境十分恶劣，面对五倍于己的敌人，在白军的强大进攻下连连败退，伤亡惨重，弹药不敷。图哈切夫斯基接任后，迅速调整了兵力，求得增援，使第五集团军摆脱了困境。5 月，东线红军转入反攻。第五集团军配合夏伯阳师攻克东部重镇乌法，继续向东追歼。7 月 17 日，东部战线革命军事委员会向莫斯科报告：第五集团军"在图哈切夫斯基巧妙的领导下"，经过极其顽强的战斗，越过了乌拉尔。7 月 24 日，第五集团军攻克进入俄国粮仓西伯利亚的大门——车里亚宾斯克，随后解放了整个乌拉尔地区。10 月 14 日—11 月 14 日，他们连续进军 600 俄里，强渡两条大河，攻克了盘踞在西伯利亚的叛军首领、"最高执政"高尔察克的首府鄂木斯克，解放了西伯利亚地区。高尔察克本人则被活捉，于 1920 年 2 月 7 日被处决。

第五集团军的辉煌战绩给图哈切夫斯基赢来了阵阵赞誉。苏维埃政府最杰出的军事家、东部战线司令员伏龙芝称他为"英雄司令员"。他接连荣膺了一枚红旗战斗勋章和一柄荣誉金剑。共和国革命军事委员会在嘉奖令中说，第五集团军司令员图哈切夫斯基在红军向东部胜利进军中表现出"个人勇敢，广泛的主动性，毅力，指挥才干和军事知识"。第五集团军的名字也登上了共和国革命军事委员会红旗大厅的光荣榜。

1920 年 4 月，图哈切夫斯基作为高加索战线司令员指挥粉碎了南方邓尼金匪帮后，调任西方战线司令员，指挥对波兰的作战。

当时，波兰军事独裁者毕苏茨基在协约国支持下，亲率50万大军，发动了对苏俄的战争，并于5月占领了乌克兰首府基辅。7月，图哈切夫斯基指挥发动了大规模反攻。红军很快越过边界，强渡维斯瓦河，进逼华沙城下。华沙城内一片恐慌。

为了完成华沙攻坚，图哈切夫斯基请求最高统帅调拨增援部队。8月5日，俄共（布）中央政治局和列宁下令，从西南方面军抽调第一骑兵集团军和第十二、十四集团军火速增援西线。但西南方面军军事委员斯大林却派第一骑兵集团军去攻打利沃夫。图哈切夫斯基在没有援兵的情况下不得不下令后撤。后来在总结这次战役时，图哈切夫斯基直言不讳，揭露了事实真相。斯大林被撤掉了西南方面军军事委员的职务，由古比雪夫接替。

向华沙进军再次展现了图哈切夫斯基非凡的军事才干。就连毕苏茨基也不得不承认："仅就那些且战且进的漫长的行军而论，就足以使那支军队和它的领导者引以为荣。尤其是不该把司令员列为中等人才和平庸之辈，因为搞这类军事工作，他的毅力和精力，意志和才干，是绰绰有余的。每一个历史学家，每一个研究人员，都会向他祝贺这次行军的。"然而，向华沙进军也播下了斯大林与他不和的种子。

1920年底国内战争结束了。这时，图哈切夫斯基已成为家喻户晓的英雄司令。斯大林在一次谈话中曾把图哈切夫斯基称为"国内战争的魔鬼"。当然，是使敌人惧怕的"魔鬼"。

四、远见卓识

图哈切夫斯基智勇兼备，文武双全，不仅是指挥千军万马东征西讨的杰出统帅，也是一位颇有建树的军事理论家。在他未足而殇的短暂岁月里，无论是在戎马倥偬的战斗间隙，还是在军务缠身的百忙之中，曾悉心着力于军事理论的研究，撰写了120余种军事科学论著，"对战略学、战术学以及整个军事科学都作出了贡献"。被西方军界誉为苏联军界的"神童""泰斗"。

作为一名高级指挥员，图哈切夫斯基十分注意总结历代战争，特别是一战和国内战争的经验，并根据当代最新技术成就，研究未来战争的性质、特点和苏维埃国家所应采取的对策。1919年，还在国内战争时期，图哈切夫斯基就发表了他的第一部科学著作《国家战略与阶级战略》，总结国内战争的经验。伟大导师列宁读了这本书，并把它收藏在个人图书馆里。

国内战争结束后，图哈切夫斯基的工作频频调动，先后担任过工农红军军事学院院长、红军参谋长、列宁格勒军区司令、苏联革命军事委员会副主席兼红军供应部长、苏联副国防人民委员等职。在此期间，他撰写和发表了《现代战略问题》《我们的战术训练任务》《现代战争问题》等一系列重要著作。在这些著作中，图哈切夫斯基指出，未来战争中，两个国家之间的战争可能逐渐演变成世界大战，现代战争的主要特征是规模宏大，战争中动用的经济资源多，投资的兵源大，占据空间广阔，持续的时间长。他预见到苏联将面临一场严重的大战，面临数百万用最新技术兵器武装起来的军队，提出要在和平时期就预见到战争第一阶段的情况，并作好适当的准备。

图哈切夫斯基看到，由于新的科学技术成就运用于军事，出现了坦克兵、航空兵、空降兵等新的兵种，有可能同时摧毁敌人的整个战术后方地域，创立了大量机械化部队、坦克兵、空降兵和航空兵进行大纵深作战的理论。按照这一理论，各军兵种必须协同作战，以坦克为主导，炮兵支援坦克的行动，坦克为步兵开辟道路、航空兵切断敌运输线，摧毁敌设施，阻止敌军的动员和集结，空降兵在敌后方实施有效突袭。这一理论后来成为苏军战术训练的基础。

为了实现这些战略和战术构想，图哈切夫斯基力主改革部队编制，用最新的技术装备武装部队，发展装甲兵、炮兵、航空兵、空降兵等新兵种。他身体力行，切实关心飞机、火炮、化学武器、装甲坦克等技术兵器的生产和改进。他经常接见研制武器装备和技术兵器的专家，或深入到实验室，和他们一起研究探讨。他倡议研制出了一种威力很强的动力火箭炮，简化了火炮的生产和炮兵部队的类型，促进了炮兵部队的发展。

图哈切夫斯基非常重视军事指挥人员和专业技术人才的培养。他认为培养苏维埃的高级指挥人员“是我们最主要的任务之一”。因此还在内战时期他就在第五集团军中开办了训练班，培训自己的指挥人员。列宁对这种做法非常满意，有一次图哈切夫斯辛基去给列宁汇报工作，列宁当面称赞说“这是一项明智的倡议”，要求他写一份报告送共和国革命军事委员会，“以便在全军推广”。对波兰作战结束后他在斯摩棱斯克驻防，创办了“斯摩棱斯克国立西线军事工程学院”。后来倡导创办了各种专业兵种军事院校。图哈切夫斯基还经常到军事学校去讲课和作时事报告，从1925年到1930年，他连续给红军军事学院讲授了六年战略学课程。

三十年代初，法西斯在德国上台，战争的阴云在欧洲上空重新开始集聚。1935年，图哈切夫斯基发表了《当前德国的军事计划》一文，一针见血地指出希特勒的野心不仅在于反苏，而且旨在鲸吞整个西方。1936年1月，图哈切夫斯基在苏联中央执行委员会第二次会议上所作的报告中揭露道，纳粹德国正在建立强大的坦克兵，演练突然袭击，表明德军随时准备突然侵略他国，要求苏联红军加强反击突然袭击的动员准备。这种精辟的见解均得到了证实。为了表彰他在国防建设和军事科学方面所作的贡献，1933年2月21日，苏联政府授予图哈切夫斯基一枚最高奖章——列宁勋章。1933年11月7日，他获得了主持莫斯科红场阅兵式的殊荣。1935年11月20日，他荣获苏联元帅这一最高军衔。与此同时，他还在党的十七大当选为党中央候补委员。

一切均表明，图哈切夫斯基的事业似乎在顺利地向前发展，他被人们亲昵地称为“红色拿破仑”。

五、飞来横祸

正当图哈切夫斯基的事业如日中天之际，横祸突然降临了。

1937年5月初，英王乔治六世举行加冕典礼，苏联政府原定派图哈切夫斯基率代表团前往祝贺。但突然宣布图哈切夫斯基因病不能远足，由海军司令员弗·米·奥尔洛夫代行。紧接着图哈切夫斯基被免除了第一副国防人民委员兼红军军训部部长职务，调任伏尔加沿岸军区司令。谁都知道，这是明显的贬谪。对于遭贬的原因，图哈切夫斯基百思不得其解，写信问斯大林，也杳无音讯。只能根据当时的气氛暗自猜测“有人在陷害我”。

图哈切夫斯基的猜测果然没错。只是诬陷的程度他却始料不及，更没想到他会大难临头。

就在图哈切夫斯基携家离开首都，到古比雪夫市赴任后不几天，6月11日，苏联塔斯社播发了一条震惊世界的消息。消息说，原苏军元帅、伏尔加沿岸军区司令图哈切夫斯基和基辅特别军区司令平基江、白俄罗斯军区司令乌鲍列维奇、伏龙芝军事学院院长科尔克等另外七名高级将领犯了叛国罪，他们组织了“反苏托洛茨基军事集团”，“侦察的材料表明这些罪犯，以及自杀身亡的加马尔尼克（副国防人民委员）同一个对苏联不友好国家的军方领导人进行旨在反对苏联的联系。这些罪犯为该国的间谍机关服务，经常不断地向该国的军方提供特务情报，进行了旨在动摇工农红军战斗力、使红军在外敌入侵苏联时遭到溃败的罪恶活动，以此达到让帝国主义瓜分苏联并在苏联恢复地主和资本家政权的目的”。同时说所有被告都已供认他们的罪行。消息宣布这些罪犯均被判处死刑，立即执行。

据说，图哈切夫斯基在临刑前曾说过一句话：“我好像做了一场梦。”

这一切确实如同梦幻一般。昨天还是叱咤风云的苏军统帅，家喻户晓的人民英雄，转瞬间却成了“外国间谍”，做了自己曾竭力保卫的那个政权的阶下囚、枪下鬼了！

然而，悲剧并没有到此结束。不久，图哈切夫斯基的妻子妮娜·叶夫金妮耶夫娜和两个兄弟也被逮捕处决，母亲和三个姊妹被投入集中营。他的尚未成年的女儿，俟成年后也被捕入狱。元帅的母亲和姐姐索菲娅在流放中死去。、

那么，是谁导演了这悲惨的一幕？是图哈切夫斯基确有所为，还是另有玄机奥秘？

第二次世界大战后，随着大量纳粹德国机密档案的“曝光”，以及一些知情人回忆录的出版，所谓图哈切夫斯基叛国罪的真相始大白于天下。原来，这是斯大林中了希特勒的“反间计”。

1936年12月16日，德国间谍机关从前沙皇政府的将军斯科布林口中获悉，苏联统帅部中以图哈切夫斯基为首的一些人正在策划一个反对斯大林的阴谋，图哈切夫斯基及其亲信正在同德军统帅部和德国间谍机关的高级将领进行接触。

斯科布林这一传闻是真是假？来自何处？现在已不得而知了。正是这一传闻，引来德国间谍机关的一系列行动。

德国保安局局长海德里希得到这一消息后，大喜过望，看出这是对苏联进行一次决定性打击的极好机会，遂和希特勒进行了多次密谋策划，最后决定，利用这一传闻，将图哈切夫斯基出卖给斯大林，借以大大削弱苏联的军事力量。这项工作具体由海德里希负责执行。

海德里希命令手下的特务偷偷潜入德军最高统帅部的秘密档案室，提出了图哈切夫斯基的档案，然后调集了几名能模仿图哈切夫斯基笔迹的专家，在阿尔布勒喜特亲王大街盖世太保总部的地下室里进行了伪造。

伪件很快就被制造出来了。它共15页，主件是图哈切夫斯基请求德国国防部支持他们密谋反对斯大林计划的信件，该信不仅模仿图哈切夫斯基的字体，也模仿了他的笔风语气，并被盖上了德国反间谍机构“阿勃韦尔”的“绝密”印鉴。

原档案中有一些德国军官同图哈切夫斯基等苏军统帅部的代表的谈话记录和来往信函，这些本来是官方性质的，20世纪20年代至30年代初，为了对付西方列强的压制和孤立，苏联同德国曾保持了秘密的军事接触。但这些文件都被作了篡改，增添了一些新的词句和内容。

此外，还伪造了图哈切夫斯基等写的因给德国提供情报所获报酬的收据，德国反间谍机构“阿勃韦尔”的头子卡纳里斯感谢图哈切夫斯基等提供情报的信件。并附了一份希特勒签署的命令监视德军统帅部中和图哈切夫斯基保持秘密联系的将军们的决议书。

总之，这卷伪造的档案内容丰富，印鉴齐全，它完全能令人信服地将任何一个国家的任何一个将帅以叛国罪交付军事法庭。

接着，海德里希着手实施罪恶计划的第二步：将伪证送到约瑟夫·斯大林手中。

当时，捷克斯洛伐克总统贝奈斯和苏联保持着密切的联系，海德里希决定利用这位总统将情报传给莫斯科。

首先，海德里希通过法国外交部的一个官员向捷克斯洛伐克驻德公使暗示，苏联红军中存在一个反斯大林集团，它和柏林保持着接触，柏林正在等待莫斯科政府的更迭。这位公使很快将情报电告贝奈斯。贝奈斯十分担心失去苏联对他的支持，马上召见了苏联驻布拉格大使，向他通报了上述内容。大使闻讯后立即飞抵莫斯科。情报就这样落到了斯大林手中。

下一步海德里希派自己最亲信的党卫军元首卫队头目贝伦斯携伪证前往布拉格。贝伦斯在布拉格同捷克斯洛伐克总统的私人代表进行了接触，向他透露了几份图哈切夫斯基的“罪行材料”。贝奈斯旋即电告斯大林。之后，贝奈斯的联络员建议海德里希的代表同苏联驻柏林大使馆的官员伊兹赖洛维奇接触。

这次会晤如期举行。海德里希的代表让伊兹赖洛维奇看了伪造档案中两封信的原件。双方约定一周后再次会晤。

一周后，苏方“全权代表”——苏联内务部头子叶若夫的代表同海德里希的代表贝伦斯会晤。苏方代表当即索问档案的价钱。

为了不引起苏联人的怀疑，海德里希命令要价高达300万卢布，但是，如果对方坚持讨价还价的话，可以将价格降低。然而，对方并没有讨价还价。当贝伦斯要完价，叶若夫的代表草草地看了一下文件，便默默地点了头以示同意。这样，伪证落到了斯大林手里。三周后，图哈切夫斯基便和其他七名高级将领一起被送上了断头台。

之后，苏联军内展开了猛烈的清洗，一年之中，红军军官减少了一半。

希特勒的将军们欣喜若狂。德军总参谋长冯·贝克在评估1938年夏季军事形势时说，可以不必把俄国军队看成是一支武装力量了，因为血腥镇压大伤其元气，使它变成了一部懒散的机器。

苏联及世界许多军事家、政治家、历史学家在评论1941年苏德战争初期苏军的惨败时，都指出一个重要原因是20世纪30年代斯大林对红军的镇压使其丧失了大批才干杰出、经验丰富的指挥人员。

斯大林逝世后，苏联开始对20世纪30年代以来的政治案件进行复查清理。1957年1月31日，苏联总检察长根据调查结果，做出了图哈切夫斯基等无罪的结论。不久，2月27日，苏共中央党的监察委员会宣布恢复了他们的党籍。1988年初，苏共中央政治局设立的重新研究20世纪四十和五十年代初迫害事件材料委员会听取了苏共中央党的监察委员会和最高法院对图哈切夫斯基案件审查结果的报告，决定为图哈切夫斯基等完全恢复名誉。随后，苏联最高法院军事法庭宣布撤销了最高法院特别法庭1937年6月11日对因“反苏托洛茨基军事组织”而受审的图哈切夫斯基等8人的判决。

巡天遥看一千河——空间技术的发展

一、火箭技术

在人类漫长的历史中，从它的孩提时代起，有多少人遥望深邃莫测的星空，产生出无穷的遐想；又有多少人梦想插上双翼在蓝天展翅翱翔。上帝、天堂、伊甸园、广寒宫、嫦娥、飞碟、外星人，许许多多美丽的神话传说，活灵活现的科幻故事，似假似真的不解之谜……

然而，直到18世纪60年代，人们所能达到的"高空"也还没有超过高山的山顶。1783年11月21日，法国人德罗齐尔和达兰德乘热气球做人类第一次自由飞行，在空中停留25分钟，飞行高度900米。此后气球热风靡欧美，气球技术不断发展，到20世纪初载人已能达到十几千米的高度，被广泛用来进行气象观测。但由于本身的局限，气球不可能超越大气层，深入太空。

20世纪以来，科学技术日新月异，空间技术得到惊人发展，现代火箭、人造卫星、宇宙飞船、航天飞机等相继问世，人类千百年来探测宇宙、遨游太空的幻想终于实现了。

现代火箭的开拓者是俄国科学家齐奥尔科夫斯基和美国科学家戈达德。1903年，自幼耳聋、靠自学成才的齐奥尔科夫斯基发表了《利用喷气仪器研究宇宙空间》一书的第一部分。他通过计算，认为一个航天器必须达到7.91千米/秒的速度，即第一宇宙速度，才能成为绕地球作轨道运行的卫星；超过第二宇宙速度—11.18千米/秒，就可以逃出地球引力场的控制，沿抛物线形轨道离开地球，进入太阳引力场；而要摆脱太阳引力场，离开太阳系进入深空宇宙，至少要具有 16.3 千米/秒的第三宇宙速度。为此，他否定了气球和大炮，率先提出使用火箭作为探索宇宙空间的工具。他认为火箭排气速度的大小是决定火箭末速度的关键，在有效载荷固定的情况下，喷气速度越大，火箭喷气速度越大；在火箭理想速度固定时，火箭喷气速度越大，有效荷载越大。这就是著名的齐奥尔科夫斯基公式，至今仍是火箭设计的理论基础之一。他同时提出了建造多级火箭、液体火箭等许多设想。

就在齐奥尔科夫斯基悉心进行火箭理论研究的同时，远在大洋彼岸的戈达德也在独立进行研究并付诸实践。戈达德从 17 岁开始就梦想制造一种能摆脱地球吸引力的飞行器，使人类飞出地球大气层，在星球间旅行。1919 年他发表了论文《到达超高空的方法》，提出火箭可以在没有空气的宇宙空间中飞行。他经过计算得出结论，如果制造 598.2 千克的火箭，就可以把 0.9 千克的镁送上月球。经过几年研制，1926 年 3 月 16 日试制成功了世界上第一枚液体火箭。火箭由液氧和汽油作为推进剂，在 2.5 秒中升高 12.5 米，飞行 56 米。1935 年 5 月 31 日，戈达德又发射了一枚液体燃料火箭，飞行高度已达 7500 米，速度超过音速。

20 世纪 30 年代，火箭研究在欧洲许多国家蓬勃展开，尤其在德国，希特勒政府看到火箭没有列入凡尔赛条约被禁止的范围，于是拨出大笔经费，广泛收罗人才，秘密进行研究，取得长足进展。第二次世界大战期间德国利用火箭制成“V-2”导弹，可把 1 吨炸药送到 330 千米远的地方，速度快达 1.5 千米/秒，并向英国发射了几千枚，但命中率不高，平均每个导弹造成的伤亡不到 10 人，因此并未挽回败局。

二次大战后美苏英国继承了德国火箭研究的成就。美国俘获了包括冯·布劳恩在内的 100 多名德国一流火箭专家，全部 V—2 资料和少量 V—2 及其零件。苏联俘获了一批德国二流专家和大量 V—2 及其零件。他们出于军事、政治和空间研究的需要，在此基础上争先恐后研制火箭、导弹，使火箭技术如火箭燃料、发动机、飞行控制、跟踪等一系列技术得到迅速发展。1957 年 7 月—1958 年 12 月国际地球物理年期间，美国发射火箭 210 枚，苏联发射 125 枚，火箭已能深入 470 公里的高空。60 年代美国研制成功的“土星—V”火箭是现代火箭技术的最高成就之一。它全长 110.6 米，最大直径 10.1 米，发射时总重量 2857 吨，由三级火箭组成，可将 1150 吨负载推入低地球轨道，将 450 吨负载推上月球。20 世纪80年代末，火箭速度已能达到第三宇宙速度，它们被广泛用来作为运载工具，发射人造卫星、宇宙飞船和各种空中探测器，进行宇宙探测。当然，也可以将核弹头发射到几千千米、上万千米以外。火箭技术的发展终于使人类打开了空间探索的大门。

二、人造卫星

每当繁星闪烁的夜晚，如果你仔细观察，总可以发现有些亮点在星际间飞速穿行，那多半是宇宙大家庭里的新成员——人造卫星。

早在1945年9月，美国陆军航空局就提出了发射人造地球卫星的可能性。1955年7月，美国政府正式批准卫星计划。然而，就在美国大力研制之际，1957年10月4日，苏联成功发射了世界上第一颗人造地球卫星。这颗卫星重83.6千克，在距地球约885公里的轨道上以每96.2分钟一周的速度绕地球飞行。11月3日，苏联又发射了第二颗人造地球卫星，这颗卫星已重达508.3千克，还带了一只5千克重的小狗。不过6天后卫星的空气调节失灵，小狗死了。

苏联人造卫星发射成功使美国朝野大为震惊，它表明苏联的空间技术已超过美国，这是美国所不愿看到的。12月初，美国急急忙忙发射了一颗卫星，但发射后两秒钟就从空中坠毁。直到翌年1月31日，美国才将一颗重14千克的人造卫星送入轨道。

第一颗人造卫星的发射，成功地揭开了人类历史的“空间时代”。继苏、美之后，法、日、中、英等国先后都成功地发射了人造地球卫星。到20世纪80年代末为止，世界上近20个国家和组织已发射了2000多颗人造卫星，它们像天上那数不清的星星一样遨游在太空，为人类的探索服务。

卫星的种类和用途很多，主要有以下几种。

侦察卫星：它主要用于军事，利用卫星上的光学、电子、红外等遥感设备侦察对方的基地、阵地、机场、军港、工厂等各类军事设施，窃取情报。80年代以来，这方面的水平已发展得相当高，如在160公里的高空可以分辨出地面的单个行人是军人还是居民。除了地下核爆炸、深潜的潜艇、实验室和作战计划外，侦察卫星几乎可以揭露另一个国家的全部军事秘密。

地球资源卫星：主要用来对地球上各种自然资源进行综合考察，找矿找水，预测农作物产量，预报森林火灾和洪水，测绘地图，或者测量积雪覆盖下的地貌、冰河移动状态等。据统计，发射一颗地球资源卫星平均每年费用为 2000 万—5000 万美元，但它仅在洪水预报、改进灌溉用水、探测农作物病虫害、油田勘探和预估世界麦收量方面发挥的作用每年就可得益 10 亿美元以上。

通讯卫星：它具有通讯容量大、覆盖面积广、通讯距离远、可靠性高、速度快等优点，用于国际电话、电报、数据传输、广播电视传送和照片传真等。

气象卫星：是观测和研究气象的一种现代化工具，它不受地理条件的限制，从地球大气外层的不同高度鸟瞰大地，监视着台风、强风、暴雨等灾害性天气的变化，精确地观测全球各处的大气温度、湿度、云量、雨量等，大大提高了气象预报的准确度。

三、登上月球

1961 年 4 月 12 日，苏联宇航员加加林乘宇宙飞船在 108 分钟的时间里绕地球飞行一周，安全返回地面，成为进入宇宙空间的第一人。这件事以及之前与苏联空间竞赛的落伍极大地刺伤了美国，使其痛感同苏联的“空间差距”。5 月 25 日，美国总统肯尼迪在国会提出了“在 10 年内把一个人送上月球，并使他安全返回”的任务，得到一致赞同。据此，美国制定了庞大的“阿波罗登月计划”。

阿波罗计划是一个极复杂的系统工程，它要求研制出一种威力强大的火箭，足以把阿波罗 45 吨重的有效载荷推出地球吸引力；飞船和运载火箭有极精确地控制设备，各部件高度可靠；要为宇航员提供较长时间的适合的生活环境和工作条件；要有精确可靠的通讯联系和跟踪设备；要充分了解月球本身的情况，以便选择一个良好的着陆地点，等等。为实施该计划，美国共动员了 120 所大学、2 万家企业、400 万人参加，耗资达 240 亿美元。

1969 年 7 月 20 日，世界各地数以亿计的观众坐在电视机前等待着一个伟大时刻的到来。美国东部夏令时下午 4 点 17 分，阿波罗 11 号宇宙飞船的登月舱在月球的“静海”平原上安全着陆。宇航员阿姆斯特朗和奥尔德林穿着笨重的宇宙服，头戴硕大的球形盔帽，小心翼翼地从登月舱的舱口挪动出来，走下短梯。阿姆斯特朗先把左脚、后把右脚踏上月球表面松软如粉的土壤上，留下了两只长 30 厘米，宽 15 厘米的脚印，这是人类在月球上的第一双脚印。阿姆斯特朗自豪地宣布：“这是我个人的一小步，却是人类的一大步。”人类登上月球的夙愿终于实现了！

阿波罗计划共进行了17次飞行，其中6次登月成功，共有12名宇航员登上月球，他们在月面停留了300小时，探测80小时，在月面安装了自动月震仪、激光反射仪、太阳风测试仪等多种科学仪器，建立了5座核动力科学实验站，并从月球表面运回了岩石、土壤384.6千克。阿波罗计划的实施极大地促进了电子科学技术、电子计算机、自动控制、遥控遥测遥感、材料、力学、发动机、能源等一大批科学技术及管理科学的发展。

四、空中基地

在美国大力实施阿波罗计划的时候，苏联选择了另一目标：建立“空间站”。空间站就是长期围绕地球运行的空间基地，其中建立研究室、试验站，对宇宙空间、地球物理等进行载人或无人研究。1971年4月19日，苏联发射了第一个空间站“礼炮1号”，到1977年9月已发射到“礼炮6号”。宇航员在空间站进行了地球资源勘测等多项研究。

美国在中止了阿波罗计划后，于1973年5月14日发射了空间站“天空实验室1号”，它长36米，重82吨，携带58种科学仪器，先后接待过三批宇航员，进行了生物医学、太阳天文学等270多项研究。

1975年，美国的阿波罗飞船和苏联的联盟号飞船利用苏联的“礼炮号”航天站进行了空间对接和联合飞行，两国各3名宇航员一起进行了多项考察和实验。

1986年苏联发射了和平号轨道站，3年中先后有4个宇航乘员组和5个国家的宇航员在上面工作过，17艘飞船向它运送了40多吨的仪表设备、给养和燃料，宇航员9次走出船舱，在宇宙空间停留了37个多小时，2名宇航员创造了在宇宙中生活整整1年的记录。广阔无垠的宇宙空间开始成为人类活动的场所。

五、探测行星

自从第一颗人造卫星发射以来，人类在探测地球和月球的同时，也发射了一系列科学卫星和空间探测器，对太阳系行星、行星际空间、宇宙天体以及大阳本身进行了探测，获得大量资料，深化了人们的认识。

对行星的探测首先是从金星和火星开始的。

金星，又叫“启明星”或“长庚星”，是离地球最近的行星，也是天空中最亮的星星。它是如此之美丽，以致在西方被叫做“维纳斯”——爱和美的女神。

60年代初苏美开始向金星发射探测器。美国于1962年8月27日发射的“水手—2”于12月14日在距金星34 000多千米处飞过，首次对金星做了42分钟的考察。苏联于1970年8月17日发射的“金星—7”于9月15日首次在金星表面上实现软着陆，并停留23分钟。对金星的多次探测证实，这位距地球4000万千米的美丽的“维纳斯”原来竟是一座火狱，表面温度高达475℃。

和金星一样，火星也是地球的近邻，离地球最近时相距5670万千米。自古以来，关于火星就有种种传说。20世纪初美国天文学家洛威尔出版了《火星和它的运河》《有生命居住的火星》等著作，认为从天文望远镜上看到的线条是火星上高等生物的建筑物，火星上有运河，有绿洲。这些说法听来叫人半信半疑，但人们多么希望火星上有自己的同类存在！

1964年11月28日，美国发射了“水手—4”探测器，它于第二年的7月15日逼近火星，对火星1%的表面拍摄了照片。1971年5月，苏联发射“火星—2”和“火星—3”探测器，试图在火星实现软着陆，但没有成功，轨道器变成火星的卫星，在8个多月的时间里送回了各种数据。1975年夏，为纪念独立200周年，美国发射了“海盗”1号和2号，主要任务是探索火星上有没有生物。一年后两个探测器都实现了软着陆，拍回了火星的全景照片。一系列的探测使人们终于认识了火星的真面目，原来它同月球一样，是一个没有生命存在的冷寂的世界。

20世纪70年代起美国开始对更遥远的行星进行探测。1977年，发射了“旅行者”1号和2号两个探测器，分别对木星、土星和木星、土星、天王星进行联测。两个“旅行者”带有11种科学实验仪器，执行宇宙射线、磁场、等离子体波等11项科研任务。同时还携带了关于地球人类起源和发展的信息记录(叫做“地球之音”)，包括115张照片、35种自然界的音响、近60种语言的问候、当时联合国秘书长瓦尔德海姆的讲话、美国总统卡特签署的贺电以及27种著名的乐曲。这些信息被录在直径30.5厘米的铜盘唱片上，放在一个铝制保护罩内。在宇宙空间，它们可以保存10亿年以上。现在，在飞行12载后，“旅行者”已完成对木星、土星、天王星和海王星的探测，正离开太阳系，向茫茫的宇宙深处飞去，去寻找天外的知音。

六、航天飞机

航天飞机是20世纪70年代以来才产生的航天技术。早在齐奥尔科夫斯基和戈达德为现代火箭奠定理论基础并进行实验时，他们就设想运载工具不仅要飞离地球，而且能要回到地球，应该可以重复使用。但由于条件的限制，最先研制成功并使用的火箭都是“一次性火箭”。到20世纪60年代末，人类已经掌握了洲际导弹、载人登月和大型喷气客机等技术，研制航天飞机的技术条件成熟了。同时，“一次性火箭”耗资巨大，难以吃消，要求尽快研制出能多次重复使用的航天器。据此，美国从1968年开始航天飞机的方案讨论，1970年正式开始研制，到1981年研制成功首架航天飞机“哥伦比亚”号。苏联也于1988年研制成功首架航天飞机“暴风雪”号。

航天飞机是把火箭、宇宙飞船和飞机的技术结合起来的一种新型空间运载工具，它集三种技术之长，既能像火箭那样发射，又能像宇宙飞船一样在轨道上飞行，还可以像飞机一样在跑道上水平着陆。它可以重复使用，大大降低了空间活动的成本；可以装载各种卫星、飞船，在轨道上发射，也可以回收、维修在轨道上的空间飞行器；可以缩短空间发射的地面准备时间，适应飞行经常化的需要。由于它的负载大，可将地面许多庞大而形状特殊的设备送到空间，使建造大型空间站成为可能，人们可以在空间从事许多地面无法进行的研究活动；发射和返回阶段过载量小，加速度小，普通乘客也能经受得住，使空间活动向具有一般健康水平的人敞开了大门。总之，航天飞机的出现是航天事业的一场革命。

人类探索空间奥秘的努力取得了巨大的成就，但也付出了重大的代价。不仅有人力、财力的巨大消耗，而且有众多的科学探索者血洒长空，其中最为悲壮的便是“挑战者”号航天飞机失事的惨景。1986年1月28日，美国佛罗里达州卡纳维拉尔角的肯尼迪航天中心，阳光明艳，碧空如洗，“挑战者”号航天飞机巍然屹立在发射场上。这是航天飞机的第25次航行，也是“挑战者”号的第10次航行。上午11点38分，当地面控制中心倒数器的数字退到“0”时，“挑战者”号一声怒吼，腾空而起，宛如一条火龙直搏云霄。1分钟过去了，“挑战者”号以3倍于音速的速度迅速上升。又过去了12秒。这时，“挑战者”号已上升到5万米的高度。突然，天空传来一声闷响，只见耗资12亿美元的“挑战者”

号顷刻间变成了一个熊熊燃烧的巨大火球，拖着长长的火焰和浓烟坠向大海。飞机的碎片雨点般洒落在广阔的海面，持续了一个小时。“挑战者”号航天飞机失事了。机上 7 名宇航员全部罹难。

“挑战者”号宇航员的牺牲代表着人类向空间探索永不屈服的精神，也是人类通往宇宙的重要路标。